# TEOLOGIA MORAL NO BRASIL
Um perfil histórico

RICARDO HOEPERS

# TEOLOGIA MORAL NO BRASIL
## Um perfil histórico

EDITORA
SANTUÁRIO

DIREÇÃO EDITORIAL:
Pe. Fábio Evaristo Resende Silva, C.Ss.R.

EDITOR:
Márcio Fabri dos Anjos

COORDENAÇÃO EDITORIAL:
Ana Lúcia de Castro Leite

REVISÃO GERAL
Rodrigo Ferreira Daverni

REVISÃO:
Andresa Custódio

DIAGRAMAÇÃO E CAPA:
Marcelo Tsutomu Inomata

Dados Internacionais de Catalogação na Publicação (CIP)
(Câmara Brasileira do Livro, SP, Brasil)

Hoepers, Ricardo
  Teologia Moral no Brasil: um perfil histórico / Ricardo Hoepers. – Aparecida, SP: Editora Santuário, 2015.

  ISBN 978-85-369-0391-0

  1. Ética cristã 2. Teologia e sociedade 3. Teologia Moral - Brasil 4. Teologia Moral – História I. Título.

15-07170                         CDD-241.0981

Índices para catálogo sistemático:

1. Brasil: Teologia Moral: História 241.0981

1ª impressão

Todos os direitos reservados à **EDITORA SANTUÁRIO** – 2015

Composição, CTcP, impressão e acabamento:
**Editora Santuário** - Rua Pe. Claro Monteiro, 342
12570-000 – Aparecida-SP – Tel. (12) 3104-2000

*Aos professores Redentoristas:*
Antonio Gerardo Fidalgo
Narciso Cappelletto
Sabatino Majorano
*Aos amigos da SBTM em especial:*
Leo Pessini
Ronaldo Zacharias
Márcio Fabri dos Anjos
*In Memoriam...*
Ao meu pai, **Francisco Hoepers**,
que me ensinou os valores cristãos.
Ao amigo **Paulo Macarini**,
que lutou pela Ética
e pela Democracia no Brasil.
Ao dedicado **Osvaldo Guiss**,
que cuidou dos vulneráveis e excluídos.

# SUMÁRIO

**SIGLAS E ABREVIAÇÕES** .................................................................................. 11

**APRESENTAÇÃO** ..................................................................................................... 15

**INTRODUÇÃO** ........................................................................................................... 19

**O PROCESSO DE RENOVAÇÃO DA TEOLOGIA MORAL** ...................... 25

   Capítulo I: Das forças que impulsionaram
a Renovação da Teologia Moral ......................................................................... 27
      1.1 Pio XII entre a "Moral Nova" e a Renovação da Moral ..................... 28
      1.2 Ethica situationis e suas facetas .................................................................. 33
      1.3 Do Concílio Vaticano II à Societas ethica ............................................... 40

   Capítulo II: A Renovação da Teologia Moral
na América Latina ..................................................................................................... 49
      2.1 Da Ethica situationis para a Ética da Libertação .................................. 51
      2.2 Os pressupostos da Identidade da Teologia Moral Latino-americana ....... 53
      2.3 Pontos de referência da Teologia Moral na América Latina ............. 58

**A SOCIEDADE BRASILEIRA DE TEOLOGIA MORAL** ........................... 63

   Capítulo III: A Renovação da Teologia Moral
no contexto brasileiro .............................................................................................. 65
      3.1 O cenário histórico e social do Brasil na década de 1970 .................. 65
      3.2 A configuração da Igreja do Brasil na década de 1970 ...................... 68
      3.3 Um subsídio Teológico-Moral para o Brasil ........................................... 70

   Capítulo IV: A Gênese da SBTM
como resposta à renovação moral ...................................................................... 75
      4.1 A gênese da SBTM no contexto da Igreja do Brasil ............................ 76
      4.2 Fatores que influenciaram a fundação da SBTM .................................. 77
      4.3 O Primeiro Encontro dos Professores de Teologia Moral ................. 82

**OS REFERENCIAIS DA T. MORAL NO BRASIL (1977 - 2011)
SEGUNDO A SBTM** ................................................................................................. 85

   Capítulo V: Os referenciais teóricos da SBTM ............................................. 87
      5.1 Fase I (1977-1987) ........................................................................................... 88
         5.1.1 Teologia Moral e Magistério – 1977 ................................................. 88
         5.1.2 Moral fundamental e experiência – 1978 ........................................ 92
         5.1.3 A inserção da Teologia Moral no momento teológico atual – 1979 ..... 103
         5.1.4 Teologia da Libertação na Renovação Moral – 1980 ................. 104
         5.1.5 Teologia Moral questionada pela nossa realidade – 1981 ........ 106
         5.1.6 Liberdade, Consciência e Pecado – 1982 ....................................... 109
         5.1.7 Estratégias para mudar o Ethos Social Brasileiro – 1983 ........ 110
         5.1.8 Fundamentação da Moral Libertadora – 1984 ............................ 120
         5.1.9 Violência sobre a mulher empobrecida – 1985 ........................... 127
         5.1.10 Articulação da Teologia Moral na América Latina – 1986 ..... 128

    5.1.11 Reflexões éticas a partir da realidade eclesial
           e teológica da América Latina – 1987 ............................................................. 138
    5.1.12 Síntese da Fase 1 ................................................................................... 162
*5.2 Fase II (1988-1998)* ............................................................................................ 164
    5.2.1 Ética e Economia – 1988 ....................................................................... 164
    5.2.2 Teologia Moral e Libertação – 1989 ...................................................... 166
    5.2.3 Teologia Moral e Culturas – 1990 .......................................................... 169
    5.2.4 Metodologia da Teologia Moral – 1991 ................................................. 181
    5.2.5 O Documento de Santo Domingo – 1992 .............................................. 181
    5.2.6 Ética na relação Igreja e Sociedade na América Latina – 1993 ........... 181
    5.2.7 Ética entre os Excluídos – 1994 ............................................................. 192
    5.2.8 Questões de Bioética hoje – 1995 .......................................................... 192
    5.2.9 Ética e o Direito – 1996 .......................................................................... 192
    5.2.10 Ética e Cidade – 1997 .......................................................................... 208
    5.2.11 Ética e Direitos Humanos – 1998......................................................... 209
    5.2.12 Síntese da Fase 2 ................................................................................. 212
*5.3 Fase III (1999-2011)* ........................................................................................... 213
    5.3.1 Teologia Moral na passagem do Milênio – 1999 ................................... 213
    5.3.2 Ética na Política – 2000 ......................................................................... 216
    5.3.3 Ética e Reconciliação na América Latina e Caribe – 2001 .................. 217
    5.3.4 Moral Sexual – Desafios atuais – 2002 .................................................. 217
    5.3.5 Moral Sexual – Desafios atuais (continuação) – 2003 .......................... 219
    5.3.6 Biotecnologias: desafios à Teologia Moral – 2004 ................................ 219
    5.3.7 Ética Teológica e Ética Mundial – 2005 ............................................... 224
    5.3.8 Ética e a nova condição comunicativa – 2006 ...................................... 230
    5.3.9 A Moral cristã em tempos de relativismos
           e fundamentalismos – 2007 .................................................................. 236
    5.3.10 Entre a exclusão de si e a globalização do todo – 2008 ...................... 237
    5.3.11 Ética Teológica e o futuro do continente latino-americano – 2009.... 251
    5.3.12 Teologia Moral e história:
           buscando soluções em tempos de incertezas – 2010............................ 253
    5.3.13 A contribuição da Teologia Moral cristã
           numa sociedade plural e global – 2011 ................................................ 268
    5.3.14 Síntese da Fase 3 ................................................................................. 279

# O ROSTO DA T. MORAL NO BRASIL NO ESPELHO DA SBTM ............... 281

## Capítulo VI: As Facetas da Teologia Moral no Brasil .................................. 283

*6.1 Teologia Moral Transitivo-crítica: um salto qualitativo* ..................................... 283
    6.1.1 Apresentação do problema: um "núcleo-fundante" ............................. 285
    6.1.2 Bases de apoio: em busca de uma hermenêutica do *ethos* ................. 287
    6.1.3 Referenciais metodológicos .................................................................. 290
    6.1.4 Referenciais históricos .......................................................................... 291
    6.1.5 Abordagem temática ............................................................................. 291
    6.1.6 Proposição da F1 ................................................................................... 292
    6.1.7 Articulação da Teologia Moral pela SBTM na F1 ............................... 294

  *6.2 Teologia Moral da Imersão: eixos teológico-morais* .......................... 299
    6.2.1 Apresentação do problema: dissociação entre Moral e Vida ............... 300
    6.2.2 Base de apoio: Economia, *Ethos* cultural e Direito .......................... 302
    6.2.3 Referenciais metodológicos: antropologia do social .......................... 304
    6.2.4 Referenciais teóricos: em torno da pluralidade e do diálogo ............... 306
    6.2.5 Abordagem de prospectiva e do Direito ............................................. 309
    6.2.6 Articulação da Teologia Moral pela SBTM na F2 .............................. 310
  *6.3 Teologia Moral da Emersão: a emergência da realidade* ..................... 311
    6.3.1 Ser e Viver: enfoque da Bioética ......................................................... 313
    6.3.2 Ser e Comunicar: enfoque da Ética dos valores .................................. 314
    6.3.3 Ser e Cuidar: enfoque da Ética do cuidado ......................................... 315
    6.3.4 Ser e Educar: enfoque da Ética do discernimento ............................... 317
    6.3.5 Ser e Fazer: enfoque da Ética da alteridade ........................................ 318
    6.3.6 Articulação da Teologia Moral pela SBTM na F3 .............................. 319
  *6.4 O anúncio de uma possível Fase 4 (2012...)* ....................................... 320

# CONCLUSÃO ............................................................................................. 323

# BIBLIOGRAFIA ........................................................................................ 331
 1. Fontes Referenciais Primárias em ordem cronológica ............................... 331
  *1.1 Fase I (1977-1987)* ................................................................................ 331
    1.1.1 Obras individuais e coletivas ............................................................... 331
    1.1.2 Artigos e contribuições ........................................................................ 332
  *1.2 Fase II (1988-1998)* .............................................................................. 332
    1.2.1 Obras coletivas ..................................................................................... 332
    1.2.2 Artigos e contribuições ........................................................................ 333
  *1.3 Fase III (1999-2011)* ............................................................................ 333
    1.3.1 Obras coletivas ..................................................................................... 333
    1.3.2 Artigos e contribuições ........................................................................ 334
  *1.4 Encontros posteriores: 2012, 2013 e 2014* ........................................... 335
  *1.5 Fontes do Magistério e Eclesiásticas* .................................................... 336
 2. Estudos ........................................................................................................ 339
  *2.1 Referenciais secundários e outros autores* ........................................... 339
  *2.2 Artigos e contribuições* ......................................................................... 345
  *2.3 Dicionários e Enciclopédias* ................................................................ 351
  *2.4 Internet* ................................................................................................. 351
  *2.5 Referências das citações dos Títulos de cada Parte* ............................. 351

# APÊNDICES ............................................................................................... 352
 **Tabela 1 – Temas Gerais** ............................................................................ 352
 **Tabela 2 – Temas Específicos** ................................................................... 354
 **Tabela 3 – Segmentos dos Temas** .............................................................. 363

# SIGLAS E ABREVIAÇÕES

## 1. Geral

| | |
|---|---|
| AAS | Acta Apostolicae Sedis, Romae 1909 ss. |
| ACL | Academia Cearence de Letras |
| ACSC | Academia de Ciências Sociais do Ceará |
| AG | Ad gentes divinitus (07/12/1965) |
| AI-5 | Ato Institucional número 5 (13/12/1968) |
| AL | América Latina |
| ASS | Acta Sanctae Sedis, Romae 1865 - 1908 |
| AT | Antigo Testamento |
| BUR | Biblioteca Universitaria Rizzoli Editore, Milano |
| CEBs | Comunidades Eclesiais de Base |
| CELAM | Consejo Episcopal Latinoamericano |
| CEHILA | Comisión para el Estudio de la Historia de la Iglesia en América Latina y Caribe |
| CENIMAR | Centro de Informação da Marinha |
| CEP | Centro de Estudios y Publicaciones, Lima |
| CEPAL | Comissão Econômica para América Latina |
| CERIS | Centro de Estatística Religiosa e Investigação Social |
| CIE | Centro de Informação do Exército |
| CISA | Centro de Informação Social da Aeronáutica |
| CLAEH | Centro Latinoamericano de Economia Humana, Montevideo |
| CNBB | Conferência Nacional dos Bispos do Brasil |
| CNE | Conselho Nacional de Educação |
| CRB | Conferência dos Religiosos do Brasil |
| CredOg | Rivista Credere Oggi, Padova |
| CREMESP | Conselho Regional de Medicina do Estado de São Paulo |
| CREPA | Centro de Reflexão e Estudos Teológicos Pastorais |
| CRT | Centro de Reflexión Teológica, México |
| DEI | Departamento Ecuménico de Investigaciones, San José – Costa Rica |
| DH | Dignitatis humanae (07/12/1965) |
| Doc10 | Documento número 10 da CNBB (08-17/02/1977) |
| DOI-CODI | Destacamento de Operações de Informações – Centro de Operações de Defesa Interna |
| DV | Dei verbum (18/11/1965) |
| EATWOT | Ecumenical Association of Third World Theologians |

| | |
|---|---|
| EDB | Edizioni Dehoniane Bologna |
| Edacalf | Editiones Academie Alfonsianae, Roma |
| EDICEP | Editorial Cultural y Espiritual Popular, Valencia |
| EdiPUCRS | Editora da Pontifícia Universidade Católica do Rio Grande do Sul |
| EDUC | Editora da Pontifícia Universidade Católica de São Paulo |
| EDUSC | Editora da Universidade do Sagrado Coração, Bauru |
| EDUSP | Editora da Universidade de São Paulo |
| EN | PAULUS PP. VI, Evangelii nuntiandi (08/12/1975) |
| ENPTM | Encontro Nacional de Professores de Teologia Moral |
| EPU | Editora Pedagógica e Universitária, São Paulo |
| EUNSA | Ediciones Internacionales Universitarias, Navarra |
| FAO | Food and Agriculture Organization |
| FERES | Federação Internacional dos Institutos Católicos de Investigações Sociais e Sociorreligiosas |
| FGTS | Fundo de Garantia por Tempo de Serviço |
| FTD | Editora Frère Théophane Durant da Universidade Católica do Paraná |
| GS | Gaudium et spes (07/12/1965) |
| HV | PAULUS PP. VI, Humanae vitae (25/07/1968) |
| INEP | Instituto Nacional de Estudos e Pesquisas Educacionais Anísio Teixeira |
| INP | Instituto Nacional de Pastoral |
| IPLA | Instituto de Pastoral Latino-americano |
| ISPAC | Instituto Superior de Pastoral Catequética |
| ISPAL | Instituto Superior de Pastoral Litúrgica |
| ISPAV | Instituto Superior de Pastoral Vocacional |
| ISPES | Instituto São Paulo de Estudos Superiores |
| LG | Lumen gentium (21/11/1964) |
| MCTSA | Movimento Contra a Tortura Sebástian Acevedo, Chile |
| MEB | Movimento de Educação de Base |
| MEC | Ministério da Educação e Cultura |
| Medellín | III Conferência Geral do Episcopado Latino-americano (1968) |
| MELAL | Colección Moral para la Evangelización Liberadora de América Latina |
| MM | IOANNIS PP. XXIII, Mater et magistra (25/05/1961) |
| MNDDH | Movimento Nacional de Defesa dos Direitos Humanos |
| MOBRAL | Movimento Brasileiro de Alfabetização |
| OA | PAULUS PP. VI, Octogesima adveniens (14/05/1971) |
| OBAN | Operação Bandeirante |

| | |
|---|---|
| OMS | Organização Mundial da Saúde |
| ONU | Organização das Nações Unidas |
| OT | Optatam totius (28/10/1965) |
| PEA | População Economicamente Ativa |
| PIB | Produto Interno Bruto |
| PIN | Programa de Integração Nacional |
| PP | Paulus PP. VI, Populorum progressio (26/03/1967) |
| PPC | Plano de Pastoral de Conjunto |
| Puebla | II Conferência Geral do Episcopado Latino-americano (1979) |
| REB | Revista Eclesiástica Brasileira, Petrópolis |
| RivTeolMor | Rivista di Teologia Morale, Bologna |
| RP | IOANNES PAULUS PP. II, Reconciliatio et Paenitentia (02/12/1984) |
| SBB | Sociedade Brasileira de Bioética |
| SBTM | Sociedade Brasileira de Teologia Moral |
| SC | Sacrosanctum Concilium (04/12/1963) |
| SCJ | Congregação do Sagrado Coração de Jesus |
| SEDOC | Revista Serviço de Documentação, Petrópolis |
| SIEPM | Société Internationale pour l'étude de la Philosophie Médiévale |
| SinCat | Sínodo dos Bispos sobre a catequese no nosso tempo (28/10/1977) |
| SNI | Serviço Nacional de Informação |
| SOTER | Sociedade Brasileira de Teologia e Ciências da Religião |
| TdL | Teologia da Libertação |
| TF | Teoria Fundamentada |
| TM | Teologia Moral |
| TMR | Teologia Moral Renovada |
| UNESP | Universidade Estadual Paulista |
| UR | Unitatis redintegratio (21/11/1964) |

# APRESENTAÇÃO

Sem dúvida alguma, fazer a apresentação da obra **Um panorama histórico da Teologia Moral no Brasil: o enfoque da Sociedade Brasileira de Teologia Moral (SBTM)**, de autoria de Ricardo Hoepers, é para mim uma grande alegria, um enorme privilégio e uma delicada responsabilidade acadêmica. Assumo, pois, esta tarefa com a convicção de estar prestando um serviço à causa da TM do Brasil, através da nossa querida e humilde Sociedade Brasileira de Teologia Moral, da qual, no momento (2010-2015), estamos à frente da presidência.

Esta obra que foi trabalhada para ser publicada em livro é a tese doutoral em Teologia Moral de Ricardo Hoepers, defendida e criticamente aprovada na *Accademia Alfonsiana*, em Roma (2014), sob a orientação competente e sapiente dos professores Fidalgo e Cappelletto. Ela recolhe com competência teológica e criatividade científica a evolução histórica da Teologia Moral no Brasil a partir de 1977, na ótica de sua organização propulsora, a *Sociedade Brasileira de Teologia Moral* (SBTM).

Sempre em sintonia com o contexto eclesial mundial (pós-Vaticano II – 1962-1965), latino-americano (Conferência do CELAM de Medellín em 1968, e Puebla em 1979) e brasileiro (contexto sócio-político-cultural e eclesial – CNBB), analiticamente abrangem-se 35 anos de caminhada histórica, numa delimitação metodológica precisa. Os Protagonistas e mediadores deste processo, congressos, eventos e temáticas são minuciosamente decodificados, escrutinizados, analisados e organizados em três fases, e com uma 4ª fase em andamento, com destaques introdutórios de temáticas específicas contemporâneas da Teologia Moral (doravante TM), que demandarão posteriores esforços de pesquisa. Temos assim delineada a arquitetura estética deste livro com as seguintes fases históricas identificadas: *Fase I* (1977-1987*); Fase II* (1988-1998); *Fase III* (1999-2011) e *Fase IV* em andamento (2012…).

O conteúdo temático da presente obra apresenta-se metodológica e didaticamente desenvolvido em quatro partes, a saber: **Parte I**: O processo de renovação da TM; **Parte II**: A sociedade brasileira de Teologia (SBTM); **Parte III**: Os referenciais da TM no Brasil de 1977-2011 sob o enfoque da SBTM. Nesta parte, inserem-se as fases anteriormente mencionadas; **Parte IV**: O rosto da TM no Brasil a partir dos referenciais da SBTM, com quatro momentos chaves, a saber: 1) TM transitivo-crítica: um salto qualitativo; 2) TM da imersão: eixos teológico-morais; 3) TM da emersão: a emergência da realidade; e introdução à 4ª fase a partir de 2012.

Podemos nos perguntar que papel desempenhou a SBTM como protagonista ao longo destas quatro décadas de história. Para responder a essa importante interrogação, nada melhor do que ouvir o nosso autor, agora Doutor em TM, Ricardo Hoepers, quando afirma:

> A SBTM fez emergir uma Teologia Moral situada e criativa: nem construiu diques para se defender do 'degelo', com uma moral autoritária e legalista, e nem se deixou afogar pela surpresa das águas e dos ventos fortes, seduzida pelo deslumbramento do pensamento moderno e suas correntes. Ao contrário, a Teologia Moral no Brasil aprendeu a navegar nessas novas águas; aproveitou da força e da 'tensio' dos ventos para um projeto de transformação social; aprendeu a mergulhar no profundo das águas; descobriu as riquezas do ethos brasileiro com seu 'jeito' próprio e suas práxis popular; alimentou-se dos seus "peixes", isto é, soube tirar proveito das condições favoráveis para elaborar conteúdos pertinentes. (...) Enfim, a Teologia Moral no Brasil investiu nas novas águas, acreditando no seu potencial de conservação e transformação (p. 440).

Continua o autor afirmando que, na base do pensamento moral brasileiro que foi se desenhando e se desvelando aos poucos, utilizava-se a metodologia VER – JULGAR – AGIR:

> A SBTM esteve atenta à tensão da realidade ao seu redor e deixou-se interpelar (VER); refletiu e elaborou conteúdos que tiveram significado a partir da Revelação, da razão e da práxis popular (JULGAR); interagiu com a realidade, confrontando-a com os valores cristãos e buscou a transformação da consciência pessoal e social como testemunho coerente com o Evangelho de Jesus Cristo (AGIR) (p. 441).

Desde o seu nascedouro, a SBTM sempre investiu em termos de conscientização crítica. Bruce Jennings, notável bioeticista norte-americano e editor-chefe da mais recente edição da Enciclopédia de Bioética, 4ª. Edição, que veio à luz em meados de 2014, afirma que: *"Se a bioética não for crítica, ela pode se tornar apologética ou ideológica"*. Parafraseando Jennings, podemos também dizer que "se a TM não for crítica, ela pode se tornar apologética ou ideológica". É nesse sentido que o nosso autor afirma que:

> Desde seu início, a SBTM já se preocupava em investir num processo de conscientização que ajudasse no discernimento diante do poder e das forças ideológicas que alienam o homem, corrompem seus bons propósitos e o desviam do projeto de felicidade desejado por Deus. Esse processo de conscientização se tornou o fio condutor no caminho de uma Teologia Moral que se pretendia libertadora. De fato, o tema é constante em todas as fases e pode ser amadurecido através das reflexões dos mediadores elevando-a ao status de primeira grandeza na reflexão moral (p. 447).

Com esses trechos selecionados da obra, já temos uma amostra suficiente da seriedade e da competência científico-acadêmica com que ela foi sendo elaborada, o que certamente despertará o(a) caro(a) leitor(a) para uma leitura aprofundada. Quem adentrar no campo da TM do Brasil, e mesmo quem já milita nesta área ao longo dos anos, doravante terá que ter em mãos esta obra, uma vez que ela preenche um vazio até certo ponto incompreensível dos quase últimos 50 anos da história da TM brasileira. Sem dúvida, o surgimento desta obra de nosso caríssimo amigo Ricardo Hoepers representa uma importante conquista da SBTM. Ao parabenizá-lo por este feito acadêmico de primeiríssima linha, também fazemos votos de que esta obra tenha ampla divulgação no contexto acadêmico e eclesial brasileiro.

Talvez a experiência interior do Teólogo da Moral em sua trajetória de pesquisador testemunha uma busca inquietante e, por vezes, até mesmo angustiante de uma luz maior, uma certeza norteadora de rumo, esclarecedora e libertadora. Neste momento histórico marcado pela globalização excludente, pelo individualismo rompante, pelo relativismo negador de verdades universais e navegando num mar de incertezas em todas as áreas do conhecimento, a postura do Teólogo da Moral assemelha-se àquilo que o poeta alemão Rainer Maria Rilke (1875-1926) já intuiu em sua veia poética com tanta sabedoria ao afirmar:

> Seja paciente com as coisas não resolvidas em seu coração... tente amar as próprias questões. Não procure agora as respostas que não podem ser dadas, pois você não seria capaz de vivê-las. E o mais importante é viver tudo. Viva as questões agora. Talvez você possa então, pouco a pouco, sem mesmo perceber, conviver algum dia distante, com as respostas.

Enfim, após a leitura reflexiva e meditativa desta obra pioneira no âmbito da Teologia Moral no Brasil e refletindo sobre a evolução e desenvolvimento histórico na ótica da SBTM, surgiram em mim sentimentos e a visão retratados magistralmente nos versos de um famoso escritor e jornalista brasileiro, Fernando Sabino (1923-2004), quando diz:

> De tudo ficam três coisas... A certeza de que estamos sempre começando. A certeza de que é preciso continuar. A certeza de que podemos ser interrompidos antes de terminar. Façamos da interrupção um caminho novo. Façamos da queda um passo de dança, do medo uma escada, do sonho uma ponte e da procura um encontro.

Encerro esta singela apresentação dizendo que esta obra é um encontro de uma riqueza surpreendente com a TM do Brasil, colocando à luz do dia temáticas e conteúdos morais que estavam guardados, escondidos ou talvez quase perdidos no subterrâneo de nossas bibliotecas e que quase cheiravam clandestinidade. Agora não mais, com o resgate deste percurso histórico, esta história agora ganha cidadania! Belíssimo serviço prestado à causa da TM no Brasil. Mais uma vez, parabenizo-lhe, querido amigo, por este feito acadêmico-científico, realizado com muita sensibilidade humana, paixão evangélica e pastoral, atributos que lhe são únicos como dons de Deus.

***Leo Pessini, Camiliano***
*Presidente da Sociedade Brasileira de Teologia Moral (SBTM) – 2010-2015*

# INTRODUÇÃO

Em 1987, em São Paulo, realizava-se o I Congresso Latino-americano de Teologia Moral. Ali, B. Leers, um missionário franciscano radicado no Brasil, contribuía com uma reflexão marcante sobre o papel do povo na construção de uma Teologia Moral na América Latina. Expressou-se nestes termos: "No entanto, muita pesquisa há de ser feita, a fim de traçar uma imagem mais detalhada e diferenciada do complexo sociocultural formado pelo chamado 'ethos popular', fonte abundante de sabedoria e ciência moral, humana e cristã"[1]. É exatamente nessa proposta de B. Leers que nos identificamos e nos motivamos para realizar o projeto deste livro. Os ecos do apelo de B. Leers continuam a chegar com força, e esta pesquisa é uma confirmação que a Teologia Moral no Brasil apresenta um vasto legado teológico ainda desconhecido e pouco explorado.

O percurso histórico da Teologia como ciência e, consequentemente, da Teologia Moral como parte do *corpus theologicum*, com sua especificidade e autonomia, nos conduz a um caminho complexo, cheio de percalços e ainda em construção. Não temos aqui a possibilidade de analisar esse itinerário e não é esse nosso objetivo. Contudo, o fato concreto é que, no Brasil, o Ministério da Educação e Cultura (MEC) reconheceu o curso superior de Teologia no ano de 1999, através do Parecer número 241 do Conselho Nacional de Educação (CNE). Desde esse reconhecimento vem crescendo o número de cursos e Instituições que oferecem a graduação, bem como a demanda na procura por esses cursos[2]. Todas essas Instituições, com seus cursos de Teologia regulamentados pelo MEC, estão procurando qualificar seu corpo docente e aprimorar a organização didático-pedagógica de acordo com as exigências que avaliam e conceituam suas atividades e garantem sua manutenção e funcionamento.

O incentivo à pesquisa é um dos pontos primordiais para que uma área do conhecimento possa avançar na compreensão do seu estatuto científico. Mas, ao mesmo tempo, toda ciência é chamada a contribuir para o progresso social através de projetos que ofereçam uma melhoria na qualidade de vida das pessoas.

A pesquisa é a nutrição do conhecimento científico e abre caminhos para o bem comum. Dessa forma, queremos confirmar o avanço da Teologia no Brasil, como área reconhecida e em pleno crescimento no ensino superior, de modo que justificamos assim a necessidade de mapear seu campo de pesquisa para uma melhor qualificação de sua produção científica.

A Teologia Moral, por sua vez, entendida como "parte da Teologia que, à luz da Revelação e da fé vivida na comunidade eclesial, pretende apontar o caminho da humanização plena das pessoas e da sociedade, na trilha de Jesus Cristo e do seu Reino"[3], tem a responsabilidade de atualizar esse caminho, apontando as setas, indicando saídas, enfim, desvelando o campo de pesquisa no *ethos* brasileiro.

---

1  Leers, Bernardino. "Ensinar Teologia Moral na América Latina". In: Anjos, Márcio Fabri dos (coord.). *Temas Latino-americanos de ética*. Aparecida: Santuário, 1988, p. 285. (Coleção Teologia Moral na América Latina 3).

2  Em 1999, havia oito Instituições que ofereciam a graduação em Teologia com um total de 506 alunos matriculados. Em 12 anos, tivemos um crescimento significativo. Em 2011, somaram-se um total de 99 Instituições, 108 cursos oferecidos para uma demanda de 15.593 alunos matriculados. Esses dados são do Instituto Nacional de Estudos e Pesquisas Educacionais Anísio Teixeira (INEP), que é uma autarquia federal vinculada ao Ministério da Educação, cuja missão é promover estudos, pesquisas e avaliações sobre o sistema educacional brasileiro. Cf. INEP, "Sinopses Estatísticas da Educação Superior – Graduação", Disponível em: <http://portal.inep.gov.br/superior-censosuperior-sinopse> Acesso em: 09 nov. 2013.

3  Moser, Antônio; Leers, Bernardino. *Teologia Moral*: impasses e alternativas. Tomo V. Coleção Teologia e Libertação, série III: A Libertação na História. São Paulo: Vozes, 1988², p. 24.

Todavia, para traçar uma imagem mais detalhada da Teologia Moral no Brasil e demonstrar sua especificidade, é necessário reconhecer que a escolha de um caminho a ser percorrido numa pesquisa científica desse intento é extremamente complexa. Talvez uma experiência básica da óptica geométrica nos ajude a introduzir a dimensão da nossa proposta.

O vocábulo "enfoque", presente no título, remete-nos ao verbo "enfocar", que deriva da raiz latina *focu*, isto é, fogo. Enfocar é pôr em foco. Desse modo, "foco", na óptica geométrica, é o lugar para onde se convergem raios emitidos por uma fonte de calor, quando refletidos através de uma lente. Graças a esse princípio básico, pudemos qualificar nossos instrumentos ópticos como as lentes das câmeras fotográficas, dos microscópios e telescópios, hoje, aprimorados com recursos da alta tecnologia.

Neste mesmo sentido, utilizamos o vocábulo "enfoque" para explicitar um ponto de vista, uma perspectiva. Tanto no conceito técnico, quanto no conceito simbólico, existe a ideia comum da convergência a um ponto, um foco, para alcançar um melhor resultado, seja para ampliar, diminuir, convergir ou dispersar. O "enfoque" torna-se, então, a palavra-chave que nos ajuda a definir o ponto de convergência que vai dar o sentido da realização deste trabalho.

A Teologia Moral pode ser enfocada sob muitos aspectos e a partir de diferentes abordagens e metodologias. Sua abrangência histórica e a vasta gama de temas que definem seu estatuto epistemológico e sua especificidade no *corpus theologicus* exigem uma atenta escolha das "lentes" que devem ser utilizadas para qualquer tipo de aproximação científica.

Desse modo, a originalidade e a principal característica desta pesquisa é a escolha de uma "lente", de uma "objetiva", que foi sendo aprimorada ao longo do tempo, e, por isso, tem um *status* de idoneidade científica pelo seu uso exclusivo na área de Teologia Moral: essa "objetiva" se chama Sociedade Brasileira de Teologia Moral (SBTM). Veremos, no decorrer da obra, que a "objetiva" da SBTM tem todos os recursos necessários para nos aproximar de um vasto campo de pesquisa, abrindo, assim, caminhos para a produção científica mais ampla e mais intensa na área de Teologia Moral no Brasil.

Tendo a SBTM como ponto de convergência, como "foco", como "objetiva" para se conhecer o legado da Teologia Moral no Brasil e para se abrir perspectivas a partir desse legado, nossa aproximação especulativa se estrutura em três referenciais de pesquisa definidos: 1) pela escolha de um local, isto é, trata-se de Teologia Moral no Brasil; 2) de uma especificidade, que é o enfoque da SBTM; 3) de um tempo determinado que delimita a pesquisa: de 1977 a 2014.

Este é o primeiro dado importante a esclarecer: o presente livro não é sobre a "história da SBTM", mas sobre a "Teologia Moral no Brasil", isto é, a SBTM é a "objetiva" escolhida para se conhecer o legado moral no Brasil, no pós-Concílio Vaticano II, no espírito de *Medellín*, em clima de Teologia da Libertação, dentro do período proposto. Poder-se-ia escolher outras "objetivas", como, por exemplo, a Teologia Moral no Brasil sob o enfoque das Universidades Católicas, ou a Teologia Moral no Brasil sob o enfoque dos documentos da CNBB, ou a Teologia Moral no Brasil sob o enfoque das CEBs, e assim por diante. Poderíamos citar uma infinidade de enfoques interessantes e válidos. Este livro, no entanto, explora os recursos da "objetiva" da SBTM para apresentar o rosto da Teologia Moral no Brasil.

A segunda questão a esclarecer é que esta escolha teve como critério a idoneidade científica da "objetiva" da SBTM, com base em três pressupostos: durabilidade, exclusividade e produtividade. A SBTM, desde que foi fundada em 1977, reuniu-se ininterruptamente, uma vez ao ano, para reflexão exclusiva de temas na área da Teologia Moral, através de conferências, debates e Congressos que produziram reflexões e publicações que são passíveis de serem pesquisadas, apresentando não só um valor de conteúdo teórico, mas também da práxis concebida no "caldo" do *ethos* popular brasileiro.

O terceiro ponto a esclarecer é que, sendo a primeira vez que se analisa a Teologia Moral no Brasil, exclusivamente sob esse enfoque e período histórico determinado, pode-se vislumbrar, originalmente, um campo de visão que reúne um número significativo de dados, formando um conjunto arquitetônico complexo. Esta pesquisa revela, assim, que a SBTM possibilita não um único ponto de vista, mas uma diversidade de abrangência, ou, como disse A. Moser, uma "multividência"[4].

Aproveitando-se da imagem da SBTM como uma "lente", pode-se dizer que o conjunto arquitetônico do período analisado é complexo, porque ora temos "lentes convexas" que criam raios paralelos de luz convergente, e ora temos "lentes côncavas" que criam raios paralelos de luz divergente. Com isso, queremos dizer que o campo temático desvelado pela "objetiva" da SBTM abrange tanto os temas persistentes da Moral Tradicional, que exigem contínuo aprofundamento e maior fundamentação, como também está sempre aberto para atualizar seu campo de visão, dialogando com as outras áreas do conhecimento e abrindo-se para redimensionar sua área de abrangência com temas emergentes de caráter universal e particular, que desafiam qualquer tentativa de consenso e, portanto, são divergentes. Desse modo, o enfoque da SBTM apresenta um lado dinâmico e criativo da Teologia Moral no Brasil.

Para apresentar esse campo de visão da Teologia Moral no Brasil, oferecido pela SBTM, este livro foi organizado em sete Capítulos distribuídos em quatro Partes. A Primeira Parte é uma proposta de contextualização do processo de renovação da Teologia Moral. Dos dois primeiros capítulos que a compõe, o primeiro apresenta um panorama geral das discussões em torno da "Moral Nova", que foi alvo de polêmica no Magistério de Pio XII, e abriu um significativo debate em torno das influências da filosofia existencialista de J. Sartre e S. Beauvoir, e da teologia protestante no seio dos valores morais católicos.

Fortes ventos de renovação sopraram na Igreja e não foi diferente para a Teologia como um todo, culminando com a realização do Concílio Vaticano II, abrindo um caminho novo para uma releitura da Teologia Moral, agora iluminada pelos documentos conciliares. Dessa nova leitura moral, surgem as primeiras Associações de Moralistas, que buscam responder aos apelos de renovação.

No segundo Capítulo, ainda na Primeira Parte, os ecos do Concílio Vaticano II chegam até a América Latina e são traduzidos pelo episcopado local dentro do seu contexto social, político e religioso. Continuando a proposta de contextualização, o segundo Capítulo apresenta um cenário da abertura latino-americana e seu esforço para colocar em prática a nova proposta de ser Igreja expressada com veemência nos documentos de *Medellín* (1968) e *Puebla* (1979). Com isso, criam-se as condições necessárias para que a Teologia Moral latino-americana pudesse se estruturar dentro de uma plataforma de referenciais próprios, marcados por uma identidade teológica libertadora.

A Segunda Parte do livro é composta do terceiro e quarto Capítulos. Trata-se de contextualizar o impacto de toda essa renovação na Igreja do Brasil.

---

4 Moser, Antonio. *O problema demográfico e as esperanças de um mundo novo*. Cadernos de Teologia e Pastoral 12. Petrópolis: Vozes, 1978, p. 44.

No terceiro Capítulo, configura-se a década de 1970 para melhor situar o ambiente no qual surgiu a SBTM. O Brasil vivia um momento particular da sua história, confrontando-se com o cenário de uma Ditadura militar. Um tempo, porém, de intensa produção teológica, seja do Episcopado, seja dos teólogos da Teologia da Libertação. Neste contexto, a Teologia Moral no Brasil se expressa por meio de seus teólogos moralistas e ganha um "cheiro", uma "cor" e um "sabor" com a realização dos Encontros Nacionais de Professores de Teologia Moral (ENPTM), relatados no quarto Capítulo.

As duas primeiras Partes são, portanto, uma análise contextual da convergência dos eventos que determinaram as condições necessárias para o surgimento da SBTM, em 1977.

A Terceira Parte é o "enfoque" propriamente dito. Ela começa com o quinto Capítulo, tratando das questões de metodologia. Utilizamos para a Teologia Moral os mesmos referenciais do momento teórico que C. Boff propõe para a Teologia Geral: análise, sistematização e criação.

No que se refere à análise, como se trata de um longo período, fez-se necessário explicitar sobre a coleta dos dados, sua codificação, bem como os instrumentos analíticos para sua avaliação. Continuando a usufruir da metáfora da "objetiva" da SBTM, digamos que as fotos que foram tiradas com suas lentes passaram por dois tratamentos: um de revelação e outro de composição.

A "revelação das fotos" corresponde ao uso dos pressupostos do método da "Teoria Fundamentada", que permite organizar uma coleta de dados, uma codificação e uma análise, à medida que os dados vão manifestando sua realidade. Isso significa dizer que, ao iniciarmos a coleta de dados, não sabíamos exatamente qual seria o resultado, isto é, qual a visão de conjunto da Teologia Moral no Brasil nos 35 anos de Encontros analisados. Essa visão de conjunto foi se revelando e se construindo ao longo da pesquisa com certa imprevisibilidade dos resultados.

Com os dados nas mãos, isto é, revelados, havia a necessidade de uma composição sistemática dessa coleta. Metaforicamente poderíamos dizer que corresponderia a "organizar as fotos no álbum". E assim o fizemos. À medida que analisávamos os dados, fomos organizando-os em tabelas de maneira codificada para uma melhor compreensão de conjunto. Separamos os 35 anos de Encontros da SBTM em três fases, com seus temas dispostos cronologicamente: Fase I (1977-1987), Fase II (1988-1998) e Fase III (1999-2011) e acrescentamos os três encontros posteriores como o início de uma Fase IV, mas sem uma análise efetiva deles. Somente a visão do conjunto dos Temas Gerais, tratados durante as Fases, já nos salta aos olhos, devido à riqueza da multiplicidade de temas abordados pela SBTM.

Quando se aprofunda a coleta de dados e se revelam os Temas Específicos tratados em cada Encontro Nacional, o impacto é ainda maior, pois é de uma "multividência" que impressiona e comprova a pluralidade desse legado da reflexão teológica latino-americana, refletido na SBTM. Portanto, os referenciais da Teoria Fundamentada nos ajudaram na organização da coleta de dados e na sua composição.

No que se refere à sistematização dos conteúdos, foi necessária a definição do critério das Fontes Primárias. O fato é que, nos Encontros anuais da SBTM, houve muitos debates, discussões, reflexões e seria impossível reunir todos esses conteúdos, até porque já se perderam muitos dados. Por isso, escolhemos o critério das Fontes Primárias, que se referem àquelas publicações decorrentes diretamente dos Temas Gerais e Temas Específicos dos Encontros Nacionais. Assim, a exposição do conteúdo do Capítulo V reporta-se às ideias principais extraídas, única e exclusivamente, dessas fontes. Isso quer dizer também que, infelizmente, nem todos os Encontros Nacionais tiveram suas publicações oficiais, de modo que muitos temas ficaram sem análise de seus conteúdos. Isso não significa necessariamente que os conteúdos não existem, mas sim que eles não foram publicados e, consequentemente, não entram no critério das Fontes Primárias. Esse fator torna este conteúdo propenso a uma constante revisão e atualização, pois muitas das Conferências realizadas pelos mediadores da SBTM poderão vir a ser publicadas a qualquer momento, permitindo, assim, que entrem no *status* de Fonte Primária.

No que se refere ao momento da criação, ele se desenvolve no sétimo Capítulo, que inaugura a Quarta Parte do livro. Trata-se de vislumbrar um rosto da Teologia Moral no Brasil a partir dos referenciais da SBTM. Desse modo, o capítulo desenvolve-se como uma articulação da análise dos conteúdos do capítulo anterior. É um rosto que se apresenta com muitas facetas e com uma dinâmica original que se desvela no conjunto da obra.

O momento criativo da SBTM é composto pela visão sistêmica das três Fases e permite compor uma dinâmica, que apresenta um rosto com muitos lados da Teologia Moral no Brasil. Essa dinâmica é composta de três movimentos que formam um sentido e garantem uma análise crítica-teológica com a articulação dos dados da pesquisa exploratória. Utilizando a imagem de um atleta que salta para as águas, é interessante vislumbrar as etapas de seu intento. Primeiro, o atleta deve subir até a plataforma onde está o trampolim, local adaptado para realizar seu salto. Do alto, ele terá condições de observar a água e determinar o momento adequado para o salto. Daí vem o salto propriamente dito, o mergulho e a possibilidade de emergir. Digamos que as "lentes" da SBTM nos permitem contemplar esses três momentos da Teologia Moral no Brasil.

Dos muitos movimentos que os dados nos revelam, achamos por bem destacar esses três: 1) A produção de uma Teologia Moral transitivo-crítica que equivaleria a um salto qualitativo de ruptura em referência a uma Teologia Moral Tradicional, como resposta aos anseios de renovação da Teologia Moral no pós-Concílio; 2) Uma Teologia Moral de Imersão que equivaleria ao mergulho, na busca de um caminho próprio e uma identidade latino-americana da Teologia Moral buscando eixos referenciais que possam garantir o funcionamento da engrenagem desse processo; 3) Uma Teologia Moral de Emersão. Quando o atleta emerge para a realidade, após seu desempenho, já passa pela sua consciência um possível resultado a partir dos seus acertos e erros. Essa realidade o interpela, o questiona, aponta suas falhas e o desafia novamente a saltar. Desse mesmo modo, a Teologia Moral no Brasil continua a ser interpelada pela realidade, e sente-se responsável por buscar caminhos e apontar saídas.

Esses três movimentos da Teologia Moral no Brasil, revelados pelas reflexões da SBTM, apontam para um caminho em "processo", nunca fechado e pré-definido, mas multifacetado e miscigenado: eis uma possível abordagem do rosto da Teologia Moral no Brasil. A questão que procuraremos esclarecer no final é sobre o *proprium* que emerge dessa abordagem. Com isso, este livro abre uma série de perspectivas e interrogações sobre esse "processo" inacabado e reconhecemos uma série de limites que nos impediram de responder a essas questões com maior precisão.

Assim, os apelos do B. Leers assumem hoje uma perspectiva de desafio e continuam a repercutir em nossas Instituições, num momento em que a Teologia vem ganhando espaço e credibilidade no campo das ciências humanas. A presente obra é uma pequena iniciativa que pode incentivar o campo da pesquisa em Teologia Moral no Brasil. Vislumbrar esse legado e aprender a dialogar com os que já pensaram caminhos e alternativas para a construção de uma Teologia Moral de identidade latino-americana é uma verdadeira experiência de reciprocidade da consciência e, ao mesmo tempo, de opção fundamental pela solidariedade com os que sofrem as consequências de uma realidade social que persiste com suas estruturas de pecado.

Enfim, nesta obra não temos respostas encapsuladas, e por isso aconselha-se prosseguir na sua leitura como quem interpreta um mapa, isto é, sempre aberto para traçar novos caminhos e descobrir novas alternativas para se chegar a novos lugares. Basta saber escolher "lentes" que possam ajudar e decifrar os detalhes abrindo sempre novas perspectivas. Nós, aqui, fizemos nossa opção, nossa "lente" é SBTM, e essa escolha valeu a pena.

# PARTE I

# O PROCESSO DE RENOVAÇÃO DA TEOLOGIA MORAL

"A história da Teologia Moral atesta que, embora seja verdade, nos princípios morais proclamados pela Revelação, 'a moral não muda', no entanto tem havido um processo – em algumas ocasiões lento e às vezes em zig-zag – na elaboração doutrinal desses princípios."

A. Fernández

# Capítulo I
# Das forças que impulsionaram a Renovação da Teologia Moral

Dispondo-nos a fazer esse caminho de linhas tortas e sinuosas e reconhecendo, desde já, que sempre quem olha tem os limites do seu campo de visão, este primeiro capítulo quer ser um resgate histórico dos pontos mais significativos do debate realizado em torno da Teologia Moral antes, durante e depois do Concílio Vaticano II e seu impacto na América Latina.

Entendendo-a como um "processo"[1], a reflexão teológico-moral deve ser compreendida dentro do contexto que lhe dá sentido (hermenêutico, teórico e prático) e que a torna capaz de ser interligada a outras fases, sejam elas anteriores ou posteriores de sua evolução, formando um conjunto de conhecimentos fundamentais na composição da Teologia como um todo. Partindo do pressuposto de que a tomada de consciência dessa evolução histórica da reflexão teológico-moral "é um fator imprescindível para se compreender o significado da moral cristã"[2], propomo-nos, neste primeiro capítulo, percorrer alguns andares deste edifício da Teologia Moral, construído ao longo dos anos, para termos melhores condições de fazermos a análise crítico-teológica dos temas tratados pela SBTM no Brasil.

> "O princípio da historicidade, que nada tem a ver com o 'historicismo', é um pressuposto do Concílio Vaticano II. Esse princípio nos assegura que nada se joga fora; tudo se transforma, mas dentro de certa continuidade. Ainda que a curto prazo apareçam cortes, rupturas, sacudidas violentas, a longo prazo poderão se perceber nitidamente certas linhas de continuidade criativa. Ou seja, o princípio da historicidade, que também poderia ser denominado de 'entropia', traduz a realidade de uma transformação, por vezes muito profunda, que re-coloca de outro modo antigos problemas, assimila novas coordenadas, para melhor traduzir a fidelidade ao Evangelho"[3].

Sob esse enfoque, queremos dar o primeiro passo nos localizando no tempo e no espaço e tendo como ponto de partida alguns pronunciamentos de Pio XII. Veremos como, neste pontificado, pressões internas e externas marcaram significativamente o

---

1   O termo "processo" é entendido aqui como uma sucessão de eventos ou fases que formam um conjunto de fenômenos. Cf. Borba, Francisco. *Dicionário de usos do Português do Brasil*. São Paulo: Ática, 2002. No sentido teológico, Clodovis Boff utiliza o termo "processos" para designar o que ele chama dos "três momentos da construção teológica": momento "positivo", correspondendo à escuta da fé (hermenêutica); momento "especulativo", que se refere à explicação da fé (teoria); momento "prático", que busca atualizar ou projetar a fé na vida (prática). Cf. Boff, Clodovis. *Teoria do método teológico*. Petrópolis: Vozes, 1998, p. 41.

2   Vidal, Marciano. *Nova Moral fundamental*. O lar teológico da Ética. São Paulo: Aparecida: Santuário: Paulinas, 2003, p. 265. Ele afirma esta proposição citando três grandes autores da história da Teologia Moral: Vereecke, Louis. Histoire et morale. In: *Mélanges de Science Religieuse* 13 (1956) 5-18; Gründel, Johannes. *Wandelbares und Unwandelbares in der Moraltheologie*. Düsseldorf: Patmos-Verlag, 1967; Auer, Alfons. Die Erfahrung der Geschichtlichkeit und die Krise der Moral. In: *Theologische Quartalschrift* 149 (1969) 4-22.

3   Moser, A.; Leers, B. *Teologia Moral*: impasses e alternativas..., p. 16. Os autores propõem a imagem do edifício para figurar melhor a complexidade da história da Teologia Moral. Os manuais neoescolásticos, por exemplo, constituem um andar onde possuem colunas mestras para todo o edifício, e por mais que necessite de revisão, ele é fundamental para o conjunto edificado. A Moral Renovada seria outro andar, que, apesar de ter sido já fruto de uma tecnologia mais avançada, precisaria de reparos e concertos. Na época, o andar da Teologia Moral latino-americana estava ainda em construção e, por isso, era considerado sob uma nova perspectiva para o conjunto da obra (edifício).

"processo" de construção de uma identidade da Teologia Moral em tempos de grandes mudanças sociais e culturais que aconteceram no pós-guerra e estabeleceram novas relações entre a Igreja e a sociedade.

> "A partir da Segunda Guerra Mundial se intensifica o fenômeno histórico do encontro e fusão das culturas. Graças em grande parte aos meios de comunicação, os homens adquirem uma maior consciência dos problemas políticos, econômicos e sociais da comunidade humana. Muitos cristãos, e entre eles os teólogos, descobrem que o mundo em que se encontram é um mundo pluralista e o que interessa ao cristianismo (a conduta humana, a paz, a justiça, o respeito à pessoa, etc.) é um interesse comum incluindo aqueles que não creem; que também existem homens de boa vontade, com sentido moral autêntico; que o homo moralis não é necessariamente um homo christianus, e que é necessário dialogar, entender-se e trabalhar unidos para fazer do mundo um lugar habitável"[4].

Essas mudanças exigiram uma nova linguagem e um novo modo de compreender o que é próprio da moral cristã sem sustentar superioridade sobre as demais éticas. Num momento em que a história acelerava seus passos para a reconstrução de um pós-guerra[5], tornando-se cada vez mais secularizada, a Teologia Moral deveria se esforçar para apresentar "uma moral mais teológica, mais centrada no seguimento de Cristo e na caridade"[6].

A partir das exigências de um profícuo diálogo com o mundo, a Teologia Moral cresce significativamente na produção e na pesquisa, dando passos de antecipação do que viria a ser discutido posteriormente no Concílio Vaticano II. Por isso, primeiramente iremos apresentar as linhas fundamentais da chamada "Moral Nova", que antecipou e fomentou uma renovação da Teologia Moral para responder à nova realidade pós-guerra. Em seguida, desenvolveremos uma síntese, como um pano de fundo para uma reflexão posterior nos capítulos que seguem.

A renovação da Teologia Moral passou pelo Concílio Vaticano II e foi impulsionada pelo espírito dos documentos conciliares a uma atualização de seus conteúdos, buscando uma definição de sua identidade. E para concluir a contextualização das linhas mais importantes dessa renovação, não poderíamos deixar de apresentar o impacto desse processo na América Latina e as experiências de uma leitura inculturada no contexto do então chamado "Terceiro Mundo".

## 1.1 Pio XII entre a "Moral Nova" e a Renovação da Moral

Em 1952, o Papa Pio XII fez um discurso radiofônico sobre a "educação da consciência cristã" para os educadores cristãos[7]. Reforçava o valor da família como o berço onde se desenvolve o "homem completo" através de uma educação cristã. Destacava a responsabilidade dos pais em educar seus filhos religiosa e moralmente, física e civilmente e em prover as necessidades temporais destes. Assim, o tema

---

4   TRIGO, Tomás. *El debate sobre la especificidad de la moral cristiana*. Pamplona: EUNSA, 2003, p. 89.

5   J. Hobsbawm afirmou que, nos anos de 1950, tudo prosperou e o bem-estar da população cresceu rapidamente, chamando, assim, esta fase de "os anos de ouro" para os países do primeiro mundo. Cita G. Muzziolli: "Mas é ao longo dos últimos 40 anos que se aconteceu um verdadeiro salto. Se, em outros termos, da unidade Nacional à Segunda Guerra Mundial houve um tipo de longa espera ou lenta e intermitente modificação, em seguida a transformação foi fulminante tornando possível a difusão de um bem-estar que no passado era privilégio de uma restrita elite", in MUZZIOLI, Giuliano. "Modena". Bari: Laterza, 1993, p. 233 apud HOBSBAWM, Eric J. *Il secolo breve*. 1914/1991. Milano: BURexploit, 2011[7], p. 303.

6   TRIGO, T. *El debate sobre la especificidad de la moral cristiana...*, p. 91.

7   Cf. PIUS PP. XII, *De conscientia christiana in iuvenibus recte efformanda* (28 Martii 1952). *Nuntius Radiophonicus*. In: *AAS* 44 (1952) 270.

central apontado pelo Pontífice era a "formação da consciência" como um dever dos pais e um direito dos filhos. Na solene mensagem, após um breve resgate da definição e da essência da "consciência cristã", o argumento papal concentrou-se em esclarecer os erros na formação e na educação da consciência, destacando o perigo da "Nova Moral"[8]:

> "Evitando destacar a aparente imperícia e imaturidade do juízo de quem sustenta tal opinião, será útil realçar o vício central desta 'nova moral'. Ao reportar cada critério ético à consciência individual, fechada em si mesma ela torna-se árbitra absoluta de suas próprias determinações, longe de facilitar-lhes o caminho, distorceriam os mesmos da via mestra que é Cristo"[9].

Segundo o Pontífice, é missão da Igreja zelar para que as obrigações morais do cristão não sejam desviadas de seu essencial objetivo e que se mantenham intactas na sua substância mesmo diante das condições variáveis de lugar e de tempo. Sua pergunta demonstrava toda a sua preocupação: "Como é possível de conciliar a providencial disposição do Salvador que confiou à Igreja a tutela do patrimônio moral cristão, com um tipo de autonomia individualista da consciência?"[10] Com essa pergunta, o Papa iniciava oficialmente uma abordagem crítica em relação às interpretações dadas à "lei moral" e à "autonomia da consciência" pela *Ethica situationis*.

De fato, o caminho de defesa da universalidade dos princípios morais, por parte do Magistério, tornou-se cada vez mais intenso a ponto do Santo Ofício promulgar uma *Instructio*[11] para corrigir os erros teológicos e limitar a difusão da *Ethica situationis* na Teologia Moral católica.

O tema mostra-se relevante pelo fato de que sua crítica chegou aos discursos oficiais do Papa com a consequente atenção do Santo Ofício. A partir dessas manifestações do Magistério, podemos tomar tais discussões como referência histórica e documental para fazer um breve balanço dos antecedentes ao discurso Pontifício, bem como das consequências da *Instructio* do Santo Ofício, com o objetivo de contextualizar o caminho da renovação moral a partir do referencial da *Ethica situationis*. Assim, compreenderemos melhor as interações temáticas na área da moral que tiveram impacto na América Latina e especificamente no Brasil[12].

A discussão da renovação da Teologia Moral que antecedeu o Concílio Vaticano II tem suas raízes em uma série de eventos que sucessivamente foram sendo impul-

---

8 Pio XII utiliza vários termos para designar esta nova tendência na Teologia Moral: "Nova Moral", "Moral Nova", "Existencialismo Ético", "Atualismo Ético", "Moral de Situação", "Ética de Situação". Nesta obra, daremos preferência ao uso do termo em latim: *Ethica situationis*.

9 Pius XII, *De conscientia christiana...*, p. 273.

10 Ibidem.

11 Cf. Suprema Sacra Congregatio S. Officii, *Instructio: De Ethica Situationis*. In: *AAS* 48 (1956) 144-145.

12 Segundo A. Fernández, poderíamos citar alguns nomes de referência nessa discussão: A partir da reflexão de E. Grisebach (1880-1945), filósofo luterano, e de T. Steinbüchel (1888-1949), filósofo e teólogo católico, teríamos os primeiros impulsos das discussões da ética existencialista e do atualismo protestante na Teologia Moral Católica. Formados neste clima da "moral nova", os professores J. Fuchs (Gregoriana) e B. Häring (Alfonsiana) trouxeram a reflexão ao nível acadêmico sobre a Moral Renovada e, consequentemente, formaram muitos teólogos morais da América Latina, que propuseram outra leitura moral: a Ética da Libertação. O termo *Situationethik* pode ter sido cunhado primeiramente por E. Grisebach. Cf. Fernández, Aurelio. *La reforma de la Teología Moral*. Medio siglo de Historia. Burgos: Aldecoa, 1997, p. 30. O mesmo autor sugere uma lista de autores católicos que se situam simpatizantes à *Situationethik*, dentre eles J. Fuchs e K. Rahner: cf. Ibid, p. 38-54. Porém, M. Vidal, a partir do testemunho de B. Häring, não concorda que seu mestre T. Steinbüchel possa ser considerado situacionista, retirando da lista de A. Fernández também os teólogos J. Fuchs e K. Rahner. Para ele, uma coisa é ser adepto da corrente e, outra, é acolher os elementos válidos desta. Cf. Vidal, M. *Nova Moral fundamental...*, p. 447.

sionadores ou, como diz S. Agostinho, *distensores* na história da Teologia Moral, como "quem canta uma canção conhecida, a expectativa das notas futuras e a lembrança das passadas alteram o sentimento e tendem a dar sentido"[13]. T. Trigo, por exemplo, remonta aos tempos de G. de Ockham para apontar os primeiros pressupostos antropológicos que se diferenciaram da moral dos padres da escolástica do século XIII[14]. Porém, não é nosso intento fazer aqui um tratado de história da Teologia Moral, mas simplesmente contextualizar a construção de alguns dos andares desse grande edifício ou, ao menos, ouvir alguns trechos dessa canção para entendermos melhor a composição em sua totalidade.

Neste conjunto de eventos, são significativos os discursos de Pio XII, que faz um alerta para um perigo em torno de certo tipo de influência na moral católica, que de algum modo estava desviando o sentido proposto pela tradição da Igreja. Uma breve retomada histórica nos ajuda a entender o porquê de o Pontífice ter manifestado oficialmente as preocupações do Magistério sobre o tema da *Ethica situationis*.

Muitos autores apontam para influências tanto internas quanto externas à Igreja, que proporcionaram o advento da necessidade de renovação da Teologia Moral, de modo que não podemos analisar os eventos isoladamente, mas compreendê-los como resultado de um conjunto de fatores que determinaram um processo contínuo de mudança. Destacam-se, assim, a filosofia existencialista, de cunho ateu, divulgada nas ideias de J. Sartre (1905-1980), a *kulturkampf* protestante, o integralismo eclesiástico e os defensores da completa autorrevisão da Teologia Moral[15].

J. Ziegler faz uma abordagem interessante do contexto histórico no sentido de maturação da Teologia Moral na busca de princípios norteadores e dos seus fundamentos. Usa o termo "evolução" para mostrar a dinâmica de conflito entre as tentativas de superar as estruturas canônicas com uma base sistemática de uma moral geral (*normae generale*) e, ao mesmo tempo, resolver as questões da moral prática que pressionavam respostas adequadas para problemas concretos[16]. Apesar de esclarecer que essa "evolução" não foi idêntica em cada país, dá destaque principalmente para Europa Central. Divide o contexto da crise em três etapas: um primeiro período, que durou até 1930, teria sido caracterizado por "discussões de princípios" no que se refere à estrutura da Teologia Moral. Em seguida, ainda antes do Concílio Vaticano II, um segundo período em que houve tentativas de concretizar manuais de moral concebidos de modo novo. E, enfim, um terceiro período, já pós-conciliar, no qual

---

13 Agostinho, *Le confessioni*. Roma: Città Nuova, 2009⁹, p. 300.

14 Cf. Trigo, T. *El debate sobre la especificidad de la moral cristiana...*, p. 31. G. de Ockham (1295-1350) estudou em Oxford e entrou na Ordem Franciscana; segundo M. Vidal: "sua doutrina filosófica e política constituiu a atmosfera na qual se começou a ser elaborado o pensamento moderno", In: Vidal, M. *Historia de la Teología Moral*. Moral e espiritualidad en la cristiandad medieval (ss. VIII-XIV). T. III. Madrid: Perpetuo Socorro, 2011, p. 683.

15 Cf. Ziegler, Josef Georg. "La Teologia Morale". In: Gucht, Robert Vander; Vorgrimler, Herbert. *Bilancio della teologia del XX secolo*. v. III. Roma: Città Nuova, 1972, p. 336-340; Gerardi, Renzo. *Storia della morale*. Interpretazioni teologiche dell'esperienza cristiana – Periodi e correnti, autori e opere. Bologna: EDB, 2003, p. 449; Vidal, M. *Nova Moral fundamental...*, p. 447; Trigo, T. *El debate sobre la especificidad de la moral Cristiana...*, p. 75; Pinckaers, Servais. *Le renouveau de la Morale*. Études pour une morale fidèle à ses sources et à sa mission présente. Cahier de L'Actualité Religieuse 19. Tournai: Casterman, 1967, p. 16; Id., *Las fuentes de la Moral Cristiana*: su método, su contenido, su historia. Navarra: EUNSA, 2007, p. 337-342; Fernández, A. *La reforma de la Teología Moral...*, p. 23-28; Maritain, Jacques. *La Filosofia Morale*: esame storico e critico dei grandi sistemi. Brescia: Morcelliana, 1999, p. 450; Angelini, Giuseppe. *Teologia Morale Fondamentale*: tradizione, Scrittura e teoria. Milano: Glossa, 1999, p. 218-220; Mifsud, Tony. *Moral Fundamental*. Colección de textos básicos para Seminarios Latinoamericanos. MELAL I. Bogotá: CELAM Devym, 2002, p. 101.

16 Cf. Ziegler, J. G. "La Teologia Morale...", p. 337.

foram trabalhados de modo crítico os conceitos fundamentais[17]. Destaca nomes de alemães como J. Mausbach[18], F. Tillmann[19] e B. Häring[20].

A. Fernández, ao falar de "reforma ampla e insistentemente requerida", entra diretamente na discussão da *Ethica situationis* contextualizando as duas grandes influências da crise moral: a proposta da filosofia existencialista e a influência dos teólogos protestantes[21]. A. Fernández não economiza nomes. Situa os inspiradores e impulsionadores da *Ethica situationis*[22], os autores católicos que se situam diante desta, seja com algumas críticas, seja confirmando (simpatizando-se com) seus pressupostos[23] e os autores católicos que exigiam a reforma da Teologia Moral[24]. Nas suas primeiras conclusões, A. Fernández é claro em dizer que não só entre os filósofos existencialistas e os protestantes, mas também entre alguns católicos havia a simpatia mais ou menos aberta com a *Ethica situationis*, especialmente entre os alemães. Em suas conclusões, ele consegue reproduzir um pouco do clima de conflito que existia na época, especialmente a necessidade de dar "nome aos culpados" que de alguma forma comprometiam a tradição moral até então defendida[25].

Todavia, M. Vidal, no seu breve texto sobre o assunto, tem uma ideia diferenciada de A. Fernández, quando diz:

> "É difícil encontrar adeptos declarados da orientação 'situacionista' ou 'existencialista' entre os moralistas católicos. Já observamos que Th. Steinbüchel não pode ser

---

17  Ibid.

18  J. Mausbach (1861-1951) nasceu em Wipperfeld, professor da Faculdade de Teologia de Münster, onde chegou a ser Reitor da Universidade. Seu manual em três volumes *Katholische Moraltheologie* (Aschendorff, Münster 1914-1918) é um exemplo de renovação do ensino da Teologia Moral. De grandes conhecimentos bíblicos e patrísticos, tentou iluminar os problemas morais do seu tempo e incentivou a formação de minorias católicas no campo do apostolado social. Cf. FERNÁNDEZ, Aurelio. *Diccionario de Teología Moral*. Burgos: Editorial Monte Carmelo, 2005, p. 870-871.

19  F. Tillmann (1874-1953) é considerado como um dos reformadores da Teologia Moral do século XX. Duas abordagens de destaque: orientação bíblica da ciência teológico-moral e a decisão de uma moral proposta como imitação de Jesus Cristo. Em Bonn ensinou na Cátedra de Teologia Moral de 1913 a 1939. A mais valiosa é a edição de sua obra *Handbuch der Katholischen Sittenlehre*. Dusseldorf: L. Swann, 1934-1938, em seis volumes. Tillmann entende que a imitação de Cristo e a identificação com sua vida abre caminho para uma nova moral, culminando no Vaticano II e é o húmus que fundamenta a Teologia Moral do nosso tempo. Cf. FERNÁNDEZ, A. *Diccionario de Teología Moral...*, p. 1336-1337.

20  B. Häring nasceu em Böttingen e morreu em Gars am Inn. Entrou para os redentoristas em 1934. Doutorando-se a Tubinga teve como seu relator T. Steinbüchel, em 1947. Foi docente na Accademia Alfonsiana de Roma desde a fundação até 1988. Trabalhou como perito no Concílio Vaticano II. Seu primeiro manual foi traduzido em diversas línguas com temas como "seguimento e imitação de Cristo", "reino de Deus", "primado da caridade", etc. Para B. Häring, a moral é antes de tudo uma resposta do homem ao chamado de Deus: a vida cristã é imitação de Cristo, vida em Cristo. O grande mérito de B. Häring é ter exposto nos manuais os principais resultados das pesquisas amadurecidas na Alemanha de 1920 a 1950, de modo especial de F. Tillmann. Cf. GERARDI, R. *Storia della morale...*, p. 466-467.

21  Tema do seu primeiro capítulo e seus dois primeiros subtemas. Cf. FERNÁNDEZ, A. *La reforma de la Teología Moral...*, p. 16-29.

22  Cita esses autores como sendo da Filosofia e com interesse na literatura teológica. Segundo ele, deles derivariam o existencialismo ético e a doutrina dos teólogos e moralistas protestantes: E. Grisebach, T. Steinbüchel, G. Gusdorf. Cf. FERNÁNDEZ, A. *La reforma de la Teología Moral...*, p. 29-35.

23  Para A. Fernández, alguns moralistas católicos se deixaram influenciar pelas correntes da filosofia existencialista e da teologia protestante. São eles: E. Michel, J. Fuchs, K. Rahner, W. Dirks, M. Reding. Cf. FERNÁNDEZ, A. *La reforma de la Teología Moral...*, p. 38-52.

24  Faz referência aos moralistas que criticavam o aspecto negativo, casuístico e distante do pensamento bíblico que caracterizava a literatura manualística da época, como: G. Thils, J. Leclercq, P. Delhaye, M. Zalba. Cf. Ibid., p. 56-62.

25  Cf. Ibid., p. 64. Especialmente a segunda conclusão dizendo que é possível até sinalizar a geografia por onde se estende suas influências.

colocado na corrente da 'ética de situação'. O mesmo se diga de J. Fuchs, que fez um arrazoado teórico para assumir o que de valor tem a 'situação' mediante uma análise completa da decisão moral. O mesmo objetivo teve K. Rahner em sua proposta de uma 'ética existencial formal' cristã"[26].

Outra abordagem interessante é feita por T. Trigo, cujo objetivo é destacar e aprofundar a especificidade da Teologia Moral na história e na produção teológica. De modo geral, ele faz uma leitura positiva de todo esse processo conflitivo, nos anos que precederam o Concílio Vaticano II, como uma tentativa de definir um "princípio organizador da Teologia Moral especificamente cristã"[27]. Agregando ao seu itinerário o movimento de renovação iniciado por J. Sailer (1751-1832) e J. Hirscher (1788-1865) que culminou na Escola de Tubinga, T. Trigo segue a linha de J. Ziegler[28] e mostra a busca incessante desses autores em definir um princípio norteador da moral, para que ela supere as tendências legalistas e minimalistas, nas quais se apoiam os moralistas pós-tridentinos. Para tanto, esses autores elencam alguns temas centrais para a moral cristã, na tentativa de trazê-la para um eixo central que seja capaz de dar-lhe identidade[29]. Para T. Trigo, foram três os motivos que estão na raiz do movimento de renovação da Teologia Moral do século XX: primeiro o impulso tomista dado por Leão XIII na encíclica *Aeterni Patris* (1879)[30]; segundo, o desejo de superar a casuística dos manuais diante de uma profunda reflexão teológica; terceiro, a polêmica da escola de Tubinga e suas vinculações com o idealismo e a teologia protestante[31].

O período dos anos 1930 a 1950 é caracterizado por Trigo como um tempo de investigação sobre o fundamento último da norma moral para o cristão, apontando para duas tendências: os autores que centravam as discussões da Teologia Moral na "lei natural", identificando-a com a "lei de Cristo", e os que propunham o retorno evangélico às virtudes teologais[32]. Destacam-se as produções de Ph. Delhaye, J. Leclercq e S. Pinckaers[33], os quais, além de combaterem a escola que tinha como tendência centrar a Teologia Moral na lei natural, identificando-a com a lei de Cristo, foram defensores de uma moral que se fundamentasse na Sagrada Escritura e fosse aberta ao estudo da antropologia. Segundo T. Trigo, foram exatamente esses autores que viram nas reações à "escola do direito natural" uma das causas da inversão de uma moral, que pretendia se manter num caráter universal, mas que foi reduzida a uma moral simplesmente racional, criando uma resposta de negação ao caráter divino do direito natural e da autoridade direta do Magistério sobre o mesmo[34].

Pio XII relata uma dessas reações que derivam da *Ethica situationis* e que interpretam desvirtuadamente o papel da Igreja na formação da consciência:

---

26   VIDAL, M. *Nova Moral fundamental...*, p. 447.
27   TRIGO, T. *El debate sobre la especificidad de la moral cristiana...*, p. 33.
28   Cf. Ibidem. Na sua nota n.6, cita J. Ziegler como um dos autores que faz uma síntese clarificadora do desenvolvimento e evolução da Teologia Moral.
29   Foram resgatados e aprofundados temas como: "a moral cristã na vida da graça", "a moral cristã como chamado pessoal a uma vida superior", "uma moral cristã enraizada na Sagrada Escritura", etc. Cf. Ibid.
30   Cf. LEO PP. XIII, *Aeterni Patris* (4 Augusti 1879), Epistola Encyclica. In: *ASS* 12 (1879-1880) 97-115.
31   Cf. TRIGO, T. *El debate sobre la especificidad de la moral cristiana...*, p. 33.
32   Cf. Ibid., p. 42.
33   As obras de destaque seriam as seguintes: DELHAYE, Philippe. "La théologie morale d'hier et d'aujourd'hui". In: *Revue de Sciences Religieuses* 27 (1953) 112-130; LECLERCQ, Jacques. *L'enseignement de la morale chrétienne*. Louvain: Du Vitrail, 1949; PINCKAERS, Servais. "Le renoveau de la morale et ses problèmes". In: *Vie Intellectuelle* 27 (1956) 1-21.
34   Cf. TRIGO, T. *El debate sobre la especificidad de la moral cristiana...*, p. 33.

> "A moral nova afirma que a Igreja ao invés de fomentar a lei da liberdade humana e do amor e de insistir o quanto elas são dignas da dinâmica da vida moral, ela ao contrário alavanca quase que exclusivamente e com excessiva rigidez com a firmeza e a intransigência das leis morais cristãs, recorrendo continuamente àquele 'é obrigado', 'não é lícito' que trazem consigo um sabor de deprimente pedantismo"[35].

O Pontífice lembra, ao contrário, que a Igreja é muito mais condescendente do que severa, porém, quando se tratavam de acusações contra as leis morais cristãs, era, em primeiro lugar, ao Próprio Cristo que se acusava[36].

Esse cenário mostra a complexidade do debate em torno da renovação da moral, de suas interpretações, correntes de pensamento, escolas de predominância, pressões internas e pressões externas que iam se acumulando e que, neste caso, se concentravam em um tema comum. Portanto, a necessidade de uma renovação da Teologia Moral foi canalizada pela predominância do tema da *Ethica situationis*, que reuniu em torno dela filósofos, sejam ateus ou cristãos; teólogos, sejam protestantes ou católicos e Magistério que, ao seu modo, colaboraram para o amadurecimento da Teologia Moral e da definição de sua identidade.

## 1.2 *Ethica situationis* e suas facetas

Pio XII reconhecia que a *Ethica situationis* era um sistema atraente e fascinante[37] que reunia em torno dele muitos pensadores e formadores de opinião. Tornou-se um fenômeno que se espalhou por todos os lugares e afetou a fé dos católicos e de modo particular os jovens e seus educadores[38]. Assim, como já dissemos, ao nominá-la de "nova concepção de vida moral", "nova concepção de moralidade cristã", "moral nova", "existencialismo ético", "atualismo ético", "individualismo ético", "ética de situação", "moral de situação", o Papa chamava a atenção das diferentes formas de expressão da *Ethica situationis*, esclarecendo ao povo – que muitas vezes não percebia – os perigos que estavam por trás das origens dessa concepção[39]. O Pontífice, falando para a juventude feminina, procura conceituar a "ética de situação" com os seguintes sinais que a distinguem:

> "O sinal que distingue essa moral é que ela não se baseia em pontos de efeito sobre as leis morais universais, como, por exemplo, os dez mandamentos, mas sobre as condições ou circunstâncias reais e concretas dentro das quais se deve agir e que a consciência individual tem que julgar e agir. Este estado de coisas é a ação humana. É por isso que a decisão da consciência, afirmada pelas tendências desta ética, não pode ser comandada por ideias, princípios ou leis universais"[40].

E aponta as consequências desse sistema para a fé cristã, pois concebe a moral católica como: um código de preceitos e proibições, uma moral imperativa, um fardo constrangedor[41]. É uma ética adaptada às circunstâncias e essencialmente individual.

---

35  Pius PP. XII, *De conscientia christiana*..., p. 274.

36  Cf. Ibid., p. 275.

37  "*Ethica situationis*, sistema que domina a mente de não poucos, porque tem qualquer coisa de fascinante e da qual não se vê claramente o caráter perigoso", In: Pius PP. XII, *Iis qui interfuerunt conventui sexto nationali e Clero Italiae, per hebdomandam Romae indicto, de hodiernis postulatis ac normis ad Pastorale Ministerium aptius provehendum*. Allocutiones. In: AAS 48 (1956) 709.

38  Cf. Pius PP. XII, *Ad Delegatas Conventui internationali Sodalitais vulgo nuncupatae "Federation Mondiale des Jeunesses Féminines Catholiques", Romae habito*. Allocutiones II. In: AAS 44 (1952) 413.

39  Cf. Pius PP. XII, *Ad Delegatas Conventui internationali*..., p. 414.

40  Ibid.

41  Cf. Pius PP. XII, *Ad Delegatas Conventui internationali*..., p. 413.

> "Na determinação da consciência, o homem singular se encontra imediatamente com Deus e se decide diante dele, sem a intervenção de qualquer autoridade, de qualquer comunidade ou de qualquer culto ou confissão de nenhum tipo. Se encontram somente o eu do homem e o Eu do Deus pessoal"[42].

Naturalmente que essas características são decorrentes de uma série de fatores que, como dissemos anteriormente, foram pressionando mudanças no modo de vivenciar a própria fé cristã. Uma primeira influência é decorrente, sem dúvida, da filosofia existencialista.

A filosofia deixou de lado os temas relacionados à moral, porque desta não era possível extrair uma reflexão racional e científica, relegando-a às ciências humanas a responsabilidade de refletir sobre os comportamentos humanos. Assim, ela deixou de ser uma filosofia moral para se tornar uma filosofia da moral, que fosse capaz de analisar as condições, estruturas e conexões do agir humano, sem recorrer à discussão de valores e ideais[43]. O papel da consciência torna-se centro das discussões. Se, por um lado, a moralidade humana se resumia à livre e autônoma decisão da consciência, por outro, defendia-se a necessidade de formação da mesma para um fim que estava além do próprio homem. No entanto, as ideias existencialistas, como um rolo compressor, influenciaram praticamente toda a filosofia moral, engessando-a com seus pressupostos relativistas.

> "A ética existencialista é ao mesmo tempo uma moral da ambiguidade e uma moral da situação. É claro que no sistema de Sartre todo valor universal é rejeitado... é também verdade, e vemos de passagem, que em uma determinada situação em que um verdadeiro ato (cometer um homicídio, um adultério) aparece ao mesmo tempo como o que fazer (porque tenho a vontade) e o que não fazer (porque seria mal) é somente a liberdade que decide: o ato em questão para mim pode ser realizado ou para mim não pode ser realizado (porque prefiro essa ou aquela conduta). É exatamente isso que acontece realmente. Então, a operação à qual Sartre procede é simplesmente de passar do fato ao direito"[44].

A proposta desta corrente filosófica, porém, não se enquadrava às exigências do Evangelho, pois nela o que vale é o ser humano concreto, sua existência real, sua liberdade como valor supremo. A essência e a natureza que integram os valores inerentes e permanentes no homem são desprezadas quando se coloca a liberdade como valor absoluto na medida em que o homem se constitui a si mesmo determinando-se. Acentua-se, assim, exageradamente a originalidade e irrepetibilidade do "aqui e agora" na existência. Para J. Snoek, é fácil reconhecer o parentesco que há entre a *Ethica situationis* e o existencialismo, que, "abstraindo de Deus ou negando-O simplesmente, entrega sempre o homem a si próprio"[45].

A segunda influência que define alguns conceitos da *Ethica situationis* é da teologia protestante, marcada pela ética individualista e com influências do existencialismo. A. Fernández cita alguns nomes de grande expressão como E. Brunner (1889-1996), R. Hauser (1943-1980), H. Thielicke (1908-1986), K. Barth (1886-1968). Afirma que

---

42  Ibid., p. 416.
43  Cf. ANGELINI, G. *Teologia Morale Fondamentale...*, p. 23.
44  MARITAIN, J. *La Filosofia Morale...*, p. 450.
45  SNOEK, Jaime. "Em torno da Ética de Situação". In: *REB* 17 (1957) 344. Também nesse sentido se diz que a única recomendação moral do existencialismo é viver com a "laceração da consciência" e que "na ética existencialista todos os valores veem-se relativizados – salvo aquele que a liberdade se torna em si mesma o fim supremo", In: MARITAIN, J. *La Filosofia Morale...*, p. 451.

predomina nesses autores o acento da vontade de Deus como oposta à lei natural, enfatizando a situação individual de cada cristão perante a chamada de Deus[46].

> "Desde a crise da Reforma, a teologia católica e a protestante escolheram, de maneira geral, pontos de partida opostos. A teologia católica se acostumou a partir do humano, da filosofia para a teologia, da apologética e dos argumentos da razão para ter acesso à fé, do natural para chegar ao sobrenatural, enquanto que o protestantismo, por um movimento espontâneo, parte da fé, da Escritura, da Palavra de Deus e se mostra sempre desconfiado e crítico em respeito ao humano, à razão, que para ele pertence a uma ordem separada da fé, quando não antagônica"[47].

J. Snoek considera que "por própria natureza a teologia protestante está mais aberta para uma *Ethica situationis*, pois acentua muito o encontro pessoal e imediato com Deus, sem intervenção de qualquer poder que seja"[48]. A ideia predominante nesta nova moralidade, como disse o Papa Pio XII, é que não há necessidade de nenhuma intervenção mediadora entre a pessoa e Deus e este é um encontro entre o "eu" pessoal e o "Eu" de Deus. J. Snoek confirma que é na teologia protestante que se acentua esse encontro imediato:

> "Conformar-se rigorosamente a uma lei seria cair de novo no formalismo farisaico. O cristão não vive da lei, mas da vontade de Deus que se manifesta em cada momento, num contato direto com Deus. Não se pode prever qual será a vontade de Deus numa determinada situação, porque a lei não está de tal maneira enraizada na essência de Deus que Ele mesmo estaria ligado por ela. O que Ele pedirá de mim depende só da sua Vontade que sempre é nova. Basta ainda acrescentar a teologia protestante, a lei natural e lá estão todas as premissas para uma Situationethik como foi esboçado acima. Heinrich Bart, Emil Brunner, Griesbach, Thielicke e outros elaboraram uma Situationethik sistemática"[49].

Essas interpretações foram sendo incorporadas nas bases da doutrina católica e influenciando os formadores de consciência, a ponto que o Santo Ofício promulgou um documento específico sobre o assunto na tentativa de colocar os limites necessários na discussão[50]. Tendo como eixo central os tópicos que entram em desacordo com a doutrina cristã, que é a negação das normas objetivas e uma falsa concepção de natureza humana e lei natural, o Santo Ofício condena a adesão e o ensino dessa doutrina:

> "Para deliberar a advertência dos perigos da 'Nova Moral' da qual o Sumo Pontífice Papa Pio XII, em discurso nos dias 23 de Março e 18 de Abril de 1952 nos quais falou para assegurar a pureza da doutrina católica, esta Suprema Congregação do Santo Ofício veta e proíbe que se ensine a doutrina da Moral de situação, seja com qualquer nome com que a designe, nas Universidades, faculdades, seminários e casas de formação religiosa, seja nos livros, dissertações, suas leituras públicas ou, como dizem, conferências, bem como de qualquer outra maneira que venha a propagá-la e defendê-la" (tradução do autor)[51].

---

46 Cf. FERNÁNDEZ, A. *La reforma de la Teología Moral...*, p. 27-28.
47 PINCKAERS, S. *Las fuentes de la Moral Cristiana...*, p. 348.
48 SNOEK, J. "Em torno da Ética de Situação...", p. 345.
49 Ibid.
50 Cf. S. S. C. S. OFFICII, *Instructio...*, p. 144-145.
51 S. S. C. S. OFFICII, *Instructio...*, p. 145. "Quibus perpensis, ad avertendum "Novae Moralis" periculum, de quo Summus Pontifex Pius Pp. XII in Allocutionibus diebus 23 Martii et 18 Aprilis 1952 habitis locutus est, et ad doctrinae catholicae puritatem et securitatem tuendam, haec Suprema Sacra Congregatio Sancti Officii interdicit et prohibet hanc "Ethicae Situationis" doctrinam, quovis nomine designetur, in Universitatibus, Athenaeis, Seminariis et religiosorum formationis domibus tradi vel approbari, aut in libris, dissertationibus, acroasibus seu, ut aiunt, conferentiis, vel quocumque alio modo propagari atque defendi".

A. Fernández relata que depois da promulgação do documento foram inúmeros os artigos e comentários sobre ele, provando, assim, claramente que a polêmica continuou acesa por um longo período[52]. Para A. Fernández, ao falarmos de *Ethica situationis*, devemos, no mínimo, reconhecer quatro tipos de correntes nas quais ela se manifesta: 1) Como doutrina professada pelo existencialismo ateu, oposta à moral cristã; 2) Nas diversas tendências da teologia protestante, tanto no campo dogmático como no campo moral, alheias ao pensamento católico; 3) Nas teses filosóficas e teológicas protestantes e de alguns escritores católicos que eram partidários de uma *Ethica situationis*, de acordo com uma singularidade da pessoa, frente a uma moral que criticavam de existencialista, dependente das normas objetivas e universais de moralidade; 4) No situacionismo mitigado de alguns teólogos católicos que, em busca de uma renovação da Teologia Moral, se aproximavam de algumas abordagens da *Ethica situationis*[53].

Com isso, A. Fernández mostra-nos a complexidade dessa corrente que se misturou e se dissipou em meio a filósofos e teólogos e influenciou intensamente o ambiente de produção teológica de então. Desse modo, se para alguns moralistas católicos, a intenção era de promover uma renovação da Teologia Moral através das inovadoras ideias da *Ethica situationis*, acabaram se tornando alvo de críticas acirradas do Magistério, pois os erros dessa corrente foram condenados pelas características heréticas e laxistas dos comportamentos que dela derivavam.

Poderíamos nos perguntar: quais foram os reais efeitos dessa discussão para a renovação da Teologia Moral?

O primeiro aspecto que devemos considerar é que esta é chamada de "moral nova" porque se desejava, com ela, superar uma assim considerada "moral ultrapassada", isto é, a moral tradicional que defendia a lei natural com seus elementos absolutos. A força de pressão dos "novos conceitos", ou as "novas interpretações" dos mesmos, seja de "lei natural", como da "subjetividade" e da "autonomia da consciência", queria ser um sinal concreto do desprezo à versão obsoleta que os manuais de Teologia Moral, com seus infindos casos resolvidos, impunham sobre uma realidade em que esses parâmetros de linguagem e métodos já não se adequavam mais.

O progresso das ciências humanas, especialmente da antropologia e da psicologia, trouxera um novo modo de abordagem sobre o ser humano e suas relações com o mundo e consigo mesmo. Por mais lógicos que fossem os erros da *Ethica situationis*, demonstrados claramente nos pronunciamentos do Magistério, eles significavam uma dimensão profunda do "novo pensar humanístico" que emergia dos conhecimentos filosófico, psicológico e antropológico, os quais a Teologia Moral não poderia mais deixar à margem no seu caminho de adequação aos novos tempos.

Como já vimos, também a *Ethica situationis* era um amadurecimento de uma série de iniciativas que, surgindo na base pastoral da experiência alemã, foram alcançando dimensões cada vez maiores, pois tinha no seu bojo um desejo real, justo e verdadeiro de uma renovação teológico-moral como necessidade imprescindível

---

52 Cf. FERNÁNDEZ A. *La reforma de la Teología Moral...*, p. 69. Neste caso se pode verificar a lista abundante de artigos e livros escritos sobre o tema: cf. Ibid., p. 91-92, notas 13 e 18. Em relação a esta divisão poderíamos fazer uma tentativa de destacar alguns nomes e obras em cada uma delas, mas o risco de enquadrar autores e obras em um determinado tipo de abordagem pode ser injusto, e além do mais, não existe um consenso sobre isso, como já o vimos entre A. Fernández e M. Vidal, por exemplo.

53 Cf. Ibid., p. 69.

de inculturação e diálogo com a modernidade no pós-guerra. Assim sendo, essa corrente de pensamento, seja no âmbito externo ou interno na Igreja, forçou respostas e reações que redimensionaram o sentido da tão desejada renovação moral.

Portanto, é necessário reconhecer alguns resultados positivos dessa discussão que, aliás, só é possível ser feita agora, depois de certo tempo, quando temos a possibilidade de rever o caminho trilhado e as consequências a curto, médio e longo prazo. Antes de entrarmos na análise do tempo conciliar e pós-conciliar, gostaríamos de destacar alguns autores, obras e temas que foram redescobertos e revalorizados com a discussão da *Ethica situationis*, bem como iniciar a ponte que os liga com a América Latina e a Teologia Moral no Brasil.

Um exemplo da continuidade do aprofundamento do tema é o artigo de B. dos Santos, publicado na *Revista Eclesiástica Brasileira* em 1974, que faz uma leitura interessante em torno do debate da lei natural, reforçando assim a ideia de que era necessária uma adequação do conceito às novas realidades, neste caso, pós-conciliar. Para ele, o papel da Teologia de então era exatamente de colaborar na consolidação de uma concepção personalista da lei natural, deixando de lado a leitura biologicista e fixista para entrar num diálogo mais pluralista. Por conseguinte, "a definição de lei natural, levando em conta a historicidade do homem, é a grande contribuição que a Teologia atual vem dando ao assunto"[54], admite B. dos Santos.

Tentando, assim, interpretar de maneira positiva a contribuição que as novas ciências e a nova linguagem trouxeram à reflexão sobre a lei natural e a renovação da visão teológica sobre o tema[55], B. dos Santos recorda a importância dessa discussão no cenário pós-conciliar:

> "A ética da situação do novo conceito de lei natural evita, de um lado, a objetividade despersonalizada da ética legalista e, de outro, o subjetivismo da ética iluminista. Ela é simplesmente personalista. É produto da co-reflexão humana. Leva em consideração a intersubjetividade, os juízos de consciência, o dinamismo da vocação humana e, numa perspectiva teológica, a urgência interior da graça. Leva em consideração, numa palavra, a situação total, ou seja, a subjetividade e a objetividade do Todo. Não creio, portanto, que sobre ela pese a condenação formulada por Pio XII em 1952"[56].

Contudo, é necessário lembrar que a condenação de Pio XII está voltada mais aos excessos nas interpretações da lei natural e da autonomia da consciência. J. Snoek, 17 anos antes do artigo de B. dos Santos, já apresentava os pontos positivos considerados pelo Magistério, como, por exemplo, a redescoberta da função central da prudência; o reavivar a vida moral como dinâmica religiosa que envolve toda a vida, que através das virtudes teologais responde aos apelos de Deus; a retomada da reflexão dos conselhos evangélicos na vida pessoal e na teologia da vocação[57]. Temas impulsionadores que abriram também as portas aos debates que levaram à reelaboração dos Manuais de Teologia Moral.

---

54 Beni dos Santos, Benedito. "Lei natural e ética de situação". In: *REB* 34 (1974) 94.

55 J. Ziegler considera que a renovação interna na Igreja, o progresso das disciplinas antropológicas e o movimento ecumênico foram três grandes impulsionadores da renovação da Teologia Moral e dos Manuais. A renovação interna foi promovida pelos movimentos litúrgico, bíblico e kerigmático, inspirando autores a escreverem sobre a unidade entre liturgia, dogmática, exegese e moral: "O interesse por uma moral da revelação, centrada sobre a história da salvação e sobre a personalidade humana, trouxe à Teologia Moral conclusões da qual ela é devedora sobretudo do Movimento bíblico", In: Ziegler, J. G. "La Teologia Morale...", p. 352.

56 Beni dos Santos, B. "Lei natural...", p. 106.

57 Cf. Snoek, J. "Em torno da Ética de Situação...", p. 350.

Por isso, se de um lado a *Ethica situationis* provocou interpretações que não estavam de acordo com a Teologia Moral tradicional, por outro, dentro do processo de renovação, ela teve uma contribuição significativa. Assim, falava-se da "integração dos legítimos anseios da moral de situação na Teologia Moral católica"[58], mostrando como ela contribuiu eficazmente para a recuperação da virtude da prudência e estava, assim, intimamente ligada ao melhor da tradição, podendo ser considerada uma interpretação autêntica para aquele tempo[59].

> "O problema do valor da lei universal para o caso particular, posto pela Situationethik, obrigou a refletir de novo sobre a solução clássica da prudência. Uma redescoberta da função central da prudência na construção da personalidade moral em plena harmonia com as estruturas ontológicas e universais é o primeiro fruto. E intimamente ligado a isso o aprofundamento da teologia da lei"[60].

A síntese desse debate culmina com K. Rahner, que propõe não uma ética situacional, mas existencial[61]. Segundo J. Snoek, foi K. Rahner "um dos primeiros a combater os perigos de uma *Situationethik* exagerada, decepcionando, com isso, os sinceros admiradores do que havia de positivo naquela doutrina, mas que depois quebrou uma lança para a elaboração de uma *Formale Existentialethik*, que deveria conter o núcleo de verdade que se encontra na *Situationethik* falsa"[62].

K. Rahner acentua que o que há em comum entre a Ética existencial e a Moral de Situação é que existe um indivíduo moral de índole positiva e existe um acontecer apenas uma vez que obriga o que é moral[63]. Assim, K. Rahner parte do conceito do existente concreto, do sujeito como filho de Deus, que não pode ser traduzido numa ética geral, mas que tem uma existência singular. Porém, isso não significa que o sujeito singular não tenha de cumprir as normas universais porque elas não são antagônicas. Há uma obrigação universal que vincula a ela o homem concreto quando este "opta pelo querer de Deus e elege as possibilidades que oferece essa norma. É uma explicação concreta da teonomia moral"[64]. É interessante notar nessa reflexão de K. Rahner o germe de um debate que será discutido na realidade brasileira sobre "normas absolutas" e a realidade concreta do sujeito na sua cultura[65].

---

58 FURGER, Franz. "A prudência e a evolução das normas morais". In: *Concilium* 5 (1968) 114-126.

59 Cf. FURGER, F. "A prudência...", p. 121. Buscando mostrar a ligação da *Ethica situationis* com todos os esforços que contribuíram para uma renovação da Teologia Moral, F. Furger destaca autores, obras e escolas que refletiram sobre a virtude da prudência como mediadora para evitar os erros de interpretação.

60 SNOEK, J. "Em torno da Ética de Situação...", p. 350.

61 Reflete essa questão no artigo "Sobre algumas questões da ética existencial formal". Cf. RAHNER, Karl. *Schriften zur Theologie*. Band II, Köln: Benziger Verlag, 1956, p. 227-246 apud SNOEK, J. "Em torno da Ética de Situação...", p. 342.

62 SNOEK, J. "Em torno da Ética de Situação...", p. 345.

63 Cf. RAHNER, K. *Schriften zur Theologie*..., p. 239-240.

64 FERNÁNDEZ, A. *La reforma de la Teología Moral*..., p. 48-49.

65 Sobre essa ligação com a interpretação teológico-moral no Brasil, é interessante conhecer a reflexão de B. Leers sobre o "jeitinho brasileiro", que foi tema de um livro seu: LEERS, Bernardino. *Jeito brasileiro e Norma Absoluta*. Petrópolis: Vozes, 1982. Também citamos LEPARGNEUR, Hubert. *Fontes da Moral da Igreja*. Petrópolis: Vozes, 1978, que reflete sobre o impacto da Moral da Igreja na vida e no pensar das pessoas, ambos lembrados por MOSER, A.; LEERS, B. *Teologia Moral*..., p. 30, notas 9 e 10. Todos são autores de relevância para a Teologia Moral no Brasil.

"Em uma moralidade teológica-teônoma seria absurdo pensar que a vontade que obriga que vem de Deus possa referir-se simplesmente à ação do homem enquanto é precisamente a realização da norma geral e da essência universal. A vontade criadora de Deus se dirige direta e claramente ao concreto e individual, não só enquanto realização de um caso geral, mas que se dirige sensivelmente ao concreto, quer dizer ao concreto em sua irrepetibilidade positiva, precisamente objetiva e material"[66].

No fundo, a questão que permanecia nessa discussão era a busca de um princípio organizador e sistematizador no qual a renovação da Teologia Moral pudesse se fundamentar. Tanto para aqueles que apostavam na *Ethica situationis* como a solução para a superação da moral casuística e se aproveitavam dos seus elementos úteis, quanto para aqueles que a entendiam como a resposta final para uma radical renovação da Teologia Moral, os ânimos foram arrefecidos pelos pronunciamentos de Pio XII e pela Instrução do Santo Ofício.

Naturalmente que o embate não parou, e o espírito de mudanças se mantinha vivo nas discussões entre os moralistas. É, de fato, um processo que aprofundou as raízes e não se limitou aos corredores dos documentos magisteriais, mas se alimentou da relação com a cultura e a vida concreta das pessoas e, também, do espírito de renovação que soprava no interior da Igreja como um todo.

M. Vidal nos ajuda a recordar da geração que impulsionou e alimentou o desejo de uma renovação inspirando as gerações seguintes. Para tanto, apresenta uma lista de autores e de suas obras que de alguma forma foram inovadoras e conseguiram marcar sua época: primeiro refere-se aos chamados "continuadores da Escola de Tubinga", fazendo uma breve biografia de F. Tillmann, J. Mausbach, O. Schilling e T. Steinbüchel[67]. Depois, na etapa chamada "imediatamente anterior ao Vaticano II", destaca os seguintes autores e obras: Häring, B. *Das Gesetz Christi*, 1954; Mersch, E. *Morale et corps mystique*, 1941; Stelzenberger, J. *Lehrbuch der Moraltheologie*, 1965; Gilleman, G. *Le primat de la charité en théologie morale*, 1952; Pinckaers, S. *Le renouveau de la morale*, 1964; Leclercq, G. *Le conscience du Chrétien*, 1946; Lottin, O. *Morale fondamentale*, 1954[68].

Nesse processo crítico dos teólogos anteriormente citados, é possível verificar claramente as propostas que se contrastam com a tradição manualística da Teologia Moral, de modo que todos eles tendem a resgatar as raízes bíblicas e patrísticas com a centralização na pessoa de Cristo e na sua imitação. É um caminho que busca confrontar os princípios morais com os problemas reais do homem contemporâneo. Porém, não era tão simples conciliar os novos modelos de Manuais de Teologia Moral, baseados na "Boa Nova" de Cristo com as novas tendências do pensamento teológico, cuja base está nas influências do idealismo e do existencialismo. T. Trigo expõe bem o problema da desarticulação entre a dimensão pessoal e natural:

"A dimensão pessoal se refere ao homem enquanto pode dispor da liberdade sobre si mesmo, enquanto que a natureza se identifica com a corporeidade vivificada e suas relações com o mundo. A ruptura é aqui constitutiva: a natureza é o mundo da necessidade e da lei; a pessoa é o âmbito da autonomia e da liberdade, nele que a lei representa necessariamente um limite. Uma consequência desse argumento é a tendência

---

66  RAHNER, K. *Schriften zur Theologie*, p. 236.
67  Cf. VIDAL, M. *Nova Moral fundamental...*, p. 441.
68  Cf. Ibid., p. 446-449.

a considerar que uma norma moral objetiva, não criada pela consequência pessoal, comporta uma alienação do homem, a perda de sua autonomia e de sua livre responsabilidade de modo que o homem conserve sua dignidade como pessoa será necessário que se governe de modo autônomo"[69].

Assim, considerando o fenômeno crescente da secularização na Europa, aumentou-se ainda mais a polêmica sobre o que é próprio da Teologia Moral numa sociedade pluralista. Será o Concílio Vaticano II a dar um novo aporte à renovação da Teologia Moral diante do processo de secularização com a afirmação da necessidade da autonomia das realidades temporais, abrindo, assim, uma série de interpretações sobre a especificidade da moral cristã no campo concreto da vida.

## 1.3 Do Concílio Vaticano II à *Societas ethica*

Para alguns autores[70], o Vaticano II legitimou e favoreceu o confronto da Teologia Moral com os "sinais dos tempos" (*GS* 4,1). Por outro lado, para outros, o Concílio proporcionou a elaboração dos elementos específicos da Teologia Moral, tais como: a vocação do homem à santidade, o seguimento de Jesus Cristo, a graça que santifica o cristão e cura sua natureza ferida, as virtudes teologais e os dons do Espírito Santo[71]. M. Vidal considera que foi graças ao Concílio que a reflexão teológico-moral decolou e assumiu ares de renovação eclesial, bem como o abandono do modelo casuísta[72]. Contudo, é A. Fernández quem nos dá uma chave de leitura interessante, ao nos lembrar que o Esquema *De Ordine Morali*[73] elaborado para os trabalhos preparatórios havia sido encabeçado por um jesuíta, então professor de Teologia Moral da Universidade Gregoriana[74], que foi um dos combatentes da *Ethica situationis* tendo um papel importante na repulsa da "nova moral". O conteúdo do "esquema"[75] proposto refletia as discussões sobre a *Ethica situationis*

---

69  Trigo, T. *El debate sobre la especificidad de la moral cristiana...*, p. 111.
70  Podemos citar B. Häring e J. Fuchs. Cf. Ziegler, J. G. "La Teologia Morale...", p. 368.
71  É o caso dos estudos de S. Pinckaers e Ph. Delhaye. Cf. Trigo, T. *El debate sobre la especificidad de la moral cristiana...*, p. 112.
72  Cf. Vidal, M. *Nova Moral fundamental...*, p. 450.
73  Acta et Documenta Concilio Oecumenico Vaticano II Apparando, *Constitutio De Ordine morali, schema propositum a Commissione Theologica* (15 Januarii 1962), Series II, Volumen II, Pars II. Sessio Tertia. Roma: Typis Polygrottis Vaticanis, 1967.
74  Cf. Franciscus Hürth, *Anotationes ad Allocutio d. 18 april. Membris* "Federation Mondiale dês Jeunesses Féminines Catholiques" *circa* "Insegnamenti ed Esortazioni sul concetto della legge morale", in *Periodica* 41 (1952) 223-249; Cf. Id., *Annotationes* in "Instructionem Supremа Sacra Congregatio S. Officii de Ethica Situationis". In: *Periodica* 45 (1956) 137-204.
75  O Esquema foi assim organizado: Caput 1 – De Fundamento Ordinis Moralis: 1. De indole obiectiva ordinis moralis; 2. Ordo moralis absolutus; 3. Deus custos, iudex, vindex ordinis moralis; 4. Ordinis moralis duplex manifestatio; 5. Contentum ordinis moralis; 6. Damnantur errores. Caput 2 – De Conscientia Christiana: 7. Quid conscientia; 8. Conscientia recte efformanda; 9. De conscientia erronea; 10. Pseudoconscientia autonoma; 11. Conscientia signata Christi veritate ac caritate. Caput 3 – De Subiectivismo et Relativismo Ethico: 12. Lex evangelica et conditiones individuales; 13. Necessaria cognitio individualium; 14. Adagia falsa; 15. Falsum adagium de amore criterio moralitatis. Caput 4 – De Naturali er Supernaturali Dignitate Personae Humanae: 16. Homo factus ad imaginem Dei; 17. Arbitrii libertas vindicatur; 18. Defentio dignitatis humanae contra artificia falsa; 19. Scientia, artes liberales, technica; 20. Progressus technicus et Regnum Dei; 21. Progressus technicus et progressus religioso-moralis. Caput 5 – De Peccato: 22. Quo sensu regnum peccati sit destructum; 23. Peccatum mortale cum ex contemptu; 24. Peccata ex debilitate; 25. Falsae theoriae psychologicae; 26. De profectu christifidelis in via iustitiae; 27. Magnum poenitentiae officium; 28. Errores damnantur. Caput 6 – De Castitate et de Pudicitia Christiana: 29. Origo et natura sexus; 30. Homo non dominus absolutus corporis; 31. De castitate in solutis; 32. Defentio et cura castitatis; 33. Quidam errores censurantur. Cf. Acta et Documenta Concilio Oecumenico Vaticano II Apparando, *Constitutio De Ordine morali...*, p. 28-57.

e, assim, tinha como objetivo evitar qualquer possibilidade de aparecer elementos válidos dessa corrente[76].

> "Desde 1961 especialmente depois de enviado aos bispos para sua aprovação em 1962, o De Ordine Morali levantou violentas oposições. O texto era um trabalho de três professores romanos: o P. Hürth, S.J., da Gregoriana, o P. Gillon, O.P. do Angelicum, o P. Lio da Antonianum. Certamente foram três dos mais eminentes homens, mais poderosos diante do Pio XII e do Santo Ofício. Mas eles também tinham outro ponto em comum: uma feroz oposição a qualquer proposta moral que não fosse estreitamente ligada nas formas da casuística do século XIX e do direito natural que compreendia a neo-escolástica. Responsáveis por vinte anos de controle intelectual no domínio da moral, eles veem erros em todos os lugares. Em grande parte seu texto era um Syllabus moral retomando as condenações trazidas nos anos anteriores, muitas vezes com ajuda deles"[77].

Para A. Fernández, o "esquema" proposto estava assim constituído na manualística tradicional sem ter sequer incorporado os temas que o magistério de Pio XII tinha oferecido, e foi rejeitado pela maioria conciliar em novembro de 1962. Esta situação teve como consequência a ausência de uma deliberação específica sobre a Moral nos documentos conciliares[78]. Apesar dessa ausência, alguns autores como Ph. Delhaye, S. Pinckaers e B. Häring procuraram ler nas entrelinhas dos outros documentos aqueles temas que se reportavam à especificidade da Teologia Moral e contribuíram para o aprofundamento desta[79].

O texto de relevância moral do Concílio Vaticano II assim expressa: "Tenha-se cuidado especial no aperfeiçoamento da Teologia Moral cuja exposição científica, mais alimentada pela doutrina da Sagrada Escritura, evidencie a sublimidade da vocação dos fiéis em Cristo e sua obrigação de produzir frutos na caridade, para a vida do mundo" (*OT* 16). A preocupação fundamental move-se em torno de uma exigência da identidade cristã e do estatuto epistemológico adequado para a Teologia Moral. Para M. Vidal, esse *votum* do Concílio para a renovação da Teologia Moral significa um *aggiornamento* com as seguintes características:

> "- Caráter científico ('exposição científica'); - especificidade cristã ('alimentada com maior intensidade pela Doutrina da Sagrada Escritura'); - orientação positiva e de perfeição ('deverá mostrar a excelência da vocação'); - caráter eclesial ('dos fiéis em Cristo'); - unificada na caridade e aberta ao mundo ('sua obrigação de produzir frutos na caridade para a vida do mundo')" [80].

Vejamos alguns temas que se destacam no processo de renovação moral, presentes nos documentos do Concílio Vaticano II[81]:

---

76  Cf. Fernández, A. *La reforma de la Teología Moral...*, p. 105.
77  Delhaye, Philippe. "Le points forts de la morale à Vatican II". In: *Studia Moralia* 24 (1986) 10.
78  Cf. Fernández, A. *La reforma de la Teología Moral...*, p. 106.
79  Cf. Delhaye, P. "Le points forts de la morale...", p. 14-39; Pinckaers, S. *Las fuentes de la Moral cristiana...*, p. 361-362; Häring, B. "Moraltheologie unterwegs". In: *Studia Moralis* 4 (1966) 8-18.
80  Vidal, M. *Nova Moral fundamental...*, p. 454.
81  Cf. Fernández, A. *La reforma de la Teología Moral...*, p. 108-110; Gerardi, R. *Storia della morale...*, p. 478-481; Trigo, T. *El debate sobre la especificidad de la moral cristiana...*, p. 100-107; Pinckaers, S. *Las fuentes de la Moral cristiana...*, p. 350-355, p. 361-365; Angelini, G. *Teologia Morale Fondamentale...*, p. 223-228.

| Temas relevantes para a Teologia Moral | Documento Conciliar |
|---|---|
| Caráter teônomo do existir humano: | *DV* 2-4; *GS* 12-13; 17; 22; *DH* 2-3. |
| Chamado universal à santidade: | *LG* 39-41. |
| O papel do comportamento moral e a consciência: | *GS* 16; *DH* 3. |
| A liberdade humana: | *GS* 17; 26; *DH* 11-13. |
| Princípios cristológicos da moral: | *LG* 2; 7; 9; *DV* 2; *GS* 22; *SC* 6; *AG* 13; *UR* 23. |
| Princípios pneumatológicos: | *LG* 4; 9; *GS* 15; 22; 40; *DV* 5; *AG* 4. |
| Moral da Caridade integral: | *LG* 40; 42; 45. |
| Ação eclesial: | *LG* 10-14; 25; 39; 42. |
| Viver a solidariedade: | *GS* 32. |
| Defesa dos direitos humanos: | *GS* 26; 27. |
| Justiça social: | *GS* 29. |
| Relação da Igreja com a cultura: | *GS* 53-62. |
| Relações Igreja-mundo: | *GS* 40-45. |
| Condições singulares da pessoa humana e as mudanças profundas na vida social: | *GS* 5-6; *AG* 13. |
| Existência concreta do homem: | *GS* 7-9. |
| Questões mais profundas do ser humano: | *GS* 10. |
| Atenção às moções do Espírito: | *GS* 11; *AG* 4. |
| Orientações metodológicas: | *OT* 16; *DH* 14. |

Na opinião de S. Pinckaers, como consequência no pós-Concílio Vaticano II, houve um degelo produzido pela ação de um vento novo, mas que pode ter sido tão forte que não sobrou quase nada para ensinar na área da moral, ou que a Igreja tentou resistir aos ataques das revoluções e das correntes liberais construindo diques para defender seus fiéis: na moral se assentou o dique da lei natural, da autoridade, da objetividade diante de uma visão absolutista de Estado que despreza pessoas e religião.

O Concílio traz o seu contributo de novos ares, trazendo à tona temas como: liberdade de consciência, ecumenismo, diálogo religioso, atenção às ciências, importância da dimensão política. Trouxe, também, ventos fortes que rejeitam os diques tradicionais. Assim, vai-se facilmente de um extremo ao outro: da obediência servil à lei se passa aos direitos de uma consciência subjetiva; da doutrina da lei natural para a ciência empírica; do integralismo eclesiástico ao deslumbramento ao pensamento moderno e suas correntes (filosofia, psicologia, sociologia, história); de uma moral e religião transcendentais a uma moral à luz de G. Hegel, S. Freud, K. Marx e F. Nietzsche; da fixação do sexto mandamento em favor de uma nova compreensão de sexualidade; de um clero que abandonou a direita política e se tornou esquerda; da ortodoxia e da verdade dogmática e teológica para a investigação do diálogo e o pluralismo[82].

Diante desse quadro, mais do que nunca, a Teologia Moral foi pressionada a se defrontar com os resultados do Concílio Vaticano II e suas interpretações nas diferentes linhas de pensamentos e culturas. A necessidade de fundamentar melhor o seu sistema doutrinal tornou-se um fator imprescindível tanto para o interno da Igreja como para o seu diálogo com o mundo.

O primeiro fator preponderante que se mantém incólume na linha do tempo da Teologia Moral é a questão da centralidade do sujeito. Como vimos, desde o início, as correntes filosóficas e a teologia protestante foram sendo fundamentadas com uma acentuação antropocêntrica, e para a Teologia Moral não poderia ser diferente. J. Fuchs reconhece que "a pressão de tendências secularizantes" fez com que a Teologia Moral tendesse para uma revalorização do *humanum*[83], necessária para solucionar o conflito entre a ânsia pela busca do espírito religioso e, por outro lado, o desinteresse pela Instituição Igreja.

> "O estudo sobre a historicidade das construções eclesiásticas sobre a base da obra realizada por Jesus, isto é, a inserção da salvação no tempo como a elaboração da relação entre fé e ciência para além de qualquer ideologia, obriga todas as disciplinas teológicas a precisarem o conteúdo indestrutível e inalienável do depositum fidei diante de um legítimo pluralismo. Disto resulta uma tensão entre a reflexão individual e a objetiva institucionalização que a teologia é chamada a superar por força da posição de 'mediadora entre a fé da Igreja e seu magistério' (Paulo VI). Nisto é necessário praticar um sentir cum ecclesia como unidade de função e de recíproca influência entre autoridade ministerial dos bispos e a ascendência doutrinal dos teólogos"[84].

Entramos aqui em um ponto essencial da nossa reflexão: a questão do específico ou a questão do *proprium* da moral cristã. A grande contribuição dada pelo Concílio Vaticano II foi impulsionar ainda mais as proposições que vinham sendo discutidas sobre o agir cristão à luz da Palavra de Deus e da centralidade do mistério de Cristo.

De uma inadequação da moral manualística abrem-se as portas para uma nova abordagem, não tanto de conteúdo, mas de "um novo horizonte de compreensão"[85] que extrapola a moral dos preceitos para compartilhar racionalmente com a humanidade toda uma experiência cristã capaz de ser compreendida como um "influxo integrante, estimulante e crítico"[86]. Essa experiência humana é iluminada pela Palavra de Deus e reinterpretada à luz das situações humanas. Há uma reciprocidade revalorizada, que no Brasil, por exemplo, até hoje se utiliza com êxito a metodologia do Ver – Julgar – Agir, que advém desta dinâmica: os desígnios de Deus que vão se manifestando através dos eventos históricos e vão sendo discernidos e interpretados à luz da Palavra para, enfim, produzir frutos na caridade para a vida do mundo.

O Concílio Vaticano II ajudou eficazmente para uma consciência maior, seja ela no sentido do núcleo mais secreto em que a voz de Deus ressoa na intimidade do

---

82   Cf. PINCKAERS, S. *Las fuentes de la Moral cristiana...*, p. 363-364.
83   Cf. FUCHS, Joseph. *Existe uma moral cristã?* São Paulo: Paulinas, 1972, p. 19.
84   ZIEGLER, J. G. *La Teologia Morale...*, p. 369.
85   STÖCKLE, Bernhard. "Fuga nell'umano? Riflessioni circa la discussione del *proprium* dell'etica cristiana". In: *Communio* 34 (1977) 20.
86   STÖCKLE, B. "Fuga nell'umano?...", p. 20.

homem (cf. *GS* 16; *DH* 3), como aquela consciência da responsabilidade objetiva que o homem deve assumir na vida social conduzindo a própria história. Assim, a renovação metodológica da Teologia Moral passa pela leitura das mudanças sociais, do progresso técnico-científico e por tantas outras problemáticas novas às quais a moral cristã não pode desprezar. Para tanto, tornava-se necessário uma abertura às mediações que tornassem plausível um diálogo profícuo sobre o *proprium* da moral cristã e sua relação com as éticas normativas conquistadas na sociedade secular.

Partindo do pressuposto que a moral cristã é uma moral humana, entende-se que ela é uma experiência profunda do sentido da própria existência, da qual emerge uma autonomia exercida racionalmente pelo homem, e que o situa como responsável de sua própria conduta diante das exigências reais da história (cf. *GS* 26). Tal autonomia pode ser compreendida e exercida por crentes e não crentes, que graças à sua base racional podem reconhecer a possibilidade da existência de uma plataforma de valores humanos em torno dos quais é possível convergir[87].

B. Stöckle aprofunda a questão do *proprium* da ética cristã mostrando que houve um processo de secularização que, de algum modo, pressionou a emancipação da ética da proteção religiosa tradicional e a expôs como perceptível à razão autônoma e adulta mesmo em ambientes culturais que não tinham a influência do cristianismo.

Assim, temos ao menos duas abordagens diferentes do *proprium* ético: a possibilidade de reconhecer que o cristianismo tem uma moral específica e que tem algo a dizer sobre toda e cada ação humana, seja na sua universalidade como na particularidade, definindo, assim, o que se pode fazer e o que se pode evitar; por outro lado, que a razão humana é capaz de compreender o conjunto das exigências éticas radicadas na consciência do homem, logicamente anterior à doutrina cristã que são racionalmente compreensíveis a todos cristãos e não cristãos.

> "Se fosse verdadeira a primeira possibilidade, a ética cristã seria univocamente exclusiva porque seria diferente na sua substância de uma ética racional. Neste caso ela atrairia a reprimenda de colocar em questão toda a consciência natural do bom e do justo. Se ao invés fosse a tendência de reconhecer como justa a segunda possibilidade, na qual os conteúdos éticos da revelação são acessíveis à razão humana ainda que sem a fé na revelação, a comunicação racional da ética cristã parece estar garantida, apesar de ter o seu próprio horizonte compreensivo, e a ética cristã poderia através da razão legitimar-se por e com a ética natural. Mas uma compreensão similar, trazida até as suas últimas consequências, poderia trazer uma conclusão que não se dá ética cristã no sentido estrito do senso."[88]

À medida que a moral autônoma ganha espaço nos debates do *proprium* da Teologia Moral, vai-se discernindo também seus limites e seus perigos de uma má interpretação. B. Stöckle acredita que é possível conhecer uma ética autônoma independente da fé cristã e que essa terá uma validade à medida que for capaz de fundamentar suas normas baseadas na razão. Mas, por outro lado, a ética da fé, isto é, a moral cristã, exige um passo a mais e é fundamentada não somente na razão, mas "contém também perguntas que estão sob o sinal da 'loucura da cruz' e que não parecem compreensíveis à sabedoria deste mundo. Essas revelam o seu sentido somente a quem é revestido da razão da fé"[89].

---

87  Cf. PIANA, Giannino. *In novità di vita*. I – Morale fondamentale e generale. Assisi: Cittadella, 2012, p. 148.
88  STÖCKLE, B. "Fuga nell'umano?...", p. 20.
89  Ibid., p. 33.

Essa tensão derivada da "moral autônoma" e da "ética da fé" tornou possível um aprofundamento ainda maior dos princípios da moral cristã na busca de uma identidade no período pós-conciliar. Porém, a moral cristã, com suas normas, vai além da problemática da autonomia e da heteronomia:

> "De fato, o Filho de Deus, gerado do Pai, é 'um outro' (heteros); mas não um outro qualquer (heterón) em relação a ele, que como Deus, responde ao seu Pai de maneira autônoma (A sua pessoa coincide com a sua procedência e, assim, com a sua missão); De outra parte, enquanto homem há como pressuposto da existência (Hb 10,5s.; Fl 2,5s.) e como fonte íntima em relação a este, mesmo quando quer provar dolorosamente todas as resistências dos pecadores diante de Deus"[90].

Por isso, é inevitável verificar que os resultados dos documentos conciliares ajudaram no impulso para a procura de novos modelos de interpretação da Teologia Moral, tanto que os manuais que serviam de base para o estudo da moral antes do Concílio Vaticano II desapareceram completamente[91].

Os novos modelos, não baseados mais no fixismo da moral tradicional, mas tendo em vista as mudanças e transformações socioculturais, concentraram-se, sobretudo, na definição do homem: seu modo de ser e de fazer cultura. O campo normativo da moralidade cristã não pode deixar de considerar o fator cultural e deve buscar um modelo que possa ser mediador entre a consciência e a lei. Assim, o peso da dimensão histórica sobre o sujeito e sua singularidade torna-se significativo na construção de novos modelos. É exatamente nesse clima e nesse contexto de uma *Ethica societas* que surgem Associações de Teologia Moral nas suas mais variadas formas e em diversos países, tentando responder aos apelos do Concílio Vaticano II e adaptando-se à necessidade de criar novos modelos metodológicos para o ensino da Teologia Moral nas culturas afins.

> "O resgate da pessoa enquanto sujeito constitutivamente relacional, o processo de crescente secularização da vida, o peso determinante das estruturas e a interdependência entre essas provocam inevitavelmente o afastamento do cerne da reflexão moral do âmbito 'privado' aquele 'público': a justiça assume um papel de primeiro plano, enquanto cresce a consciência da responsabilidade de cada um diante das situações negativas geograficamente distantes, nas quais se é todavia diretamente implicadas em razão das próprias escolhas (ou simplesmente das próprias omissões)"[92].

Apesar de toda contribuição dada pelos documentos conciliares no que tange à identidade da moral cristã, houve certa fragmentação de ideias e de metodologias, dando assim um espaço maior para que as diferentes culturas tivessem que responder com mais precisão ao *aggiornamento* exigido pelo Concílio Vaticano II.

M. Vidal destaca uma série de dados que colaboraram significativamente para a renovação da Teologia Moral, como, por exemplo, algumas instâncias oficiais da Igreja e centros de ensino teológico, destacando os Institutos Superiores destinados à Pesquisa e ao ensino da Teologia Moral como no caso da Accademia Alfonsiana; congressos e semanas de estudo, revistas destinadas aos temas morais (*Rivista di Teologia Morale* – Bologna, *Studia Moralia* – Accademia Alfonsiana, Roma, *Moralia* – Madri, *Revue d'étique et de théologie morale* – Paris, *Zeitschrift für Evangelische Ethik* – Gütersloh, *Studies in Christian Ethics* – Edinburg), trabalhos da Comis-

---

90 Commissione Teologica Internazionale, *Documenti (1969-1985)*. Città del Vaticano: Libreria Editrice Vaticana, 1988, p. 74.

91 Cf. Gallagher, Raphael. "Il sistema manualistico della teologia morale dalla morte di Sant'Alfonso ad oggi". In: AA.VV. *Morale e Redenzione*. Roma: Edacalf, 1983, p. 274-275.

92 Piana, G. *In novità di vita...*, p. 150.

são Teológica Internacional, e o destaque de alguns autores que pertencem à geração do Vaticano II como: B. Häring, J. Fuchs, F. Böckle, A. Auer, R. A. McCormick[93].

Todavia, de todos esses destaques, o que mais nos interessa aqui é o significativo aparecimento de Associações de Moralistas, o que M. Vidal chama de "sintomas de uma discreta euforia"[94]. Entretanto, se formos olhar mais de perto não é tão discreta assim. Vejamos algumas das mais importantes:

SCE: A *Society of Christian Ethics* foi fundada em 1959, primeiramente pelo Seminário de Professores Protestantes de ética social cristã. Em 1965, os Católicos Romanos começaram a participar mais efetivamente da Sociedade e o primeiro presidente Católico Romano foi eleito em 1971. Manteve-se sempre o aspecto ecumênico dos programas do grupo[95].

SOCIETAS ETHICA: a sociedade europeia para a investigação na ética foi fundada em 1964 por iniciativa do teólogo H. von Oyen, em Basileia (Suíça). Sob aqueles que tomaram parte nos primeiros anos foram conhecidos teólogos como F. Böckle, A. Rich, D. Ritschl, N. Hansen Søe e G. Wingren[96].

ATISM: A *Associazione Teologica Italiana per lo Studio della Morale* nasceu na semana da Páscoa de 1966, em Nápoles, inspirada por D. Mongillo[97].

ATME: A *Asociación de Teólogos Moralistas Españoles* surge em 1968, tendo como seu mentor M. Vidal[98].

ATEM: A *Association de théologiens pour l'étude de la morale* foi fundada em Paris no dia 20 de outubro de 1969. Congrega membros de língua madre francesa de diferentes países e de confissão cristã[99].

As Associações que surgem estão estreitamente ligadas ao evento do Concílio Vaticano II. Foram, na sua maioria, motivadas e impulsionadas à luz do espírito conciliar. É o caso, por exemplo, da Itália:

> "A partir do Concílio Vaticano II, com o progressivo deterioramento da teologia antecedente, a teologia católica inicia um novo caminho que trouxe, em pouco tempo, uma renovação das disciplinas teológicas com a necessidade de novos instrumentos para a pesquisa e para a didática. Nestes dois âmbitos – pesquisa e didática – as associações desenvolveram sua imprescindível função. Não se trata só do trabalho interno nas associações, mas também entre elas. De projetos em conjunto, contribuíram para uma contínua atualização dos sócios, que na sua maioria eram professores de teologia nos seminários teológicos, nas faculdades e nos centros de estudo superior, juntos deram vitalidade e sustentaram publicações e estudos que agora se podem encontrar com facilidade nas estantes das bibliotecas por várias partes do mundo"[100].

---

93 VIDAL, M. *Nova Moral fundamental...*, p. 457-458.

94 Ibid.

95 Cf. CURRAN, Charles E. Moral Theology in the United States: An Analysis of the Last TwentyYears (1965-1985). In: ID.; MCCORMICK, Richard A. (edited by). *The historical Development of Fundamental Moral Theology in the United States*. Mahwah: Paulist Press, 1999, p. 32. Antes de 1965, os teólogos morais pertenciam exclusivamente a CTSA (Catholic Theological Society of America), fundado em 1945 junto à Universidade Católica, tendo como o primeiro presidente F. J. Connell CSsR. Já se produzia muito material sobre Teologia Moral através da Revista *The American Ecclesiastical Review* e começaram então a editar um anuário chamado *Proceedings* contendo muitos temas da moral teológica. Cf. MCKEEVER, Paul. "Seventy-Five Years of Moral Theology in America". In: CURRAN, C.; MCCORMICK, R. *The historical Development of Fundamental Moral Theology...*, p. 17-18.

96 Cf. Disponível em: <www.societasethica.info/presentation2?l=en> Acesso em: 01 nov. 2012.

97 Cf. Disponível em: <www.atism.it> Acesso em: 02 nov. 2012.

98 Cf. VIDAL, M. *Nova Moral fundamental...*, p. 457.

99 Cf. Disponível em: <www.ethique-atem.org/> Acesso em: 02 nov. 2012.

100 CIARDELLA, Piero; MONTAN, Agostino. *Le scienze Teologiche in Italia a cinquant'anni dal Concilio Vaticano II. Storia, impostazioni metodologiche, prospettive*. Leumann: Elledici, 2011, p. 4.

Realmente é preciso reconhecer a influência da história da Teologia Moral italiana sobre todos os continentes. Isso pelo fato de que no pós-Concílio se concentraram em Roma duas grandes linhas que representavam a renovação da Teologia Moral: a representada pela Accademia Alfonsiana e a representada pela Universidade Gregoriana.

Na Alfonsiana se impôs uma metodologia mais cristocêntrica e pastoral, enquanto na Gregoriana se destacou um modelo antropológico que afirma a autonomia ética do homem, a tradição ética racional e o significado ético salvífico da fé[101]. Nas duas instituições de ensino, foi canalizada toda a imensa e complexa gama de tendências da renovação da Teologia Moral representadas respectivamente pelos moralistas D. Capone e B. Häring, por um lado, e J. Fuchs e K. Demmer, de outro.

Sendo assim, a assimilação das propostas conciliares foram sendo amadurecidas juntamente com os resultados das décadas de discussão em torno da *Ethica situationis*, bem como com a necessidade do diálogo com as ciências e com o mundo em contínuas e rápidas mudanças derivadas do pós-guerra, que exigiam uma renovação da linguagem e dos métodos da moral tradicional.

As Associações são resultado da reflexão dessas gerações de teólogos que impulsionaram uma séria reflexão sobre o modo de fazer moral a partir das diferentes culturas e de suas realidades. Sejam aquelas que surgiram mais cedo, como o caso dos Estados Unidos (impulsionadas pela renovação dos estudos bíblicos), como as que surgem depois do Concílio, todas têm um fator em comum: buscavam a renovação da Teologia Moral no seu conjunto, mas com uma aplicabilidade acessível no âmbito particular de suas culturas.

Portanto, o Concílio Vaticano II teve um papel de impulsionador na continuidade do processo de renovação, com a peculiaridade de que seus documentos se tornaram instrumentos facilitadores na adequação de uma linguagem moral mais universal para uma abordagem multiplural e interdisciplinar voltada aos sujeitos e suas circunstâncias nos locais e culturas que lhes são próprios.

Vejamos o foco principal dessa análise passando primeiramente pelo contexto latino-americano para chegarmos então ao Brasil.

---

[101] Cf. CIARDELLA, P.; MONTAN, A. *Le scienze Teologiche in Italia...*, p. 27. É significativo notar que muitos moralistas da América Latina e Brasil foram formados por uma dessas duas linhas metodológicas.

# Capítulo II
# A Renovação da Teologia Moral na América Latina

Continuando a utilizar a imagem da construção de um edifício, a Teologia Moral no pós-Concílio Vaticano II, na visão de R. Gallagher, é a justaposição de duas infraestruturas com as quais não se sabia bem ao certo o que fazer. Por um lado, um antigo edifício que se demonstrava estável em seus alicerces na tradição dos manuais e, por outro lado, uma nova estrutura que vinha sendo erguida, mas ainda não estava pronta para ser ocupada, para se referir às novas interpretações dadas à Teologia Moral, seja pela Moral Renovada, seja pelas novas exigências dos documentos conciliares[1]. No entanto, na América Latina, um contexto singular começava a definir uma metodologia diferenciada para a Teologia Moral. Ainda que nem todas as teologias latino-americanas[2] se enquadrem na corrente da TdL católica, como diz M. Maier, "falar de teologia na América Latina depois do Concílio Vaticano II é falar de Teologia da Libertação"[3]. O mesmo se pode dizer na reflexão teológico-moral:

> "Por sua vez, nesses mesmos anos em que a reflexão teológico-moral enfrentava o desafio de sistematizar sua fundamentação crítica dando uma nova configuração ao tratado da moral fundamental, havia cristalizado um pensamento teológico original na América Latina. A corrente da Teologia da Libertação irrompia no panorama teológico com duas contribuições básicas: a nível metodológico, a incorporação da análise social na reflexão teológica e, ao mesmo tempo, assumindo a perspectiva do pobre como lugar teológico a partir do qual se enfoca a teologia"[4].

Segundo M. Vidal, a Teologia Moral é também submetida à lei da encarnação, isto é, precisa inculturar-se para enfrentar os desafios de uma unidade estrutural no seu discurso, na América Latina[5]. Para ele, é possível falar de uma Ética da Libertação "que tem uma função instrutiva para o discurso teológico-moral geral", e que pode ser compreendida a partir de dois referenciais: "a opção preferencial pelos pobres como perspectiva básica do discurso teológico-moral, e a dimensão estrutural da realidade humana como orientação dos projetos teológico-morais"[6].

Contudo, a realidade latino-americana é complexa e deve-se levar em conta uma série de critérios para que possamos compreender o que significou realmente a Ética da Libertação no conjunto da Teologia Moral. As diferenças da língua, as parti-

---

1   Cf. GALLAGHER, Raphael. Fundamental Moral Theology 1975-1979. "A Bulletin-analysis of Some Significant Writings Examined from a Methodological Stance". In: *Studia Moralia* 18 (1980) 147-148.

2   Pode-se falar da corrente protestante da Teologia da Libertação como também das outras correntes que se desenvolveram na América Latina como a Teologia Hispânica-estadunidense, as teologias indigenistas. Cf. SARANYANA, Josep-Ignasi (Dir.).; GRAU, Carmen-José Alejos (Coord.). *Teología en América Latina*. El siglo de las teologías latinoamericanistas (1899-2001). v. III. Vervuert: Iberoamericana, 2002, p. 367-391.

3   MAIER, Martin. "Le devenir de la théologie catholique en Amérique Latine depuis le Concile Vatican II". In: *Transversalités* 72 (1999) 146.

4   REJÓN, Francisco Moreno. "Moral fundamental en la Teología de la Liberación". In: ELLACURÍA, Ignazio; SOBRINO, Jon. *Mysterium Liberationis*. Conceptos fundamentales de la teología de la liberación I. Madrid: Trotta, 1990, p. 273.

5   Cf. VIDAL, M. *Nova Moral fundamental...*, p. 464.

6   Ibid., p. 465.

cularidades culturais, a organização social e as sensibilidades que lhe são próprias tornam-se pontos de referência para a compreensão da moralidade e do sentido da fé, encarnados na experiência de Deus nos pobres.

> "Em primeiro lugar, a teologia da libertação teve o mérito de colocar os pobres, as suas paixões e a suas causas no centro da reflexão. É a partir dos pobres que a mensagem de Jesus se apresenta como Boa Nova. A perspectiva dos pobres possibilita se recuperar a imagem de Deus como Deus da vida, de Jesus como libertador, do Espírito Santo como princípio de liberdade, da Igreja como povo de Deus, etc. A teologia não pretende ser a voz dos pobres mas deseja dar força ao seu grito, entendendo que são esses os sujeitos de libertação.[7]"

Segundo M. Vidal, foi G. Gutierrez quem destacou a força histórica dos pobres na sociedade e na Igreja como referencial de análise teológica[8]. Porém, não podemos esquecer que os mesmos conflitos que a Teologia Moral estava passando na discussão de sua especificidade na Europa, também, repercutiram na América Latina. Os manuais, tanto da Teologia Moral tradicional como dos teólogos da linha renovada, tinham suas produções traduzidas e adaptadas para o uso, seja na formação do clero, seja na prática pastoral. Assim, a diferença é que na América Latina teve início um novo modelo, ou nova proposta de renovação a partir da própria experiência de fé do povo.

Para D. Brackley e J. Lobo, destacam-se três tendências teológicas: a Teologia Tradicional, a Teologia Progressista e a Teologia da Libertação (TdL)[9]. As três tendências podem, às vezes, ser consideradas como antagônicas, mas de maneira geral os moralistas as veem como complementares, fazendo parte do único edifício da história da Teologia Moral[10]. No caso da América Latina, é possível verificar a presença da Teologia tradicional e progressista, porém, para L. Boff, só a TdL pode ser considerada uma Teologia "do" Terceiro Mundo, como então eram denominados os países em desenvolvimento[11].

Na América Latina, havia um terreno fértil, um pluralismo moral devido à heterogeneidade do continente no que se refere às línguas, raças e religiões. Também se devia considerar significativo o peso de um passado no qual coexistiram modelos diversos de Igreja, como o modelo de cristandade e o modelo profético com diferentes impostações teológicas[12]. Outro fator relevante, na América Latina, era a sua dependência do exterior, tanto no campo econômico quanto no ideológico[13]. Todo esse cenário plural trouxe uma riqueza de interpretações, ao ponto que dentro do próprio continente começava a ecoar com força a necessidade de desenvolver uma Teologia Moral que correspondesse aos desafios da sociedade de então.

---

7  BOFF, Leonardo. "Che cosa sono le teologie del Terzo mondo?". In: *Concilium* 219 (1988) 725.

8  Cf. VIDAL, M. *Nova Moral fundamental...*, p. 465. Destaca a importância do livro que marcou essa leitura histórica: GUTIERREZ, Gustavo. *La fuerza histórica de los pobres*. Lima: CEP, 1979.

9  Cf. BRACKLEY, Dean. "Tendencias actuales de la Teología Moral en América Latina". In: *Revista Latinoamericana de Teología* 19 (2002) 96; LOBO, José Antonio. "Líneas y tendencias de la teología moral latinoamericana". In: *Moralia* 17 (1995) 345-346. Para D. Brackley, a Teologia Tradicional remete-se especialmente aos documentos magisteriais, enquanto J. Lobo se refere ao modo de fazer Teologia que é voltado ao homem pré-moderno. E em relação às outras duas, J. Lobo as distingue pelo sujeito, isto é, na progressista o sujeito é o ego cartesiano e, na Teologia da Libertação, o sujeito é o "nós" dos pobres.

10  Cf. MOSER, A.; LEERS, B. *Teologia Moral: impasses e alternativas...*, p. 17.

11  Cf. BOFF, L. "Che cosa sono le teologie del Terzo mondo?...", p. 24.

12  Cf. RICHARD, José Pablo. *La Iglesia Latinoamericana entre el Temor y la Esperanza*. San José: DEI, 1980, p. 102.

13  Cf. LOBO, J. A. "Líneas y tendencias de la teología moral...", p. 348-349.

## 2.1 Da *Ethica situationis* para a Ética da Libertação

Apesar de a Moral Renovada ter sido muito bem acolhida no continente latino-americano, através dos manuais de B. Häring, ela se mostrou ainda insuficiente para responder às demandas das questões morais próprias dessa cultura. A. Moser e B. Leers consideraram a produção da Teologia da Moral Renovada como "uma nova seiva que reveste a Teologia Moral de uma face mais alegre e mais nitidamente evangélica"[14]. Mas, por outro lado, não deixam de mostrar as lacunas e os pontos fracos da mesma, tais como: 1) "A Moral Renovada aparece mais como Moral progressista, por vezes até liberal, do que propriamente renovadora"[15], privilegiando, assim, questões que eram vitais para o então chamado primeiro mundo e não para a realidade latino-americana; 2) Uma moral muito idealista que coloca os problemas cotidianos num patamar muito elevado "pressupondo um tipo de homem e de mulher privilegiados econômica, social, cultural e religiosamente"[16]; 3) Uma moral exageradamente personalista que deixou a desejar na reflexão do social, "e com isso, o que poderia ser uma linha de força, torna-se uma possível fraqueza"[17]; 4) A moral renovada manifestou-se como uma moral socialmente conservadora, "é mais reformista do que renovadora"[18].

Embora os temas relacionados à Teologia Moral fundamental tenham ficado à margem e numa certa dependência da evolução dos outros temas gerais da Teologia, isso não significou a estagnação da reflexão, mas, ao contrário, um amadurecimento mais lento, porém mais consistente. A aproximação do fazer Teologia junto às comunidades cristãs e à realidade concreta das pessoas colaborou para que o método teológico pudesse superar a barreira de uma ciência abstrata e desconectada do mundo. A conexão profunda do teólogo com a realidade para fazer Teologia tornou-se um exercício metodológico imprescindível para a construção de uma ciência teológica moralmente saudável e responsável. Esse caminho exigiu, naturalmente, um diálogo maior com o conjunto dos saberes como era o intento da Moral Renovada, porém, com a diferença de que agora a metodologia exigia que fosse a práxis o ponto de partida e a chegada do círculo hermenêutico[19].

A própria formação dos teólogos moralistas, seja ela na linha manualística, seja na linha da *Ethica situationis,* influenciou na crítica inicial a uma possível metodologia latino-americana, revelando certa dificuldade de compreender sua sistematização[20]. A Teologia Moral buscava o seu espaço de compreensão na realidade latino-americana e, desse modo, "o que estava em questão nessas primeiras tentativas de sistematização da teologia latino-americana da libertação era, sem dúvida, a rea-

---

14 Moser, A.; Leers, B. *Teologia Moral: impasses e alternativas...*, p. 48.
15 Ibid., p. 66.
16 Ibid., p. 69.
17 Ibid., p. 70.
18 Ibid.
19 Cf. Rejón, F. M. "Moral fundamental en la Teología de la Liberación", p. 275. O autor lembra os nomes de G. Gutiérrez, B. de Las Casas e F. de Vitoria e D. de Soto, que tiveram a preocupação de integrar o modo de conceber e articular a teologia com o modo de ser teólogo.
20 Como, por exemplo, o caso de M. Vidal, que reflete sobre a confusão na tentativa de definir um estatuto epistemológico da ética teológica em relação à Teologia da Libertação. Cf. Vidal, M. "Teología de la liberación y ética social cristiana: Interrogantes sobre el método de la teología moral". In: *Studia Moralia* 15 (1977) 214; Id., "L'autonomia in quanto fondamento della morale è compatibile con l'etica della liberazione?". In: *Concilium* 20/2 (1984) 325.

firmação da estreita vinculação entre Teologia e moral. Num segundo momento, a tarefa de suprir os vazios de exposições sistemáticas da moral fundamental"[21].

As primeiras tentativas de produzir uma reflexão moral dentro da perspectiva latino-americana foram impulsionadas pelos "teólogos da moral"[22], que tiveram a preocupação de vincular os documentos conciliares aos desafios pastorais de seus respectivos países[23].

> "Não obstante o fato que permitiu aglutinar e fortalecer os moralistas latino-americanos foi o impulso dado aos Encontros de professores de teologia moral do Brasil, que culminaram com a celebração no ano de 1987 do I Congresso Latino-americano de teologia moral [...]. Com diferenças e matizes entre eles, pode-se afirmar que a grande maioria dos teólogos da moral na América Latina compartilham das intuições, metodologia, e postulados fundamentais da teologia da libertação. Há entre eles espírito de comunhão eclesial e trabalho em equipe: uma consciência explícita de formar parte de uma corrente que caminha confluentemente na mesma direção"[24].

Naturalmente que não podemos deixar de dizer que a necessidade de adaptação da leitura teológica como expressão local, situada a partir da realidade social, com metodologias próprias, não foi um fator único e exclusivamente latino-americano. No pós-Concílio Vaticano II houve, de fato, certa mobilização generalizada, especialmente nos países periféricos, de resgatar suas culturas e responder de maneira mais adequada aos seus problemas. E. Dussel, por exemplo, relata as experiências da Associação Ecumênica dos Teólogos do Terceiro Mundo (EATWOT), mostrando a riqueza que foi reunida e partilhada entre os teólogos dispersos na periferia[25]. Foram realizados encontros[26] de partilha e diálogo intercontinental a partir dos quais foram levantados alguns pontos em comum.

Primeiramente, há um domínio de tipo vertical de um capitalismo mundial, dependente e dominado pelo capital produtivo e financeiro, que gera pobreza e opressão no então chamado "Terceiro Mundo", fazendo crescer essa pobreza como resultado desse mesmo desfrutamento e domínio, resultado de séculos de domínio colonial e reforçado pelo então sistema econômico mundial. A esse domínio vertical deu-se o nome de "pecado estrutural", seja em nível nacional, seja internacional[27].

---

21  REJÓN, F. M. "Moral fundamental en la Teología de la Liberación...", p. 276.

22  Termo mais utilizado no Brasil, para evitar usar a qualificação "moralista", que denotava um sentido pejorativo.

23  Rejón destaca os seguintes nomes: J. Snoek (holandês, no Brasil desde 1945); B. Leers (holandês, no Brasil desde 1951); H. Assmann (Brasil); C. Josaphat P. de Oliveira (Brasil); J. B. Libânio (Brasil); G. Gimenéz, J. Aldunate (Chile); J. P. Miranda de la Parra (México); R. Alves (Brasil); J. de Santa Ana (Uruguay); J. Míguez Bonino (Argentina); A. Moser (Brasil); M. F. dos Anjos (Brasil); A. Munera (Colombia). Na área de filosofia moral: E. Dussel (Argentina) e J. C. Scannone (Argentina); L. J. González (Colômbia). Como aqueles que publicaram obras significativas, destaca: T. Mifsud (Chile), o próprio F. Rejón (Peru) e E. Bonnin (México). Cf. REJÓN, F. M. Moral fundamental en la Teología de la Liberación..., p. 277. Para um aprofundamento bibliográfico desses autores, ver: REJÓN, F. M. "Información bibliografica sobre la moral fundamental desde América Latina". In: *Moralia* 7 (1985) 213-231. M. Morkovsky complementa e destaca também: G. Gutiérrez (Peru); J. Luis Segundo (Uruguai); L. Boff (Brasil); S. Croatto (Argentina); S. Galilea (Chile); A. Paoli (Brasil); B. Melano Couch (Argentina); M. del Carmen Leñero (México); A. T. Yañez (Argentina); S. Arce Martínez (Cuba). Cf. MORKOVSKY, M. C. "Bibliografia per un'etica della liberazione". In: *Concilium* 20/2 (1984) 357-358.

24  REJÓN, F. M. "Moral fundamental en la Teología de la Liberación...", p. 277.

25  Cf. DUSSEL, Enrique. "Teologie 'periferiche' e 'centro' – incontro o confronto?" In: *Concilium* 20/1 (1984) 160.

26  Os cinco primeiros encontros: 1) Dar-es-Salaam (Tanzânia) 05-12 de agosto de 1976; 2) Accra (Ghana) 17-23 de dezembro de 1977; 3) Wennappuwa (Sri Lanka) janeiro de 1979; 4) São Paulo (Brasil) 20 de fevereiro a 02 de março de 1980; 5) New Deli (Índia) 17 a 29 de agosto de 1981. Cf. DUSSEL, E. "Teologie 'periferiche' e 'centro'...", p. 163.

27  Cf. DUSSEL, E. "Teologie 'periferiche' e 'centro'...", p. 164.

A essa realidade se acrescenta outra reflexão, fruto da análise de conjuntura desses países. Trata-se de outro tipo de pecado, o qual se desenvolve nas culturas sorrateiramente, em um nível horizontal, de forma variada e profunda, de maneira estrutural e histórica: "domínio de um sexo sobre o outro, de uma etnia sobre outra, de uma raça sobre outra, etc."[28].

Para responder a esse desafio e a essa leitura da realidade, foi surgindo como oposição positiva uma práxis de libertação de toda dominação. A chamada "periferia" do mundo investia em um novo paradigma, uma nova teoria teológica, com a perspectiva da práxis a partir dos oprimidos. Para a visão periférica, o ponto de partida é a luta dos pobres e oprimidos contra as formas de injustiça e de domínio, que na visão cristã se torna o lugar do qual se faz Teologia. Assim, as duas características fundamentais da TdL são como que os alicerces a partir dos quais se constrói a Ética da Libertação: "na Teologia da Libertação há duas intuições centrais que foram cronologicamente as primeiras e que seguem constituindo a coluna vertebral. Nos referimos ao método teológico e à perspectiva do pobre"[29]. Vejamos como essas características foram assimiladas na construção da Teologia Moral latino-americana.

## 2.2 Os pressupostos da Identidade da Teologia Moral Latino-americana

Todas essas abordagens críticas, bem como a defesa de uma alternativa para uma reflexão teológica moral latino-americana que respondesse à altura aos problemas de então, foram, na verdade, impulsionadas e garantidas graças às duas Conferências Gerais do Episcopado Latino-americano: *Medellín* e *Puebla*.

> "É dentro desse contexto novo de Igreja, contexto simbolizado por Medellín e Puebla que a Teologia Moral começa a sentir que nem tudo está no lugar. Se não quiser perder o passo em relação ao momento histórico, em relação ao todo da Teologia de cunho latino-americano e em relação à própria Igreja situada neste continente, deve proceder a um repensamento mais global de seus pressupostos"[30].

Tanto *Medellín* (1968) como *Puebla* (1979) foram marcadas por um contexto histórico muito peculiar e, com isso, definiram uma metodologia de análise com mediação sociológica que perdura até os nossos dias. E, além disso, é fundamental entendermos que a SBTM nasce dentro desse período, e respira nos seus primeiros anos, do novo ar que as duas Conferências proporcionaram para a vida da Igreja na América Latina.

*Medellín* teve como objetivo principal aplicar as diretrizes do Concílio Vaticano II no contexto de mudanças pelas quais passava a América Latina. O desafio era fazer uma reflexão com toda a Igreja da América Latina a partir do Concílio Vaticano II. Era um momento de renovação eclesial que impulsionava também a uma transformação social[31].

---

28  Ibid., p. 165-166.
29  GUTIERREZ, G. *Teologia desde el reverso de la historia*. Lima: CEP, 1977, p. 42.
30  MOSER, A.; LEERS, B. *Teologia Moral*: impasses e alternativas..., p. 45.
31  O tema principal ou subtítulo dado a *Medellín* mostra a intenção do Episcopado Latino-americano: "A Igreja na atual transformação da América Latina à luz do Vaticano II". Com três principais eixos, *Medellín* impõe sua identidade renovada interpretando os sinais dos tempos no contexto latino-americano: "promoção humana", "a evangelização e o crescimento da fé", "a Igreja visível e suas estruturas". Cf. Conferência Geral do Episcopado Latino-Americano II. *A Igreja na atual transformação da América Latina à luz do Concílio*. Conclusões de Medellín. Petrópolis: Vozes, 1968.

Poderíamos nos perguntar: quais foram as transformações que exigiram da Igreja uma ação mais impactante? F. Rejón nos ajuda a contextualizar esse período lembrando que foi um momento efervescente social, política, cultural e eclesialmente falando, e alguns fatos históricos confirmam isso[32]. "Para entender o sentido da história deve-se tomar em consideração os grandes períodos. Para entender o significado, as raízes e as repercussões da problemática moral do período que se estuda, convém situá-las no contexto próprio e imediato"[33].

E no que se refere à Teologia Moral, para o autor, foi um período de escassa produção, dando a entender que foram poucas as publicações. Os temas que começam a aparecer revelam uma ligação direta da Teologia Moral com as questões sociais[34], porém sem muita repercussão, e, assim, podemos dar a *Medellín* a centralidade dos sinais que apontam a nova dinâmica teológica. Apesar de não tratar diretamente da Teologia Moral, seus eixos temáticos podem ser lidos como um apelo ético que conduz a uma conversão pessoal e social.

Para F. Rejón, a grande novidade de *Medellín* está no fato de que o Magistério da Igreja se posiciona diante de uma realidade que lhe é própria e à luz da Palavra de Deus deve responder profeticamente aos desafios dessa realidade concreta que a interpela. Com o eco do Vaticano II, retoma alguns conceitos fundamentais da Teologia Moral de cunho latino-americano e que impulsionaram a Ética da Libertação: partindo da realidade, na perspectiva do pobre, o documento elenca as situações de injustiça e de pecado e o desejo sincero de libertar-se de toda servidão (cf. *Medellín* 2). Para isso, é necessário superar a visão individualista (cf. *Medellín* 1) através de um processo de conscientização mediante uma educação libertadora (cf. *Medellín* 4). Assim, para F. Rejón, "Medellín, afinal, supõe a superação daquele tipo de moral conservadora ou tradicionalista que separa a fé dos princípios morais da responsabilidade social"[35].

De fato, *Medellín* teve uma contribuição original como efeito dinamizador na ação pastoral da América Latina, dando um impulso decisivo na construção de uma Teologia Moral de cunho latino-americano, convertendo-se em uma "experiência catalisadora que reúne a vitalidade e as inquietações dos núcleos cristãos mais ativos e comprometidos, submetendo-as ao processo de reflexão e sistematização"[36].

---

32  Insurreição dos movimentos populares depois da revolução cubana (1959); golpes de Estado por toda a América Latina: Brasil (1964), São Domingos (1965), Argentina (1966), Bolívia (1971), Peru (1968); crise na Comissão Econômica para América Latina (CEPAL); adesão das ciências Sociais à Teoria da Dependência (1968); o crescimento da Lei de Segurança Nacional. Na vida eclesial: as Encíclicas *Populorum progressio* (1967) e *Humanae vitae* (1968), e a Carta Apostólica *Octagesima Adveniens* (1971) de Paulo VI, bem como sua visita a Bogotá (1968); o papel profético da Conferência Episcopal Latino-americana (CELAM) com a criação do Instituto de Pastoral Latino-americano (IPLA) em Quito (1971); a força de expressão dos Bispos latino-americanos no Sínodo sobre a Justiça no mundo (1971); o nascimento de movimentos e associações e o impulso dado por G. Gutiérrez com a Teologia da Libertação (1971). Cf. REJÓN, F. M. *Teologia Moral a partir dos pobres. A moral na reflexão teológica da América Latina*. Aparecida: Santuário, 1987, p. 46-48. (Coleção Teologia Moral na América Latina I).

33  REJÓN, F. M. *Teologia Moral a partir dos pobres...*, p. 46.

34  Destacam-se, nesse início, os nomes de J. L. Segundo (Montevidéu 31/03/1925 – Montevidéu 17/01/1996); H. C. de Lima Vaz (Ouro Preto 24/08/1921 – Belo Horizonte 23/05/2002) e L. J. Niilus (Tallinn, 19/01/1930) com suas reflexões: SEGUNDO, Juan Luis. "Transformación latinoamericana y conducta moral". In: *CLAEH* 9 (1961) 252-267; Henrique LIMA VAZ, Cláudio de. "Moral, Sociedade e Nação". In: *Paz e Terra* 1 (1968) 85-111; NIILUS, Leopoldo Juan. "Es tarea de la ética protestante salvar al capitalismo?". In: *Testimonium* 12 (1967) 51-56.

35  REJÓN, F. M. *Teologia Moral a partir dos pobres...*, p. 53.

36  Ibid., p. 54. Para um aprofundamento da questão, F. Rejón oferece uma extensa bibliografia cuja pesquisa se mostra de grande valia para a história da Teologia Moral na América Latina. A maioria dessas obras pode ser conhecida pela bibliografia deste livro, mas algumas que foram citadas como trabalho mimeografado e que foram somente dadas em conferências não foram acessadas para este trabalho.

Ellacuría confirma essa contribuição de *Medellín* acrescentando que as tentativas de inculturar a teologia eurocentrista na América Latina não passaram de uma aplicação de princípios morais ao Novo Mundo e, sendo assim, *Medellín* se apresentou massivamente em termos de TdL:

> "Efetivamente, na Teologia da Libertação há um duplo aspecto: o de contribuir cristianamente ao processo de libertação em uma determinada práxis histórica e de obrigar a que a teologia estude todo o dado recebido a partir da própria situação histórica e de modo que se possa transformar essa situação. Os dois aspectos (o prático e o especulativo) se relacionam entre si e sua conexão é a que mostra limites e potencialidades"[37].

Dessa forma, *Medellín* repercutiu como um bom cimento para fortalecer as estruturas do Vaticano II, atingindo assim as bases da construção de uma Teologia Moral Latino-americana que delineou suas paredes (eixos) não com novidades conceituais, mas com originalidade metodológica, propondo uma "educação moral libertadora como meio de conscientização, para que a pessoa chegue a ser verdadeiro sujeito e agente solidário no processo coletivo de libertação"[38].

O contexto no qual se realizou *Puebla* não foi diferente, tendo em vista que a situação social e política se tornava cada vez mais opressiva com um crescimento contínuo da pobreza. O domínio de ditaduras na maioria dos países acelerou uma série de problemas econômicos com forte recessão, tornando crescentes a pobreza e a violação aos direitos humanos[39]. Uma série de encontros nacionais e internacionais começa a despontar com a reflexão dos métodos da TdL, bem como temáticas da moral fundamental[40].

No que se refere à Teologia Moral, F. Rejón destaca que o período que antecedeu *Puebla* até sua realização foi bastante conturbado, pois, além das críticas que foram feitas ao "Documento de Consulta", houve a morte de Paulo VI e, em seguida, de João Paulo I, adiando a Conferência para o ano seguinte[41]. Do ponto de vista da Teologia Moral, há um considerável aumento nas publicações sobre temas afins, os quais F. Rejón divide em três níveis. Primeiro, os temas já tratados, que permanecem na pauta de discussão desde *Medellín*, como "o pecado", "o pecado social" e temas afins como: "conversão", "culpa" e "opção fundamental". Continuam em pauta os temas relacionados à "Moral Renovada", "a crise da moral tradicional" e a "fundamentação da moral". Destaca-se o contributo da reflexão filosófica para a moral fundamental e se retoma e confirma-se o método pelo qual se coloca a realidade

---

37 ELLACURÍA, Ignácio. "Tesis sobre posibilidad, necessidad y sentido de una teología latinoamericana". In: VARGAS-MACHUCA, Antonio (Ed.). *Teología y mundo contemporáneo*. Homenaje a K. Rahner en su 70 cumpleaños. Madrid: Cristiandad, 1975, p. 329.

38 REJÓN, F. M. *Desafios à Teologia Moral na América Latina*. São Paulo: Paulinas, 1990, p. 65.

39 "Em pouco mais de quarenta anos, mais de meio milhão de pessoas morreram na América Latina por causas políticas. Mas o número não só é importante em si, mas também porque grande parte dessas pessoas foram vítimas do terrorismo contra civis, não do confronto de grupos armados contra o poder nem de guerras civis", In: POZO, José del. *História da América Latina e do Caribe*: dos processos de independência aos dias atuais. Petrópolis: Vozes, 2009, p. 262.

40 Em 1973, funda-se a Comissão para o Estudo da História da Igreja Latino-Americana (CEHILA), com o primeiro encontro em Quito. Em 1975, o I Encontro das Comunidades Eclesiais de Base no Brasil, o I Encontro Latino-americano de Teologia no México, e reunião de Teologia das Américas, em Detroit. Em 1976, o I Encontro da Associação Ecumênica de Teólogos do Terceiro Mundo, em Dares-Salaam. Cf. REJÓN, F. M. *Teologia Moral a partir dos pobres...*, p. 60-61.

41 Cf. REJÓN, F. M. *Teologia Moral a partir dos pobres...*, p. 60.

como ponto de partida com a proposta de uma ética da libertação tendo o pobre como referencial e prioridade[42].

Em segundo lugar, destaca alguns temas novos que começam a despontar como os trabalhos sobre "o ethos cultural", fortalecendo a discussão dos princípios éticos na história nacional dos países latino-americanos, enfatizando o princípio de identidade do povo como determinante para a formação desse *ethos*. Outra novidade são os estudos sobre os métodos e a sua aplicabilidade na Teologia Moral, especialmente no que se refere à práxis como critério de moralidade. Ocorre um claro resgate da ideia de seguimento de Jesus e sua fundamentação bíblica como determinante da ética cristã, bem como ganham força os estudos da espiritualidade e da moral com a temática do "homem novo"[43].

E, finalmente, o terceiro destaque de F. Rejón são os temas que, segundo ele, foram iniciados e impulsionados por *Puebla* como "educação moral", "o papel da mulher", abordados como estudos da moral no Documento de Consulta.

A nova fase, que começa com *Puebla* em 1979, marca a Teologia Moral com uma série de publicações, que confirmam todos os temas anteriormente citados, e que, germinados por *Medellín*, agora começam a ganhar força e consistência.

Três eram as prioridades marcadas no documento de *Puebla* no que se refere aos desafios pastorais: os pobres, os jovens e a família. Segundo F. dos Anjos, é importante esclarecer que essa "preferência" não é de exclusividade, mas faz parte da missão universal da Igreja, fundamentada na exigência evangélica. Não se trata de medir proporcionalmente o quanto de atenção se deva dar a esse ou àquele grupo, mas de compreender a radicalidade do Evangelho a partir das exigências de justiça e fraternidade[44].

> "O esforço dos teólogos que vão se orientando pela opção pelos pobres imprime na moral uma força transformadora pela introdução do conceito de práxis libertadora no mesmo estatuto teórico da moral. Não se pode esperar que uma tarefa teórica de tal envergadura esteja pronta e perfeita, porém, já temos resultados que se fazem notar, tratando de enquadrar, sem exceção, todos os temas da moral na práxis libertadora. Toda questão moral se remete necessariamente ao mundo das relações humanas como tarefa transformadora em perspectiva de relações justas e fraternas"[45].

De fato, não podemos negar o marco profundo na construção da história da Teologia Moral na América Latina dado, sem dúvida, pelas Conferências Episcopais, especialmente *Medellín* e *Puebla*. A contribuição desses documentos, seja em nível de Magistério ao interno da Igreja, seja pelo seu impacto na sociedade, imprime na Teologia Moral uma força de transformação social. Ela se apresenta como uma reflexão própria e encarnada na situação das pessoas e dos povos da América, aprofundada à luz da fé, reorientando o papel do cristão acerca de suas responsabilidades no mundo como proposta ética universal.

> "O Episcopado Latino-americano não pode ficar indiferente diante das tremendas injustiças sociais existentes na América Latina que mantêm a maioria dos nossos povos na dolorosa pobreza e, em muitíssimos casos se aproximando da miséria. Um forte clamor brota de milhões de homens pedindo aos seus pastores uma libertação que não chega de nenhuma parte" (Medellín 14,1).

---

42  Cf. Ibid., p. 62-63.
43  Cf. Ibid., p. 64-65.
44  Cf. Anjos, Márcio Fabri dos. "Optar por los pobres es hacer teología moral". In: *Moralia* 13 (1991) 65.
45  Anjos, M. F. dos. "Optar por los pobres...", p. 73.

Vemos que, nesse processo de construção de uma Teologia Latino-americana, os temas tratados em *Medellín*[46] vão sendo reforçados e aprofundados em *Puebla*[47], de modo que se trata de um período muito particular na história da Igreja latino-americana. A Teologia Moral, por sua vez, foi se organizando a partir desse clima vivido por toda a Igreja, através das temáticas tratadas nas duas Conferências citadas. Assim, destacamos alguns desses temas que motivaram a construção de uma identidade latino-americana para a Teologia Moral:

| *Medellín* | *Puebla* |
|---|---|
|  | Consagração de um método: Ver, Julgar e Agir. |
| Igreja-comunidade: CEBs como lugar privilegiado de viver a comunhão. Comunidade de apóstolos em seu próprio ambiente (7,4); núcleo eclesial, foco de evangelização, rosto de uma Igreja pobre (15,10). | Opção pelas comunidades eclesiais de base. Evangelização para a comunhão e participação (211-219). |
| Sujeito eclesial e sujeitos da missão: assegurar uma séria evangelização pessoal e comunitária (6,8); comunidade inteira convocada a uma missão comum (6,13); formação da fé pessoal, adulta, interiormente formada, operante e continuamente confrontada com os desafios (7,13). | Conversão pessoal e social a Jesus Cristo, centro e conteúdo essencial da evangelização (351). Evangelização a partir de uma Cristologia que ilumina a missão eclesial e que consiste em uma plena realização antropológica do homem e de todo homem (166-169). |
| Opção pelos pobres (14,9). | Opção preferencial pelos pobres contra a pobreza (1140), sem exclusão (1134-1165). |
| Inserção no mundo: testemunho pessoal e comunitário no contexto do compromisso temporal (7,13). | Dar testemunho, anunciar e promover os valores evangélicos de comunhão e participação (211-219). |

---

46 Segundo E. Dussel, há uma diversidade teológica nas conclusões. Ele apresenta uma divisão feita pelos seus alunos que dividem os 16 temas prioritários em três bases: Teologia Conciliar: Família e demografia, juventude, liturgia, sacerdotes e formação do clero; Teologia pós-conciliar: Pastoral popular, pastoral de elites, catequese, leigos, pobreza, pastoral de conjunto, meios de comunicação e religiosos; Teologia da libertação: Justiça, paz e educação. Cf. Dussel, Enrique. *De Medellín a Puebla, uma década de sangue e esperança*. v.1. De Medellín a Sucre – 1968-1972. São Paulo: Loyola, 1981, p. 71.

47 Para E. Dussel, *Medellín* foi a fonte de inspiração do documento de *Puebla*, que no mesmo caminho continuou optando pelos interesses populares e pelos pobres, mantendo e aprofundando as exigências morais da II Conferência. Cf. Dussel, E. *De Medellín a Puebla, uma década de sangue e esperança*. v.3. Em torno de Puebla – 1977-1979. São Paulo: Loyola, 1983, p. 609. Os textos a seguir foram extraídos das seguintes edições: Conferência Geral do Episcopado Latino-Americano II. *A Igreja na atual transformação da América Latina à luz do Concílio, Conclusões de Medellín*. Petrópolis: Vozes, 1968; Id., III. *A Igreja na atual transformação da América Latina à luz do Concílio, Conclusões de Puebla*. Petrópolis: Vozes, 1979.

| | |
|---|---|
| Laços entre evangelização e promoção humana (7,9); assumir as angústias e esperanças a fim de oferecer-lhe libertação plena (8,6). | Defesa e promoção da dignidade da pessoa humana (320); Dimensão social e política da fé (476, 824, 515, 521, 558, 1155, 1192). |
| *Diakonia* histórica e profetismo: denúncia da injustiça e da opressão (14,10). | Três condenações proféticas: situação de extrema pobreza, capitalismo liberal e comunismo coletivista e a doutrina de segurança nacional (234, 833, 897, 973, 1068). |

Nesse sentido, podemos dizer que *Puebla*, de fato, motivou a reflexão da Ética Teológica e determinou com mais clareza um roteiro para a moral latino-americana[48]. E, de modo especial, o mais importante para nosso trabalho é o destaque que foi dado ao Brasil como o "centro mais importante e mais dinâmico"[49] no que se refere ao número de publicações, como pelos Congressos realizados entre as Conferências de *Medellín* e *Puebla*. Momento histórico este, em que acontece o I Encontro Nacional dos Professores de Moral do Brasil (1977), isto é, a origem da Sociedade Brasileira de Teologia Moral.

## 2.3 Pontos de referência da Teologia Moral na América Latina

T. Mifsud e F. Rejón nos ajudam a fazer um certo mapeamento da construção de uma identidade da Teologia Moral na América Latina, bem como a buscar definir uma sistematização dos seus conteúdos. Não temos condições de aprofundar as discussões de enquadramento de autores e suas tendências[50], mas, buscando entender o panorama geral da Teologia Moral em nossa cultura, consideramos por bem elencar alguns pontos de referência mais significativos, os quais depois poderão ser retomados no capítulo que se refere à análise dos temas debatidos pela SBTM[51].

Na tentativa de um resumo de alguns autores de relevância, T. Mifsud considera que os pontos de referência estariam configurados em cinco características[52]: 1) O

---

48  Cf. REJÓN, F. M. *Teologia Moral a partir dos pobres*..., p. 70-71.

49  Ibid., p. 66.

50  T. Mifsud e F. Rejón falam de três tendências básicas: primeira, um grupo de moralistas que desenvolvem a moral renovada com forte influência europeia, por exemplo: H. Lepargneur e A. Munera; segunda, um grupo que, apesar de ser de tendência renovada, se aproxima gradualmente da Ética da Libertação, como por exemplo: L. J. González e o próprio T. Mifsud; terceira, um grupo amplo que claramente tem sua reflexão com abordagem da Teologia da Libertação e, neste caso, cita: F. Rejón, J. B. Libânio, A. Moser, F. dos Anjos, G. Gimenez, J. de Santa Ana, C. Boff, J. Sobrino, J. Snoek, B. Leers e J. Aldunate. Porém, o próprio T. Mifsud pondera que, no que se refere às categorias do discurso e seus princípios fundamentais, estamos falando de um campo teológico comum. Assim, só tem sentido de falar em tendências latino-americanas em Teologia Moral se considerarmos que, apesar deste campo teológico comum, o significado e a aplicação dessas categorias e princípios estão condicionados por uma realidade concreta. Cf. MIFSUD, T. *Moral Fundamental*..., p. 178-179.

51  Conforme a linha de produção de A. Moser e B. Leers, quando no seu capítulo III falam de tentativas latino-americanas. Cf. MOSER, A.; LEERS, B. *Teologia Moral:* impasses e alternativas..., p. 83.

52  Cf. MIFSUD, T. *Moral Fundamental*..., p. 179. F. Rejón também faz referência a essas características e tenta justificar a dificuldade de enquadrar todos esses temas em uma única metodologia, sendo que, muitas vezes, eles extravasam pela conotação autônoma de seus conteúdos. Cf. REJÓN, F. M. *Teologia Moral a partir dos pobres*..., p. 81. A. Moser e B. Leers dão um destaque maior à questão dos empobrecidos, reforçando a ideia da construção de uma nova sociedade, baseada na prática da justiça e do amor. Cf. MOSER, A.; LEERS, B. *Teologia Moral*: impasses e alternativas..., p. 83-92.

recurso às categorias universais, para garantir a cientificidade da reflexão ética[53]; 2) A particularidade do sujeito ético, no caso da América Latina se referia a um povo que estava à margem do progresso, constituindo uma maioria pobre[54]; 3) Um enfoque privilegiado, referindo-se aqui à opção preferencial pelos pobres como chave de leitura de todos os temas da Teologia Moral; 4) Uma priorização temática, tendo em vista o contexto de miséria do povo latino-americano; 5) Uma visão mundial, no sentido de interdependência dos fenômenos sociais.

Para que esses pontos de referência não sejam tratados de modo artificial, é necessário sempre garantir que a reflexão ética seja situada, isto é, a partir de um lugar social de onde se faz essa leitura. Assim, esses pontos de referências estão baseados nos seguintes eixos: 1) Uma metodologia adequada, e neste caso se privilegia o método Ver-Julgar-Agir. Para o "Ver", recorre-se à mediação sócio-analítica, para o "Julgar", à mediação teológica e para o "Agir", faz-se a experiência da práxis cristã (reflexão a partir da prática que conduz a uma prática)[55]; 2) A categoria do empobrecido como perspectiva configuradora do antropológico[56]; 3) A preocupação inclusiva que interpela a todos[57]; 4) Uma reflexão ética que privilegia o social para poder reivindicar o pessoal[58].

Outra abordagem interessante, que pode ser considerada como ponto de referência de análise, é a reflexão que P. Richard faz da "vida humana" como imperativo fundamental da moral. Para ele, a situação da América Latina exigia uma resposta que desenvolvesse uma "ética libertadora da vida"[59]. Os imperativos éticos a partir do panorama europeu e norte-americano eram muito diferentes dos imperativos éticos exigidos na base da vida do povo do então Terceiro Mundo[60].

Essa inadequação teológica e a busca do espaço para o desenvolvimento de uma nova abordagem têm suas bases na crise da relação da Igreja com o poder político dominante, que pode ser chamada de crise do modelo da Cristandade[61].

---

53   Cf. MIFSUD, T. *Moral Fundamental*..., p. 180.

54   F. Rejón fala de moral situada e elenca uma série de tópicos que devem ser considerados: nível histórico cultural, nível econômico social, nível religioso teológico. Somente assim o moralista é capaz de uma experiência moral e uma sensibilidade capaz de interagir com linguagem ética adequada à realidade em que vai atuar. Cf. REJÓN, F. M. *Teologia Moral a partir dos pobres*..., p. 107-116.

55   F. Rejón reforça a contribuição das mediações sócio-analítica, filosófico-metafísica e hermenêutico-teológica. Cf. REJÓN, F. M. *Teologia Moral a partir dos pobres*..., p. 91-96. A. Moser e B. Leers referem-se ao estatuto epistemológico e à normatividade ética como referenciais de uma Teologia Moral que tem sua autonomia, mas também intimamente ligada ao conjunto da Teologia em geral. Cf. MOSER, A.; LEERS, B. *Teologia Moral*: impasses e alternativas..., p. 93-94.

56   Cf. MOSER, A.; LEERS, B. *Teologia Moral*: impasses e alternativas..., p. 84-85.

57   Cf. REJÓN, F. M. *Teologia Moral a partir dos pobres*..., p. 112; p. 116.

58   Cf. MOSER, A.; LEERS, B. *Teologia Moral*: impasses e alternativas..., p. 88.

59   RICHARD, J. P. *La Iglesia Latinoamericana*..., p. 109.

60   M. Rubio, na apresentação da *Revista Moralia*, faz um resumo da problemática moral na América Latina levantando uma série de questões relevantes. Primeiramente, o fato de reconhecer que a situação global histórica pela qual a América Latina passava constituía já uma instância ética, na qual muitos cristãos eram chamados a responder os desafios com testemunho profético e com novas formas de entender e viver o Evangelho, isto é, havia uma tomada de consciência de uma instância moral. Essa experiência impulsionou e exigiu uma reavaliação da Teologia Moral devedora das linhas de orientação tradicional dos moralistas europeus: "a falta de plausibilidade e coerência dos esquemas morais exige a busca improrrogável de novos modelos adequados e capazes de iluminar a nova práxis e sustentá-la", In: RUBIO, Miguel. "'Descubrir' América Latina?". In: *Moralia* 4 (1982) 4-5.

61   P. Richard define Cristandade como "o modelo histórico específico de inserção da Igreja Institucional na totalidade social que utiliza como mediação fundamental o poder político (sociedade política) e o poder hegemônico (sociedade civil) das classes dominantes", In: RICHARD, J. P. *La Iglesia Latinoamericana*..., p. 103.

"Ao entrar em crise a relação Igreja-poder político dominante, entra em crise todo um modelo histórico de inserção da Igreja na sociedade e todo um modelo de estruturação interna da mesma Igreja. E vice-versa: a renovação da Igreja que impulsiona um novo modelo de sua inserção na sociedade e de sua estruturação interna torna a crise mais aguda na relação Igreja-poder político dominante"[62].

O primeiro imperativo que se impõe na tentativa de uma Moral latino-americana é a própria *vida humana*. O homem concreto nas suas reais necessidades básicas é o imperativo ético fundamental de uma ética libertadora da vida. O seu contrário é a ética da morte, da opressão e de tudo que vai contra a dignidade do homem. Assim, "o homem concreto, especialmente o pobre, em sua vida humana material se impõe como critério de discernimento moral"[63].

Como vimos, os documentos de *Medellín* e *Puebla* delinearam a necessidade de uma conversão pessoal e social através de um discernimento que se dá na participação eclesial. Tendo como chave de leitura a própria realidade, muitos autores assumem a proposta de uma exigente evangelização capaz de libertar o sujeito das estruturas de pecado e morte, iluminados pela ação de uma Igreja com imperativos éticos de ordem profética, sacramental e pastoral[64]. Assim, P. Richard propõe um itinerário espiritual de superação da esquizofrenia entre consciência e prática, entre intenção e ação, entre os princípios e a vida: "a Ética da Libertação é assim, uma ética consequente onde o Espírito não engana o homem como o faz a lei, mas salva o homem da morte. A Ética da Libertação ou ética da vida humana é a vida segundo o Espírito ou espiritualidade que vivemos os cristãos na práxis da libertação"[65].

Do ponto de vista de uma Igreja profética, os imperativos ético-proféticos que derivam dessa opção estão fundamentados no anúncio do verdadeiro Deus da Aliança, revelado por Jesus Cristo e testemunhado no seio da Igreja[66]. Esse anúncio exige necessariamente um confronto entre os ídolos do sistema de dominação que oprimem e reprimem o povo com a proposta libertadora de Jesus Cristo (cf. Mt 25,31s).

> "Salvação-libertação: não só como realidade dada, gratuita, ou como utopia por alcançar, mas como um processo, uma façanha coletiva. Vista assim, chega a converter-se em um imperativo ético que supõe a inserção das lutas de libertação dos pobres como uma exigência moral da opção Cristã; a geração de um mundo novo (a obra revolucionária) não se entende somente como uma alternativa no plano sociopolítico, mas que, enquanto tarefa moral, implica nos três níveis da libertação do homem todo e de todos os homens"[67].

---

62 RICHARD, J. P. "La ética como espiritualidad liberadora en la realidad eclesial de América Latina". In: *Moralia* 4 (1982) 102.

63 Ibid., p. 110.

64 Cf. Ibid., p. 113-114; VIDAL, M. "Teología de la liberación y ética social cristiana...", p. 210-211; p. 214-218; REJÓN, F. M. *Teologia Moral a partir dos pobres...*, p. 133: sua abordagem se refere a três níveis de libertação: no plano econômico, social e político, no plano histórico-utópico e no nível salvífico-redentor; ID., "Perspectivas para una ética de la liberación". In: *Moralia* 4 (1982) 144-150; LOBO, J. A. "Líneas y tendencias de la teología moral...", p. 352-358; MOSER, A. – LEERS, B. *Teologia Moral*: impasses e alternativas..., p. 83-93.

65 RICHARD, J. P. "La ética como espiritualidad liberadora...", p. 112.

66 Cf. MOSER, A.; LEERS, B. *Teologia Moral: impasses e alternativas*..., p. 99-120. Os autores fazem toda uma abordagem do que chamam "as grandes coordenadas" das tentativas de abordagem moral latino-americana, resgatando a Aliança do Deus de Israel, como um projeto não só religioso, mas também político-social que teve como revigoradores os profetas.

67 REJÓN, F. M. "Perspectivas para una ética de la liberación", p. 143-144.

No que se refere à questão dos imperativos ético-sacramentais, também se trata de um impulso do Vaticano II, especialmente em torno da Igreja como Sacramento do Reino de Deus na história (cf. *LG* 1-2). A questão da Ética da Libertação é a exigência de uma consciência eclesial que seja capaz de ler os sinais dos tempos e esteja a serviço da humanidade para que esta consciência alcance o projeto em plenitude: Jesus Cristo. Por isso, é necessário saber em que consiste o Reino, quem são os seus destinatários e, como imitadora do Cristo, a Igreja deve estar a serviço da humanidade sem medo das tensões e conflitos, tendo o amor como prática libertadora. Esses seriam os critérios de exigência ética a partir dos quais a Igreja seria capaz de anunciar, celebrar e construir o Reino de Deus[68]. Portanto, ser sinal do Reino na situação latino-americana de opressão e miséria torna-se um imperativo ético.

> "Fé-obras de fé: é suficientemente conhecida a importância que a Teologia da libertação outorga ao texto de Mt 25,31-46. De maneira resumida nos diz que as obras da fé (o amor), ainda que não se tenha uma confissão explícita de fé, são definitivamente as que constroem o Reino, são as que salvam. Por sua vez, Paulo insistirá em que a fé sem obras 'de nada seria' (1Cor 13,2). Assim se entende porque Jesus propõe a conversão do Evangelho do Reino (Mt 3,17; Mc 1,15)"[69].

Em relação aos imperativos ético-pastorais, a Igreja, como discípula e portadora da Boa-Nova, "encontra na prática (caminho) de Jesus histórico, uma referência absoluta para sua tarefa pastoral"[70]. Esta tarefa foi realmente colocada na práxis da Igreja latino-americana e assumida nas diversas áreas de atuação da Igreja, mas de maneira especial na organização das CEBs. A experiência ético-pastoral fundamenta-se em três pontos de maneira especial: a fidelidade como resposta humana ao chamado de Deus, o processo contínuo de conversão pessoal, eclesial e social e, finalmente, no compromisso missionário de levar a proposta do Reino de Deus em todos os âmbitos da sociedade, humanizando, garantindo a justiça, os direitos humanos e a dignidade de cada pessoa, de maneira especial a dos pobres[71].

De maneira geral, podemos dizer que a América Latina estava vivendo um período muito fértil de sua caminhada eclesial, e que, de fato, os novos ares do Concílio Vaticano II chegaram até as bases da Igreja Latino-americana, traduzidos pelos documentos de *Medellín* e *Puebla*. E, para a Teologia Moral, começa a se delinear um caminho muito original de renovação. Os temas na área da moral apresentam-se como um projeto bem delineado, mas não totalmente estabelecido. Desta estrutura, do edifício da Teologia Moral na América Latina, vamos agora aprofundar o que se refere ao seu cenário no Brasil e ao papel da SBTM.

---

68  Cf. Moser, A.; Leers, B. *Teologia Moral*: impasses e alternativas..., p. 121-144.
69  Rejón, F. M. "Perspectivas para una ética de la liberación"..., p. 144.
70  Richard, P. "La ética como espiritualidad liberadora...", p. 114.
71  Cf. Moser, A.; Leers, B. *Teologia Moral*: impasses e alternativas..., p. 171-194.

# PARTE II

# A SOCIEDADE BRASILEIRA DE TEOLOGIA MORAL

"A teologia moral na América Latina não só mostra um crescimento constante, mas tem alcançado uma consolidação e uma maturidade na elaboração e expressão de suas propostas [...]. O Instituto de Teologia Moral de São Paulo e a Associação dos Professores de teologia moral do Brasil são as instituições que impulsionam e canalizam, através dos encontros anuais e dos Congressos a nível latino-americano, o trabalho dos moralistas."

F. Rejón

# Capítulo III
# A Renovação da Teologia Moral no contexto brasileiro

Neste terceiro capítulo, temos como objetivo compor a mesma contextualização e reflexão do capítulo anterior, mas agora em base a uma realidade mais específica: no Brasil. E para isso, levantaremos duas questões que nos ajudam a compreender esse impacto pós-conciliar de renovação da Teologia Moral na cultura brasileira.

A primeira questão é recordar o pano de fundo da realidade eclesial brasileira, na qual as novas propostas pós-conciliares chegaram e foram sendo interpretadas e adaptadas conforme os desafios locais. Assim, é importante conhecer, em breves linhas, um panorama social, cultural e religioso do Brasil no período que se refere à fundação da SBTM. Na segunda questão, será apresentada a gênese da SBTM como uma resposta concreta dos teólogos, professores e pesquisadores na área da Teologia Moral, para uma Igreja pós-conciliar, latino-americana, dentro do contexto social do Brasil com seus novos desafios que emergiam dessa mesma realidade.

## 3.1 O cenário histórico e social do Brasil na década de 1970

" ...o dia está sombrio, dormitam as travessas e as vielas e quase me parece atravessarmos **um tempo de chumbo**..."[1], assim Hölderlin se expressava em sua poesia intitulada *Der Gang aufs Land*, em 1800. Essa expressão serviu, um século e meio depois, para designar períodos marcados por violência política, especialmente no que se refere aos aparatos repressivos dos Estados democráticos, seja na Europa, seja na América do Sul. Desse modo, ficou assim conhecida a década de 1970 na história do Brasil: "anos de chumbo", devido aos graves problemas políticos e sociais que predominaram neste tempo: golpe de Estado, violação da Constituição, cassação de pessoas, restrição de direitos e participação política, censura, Atos Institucionais e tantas outras marcas de um tempo obscuro.

No Brasil, a década de 1970 iniciava em plena Ditadura militar, que havia começado seis anos antes com um golpe de Estado[2]. O então presidente general G. Médici (1969-1974) foi considerado um dos mais radicais na estrutura de repressão e manutenção da ordem. Com o projeto da "Segurança Nacional"[3], o Governo ha-

---

[1] "Trüb ist heut, es schlummern die Gäng und die Gassen und fast will / Mir es scheinen, es sei, als in **der bleiernen Zeit**..." (negrito nosso), in HÖLDERLIN, Friedrich. *Odes and Elegies*. Translated and edited by Nick Hoff. Middletown: Wesleyan University Press, 2008, p. 128. Esse fragmento da poesia de Hölderlin foi a inspiração para o título de um filme alemão de M. von Trotta, que esteve em cartaz em São Paulo em 1983, baseado na vida de uma terrorista de esquerda da Alemanha Ocidental, que, neste período, apareceu morta em uma prisão de alta segurança. Com uma trama que aborda o lado familiar e o lado militante da personagem, o filme foi identificado rapidamente com o clima em que se vivia no Brasil durante a Ditadura militar (1964-1985).

[2] Para conhecer os detalhes dos antecedentes da Revolução de 64 e a tomada do poder pelos militares, ler SKIDMORE, Thomas. *Brasil*: de Castelo a Tancredo. Rio de Janeiro: Paz e Terra, 1988⁷, p. 19-77; DREIFUSS, René Armand. *1964*: a conquista do Estado. Ação política, poder e golpe de classe. Petrópolis: Vozes, 1981³.

[3] "Com o advento da guerra fria, elementos da teoria da guerra total e do confronto inevitável das duas superpotências incorporaram-se à ideologia da segurança nacional na América Latina [...], a ideologia latino-americana de segurança nacional, especialmente na sua variante brasileira, volta-se especificamente para a ligação entre desenvolvimento econômico e segurança interna e externa", in ALVES, Maria Helena Moreira. *Estado e oposição no Brasil (1964-1984)*. Bauru: EDUSC, 2005, p. 40.

via estruturado toda uma gama de retaliações a qualquer manifestação que pudesse caracterizar a subversão comunista. Sendo assim, todos os movimentos sociais estavam sob a égide da total vigilância.

Todavia, ao mesmo tempo em que o governo Médici foi considerado de "linha dura", investiu-se em uma propaganda intensa no chamado "milagre econômico", que era usado como força de expressão para se referir ao crescimento da economia no Brasil de então. Houve grandes investimentos no país de empresas estrangeiras que o consideravam seguro e rentável, com potência econômica garantida pela sua base industrial sólida e variada[4]. Os índices do PIB (Produto Interno Bruto) estavam em crescimento acima dos 10%, com um recorde de 11,4% em 1973[5]. O cenário parecia promissor para bons investimentos: crescimento das indústrias, expansão das cidades, crescimento do mercado interno e, por consequência, o progresso com a construção civil, novas estradas e hidrelétricas. Essas "boas notícias" eram sempre veiculadas nos meios de comunicação dando certa tranquilidade e estabilidade para a nação, ao menos aparentemente.

O fato é que, por trás do crescimento econômico e de uma política ditatorial, outros dados não eram divulgados, mas muito conhecidos pela maioria da população. O preço de "um milagre econômico" estava sendo conquistado a custa de um sacrifício do povo trabalhador. Prova disso é que mais de 50% dos assalariados recebiam menos de um salário mínimo e cresciam o número de vítimas da subnutrição, da mortalidade infantil e dos acidentes de trabalho[6]. Na verdade, a economia mundial vinha crescendo desde 1968 e o Brasil soube enquadrar-se bem às exigências de um mercado externo, consolidando a expansão capitalista[7] nos seguintes moldes: o aprofundamento da exploração da classe trabalhadora submetida ao arrocho salarial, às mais duras condições de trabalho e à repressão política[8]. Depois, outro fator de peso foi a ação do Estado garantindo a expansão capitalista e a consolidação do grande capital nacional e internacional e a entrada maciça de capitais estrangeiros na forma de investimentos e de empréstimos. Com essa propaganda, também os bancos estrangeiros liberaram créditos ao país, que se tornou a maior nação devedora do Banco Mundial a ponto que, entre os anos finais do período militar, o Brasil tinha uma das maiores dívidas externas do mundo[9].

---

4   Cf. Habert, Nadine. *A década de 70*. Apogeu e crise da ditadura militar brasileira. São Paulo: Ática, 2003³, p. 11; Dreifuss, R. A. *1964*: a conquista do Estado..., p. 100; Morel, Edmar. *O golpe começou em Washington*. Rio de Janeiro: Brasiliense, 1965.

5   Cf. Habert, N. *A década de 70*..., p. 12.

6   Alguns dados significativos das consequências do "milagre econômico": 67% da população era subnutrida. Em 1970, a cada mil crianças nascidas vivas 114 morriam em menos de um ano. Da PEA (População Economicamente Ativa), que somava mais de 36 milhões, foram vítimas de acidentes de trabalho mais de dois milhões. No final da década, o resultado era desolador: 1% da população concentrava uma parcela de renda quase igual ao total da renda de 50% da população. Cf. Habert, N. *A década de 70*..., p. 13; Sobre o "boom" econômico e seus críticos: Skidmore, T. *Brasil*: de Castelo a Tancredo, p. 274-286.

7   Removeu-se os entraves à entrada dos capitais internacionais e à remessa de lucros; subvencionou o capital internacional com política de créditos abundantes, incentivos e isenções fiscais; modernizou infraestrutura para a implantação de grandes empresas; ampliou-se a presença do capital estatal em vários setores básicos (siderurgia, petróleo, petroquímica e mineração). Assim, a política econômica da ditadura favoreceu a concentração de capitais. No campo, o slogan era "exportar é a solução" e imensas regiões foram ocupadas com programas de expansão agropecuária, com a mecanização da produção, predomínio do trabalho assalariado e a concentração da propriedade da terra com a expropriação e expulsão de milhões de pequenos proprietários e trabalhadores rurais, tendo como consequência o êxodo para as cidades. Cf. Habert, N. *A década de 70*..., p. 15-17.

8   Desde 1964, o governo era quem fixava os índices anuais de reajuste salariais, implantaram também o FGTS, que eliminou a estabilidade no emprego, aumentaram as horas-extras e exploravam mulheres e crianças com salários inferiores. Também havia controle dos sindicatos, proibindo greves ou qualquer manifestação reivindicatória. Cf. Habert, N. *A década de 70*..., p. 14; Alves, M. H. M. *Estado e oposição no Brasil*..., p. 118-119.

9   Cf. Davis, Shelton H. *Vítimas do milagre*: o desenvolvimento e os índios do Brasil. Rio de Janeiro: Zahar, 1978, p. 67.

O projeto do governo G. Médici era levar o Brasil a se tornar a "Grande Potência" quando entrasse no novo milênio com um programa claramente exposto na "Doutrina de Segurança Nacional", que tinha como lema "Desenvolvimento com segurança" e "Integração Social". Essas duas bases de ação nortearam o projeto da Ditadura militar no Brasil. A "Segurança Nacional" era o chavão que sustentava a ação anticomunista que rondava a Europa e os países da América Latina no pós-guerra. E com a ideia de "Integração Social" se justificava a expansão das redes de transporte e comunicações com a construção de mega-estradas. Com o PIN (Programa de Integração Nacional), o governo Médici queria ocupar e colonizar a Amazônia com programas de construção de estradas, hidrelétricas, portos, exploração mineral e florestal e colonização agrícola[10]. A região ficou infestada de conflitos entre colonos, posseiros e índios com milícias particulares, assassinatos de pequenos agricultores, líderes sindicais e indígenas, bem como ameaças constantes a quem defendesse a causa dos mais vulneráveis[11].

Para o sucesso dos projetos da Ditadura militar, usou-se abundantemente da força da propaganda com grandes investimentos de um sistema eficiente de telecomunicações. O Regime militar utilizou-se especialmente da TV para incutir na população seus projetos ideológicos de "milagre econômico" e de um "Brasil Grande"[12].

A década de 1970 foi governada pelo aparato do poder da ditadura que era exercido por decretos-leis e pelo Ato Institucional número 5 (AI-5), da Lei de Segurança Nacional[13]. A estrutura do governo ditatorial foi montada em torno do SNI (Serviço Nacional de Informações), que envolvia diversos organismos militares e policiais[14]. Com o objetivo de desarticular as possíveis tentativas de oposição ao regime, esses grupos tramaram uma verdadeira guerra no combate à subversão usando da máquina repressiva contra os "perigos à sociedade". A censura foi utilizada em todas as áreas através da presença

---

10   Caso da Transamazônica que teria 5500 km cortando a bacia Amazônica de Leste a Oeste, do Nordeste do Brasil à fronteira com o Peru. O projeto naturalmente falhou e, em 1975, as 6 mil famílias que tinham atravessado o Brasil acreditando nas promessas do governo só tinham desgosto para contar passando toda sorte de dificuldades, à mercê da violência dos pistoleiros de aluguel dos latifundiários da região. Outro problema foi a devastação ecológica e a expulsão dos índios num crescente aumento dos conflitos armados. Cf. SKIDMORE, T. *Brasil*: de Castelo a Tancredo..., p. 287-295.

11   Muitos começaram a levantar a bandeira dos oprimidos, como advogados, padres e Bispos. Cf. HABERT, N. *A década de 70...*, p. 22; SKIDMORE, T. *Brasil*: de Castelo a Tancredo..., p. 269-274; ALVES, Márcio Moreira. *A Igreja e a Política no Brasil*. São Paulo: Brasiliense, 1979; MORAIS, João Francisco Régis de. *Os Bispos e a Política no Brasil*. Pensamento social da CNBB. São Paulo: Cortez, 1982.

12   Outros grandes projetos foram implantados como o MOBRAL (Movimento Brasileiro de Alfabetização) e o Projeto Rondon, que atraía jovens para levar assistência médica e social a populações carentes do interior. Na década de 1980, ambos os projetos foram extintos com a descontrolada perda do poder aquisitivo que esvaziou os projetos grandiosos do regime. Cf. HABERT, N. *A década de 70...*, p. 25.

13   Baixado em 13 de dezembro de 1968, o AI-5 autorizava o presidente da República, em caráter excepcional e, portanto, sem apreciação judicial, a: decretar o recesso do Congresso Nacional; intervir nos estados e municípios; cassar mandatos parlamentares; suspender, por dez anos, os direitos políticos de qualquer cidadão; decretar o confisco de bens considerados ilícitos; e suspender a garantia do *habeas-corpus*. Em 1971, houve um decreto que permitia ao Presidente assinar decretos secretos, cujo conteúdo era do exclusivo conhecimento das altas esferas do poder, publicando apenas seu número no Diário Oficial. Nem o Presidente e nem os Ministros prestavam contas de suas determinações seja ao Legislativo ou a quem quer que fosse. Foram eliminadas eleições diretas para presidente e governadores. Cf. HABERT, N. *A década de 70...*, p. 25; ALVES, M. H. M. *Estado e oposição no Brasil...*, p. 137-167. Interessante ler sobre os 14 incidentes antes do AI-5, no que se refere à relação Igreja e Estado: BRUNEAU, Thomás C. *Catolicismo Brasileiro em época de transição*. São Paulo: Loyola, 1974, p. 324-367.

14   CISA (Centro de Informação Social da Aeronáutica), CENIMAR (Centro de Informação da Marinha), CIE (Centro de Informação do Exército), a Polícia Federal, polícias civis e militares estaduais. Em 1969, surgia o OBAN (Operação Bandeirante) com a finalidade de centralizar o combate às esquerdas financiado por empresas nacionais e internacionais. Tornou-se centro de tortura do país e serviu de modelo para o DOI-CODI (Departamento de Operações Internas) implantados em várias cidades. Caso extremo foi o grupo para-policial que prendia e executava com requintes de crueldade pessoas suspeitas. Cf. HABERT, N. *A década de 70...*, p. 28.

de censores da Polícia Federal presentes nos jornais, revistas, emissoras de Rádio e TV. Também em nome da "Segurança Nacional" foram censuradas peças de teatro, filmes, músicas, livros. Na educação, professores de escolas e universidades, bem como alunos e funcionários foram demitidos, perseguidos e presos ou tiveram aulas vigiadas[15].

Toda essa repressão provocou uma resistência da parte de organizações de esquerda, de grupos populares, operários, estudantes, intelectuais, artistas e setores da Igreja. O processo de atuação da Igreja Católica teve como pano de fundo as motivações orientadas e definidas por *Medellín*. A CNBB manifestava-se duramente com críticas ao governo militar, especialmente em relação à defesa dos direitos humanos e às injustiças sociais[16].

## 3.2 A configuração da Igreja do Brasil na década de 1970

Num depoimento de Dom Luciano M. de Almeida (1930-2006) sobre a relação da Igreja Católica com o Regime militar na década de 1970, ele manifestava a preocupação que esta teve para com o povo, que vivia um clima de tensão social. Segundo ele, houve da Igreja tanto uma palavra profética quanto de Mestra, isto é, a missão de denunciar as injustiças e de mostrar quais são as exigências do Evangelho para a construção de uma sociedade justa e solidária[17]. A CNBB começou a discutir e a produzir documentos que pudessem ser uma resposta à necessidade de orientação que o povo necessitava, bem como que colaborassem com o governo num projeto de sociedade justa para a Nação[18]. Segundo Dom Luciano M. de Almeida, a Igreja do

---

15  A partir de 1969, foi obrigatório incluir disciplinas de educação moral e cívica em todos os níveis de ensino.

16  Destacam-se nomes como Dom Paulo Evaristo Arns, Dom Pedro Casaldáliga, Dom Balduíno, Dom Mauro Morelli, Dom Hélder Câmara. Cf. Habert, N. *A década de 70...*, p. 37. Através das paróquias cresciam os grupos e Comissões Pastorais (operária, da juventude, da terra, do índio) e o importante papel das CEBs (Comunidades Eclesiais de Base), que realizaram o primeiro encontro nacional em Vitória em 1975 e no Brasil chegaram a ter 50.000 comunidades. A defesa dos Direitos Humanos possui várias publicações: "Testemunho de Paz", Declaração Conjunta do Episcopado Paulista, Brodósqui, 6-8 de junho 1972, em que podemos encontrar alguns trechos em Prandini, Fernando; Petrucci, Victor; Dale, Romeu (Orgs.). *As relações Igreja-Estado no Brasil*. v.3. Durante o Governo do General Médici 1970-1974. São Paulo: Loyola, 1987, p. 94-96; "Não oprimas teu irmão", Declaração do Regional Sul I da CNBB, Itaici, 30 outubro 1975, do qual podemos ler alguns trechos em Prandini, F.; Petrucci, V.; Dale, R. (Orgs.). *As relações Igreja-Estado no Brasil*. v.4. Durante o Governo do General Geisel 1974-1976. São Paulo: Loyola, 1987, p. 85-86; CNBB. *Comunicação Pastoral ao Povo de Deus*. Documentos da CNBB 8. São Paulo: Paulinas, 1976. Outra importante manifestação foi motivada por Dom Paulo Evaristo Arns, então Arcebispo de São Paulo contra a violência em: Comissão Arquidiocesana de Pastoral dos Direitos Humanos e Marginalizados de São Paulo. *Violência contra os humildes*. São Paulo: Comissão Arquidiocesana de São Paulo, 1977, n.3. Um resgate interessante dessa história está contido nas descrições de Beozzo, José Oscar. *A Igreja do Brasil, de João XXIII a João Paulo II*. De Medellín a Santo Domingo. Petrópolis: Vozes, 1994.

17  Houve uma iniciativa considerada ousada em que a CNBB, em sua Assembleia de 1973, assumiu a defesa e promoção dos Direitos Humanos devido à situação da Ditadura militar e ao AI-5 que assolava o país. Para isso, foi criada uma espécie de Tribunal Internacional de Direitos Humanos e que, depois de consultar a Santa Sé, evoluiu para as chamadas Jornadas Internacionais: CNBB. *Por uma sociedade superando as dominações*. Obra coletiva dos participantes do Projeto Jornadas Internacionais por uma Sociedade Superando as dominações. v. 1. Estudos da CNBB 19. São Paulo: Paulinas, 1978. No decorrer dos anos, houve uma adesão significativa para o Projeto, como das Conferências Episcopais do Canadá, Estados Unidos, França e outras Federações, Comissões e Conselhos Episcopais da Europa e Ásia. Mas, em 1978, por ordem da Secretaria de Estado, a Santa Sé desaprovou o projeto com a sua suspensão. Alegaram o motivo de que a CNBB havia ultrapassado sua competência e uma tal iniciativa poderia perder-se de controle degenerando em radicalismos extremados. Mais detalhes sobre o caso em Beozzo, J. O. *A Igreja do Brasil...*, p. 216-219.

18  Essa é a proposta do seguinte documento que foi resultado da XV Assembleia Geral: CNBB. *Exigências cristãs de uma ordem política*. Documentos da CNBB 10. São Paulo: Paulinas, 1978. No final da década de 1970, houve uma abertura do Governo com a CNBB. O próprio Presidente de então, João Figueiredo, solicitou à CNBB a apresentação de soluções viáveis para o Brasil. Segundo Dom Luciano M. de Almeida, por um erro de estratégia, esse documento acabou não sendo recebido pelo Presidente, porque foi divulgado antes de chegar às suas mãos. No entanto, foi uma prova de que a CNBB estava disposta a discutir temas de relevância para a Nação e dar ao povo a segurança de que seus pastores estavam comprometidos com a população.

Brasil, através da CNBB, não poderia se omitir diante das exigências éticas de então. O documento mais importante foi o número 10 da CNBB (*Doc10*), de fevereiro de 1977: "Exigências cristãs de uma ordem política", o qual expressava "uma vontade da Igreja de dizer ao povo que a autoridade podia ser contestada, no momento em que ela não fosse do povo e para o povo"[19]. A ação da Igreja, para Dom Luciano M. de Almeida, deixava de ser de cima para baixo e se tornava fermento, que transformava por dentro: "Quando algo entra na cadência, na ebulição do movimento popular é mais difícil para a Igreja encontrar-se dizendo a palavra adequada. Daí também que a grande categoria continua sendo a dos valores morais: sempre encontrar onde é que a Igreja tem uma palavra a dizer para chamar a atenção sobre coerência com um determinado tipo de valores"[20].

Incentivados pelas conclusões de *Medellín* e tendo participado efetivamente do III CELAM, os 40 bispos que estavam presentes em *Puebla* trouxeram para a Assembleia da CNBB, que se realizou na semana seguinte, as diretrizes de *Puebla* para serem imediatamente implantadas como prioridades na Igreja do Brasil. Assim, podemos verificar o Objetivo Geral da CNBB antes e depois de *Puebla* e comprovar como as conclusões do III CELAM se tornaram prioridade na Igreja do Brasil:

- **Objetivo Geral da Igreja do Brasil no Plano de Pastoral de Conjunto 1975-78**

    "Levar todos os homens à plena comunhão de vida com o Pai e entre si, em Jesus Cristo, no dom do Espírito Santo, pela mediação visível da Igreja"[21].

- **Objetivo Geral 1979-82**

    "Evangelizar a sociedade brasileira em transformação a partir da opção pelos pobres, pela libertação integral, numa crescente participação e comunhão visando à construção de uma sociedade fraterna anunciando, assim, o Reino definitivo"[22].

Além de ter uma grande coesão do Episcopado brasileiro, *Puebla* recuperou pontos de unidade para a ação pastoral no Brasil. Desse modo, enfatizando a palavra "evangelização", que foi a palavra-chave da Exortação Apostólica *Evangelii nuntiandi*, de Paulo VI e a "opção pelos pobres" do documento de *Puebla*, o Objetivo Geral da Igreja do Brasil posicionou-se na frente em relação às injustiças que o país vivia e que ecoava como um grito no coração da Igreja[23], de modo que, segundo Dom Luciano M. de Almeida, a maioria das comunidades integrou rapidamente o sentido dos documentos na prática pastoral. Ele reconhece o incentivo dado pelo então presidente da CNBB, Dom José I. Lorscheiter (1927-2007):

---

19  INP (Org.). *Pastoral da Igreja no Brasil nos anos 70*: caminhos, experiências e dimensões. Petrópolis: Vozes, 1994, p. 16.

20  Ibid., p. 20-21.

21  CNBB. Diretrizes Gerais da Ação Pastoral da Igreja do Brasil *1975-1978*. *Documentos da CNBB 4*. São Paulo: Paulinas, 1975, p. 8.

22  CNBB. Diretrizes Gerais da Ação Pastoral da Igreja do Brasil 19*79-1982*. *Documentos da CNBB 15*. São Paulo: Paulinas, 1980, n.7.

23  Desses objetivos se impulsionou a criação de tantas pastorais que foram frutos de uma consciência eclesial que se via imersa em uma sociedade injusta e questionava a sua própria atuação e testemunho frente a essa realidade. Eclodiram, assim, os movimentos da consciência negra, da dignidade da mulher, do menor, operária, campanha da fraternidade, migrantes. Cf. INP (Org.). *Pastoral da Igreja no Brasil nos anos 70...*, p. 23.

> "Puebla realmente permitiu uma coisa maravilhosa, e esta eu acho que nós devemos a Dom Ivo: o fato de ele ter multiplicado o livro de Puebla em edição quase de catecismo (foram quase trinta mil na época, em papel jornal) condicionou positivamente uma espécie de explicação de Puebla em todo Brasil"[24].

E afirma também a importância desses documentos e sua influência na vida eclesial brasileira.

> "Eu acho que a gente está de acordo que dois Documentos que influenciaram a pastoral da Igreja do Brasil nestes últimos 15 anos: 'Evangelii nuntiandi', que foi muito mais conhecida que o Vaticano II inteiro e que os outros Sínodos. Foi talvez o documento mais divulgado e mais estudado até hoje. Nenhum outro teve essa audiência. Além disso, o próprio texto de Puebla teve uma grande penetração. Na deixa de Puebla, cabe o documento 15 da CNBB"[25].

De fato, se analisarmos o Documento 15 da CNBB, além da reelaboração do Objetivo Geral, as Diretrizes Gerais da Igreja do Brasil foram adaptadas às exigências da *Evangelii nutiandi* e das conclusões de *Puebla*, compondo um quadro de integração das propostas da CNBB no seu Plano de Pastoral de Conjunto (PPC) vigente na época[26].

## 3.3 Um subsídio Teológico-Moral para o Brasil

A Igreja do Brasil, através do seu Episcopado, conseguiu motivar um plano de pastoral que chegou às bases e alcançou com intensidade todas as comunidades, que nas Igrejas particulares se identificaram com as propostas de *Puebla*, e conseguiram colocar em prática muitas de suas proposições. Assim, a década de 1970 foi marcada por uma originalidade teológica em que a teoria e a prática estiveram muito próximas e, por vezes, completamente identificadas na pastoral. Desse quadro, poder-se-ia dizer que a Igreja do Brasil fez uma experiência de profetismo e transformação da ordem social plenamente fundamentada na Tradição da Igreja e no Magistério com o método adequado à sua realidade: Ver-Julgar-Agir.

A renovação da Teologia Moral no pós-Vaticano II, no Brasil, manifesta-se com mais intensidade porque responde aos clamores do povo marginalizado e propõe profeticamente mudanças radicais baseadas na Palavra de Deus e nos Documentos da Igreja com a efetiva participação das bases.

> "A Igreja não se conforma com a imagem de uma Igreja-helicóptero, pairando sobre a caravana humana, ditando do alto os rumos a seguir e exercitando em operações esporádicas de rescaldo e salvamento. A Igreja sabe que tal imagem é repudiada cada vez mais por uma sociedade secular e secularizada que tenta elaborar o seu discurso ético e seus critérios morais sem fazer apelo as premissas religiosas"[27].

Por isso, a missão da Igreja é de ser capaz, como Mãe e Mestra, de discernir o mal para denunciá-lo, e o bem para anunciá-lo[28], isto é, uma missão profética sem medo de apontar o pecado, a iniquidade social, as injustiças, todo tipo de explo-

---

24 INP (Org.). *Pastoral da Igreja no Brasil nos anos 70...*, p. 21.
25 INP (Org.). *Pastoral da Igreja no Brasil nos anos 70...*, p. 23-24.
26 O Documento 15 da CNBB é praticamente a leitura de *Puebla* no Brasil. São 162 referências a *Puebla* dentro dos 104 números que compõem as Diretrizes Gerais.
27 CNBB. *Pastoral Social*. Estudos da CNBB 10. São Paulo: Paulinas, 1976, p. 47.
28 Cf. CNBB. *Pastoral Social...*, p. 46.

ração e desrespeito aos direitos humanos em vista do Reino anunciado por Jesus Cristo.

A Igreja tem uma missão crítica da qual não pode prescindir. Ela tem consciência de que deve continuar a obra de Cristo, o único que verdadeiramente pode nos libertar das amarras do pecado. Essa missão da Igreja, à luz do Evangelho, é profética, a qual se realiza primeiramente em nível das consciências por meio da disposição interior de receber a graça de Deus e discernir entre o bem e o mal. Em segundo lugar, a Igreja exerce uma função social na qual procura recuperar os sinais visíveis da presença de Deus no mundo e de sua ação salvífica permanente na história. Nesse sentido, essa consciência atuará em nível de formação da consciência popular, levando os fiéis a se tornarem também profetas com gestos proféticos.

> "Cabe, entretanto, a esta Igreja o discernimento sobre a autenticidade da vocação profética, para que se situe sempre na linha da verdadeira evangelização. Mas o profetismo autêntico, em toda a tradição bíblica, leva uma marca sinistra: a marca do pavor. Jesus, em quem o profetismo atinge o seu vértice, não escapou a essa regra. Quando se sente arrebatado pelo Espírito, o profeta se apavora, porque intui que aquela voz o leva ao holocausto. Para ele, como para a Igreja, é o momento em que não resta outra alternativa senão o heroísmo ou a infidelidade"[29].

O profetismo não esteve presente somente em nível de CNBB, mas também estava sendo vivido e anunciado nas Dioceses, de modo a atingir mais concretamente a realidade social com metas específicas e atitude objetiva[30].

Na sua XV Assembleia Geral, os Bispos do Brasil escreveram um documento que ficou marcado historicamente, como diz Dom Luciano M. de Almeida, como o momento em que a Igreja do Brasil mostrou "as exigências morais e éticas" e "nenhum documento foi mais penetrante"[31].

O *Doc10* começa com um reconhecimento dos bispos do seu dever para com o povo de construir juntos uma Nação justa e fraterna, enunciando princípios éticos e cristãos (cf. *Doc10*, Introd.) que possam iluminar a busca de soluções para os problemas do país. Assim, o Episcopado apresenta uma proposta moral que se intitula "exigências cristãs de uma ordem política".

Ao resgatar a ideia da missão da Igreja como anunciadora e promotora da Salvação inaugurada por Cristo, os Bispos mostram que devemos experimentar os frutos dessa plenitude já aqui na Terra, com gestos concretos de amor e fraternidade. Para

---

29    Ibid., p. 51. Naturalmente que houve debates interessantes sobre a missão crítico-profética do episcopado brasileiro. Regis de Morais esclarece que alguns autores como Ralph della Cava e Thomás Bruneau escrevem de maneira positiva sobre o profetismo da Igreja do Brasil sendo efetivo e constante, levando, assim, a uma renovação política, dando um crédito positivo às atitudes dos Bispos brasileiros. Por outro lado, refere-se às críticas de Clodovis Boff, que não nega o atitude profética do episcopado, mas, para ele, não se trata de um profetismo pleno, pois os Bispos estariam de maneira geral contra o regime político, mas não contra o modo de organização social, entendendo o profetismo como um passo mais radical numa concepção nova de sociedade. Cf.. MORAIS, J. F. R. *Os Bispos e a política no Brasil*..., p. 52.

30    "*Comunicado da XI Assembleia Geral da CNBB – Documento de Brasília* (de 27 de maio de 1970); o texto da Regional Sul-I, conhecido como *Documento de Brodósqui*, intitulado *Testamento de Paz*, que é o primeiro escrito contra a tortura sistemática no Brasil (8 de junho de 1972); o famoso texto da Regional Centro Oeste, intitulado *Marginalização de um povo: o grito das Igrejas* (06 de maio de 1973); o texto da Regional Nordeste II, intitulado *Eu ouvi os clamores do meu povo* (da mesma data); o texto da Regional Sul I, *Não oprimas teu irmão* (30 de outubro de 1975); e – com grande importância – o documento da Comissão Representativa, intitulado *Comunicação pastoral ao povo de Deus* (25 de outubro de 1976), bem como ainda: o polêmico documento aprovado pela XV Assembleia Geral da CNBB, *Exigências cristãs de uma ordem política* (17 de fevereiro de 1977) e o texto documental do Regional Nordeste II, intitulado *A caminhada do povo de Deus na América Latina* (02 de abril de 1978)", In: MORAIS, J. F. R. *Os Bispos e a política no Brasil*..., p. 51.

31    INP (Org.). *Pastoral da Igreja no Brasil nos anos 70*..., p. 19.

isso, é necessário superar as situações de pecado instaladas no coração humano que contaminaram a vida individual, familiar e social (cf. *Doc10*, 3).

A Igreja quer orientar os fiéis para que façam um caminho, com critérios da fé e postulados da razão, capaz de ordenar a vida e todas as suas atividades para o bem último que é a vida definitiva com Cristo. Disso decorre a exigência que dá a base teológico-moral ao *Doc10*:

> "A ordem política está sujeita à ordem moral. A Igreja, iluminada pela Fé, procura definir com sempre maior clareza as exigências que da ordem moral decorrem para a ordem política. Nós, Pastores, temos consciência de não estarmos exorbitando de nossa missão, quando proclamamos essas exigências e exortamos os cristãos a assumirem sua função específica na construção da sociedade de acordo com esses princípios" (Doc10, 5).

Os temas que aparecem nessa proposição inicial do documento são todos próprios da Teologia Moral: "ordem política", "ordem moral iluminada pela Fé", "consciência da missão", "exortação (educar a consciência), exigências cristãs de acordo com os princípios da Fé", "construção de uma sociedade de acordo com os princípios cristãos". De fato, logo em seguida os Bispos reconhecem que no fundo estão propondo formar a consciência dos homens através de exigências morais (cf. *Doc10*, 6).

Em relação aos modelos de sociedade, os Bispos lembram que nenhum modelo é perfeito ou definitivo e que, por isso, precisam ser continuamente aperfeiçoados. Dessa forma, a Igreja tem como missão evangelizadora denunciar todo tipo de pecado que seja gerado por sistemas ou modelos que querem se autodeterminar como a única solução ética possível para a realização de um Estado de Direito (cf. *Doc10*,12). É nesse clima de plena Ditadura militar que os Bispos, com coragem profética, recordam que a razão de ser do Estado é a realização de um bem comum que já pertence à natureza social dos homens, sujeitos de direitos naturais inalienáveis, e pelos quais o Estado é constituído e ordenado.

Portanto, "é dever do Estado respeitar, defender e promover os direitos das pessoas, das famílias e das instituições" (*Doc10*, 16). Quando o Estado não cumpre seu papel em vista do bem comum, ocorre o fenômeno da marginalização, um pecado estrutural criado por um sistema injusto que priva as pessoas de seus direitos fundamentais, criando uma sociedade injusta.

O *Doc10* relembra que os marginalizados são os que estão fora, à margem, os que recebem um salário injusto, os que não têm acesso à educação, não têm acesso a um médico, passam fome, não têm casa para morar, são privados da terra para plantar, não têm liberdade de se expressar, são manipulados, não têm dignidade (cf. *Doc10*, 23).

Diante dessas situações imorais, a CNBB dá ênfase à participação do povo no processo político, social, cultural e econômico de modo consciente e responsável. Porém, essa participação só poderá ser autêntica se exercida com liberdade dentro de um ideal democrático:

> "Só esta liberdade garante o direito à oposição, a possibilidade do debate sobre as alternativas do destino de uma Nação. Sem essa liberdade, o próprio direito de pensar gera suspeita de ameaça à ordem pública, tornando-se objeto de ação repressiva. Uma censura arbitrária nesse campo não teria justificativas nas exigências do bem comum e levaria, rapidamente, à perda de credibilidade da parte do Estado como poder legal" (Doc10, 30).

A subversão moral de um regime autoritário é colocada em debate no documento, especialmente, no que se refere à questão da "segurança", que deveria gerar a paz, mas, ao contrário, pode gerar a restrição arbitrária dos direitos fundamentais da pessoa, subvertendo o fundamento da ordem moral e jurídica (cf. *Doc10*, 35). Era exatamente a ferida aberta naquele período de repressão justificada no AI-5, que, em nome da segurança da Nação, espalhou terror e medo. "Medidas arbitrárias de repressão", "internamentos compulsórios", "desaparecimentos inexplicáveis", "processos e inquéritos injustos", "violência" e "terrorismo clandestino" foram alguns dos temas denunciados claramente no *Doc10* do Episcopado brasileiro, trazendo à tona um perigo que a história já mostrou ser fatal: o distanciamento da real função do Estado em promover o bem comum, com a Nação não participante, reprimida para a manutenção de seguridade de um sistema, é exatamente a origem e o início dos regimes totalitários que negam o bem comum e os princípios cristãos (cf. *Doc10*, 38).

Para criticar a ideologia de então, que divulgava um milagre econômico e um Brasil em pleno desenvolvimento, os Bispos rebatem com um discurso de base moral: sem imperativos éticos que subordinem o desenvolvimento ao serviço do homem e de "todos" os homens, o progresso econômico perde seu rumo. Nem sempre o desenvolvimento econômico garante o desenvolvimento social. Assim, para os Bispos, trata-se de um imperativo moral, a promoção de um desenvolvimento baseado no bem comum, na justiça e na equidade.

O termo utilizado no *Doc10* é "desenvolvimento integral", isto é, aquele "que responde às exigências do bem comum e não se mede apenas pelo crescimento quantitativo de valores mensuráveis" (*Doc10*, 47).

Enfim, o *Doc10* finaliza fundamentando as exigências morais de uma ordem política com duas citações bíblicas do Novo Testamento, recuperando dois temas da Teologia Moral para a realidade brasileira: pela fé sabemos que o bem vem de Deus e só pela sua graça é que somos capazes de realizá-lo e, de fato, esse bem só se realizará em nossa sociedade se buscarmos a verdade sendo solidários entre nós (cf. Tg 1,7; Ef 4,15).

Assim sendo, podemos dizer que o período pós-conciliar no Brasil foi extremamente frutuoso tanto do ponto de vista hierárquico com as manifestações crítico-proféticas do episcopado e do clero, religiosos e religiosas, quanto do ponto de vista pastoral, em que surgiu uma série de iniciativas para responder às exigências do momento histórico que se vivia no país, especialmente uma intensa preocupação em formar lideranças leigas.

A fecundidade da evangelização na década de 1970, no Brasil, é o resultado da confluência de uma série de fatores religiosos, sociais, políticos, culturais, positivos e negativos que, na linha da história, motivou a Igreja do Brasil a responder seus desafios à luz da fé e da razão, inculturada na vida dos pobres e marginalizados, descobrindo, assim, uma Teologia Moral que se renova e, desde o seu início, já se configura intrinsecamente e metodologicamente libertadora.

# Capítulo IV
# A Gênese da SBTM como resposta à renovação moral

Como vimos anteriormente, alguns fatores históricos, seja da América Latina, seja especificamente do Brasil, nos mostram que a década de 1970 foi um momento de muita tensão (muitos países em regime ditatorial), mas ao mesmo tempo de muita produção, seja da parte do episcopado, seja da parte dos teólogos. Esses fatores foram preponderantes para que surgisse a SBTM. Desse modo, é possível percebermos que há uma convergência de indícios que estabeleceu as condições necessárias para o surgimento da SBTM. Não podemos analisá-la somente de um ponto de vista, mas buscar compreendê-la dentro do contexto complexo e plural da América Latina.

No edifício da Teologia Moral, poderíamos então relembrar: para subirmos ao andar onde se encontra a SBTM, passamos por uma série de outros andares percorrendo um pouco da linha histórica que antecedeu o Concílio Vaticano II. Foram as discussões da *Ethica situationis* que motivaram o aprofundamento de uma possível renovação da Teologia Moral, tão desejada pelos teólogos moralistas, os quais souberam ler a contribuição da teologia protestante, das ciências humanas e das mudanças sociais, e assim foram dando os passos necessários para implantar uma nova etapa da história da Teologia Moral, tanto do ponto de vista epistemológico quanto metodológico.

Sem sombra de dúvidas, o processo anterior ao Concílio Vaticano II foi muito profícuo e deu as bases necessárias para que a Teologia Moral fosse reinterpretada não mais isoladamente como nos moldes da manualística, mas dentro dos novos campos de pesquisa que deram novos ares à Teologia como um todo, desde o reavivar dos fundamentos bíblicos, passando pela renovação da Liturgia e, enfim, das contribuições da filosofia e das ciências humanas.

O Concílio Vaticano II foi um marco importante para a renovação da Teologia Moral, mesmo que não tenha apresentado um documento específico sobre moral, temas afins podem ser encontrados praticamente em todo o seu conjunto. E aí surgem os novos manuais, baseados na nova perspectiva conciliar e numa busca incessante de uma nova identidade para a Teologia Moral, que buscava uma renovação dos seus métodos e uma melhor adequação de conteúdos para os novos tempos. Assim, acabou se integrando plenamente na renovação da Igreja como um todo e da Teologia no seu mais amplo modo de ser concebida, deixando definitivamente de ser uma disciplina isolada para compor o grande projeto de renovação da Igreja proposta pelo Concílio Vaticano II.

Na América Latina, por sua vez, os ventos soprados do Concílio encontram os ares do ardor da fé e da cultura latino-americana e redobraram a força de renovação. De fato, o contexto social vivido pelos latino-americanos foi lido e compreendido à luz das novas propostas conciliares, interpretados pelo seu Episcopado, nas duas significativas Conferências Gerais de *Medellín*, em 1968, e *Puebla*, em 1979. A força motriz desses dois documentos marcou uma identidade teológica que foi como um rolo compressor para a leitura política e social de então. Numa práxis atuante em vista de transformação social, a Teologia Moral entra como fundamento desta ação revelando um rosto próprio e aprofundando uma identificação com a TdL. Desse encontro e dessa troca de experiências entre a TdL e Teologia Moral, surge a reflexão da Ética da Libertação, a qual foi responsável por uma significativa produção teórica e de uma prática pastoral, suscitando teólogos comprometidos que buscavam em suas vidas a coerência entre teoria e prática, testemunhando, por vezes, com seu sangue derramado.

Nesse complexo panorama, encontra-se a criação da Sociedade Brasileira de Teologia Moral em 1977, isto é, no pós-Concílio, entre *Medellín* e *Puebla*, no alvorecer da TdL e em plena Ditadura militar. Neste capítulo, vamos percorrer um pouco mais profundamente o contexto em torno do surgimento da SBTM.

## 4.1 A gênese da SBTM no contexto da Igreja do Brasil

Como já vimos, a CNBB, na década de 1970, foi responsável por muitas iniciativas pastorais e sociais, sejam elas internas ou externas, que dinamizaram a Igreja do Brasil. O Concílio Vaticano II não havia terminado e a CNBB realizava sua VII Assembleia Geral Extraordinária em Roma, durante a terceira sessão do Concílio, já na perspectiva de elaborar um "Plano de Pastoral de Conjunto" com um dos objetivos bem definido: levar ao Brasil as decisões do Concílio para uma renovação teológico-pastoral e investir na formação dos agentes de pastoral à luz dos ensinamentos conciliares. Baseados nas seis linhas de ação[1], a CNBB elaborou também o que chamavam de "Plano de Atividades" com quatro programas para dinamizá-los[2]. O primeiro programa, que enfatizava projetos de investigação social, foi confiado ao CERIS[3]. O segundo programa, que tinha como objetivo aplicar o Vaticano II na formação teológico-pastoral, ficou sob a responsabilidade da CNBB[4].

---

1 "1) Promover uma sempre mais plena unidade visível no seio da Igreja Católica; 2) Promover a ação missionária; 3) Promover a ação catequética, aprofundamento doutrinal e a reflexão teológica; 4) Promover a ação litúrgica; 5) Promover a ação ecumênica; 6) Promover a melhor inserção do povo de Deus como fermento na construção de um mundo segundo os desígnios de Deus", In: CNBB, *1966-1970: Plano de Pastoral de Conjunto*, Dom Bosco, Rio de Janeiro 1966, p. 14. Beozzo explica também a fundamentação das linhas escolhidas pela CNBB: "Algumas destas linhas estão diretamente coladas a um ou mais dentre documentos conciliares: a linha 1 correspondendo à Constituição Dogmática *Lumen gentium* sobre a Igreja, ao decreto *Apostolicam actuositatem* sobre o apostolado dos leigos, ao decreto *Perfectae caritatis* sobre a vida religiosa consagrada e ao Decreto *Christus dominus* sobre o governo das dioceses, conferências episcopais e conselhos de presbíteros e de pastoral; a dois, ao Decreto *Ad gentes*, sobre a atividade missionária da Igreja e igualmente ao decreto *Perfectae caritatis* sobre a reforma da vida religiosa e importância do seu empenho missionário; a três, à Constituição Dogmática *Dei verbum*, sobre a Palavra de Deus; a quatro, à Constituição da Liturgia *Sacrosanctum concilium*; a cinco, ao decreto sobre o Ecumenismo *Unitatis redintegratio*; a seis, à Constituição Pastoral *Gaudium et spes* sobre a Igreja no mundo de hoje. Alguns dos documentos conciliares, que não estavam ainda promulgados nos dias da aprovação do PPC, ficaram, de certo modo, na sombra, como a declaração *Dignitatis humanae* sobre a Liberdade Religiosa, promulgada somente na Sessão Pública de 7 de dezembro de 1965. Outros não recebem também uma menção direta no PPC, talvez por sua pequena incidência na realidade eclesial brasileira, como o Decreto *Orientalium ecclesiarum*, voltado para as Igrejas Católicas Orientais", In: José Oscar Beozzo, "A recepção do Concílio Vaticano II na Igreja do Brasil", In: INP (Org.). *Presença Pública da Igreja no Brasil (1952-2002)*. Jubileu de Ouro da CNBB. São Paulo: Paulinas, 2003, p. 443.

2 "1) Programa de pesquisas e levantamentos, com 19 diferentes projetos; 2) Programa de reflexão e elaboração teológico-pastoral, com 19 diferentes projetos; 3) Programa de formação de pessoal, com 12 diferentes projetos; 4) Programa para montagens de assessorias aos secretariados regionais, às dioceses e a outros organismos de Igreja, com 6 diferentes projetos", In: CNBB. *1966-1970: Plano de Pastoral de Conjunto*. Rio de Janeiro: Dom Bosco, 1966, p. 15.

3 Centro de Estatística Religiosa e Investigação Social, fundado em 1962 em um ato conjunto entre CNBB e CRB (Conferência dos Religiosos do Brasil). Foi criado inicialmente como simples departamento da CRB para coletar e publicar dados da vida religiosa no país. Depois se tornou em centro de investigação sociorreligiosa de importância em nível internacional, filiado à FERES (Federação Internacional dos Institutos Católicos de Investigações Sociais e Sociorreligiosas). Cf. Beozzo, J. O. "A recepção do Concílio Vaticano II...", p. 450.

4 Houve uma proposta de criar um Centro de Reflexão e Estudos Teológicos Pastorais (CREPA), mas não foi aprovado pela CNBB, que preferiu assumir este programa adaptando sua Secretaria Geral para isso. Cf. Barros, Raimundo Caramuru. "Gênese e consolidação da CNBB no contexto de uma Igreja em plena renovação", In: INP (Org.). *Presença Pública da Igreja no Brasil*..., p. 59.

O terceiro programa ficou a cargo dos Regionais e dioceses para a formação de agentes de pastorais. O quarto programa também ficou a cargo da assessoria da CNBB, quando fosse solicitada pelos regionais e dioceses para implantar o PPC[5]. Para J. Beozzo, essa dinâmica de fundamentar as decisões pastorais com apoio das ciências sociais e seus métodos científicos, através de pesquisas que ajudariam a compreender melhor a realidade da Igreja do Brasil, foi o início de um amplo programa de reflexão e elaboração teológico-pastoral. Segundo ele, essa interação da Teologia, das ciências sociais e da pastoral inspirou o método e as intuições da TdL nos anos posteriores[6].

Todavia, queremos destacar que, desde 1963, já havia o ISPAC (Instituto Superior de Pastoral Catequética), que ajudava na formação dos catequistas em nível nacional. Motivados pelo PPC, os Bispos do Brasil aprovaram dois outros Institutos, o ISPAL (Instituto Superior de Pastoral Litúrgica – 1966) e o ISPAV (Instituto Superior de Pastoral Vocacional – 1966). Em 1971, a CNBB resolveu unificar os três Institutos em um só, criando o INP (Instituto Nacional de Pastoral), cujo primeiro diretor foi um padre redentorista: Virgílio Rosa Neto[7].

O INP teve um papel importante para a história da Teologia Moral no Brasil, pois foi graças ao seu apoio que se realizou em São Paulo o I Encontro Nacional dos Professores de Teologia Moral (ENPTM) em 1977[8]. Também apoiou a realização dos cinco encontros subsequentes que se sucederam nos anos de 1978, 1979, 1980, 1981 e 1982[9].

## 4.2 Fatores que influenciaram a fundação da SBTM

Para compreender o papel da SBTM no contexto geral da Teologia Moral do Brasil e do mundo, é necessário perscrutar sua gênese e seu desenvolvimento inicial. Porém, esse é um trabalho difícil devido à carência de fontes. Assim, procuraremos acompanhar os relatos dos participantes do encontro de fundação, tentando se aproximar o quanto possível do evento fundador, tendo em vista que não há nada publicado especificamente sobre isso. Nossa tarefa será compor esse mosaico com os relatos publicados sobre alguns dos primeiros temas e, enfim, um contexto do momento histórico, para chegarmos o máximo possível a uma convergência de dados que comprovem as motivações iniciais da SBTM.

---

5   Ibid.

6   Cf. BEOZZO, J. O. "A recepção do Concílio Vaticano II...", p. 449.

7   Cf. Ibid., p. 450-451. Segundo Beozzo, com a unificação dos Institutos, o INP perdeu, entretanto, o dinamismo inicial de centro de formação, convertendo-se num laboratório de reflexão teológica e pastoral a serviço da CNBB.

8   Cf. BARROS, R. C. "Gênese e consolidação da CNBB...", p. 61. Foi um dos últimos encontros na sede do INP, pois, no início de 1978, foi transferido para Brasília, onde já se encontrava a CNBB com sua nova sede desde novembro de 1977. Assim, o INP teve mudanças profundas na sua organização, deixando de ser autônoma e passando a ser um setor unido fisicamente à sede da CNBB.

9   Pe. J. R. A. Soares, fazendo um breve histórico do INP, refere-se às atividades de 1978 a 1982 e relata as reuniões mensais dos teólogos e pastoralistas elencando os Encontros Nacionais dos Professores de Teologia Moral (ENPTM) patrocinados pelo INP: "1º, em Belo Horizonte (12-14/12/1978) — 19 participantes; 2º, em Brasília (11-13/12/1979) — 21 participantes; 3º, em Juiz de Fora (09-11/12/1980) — 26 participantes; 4º, em Campos do Jordão (15-18/12/1981) — 20 participantes; 5º, no Rio de Janeiro (14-11/12/1982) — 22 participantes. No mesmo relatório, é interessante notar também que já em 1974, três anos antes do ENPTM, o INP ofereceu um curso de formação sobre a Teologia Moral fundamental e Teologia Moral do Matrimônio, do qual participaram 21 Bispos. Cf. CNBB. "Instituto Nacional de Pastoral – relatório do quadriênio 1978-1982". In: *Comunicado Mensal – CNBB* 369 (1983) 760.

Um primeiro referencial que merece destaque é a formação de alguns teólogos moralistas que, na década de 1970, estiveram realizando seus estudos na Europa, de maneira especial em Roma. O Pontifício Colégio Pio Brasileiro, fundado em 1934, pertencente à CNBB, foi um ponto de referência para todos os brasileiros que, estando fora do país, podiam ter ali um local para se encontrar e discutir a difícil situação em que vivia o país sob o Regime militar. Na década de 1970, o Pio Brasileiro acolhia estudantes de teologia e sacerdotes de várias regiões do Brasil e de diferentes congregações[10], proporcionando uma troca de experiência significativa para quem convivia no Colégio. Na Teologia Moral, havia sacerdotes se especializando nos dois cursos mais frequentados da área: o da Accademia Alfonsiana e o da Universidade Gregoriana, dos quais destacamos os nomes de A. Mann, M. Ramos, J. Bosco e Márcio F. dos Anjos[11].

Num testemunho, Pe. F. dos Anjos relata essa experiência vivida e a repercussão pessoal que teve ao retornar para o Brasil:

> "Em 1975 quando regressei da Europa, depois de fazer o doutorado em teologia na Universidade Gregoriana de Roma, fui quase imediatamente acolhido por um grupo interdisciplinar de estudos teológicos e pastorais, que se reunia mensalmente no Rio de Janeiro. Estava patrocinado pelo Instituto Nacional de Pastoral (CNBB) e reunia participantes de várias regiões do Brasil. Foi uma experiência altamente motivadora para tantas outras iniciativas"[12].

Uma dessas "tantas outras iniciativas" é a SBTM, que apoiada pela CNBB teve sua gênese motivacional exatamente no contexto do PPC, que tinha como uma das prioridades a formação das lideranças católicas e, através do INP, colaborou para que acontecesse o encontro dos teólogos da moral.

> "Os seminários e institutos de formação teológica são um conjunto de Instituições que tem incentivado seus professores e professoras no aperfeiçoamento de suas dis-

---

10  Distribuição segundo os Estados em 1975: Ceará – 6; Bahia – 3; Espírito Santo – 2; Goiás – 1; Minas Gerais – 7; Paraíba – 3; Paraná – 6; Pernambuco – 2; Piauí – 1; Rio Grande do Norte – 2; Rio Grande do Sul – 8; Rio de Janeiro – 4; Santa Catarina – 5; São Paulo – 20; Distrito Federal – 1. Cf. PONTIFÍCIO COLÉGIO PIO BRASILEIRO. *Ano Acadêmico 1974-1975*. Roma: PUG, 1975, p. 22.

11  Sacerdotes em especialização na Accademia Alfonsiana: Aloys João Mann (Toledo, PR), já falecido; Francisco Manfredo Thomáz Ramos (Fortaleza, CE), atualmente é professor titular do Instituto Teológico de Pastoral do Ceará; professor pesquisador da Universidade Estadual do Ceará; membro titular da Academia Cearense de Letras (ACL); membro efetivo da Societé Internationale pour l'étude de la Philosophie Medievale (SIEPM); membro fundador da Sociedade Brasileira de Teologia Moral (SBTM); membro fundador da Academia de Ciências Sociais do Ceará (ACSC); membro fundador da Sociedade Brasileira de Teologia e Ciências da Religião (SOTER). Disponível em: www.cnpq.br Acesso em: 17 abr. 2013; João Bosco O. de Faria (Pouso Alegre, MG), hoje Bispo titular da Arquidiocese de Diamantina e membro da equipe Nacional da Pastoral Familiar. Cf. ARQUIDIOCESE DE DIAMANTINA, "Currículo", Disponível em: http://www.arquidiamantina.org.br Acesso em: 17 abr. 2013. Na Universidade Gregoriana: Márcio Fabri dos Anjos, CSsR (SP), Doutor em Teologia pela Pontifícia Universidade Gregoriana, Roma, Itália (1975); licenciado em Filosofia. Docente do programa de doutorado e mestrado em Bioética, do Centro Universitário São Camilo, São Paulo; professor orientador de doutorado da Accademia Alfonsiana, da Pontificia Università Lateranense, Roma, Itália; professor de Teologia no ISPES – Instituto São Paulo de Estudos Superiores (SP); assessor da CRB – Conferência Nacional dos Religiosos do Brasil (DF); vice-presidente da SBB – Sociedade Brasileira de Bioética; membro da Câmara técnica de Bioética do CREMESP – Conselho Regional de Medicina do Estado de São Paulo; ex-presidente da SOTER – Sociedade de Teologia e Ciências da Religião (1991-1998); Fundador e ex-presidente da SBTM – Sociedade Brasileira de Teologia Moral (1980-86); editor da Editora Ideias e Letras; tem desenvolvido estudos na área de conceitos teóricos de Bioética e Religião. Cf. www.cnpq.br (17/04/2013). Assim, provavelmente as primeiras ideias sobre a articulação da Teologia Moral no Brasil podem ter começado nos corredores do Pio Brasileiro e isso é, de fato, confirmado em conversa pessoal tanto com o prof. Manfredo quanto com o prof. Márcio Fabri.

12  ANJOS, M. F. dos. "Teología, muchos rostros y un corazón". In: TAMAYO, Juan-José; BOSCH, Juan (Eds.). *Panorama de la teología latinoamericana*. Navarra: Verbo Divino, 2001, p. 216.

ciplinas. Deles, nasceu em 1977, o 'Encontro Nacional dos Professores de Teologia Moral'. A partir de 1982 o grupo passou a constituir a 'Sociedade Brasileira de Teologia Moral'"[13].

Assim, temos uma primeira parte desse conjunto de motivações que antecederam o I ENPTM, direcionando-nos para o foco central que levou à reunião dos professores de Teologia Moral em nível nacional.

Internamente, havia um campo todo aberto na Igreja do Brasil, com o crescimento cada vez maior das CEBs, abrindo-se, assim, a necessidade de formação teológica e pastoral[14]. Externamente, o cenário social era de um momento particular de crise política devido à dura linha do regime militar, que continuava seu jugo de autoritarismo e exigia uma resposta atuante e intensa da Igreja[15]. Sendo assim, a CNBB apoiava, incentivava e investia na formação permanente de Bispos, padres e leigos, através dos Institutos para fazer acontecer o PPC. E, finalmente, é importante considerar o fato de que havia padres chegando recém-formados da Europa, sedentos por passar seu conhecimento e condividir experiências com a Igreja Latino-americana. Devemos considerar tudo isso como fatores que convergiram para a necessidade de reunir os professores de Teologia Moral para que pudessem atualizar e dinamizar o ensino da Moral, conforme a nova realidade eclesial da Igreja do Brasil e do mundo.

Para entendermos como era a situação da Teologia Moral no Brasil dessa época, é significativo considerar as formações oferecidas aos Bispos brasileiros. Em uma de suas reuniões mensais do CEP (Comissão Episcopal de Pastoral), um dos pontos da pauta era o estudo das "questões principais da Moral hoje", que foi proposto como tema de estudo para os bispos e assessores.

> "Antecipando, em parte a matéria do Curso de atualização para Bispos, a realizar-se de 5 a 16 de agosto, no Rio de Janeiro, focalizaram-se alguns dados históricos referentes à Teologia do Comportamento Humano e no estabelecimento dos Padrões e Normas da Moral. No fundo, trata-se do difícil mas urgente problema de evitar o pernicioso relativismo ou subjetivismo ético, sem esquecer de considerar o homem e sua conduta ligada à sua situação concreta. À luz dessa difícil problemática deverão ser analisadas ou re-analisadas numerosas questões particulares no campo da moral"[16].

Seguindo a pauta, os temas tratados foram: "Igreja e Política", "Sínodo dos Bispos sobre a Evangelização do Mundo de Hoje" e "Demografia e família". Interessante notar que os três temas que se seguiram também fazem parte da Teologia Moral, seja no âmbito social, nos seus fundamentos e na moral familiar, respectivamente. Contudo, essa compreensão de uma leitura moral mais ampla da realidade ainda não era clara. Havia a necessidade de um maior amadurecimento para definir o campo de abrangência da Teologia Moral latino-americana.

---

13 ANJOS, M. F. dos. "A Ética Teológica no Brasil". In: VIDAL, M. *A nova Moral Fundamental*..., p. 501.

14 Em 1974, afirmava-se que havia aproximadamente 40.000 CEBs espalhadas pelo Brasil. Cf. SKIDMORE, T. *Brasil: de Castelo à Tancredo*..., p. 359.

15 Em 1975, ficou marcada a linha dura do Regime militar, quando em represália ao Cardeal Arns, que havia celebrado um ato ecumênico pelo assassinato do jornalista Wladimir Herzog, enquanto o Cardeal Arns estava em Roma, as forças de segurança de São Paulo acompanhadas pelos cães invadiram a PUC de São Paulo destruindo equipamentos e materiais de pesquisa e espancando e prendendo mais de 700 estudantes. Outros fatos ocorridos em 1976 foram os assassinatos do Padre Rodolfo Lukenbein, que trabalhava com os índios da Amazônia, e o Pe. João Bosco Penido Burnier, que foi contra a tortura de mulheres. Dom Adriano Hypolito, Bispo de Nova Iguaçu, foi espancado por ajudar associações de bairros na periferia de sua diocese. Cf. SKIDMORE, T. *Brasil: de Castelo à Tancredo*..., p. 360.

16 CNBB. "Comissão Episcopal de Pastoral – Reunião mensal do CEP". In: *Comunicado Mensal – CNBB* 262 (1974) 511-512.

A prova deste descompasso é o fato de que, no ano seguinte, o mesmo curso que foi oferecido aos Bispos, em 1974[17] (com 21 Bispos participantes), desta vez teve um quórum um pouco menor, apenas 12 inscritos, dos quais 06 eram bispos recém-eleitos. O tema "Moral Fundamental e Moral sexual e matrimonial" parecia não ter atraído o interesse do Episcopado[18]. Mas, na prática, acontecia o contrário. A CNBB, nesse mesmo ano, lança o Documento 3, com o título "em favor da família", no qual faz duras críticas aos divorcistas, defende a indissolubilidade do vínculo, propõe uma política familiar e investe na Pastoral Familiar[19].

> "Em 1977 serão elaborados os seguintes temas: o papel da Igreja frente à legislação civil sobre a Família; Exame de posições assumidas pela Hierarquia face à legislação divorcista em alguns países; Análise da realidade brasileira relativa ao divórcio (de fato) e aos recursos de emergência dispostos em lei; A filosofia das legislações divorcistas; Subsídios para uma legislação em favor da família no Brasil; O crescimento demográfico no Brasil – aspectos éticos; O aborto; O planejamento familiar; A educação sexual nas escolas; O casamento religioso; A preparação para o casamento"[20].

Na área social, os temas de relevância estão voltados à questão política contemplada nos *Estudos da CNBB* 2 sobre a "Igreja e a Política" (1974), no *Doc10*, "Exigências cristãs de uma Ordem Política" (1977) e as *Jornadas Internacionais* "por uma Sociedade superando Dominações" (1977), que tiveram grande repercussão para a realidade social e política do Brasil com impacto internacional[21].

Temos, assim, uma questão interessante que se refere ao panorama da reflexão moral com o foco no Episcopado brasileiro. Trata-se de certo "descompasso entre teoria e prática". Ao mesmo tempo que vemos um investimento na formação do episcopado, com alto nível de reflexão (teólogos morais de relevância se faziam presentes: B. Leers, H. Lepargneur, J. Snoek, A. Moser), vemos também uma baixa resposta de participação dos Bispos. Em contrapartida, os Bispos tinham um alto nível de resposta na elaboração e produção de Estudos e Documentos no confronto com os desafios morais de então, especialmente no que se refere à área da "Família"

---

17 Em 1974, a CNBB lançou o estudo sobre a família motivada pelo "Ano da Família", em paralelo à ONU, que lançava o "Ano da População". O tema da família e da demografia estava sendo uma das preocupações da Santa Sé. Os cursos oferecidos ao episcopado pelo INP tinham o objetivo de esclarecer os temas mais pertinentes do momento. Cf. CNBB. "A família – mudança e caminhos". Estudos da CNBB 7. São Paulo: Paulinas, 1974, p. 5-11.

18 A programação consta dos seguintes temas e conferencistas: "A crise da Moral: Lei natural e ética existencial", por B. Leers OFM; "Papel do Magistério, dos Teólogos e da práxis popular na formação da norma moral", por H. Lepargneur OP; "Pecado e culpa – psicologia e psicanálise", por J. Dinko Mrawak SJ; "A práxis penitencial da Igreja no passado e no presente", por A. Birk SJ; "Médicos e teólogos face a problemas da interrupção da vida humana", por H. Lepargneur OP; "Pastoral da fidelidade conjugal", pelo Casal Helio Amorin; "Aspectos da ética sexual e matrimonial", por J. Snoek CSsR; "Problemas de fecundidade responsável I e II", por A. Moser OFM; "A indissolubilidade do vínculo conjugal à luz da jurisprudência da Igreja Latina", por Pe. A. Pereira. Cf. CNBB. "Curso de atualização para Bispos". In: *Comunicado Mensal – CNBB* 275 (1975) 777-778.

19 Cf. CNBB. *Em favor da família*. Documentos da CNBB 3. São Paulo: Paulinas, 1975. É bom lembrar também que tramitavam no Congresso Nacional três leis que estavam para serem aprovadas: a) Anticoncepcionais – Projeto de Lei da Câmara n. 1.341 de 1975 (Deputado Inocêncio Oliveira); b) Aborto – Projeto de Lei (do Governo) n. 636 de 1975; Projeto de Lei (da Câmara) n. 177, de 1975 (Deputado João Menezes; c) Divórcio – vários projetos. Cf. CNBB. "Problemas e Perspectivas da Família no Brasil Hoje". In: *Comunicado Mensal – CNBB* 293 (1977) 361.

20 CNBB. "INP – Estudos de Pastoral de Família". In: *Comunicado Mensal – CNBB* 294 (1977) 518-519. Essa equipe era responsável pelos Estudos de Pastoral da Família: A. Moser OFM; H. Lepargneur OP; F. dos Anjos CSsR; S. Kunz SCJ; J. Snoek CSsR e B. Leers OFM.

21 Das Jornadas destaca-se a adesão de 64 Instituições provenientes de todos os continentes com exceção da Oceania. Cf. CNBB. "Jornadas Internacionais 'Por uma Sociedade superando Dominações'". In: *Comunicado Mensal – CNBB* 293 (1977) 395-397.

e do "Social". Isso mostra claramente que a mola propulsora para uma compreensão moral estava nas interpelações da realidade, isto é, nas exigências da práxis.

Outro foco de relevância é a docência na área de Teologia Moral. Em um relato do II ENPTM, B. Leers nos coloca uma visão bem clara da situação do ensino-aprendizagem da Teologia Moral no Brasil no final dos anos de 1970. Referindo-se ao Brasil como um país de contrastes, ele lembra que, diante dos mais ou menos cem milhões de católicos com seus trezentos e trinta bispos, os professores de Teologia Moral não deveriam passar de uma quinzena. Uma realidade preocupante para um país da proporção do Brasil.

A Teologia Moral, em nível universitário, era deficitária e, segundo B. Leers, na troca de experiências entre os moralistas, os problemas eram praticamente os mesmos: os estudantes não sabiam outra língua a não ser o português e, assim, o único manual disponível era *A Lei de Cristo* de B. Häring. Isso mostrava também o déficit interno na pesquisa e produção de material na área de Teologia Moral por parte dos professores da área.

> "A motivação dos estudantes costuma intencionar uma função sacerdotal ou pastoral na Igreja, com uma preferência pragmática para com a práxis. O encontro com a teologia moral e sua problemática atual começa, quando eles já estão formados num determinado esquema religioso-moral, geralmente de caráter tradicional. Doutro lado, participam, em graus diferentes, de toda a situação confusa, criada pela modernização rápida da vida brasileira, e tomam conhecimento de muitas ideias e atitudes novas, às vezes, extremistas, colocadas à sua disposição pelos meios de comunicação, revistas ilustradas, programas de televisão"[22].

Percorrendo a descrição de B. Leers, constatamos que a situação da Teologia Moral não estava nada bem, adoecendo em matéria de ensino. Ele elenca uma série de sintomas dessa crise: professores sobrecarregados, limitação de material com uso exclusivo de apostilas, deficiência didática, a carência da perspectiva histórica, esquizofrenia entre teoria e práxis[23], e muitos outros problemas que foram trazendo à tona a necessidade de uma urgente renovação no ensino da Teologia Moral no Brasil. Esse segundo foco sobre a Teologia Moral no ensino superior, de cunho interno e Institucional, também tem um descompasso no panorama da Teologia Moral no Brasil, mas de difícil análise das causas e, portanto, mereceria um maior aprofundamento e um trabalho exclusivo sobre o tema.

Um terceiro foco que gostaríamos de citar é a dimensão popular da Teologia Moral no Brasil. Esse foco não é de cunho Institucional, mas se refere a uma expressão da cultura brasileira que B. Leers estuda e aprofunda suas facetas: o chamado "jeitinho brasileiro". Trata-se da maneira própria do povo brasileiro de interpretar as normas morais e adequá-las à sua realidade. Sobre isso aprofundaremos mais tarde na apresentação do tema em um dos encontros da SBTM.

Além desses fatores citados, outros desafios deveriam ser enfrentados para que a Teologia Moral no Brasil pudesse assumir as propostas de renovação, mas com uma identidade própria, tais como: 1) A dificuldade de integrar a formação teológica de cunho europeu com todas as variedades do "ethos" que está enraizado no meio do povo brasileiro. "A superestrutura moral popular talvez mostre muitos reflexos da catequese católica secular, apesar de suas deficiências, mas as diferenças são sufi-

---

22 LEERS, B. "Segundo Encontro dos Professores de Teologia Moral". In: *Atualização* 9 (1978) 557.
23 Cf. Ibid., p. 558-559.

cientemente claras, para não chegar a uma fácil identificação", diz B. Leers apontando o desafio a ser superado; 2) O dilema entre o conhecimento adquirido através da literatura europeia e norte-americana de um lado, com a Teologia da Libertação, e as pesquisas no campo da moral popular composta de todas as suas variações e fragmentos, sem ainda uma base segura de reflexão global em nível teológico e pastoral; 3) Atenção especial ao desenvolvimento da Moral no Brasil e às várias influências atuantes neste desenvolvimento, tendo em vista a complexa miscigenação do chamado povo brasileiro[24].

A partir desses fatores, podemos considerar que houve de fato uma convergência de fatores externos e internos que levaram os professores formados na área de moral a se encontrarem e iniciarem um processo original de renovação de Teologia Moral no Brasil.

## 4.3 O Primeiro Encontro dos Professores de Teologia Moral

O marco inicial da SBTM ocorreu em São Paulo, a grande megalópole do Brasil, por ser lugar de fácil acesso para todos os que vinham das cidades mais distantes. Por isso, o apoio da CNBB através do INP foi fundamental para que o evento acontecesse. Pela primeira vez, em nível Nacional, professores da área da Teologia Moral encontravam-se para um primeiro contato, sem saberem ao certo qual o processo que se desencadearia desse evento.

> "Promovido pelo Instituto Nacional de Pastoral da CNBB, e sob a coordenação de seus colaboradores na área de Teologia Moral, deu-se o I Encontro Nacional de Professores de Teologia Moral. A sede do Encontro foi o Seminário Regional da Arquidiocese de São Paulo, em São Paulo. O Encontro foi aberto às 8:45 hs. do dia 14 de dezembro de 1977, quarta-feira, encerrando-se às 18 hs. do dia 16, sexta-feira da mesma semana. Os trabalhos ocuparam uma média de 6 horas, entre exposições, trocas de experiências e debates. O INP cobriu as despesas da promoção do Encontro bem como subvencionou os três dias de hospedagem dos encontristas; por conta destes correram as despesas de viagem e gastos pessoais"[25].

O uso da palavra "Encontro" quer significar um momento menos formal, isto é, não se tratava de um curso, nem mesmo de um ato acadêmico, mas um "Encontro de professores para condividirem os problemas e soluções, as ideias e iniciativas dentro

---

24 Cf. LEERS, B. "Segundo Encontro...", p. 558-559.
25 CNBB. "Instituto Nacional de Pastoral – I Encontro Nacional de Professores de Teologia Moral". In: *Comunicado Mensal – CNBB* 309 (1978) 673. Outras menções ao I ENPTM: "O presente estudo foi aprovado no I Encontro de Teólogos Moralistas Brasileiros, que teve lugar nos dias 14, 15 e 16 de dezembro passado, em São Paulo", In: A. MOSER, *O problema demográfico...*, p. 9; "Com o patrocínio do Instituto Nacional de Pastoral, foi realizado o II Encontro Nacional de Professores de Teologia Moral, em continuidade ao que se realizou em São Paulo em fins de 1977", In: PILONETTO, Adelino Gabriel. "Encontro Nacional de Professores de Teologia Moral", In: *Teocomunicação* 43 (1979) 108; "Assim, desde 1977, vem acontecendo no Brasil a cada ano um Encontro Nacional de Professores de Teologia Moral", In: ANJOS, Márcio Fabri dos. "Desafio de fazer Teologia Moral na América Latina". In: ANJOS, Márcio Fabri dos (Coord.), *Articulação da Teologia Moral na América Latina*. Coleção de Teologia Moral na América Latina 2. Aparecida: Santuário, 1987, p. 13-14; "Particularmente pude contribuir com a fundação de um grupo de professores de Teologia Moral, em 1977. Através de encontros nacionais e congressos foi se consolidando e alguns anos depois se converteu na Sociedade Brasileira de Teologia Moral", In: ANJOS, M. F. dos. "Teología, muchos rostros y un corazón"..., p. 216-217; "Os seminários e institutos de formação teológica são um conjunto de instituições que tem incentivado seus professores e professoras no aperfeiçoamento de suas disciplinas. Deles nasceu em 1977 o Encontro Nacional de Professores de Teologia Moral", In: ANJOS, M. F. dos. "A Ética Teológica no Brasil", p. 501; "Desde 1977, os Encontros Nacionais de Teólogos Moralistas têm sido realizados no Brasil a cada ano. Esses encontros proporcionam oportunidades para discutir, estudar e trocar experiências, especialmente as que se referem ao ensino acadêmico", In: ZACHARIAS, Ronaldo. "Sonhando com uma nova Teologia Moral para o Brasil". In: KEENAN, James (Org.). Ética Teológica Católica no contexto mundial. Aparecida: Santuário, 2010, p. 213.

da área da Moral"[26], abrindo espaço para um clima fraterno e de partilha entre os participantes. Mas, ao mesmo tempo, já havia uma expectativa em relação à qualificação e à produção da Teologia Moral em nível nacional, pois era preciso "lançar bases mais sólidas e concretas para se unirem as forças, possibilitar o mútuo apoio, e dar maior consistência humana e científica à Teologia Moral no Brasil"[27].

Dentro do contexto daquele momento histórico, o I ENPTM estava dentro do grande edifício da Teologia Moral, e que então, no Brasil, começava a construir seu espaço próprio. De fato, isso só seria possível se houvesse um trabalho em conjunto, e parece que aquele era o momento propício para essa construção: havia apoio da hierarquia, e as motivações internas e externas necessárias para essa empreitada. A resposta a esse convite se mostrou, inicialmente, positiva com a presença de 15 professores, representantes de diferentes Instituições de Ensino. Esse mapeamento é importante, pois determina um rosto inicial da Teologia Moral no Brasil.

> "Seguiu-se a apresentação pessoal de cada um dos participantes em total de 15: Antonio Moser (RJ), Antonio Pinto da Silva (SP), Assunção da Silva (AM), Bernardino Leers (MG), Hubert Lepargneur (SP), Jaime Snoek (MG), João Abel (BA), José Dinko Mrawak (RJ), José Maria Frutuoso Braga (SP), Luiz Gonzaga Piccoli (SP), Márcio Fabri dos Anjos (SP), Nicola Masi (PA), Orlando Brandes (SC), Ubenay Lacerda Fleury (GO), Dom Valfredo Tepe (BA)"[28].

O I ENPTM desenvolveu-se com uma série de atividades, desde conferências sobre temas de relevância naquele momento, bem como debates, troca de experiências em relação à metodologia e momentos de confraternização entre os participantes. Foram três dias intensos nos quais, pela primeira vez, professores da área de Teologia Moral tinham a possibilidade de condividir seus conhecimentos e suas dificuldades, e de fato "o clima humano dos três dias foi muito amigo e descontraído, com grande respeito mútuo dentro da divergência de ideias, com muita sinceridade, abertura e liberdade de expressão"[29].

Com uma avaliação muito positiva, os participantes do I ENPTM fizeram as primeiras projeções para os trabalhos posteriores, dando, assim, o ritmo da condução do projeto e elencando suas prioridades: 1) A necessidade da continuidade dos Encontros; 2) Escolher para cada Encontro um tema, com subtemas concatenados; 3) A exigência que os resumos das monografias fossem enviados com antecipação para que os participantes pudessem discutir melhor o tema apresentado; 4) Na escolha dos temas dar atenção aos principais problemas brasileiros atuais, na área de Teologia Moral; 5) Melhor divulgação dos trabalhos da equipe de Moral no INP; 6) A necessidade de circular anualmente uma lista bibliográfica das publicações recentes em Teologia Moral; 7) Estabelecer um maior intercâmbio dos conteúdos e dos programas de aula entre os professores de Teologia Moral no Brasil; 8) A necessidade de publicar as monografias ministradas nos Encontros[30].

Essas propostas definem três linhas de atuação, iniciada pelos fundadores da SBTM, que responderiam, inicialmente, aos três desafios elencados anteriormente.

---

26   CNBB. "INP – I Encontro Nacional...", p. 673.
27   Ibid.
28   CNBB. "INP – I Encontro Nacional...", p. 673.
29   Ibid., p. 674.
30   Cf. CNBB. "INP – I Encontro Nacional...", p. 674-676. Naturalmente que houve muitas outras sugestões de nível prático. Estas elencadas foram selecionadas para uma análise prospectiva da SBTM.

No foco Institucional interno responderia a uma maior aproximação dos Teólogos Morais com a hierarquia, respondendo à sua necessidade de assessoria em relação aos temas emergentes da Igreja do Brasil, os quais os Bispos do Brasil estavam sendo pressionados em responder com uma melhor fundamentação teológica; segundo, o déficit do ensino universitário seria enfrentado com uma possível reavaliação dos conteúdos programáticos e das metodologias utilizadas, pois os Encontros entre os professores proporcionariam um *aggiornamento* nesta área; terceiro, o campo de estudo da Teologia Moral no Brasil estaria sendo mais bem compreendido à medida que mais teólogos morais participassem, trazendo à tona a variedade e a riqueza das experiências do "povo brasileiro", nas suas diferentes regiões, contemplando, assim, a diversidade que é própria do Brasil.

Naturalmente que nem tudo o que se projeta se consegue realizar na prática. Abriram-se muitas outras perspectivas que não eram previstas, bem como não se conseguiu realizar algumas das quais se almejava. O mais importante para nós é o fato de que, em 1977, deu-se início a um processo ininterrupto de reflexão moral que perdura até os nossos dias e representa um legado do ponto de vista histórico, epistemológico e metodológico da Teologia Moral no Brasil.

Este legado será agora melhor conhecido de modo sistematizado e estruturado com uma metodologia adequada em três partes que serão trabalhadas simultaneamente: amostragem teórica, codificação e análise. Para tanto, explicaremos como será organizada a amostragem da Teologia Moral no Brasil sob o foco da SBTM.

# PARTE III

# OS REFERENCIAIS DA TEOLOGIA MORAL NO BRASIL DE 1977 A 2011 SOB O ENFOQUE DA SBTM

"A ética cristã como uma disciplina 'quer dar um sentido ao mundo e à nossa experiência': do modo como ela é formulada vai depender o respeito que receberá dos representantes da comunidade científica."

V. G. MIER

# Capítulo V
# Os referenciais teóricos da SBTM

Ao chegarmos ao cerne do nosso trabalho, queremos esclarecer a metodologia que foi adotada e o modo como foi estruturada a terceira parte desta obra.

Até aqui, o nosso esforço foi de rever, de modo sintético, alguns dos principais aspectos que contribuíram para a Renovação da Teologia Moral em torno do Concílio Vaticano II, na América Latina e, de modo especial, no Brasil. O itinerário feito nas duas primeiras partes nos ajuda a visualizar o caminho, a localizar-se no tempo e a compreender o contexto dos passos que já foram dados no conjunto da Teologia Moral no pós-Concílio.

Utilizando uma abordagem mais histórico-descritiva de perspectiva latino-americana, podemos dizer que nas duas primeiras partes se privilegia um resgate histórico, proporcionando-nos a contextualização do tema proposto. O caminho realizado é parcial, pois não contempla toda a realidade do debate moral no contexto que antecedeu o Concílio Vaticano II. A escolha do caminho foi feita em vista do ponto de chegada, isto é, o surgimento da SBTM no Brasil, em 1977. Todos esses passos, naturalmente, foram só pinceladas rápidas para nos apoiar na visão de conjunto da Teologia Moral, porém não encerram a complexidade de seus conteúdos. Tendo como exemplo uma foto digital, que foi tirada com uma alta qualidade, é possível fazer um *zoom* de tal forma que vemos detalhes que no conjunto geral não veríamos. Assim o fizemos, começando pela abordagem do Magistério de Pio XII até chegarmos em 1977, no evento fundador da SBTM. Nosso resgate histórico partiu de uma visão mais universal e num *zoom* cronológico, mas também conectado por temas comuns, chegamos a um foco mais particular até as origens da SBTM.

No entanto, agora, precisamos dar um passo a mais e de modo mais profundo em relação ao específico da nossa pesquisa, que é a leitura da Teologia Moral no Brasil a partir da SBTM. Utilizando a comparação da foto de alta qualidade, este é o momento para explorarmos o campo de visão, penetrando nos detalhes e compreendendo seu conjunto.

Desde 1977 até os nossos dias, a cada ano, a SBTM realizou encontros, conferências e debates com temáticas da Teologia Moral, criando um caminho próprio, deixando um "rastro de originalidade", o qual é objeto de interesse desta pesquisa.

Lembramos que o período histórico delimitado nesta obra foi dividido em três fases, e neste capítulo vamos expor a parte mais densa da nossa pesquisa, isto é, a parte de análise e sistematização do levantamento de dados, que equivale a dizer:

1) A sequência cronológica dos conteúdos; 2) Discriminação dos Temas Gerais e Temas Específicos de cada Encontro Nacional da Sociedade Brasileira de Teologia Moral, bem como seus respectivos mediadores com suas respectivas publicações; 3) Articulação dos principais argumentos dos Mediadores, com a Teologia como um todo e com as ciências afins, exclusivamente das Fontes Referenciais primárias; 6) Uma síntese geral de cada fase com a respectiva descrição dos dados.

Ao definirmos o *zoom* adequado para este capítulo, lembramos que este é somente um dos possíveis ângulos a partir dos quais a Teologia Moral no Brasil pode ser analisada no período pós-conciliar, mas, ao mesmo tempo, queremos demonstrar que o ângulo escolhido apresenta uma riqueza de detalhes que só é possível de ser conhecida através da "Objetiva" da SBTM.

# 5.1 Fase I (1977-1987)

Nessa primeira Fase, podemos acompanhar toda dinâmica de organização dos Encontros Nacionais dos Professores de Teologia Moral (ENPTM)[1]. Apoiados pela CNBB, através do INP, os Encontros foram realizados, no seu início, com professores de Teologia Moral.

## 5.1.1 Teologia Moral e Magistério – 1977

O I ENPTM realizou-se em São Paulo, entre os dias 14 e 16 de dezembro. O TG (Tema Geral) focou sobre: "Teologia Moral e Magistério"[2]. Os TEs (Temas Específicos) abordados foram os seguintes: 1) "O problema demográfico e as esperanças de um mundo novo", A. Moser[3]; 2) "O descompasso da teoria com a prática, uma indagação nas raízes da moral", H. Lepargneur[4]; 3) "Esterilização e avaliação moral: um problema metodológico", F. dos Anjos.

**Articulação dos principais argumentos dos Mediadores**

Como vimos anteriormente, o TG gira em torno das questões da Teologia Moral e do Magistério. Nesse sentido, temos duas fontes significativas que nos permitem compreender qual foi exatamente a linha de reflexão que se quis aprofundar com os professores de Teologia Moral neste primeiro Encontro.

A primeira fonte é a publicação da conferência de A. Moser, franciscano, brasileiro, teólogo moral formado na Accademia Alfonsiana, em Roma. A. Moser escreve sobre "o problema Demográfico", que na época estava sendo muito discutido, como ele mesmo justifica: primeiro por uma questão interna, pois, no Brasil, o Governo fazia uma campanha em relação à "gravidez de risco", e assim o motivou a escrever um primeiro estudo sobre a paternidade responsável[5]; segundo, porque o tema já vinha sendo discutido em nível mundial, desde 1974 na ONU, a qual dedicou aquele como Ano Internacional da População.

Da abordagem de A. Moser, podemos destacar vários pontos. A objetividade com que ele trata o assunto, de modo que consegue expor com clareza os pontos mais importantes em voga: números e estatísticas, causas e interpretações, linhas de abordagem (malthusianismo, neomalthusianismo e novas hipóteses), a posição oficial da Igreja Católica com suas pistas de soluções e, enfim, a ideologia antinatalista com tudo o que ela esconde e manipula.

Naturalmente que todos esses temas trazem consigo uma série de discussões que se ligam à área da Teologia Moral Especial, a moral da pessoa (sp), como o tema da esterilização, das pílulas e do aborto. Mas, o objetivo do autor era não o de defender uma tese pessoal, mas de ampliar a discussão, conforme expressa: "O problema de-

---

[1] Assim foram denominados os encontros até 1984, quando então se constituiu a Sociedade Brasileira de Teologia Moral (SBTM).

[2] CNBB. "Instituto Nacional de Pastoral – I Encontro Nacional de Professores de Teologia Moral". In: *Comunicado Mensal – CNBB* 309 (1978) 673-676.

[3] MOSER, Antonio. *O problema demográfico e as esperanças de um mundo novo*. Cadernos de Teologia e Pastoral 12. Petrópolis: Vozes, 1978.

[4] LEPARGNEUR, Hubert. *O descompasso da teoria com a prática*: uma indagação das raízes da moral. Cadernos de Teologia e Pastoral 14. Petrópolis: Vozes, 1979.

[5] Sua produção referente a esse tema: MOSER, A. *Paternidade responsável face a uma mentalidade contraceptiva*. Petrópolis: Vozes, 1976.

mográfico é também uma questão de justiça"⁶. A. Moser não só amplia a discussão como desloca o foco para um aspecto pouco trabalhado e discutido na Teologia Moral do Brasil, isto é, o ângulo social do problema demográfico.

Ao tratar o assunto do ponto de vista da Igreja Católica, o autor lembra que o Magistério está habituado a abordar o problema do ângulo da moral individual e da consciência pessoal⁷, limitando sua abordagem e deixando muitos pontos em aberto. Mas, aos poucos, se foi maturando a necessidade de um confronto social do tema e o próprio Magistério despertou para essa realidade, dando à sociedade como um todo pistas concretas de ação⁸. Essa abertura dos Bispos foi graças a *Medellín*, na América Latina, que impulsionou uma consciência mais acentuada no que se refere à Justiça Social⁹. A proposta é "abrir caminhos com uma nova compreensão da realidade à luz da fé", procurando "des-velar" na realidade as intuições do Magistério através de um enfoque crítico e libertador, repropondo as questões e indicando caminhos de saída, papel este próprio da Teologia Moral¹⁰.

O autor ampliou o horizonte da discussão através de um diálogo com as ciências, a Tradição e o Magistério, usando a terminologia "multividências"¹¹. Incentiva ao exercício de análise dos confrontos entre as diversas realidades e seus complexos pontos de vista sobre os quais a Teologia Moral deveria se habituar a dialogar. Para o autor, a Moral só será ouvida se não "concentrar seus esforços só no nível pessoal, mas forçosamente deverá empenhar-se na perspectiva social que a questão demográfica envolve"¹².

Portanto, podemos detectar um primeiro tema-eixo que se apresenta interligando Teologia Moral, Magistério e Demografia: a Justiça Social. Assim se expressa:

> "Um dos temas que devem ser examinados é da justiça social. Uma vida plenamente humana, a ser vivida em liberdade e com dignidade só será assegurada a todos os homens e a todos os povos, quando os recursos da terra forem distribuídos de maneira mais equitativa, quando as necessidades dos menos afortunados obtiverem uma prioridade efetiva na distribuição de riquezas no nosso planeta; e, enfim, quando os ricos – quer se trate de indivíduos, quer se trate de comunidades – se voltem a aplicar num novo esforço de ajuda e de investimentos em favor daqueles que se encontram mais desprovidos dos bens"¹³.

A segunda publicação a ser analisada é do Mediador e autor H. Lepargneur, francês, ex-dominicano que se tornou Camiliano e se dedicou a escrever sobre temas de Teologia Moral. H. Lepargneur começa polêmico, neste primeiro encontro, e seu livro de apenas 95 páginas é denso e de complexa análise devido ao leque de conceitos nos quais ele faz um vai e vem de intermináveis conexões. Basta ver o TE que coincide com o título do livro e já percebemos o desafio de tratar tal assunto tão complexo em poucas páginas. Mas, de fato, é um teólogo que sabe pontuar as raízes da Teologia Moral e colocá-las num patamar em que todos podem discutir suas per-

---

6   Moser, A. *O problema demográfico...*, p. 54.
7   Cf. Ibid., p. 37.
8   Cf. Moser, A. *O problema demográfico...*, p. 37-42. O autor faz uma série de alusões ao Magistério, citando os seguintes Documentos: *Mater et magistra* (1961), *Gaudium et spes* (1965), *Populorum progressio* (1967), *Humanae vitae* (1968), *Octagesima adveniens* (1971).
9   Cf. Moser, A. *O problema demográfico...*, p. 55.
10  Cf. Ibid., p. 43.
11  Cf. Ibid., p. 44.
12  Ibid., p. 61.
13  Moser, A. *O problema demográfico...*, p. 55.

tinências. Aliás, a primeira frase de seu livro nos mostra o caráter universal de seu estudo e o desafio da sua análise: "Abordamos aqui um problema grave e universal, que importa a todos os homens e repercute em qualquer outro problema da vida humana"[14], isto é, o descompasso entre teoria e prática.

A busca de uma "ética entendida como prática ou ação humanamente sensatas", a "sincronização e harmonização entre teoria e prática", a "congruência como lucidez e sinceridade" e, enfim, a compreensão da "moral como ação humana coerente no horizonte mais abrangente da pessoa humana", são alguns dos apelos iniciais e de impacto que H. Lepargneur propõe para superar o que ele chama de "defasagem entre a atividade sensata do ser humano e o conjunto de suas atividades"[15].

Num diálogo aberto com a filosofia, a psicologia e a sociologia, o autor busca esclarecer que o fenômeno do descompasso pode ser analisado ao longo da história da humanidade. Não economiza exemplos de autores e pensadores que refletiram ou viveram esse dilema em suas vidas e trataram o tema como paixão ou como ideologia[16]. Nosso ponto de interesse está na análise que o autor faz acerca da dimensão eclesial. Para ele, a oscilação que impera sobre a congruência entre teoria e prática está presente desde as primeiras comunidades cristãs, fundadas por São Paulo, nas quais havia uma constante tensão entre o que era ensinado e o que era vivido. Tensão que se prolonga até os nossos dias entre o que exige o Magistério e o que vive o povo de Deus. Mas se não formos até as raízes epistemológicas da questão, não conseguiremos compreender o que é possível harmonizar.

H. Lepargneur mergulha no profundo da questão: "Ocorreu uma inversão epistemológica no mundo ocidental quando a mentalidade europeia passou da visão objetiva, característica da *episteme* antiga e medieval, para a visão que situa o eu subjetivo no centro do mundo (Cartesianismo, Renascença, Reforma, Revolução, Modernidade, Existencialismos, Desmitização da objetividade científica)"[17]. Desse modo, para H. Lepargneur, o descompasso da teoria e da prática é chamado a servir de plataforma para uma patologia geral do comportamento humano.

Para aprofundar a questão, o autor resgata o sentido do termo *práxis*, que serve de ponte entre a teoria e a prática. Da linguagem semita, o termo foi utilizado particularmente pelo evangelista João com as expressões: "fazer a verdade", "realizar a verdade", guardar a palavra", que consistia exatamente nessa harmonia entre a fé em Cristo e a vivência dos seus ensinamentos. Já na Idade Média, o termo foi recuperado dos gregos, Aristóteles, com conceito de *ortopraxia*. O autor lembra que o conceito de prudência advém desta reflexão. E, enfim, lembra que K. Marx também o utilizou "privilegiando quase que exclusivamente o campo socioeconômico, impregnando suas análises no campo do materialismo dialético"[18].

H. Lepargneur aproveita para fazer a distinção entre a "práxis criadora" e a "práxis reinterativa". A primeira valorizada pelo marxismo. A segunda, por outro lado, também chamada de "práxis imitativa ou repetitiva", consiste no seguimento de uma norma, qual-

---

14 Lepargneur, H. *O descompasso...*, p. 9.
15 Ibid.
16 Cf. Ibid., p. 17-32. Alguns desses autores: Aristóteles, Sócrates, Demócrito, N. Maquiavel, G. Savonarola, L. Saint-Just, I. Illich, M. Foucault, G. Deleuze, M. Boons, W. Reich, K. Marx, porém dedica um ítem exclusivo para uma abordagem da reflexão política de J. Rousseau.
17 Lepargneur, H. *O descompasso...*, p. 41.
18 Ibid., p. 43.

quer que seja a origem ou o modo como ela foi formada[19]. Ele recorda que a ideologia marxista caiu em erros, e a TdL, que tentou reatualizar o contexto de práxis cristã, não conseguiu resolver o problema. Há uma ilusão: se passa de um lado de que a teoria é sempre aplicada, ou se basta à ilusão de que a prática da maioria está sempre certa. Sua crítica é direta: "Passamos de um monismo disfarçado para outro, sem ainda nos confrontarmos com o dualismo da teoria e da prática, sendo uma envolvida pela outra"[20].

Na busca de instrumentos conceituais para compreender melhor o descompasso entre Teoria e Prática, além do conceito práxis, H. Lepargneur analisa outros quatro pontos de referência para essa discussão: 1) A distinção entre Tese e Hipótese, que era utilizada para superar o divórcio entre Teoria e Prática no contexto da monarquia do direito divino e da condenação do regime republicano[21]; 2) A compreensão de Ética como ciência e a distinção clássica entre moral e moralidade e, por outro lado, a necessidade ou não de um poder para a sua implementação[22]; 3) O peso das circunstâncias e dos condicionamentos, a partir do qual se abrem as discussões de percepção de valor, valores pré-morais, verdade prática, e a distinção entre norma deontológica e norma teleológica[23]; 4) O relativo no absoluto da lei moral, mostrando que a mutabilidade e a historicidade fazem parte da natureza humana e que "o universo humano divide-se em campos de diferenciações normativas cuja fórmula unitária nos escapa"[24], isto é, a consciência pessoal não se reduz a um mecanismo como de um computador que recebe informações e as processa automaticamente.

Esse mapeamento de possíveis instrumentos conceituais, apesar de polêmicos e não isentos de contradições, leva a alguns pontos de referência no que se refere às raízes da Teologia Moral. Retomando o tomismo, o autor lembra que a moral não pode ser compreendida como um setor da vida humana, mas como tudo o que se refere à atividade humana, no seu contexto, e em referência aos seus fins e intenções, tendo em conta suas repercussões normais e previsíveis. E afirma categoricamente: "a ação moral é ação humana, é ação reta, justificável no tribunal da razão prática: apenas isto, totalmente isto"[25].

E para terminar, H. Lepargneur aponta algumas pistas de solução cristã para essa miopia entre teoria e prática. Para ele, o confronto deve ser travado entre o atomismo moral e a visão global humanista para encontrar o caminho da resposta existencial da prudência tomista. Interessante destacar sua posição no tocante à cultura brasileira: "hoje em dia, a cultura brasileira, tanto marxista como católica, ridiculariza, em geral, bastante o pensamento teórico desvinculado da transformação social [...], trata-se de um preconceito de teor popular, pré-crítico, mesmo quando atinge membros do clero e da classe-média"[26]. No entanto, o inverso é pouco discutido, isto é, aquele pragmatismo que afirma que o verdadeiro se reduz ao útil. Para H. Lepargneur, o pragmatismo latente faz parte da idiossincrasia brasileira[27]. O chamado "jeito brasileiro" entra nesse

---

19 Cf. Ibid.
20 Ibid., p. 44.
21 Cf. LEPARGNEUR, H. *O descompasso...*, p. 46-50.
22 Cf. Ibid., p. 51-55.
23 Cf. Ibid., p. 55-59.
24 Ibid., p. 65.
25 Ibid., p. 66.
26 Ibid., p. 71.
27 Cf. Ibid.

modelo pragmatista em que os mais espertos buscam privilégios e benefícios imediatos do seu próprio interesse em detrimento do bem comum.

Assim, de um lado podemos culpabilizar como raiz do descompasso a própria teoria, enquanto essa foi revelada como norma mal assentada, como lei arbitrária com modelos grosseiros e paradigmas rígidos. Por outro lado, poderíamos também situar na prática a culpa, a causa de ser mal esclarecida, desconexa da norma, presa aos condicionamentos físicos e psíquicos. Mas também a questão pode estar na "fraqueza da vontade", encarregada de operar a junção e coerência como causa desse descompasso. Trata-se do fato de que a teoria, muitas vezes, não chega a informar a prática, por falta do nexo da decisão e, segundo H. Lepargneur, é difícil de dizer as causas do descompasso se não tivermos em conta a complexidade da psique humana com seus níveis de apetite, de desejo, de querer: "As pessoas não querem profundamente aquilo que declaram querer; querem o resultado, não o uso pessoal dos meios. No entanto, mede-se a convicção de um homem não por suas palavras, mas por seus atos"[28].

Para uma superação da atomização dos atos que prevaleceu por longo período na moral católica, ele propõe que "devemos julgar também moralmente de maneira global", isto é, com uma ética da globalização prudencial[29]. E, finalmente, repropõe a resposta existencial da prudência tomista como aquela que melhor harmoniza teoria e prática:

> "A reconciliação da teoria e da prática exige uma atividade que, utilizando qualquer outra virtude conveniente, dê a todo ato e medida justa, concreta, adaptada ao contexto singular e intransmissível; esta atividade avaliadora, expressão suprema do realismo moral, guiando toda e qualquer atividade humana para lhe conferir retidão e valor ético, figura na síntese tomista sob o nome de prudência [...] a atividade prudencial tece essa verdade prática que une a dogmática e moral, especulação e ação, porque acompanha o pensamento até sua efetivação pelo agir"[30].

Desse modo, ao analisar o dilema teoria e prática, H. Lepargneur recupera um tema-eixo tradicional: a prudência. O autor, porém, propõe uma série de binômios em tensão: teoria – prática; tese – hipótese; o relativo – o absoluto; fins e os meios – escolha do mal menor; atomismo moral – globalidade humanista. Desse modo, devemos considerar que H. Lepargneur usa do método de apresentar as contraposições para delas extrair não uma verdade fixa e estável, mas um processo de conhecer os diferentes pontos de vista com seus valores e seus limites.

### 5.1.2 Moral fundamental e experiência – 1978

O II ENPTM realizou-se em Belo Horizonte entre os dias 12 e 14 de dezembro. O 2TG teve como foco: "Moral fundamental e experiência"[31]. Os TEs abordados foram os seguintes: 1) "Teses fundamentais de Ética", H. Lepargneur[32]; 2) "Normas e Leis e o jeitinho Brasileiro", B. Leers[33].

---

28  Ibid., p. 78.
29  Cf. Ibid., p. 88.
30  Ibid., p. 92.
31  Conforme os relatos de B. Leers, "Segundo Encontro Nacional dos professores de Teologia Moral". In: *Atualização* 9 (1978) 557-560. Ver também: Pilonetto, A. G. "Encontro Nacional...", p. 108-110.
32  Lepargneur, H. "Teses fundamentais de ética". In: *Atualização* 10 (1979) 3-18.
33  Leers, B. *Jeito brasileiro e norma absoluta*. Petrópolis: Vozes, 1982.

## Articulação dos principais argumentos dos Mediadores

H. Lepargneur volta a contribuir com sua reflexão aprofundando os fundamentos da Moral. Seus primeiros escritos revelam uma intensa busca de fortalecer as bases do edifício da Moral no pós-Vaticano II, no Brasil, mas, ao mesmo tempo, está atento para que os ares novos não ofusquem as raízes da tradição que impulsionaram e inspiraram essa mesma renovação.

Ele propõe objetivamente 65 teses fundamentais da Ética. O número aqui é irrelevante, pois poderiam ser mais ou menos, mas, ao que parece, suas argumentações foram elaboradas de modo que compuseram esse conjunto de reflexões contínuas e sintéticas que formam uma rede de temas da Teologia Moral Fundamental. Sendo assim, passaremos pela ideia principal de cada tese e, ao final, poderemos elencar os temas-eixos de predominância. Para uma melhor compreensão das teses, ao final de cada uma delas, será colocado em algarismos romanos, entre parênteses, o número correspondente ao texto original.

H. Lepargneur esclarece, logo na primeira tese, que dará preferência ao termo "ética", porém conservando o conceito e a perspectiva da "moral", pois, na perspectiva teórica, toda ética leva a uma moral, e na ordem da prática, as normas éticas numa cultura revelam os traços de uma moral. A primeira tese é a de que "a ética ou moral consiste num conjunto de regras de comportamento, consideradas como obrigando a consciência" (I)[34]. Mas qual a origem ou fundamento desse sentimento de obrigação? E como determinar seu conteúdo, seja com normas e princípios gerais, seja num nível de determinações específicas? Temos, assim, dois problemas a resolver (II). Se toda ciência tende à expressão de leis, considerando a ética como uma ciência humana, ela irá sistematizar o comportamento e relacionar o agir com a consciência que obriga e julga, de modo a ultrapassar "aquilo que é" para intuir "aquilo que deve ser" (III). Desse modo, para o autor, é uma originalidade da ciência ética ultrapassar o saber empírico-científico para mostrar uma perspectiva do fim último do homem de modo individual e coletivo (IV).

No conjunto desse destino, diz o autor, a moral visa ao bem da pessoa humana na sua totalidade concreta, de modo que o agir concreto desse homem que pertence à comunidade humana é essencialmente retidão (V). E para ilustrar, ele lembra que, diferente de uma deontologia profissional de caráter empírico, prático e disciplinar, a ética visa ao fim último do ser humano, um dado que, porém, não é evidente por si, e, segundo H. Lepargneur, quem o fornece é a tradição, a filosofia ou a religião (VI). Assim, a moral visa a causa final, tendo em vista que o homem é capaz de raciocinar sobre seus fins, tece as relações que unem meios e fins (VII).

A lei moral, afirma o autor, obrigando imediatamente a chamada "consciência moral", supõe ou exige consciência psicológica e responsabilidade, isto é, o conteúdo da lei aponta o dever (VIII). Essa responsabilidade é aceitar a própria coerência, assumir as consequências de sua própria situação no mundo dos homens (IX). Diferente da responsabilidade jurídica que acentua o resultado objetivo e social dos atos, a responsabilidade moral acentua a intencionalidade. Assim, para H. Lepargneur, haverá sempre uma tensão entre o que M. Weber (1864-1920) chama de "ética de convicção e a ética de responsabilidade" (X)[35].

---

[34] LEPARGNEUR, H. "Teses...", p. 3.

[35] Ibid., p. 5. Podemos encontrar essa distinção nas duas conferências sobre a vocação política que foram apresentadas aos estudantes de Munique em 1919: "Wissenschaft als Beruf" e "Politik als Beruf". Uma das traduções para o português é: WEBER, Max. *Ciência e Política*: duas vocações. São Paulo: Martin Claret, 2003.

Aprofundando a questão, o autor explica que a lei moral é ao mesmo tempo individual e social, de modo que sempre faz parte de uma cultura. A cultura, por sua vez, repousa sobre sistemas integrados de valores. Apesar dos condicionamentos, os valores morais mais importantes são também os mais universais (XI). A existência da ética se expressa culturalmente de maneira espontânea e precede qualquer esforço de justificação teórica. Porém, a noção religiosa de salvação e o conceito secular de pluralismo apelam para uma responsabilidade individual do próprio ser humano. Assim, toda ética é social na sua formação e nos seus condicionamentos e individual no seu exercício de responsabilidade (XII).

Apesar de as diversas sociedades formarem o conjunto de leis morais válidas para seus indivíduos, a lei moral transcende o particularismo destas regulamentações parciais. Assim, enquanto à lei de uma sociedade compete o bem comum, à lei moral compete a relação do agente com o absoluto (XIII).

Poderíamos perguntar então: como fundamentar o moral? Segundo H. Lepargneur, I. Kant (1724-1804) ignoraria ou recusaria este tipo de indagação, pois o imperativo categórico é um reflexo da chamada razão prática (XIV). Já na perspectiva positivista, é um conjunto de regras que se originam nas emoções, funciona para defender certos valores da cultura e deve ser estudada como uma ciência dos costumes, ou uma semiótica ética (XV). O estruturalismo, por sua vez, valoriza o papel da ética na estruturação cultural, e procura discernir as leis da relação natureza-cultura (XVI). A maioria dos sistemas de ética e das filosofias morais apoia-se sobre a noção de natureza humana, seja como vontade divina (religião), seja por si mesma (filosofia), seja de maneira pré-crítica (cultura) (XVII).

Contudo, para H. Lepargneur, a questão fundamental está na noção de natureza em geral e de natureza humana em particular, pois estas foram apresentadas pelas doutrinas com uma noção de "natureza" que era universal, estável, clara e evidente. E segundo o autor, foi a Igreja Católica que investiu no conceito de "lei natural" para fundamentar, estruturar e desenvolver sua moral, de modo que o centro da crise moral nos meios católicos pode ser derivado desse processo (XVIII). As doutrinas éticas que valorizam esse conceito de natureza, ora valorizam a racionalidade do homem, ora a sua liberdade, ou mesmo combinando-as muitas vezes (XIX).

Partindo para uma dimensão mais histórica, H. Lepargneur lembra que no século XIX foram fundadas éticas naturalistas da evolução (XX). Essa evolução global, porém, foi interpretada de maneira diferente sob o aspecto de qual seria a "meta objetiva" e sobre a lei fundamental da evolução que encaminha o homem para lá. Para C. Darwin (1809-1882), por exemplo, é a seleção natural; para J. Lamarck (1744-1829), é a criatividade instintiva. Assim, a ética faria parte de um conjunto dos mecanismos de sobrevivência da espécie (XXI). T. Huxley (1825-1895) condena a luta e defende a harmonia; H. Spencer (1820-1903) considera bom o comportamento que favorece a vida; o marxismo considera bom o que favorece a sociedade sem classe (XXII).

Sendo assim, a moral, ciência dos fins da ação humana, depende do ideal individual e coletivo que os homens formam a respeito de si mesmos. Na linguagem se falará em utopia ou ideologia; na linguagem religiosa, fé escatológica (XXIII). As grandes construções morais, mais especificamente aquelas religiosas, fazem a correlação entre natureza humana (instrumento da ação moral) e destino último do indivíduo pessoal (causalidade final) (XXIV).

H. Lepargneur relembra que o agir humano supõe três elementos que o julgamento ético deve levar em consideração: 1) Um ser agente ou pelo menos parcialmente constituído; 2) Uma liberdade de autodeterminação que julga dos fins e dos meios de ação; 3) O conjunto das circunstâncias da ação. Conforme o acento que for dado teremos: 1) Éticas da lei natural; 2) Éticas existencialistas; 3) Éticas de situação (XXV).

As de lei natural acreditam em uma natureza permanente para toda humanidade. A conformidade da ação com as leis da natureza constituiria a essência da moral (XXVI).

Nas éticas existencialistas, o absoluto é a própria liberdade e não está sujeito a leis de uma natureza predeterminada e preexistente. O ser humano se constrói a partir do seu próprio projeto, no ato livre: porque responsável (XXVII).

As éticas de situação concentram-se sobre a lei do amor como se fosse a única norma moral realmente universal, sem exceção. É moral o que promove o amor entre os homens, conforme requer a situação (XXVIII).

Quase todo tipo de ética, segundo H. Lepargneur, permite uma versão deísta e uma ateísta. Uma expressa na revelação e a outra expressa na ciência. Em uma, Deus fala através da natureza, da consciência ou da situação (sinais dos tempos), e na outra, a natureza, a consciência e a situação são consideradas como dados autossuficientes (XXIX). Deve-se estar atento, segundo o autor, para distinguir princípios morais e preconceitos culturais, uma vez que os agentes normalmente consideram seus preconceitos como princípios sadios. Entre as duas categorias encontramos os chamados "valores pré-morais" (XXX).

Retomando a questão da ética como ciência, H. Lepargneur afirma que nenhuma disciplina de pura observação pode substituir a ética, embora todas as ciências humanas possam ajudar a esclarecê-la. A passagem do fenômeno (fato ou comportamento) ao direito, do "ser" ao "dever ser", exige um julgamento da consciência (*sinderese*)[36], de modo que ultrapassa o horizonte das ciências experimentais. E. Fromm (1900-1980), B. Skinner (1904-1990) e K. Rogers (1902-1987) falharam como moralistas (XXXI). Como o sentido da vida pessoal não é algo que se possa verificar experimentalmente, entendemos que a consciência moral diz mais que a consciência psicológica, pois se refere a um ideal tido como a finalização do ser humano (XXXII). Sendo assim, o agir moral jamais poderá se enquadrar nos parâmetros da ciência que distancia o objeto do sujeito para sua devida observação.

A moral envolve todo homem e o todo de cada homem impedindo esta abstração separativa que constitui friamente o objeto de uma ciência (XXXIII). A ética é também a práxis pela qual o homem se constitui concretamente na sua humanidade, conquistando gradativamente sua maturidade individual e coletiva (XXXIV). Sendo assim, a pessoa constrói-se na dialética natureza-liberdade e age sempre numa situação histórica (XXXV). Nesse sentido, o fundamento da moral não é natureza (XXXVI).

Neste diálogo com as ciências humanas, H. Lepargneur começa a insistir na questão do pluralismo, pois a pessoa em termos ontológicos se enriquece também da dimensão psicológica, que quando se tenciona assume dimensão sociológica: eis, para ele, um pluralismo no qual se move a moral (XXXVII). A norma imediata da moral é sempre a consciência individual, sendo seu primeiro e radical dever o de seguir a injunção da própria consciência, e o segundo dever visa a informação da consciência, que para cumprir o primeiro dever deve estar sempre formada (XXXVIII).

Mas poderíamos perguntar sobre o modo de educação da consciência. Para isso, é necessário ter em conta que a lei moral tem uma bipolaridade: o polo subjetivo tentando sempre coincidir com o polo objetivo, isto é, a expressão exterior da lei deve ser interiorizada e assimilada pela consciência para se tornar norma viva do

---

36 Cf. LEPARGNEUR, H. "Teses...", p. 10. Aqui, o autor simplesmente cita o termo da seguinte forma: "(julgamento outrora chamado de *sindéresi*)", mas não entra em nenhum detalhe sobre as suas controvérsias.

sujeito (XXXIX). A lei moral consiste na assimilação subjetiva de uma lei objetiva. O polo objetivo apresenta-se na diversidade das leis da comunidade a que pertence o indivíduo. O subjetivo opera a síntese harmoniosa, resolvendo os conflitos de valores (XL). Nesse sentido, é dever subjetivo inteirar-se das leis exteriores e objetivas expressas pela comunidade. Mas, mesmo quando não se tem conhecimento das leis exteriores, lembra o autor, a ignorância pode ser culpável (XLI). Apesar da fonte dos princípios ser interior e a fonte da situação ser exterior, ela nunca se reduz aos seus condicionamentos (XLII).

É importante, nos princípios morais, diz o autor, distinguir entre normas éticas teleológicas condicionadas pela escolha de metas, das normas deontológicas, como imperativo categórico que se impõe ao sujeito moral (XLIII). As normas universais para a moralidade das sociedades são deontológicas. H. Lepargneur exemplifica com os estudos dos etno-antropólogos, em que há um consenso que aponta para duas proibições mais antigas: o homicídio e o incesto, isto é, a proteção e expansão do núcleo social e o intercâmbio sadio entre os núcleos familiares. Sendo assim, a autoconservação e troca são os imperativos fundamentais de toda ética (XLIV)[37].

No que se refere às normas teleológicas, podemos desejar um mal pré-moral, como meio de evitar um mal maior ou conseguir um bem que supere um mal tolerado. Ao lado da perfeição, o realismo, isto é, a eficácia, é também valor que integra a ética (XLV).

Retomando o princípio do ato de duplo efeito, o autor lembra que, neste caso, o efeito mau não pode ser desejado por si, mas tolerado em vista do efeito bom que justifica o ato. Desse modo, deve ter sempre uma proporcionalidade que leve a um balanço final positivo da operação de conjunto (XLVI). A decisão moral é sempre pessoal, lembra H. Lepargneur, mas isso não a isenta de uma responsabilidade coletiva (XLVII). Em situações de pressão das circunstâncias em que uma decisão não pode ser adiada, o homem deve decidir com as luzes que ele possui no momento em que está impelido a agir (XLVIII).

Como decorre da responsabilidade, a moral não pode prescindir das sanções, sejam elas imanentes (remorso, culpabilidade), sociais (reputação, estima, reprovação) e religiosas (vida eterna) (XLIX). As disposições estáveis e favoráveis à vida moral são chamadas virtudes, ao passo que as disposições contrárias são chamadas vícios (L). Culpabilidade normal é a que vem de uma reprovação de consciência sadia e culpabilidade mórbida quando há um desregramento patológico da consciência. A culpabilidade é um sentimento normal, justificável de reprovação de uma ação ou de uma omissão, chama-se falta na sua consistência objetiva; culpa na consistência subjetiva pessoal; erro no teor epistemológico e pecado na linguagem religiosa (LI).

Quando descritas do ponto de vista sociológico, enfatiza H. Lepargneur, a moralidade apresenta tipos pré-racionais que obedecem mais à tradição; racionais que obedecem à sua orientação interior; de grupo ou gregária que obedecem às solicitações que recebe do meio (LII). Fala-se em moral constituinte (que surge da consciência individual) e de moral constituída (uma sistematização teórica e cultural de determinada sociedade em determinada fase da história) e de uma tensão dialética entre ambas, que pode levar a um aprimoramento da consciência moral da coletividade (LIII).

A ética pode ter curtos períodos de estabilidade, mas nunca constitui um sistema totalmente fechado, nem na consciência individual, nem na cultura de uma sociedade (LIV). A evolução moral de uma pessoa não é a libertação dos condicionamentos, mas o reconhecimento deles num demorado processo de recuo sobre si mesmo e as

---

37  Cf. LEPARGNEUR, H. "Teses...", p. 13. Completa o autor: "sem que excluamos a necessidade de outros componentes".

limitações de seu meio (LV). Nessa evolução, a moral encontra-se com a descoberta de um pluralismo de "eus". A orientação profunda da moral vivida processa-se na escolha do eu que a pessoa pretende promover (LVI).

Além da dialética do relativo e do absoluto, a moral conhece a dialética do individual e do social. O encontro com outra pessoa permite e provoca o despertar da consciência moral. O amor fornece o clima mais propício para o desenvolvimento individual e a prosperidade coletiva (LVII).

No entanto, enfatiza o autor, todo grupo humano necessita de regras éticas para a vida em comum, formadas dos componentes da comunidade, dos seus fins, da sua organização, das leis imanentes que regem relações entre homem e ambiente cósmico (LVIII). Daí advém a ética ecológica como parte que conscientiza para os deveres com o ambiente não humano como mediação das nossas relações éticas com outras pessoas (LIX).

Assim, quando um grupo ajuda a estruturar seus membros, proporciona-lhes a segurança que vem de uma escala definida de valores morais, por isso o importante processo da educação (LX). A dinâmica do grupo deve evoluir no sentido de um domínio das agressividades, numa progressiva descoberta da personalidade dos outros (LXI).

Toda moral é polarizada pela abertura ao outro através da compreensão e do amor. Amar é a chave da ética porque desperta para a responsabilidade e porque aquele que ama dá sentido ao outro, ao mundo, à existência e a si próprio (LXII). Assim, lutar pelos direitos humanos só tem sentido num conjunto ético no qual direitos e deveres se articulam organicamente (LXIII). Todo ato humano, enquanto humano, é livre e responsável, e, portanto, comporta uma dimensão moral. Por outro lado, toda alienação humana é alienação moral. Desse modo, a moral deve ser compreendida não só como sistema normativo, mas itinerário e pedagogia (LXIV).

E, enfim, H. Lepargneur finaliza com o tema que havia desenvolvido no encontro anterior, quer dizer, para ele, o principal empecilho do progresso moral da humanidade – como de qualquer sociedade – não provém da imperfeição da análise teórica ou da sistematização ética, mas do descompasso verificado entre a teoria e a prática (LXV).

Esse estudo de H. Lepargneur propõe uma reflexão laica, objetiva e globalizante dos fundamentos da moral e dá mais um passo para estabelecer um itinerário do que a Teologia Moral no Brasil pretendia alcançar. Com suas teses, H. Lepargneur abre à SBTM a possibilidade de um amplo diálogo entre a Teologia Moral e as ciências humanas, tocando em temas de relevância para a fundamentação do edifício da moral no Brasil.

O segundo TE é um estudo muito original e apresenta-se com um nível de pesquisa que marcou o início da reflexão da renovação da Teologia Moral no Brasil. B. Leers, sacerdote franciscano, holandês, escreve sobre o modo de o brasileiro viver as normas morais, dentro do seu contexto cultural, interligando o *ethos* popular e a ética cristã[38].

Apesar de reconhecer que, tradicionalmente, religião e moral estão interligadas, é possível perceber que o *ethos* popular tem certa autonomia, característica da sua complexa composição étnica e diversidades geosociais e não se modela automaticamente aos padrões dos ensinamentos oficiais da Igreja. E, no Brasil, a questão é ainda mais complexa. Primeiro historicamente, uma vez que, por longo tempo, toda a moral foi baseada num contexto estruturado em uma sociedade patriarcal de classes. Segundo, porque o país, por sua extensa territorialidade, impede uma "estandardização uniforme da moral na sociedade"[39] devido exatamente a tantos contrastes políticos, econômicos

---

38   Cf. LEERS, B. *Jeito brasileiro...*, p. 7.

39   Ibid., p. 11.

e culturais. Baseado em *Puebla*, o autor enfatiza que, assim como a religiosidade popular é uma forma ativa com que o povo se evangeliza continuamente, a moral seria também uma forma ativa na qual o povo procura se humanizar, isto é, tornar-se mais "gente"[40]. Assim, para B. Leers, na mundivisão popular, há um intercâmbio, uma harmonia e um valor a ser considerado. Trata-se de uma experiência moral acumulada, que, como povo de Deus, tem seu discernimento inspirado pelo Espírito Santo e procura responder aos problemas da vida quotidiana. Fazendo uma dura crítica ao clero e a um tipo de moralista que quer impor tudo de cima para baixo, B. Leers aposta num diálogo maduro com o próprio povo, entendendo que esse é responsável pelo processo de formação da sua consciência e deve participar do "processo de elaborar o sistema de valores humanos e de produzir regras práticas de bem viver"[41].

No seu ensaio, o autor propõe-se a analisar o fenômeno do "jeito" do brasileiro como palavra-chave. Trata-se de um *passe-partout* que define um agir humano em que o homem se confronta com suas limitações[42].

> "A margem do sistema de normatividade moral, ou em conflito com ele, o personagente – termo tão acertado de Guimarães Rosa, mostra no jeito sua própria duplicidade, sua grandeza e sua miséria. Dentro do quadro de suas limitações, o homem mesmo cria seu jeito de agir ou esquivar-se e assim, demonstra o que ele é e quer ser e como escrever a continuação de sua história pessoal. Em contraste com a constância da norma, a unicidade momentânea do jeito é uma criação centrada na originalidade da pessoa que, recusando-se a seguir as indicações do sistema moral da sociedade, inventa sua maneira de levar a vida para frente"[43].

Naturalmente que, do ponto de vista da Teologia Moral, o "jeito" apresenta-se como uma anormalidade e, segundo o autor, é pouco discutido porque é algo muito comum e não interessa à reflexão moral. E de fato, para o autor, há um profundo distanciamento entre o *ethos* popular e a proposta moral da Igreja Católica, como se esta tivesse perdido o elo, o contato vital com o mundo real, ilhando-se dentro de um sistema racional estéril.

B. Leers enfatiza a experiência humana, no contexto do *ethos*, como a base na qual acontece o encontro direto e socialmente mediado com a realidade de si mesmo e do mundo ao seu redor com tudo o que isso significa. Assim, sua análise enfatiza em primeiro plano a existência de uma experiência humana que é capaz de validar, a partir de sua interioridade e socialização, verdadeiras estruturas de comportamento e padrões culturais de condutas, com leis, normas e expectativas sociais[44].

O autor não deixa de mostrar que essa mesma experiência de vida, porta consigo luzes e sombras. Mas esse dinamismo, próprio do enfrentamento da vida, amadurece e permite o desenvolvimento de um senso crítico capaz de reconhecer as vitórias e os fracassos e todas as tensões e contradições da vida como uma transcendência e uma contínua formação da consciência moral[45].

Por isso, B. Leers considera que essa experiência profunda do ser humano o capacita para uma plena participação na construção da moral, que, segundo ele, está sobre o domínio exclusivo de um Magistério distante da realidade das pessoas. Para

---

40 Cf. Ibid., p. 12.
41 Ibid., p. 13.
42 Cf. Ibid., p. 14.
43 Ibid., p. 15.
44 Cf. Ibid., p. 28.
45 Cf. Ibid., p. 30.

ele, há "indícios suficientes para aceitar que a moral ensinada pelo Magistério eclesial e os sistemas morais da sociedade moderna não se ajustam, e que os fiéis, mesmo os praticantes, não mostram um padrão uniforme de comportamento..."[46]. B. Leers lamenta-se pelo fato de que o povo de Deus ficou sem espaço e sem oportunidade de contribuir conscientemente na formação das normas morais para sua vida, graças à forma como se estruturou o catolicismo ocidental. E para equilibrar esse déficit, duas palavras são essenciais: conscientização e participação[47].

Frei B. Leers, num segundo momento, mergulha no objetivo de seu estudo que é exatamente mostrar a originalidade moral de um dos termos mais usados no Brasil: "jeito". Palavra que, para ele, é poligonal, não só pela riqueza de sinônimos que o termo sugere, mas pelo peso do seu significado na vida das pessoas. "Jeito", "jeitinho", "jeitão", como ele mesmo começa brincando com a palavra, "representa uma técnica de viver do povo"[48], mas, acima de tudo, trata-se de uma práxis cuja "fonte e razão de ser são uma pessoa concreta diante de uma situação concreta que apela à ação"[49]. B. Leers faz todo um esforço de comprovação do termo como um referencial constante na vida das pessoas e na resolução de seus conflitos. É uma das primeiras palavras que um estrangeiro necessita dominar para uma verdadeira aculturação, porém isso exigirá muito tempo e muita prática.

O "jeito" tem um lugar, isto é, ele é uma atitude que se faz com consciência, e tem "o tempero da razão, da inteligência e da astúcia humana"[50], na busca de uma libertação de uma pressão da norma e do poder. Enfim, o autor localiza o "jeito" brasileiro no clássico ato humano voluntário racional dos tratados clássicos de Teologia Moral. Mas ao fazer isto, mostra claramente que nessa ação está contida aquilo que o homem tem de mais humano e pessoal: a sua racionalidade e liberdade de ação que, "se destaca ainda melhor, porque pelo jeito, a pessoa escapa, muitas vezes, da imposição global da norma ou passa rente dela, fazendo o que ela mesma quer, ao lado do sistema normativo, em vigor na sociedade, ou até contra esse sistema"[51].

Para ajudar a esclarecer o real significado do "jeito" como referencial da razão prática humana, como ato humano racional, B. Leers procurou dimensionar seu espaço mostrando que ele não se confunde com um ideal de vida e nem mesmo com um acontecimento qualquer, mas é uma presença situada e se constrói dia a dia, nas circunstâncias e nas determinações em que se localiza uma decisão. Sua raiz é dentro do homem, não é externa e se move pela força da novidade e do instinto, dando equilíbrio para se manter e para levar a vida em frente[52].

O jeito não vem de uma ideia abstrata e não exige raciocínios prolongados, mas são naturais e simples no modo como resolvem suas causas. E, no parecer do autor, o "jeito" sempre vence, porque tem na sua dinâmica uma autossustentação que lhe impulsiona a salvaguardar a sua vida. Assim, o "jeito" tem os traços de uma legítima defesa, não baseada na lei, na ordem moral, mas na própria pessoa, na sua vontade de viver[53].

---

46 Ibid., p. 34.
47 Cf. Ibid., p. 41.
48 Ibid., p. 44.
49 Ibid., p. 45.
50 Ibid., p. 47.
51 Ibid.
52 Cf. Ibid., p. 50.
53 Cf. Ibid., p. 54.

Do ponto de vista moral, é interessante a consideração do autor ao afirmar que um dos resultados do "jeito" é exatamente no impacto sobre a consciência moral, pois, utilizando-se desta atitude, a pessoa se sente justificada, mesmo que tenha gerado um fato negativo, isto é, naquela situação, naquele contexto, naquele tempo, naquele espaço, não tinha como ser diferente. E assim se dá um passo adiante, com a vantagem de recuperar as forças para continuar a viver encobrindo a possibilidade do pecado e do remorso[54].

Estando fora da esfera normativa e em oposição ao esquema do domínio social, o "jeito" consegue driblar esta estrutura em vigor e usar de sua originalidade para interromper a normalidade e dar uma resposta, de acordo com o que a pessoa interpretou daquela situação concreta. Mas isso vale por um momento, por uma questão de praticidade na resolução das antíteses da vida. B. Leers lembra que a pessoa vale mais do que a norma, conforme a palavra do Cristo, segundo a qual "o homem não foi feito para o sábado, mas, o sábado para o homem" (Mc 2,27).

Na reflexão sobre as características desse modo de compreender as respostas do *ethos* às situações complexas da vida, B. Leers também traz à tona o tema da liberdade e, segundo ele, "jeito" é sempre uma jogada da liberdade humana. Diante das pressões que lhe são impostas, o homem, a partir da sua própria iniciativa, consegue descobrir saídas realizando aquilo que acredita ser bom, fazendo assim o uso de sua própria liberdade[55]. No entanto, além das antinomias e ambiguidades do "jeito", que pode ser utilizado tanto para o bem quanto para o mal, é interessante notar um aspecto no qual B. Leers reconhece um grande limite: o "jeito" usa todas as forças e capacidades intelectivas e intuitivas para resolver suas questões, superando seus dilemas, mas, em relação ao sistema da sociedade em que vive, este nunca chega a fazer uma revisão verdadeira. Para B. Leers, pode tornar-se um escapismo, mas é estéril em termos sociopolíticos, porque resolve questões pessoais e até sociais, mas não muda o sistema vigente. Este limite torna o "jeito" uma atitude muitas vezes individualista, enfraquece o sistema dos direitos adquiridos e mantém o *status quo*[56].

Para um maior aprofundamento do "jeito" na dimensão moral, B. Leers faz uma reflexão sobre três pontos de vista: primeiro a relação com o termo *epikéia*, segundo, como neste contexto se interpreta o papel da autoridade eclesiástica e, finalmente, o papel do personalismo na construção da moral.

Em relação ao conceito de *epikéia*, é um instrumento utilizado pela moral cristã a fim de restringir o uso da exceção da lei humana e evitar o laxismo. Em algumas situações, a pessoa pode se encontrar em tal exigência da lei que é completamente superior as suas forças observá-la, ou quando esta mesma observância exige um esforço heroico desproporcional ou, enfim, presume-se que o legislador teria feito uma exceção, se soubesse das circunstâncias do caso. Contudo, B. Leers defende o fato de que o "jeito" tem um processo diferenciado, pois seu ponto de partida não é a lei ou a autoridade, mas ele mesmo como sujeito da lei. Podemos considerar que tanto *epikéia* quanto "jeito" são "instrumentos da prudência que fazem prevalecer a liberdade do indivíduo, dum grupo social, libertando-os da pressão de uma lei que, aqui e agora, ameaça destruir ou mutilar o próprio processo da humanização moral dos homens"[57].

---

54 Cf. Ibid.
55 Cf. Ibid., p. 61.
56 Cf. Ibid., p. 74.
57 Ibid., p. 82.

Assim, ao comparar a *epikéia* e o "jeito", B. Leers retoma o conceito de justiça como ponto fundamental de anseio da humanidade, mas ainda não plenamente realizada. "Nesta perspectiva utópica e estimuladora de ação, o jeito segue a teoria da *epikéia*, pela sensibilidade criativa e prática do povo"[58].

No que se refere ao segundo ponto, nos encontramos com uma análise da autoridade eclesial. Assim como o "jeito" ultrapassa as imposições normativas do legislador sobre a sua vida comum e toma suas decisões inspiradas na sua própria experiência cotidiana, assim também ele é capaz de interpretar diretamente os desígnios de Deus sem a necessidade de intermediários da estrutura eclesiástica.

Retomando o conceito de *epikéia*, sobre ele se sabe que um legislador nunca pode ter a visão precisa de todas as situações e circunstâncias nas quais pode se encontrar uma pessoa na hora de observar uma lei. Porém, o sentido da *epikéia* não serve para a lei divina, em que por lógica essa lei é legitimada porque exatamente Deus se revela onipresente e onisciente. Segundo B. Leers, o "jeito" também não respeita essa diferença entre leis humanas e divinas e procura usar de seus artifícios para escapar destas. Isso se dá pelo fato de que o conteúdo da Teologia Moral foi construído sobre um sistema de conhecimentos no qual predomina o método dedutivo, com uma linguagem de caráter objetivo e atemporal. Prescindindo desse caráter histórico e sociocultural, o sistema moral estrutura-se numa linguagem estática e imutável. Trazendo como referencial a história do povo de Israel, B. Leers procura mostrar como, na antiga Aliança, as normas foram organizadas a partir de uma experiência concreta de libertação vivida pelo povo, isto é, "o povo judeu colocou sua moral social histórica na perspectiva da sua fé no Deus que estava com eles, enriquecendo no sentido existencial e motivando mais sua observância"[59]. Apesar do referencial do processo vivido e acumulado na vida do povo de Deus, sabemos que pela sua restrição histórica e delimitada, não conseguem mais responder aos novos problemas da moral. E como o autor relembra, houve muitas recaídas na história em que a humanidade vive retrocessos morais.

> "Nem na história da teologia moral conservou-se sempre a inspiração original dos tempos apostólicos. A linha que passa, da doutrina dos Padres sobre o supérfluo, para as ideias sobre a propriedade na Idade Média, a proibição dos juros, a tolerância para com o capitalismo, a mudança de atitude para com o socialismo, só se explica pelas condições sociais, políticas e econômicas dos povos com quem a Igreja viveu através da história e de que quase por simbiose se deixou influenciar. Também a esfera de medo e tabu que cercou o assunto sexo nos manuais de teologia moral durante séculos está mais ligada à neurose social do jansenismo e puritanismo do que à mensagem evangélica"[60].

Apesar de não aprofundar a questão, B. Leers reconhece que este tema toca na questão complexa da teonomia e da autonomia e, portanto, é uma discussão que ainda levará muito tempo para ser resolvida. E ao mesmo tempo reconhece que esta ambiguidade do "jeito", como resposta individual para situações momentâneas, deixa a desejar em face ao projeto amplo em que Deus se comunica à humanidade e propõe sempre um mundo novo. É verdade, porém, que o gesto do samaritano, por

---

58  Ibid., p. 87.
59  Leers, B. *Jeito brasileiro...*, p. 93.
60  Ibid., p. 94.

exemplo, está "carregado de grandeza num espaço pequeno"[61], o que não deixa de impulsionar o cristão a uma reflexão sobre as injustiças sociais que desencadearam o fato concreto e a solidariedade necessária para superá-la.

Como consequência, temos uma concentração do poder decisório no Magistério, alargando o espaço do "jeito". Frei B. Leers põe em relevo a questão do *fides et mores*, que, apesar de tantas interpretações que foram dadas a essa expressão ao longo da história, continua a ser um referencial da Igreja, que através do seu Magistério tem como uma de suas funções salvaguardar a doutrina confiada a ela pelo próprio Cristo. Porém, para B. Leers, de um século para cá, privilegiou-se ao Magistério expressar-se diretamente no campo moral; disso decorre tanta documentação que B. Leers consegue fazer uma lista distinguindo tipos de documentos de maneira que parecem infindáveis. Isso para reforçar a concentração sobre o Magistério na decisão de problemas morais, não deixando, assim, nem tempo, nem espaço para que os fiéis possam amadurecer suas consciências no enfrentamento dos problemas morais. É o que B. Leers chama de submissão passiva dos fiéis[62].

Em contrapartida, na vida cristã, o povo de Deus, na sua maioria, consegue superar esta moral de compartimentos através de sua experiência comum que critica e procura realizar o que há de melhor na variedade das ofertas de modo justo, honesto e autenticamente humano. Ao povo de Deus, fé e moral sempre andaram juntas, desde os primórdios do cristianismo. A questão é que se a autoridade restringe o discurso a uma linguagem global e universal sem diálogo com o povo, não será capaz de garantir o seu discurso. Num estilo provocativo, B. Leers afirma que "São Paulo não deve ter encontrado muita dificuldade em anunciar entre os coríntios o caminho do amor, mas duvida-se se tenha chegado a convencer as mulheres a usarem véu na igreja"[63]. Não há dúvida de que quanto mais o cristão leigo contribuir na formação das normativas e orientações magisteriais, sua participação será mais direta, pois quanto mais se aumenta a mediação de humanidade na formulação da lei, menos distância haverá entre teoria e prática. Para o autor, não se pode deixar de considerar também a transitoriedade e a mutabilidade do mundo, o que exige novas posições, sendo fundamental uma revisão constante e o bom senso de buscar a participação dos leigos cristãos nas decisões normativas.

B. Leers, enfim, enfatiza uma moral situada, quer dizer, o "jeito" indica claramente que a moral está na "pessoa humana em sua concretude histórica social"[64] e "brota do homem em sua individualidade concreta"[65], no lugar onde esse homem vive e age. A obrigação moral não é impessoal, mas uma vivência entre o cristão e Deus, revelado por Jesus Cristo, entre suas limitações e sua alegria e esperança da Páscoa com Cristo. O que existe são pessoas humanas, com sua concretude e não "encarnações hipostáticas de conceitos ideais"[66].

Assim, temos esses dois estudos realizados por dois grandes expoentes da Teologia Moral no Brasil, H. Lepargneur e B. Leers. Articulando seus ensaios, podemos ter exatamente duas dimensões fundamentais de análise: uma mais teórica e filosófica (H. Lepargneur) e outra mais prática e antropológica (B. Leers), as quais se com-

---

61 Ibid., p. 96.
62 Cf. Ibid., p. 100.
63 Ibid., p. 101.
64 Ibid., p. 114.
65 Ibid., p. 116.
66 Ibid., p. 121.

plementam. Outro fato interessante que podemos destacar é que ambos são estrangeiros, religiosos que chegaram ao Brasil e aqui se radicaram assumindo a cultura e as características do povo brasileiro. Nessa perspectiva, a renovação da Teologia Moral no Brasil repercute com força, impulsionada por experiências que acumulam a formação tradicional europeia (H. Lepargneur – França e B. Leers – Holanda) e a inculturação com o *ethos* popular brasileiro e sua pluralidade de expressão. Essa originalidade interpretativa traz uma visão aberta da Teologia Moral e a aprofunda radicalmente numa cultura que, na sua dinâmica de vida, responde aos desafios de uma moral em processo de renovação.

### *5.1.3 A inserção da Teologia Moral no momento teológico atual – 1979*

O III ENPTM realizou-se em Brasília entre os dias 11 e 13 de dezembro. O 3TG teve como foco: "A inserção da Teologia Moral no momento teológico atual"[67]. Os TEs abordados foram os seguintes: 1) "Como situar a Teologia Moral diante e/ou dentro da Teologia da Libertação e de outras correntes teológicas atuais?", A. Antoniazzi; 2) "Notas elementares para uma Ética Política", A. Moser; "O estudo do documento preparatório do Sínodo dos Bispos de 80 (O papel da família cristã no mundo de hoje)"[68].

**Articulação dos principais argumentos dos Mediadores**

Neste encontro, foram abordadas duas áreas de interesse para a Teologia Moral no Brasil. Conforme o relato do Instituto Nacional de Pastoral, na ocasião houve uma reflexão sobre como situar a Teologia Moral dentro da TdL, conduzida por A. Antoniazzi. Para tanto, os professores foram divididos em grupos para responder às seguintes questões: "1) Como eu vejo a situação da Teologia Moral no contexto da Teologia da Libertação? 2) Colocar alguma experiência feita no sentido de renovar a Teologia Moral (pesquisa/ensino) com vistas a uma articulação e uma inserção mais profunda da Teologia Moral no contexto teológico atual. 3) O que é preciso para se ter condições de articular melhor a nossa teologia com o contexto atual?"[69].

Na mesma linha, A. Moser apresentou um texto do C. Boff intitulado: "Notas elementares para uma ética política", e a partir deste estudo realizaram um segundo plenário de discussão com as seguintes perguntas: "1) É verdade que é a história concreta que determina a Moral enquanto codificação (expressão) e prática (realização), mas é a moral que determina a história enquanto história (não enquanto *tal* história)? 2) Como se articula a responsabilidade moral: pessoa ou grupo social?"[70].

Desse modo, as duas primeiras intervenções focaram na especificidade da Teologia Moral na América Latina, seja pela sua articulação com a TdL, seja com a sua dimensão histórica e social. Parece que as discussões não foram suficientes e muitas

---

[67] CNBB. "Instituto Nacional de Pastoral – III Encontro Nacional de Professores de Teologia Moral". In: *Comunicado Mensal – CNBB* 330 (1980) 312-315.

[68] SEDOC. "Sínodo dos Bispos: Papel da família cristã no mundo de hoje". In: *SEDOC* 12/124 (1979) 223-250. Traduzido do texto italiano: "Preparazione del prossimo Sinodo dei Vescovi – I compiti della famiglia cristiana nel mondo contemporaneo", In: *Il regno-documenti* 398 (1979) 258-270. O texto original, porém, que foi enviado aos Bispos está redigido em latim SYNODUS EPISCOPORUM, *De muneribus familiae christianae in mundo hodierno* (*Ad usum Conferenciarum Episcopalium*), Civitate Vaticana MCMLXXIX.

[69] CNBB. "III Encontro Nacional de Professores...", p. 313.

[70] Ibid.

questões ficaram em aberto. Consta no relatório do INP que era necessário aprofundar as questões discutidas na primeira parte e que se procurasse uma dinâmica que colaborasse na compreensão da incidência da TdL na Teologia Moral[71].

Em relação à segunda parte do encontro, consta que foi tratado exclusivamente do tema do Sínodo dos Bispos de 1980. Com o tema: "Papel da Família no mundo de hoje", transparece bem a preocupação da Igreja no que se refere ao tema do divórcio e outros aspectos éticos como: aborto, planejamento familiar, a educação sexual nas escolas, o casamento religioso e a preparação para o casamento[72]. Do documento geral foram extraídos sete temas para a análise dos professores participantes do encontro: 1) Sentido da sexualidade; 2) O matrimônio: realidade terrestre e sacramento; 3) Dimensão social do matrimônio; 4) Fecundidade e paternidade responsável; 5) Casos especiais: pastoral dos divorciados e famílias incompletas; 6) A celebração do matrimônio cristão; 7) Direito de ser família.

Para as discussões, tinha-se como parâmetro a realidade Latino-americana[73]. As conclusões dessas discussões não foram publicadas.

### 5.1.4 Teologia da Libertação na Renovação Moral – 1980

O IV ENPTM realizou-se em Floresta, Minas Gerais, entre os dias 09 e 12 de dezembro. O 4TG tratou sobre: "Teologia da Libertação na renovação moral"[74]. Os TEs abordados foram os seguintes: 1) "Temas éticos presentes na História da Igreja na AL", O. Beozzo; 2) "Ética de justificação do sistema Colonial", O. Beozzo.

**Articulação dos principais argumentos dos Mediadores**

B. Leers elaborou um artigo sobre o IV ENPTM, dando, assim, a oportunidade de conhecermos o conteúdo que foi debatido naquela ocasião, bem como as conclusões do encontro.

Numa primeira parte, B. Leers comenta sobre a participação de uma mulher no encontro e faz todo um aceno à importância da presença feminina na Igreja e na Teologia Moral, concluindo com *Puebla* quando se refere à promoção humana e cristã da mulher, bem como aos desafios de tirá-la de situações de marginalização, capacitando-a para a missão na comunidade eclesial e no mundo (cf. *Puebla* 849).

Depois, B. Leers referiu-se à produção moral escrita no Brasil – que é ainda escassa – e ao mesmo tempo há "um extenso reservatório de moralismo que muitos autores de plumagem diversa propagam"[75], especialmente nos meios de comunicação social e sem muito critério. No entanto, a reflexão mais importante não é a realidade externa, mas uma pergunta interna aos verdadeiros moralistas: "qual é a garantia de que as preocupações dos moralistas profissionais correspondam às necessidades reais de humanização do povo?"[76]. Na verdade, B. Leers retoma suas reflexões do encontro anterior para reforçar que alguns temas morais exigem uma nova postura e uma pesquisa mais sistemática, de modo que as respostas a esses desafios correspondessem às reais necessidades do povo.

---

71 Cf. Ibid.
72 Cf. CNBB. "INP – Estudos de Pastoral da Família". In: *Comunicado Mensal – CNBB* 294 (1977) 455-571.
73 Cf. CNBB. "III Encontro Nacional de Professores...", p. 313.
74 Leers, B. "IV Encontro Nacional de Professores de Teologia Moral". In: *Atualização* 135/136 (1981) 128-153.
75 Leers, B. "IV Encontro Nacional de Professores...", p. 130.
76 Ibid., p. 130.

Sua primeira crítica corresponde a uma produção moral que se limita a comentar documentos do Magistério eclesiástico e não está atento "a singularidade da experiência moral e das decisões de consciência"[77]. Diante disso, torna-se fundamental uma metodologia que possa atingir estas experiências e, a partir delas, sistematizar uma teoria moral capaz de responder os problemas emergentes à altura. Esse material, levantado a partir "do caldo do catolicismo popular"[78], tem de ser estudado com senso crítico, pois isso amadurece as consciências e ajuda na interação com a prática moral concreta em torno de temas centrais que não podem ser desconsiderados como: o sistema político, o sistema de produção e consumo e o sistema familiar. Não se faz só uma análise teórica dos valores e regras do comportamento, mas se garante uma prática na vida cotidiana.

O Brasil passava por um momento de modernização rápida e B. Leers já percebia uma clara influência do processo global de secularização e, com ele, "a diminuição do poder de convencimento e controle do clero sobre a moral do povo"[79]. É por isso que se deve estar atento aos outros fatores que determinam à base a formação da consciência moral das pessoas. Mesmo entendendo que a Teologia Moral está diretamente ligada à "dimensão consequencial da fé", o fato é que não se trata de automatismo, isto é, não é evidência imediata, pois há outras fontes e muitos condicionamentos que devem ser considerados.

B. Leers aponta um caminho: "Nesta situação cresce a importância de pesquisar a moral polimorfa e, na rapidez das mudanças, flutuante do povo em suas variações de classe, sexo, idade e localização no progresso, como um campo autônomo, ao lado da doutrina oficial da Igreja e sua evolução"[80]. Para tanto, ele propõe uma melhor integração entre clero e povo para pensarem juntos uma catequese moral.

Após essas considerações, B. Leers aprofunda o foco central do encontro que teve como assessor O. Beozzo, brasileiro, padre diocesano de Lins, teólogo que ajudou na discussão sobre a interação entre Teologia Moral e TdL. Tendo a história como mestra, a primeira constatação é que muitas foram as deformações ideológicas no discurso ético latino-americano, em que o *status quo* foi defendido inclusive pela teologia. É o caso, por exemplo, da colonização, da ocupação de terras dos índios e sua escravidão e do comércio dos negros. Nesta mentalidade colonizadora, Estado e Igreja ditaram um *ethos* em relação aos que colonizavam, "defendido e legitimado por moralistas em nome da superioridade da fé e da cultura cristã"[81]. Outra constatação de relevância é o fato da emancipação do Estado da Igreja: "quanto mais a autonomia da política e da economia progredia e os ideais do liberalismo se fixavam nas camadas burguesas, tanto mais a moral católica se restringia ao campo da problemática individual e familiar"[82]. Com esses exemplos, fica claro como a moral sofre influência dos sistemas que mudam constantemente, sejam eles políticos, econômicos ou sociais. Assim, olhando para trás, temos uma experiência significativa que a história como mestra nos ensina.

A história tem um papel preponderante na elaboração de princípios morais que respondam às situações emergentes. Quando não se conhece a história da Teologia

---

77 Ibid., p. 132.
78 Ibid., p. 133.
79 Ibid., p. 137.
80 Ibid.
81 Ibid., p. 139.
82 Ibid., p. 143.

Moral, é impossível desenvolver uma consciência ampla no debate das questões, pois se pode cair no exagero e na tentação de absolutizar afirmações sem a base histórica necessária. Pode-se perceber certa convergência entre os moralistas no que diz respeito à formação da teoria, com orientações gerais baseadas nas virtudes e nas normas gerais. Porém, quando essas elaboradas teorias são colocadas na realidade concreta, não conseguem ter uma adesão e aderência porque a realidade é muita mais complexa e confusa, tornando as normas morais desconexas com a interpretação dos problemas na sua variedade situacional. Para B. Leers, uma teoria moral que não sabe comunicar é "como a famosa estátua que o profeta Daniel interpretou para o rei Nabucodonosor (Dn 2)"[83].

B. Leers sugere a todo moralista a modéstia. Modéstia que é capaz de perceber o tamanho do mundo e a sabedoria da história. Este moralista deve, em primeiro lugar, aprender com os sábios e simples. Há uma "necessidade de participação no processo da libertação que Cristo começou para todos os homens e que nem de longe está completo nas pessoas e nas sociedades"[84].

Desse modo, temos a história que nos ensina a força dos condicionamentos sociais, exigindo uma moral de maior abertura à pluralidade.

### 5.1.5 Teologia Moral questionada pela nossa realidade – 1981

O V ENPTM realizou-se em Campos do Jordão, São Paulo, entre os dias 15 e 18 de dezembro. O 5TG teve como foco: "Teologia Moral questionada pela nossa realidade". Os TEs abordados foram os seguintes: 1) "Moral católica e sociedade colonial", R. Azzi[85]; 2) "Sociedade e Escola: tentativa de interpretação teológica do papel da escola na sociedade", F. Taborda[86].

**Articulação dos principais argumentos dos Mediadores**

R. Azzi aborda o tema "Moral Católica e sociedade colonial". Para o autor, uma das características principais do pensamento brasileiro é o caráter pragmático. Há um vínculo muito forte com a ordem social porque é no concreto da história que nascem novas propostas, novas expressões.

O pensamento ético sempre visa ou defender uma ordem estabelecida ou propor uma nova ordem, e é assim também a ética católica na história do Brasil. R. Azzi reflete sobre essa dimensão social da moral católica com uma predominante tendência à legitimação do projeto colonial lusitano, não isento, porém, da presença de uma dialética interna com conflitos de ideias e algumas expressões de uma concepção diversa dessa moral.

No Brasil, estabeleceu-se uma sociedade patriarcal, latifundiária, escravocrata com uma religião oficial: o catolicismo e seu modelo de Igreja-Cristandade. Esse modelo se organizava em torno do conceito de sociedade sacral, identificando aspectos de fé e nacionalidade, de modo que os interesses da Igreja eram os interesses da Coroa e vice-versa[87].

---

83  Ibid., p. 150.
84  Ibid., p. 151.
85  Azzi, Riolando. "Moral Católica e Sociedade Colonial". In: *Reflexão* (PUCCAMP) set/dez (1982) 15-30.
86  Taborda, Francisco. "Sociedade e Escola, tentativa de interpretação teológica do papel da Escola na Sociedade". In: *Síntese* 7/20 (1980) 3-23.
87  Cf. Azzi, R. "Moral Católica e Sociedade Colonial", p. 15.

A seguridade e a manutenção desse sistema eram garantidas pela Inquisição ou pelas guerras santas, vividas com mais intensidade na Península Ibérica contra os Mouros, enquanto, no Brasil, se estabelecia a Cristandade Colonial.

R. Azzi enfatiza a violência com que o projeto de colonização foi implantado no Brasil, com o apoio do aparato católico para uma eficaz institucionalização da Colônia: índios despojados de suas terras para o estabelecimento de engenhos de açúcar, bem como o tráfico de escravos da África. O clero, remunerado pela Coroa, vinha evangelizar os índios, e os Bispos, nomeados pelo Rei, vigiavam a Colônia pelos interesses da Metrópole. Assim, os direitos humanos foram suprimidos em vista da defesa do sistema colonial que era justificado como a realização do Reino de Deus através de Portugal, de modo que se misturava a expansão da fé com as metas políticas e econômicas da Coroa.

No Brasil, foi implantado um sistema de latifúndio escravocrata e buscava-se justificar eticamente esse sistema. O serviço que os índios prestavam aos portugueses garantia a eles a salvação e, aos negros, a superação da ignorância invencível. Desse modo, foram criadas muitas justificativas ideológicas para o tráfico de escravos, com cunho religioso, no sentido de conversão e salvação cristãs. E mais, os interesses econômicos da metrópole no comércio humano aumentaram ainda mais, com a ganância do ouro, implantando-se a ideia da raça inferior.

Infelizmente, para R. Azzi, a teologia compreendida e elaborada como justificativa do projeto colonial, com o pressuposto de evangelizar os gentios, não coloca a questão da legitimidade da ordem estabelecida no Brasil, isto é, não questionava o sistema como tal, a violência, a agressividade. Tudo passou em branco para a ética cristã, em vista da conversão dos gentios. A submissão dos negros e dos indígenas à escravidão era um elemento constitutivo do projeto colonizador, isto é, não podia se pensar um Brasil sem escravos. Qualquer questionamento sobre esse sistema significava colocar em xeque o projeto da Coroa e, assim, a missão da própria Igreja.

A instituição eclesiástica estava submetida aos ditames da Metrópole e suas decisões dependiam do aspecto econômico. Nesse sentido, o conceito de autoridade foi fundamental para manter a ordem social. O respeito à autoridade era o respeito à vontade divina, representada pela Coroa que favorecia os ministros do culto para sua missão de evangelizar. O Rei, por sua vez, era o vigário de Cristo na América, superior dos Bispos e o mentor de todo o projeto missionário. Assim, os Bispos, nomeados pelo Rei, eram súditos diretos da política portuguesa, e a Igreja no Brasil perdeu o seu dinamismo evangelizador no período colonial.

Desse modo, um dos princípios básicos da ética colonial é a fidelidade à Coroa, pela qual o clero procura convencer o povo quanto ao sentimento de obediência e sujeição às autoridades civis. É a Coroa, isto é, o poder político, quem controla o código de ética através das autoridades civis e eclesiásticas. Predominam nos discursos a Lei, a Civilização e a Ordem, de modo que os habitantes dessa Colônia, através de uma catequese, podiam se aproximar do ideal cristão europeu.

Aparecem, no entanto, algumas vozes dissonantes que começam a questionar a escravidão. R. Azzi cita dois padres Jesuítas que eram professores na Bahia em 1583: Miguel Garcia e Gonçalo Leite. Porém, "como os próprios missionários tinham adotado o sistema escravocrata, não tinham mais condições, não só de reagir, mas nem sequer de manter uma atitude de neutralidade"[88].

---

88   Azzi, R. "Moral Católica e Sociedade Colonial", p. 26.

R. Azzi demonstra, através de cartas e documentos da época, que logo um religioso expressasse qualquer ideia antiescravagista, vinha à tona todo o aparato eclesiástico e político para abafar os revoltosos, unindo-se em torno dos casos e, se as penas e sansões não resolvessem, eram extraditados. As justificativas para tal reação eram atribuídas aos escrúpulos de confissão ou à falta de conhecimentos teológicos adequados[89].

Desse modo, as ações contrárias não foram capazes de abalar o sistema colonial escravocrata, pois havia um apoio entre a hierarquia eclesiástica e a Coroa para resolverem com presteza as ideias adversas. Para R. Azzi, foi somente no fim do século XVIII, com as ideias liberais, que o clero começa a questionar o sistema colonial.

Portanto, a sociedade patriarcal latifundiária e escravocrata no Brasil condicionou a elaboração de um tipo de moral católica, que deve ser compreendida de acordo com as influências e determinações culturais da época. Delas podemos extrair as possíveis consequências para a elaboração do pensamento ético e moral no Brasil.

F. Taborda é o segundo mediador e desenvolve o tema: "Sociedade e Escola: tentativa de interpretação teológica do papel da escola na sociedade". Inicia lembrando que a escola, do ponto de vista sociológico, dentro do contexto sócio-econômico-político da sociedade cujo modelo é o capitalismo dependente periférico, se apresenta como aparelho ideológico do Estado. Então, seu estudo é uma análise teológica da sociedade na qual a escola se insere e sobre o papel da escola católica neste contexto.

*Puebla* e *Medellín* tiveram um papel importante de denunciar a situação de "pecado social" e de "injustiça institucionalizada" (cf. *Puebla* 28; *Medellín* 2,16). Esses termos não eram comuns nos tratados de moral, os quais estavam acostumados a tratar a questão do pecado do ponto de vista individual. Assim, temos uma abordagem mais ampla em que o pecado, ultrapassando os atos pessoais, se consubstancia nas estruturas da sociedade e nelas permanece[90].

Segundo F. Taborda, o pecado insere-se nas estruturas na mesma dinâmica como elas são geradas e mantidas pelo próprio homem. Primeiro, é o próprio homem que as cria, isto é, há uma externalização no ambiente para responder às necessidades do próprio homem. Segundo, a estrutura torna-se uma realidade objetiva, real, no tempo e no espaço, independentemente de quem a criou. E terceiro, essa estrutura influencia o homem nas suas relações e no seu modo de viver. É a fase da internalização da estrutura que retorna como uma influência sobre o próprio homem. É nesse sentido que o pecado social é assimilado nesta dinâmica e perdura por gerações, pois ele se torna uma orientação inerente à estrutura.

F. Taborda lembra que esta ideia de pecado objetivado não é estranha à Teologia Moral tradicional, pois ela aparece nos tratados sobre as penas temporais que adquirem existência autônoma independente de quem as desencadeou, isto é, "o mal escapa do domínio de quem o praticou"[91].

E para reforçar ainda mais essas estruturas de pecado, o autor refere-se à criação de ídolos que são sustentados pela sociedade capitalista e recebem um aparato social para se sustentarem: a riqueza, o poder e o prazer. Retomando as críticas do Antigo

---

89 Cf. Ibid., p. 28.
90 Cf. TABORDA, F. "Sociedade e Escola...", p. 5.
91 Ibid., p. 7.

Testamento à idolatria, justifica a necessidade de um combate contra esses ídolos que corrompem as pessoas e as estruturas, levando uma sociedade a conviver com injustiças estruturadas.

Essa mudança só será possível quando entendermos a proposta do "Reino" que Jesus nos deixou. Reino de Deus é uma realidade dinâmica da atuação de Deus na vida dos homens e uma chave de leitura que possibilita um contraponto em relação às idolatrias capitalistas.

Nesse sentido, o autor faz a reflexão sobre o papel da escola nessa estrutura de pecado, levantando o perigo da instrumentalização da educação. Como base de análise, o autor utiliza os critérios paulinos sobre a idolatria (cf. 1Cor 5,9-10; 8,4-5; 8,8; 10,20s). Para F. Taborda, a instituição escolar está vinculada ao poder dominante, mas também pode fazer frente ao sistema, já que é uma instituição mantida pelo sistema. A idolatria acontece no nível institucional e deve ser atacada no mesmo nível. Uma educação cristã deverá ter ainda mais um posicionamento crítico frente à idolatria. É necessário acreditar em uma educação libertadora, que seja capaz de problematizar o mundo para dela surtir uma consciência crítica. A chamada pedagogia do conflito ou consciência do conflito possibilita criar oportunidades para que o educando seja sujeito da educação e a escola tenha como finalidade um ensino capaz de transformar a sociedade e suas estruturas idolátricas em uma educação para a justiça a serviço dos pobres[92].

Enfim, para F. Taborda, o papel das escolas católicas é testemunhar os valores do Reino e lutar contra a idolatria do poder e não ser reprodutora desta, por isso é necessário se aproximar dos pobres e dos que sofrem as consequências das estruturas de pecado, mudando seus métodos e seus referenciais, trazendo novamente ao seu centro de atuação os pobres e os crucificados pela injustiça social[93].

### 5.1.6 Liberdade, Consciência e Pecado – 1982

O VI ENPTM realizou-se na cidade do Rio de Janeiro entre os dias 14 e 17 de dezembro. O 6TG teve como foco: "Liberdade, Consciência e Pecado". Sem mediadores específicos, foram discutidos em grupos os seguintes TEs: 1) Liberdade; 2) Consciência; 3) Pecado.

**Articulação dos principais argumentos dos Mediadores**

Neste encontro não houve um mediador específico e são desconhecidas possíveis publicações das conclusões. O único dado que tivemos acesso foi um relato feito pelo Frei Márcio Couto:

> "O sexto encontro (1982) no Rio de Janeiro propôs uma metodologia diferente: trabalhar cada dia em grupos, seguido de plenário, em torno de um tema comum. Os temas foram: liberdade, consciência e pecado. O objetivo do grupo era dar um salto qualitativo de uma mera assimilação da problemática europeia da moral para uma abordagem dos problemas morais por nós mesmos. O desafio era começar a criar algo entre nós. E o grupo tinha consciência de sua caminhada o suficiente para assumir uma perspectiva libertadora. Isso significa que o problema agora é de se criar laços tais de entrosamento que possibilitem o surgimento de uma reflexão moral deixando transparecer os verdadeiros problemas que enfrentamos no dia a dia. A nossa reflexão quer ser uma reflexão sobre a própria realidade"[94].

---

92  Cf. TABORDA, F. "Sociedade e Escola...", p. 22.
93  Cf. Ibid., p. 23.
94  COUTO, Márcio Alexandre. "SBTM: 25 anos de Teologia Moral". Disponível em: <http://www.sbtmpesquisadores.org.br/historico.asp> Acesso em: 16 jul. 2013.

Este relato mostra que há uma continuidade na preocupação de interpretar os temas fundamentais da moral de um ponto de vista mais latino-americano, isto é, com "uma perspectiva libertadora". Como esses três temas pertencem àqueles de grande repercussão nos manuais de Teologia Moral Renovada, eles agora retornam para serem debatidos nos grupos como uma dinâmica de troca de experiências entre os professores de Moral.

Há uma clara intenção em definir um programa de conteúdo moral que seja devidamente elaborado a partir da realidade, do local de onde ele é estudado, levando em conta as características específicas da cultura e do *ethos* social, com as limitações e as riquezas que ele comporta. Aos poucos, nos encontros posteriores veremos qual a abordagem que foi se delineando para cada um desses três temas que tiveram neste VI Encontro uma prévia e uma primeira maturação.

A frase "o desafio era começar algo entre nós" relata uma preocupação de uma busca de originalidade, ainda não muito clara, a princípio. Mas, para isso, era necessário começar se desligando das metodologias europeias e descobrindo metodologias próprias de análise e de pesquisa no que se refere aos temas morais, isto é, "uma abordagem dos problemas morais por nós mesmos", como relata M. Couto.

### 5.1.7 Estratégias para mudar o Ethos Social Brasileiro – 1983

O VII ENPTM realizou-se na cidade de Salvador, Bahia, entre os dias 13 e 16 de dezembro. O 7TG teve como foco: "Estratégias para mudar o *Ethos* social brasileiro". Os TEs abordados foram os seguintes: 1) "Conscientização e Mudança do Ethos Social Brasileiro", A. Moser[95]; 2) "A ação do moralista e seu relacionamento com o povo", A. da Silva[96]; 3) "Tentativa de fundamentação ética na Teologia da Libertação", N. Masi[97]; 4) "Justiça em Medellín e Puebla", B. Menegolla[98]; 5) "O conceito de Teologia Moral como Teologia da vida em B. Häring", L. Dagiós[99]; 6) "Poder, consciência e mudança social", H. Lepargneur[100].

**Articulação dos principais argumentos dos Mediadores**

Ao que tudo parece, este encontro teve resultados significativos para o processo almejado pelos professores de Teologia Moral. Segundo A. Moser, este momento marca uma etapa em que a reflexão teológica parte da própria realidade. Estruturado em três pilares, o encontro aprofundou três subtemas: 1) A ação do moralista e seu relacionamento com o povo; 2) Conscientização e mudança do *ethos* social brasileiro; 3) Poder, Consciência e Mudança Social. Além desses temas, também foram apresentados outros três estudos menores: 1) Tentativa de fundamentação da ética na TdL; 2) A justiça em *Medellín* e *Puebla*; 3) O conceito de Teologia Moral como

---

95 Moser, A. "Conscientização e Mudança do Ethos Social brasileiro". In: Id. (Coord.). *Mudanças na Moral do Povo Brasileiro*. Petrópolis: Vozes, 1984, p. 9-28.

96 Silva, Antonio Aparecido da. "A ação do moralista e seu relacionamento com o povo". In: Moser, A. (Coord.). *Mudanças na Moral...*, p. 29-46.

97 Masi, Nicola. "Tentativa de fundamentação ética na Teologia da Libertação". In: Moser, A. (Coord.). *Mudanças na Moral...*, p. 47-58.

98 Menegolla, Beijamin. "Justiça em Medellín e Puebla" In: Moser, A. (Coord.). *Mudanças na Moral...*, p. 59-68.

99 Dagiós, Luiz Antonio. "O conceito de Teologia Moral como Teologia da vida em Bernhard Häring". In: Moser, A. (Coord.). *Mudanças na Moral...*, p. 69-74.

100 Lepargneur, H. "Poder, Consciência e Mudança Social". In: Moser, A. (Coord.). *Mudanças na Moral...*, p. 75-127.

Teologia da vida em B. Häring. Desse modo, temos um conjunto de estudos publicados que compõem um significativo instrumento de análise para compreender essa primeira fase da SBTM.

Focado no termo "conscientização", A. Moser procura decifrar todas as suas nuances, e resgata primeiramente o aspecto histórico do seu uso no Brasil. Para ele, o termo marcou época e, especialmente nos anos de 1960, a "conscientização polarizou tanto as vanguardas revolucionárias, quanto as elites conservadoras"[101].

Num primeiro momento, o termo foi utilizado como método para tentar suprir as deficiências dos métodos tradicionais que não conseguiam dar conta do crescente número de analfabetos no país. Ligado à educação de base, o processo de conscientização tinha como pano de fundo a situação de pessoas que não tinham "consciência" de sua situação social, e através do processo de alfabetização poderiam criar uma nova consciência social e transformar a sua própria realidade. Esse processo, porém, não se dava em um âmbito individual, mas na sua dinâmica envolvia toda a comunidade, pois "a conscientização visa organizar solidariamente os membros marginalizados de uma sociedade atomizada"[102]. A. Moser lembra que todo esse processo não passou despercebido das autoridades, pois representava uma ameaça, especialmente em tempos de ditadura. Assim, já que o fenômeno da "conscientização" não tinha como ser evitado, ele toma duas concepções opostas: a primeira como caminho eficaz para uma transformação radical da sociedade e a segunda, como um processo integrativo na sociedade de então. Desse modo, o termo toma um caráter ideológico e procura condenar ou justificar o modelo de sociedade que se apresentava, seja como algo a ser superado, seja como algo seguro que precisa somente de alguns retoques.

É possível verificar o fenômeno também do ponto de vista eclesial. O próprio trabalho de alfabetização e educação de base foi movido pelas escolas radiofônicas da Colômbia e pelo Movimento de Educação de Base (MEB) no Brasil, que era patrocinado pela CNBB, a qual, dentro do seu PPC, tinha como uma das linhas "a construção do mundo", tendo como primeiro objetivo a promoção humana[103]. Assim, o problema tornava-se também pastoral, pois o processo de conscientização deveria responder aos apelos da evangelização exigindo uma reflexão que se voltasse para as próprias estruturas da Igreja.

A. Moser apresenta pelo menos três modelos de "conscientização", assumidos por diferentes grupos comprometidos com a causa popular. O primeiro modelo está enraizado no personalismo, e compreende a pessoa humana no seu conjunto, como sujeito de sua história capaz de transformar sua realidade, na medida em que a torna mais humana. "Fundamentalmente a conscientização consistiria em favorecer a descoberta do sentido profundo da vida humana inserida em circunstâncias históricas, que determinam aspectos importantes dessa mesma existência"[104].

O segundo modelo é o de conscientização como conquista da consciência transitivo-crítica, que, de acordo com A. Moser, teve como inspirador o educador Paulo

---

101 Moser, A. "Conscientização...", p. 11.
102 Moser, A. "Conscientização...", p. 12.
103 Cf. Ibid., p. 13.
104 Ibid., p. 17.

Freire[105]. Em contraposição a uma sociedade fechada que cria uma consciência pessoal e social intransitiva, a sociedade em trânsito é aberta e crítica, correspondendo à formação de uma consciência transitivo-crítica. Ela tem como característica a capacidade de revisão e reinterpretação e é aberta a uma transformação social e à mudança nas estruturas.

O terceiro modelo é o da conscientização como acesso para a consciência de opressão. Entendendo que a opressão tem um nível profundo de alcance na pessoa humana, atingindo-a com a consciência do opressor, temos uma dupla opressão: na realidade e na consciência do oprimido. "A introjeção da consciência do opressor significa assimilar e assumir como seus os 'valores', a visão do mundo e da sociedade, e mesmo os interesses do opressor"[106]. Esse modelo é mais exigente que os demais porque a consciência está freada, está falsificada pela ação dominante e, pior, justificada pela consciência oprimida[107].

Assim, surge um quarto modelo, que, segundo A. Moser, é menos comprovado pela prática, mas seria um prolongamento dos modelos anteriores. O caso é que, neste modelo, o foco está numa compatibilidade. A quebra do nível de compreensão e de leitura da vida oprimida poderia ser insuportável para quem está mergulhado nesta situação. A conscientização deverá ter em conta esta instabilidade, fortalecendo ações coletivas "em que a força da libertação se revele maior que da opressão"[108]. É uma questão profunda e existencial, trata-se de vencer o medo da liberdade.

A. Moser, com isso, reconhece que a questão ética estaria ligada exatamente a esta passagem de uma sociedade intransitiva para uma consciência transitivo-crítica, e com todas as mudanças que isso comporta, sejam elas sociais, políticas ou religiosas. Por que não falar também da necessidade de uma conscientização para superar uma consciência teologicamente ingênua? Assim, o processo é global e atinge todos os setores da sociedade. Sem deixar de lado, no entanto, o papel do conscientizador que é de interferência. E aqui se colocam muitas perguntas, a começar do lugar em que está, suas reais intenções e pretensões. E todos os modelos correm o risco de cair num certo tipo de manipulação, tentando corrigir uma consciência errônea.

De tudo isso se conclui que a "conscientização" enraizada no *ethos* social do Brasil trouxe mudanças significativas, seja na pedagogia escolar, seja na sociedade como um todo. Na medida em que ela é um processo de troca de saberes, diminui-se o perigo de manipulação, e o esforço é de tornar o povo o agente principal do processo.

Como segundo foco de discussão, A. da Silva, redentorista, propõe uma reflexão sobre a ação do moralista e seu relacionamento com o povo, buscando analisar como

---

105 Paulo Reglus Neves Freire (1921-1997), tido como o Patrono da Educação Brasileira, nasceu em Recife, formou-se em Direito, mas nunca exerceu a profissão. Sua experiência foi sempre na área da educação popular. Criou uma pedagogia do oprimido com um método diferenciado tendo como resultado a formação da consciência política. "A pedagogia de Paulo Freire inspirou os principais programas de Alfabetização e Educação Popular no início dos anos 60. Seu legado teórico e prático é uma referência internacional na área da educação. Criou um novo paradigma pedagógico para a Alfabetização e Educação de Adultos. Paulo Freire elaborou uma proposta de alfabetização de Adultos conscientizadora, cujo princípio básico era 'a leitura do mundo precede a leitura da palavra' levando o educando a assumir-se como sujeito de sua aprendizagem", diz Paulo Renato Souza, Economista e Ministro da Educação do Brasil de 1995-2002. Cf. BARRETO, Vera. *Paulo Freire para educadores*. São Paulo: Arte & Ciência, 2004⁶.

106 MOSER, A. "Conscientização...", p. 19.

107 Cf. Ibid., p. 20.

108 Ibid., p. 21.

está a comunicação e a recepção da Teologia Moral como ciência. De maneira especial, sua preocupação, dando continuidade ao estudo de A. Moser, são as classes populares[109].

Para A. da Silva, o primeiro passo é reconhecer que a moral cristã tradicional entrou em crise e cada vez mais se fala em pluralismo moral. Para ele, sendo o homem de natureza histórica, que muda constantemente, é impossível querer separar a sua vivência histórica da construção de sua natureza ética. Se de um lado os moralistas buscam fundamentar o núcleo fixo dos princípios, por outro lado, não se pode negar a variedade. Por isso, cada vez mais, há um esforço em definir as normas concretas que possam responder melhor às exigências do Evangelho. A TdL e os documentos de *Puebla* e *Medellín* conseguiram traçar alguns caminhos para isso.

O moralista com seu instrumental crítico tem a possibilidade de propor uma "moral conveniente" embasada na Revelação, na razão e na práxis popular para assim diminuir o descompasso entre a moral e o *ethos* popular[110]. Para tanto, A. da Silva responde duas perguntas: qual moralista e qual povo?

Moralista "é o intelectual capaz de fazer uma proposta da moral que seja coerente e crítica a partir da Revelação, do Magistério, da práxis cristã e das situações concretas"[111]. Povo é entendido neste estudo como "a classe popular quando age como sujeito. É a camada dos proletários com seu tipo de vida específico tal qual é levado por eles, com suas soluções, seus simbolismos, suas atitudes, seus valores, seu agir concreto, grupo que se estrutura ideológica, política e economicamente em sua cultura própria"[112].

No entanto, é importante ressaltar que é imprescindível para um *ethos* que se diga cristão a vivência da verdade revelada. A característica fundamental de um povo cristão é a sua íntima ligação com o Evangelho como fonte de sua vivência. Mas isso não impede que surjam grupos autônomos que reinterpretam e criam formas próprias de vivência cultural em forma de recusa ou resistência ao *status quo*. Isso significa reconhecer a existência de uma moralidade popular, que tem uma estabilidade, uma estrutura, uma expressão própria. A. da Silva, no entanto, esclarece que o moralista "não pode canonizar a moral praticada pela classe pobre"[113], mas deve ser capaz de transcendê-la conforme a prática do Evangelho que foi anunciado a todos. Enfim, o moralista tem também uma função pastoral, dentro da comunidade cristã, na Igreja, que é o lugar privilegiado do crescimento do *ethos* do povo de Deus[114].

A. da Silva faz uma prospectiva da moral mostrando que dependendo do tipo de formação que se propõe a fazer terá uma concepção de moral a predominar. O moralista que utiliza o método "intelectual-autoridade" com a intenção de ser guardião da verdade revelada pode levar a uma separação entre normas eclesiásticas e sabedoria popular, separar fé e vida e confundir a vontade de Deus com as vontades da autoridade moral.

O moralista que escolhe o método "intelectual-orgânico" será inspirado pelas filosofias da práxis que darão suporte a uma proposta de nova sociedade em que

---

109 Cf. Silva, A. da. "A ação do moralista...", p. 29.
110 Cf. Ibid., p. 31. É interessante notar a harmonia e o fio condutor nas reflexão dos primeiros estudos desenvolvidos pela SBTM, especialmente entre H. Lepargneur, A. Moser, B. Leers e A. da Silva.
111 Silva, A. da. "A ação do moralista...", p. 32.
112 Ibid., p. 33.
113 Ibid., p. 40.
114 Cf. Ibid.

o homem se torne estruturador de seu comportamento. Numa unidade entre intelectuais e povo, poder-se-ia elaborar princípios coerentes capazes de transformar a sociedade. Porém, deve-se levar em conta que a moral é expressa pela revelação de Deus e não por um projeto humano, e é esse o perigo que corre uma moral baseada na filosofia da práxis.

Outro modelo possível seria o "intelectual-ouvinte", em que o moralista valoriza como lugar da moral cristã a própria sabedoria do povo, especialmente da classe pobre. Toma como exemplo o método de Paulo Freire como aquele capaz de responder com coerência nesse processo de valorização do *ethos* popular. Contudo, A. da Silva questiona se só a base de experimentação pessoal e acumulada pela tradição, fato por fato, seriam suficientes para fazer moral. Desse modo, haveria uma tendência de excluir o universal em defesa de uma moral local, limitando-se às suas circunstâncias.

Para concluir, A. da Silva faz uma série de questionamentos sobre cada um dos modelos, mostrando seus limites, mas também suas perspectivas, finalizando com uma pergunta: "o que faremos nós?"[115].

A terceira abordagem neste VII ENPTM foi realizada por H. Lepargneur, que vai se mostrando cada vez mais polêmico nos seus estudos. O título de sua exposição é "Poder, Consciência e Mudança Social". Para ele, uma mudança social significativa implica, antes de tudo, uma conscientização que atinja as consciências para mudar estruturas e comportamentos arraigados no tecido social das ideologias[116]. Muitos autores foram prematuros quando pensaram que a justa e evangélica valorização dos pobres era suficiente para uma transformação social. Porém, faz-se necessária uma análise profunda dos três temas propostos para uma visão mais realista dos problemas sociais do Brasil.

Sua primeira premissa é que "a crise brasileira é fundamentalmente de ordem ética"[117]. Fazendo uma leitura do estruturalismo cultural, H. Lepargneur entende que os vários defeitos de uma cultura se entrelaçam e se reforçam e, no Brasil, temos muitos exemplos de situações cotidianas irracionais que reforçam o subdesenvolvimento, como o caso, por exemplo, das infrações de trânsito e suas consequências. Mas, ao mesmo tempo, se pergunta se a crise seria de ordem ética ou de ordem política. A esse respeito, H. Lepargneur diferencia-se das linhas anteriores. Para ele, as correntes que focalizam exclusivamente a conscientização política "são insuficientes e não vão ao âmago dos problemas que pretendem resolver"[118]. Em relação a P. Freire, que foi exaltado pelos dois autores que o precederam, ele o chama de "prolixo e repetitivo". Para uma mudança da sociedade por meio da educação, de enfoque politizado, reconhece que P. Freire tem bons meios: participação, compromisso. No entanto, a visão marxista de lutas de classes, que determina o povo representando o bem por um lado, e o capitalismo e as multinacionais, como as forças do mal do outro lado, é no mínimo um quadro maniqueísta para a conquista do poder. Assim, "a educação é luta pela partilha do poder: tudo gira em volta desse esquema formal"[119]. A questão é ética e o fato de ter poder ou compartilhá-lo não vai resolver enquanto não se decidir quais seriam os valores a presidir esse poder. Ao contrário, seria so-

---

115 SILVA, A. da. "A ação do moralista...", p. 45.
116 Cf. LEPARGNEUR, H. "Poder, Consciência...", p. 75.
117 Ibid., p. 76.
118 Ibid., p. 77.
119 Ibid.

mente um golpe de palácio, uma troca de governo ou de Constituição, mas não uma efetiva revolução ética[120].

A segunda premissa sugere que a responsabilidade da Igreja não está limitada no tempo, nem no espaço, nem pela classe social. H. Lepargneur usa de uma série de argumentos com dados da situação econômica do Brasil, especialmente na época dos empréstimos com o FMI (Fundo Monetário Internacional), para questionar o fato de que um país 90% católico (na época), em que a grande maioria dos seus governantes se professava católico, não seria de se esperar mais justiça e menos diferença entre as classes sociais? É a partir dessas duas premissas que o autor analisa o Poder, a Consciência e a Mudança Social.

Partindo de um conceito realista do poder, o autor trata o assunto com muita transparência. O conceito "poder" foi, de alguma maneira, maltratado e esquecido na história das sociedades católicas. A teologia católica esforça-se por construir teorias nobres cheias de virtudes e ideais que contrastam com uma possível aproximação do poder, mas as autoridades e príncipes cristãos souberam manuseá-lo de modo muito eficaz ao longo da história e essa mesma história nos comprova que onde há um poder absoluto, a ética deixa de existir:

> "Os mais ilustres autores que refletiram sobre a dinâmica do poder, de Montesquieu a Clausewitz, são – em geral – ignorados ou desprezados, quando não condenados sumariamente, na Cristandade e nos meios de reflexão católica, que preferiram elaborar tratados não desprovidos de imaginação sobre as virtudes da Santa Virgem-Mãe. Há exceções, como Tomás de Aquino"[121].

Há uma fuga de qualquer tentativa de reflexão sobre uma ética do poder. Mesmo a TdL, que tentou abordar o tema, se perdeu em seu caminho. Quando exaltam o poder dos pobres o fazem na teoria, pois, na prática, a América Latina, terra dessa corrente teológica, continua em poder dos ricos, e mais, poderíamos nos perguntar: "em que consistiria esse poder dos pobres na história? Simples reflexo do sonho marxista, frustrado, da ditadura do proletariado?"[122].

Vale apresentar aqui algumas reais características do poder: não é categoria sentimental, é operativo; é capacitação para agir; é a capacidade efetiva de dominar; capacidade de impor suas vontades na trama da história. O pobre, ao contrário, é aquele que carece de poder, seja do ponto de vista econômico, político ou cultural. Diz o autor: "se tivesse poder não seria pobre"[123]. Por isso, devemos ser cautelosos antes de cantar o "magnificat" dos pobres, se não considerarmos que na realidade eles são vítimas da história, de regimes injustos. A história constrói-se como um mercado de forças, e uma ideia tem poder não porque é verdadeira, e de fato, muitas ideias verdadeiras morreram de inanição por falta de suporte, mas porque o sujeito que a defende tem um poder e a impõe sobre os outros.

Talvez esse equívoco venha do fato de que confundimos leis do Reino de Deus e leis da história. Não se transforma a sociedade sem dispor de poder, a própria Igreja o faz assim. A questão é que o poder tem uma dimensão ética e deve estar ligado ao direito. H. Lepargneur recorda que assim o fizeram todas as doutrinas de tradição liberal que limitaram o poder para garantir melhor os direitos universais da pessoa:

---

120 Cf. Ibid., p. 79.
121 Ibid., p. 81.
122 Ibid., p. 82.
123 Ibid.

jusnaturalismo de J. Locke (1632-1704), o utilitarismo de J. Bentham (1748-1832) e J. Mill (1773-1836), o humanismo de W. Humboldt (1767-1835), B. Constant (1767-1830) e J. S. Mill (1806-1873). Para H. Lepargneur, o pior é que, um século depois, alguns marxistas latino-americanos usavam a acusação de K. Marx para justificar que o culto individualista do cidadão e dos seus direitos era um disfarce do discurso burguês, esquecendo "que sem a ponta da lança dos direitos individuais não cabem na história direitos sociais quaisquer"[124].

Diante desse quadro, colocam-se duas possibilidades para uma mudança social: ou conscientizar quem tem poder para que tomem um rumo diferente, ou tornar poderosas pessoas que hoje estão fora do poder. Aprendendo com a história, lembra o autor, os jesuítas tentaram realizar o primeiro intento no século XVI na área da educação, e hoje tenta a mesma estratégia a Opus Dei. Mas os resultados não foram os esperados. Na segunda estratégia, no Brasil, há uma tentativa junto aos estudantes e junto às CEBs. Quanto aos jovens estudantes, é fácil convencê-los durante uma faculdade de valores sociais e grandes ideais. A questão é se esses ideais são mantidos ao entrarem em conflito com interesses pessoais crescentes. Quanto às CEBs, elas não abrangem classes, nem pessoas que detêm o poder e, por isso, são inclinadas a uma mudança da ordem social, mas o fato é que dificilmente conseguirão chegar a dispor de um poder realmente consistente[125].

Falar em poder é falar em responsabilidade. Quando abrange um poder político, está sempre em torno de resoluções de conflitos de valores. Por isso, deverá saber escolher suas prioridades, e isso terá sempre suas consequências, pois é impossível a qualquer governo solucionar todas as questões ao mesmo tempo. São muitas as variantes sociais, econômicas e culturais e, assim, um governo terá sempre que ter um plano de ação com prioridades claras.

Do ponto de vista ético, um país deve ser organizado de tal forma que as pessoas possam se realizar e se sentirem seguras para construir suas vidas e projetar seus sonhos e ideais, isto é, o poder deve estar a serviço da felicidade e da realização dos membros da comunidade. Porém, denuncia o autor, o que escandaliza "é o caráter quase fatal da entrada na esfera do egoísmo de grupo restrito cada vez que um cidadão originalmente bem intencionado chega a reunir na mão, por qualquer razão que seja, muito poder"[126]. Essa experiência constante marca uma realidade cujo resultado é muito negativo, isto é, o poder que corrompe, que distorce os fins e destrói uma nação. Segundo ele, exemplos não faltam na realidade política do Brasil[127].

Ao entrar no tema da consciência, H. Lepargneur procura fundamentá-la em sintonia com a liberdade e a responsabilidade. Essa *norma normans* presente em cada pessoa, que se apresenta como absoluta, mas pode ir se relativizando quando em contato com o meio, é uma prova de que a consciência sabe se informar e está intimamente ligada à responsabilidade: "sou livre (conceito abstrato) porque sou responsável (isto é, emerjo do concreto da situação social); liberdade é sempre relativa e condicionada. Consciência é consciência enquanto livre: conscientização é pro-

---

124 Ibid., p. 84.
125 Cf. Ibid., p. 86.
126 Ibid., p. 87.
127 Cf. Ibid., p. 88-94. O autor, fundamentado em notícias dos mais importantes jornais de circulação do mundo todo, bem como de análise de profissionais da área, elenca uma série de corrupções e de limites no uso do poder no Brasil. É uma excelente análise de conjuntura da época.

cesso de autorresponsabilização"[128]. Por isso, quando o *ethos* é desvirtuado em suas relações de interesse e manipulação, é exatamente porque foi quebrada a confiança entre consciências autorresponsáveis que garantiam contratos sociais viáveis para o bem comum. Um *ethos* coletivo arruinado pelo vício da corrupção só poderá ser recuperado à medida que as consciências individuais possam exercer livremente seu papel de autorresponsabilidade. Segundo o autor, esse seria o papel da educação, da catequese, da religião, das igrejas[129].

Apesar de que, para as ciências humanas, a consciência psicológica é mais interessante, a consciência moral, por sua vez mais profunda, pode utilizar-se dela para melhorar o nível ético de conscientização. Mas no Brasil existem fatores agravantes. Para refletir sobre isso, o autor retoma uma premissa de São Tomás: "toda moral se perde abaixo de um certo nível de condições de vida"[130]. Situações de pobreza extrema e condições de vida no limite econômico podem levar uma consciência a lançar mão de suas obrigações morais em vista da sobrevivência. E quando essa mesma consciência percebe que o aparato político em torno a promessas vazias não resolverá o problema, poderá usar inclusive do recurso da violência. O sistema, infelizmente, é formado por consciências individuais e o grande mal de uma sociedade é que sua injustiça oculta envolve sempre responsabilidades pessoais[131]. Muitas vezes, reafirma H. Lepargneur, "já apontamos como desserviço prestado ao bem público acobertamento de crimes contra o bem comum, através de conceitos abstratos de falta anônima, pecado coletivo, injustiça estrutural, por mais justificadas que sejam em si estas expressões"[132].

O terceiro conceito é o de "mudança social". E a análise crítica de H. Lepargneur se mantém intensa, começando a questionar o papel da Igreja em relação à mudança social. Numa posição muitas vezes de ataque, a Igreja posiciona-se como um partido de oposição, o que para o autor pode parecer mais "uma crise de adolescência, destituída de reflexão sobre caminhos alternativos"[133]. Os documentos produzidos pela Igreja, quando falam de mudança social, tendem a reforçar o tema da justiça. Para isso, no entanto, é necessário buscar os meios eficazes para realizá-la. As injustiças não surgem do nada, mas de terrenos férteis que a possibilitam. Assim, não se trata de tocar em problemas superficiais, mas buscar atingir a raiz mudando não só as aparências, mas as consciências. Esse é um trabalho extremamente difícil, porque se trata de raízes profundas, que foram se alastrando historicamente. Para o autor, uma moral de boa intenção nunca será suficiente para uma verdadeira mudança social, mas sim uma moral responsável pelo resultado. Diante disso, ele propõe algumas estratégias: 1) o Antijeito, que é um combate à ideia de levar vantagem em tudo; 2) Moral de resultados, isto é, menos retórica; 3) Justiça – verdade – razão, uma tríade inseparável na construção de uma sociedade. Essas estratégias podem garantir uma moral de resultados, que se opõe ao egoísmo, ao jeito habilidoso, a uma utopia alienante, ao diletantismo verbal e o mais importante é que não entram em contradição com a moral de responsabilidade. Para contrapor as estratégias de injustiça, cor-

---

128 LEPARGNEUR, H. "Poder, Consciência...", p. 95.
129 Cf. Ibid., p. 95.
130 Ibid., p. 96.
131 Cf. Ibid., p. 97.
132 Ibid., p. 100.
133 Ibid., p. 101.

rupção e tantos outros "jeitos" que se instauraram para manter privilégios num país como Brasil, falar em moral da responsabilidade que vise uma mudança social deve ser, em primeiro lugar, uma moral com programa claro e transparente de acordo com a razão, que assuma as consequências das ações, que preste conta dos resultados.

Para isso, porém, é preciso superar um dos obstáculos mais difíceis: a superação da mentira e a busca coerente da verdade. Um processo que, segundo o autor, no Brasil pode levar anos para se implantar. Primeiro, porque a verdade não é tão evidente quanto se pode pensar e, por isso, deve ser buscada com critérios de racionalidade e sem improvisação ou empirismo apressado como se o tempo fosse nosso inimigo. Para H. Lepargneur, por exemplo, é contraditório fazer opção preferencial para os pobres e manter modismos e estruturas que impedem o avanço cultural dessas pessoas[134].

Na sua conclusão, H. Lepargneur relembra que, para um real reerguimento do *ethos*, a exigência é grande e desafiadora. E, para isso, acredita que a Teologia Moral teria que ter algumas características imprescindíveis. Primeiro, deve ser baseada numa moral do amor que compreenda que a condição humana tem seus limites, mas está sempre em busca da liberdade que progressivamente nos faz amadurecer na relação consigo mesmo, com Deus e com os outros. Segundo, deve ser uma moral da pessoa, de modo que os atos sejam julgados não só com critérios absolutos, mas levando em conta a dimensão histórico-social da pessoa com sua corresponsabilidade diante do mundo. Terceiro, a Teologia Moral deve ser criadora, de modo que a lei e os critérios morais considerem a dinâmica da história, estimulando a criatividade humana a elaborar novos valores e maneiras diferentes de realizá-los[135].

O progresso de um *ethos* para uma efetiva mudança social exige muito mais que boa vontade. Conservar as massas menos favorecidas no âmbito cristão não é tão difícil, mas é necessário "verificar se esses valores se mantêm quando os indivíduos passam a linha de fogo do progresso cultural, com a conquista do saber, da riqueza e do poder"[136].

Os três outros textos foram complementares para a fundamentação de alguns TEs que já foram discutidos em encontros anteriores, como a questão da Teologia Moral e a TdL, a questão da Justiça e da vida cristã. Os estudos foram desenvolvidos respectivamente por N. Masi, B. Menegolla e L. Dagiós.

N. Masi faz um breve histórico começando dos anos de 1960 e mostra que, no decorrer do tempo, foram muitos modelos que tentaram dar respostas éticas para responder ao desafio de construir uma normatividade social. Como síntese, resume esses modelos separando-os em quatro etapas: 1) A visão escolástica que responde a um modelo político hierarquizado; 2) A visão positivista, com um modelo mediado pelas ciências e pelos valores da sociedade burguesa; 3) A visão humanística, com modelos baseados no existencialismo, na psicanálise e no personalismo cristão; 4) A visão ético-política com um modelo de mudança e construção de um novo projeto para a humanidade.

---

134 Cf. Ibid., p. 127.
135 Cf. Ibid., p. 129.
136 Ibidem. A análise de H. Lepargneur que data de 1983 é incrivelmente pertinente e atual. O Brasil passa pela terceira gestão de um governo cuja base partidária foram os movimentos populares e está passando por uma crise de credibilidade exatamente porque tornou-se repetidor dos mesmos problemas de corrupção, má administração, inchaço da máquina administrativa e aumento da inflação, que foram suas críticas às gestões anteriores. De fato, "o poder corrompe, o poder absoluto corrompe absolutamente", In: Ibid., p. 87.

Entretanto, ele esclarece que esse projeto não tem como enfoque a ordem, como estabelecia a Escolástica, nem o homem, como define as ciências modernas, mas, para N. Masi, o enfoque é o Reino. O "Projeto-Reino", como comunhão total entre Deus e o homem, com sua plenitude no além, mas suas bases no aqui e agora, num "mutirão de esforços, de tensões e realizações"[137]. Para ele, esse é o verdadeiro empenho ético, o verdadeiro projeto de vida da moral cristã.

B. Menegolla vai reforçar o estudo de N. Masi com o tema da Justiça, que na América Latina é central no contexto evangelizador e teológico. Assim, num breve histórico da América Latina, relembra a mentalidade colonizadora e suas consequências em relação à exploração de negros e índios. Daí que surge a importância histórica e teológica de *Medellín* e *Puebla*, e segundo o autor também a TdL, como um desabrochar de uma consciência de povo que busca superar as injustiças sociais. Não foi por menos que o documento sobre a Justiça foi colocado em primeiro lugar na ordem dos 16 documentos de *Medellín*: "A mensagem de *Medellín* é para aqueles que têm fome e sede de justiça"[138]. A Igreja latino-americana aponta para um compromisso com os pobres, à imagem de Cristo, de modo que o povo deve ser agente da história como povo livre e responsável[139].

*Puebla*, continuando a perspectiva de *Medellín*, denuncia o pecado estrutural como raiz da injustiça e exige uma mudança estrutural que comece da conversão da mentalidade pessoal e também coletiva como caminho para a realização da Justiça. Como proposta, os dois documentos iluminam uma ação baseada numa ética de cunho social que oriente os homens na construção de uma sociedade nova, baseada na civilização do amor, única possibilidade para a implantação real da Justiça[140].

E, por último, L. Dagiós finaliza as proposições complementares com o argumento de B. Häring: conceito de Teologia Moral como Teologia da vida cristã. Segundo L. Dagiós, B. Häring trouxe à tona uma moral menos abstrata e mais próxima da realidade das pessoas. Com o princípio de uma moral compreendida como "resposta do homem ao apelo de Deus em Cristo" deu um acento cristológico, um retorno à Palavra de Deus e, assim, provocou no mundo inteiro uma nova reflexão na Teologia Moral[141].

Outro aspecto que se deve destacar é a moral de responsabilidade que advém da proposta de B. Häring. Entendendo que a moral não é só um código de normas a ser obedecido, mas uma resposta humana à Revelação de um Deus que se anuncia e se doa, o cristão, por sua vez, "coenvolve sua vida inteira e com todas as suas realizações e se torna responsabilidade"[142]. B. Häring, segundo o estudo de L. Dagiós, "centra-se na formação da pessoa humana responsável, livre e criativa"[143], proporcionando uma linguagem renovada com base em uma antropologia teológica. Assim, a moral não é estática, mas chama a um contínuo crescimento, tornando-se uma teologia de vida cristã.

Vemos, portanto, que neste VII ENPTM os temas estão completamente interligados. Porém, percebe-se uma clara diferença de abordagem entre os autores, mostran-

---

137 Masi, N. "Tentativa de fundamentação...", p. 57.
138 Menegolla, B. "Justiça em Medellín e Puebla", p. 61.
139 Cf. Ibid., p. 63.
140 Cf. Ibid., p. 66.
141 Cf. Dagiós, L. A. "O conceito de Teologia Moral...", p. 71.
142 Ibid.
143 Ibid., p. 72.

do que não há uma uniformidade de ideias, mas um confronto de posições que veem a enriquecer os debates e aprofundar as diferentes possibilidades de abordagem dos temas. A articulação entre formação da consciência ou conscientização com o papel do moralista, seja no plano intelectual como no pastoral, e o tema do poder, se inter-relacionam e se complementam de forma que começa a se delinear um perfil da Teologia Moral esperada no Brasil. A abordagem final do tema da mudança social liga a Teologia Moral não só como conteúdo doutrinário a ser revisto, adaptado ou ampliado, mas como um projeto de transformação social. O modo de proceder a essa transformação é compreendido de diferentes formas pelos autores, o que enriquece ainda mais os ensaios.

### *5.1.8 Fundamentação da Moral Libertadora – 1984*

O VIII ENPTM realizou-se em Massejana, na cidade de Fortaleza, Estado do Ceará, entre os dias 17 e 21 de dezembro. Foi a partir desse ano que se constituiu a Sociedade Brasileira de Teologia Moral (SBTM) com aprovação de um Estatuto de cunho privado. O 8TG teve como foco: "Fundamentação da moral libertadora". Os TEs abordados foram os seguintes: 1) "Moralistas e Magistério", B. Leers[144]; 2) "Dependência, inconsciente e moral", V. Ponte; 3) "Teologia Moral e ciências humanas", A. Moser[145]; 4) "Projeto "Reino" passa através de mediações e concretizações históricas", N. Masi; 5) "Compêndio sobre emergência da consciência moral", de J. Reegen, apresentado por H. Lepargneur[146]; 6) "Condicionamentos sociológicos do ato moral", D. Menezes.

**Articulação dos principais argumentos dos Mediadores**

Nesse VIII ENSBTM, serão analisadas as três publicações realizadas respectivamente por H. Lepargneur, A. Moser e B. Leers. Todos eles tiveram seus estudos publicados em forma de artigo e B. Leers pôde aperfeiçoar sua pesquisa e lançar uma reflexão mais densa na Coleção Teologia Moral na América Latina[147]. Assim, novamente se encontram esses três grandes moralistas em torno de um tema comum para esboçarem suas diferentes formas de abordagem.

B. Leers desenvolve o tema "Moralistas e Magistério". Sua preocupação inicial é justificar a importância do tema mostrando que, apesar do Magistério e da Teologia Moral terem funções diversas, ambos focalizam suas metas para a mesma causa e, por isso, precisam estar em permanente diálogo.

Todavia, a história tem mostrado que há limites e tensões entre as duas instâncias que ainda precisam ser resolvidos. Para B. Leers, é necessário ter em conta que os textos que foram elaborados pelo Magistério são também condicionados pelo momento histórico, pelo contexto cultural e sociopolítico do momento em que foram escritos. Isso significa que um dos conflitos é exatamente a elaboração de uma moral teórica revestida de uma sacralidade tal que faz pensar em conteúdos inquebrantáveis com validade universal. Porém, a Teologia Moral não pode ser fechada, pois as

---

144 LEERS, B. "Moralistas e Magistério". In: *REB* 45 (1985) 520-560; 706-738; ID., *Moral cristã e autoridade do Magistério Eclesiástico*. Coleção Teologia Moral na América Latina 7. Aparecida: Santuário, 1991.

145 MOSER, A. "Teologia Moral e ciências humanas: antigos e novos desafios". In: *REB* 45 (1985) 227-244.

146 LEPARGNEUR, H. "Emergência da Consciência Moral (I)". In: *Atualização* 175/176 (1984) 341-358; ID., "Emergência da Consciência Moral (II)". In: *Atualização* 183/184 (1985) 139-156.

147 Para aprofundar sobre o tema ler: LEERS, B. *Moral Cristã e Autoridade do Magistério Eclesiástico*. Conflito – Diálogo, Coleção Teologia Moral na América Latina 7. Aparecida: Santuário, 1991.

condições socioculturais exigem que os princípios sejam aplicados às novas situações de modo novo e com criatividade.

B. Leers esclarece que o Magistério não foi unívoco e fixo na história da Igreja e que, nos primeiros séculos, havia mais aproximação com o consenso dos fiéis. Depois do Concílio Vaticano I, o Magistério é exclusivamente o Papa e o Colégio Episcopal em comunhão com ele. B. Leers, com isso, procura destacar que, dessa estrutura assim constituída, há uma linha de separação entre os pronunciamentos, decisões e documentos elaborados pelo Papa e Bispos de um lado, e a interpretação dos moralistas de outro lado. Moralista, neste ensaio de B. Leers, é entendido como o professor formado da Teologia Moral Católica que normalmente é professor nos seminários e Institutos de Teologia e, no Brasil, tem uma prática pastoral e, ao mesmo tempo, uma pesquisa científica. O autor reconhece que há um número muito limitado de moralistas no país em relação ao número de Bispos e considera que, dessa forma, há um prejuízo para a Teologia Moral, pois é difícil conseguir sucessores e, segundo ele, um professor de moral não agradava muito a linha dos Bispos de então. B. Leers admite que a moral tem um caráter evolutivo, pois trata da orientação teórica e prática da vida cristã. Sempre estará em torno de tensões históricas, que podem acarretar uma crise de identidade pela distância entre o ideal e o real. Outro fator é que, na atualidade, o princípio de autoridade tradicional entra cada dia mais em descrédito e aumentam-se as tensões entre autoridades e subalternos, os quais buscam sua emancipação.

Nesse clima nascem duas tendências: a ala que procura maior liberdade de pesquisa e a ala dos curialistas. Enquanto a primeira está disposta a assumir os riscos de suas reflexões, a segunda concentra-se em garantir segurança através da autoridade doutrinária do Magistério. Segundo B. Leers, é importante lembrar a ligação entre o depósito da fé e a Teologia Moral histórica, que dinamizam os conteúdos da moral cristã e surgem, em cada momento histórico, com suas peculiaridades.

A Teologia Moral, na história, preocupou-se com as regras práticas da vida cristã e com a conduta dos fiéis, de modo que em torno a ela sempre estiveram presentes censuras e condenações. Segundo B. Leers, as cartas de São Paulo ilustram bem essa realidade. No momento atual, muitas ideias novas trazem mudanças de costumes e exigem uma vigilância e controle da parte das autoridades em defesa do rebanho. Mas, por outro lado, é necessário investir numa educação que leve a uma maturidade cristã para a responsabilidade. A formação da consciência é um caminho seguro para o enfrentamento de um mundo complexo.

Para que haja uma compreensão melhor do papel da Teologia Moral, é necessário compreender a complexa relação entre o seu conteúdo com o depósito da fé. Há um perigo de interpretar a Teologia Moral como uma simples dedução da regra da fé, reduzindo-a a um subproduto da Revelação. Para superar a tendência dos Manuais dos últimos anos em torno da razão humana e lei natural, é preciso buscar mais inspiração e fundamentação na Sagrada Escritura. Mas, é significativo também o fato de que a percepção, a experiência e a razão humanas desempenham um papel importante no fenômeno da moralidade. Esses fenômenos estão mediados pelo tempo, pela cultura e pelas ciências e, inspirados pela graça da fé, conduzem, assim, as condutas humanas que fundamentam as teorias morais. Esse novelo entrelaçado, segundo B. Leers, revela que o discurso histórico da Teologia Moral teve uma série de fontes que originaram seu saber.

Isso significa dizer que, durante os séculos, houve uma permanente assimilação dos elementos culturais no quadro referencial da fé. E a Teologia Moral absorveu esses elementos e continua a assumir e integrar elementos que não são de origem exclusivamente cristã. Esta foi uma das dificuldades para se manter uma unidade, diante das diferenças das Igrejas locais e de suas interpretações dos códigos morais, desde aqueles referentes aos livros penitenciais até aqueles relacionados ao campo pastoral e da vivência comunitária que estão inseridos mais profundamente nas culturas locais.

A moral cristã, dessa forma, tem essa característica multiforme desde suas origens, variando suas texturas no decorrer do tempo: "independente das definições formais que se possam dar da Teologia Moral católica, seu conteúdo material abrange uma base humana racional, axiológica e sapiencial, socializada, mais larga e variável do que se deixa deduzir da graça da fé católica, vivida na Igreja"[148].

Enquanto a tradição do depósito da fé manteve um núcleo de princípios estáveis, a moral dos cristãos foi sendo composta de elementos humanos e condições existenciais variáveis. Desse modo, muitas teses apareceram e desapareceram, foram sendo corrigidas ou foram evoluindo, abrindo novas perspectivas, algumas mais próximas, outras mais distantes do Evangelho. O fato é que o elemento humano está sempre atuando na história da moral.

Para passar do depósito da fé à normatividade moral, era necessário fazer muitos ajustes, devido às mudanças que a autoridade eclesiástica realizou para homologar e justificar muitos costumes. Muitas das posições tradicionais não estavam de acordo com a prerrogativa do Evangelho e, assim, fé e moral não se encobriam mutuamente e muitas divergências normativas foram aparecendo ao longo da história, com a necessidade de serem reinterpretadas por pressão da fé vivida. Aumenta-se, desse modo, a pluralidade de interpretações, pois, na medida em que a Teologia Moral volta-se para a concretude pessoal e social dos problemas morais, os valores perenes tendem a diminuir o grau de verdade e certeza.

Nos manuais de moral pós-tridentinos, o ato humano é tratado como matéria fundamental, elencando deveres, proibições e temas como "razão humana", "voluntário", "intenção", "passio", de modo que há um forte atomismo carecendo de uma abordagem mais situada e socializada. Dá-se a impressão, segundo B. Leers, de que os manuais eram para certo treinamento que, se observados, garantiriam ao homem a salvação. Não se leva em conta a razão de ser de cada norma, suas origens, nem mesmo a subjetividade das pessoas humanas concretas, condicionando tudo ao igual valor.

O autor reflete sobre o processo histórico que desencadeou uma plena jurisdição do Magistério da Igreja no campo moral e dá como exemplo ápice desse processo a Encíclica *Humanae Vitae*. Segundo B. Leers, o documento foi uma espada de dois gumes que abriu a porta de uma grande crise entre os moralistas e os guardiões do Magistério, distanciando a fé dos cristãos do conteúdo concreto da Teologia Moral. B. Leers considera que esse tom hegemônico e autoritário comprometeu a consciência de uma moral assumida pelos leigos, com responsabilidade, diálogo e bom senso com o mundo: "As normas morais existentes na sociedade não possuem um valor hipostático, mas se tornam valores reais na medida em que as pessoas históricas as fazem verdade, agem autenticamente, realizando-se a si mesmas pelo serviço aos outros e a Deus"[149].

---

148 LEERS, B. "Moralistas e Magistério", p. 535.
149 LEERS, B. "Moralistas e Magistério", p. 541.

Quando Jesus localiza no coração do homem o lugar dos pecados e das virtudes, enfatiza ainda mais a origem da moral na pessoa agente. A visão grega colaborou para que os cristãos também refletissem sobre a consciência, de modo que "a moral nasce onde o homem, em liberdade, responde à voz de Deus, à sua vocação, na medida em que a compreende e interpreta sinceramente procurando a verdade"[150]. B. Leers, porém, recorda que o "coração-consciência" pode sinalizar imperfeição. Como diz São Paulo, nosso conhecimento é imperfeito e vemos como num espelho de maneira confusa (cf. 1Cor 13,9-12). De fato, o homem faz sua experiência de luzes e sombras, de liberdade e escravidão, verdade e mentira, e esta variável torna-o mais aberto a reconhecer seus limites.

Quando a autoridade eclesiástica radicaliza uma política autárquica de regras gerais de conduta, pode-se obscurecer a consciência pessoal e a intersubjetividade das consciências, marginalizando as decisões e ações dos cristãos. Trata-se de uma mesma comunidade eclesial, na qual todos os cristãos são chamados a participar, e onde sempre existiram conflitos, pois a Igreja vive a graça da fé, inspirada no Espírito Santo, mas opera também com razão humana. Os conflitos entre Magistério e moralistas são frutos de uma estrutura que permite esse diálogo que, às vezes, se dá de modo claro e consensual entre fé e razão e, outras vezes, pode se tornar mais tenso devido às diferentes posições de abordagem. Ambos, na história, tiveram seus acertos e erros.

Entretanto, para B. Leers, essa discussão entre o Magistério e os moralistas se torna secundária diante da consciência moral de cada um. Para ele, a consciência moral está intimamente ligada ao senso moral do Povo de Deus, em que "a vivência da fé, a experiência e sabedoria da vida e o conhecimento científico se misturam"[151].

A tarefa do Magistério e dos moralistas é um serviço ministerial para o bem da Igreja como um todo; por isso, o primeiro deve ter o cuidado para não autossacralizar suas normas promulgadas, fixando-as para os fiéis como se fossem robôs, executores de normas. O segundo deve procurar evitar o narcisismo sobre seu saber científico que impede qualquer tipo de intercâmbio de consciência. Ambos têm uma missão a serviço da Igreja. O serviço ministerial não pode, de maneira alguma, eliminar a participação produtiva do rebanho, reduzindo-o a mera massa de espectadores. Para B. Leers, quanto mais o Magistério e moralistas misturarem seus discursos com outros elementos válidos do saber humano, arriscam-se mais e erram mais, exigindo, assim, uma maior disposição para se corrigirem e se qualificarem para o bem comum da humanidade.

Muitos dos conflitos entre Magistério e moralistas são o resultado do confronto da visão que cada um tem em relação ao seu lugar no Povo de Deus e à sua função na Igreja. Se entendemos que a base é comum, isto é, o próprio Cristo, autor da salvação e princípio da unidade e da paz, ambos procuram a verdade, e na medida do amadurecimento e da consciência mútua de pertença a essa Igreja, abrem-se novos horizontes e amplia-se a visão de mundo minimizando os conflitos e maximizando as virtudes para a construção do Reino de Deus.

A. Moser aborda o tema "Teologia Moral e Ciências Humanas". Com a influência da TdL e o uso constante das mediações das ciências sociais, retorna a um debate sobre a Teologia Moral e as ciências humanas. A. Moser, no seu estudo, inicia esclarecendo que não se trata de assunto novo, mas necessário.

---

[150] Ibid., p. 544.
[151] Ibid., p. 548.

O fato é que a Teologia Moral deve salvaguardar os postulados da fé, mas, ao mesmo tempo, estar atenta aos sinais dos tempos e, assim, enfrentar todos os temas de tensão exigidos entre fé e ciência. Para tanto, levanta duas questões a serem consideradas nesse confronto: primeiro, o fato de que nem toda aceitação teórica corresponde a uma ação prática e, segundo, de que nem toda "abertura" corresponde a uma solução satisfatória[152].

Essas duas questões se contextualizam no clima da abertura do Vaticano II, que abriu os olhos para o progresso das ciências de maneira mais positiva, trazendo uma tranquilidade para que a Teologia pudesse dialogar com elas. Mas, ao mesmo tempo, suscitou uma série de dúvidas, especialmente sobre o uso adequado dos instrumentos de análise que, embora com um caráter científico, não estavam isentas de ideologias. Essas características das ciências humanas foram se tornando cada vez mais claras na medida em que elas foram sendo utilizadas como parâmetro para análise social. Sabe-se que é próprio da ciência a provisoriedade, a busca de certa neutralidade e a diversidade de teorias. Mas, no caso da Teologia, há o agravante da transcendência, com realidades que escapam à observação científica, mas que exerce um papel fundamental na história do homem[153].

Mas, vale lembrar, segundo o autor, que a Teologia também é uma ciência que busca articular racionalmente os dados da fé e vai se defrontar com os mesmos limites de todas as outras ciências na adequação desses dados com a leitura de uma realidade histórica. Portanto, a Teologia vai precisar de interdisciplinaridade para uma elaboração sadia de seus argumentos. Reforçando o argumento de que a Teologia tem muito que aprender com as ciências do homem, é indispensável essa abertura ao diálogo e o reconhecimento da complexidade do real sobre todas as ciências (cf. *GS* 44,16).

Nos últimos anos, vem se acentuando certo determinismo sobre as ciências do social com um poder que se sobrepõe ao profícuo diálogo. Nesse sentido, A. Moser avalia três posturas que se complementam: uma é a autonomia das ciências em relação à Teologia. Não cabe à Teologia definir sobre as regras internas que são próprias da ciência e vice-versa. Outra postura é a visão crítica da Teologia em relação às ciências do social, de modo que as proposições sejam sempre avaliadas naquilo que elas extrapolam o seu limite. E, enfim, a dimensão transcendente como a abertura ao Mistério que é próprio da Teologia, negando-se qualquer pretensão de absolutismo sobre si mesma[154].

Desse modo, a Teologia Moral deve rever, no seu estatuto epistemológico, o adequado papel das ciências sociais de modo que não seja ela a única a determinar critérios de avaliação nos juízos morais. "Munida de um espírito de acolhida, a Teologia deverá saber respeitar a autonomia metodológica das ciências. Só assim também verá respeitada a sua própria autonomia"[155].

Como é de seu costume, H. Lepargneur, por sua vez, trata de um assunto polêmico, de abordagem multidisciplinar na área de Teologia Moral Fundamental. Com o tema da "emergência da consciência moral", seu objetivo é buscar as raízes desses conceitos dialogando com as ciências afins para uma abordagem mais ampla e adequada. E para isso a pergunta inicial é exatamente "que origem se

---

152 Cf. MOSER, A. "Teologia Moral e ciências humanas...", p. 228.
153 Cf. Ibid., p. 233.
154 Cf. MOSER, A. "Teologia Moral e ciências humanas...", p. 242.
155 Ibid., p. 244.

pode atribuir à experiência da normatividade ética e que finalidade ela desserve ocultamente nos eixos da evolução?"[156]. A primeira ciência a ser indagada é a antropologia. Do ponto de vista da antropologia, a consciência moral é aceita como um dado da natureza humana e, normalmente, estudam-se os seus condicionamentos na cultura, mas sem entrar no quesito das origens. Segundo H. Lepargneur, os pioneiros a abrir essa perspectiva da evolução foram C. Darwin e S. Freud no que se refere à espécie e à biografia individual. Desde I. Kant, com o princípio do dever, em que se postula que o homem sabe que deve obedecer antes de saber exatamente o que deve obedecer, até as teses do biólogo F. Dantec, que em 1925 falava no egoísmo como base de toda a sociedade, H. Lepargneur considera que a sociobiologia fez progressos para explicar como o nosso "filo" genético produziu a nossa moral através da consciência ética. A primeira hipótese seria que os comportamentos humanos são o resultado da evolução genética como uma estratégia vital pela sobrevivência; a segunda hipótese é o filo altruísta que assimilou as normas sociais; e a terceira é em oposição à sociobiologia, afirmando que a origem da moral é totalmente cultural[157]. Para H. Lepargneur, a conclusão dessas teses é clara: "a evolução biológica, combinada com a experiência social possibilitou a formação da ética"[158].

Todas as tentativas de explicação da sociobiologia, via raiz animal, não invalidam as explicações do idealismo filosófico ou religioso, pois, segundo o autor, devemos encontrar terreno para os pontos que se convergem e para explicações que sejam coerentes, até porque as considerações são feitas em momentos históricos diferentes em que os instrumentais disponíveis eram mais limitados. Hoje, segundo H. Lepargneur, temos meios mais adequados para documentar as etapas dessa lenta e longa conquista da moralidade individual e social, através da ajuda de várias ciências como a paleontologia, a sociobiologia e ciências afins[159].

Ao falar de emergência da consciência moral no homem, é necessário considerar algumas características, sem as quais não seria possível diferenciá-lo dos animais. Com o progresso das ciências, muitas das características que pareciam pertencentes só ao homem perderam, de certa forma, sua exclusividade. O fato é que o homem leva avante as capacidades animais, transformando-as com criatividade e desviando-as de suas finalidades originárias. A diferença entre natureza e cultura já não é tão simples quanto parecia nos discursos mais clássicos, pois hoje a antropologia reconhece que também há cultura nos animais, sendo que uma é transmitida por via genética e outra por via do aprendizado, por adestramento, socialização[160].

Centrados nas mediações corticais e no complexo da rede de informações dos centros nervosos, a ciência vem tentando decifrar a gênese das formas de comportamentos mais humanos. Porém, no nível de observação comportamental, o que predomina é o "ente de cultura", que prolonga e aperfeiçoa as capacidades animais, adaptando-as às suas necessidades, isto é, a consciência é capaz de repousar sobre o determinismo para poder ultrapassá-lo[161].

---

156 Lepargneur, H. "Emergência da Consciência Moral (I)", p. 342.
157 Cf. Lepargneur, H. "Emergência da Consciência Moral (I)", p. 343.
158 Ibid., p. 344.
159 Cf. Ibid.
160 Cf. Ibid., p. 346.
161 Cf. Ibid., p. 347.

Outra característica que se deve destacar é a capacidade de autoposicionamento no tempo e no espaço-relacional, isto é, a noção de passado, presente e futuro e a capacidade de situar-se dentro de um grupo, em que se reconhece a autonomia do outro. E talvez aí esteja o grande progresso decisivo operado pela sociedade humana, isto é, a capacidade de alargar o campo do egoísmo ou de sua transformação para o altruísmo. Assim, "solidariedade e justiça, empatia e altruísmo são marcos da evolução comportamental no sentido da abertura à eticidade, num progresso que, em absoluto, pode ser considerado como encerrado"[162].

Mas, desse alargamento e adaptabilidade, que parecem responder a um anseio de explicar a emergência da moral, resta ainda uma pergunta: "se a moral é lei imanente dos seres, diretamente acessível à consciência humana através da reflexão sobre a experiência, como explicar a não unanimidade na definição de suas normas?"[163]. H. Lepargneur recorda que essas divergências estão ligadas tanto pela diversidade de situações como pela influência de hipóteses provindas das mais diversas crenças, de tal forma que é impossível considerar uma moral como puro dado, pois toda norma é interpretativa de uma realidade. Reflete, enfim, um pluralismo cultural[164].

Além da abordagem sociobiológica, temos a abordagem psicanalítica, que, para H. Lepargneur, pode se complementar na questão da formação da consciência. Desse ponto de vista, tendo como base os conceitos de *Id*, *Superego* e *Ego*, a consciência emergiria do inconsciente através do canal do EU, que, numa luta constante entre motivações conscientes e inconscientes, procura confrontar-se com o real. Assim, moralização é socialização, mas lembra H. Lepargneur que, diferente de outros tempos em que se assimilava passivamente os padrões impostos, hoje o indivíduo não renuncia a exprimir-se a si mesmo[165].

Os dados da sociobiologia e da psicanálise não se contradizem, pois reconhecem uma mesma dinâmica em que sempre há um condicionamento e um lento processo de estruturação que vai se definindo como superação dos antagonismos e como ponte entre polos dialéticos do agir e do pensar. A sociobiologia e a psicanálise concordam que os ingredientes primitivos continuam a ser o ponto de influência sobre os conteúdos éticos[166].

Sobre o assunto foram realizadas muitas abordagens especulativas e à pergunta donde vinha a consciência moral, as respostas deixaram de ser só filosóficas e teológicas e começaram a ser tratadas por outras áreas do conhecimento[167]. Desse modo, para as religiões monoteístas, a origem da consciência moral está no Deus transcen-

---

162 Ibid., p. 349.
163 Ibid., p. 353.
164 Cf. Ibid. Como exemplo, ele cita a defesa dos direitos humanos que dependerá da base antropológica e filosófica na qual está ancorada aquela sociedade. Outro exemplo é a proibição da eutanásia, que será compreendida de maneira diversa em um país que tem base cristã de um que é ateu.
165 Cf. LEPARGNEUR, H. "Emergência da Consciência Moral (II)", p. 140.
166 Cf. Ibid., p. 142.
167 Cf. Ibid., p. 142-143. O autor faz um resgate da distinção que era feita, desde o fim do século XII, entre a consciência atual (*suneidesys*, julgamento prático) da consciência habitual (*synderesis*, disposição interna do espírito que julga com retidão). A escola dominicana regula a *sinderesi*, a razão prática, como hábito dos primeiros princípios da ordem do agir, protestando contra o mal e inclinando para o bem. Já os modernos distinguem entre consciência psicológica (*Bewusstsein, consciousness*) e consciência moral (*Gewissen, conscience*), sendo que a segunda supõe a primeira no sentido da normatividade ética em relação com a razão e a livre vontade. Sem falar nos diversos confrontos entre as teorias filosóficas. Cita como exemplo: empirismo e associacionismo ingleses, racionalismo de G. Leibniz, criticismo de I. Kant, evolucionismo de C. Darwin e S. Spencer, positivismo de A. Comte, sociologismo de E. Durkheim, teoria psicanalítica do super-ego de S. Freud.

dente e criador e, para os filósofos, vem da Razão imanente participada pelos seres humanos. Porém, isso não quer dizer que não devemos buscar aprofundar nosso conhecimento através de fontes antropológicas e etológicas para melhor compreender essa gênese, pois "as ciências dizem respeito à contingência da criação, cosmos e história, em vista de saber algo mais sobre a produção dos valores éticos que penetram a vivência humana pela mediação da consciência moral"[168].

Para Lepargneur, a ciência tem uma metodologia que a leva a ser redutora e sempre terá dificuldade de determinar a moral porque não alcança o conceito de liberdade e despreza toda transcendência religiosa. O ser humano é aberto tanto como animal quanto espírito capaz de autorreflexão, por isso, ao mesmo tempo em que está sujeito à evolução, ele escapa ao determinismo natural, por ter espírito livre e transcendente. Nesse sentido, chega-se a um meio termo quando se reconhece que "a ética é evolução continuada com outros meios: a razão em prolongamento da natureza, a liberdade em prolongamento do acaso, a vontade em prolongamento da necessidade"[169]. O autor termina afirmando que a transcendência da consciência moral não impede o homem de participar do devir evolutivo com todos os ingredientes que conduziram e o condicionam, através da sua "solidariedade com a corporeidade"[170].

### 5.1.9 Violência sobre a mulher empobrecida – 1985

O IX Encontro Nacional da SBTM (ENSBTM) realizou-se em Brasília, Distrito Federal. O 9TG teve como foco: "A violência sobre a mulher empobrecida". Os TEs abordados foram os seguintes: 1) "Mulher e Prostituição", H. D'Ans; 2) "Mulher, Família e estrutura social", J. B. de Lagenest; 3) "Mulher Negra", M. F. dos Anjos; 4) "Sexualidade e classes sociais", R. M. Muraro; 5) "Papel da Mulher como Pessoa nos ministérios", Z. F. Ribeiro; 6) "A dimensão da dominação simbólica a partir do problema do pecado", A. M. Tepedino; 7) "Significado do Concílio Vaticano II", J. Comblin[171]; 8) "Libertação da Mulher hoje na Igreja e na sociedade: uma aproximação teológico-moral", J. Jordan[172].

**Articulação dos principais argumentos dos Mediadores**

Uma abordagem sobre o tema da "mulher" foi incentivado por B. Leers já no IV ENPTM, em 1980. Com a presença ativa de uma mulher no encontro, B. Leers dizia que o monopólio masculino, enfim, havia sido quebrado. Neste encontro, a presença feminina foi significativa e trouxe mais essa característica para a Teologia Moral no Brasil: o papel da mulher na produção da teoria moral na América Latina.

B. Leers se pergunta: "como seriam os tratados da moral com seus códigos e normas se o devoto sexo feminino, como diz a tradição, tivesse participado ativamente com suas experiências de vida, interpretações e razões de pessoas humanas?"[173].

No entanto, no que se refere ao encontro como um todo, bem como a suas conclusões gerais não consta uma publicação específica.

---

168 LEPARGNEUR, H. "Emergência da Consciência Moral (II)", p. 146.
169 LEPARGNEUR, H. "Emergência da Consciência Moral (II)", p. 152.
170 Ibid., p.154.
171 COMBLIN, José. "O Vaticano II, ontem e hoje". In: *Vida Pastoral* nov/dez (1985) 2-10.
172 Dados fornecidos por M. Couto no site oficial da SBTM. Cf.. COUTO, M. A. "SBTM...". Disponível em: <http://www.sbtmpesquisadores.org.br/historico.asp> Acesso em: 16 jul. 2013.
173 LEERS, B. "IV Encontro Nacional de Professores...", p. 129.

### 5.1.10 Articulação da Teologia Moral na América Latina – 1986

O X ENSBTM realizou-se em São Paulo entre os dias 15 e 19 de dezembro. O 10TG teve como foco: "Articulação da Teologia Moral na América Latina"[174]. Os TEs abordados foram os seguintes: 1) "Desafio de fazer Teologia Moral na América Latina", M. F. dos Anjos[175]; 2) "Salvar a vida dos pobres, tarefa da Teologia Moral na América Latina", F. Rejón[176]; 3) "Ciências do Social e Teologia Moral", A. Moser[177]; 4) "Ética, Teologia e Libertação", F. B. de Souza Neto[178]; 5) "Teologia Moral e Comunidade de Fé", F. dos Anjos[179]; 6) "Teologia Moral e questão Negra", A. Aparecido da Silva[180]; 7) "Ensinar Teologia Moral", B. Leers[181].

**Articulação dos principais argumentos dos Mediadores**

Na apresentação do estudo, a coordenação da SBTM contextualiza os objetivos do referido trabalho que poderíamos dividir em três pontos: primeiro é apresentado o problema, isto é, no Brasil, moralistas e comunidades cristãs, a partir das experiências vividas, percebem a necessidade de uma sistematização da Teologia Moral. Sistematização esta que se refere a uma metodologia e à elaboração de uma Moral que priorize os problemas e aponte soluções práticas dentro da realidade latino-americana. Em segundo lugar, apresentam uma proposta: a de articular a Teologia Moral na América Latina. Não se trata de algo novo, mas de um esforço de "maior consciência, elucidação e organização dos elementos que presidem a reflexão teológico-moral entre nós"[182]. Porém, a novidade está no tipo de articulação que pode ser intelectual-científica, mas também afetiva, esta baseada no princípio de comunhão e participação, e por isso falou-se anteriormente sobre "moralistas e comunidades cristãs". Esclarecem, enfim, que ainda há muito que fazer e muitas etapas ainda a cumprir, mas especificamente este estudo é um esboço na perspectiva de um encontro mais abrangente em nível latino-americano[183].

F. dos Anjos, redentorista, brasileiro, apresenta uma síntese do projeto. Partindo da realidade latino-americana, temos um cenário teológico de grande produção em todas as suas áreas. É uma reflexão teológica que acompanha de perto a prática cristã buscando respostas para os desafios que se apresentam na vida concreta do povo. Com isso, as questões morais ganham um espaço de destaque em todas as áreas da Teologia, pois a realidade latino-americana impulsiona, necessariamente, a um

---

174 A obra referencial desse Encontro: Anjos, M. F. dos (Coord.). *Articulação da Teologia Moral na América Latina*. Coleção Teologia Moral na América Latina 2. Aparecida: Santuário, 1987.

175 Anjos, M. F. dos. "Desafio de fazer Teologia Moral na América Latina". In: Id. (Coord.). *Articulação da Teologia Moral...*, p. 9-20.

176 Rejón, F. M. "Salvar a vida dos pobres, tarefa da Teologia Moral na América". In: Anjos, M. F. dos (Coord.). *Articulação da Teologia Moral...*, p. 21-36.

177 Moser, A. "Ciências do Social e Teologia Moral". In: Anjos, M. F. dos (Coord.). *Articulação da Teologia Moral...*, p. 37-68.

178 Souza Neto, Francisco Benjamin de. "Ética, Teologia e Libertação". In: Anjos, M. F. dos (Coord.). *Articulação da Teologia Moral...*, p. 69-82.

179 Anjos, M. F. dos. "Teologia Moral e Comunidade de Fé". In: Id. (Coord.). *Articulação da Teologia Moral...*, p. 83-98.

180 Silva, Antonio Aparecido. "Teologia Moral e questão Negra". In: Anjos, M. F. dos (Coord.). *Articulação da Teologia Moral...*, p. 99-118.

181 Leers, B. "Ensinar Teologia Moral". In: Anjos, M. F. dos (Coord.). *Articulação da Teologia Moral...*, p. 119-143.

182 Anjos, M. F. dos (Coord.). *Articulação da Teologia Moral...*, p. 5.

183 Cf. Ibid., p. 6.

discurso ético. O teólogo moral teria a incumbência de conhecer profundamente essa dinâmica, lançando-se no estudo das raízes da prática cristã, que responde aos desafios da realidade latino-americana de um modo próprio e criativo. É pensando nessa incumbência teológico-moral que o X ENSBTM apresenta 4 núcleos que caracterizam a base do estudo proposto e aponta três áreas de articulação da Teologia Moral na América Latina.

Os quatro núcleos são uma primeira proposição dos que seriam os alicerces sobre os quais a Teologia Moral poderia colocar suas bases em terreno latino-americano. Em torno desses quatro núcleos, a Teologia Moral estaria em plena sintonia com os outros campos da teologia e das ciências humanas numa dinâmica comum, mas sem perder a sua identidade.

O primeiro núcleo é o encontro com a realidade social latino-americana com todas as suas contradições sociais, especialmente a questão da pobreza. Para Fabri, não se trata só de uma Teologia Moral de cunho social, mas no modo como se apresentam os problemas latino-americanos, de modo que os princípios e normas morais devem ser repensados a partir dessa perspectiva.

O segundo núcleo é o encontro com os novos sujeitos da moral. Trata-se de uma exigência na elaboração de qualquer conteúdo da Teologia Moral, isto é, que seja em plena comunhão e participação. Isso significa considerar as pessoas concretas e excluídas como pobres, negros, mulheres, índios, nas suas formas e situação de vida real. Considerar também a experiência das comunidades cristãs que, com uma vitalidade criativa, respondem de modo original aos problemas da vida cotidiana.

O terceiro núcleo refere-se à questão dos métodos de fazer Teologia Moral. Em pleno diálogo com as ciências, a Teologia Moral na América Latina (AL) vai compondo uma epistemologia própria e definindo um estatuto de ação conjunta com as outras áreas da própria teologia. A Teologia Moral na AL passa necessariamente pelas mediações das ciências humanas e ciências do social.

E, finalmente, o quarto núcleo é a tarefa concreta de reelaborar a Teologia Moral na AL. Para esse intento, é necessário considerar uma produção em conjunto com as outras áreas, mas sem perder a identidade própria da Teologia Moral. Também é necessária uma avaliação das raízes europeias da formação teológica da AL que nem sempre consideram a nossa realidade porque não a conhecem a fundo.

Tendo como base esses quatro núcleos, os conteúdos do X ENSBTM foram divididos em três grandes áreas assim articuladas: 1) Questões epistemológicas: sobre os métodos, ciências do social e TdL; 2) Teologia Moral e Práxis Eclesial: comunidades de fé, questão negra e o feminismo; 3) Elaboração e ensino: bibliografia de Teologia Moral na AL, Teologia Moral nos currículos teológicos no Brasil e como ensinar Teologia Moral[184].

Com o Tema "Salvar a vida dos Pobres, tarefa da Teologia Moral na América Latina", F. Rejón define o tom da sua reflexão. Redentorista, nascido na Espanha, dedicou toda sua missão no Peru. Para ele, a Teologia Moral estava passando por um florescimento notável depois do Vaticano II, e destaca as produções em língua espanhola citando a fundação do Instituto Superior de Ciências Morais, a Revista *Moralia* e os primeiros Manuais de M. Vidal, A. Hortelano e A. Sánchez[185]. Para F. Rejón,

---

184 Cf. Anjos, M. F. dos (Coord.). *Articulação da Teologia Moral...*, p. 14-17.

185 "Por ordem de aparecimento seriam os de M. Vidal, *Moral de actitudes* (Madrid, 1974-1979); A. Hortelano, *Problemas actuales de moral* (Salamanca, 1979-1984); VV.AA., *Praxis cristiana* (Madrid 1980-1986); Sánchez, U. *La opción del cristiano* (Madrid, 1985-1986)". In: Rejón, F. M. "Salvar a vida dos pobres...", p. 22.

é a "moral renovada" que predomina nesses primeiros manuais. De modo geral, há uma avaliação positiva no panorama da Teologia Moral na AL depois do Concílio Vaticano II, mas "é preciso, contudo, reconhecer que nos achamos, no conjunto, ante uma nova metodologia, novos questionamentos e novos problemas enfrentados pela Teologia Moral que dão lugar a propostas éticas que levam consigo igualmente elementos novos"[186].

Para F. Rejón, a reflexão teológico-moral latino-americana começa a surgir com os referenciais da TdL e, desse modo, o primeiro ponto a tratar é a formulação e o desenvolvimento da Ética da Libertação. Destaca, assim, duas características na formulação da reflexão ética latino-americana: primeiro, uma sintonia e aceitação das formulações da Moral Renovada, e segundo um processo de reflexão crítica sobre esta mesma moral. A sintonia se deu, seja pela tendência renovadora do Concílio Vaticano II, seja pela formação europeia, na sua maioria, dos professores de moral. Mas, na perspectiva de *Puebla* e *Medellín*, juntamente com a maturação da TdL, começam-se a reconhecer a necessidade de uma maior mediação das ciências sociais, que trazem à tona o que estava ausente na Moral Renovada: a opção pelo pobre como o lugar ético onde se faz Teologia Moral e a questão metodológica da mediação científico-social necessária. Foi no confronto entre o binômio autonomia e libertação que começou a se articular a identidade da Teologia Moral na AL.

F. Rejón lembra que a metodologia teológico-moral exige, em primeiro lugar, uma coerência do teólogo moral como militante, crente e eclesial. Depois é necessário considerar a Bíblia como fonte primária da elaboração de uma ética. Também é fundamental a mediação das ciências sociais e humanas como iluminadoras para um caráter libertador da ética. Outro traço na metodologia é um caráter interdisciplinar com a Teologia como todo.

Todavia, o que se deve relevar é o caráter central do mundo do pobre como lugar e como perspectiva da elaboração da moral. E é exatamente este o ponto de confronto entre a Moral Renovada e a Ética da Libertação. Segundo o autor, a Moral Renovada tem como interlocutor o homem secular e procura responder aos seus problemas vitais. Mas, é importante ressaltar que esse destinatário encontra-se concretamente nos países desenvolvidos "cujos problemas vitais não procedem da fome e da pobreza, senão do excesso de consumo e de produção"[187]. É, portanto, para ele uma moral progressista, em que se gira em torno da categoria básica "pessoa". A Ética da Libertação, por sua vez, vai utilizar como categoria-eixo o pobre, como um substantivo de concreção histórica, realmente existente, como critério verificador de moralidade. Trata-se de uma preferência de índole nitidamente teológica: "Deus prefere o pobre"[188]. Esse fator condiciona o método e a estrutura da Teologia Moral.

O perigo da Moral Renovada era de fazer da pessoa uma abstração ideal, ocultando a realidade das pessoas no seu mundo. A Ética da Libertação procura uma mudança de perspectiva, isto é, que a pessoa adquira um rosto concreto[189]. Assim, faz-se uma íntima ligação entre os temas pessoa-pobre-vida como uma razão teológica que sustenta a opção ética, e nesse sentido vem crescendo um esforço de elaborar uma "ética da vida" e, quando falamos em América Latina, a vida ameaçada e

---

186 REJÓN, F. M. "Salvar a vida dos pobres...", p. 22.
187 REJÓN, F. M. "Salvar a vida dos pobres...", p. 29.
188 Ibid., p. 30.
189 Cf. Ibid.

precária dos pobres. E para comprovar essa realidade, F. Rejón apresenta um breve e significativo relato sobre a situação no Peru, que, segundo ele, clama por mudanças, e finaliza dizendo que "fazer Teologia Moral no Peru hoje é por a reflexão ética a serviço da vida"[190].

A segunda abordagem, dentro da questão epistemológica, é de A. Moser, que dá continuidade a sua reflexão que já havia sido feita no VIII ENSBTM.

Contudo, é possível perceber que, neste estudo, A. Moser enfatiza muito mais a questão ideológica das ciências e as suas consequências sociais. Denuncia uma ciência a serviço da morte, pois, quando aliada às novas tecnologias, pode colocar toda humanidade em perigo. Também levanta a questão da discriminação, quando se usa do conhecimento para grupos econômicos que representam uma minoria. E, finalmente, fala da instrumentalização da ciência a serviço do poder e dos poderosos. Esse sentimento de uma ciência aliada à falta de ética fez surgir uma desconfiança generalizada a ponto de se falar de anticiência[191]. Segundo o autor, isso será superado quando as ciências perderem a pretensão de abarcar a totalidade do ser humano.

No caso da relação com a Teologia, de maneira mais particular, essa sempre esteve mais ligada com a Filosofia. Mas, na elaboração latino-americana da Ética Libertadora, é necessário, também, um nexo com as ciências humanas e, de maneira especial, com as ciências do social. Baseando-se nos documentos de *Puebla* e *Medellín*, A. Moser focaliza a prática da Teologia dentro da comunidade eclesial, isto é, "o teólogo profissional é um intelectual orgânico, que recolhe, sistematiza, aprofunda e testa em confronto com o patrimônio da fé aquilo que acontece na prática da Igreja"[192]. Mas, entendendo que essa comunidade eclesial está situada, muitas vezes, numa realidade brutal, é necessária a mediação das ciências do social para uma análise de conjuntura que mergulhe nas raízes dessa sociedade, realizada com o maior rigor possível, e possibilite pistas de ação de modo que a Teologia possa traduzir melhor a Palavra de Deus no processo de evangelização.

Ainda ecoa com muita força o grito dos pobres e marginalizados em um continente em que a evangelização chegou há quinhentos anos e se apresenta em condições tão desumanas. Assim, a preocupação de aliar à Teologia a mediação das ciências sociais não é só por uma questão de referenciais de análise ou interpretação da realidade, mas de traçar caminhos para uma transformação das estruturas sociais[193].

No que se refere especificamente à Teologia Moral, A. Moser aponta alguns desafios mais agudos. Primeiro fator de crítica é que a argumentação da Teologia latino-americana absorveu a Teologia Moral, de modo que esta teria perdido a sua especificidade. Por outro lado, há uma crítica de que, ao contrário, a Teologia Moral estaria super inflacionada e tudo teria se transformado em tema da Moral[194]. O fato é que a Teologia latino-americana tem como dinâmica metodológica uma articulação interna de seus conceitos, de modo dialético e não compartimentalizado em departamentos estanques[195].

---

190 Ibid., p. 36.
191 Cf. Moser, A. "Ciências do Social...", p. 41.
192 Ibid., p. 53.
193 Cf. Ibid., p. 54.
194 Cf. Moser, A. "Ciências do Social...", p. 57. Para essa discussão, cita dois autores: Lepargneur, H. *Teologia da Libertação*. São Paulo: Convívio, 1979, p. 157; Vidal, M. "A autonomia enquanto fundamento da Moral é compatível com a Ética da Libertação?". In: *Concilium* 192 (1984/2) 113.
195 Cf. Moser, A. "Ciências do Social...", p. 58.

Parece que o maior problema, segundo o autor, seria o critério da *ortopráxis* autenticada pelo seu caráter libertador. Essa característica seria demais limitante da Ética da Libertação como proposta Moral para AL. Mas, para A. Moser, é uma questão de esclarecer o sentido, isto é,

> "Efetivamente o esquema latino-americano acentua com força a ortopráxis na linha Joanina de 'fazer a verdade'. Mas isso corresponde exatamente o que sempre caracterizou a Teologia Moral quando esteve em alta: 'Senhor, que queres que eu faça?' é uma pergunta que brota espontaneamente das pessoas mais comprometidas com o seguimento real de Jesus Cristo. O que diferencia a tônica latino-americana é a prática social, realmente de uma compreensão mais social dos problemas humanos"[196].

No entanto, é necessário um discernimento para saber identificar exatamente quais seriam as práticas sociais que estariam de acordo com a prática de Jesus Cristo, anunciadas no seu Evangelho com as exigências do Reino de Deus. Também discernir as práticas cristãs que, ao longo da tradição, se tornaram referências na história e foram confirmadas pelo Magistério. E, finalmente, discernir as práticas daqueles que mesmo não sendo cristãos dão testemunho de vida justa e digna. O papel da Teologia Moral é fazer essa triagem de modo a discernir as situações concretas, identificando práticas que iluminam a prática cristã.

Enfim, A. Moser afirma que nesse conflito constante entre os "anticiência" e os "pró-ciência", ao interno da Teologia latino-americana, é necessário que a Teologia Moral assuma um equilíbrio, e não perca a positiva articulação com a mediação das ciências do social que permitem a "mordência sobre a realidade"[197], fator imprescindível para uma moral que vislumbra um processo de libertação evangélica e uma transformação social. E nesse sentido, aparece neste estudo de A. Moser um primeiro esboço da definição de Teologia Moral de cunho latino-americano "como aquela parte da Teologia que, à luz da Revelação e da fé vivida na comunidade eclesial, pretende apontar o caminho da humanização plena das pessoas e da sociedade, na trilha de Jesus Cristo e do seu Reino"[198].

F. Souza Neto, brasileiro, monge beneditino faz, em poucas linhas, uma retomada dos temas interligados entre Filosofia e Teologia Moral, dando um panorama de base mais filosófica para os desafios subjacentes na discussão da ética, teologia e libertação.

O primeiro pressuposto é o conceito de ética para os gregos. F. Souza Neto começa contextualizando, na cultura grega, o sentido do bem e do mal, temática central naquele tempo. O bem do homem, distinto e oposto ao Divino, era inspiração para a poesia, mitos e, enfim, foi o centro do debate entre Sócrates e os Sofistas.

Platão, por sua vez, considera o bem do Homem à luz do bem enquanto Bem, isto é, enquanto essência, e preocupa-se com a forma pela qual o homem poderia participar desse Bem. Assim, o *ethos* seria constituído das formas pelas quais o homem poderia alcançar essa plenitude, isto é, através de suas virtudes e suas excelências.

Aristóteles contribui de modo menos pretensioso. A Ética não está como uma *episteme* no nível da Física, ou uma sabedoria como uma metafísica, mas busca-se articular a vida em torno da Justiça como excelência maior[199]. O que resta é a *polis*, sem a qual a ética perderia seu sentido e seu espaço.

---

196 Ibid., p. 60.
197 Ibid., p. 66.
198 Ibid., p. 62.
199 Cf. Souza Neto, F. B. "Ética, Teologia e Libertação", p. 70.

O cristianismo depara-se com uma ética de base filosófica helenística, à qual, num primeiro momento, não se contrapõe, absorvendo e reconhecendo seus valores. Naturalmente que o cristianismo vai inserindo uma visão mais ampla e acrescentando outros valores como o amor e a misericórdia, bem como uma ascética própria em vista da castidade e da virgindade. Enfim, para F. Souza Neto, a dinâmica do cristianismo seria essa: "sobressumir o melhor do homem em sua resposta ao apelo do Deus da Revelação"[200]. Todas as questões da ética foram inseridas no Mistério do Cristo no discurso cristão.

No período pós-niceno, as questões de ética tornam-se menos iminentes, mas o interlocutor não cristão ainda é considerado em suas argumentações. O que não acontece depois de Agostinho, quando a ética se esvai no discurso teológico geral.

Para o autor, nem a Idade Média conseguirá dar um caráter autônomo à ética. O *mores* está dentro da interação "apelo de Deus" e "resposta do homem", com o exercício de todas as virtudes que essa resposta pressupõe. "Não se reconhece, até então, nenhuma autonomia de princípios, objeto, ou método, no que concerne o *ethos* humano"[201]. Desse modo, a Teologia Moral, com um discurso à parte, tem como precursor, segundo os historiadores, o Nominalismo, que, dando ênfase ao singular como real concreto, dá uma primeira resposta aos desafios da modernidade.

Não é por acaso que, na modernidade, surge de um lado a Teologia Moral como disciplina à parte, e do outro, uma ética nova. Assim, o surgimento da ética moderna deve ser objeto de interesse para o teólogo moral.

A ética da modernidade tem como base filosófica a subjetividade, "o sujeito a põe em sua objetividade, no ato de ele próprio se por"[202]. Passando por R. Descartes, I. Kant, J. Fichte, F. Schelling e G. Hegel, essa ética da subjetividade foi maturando de modo que, ao fim, suas elaborações não visam uma totalidade ou simplesmente não a alcançam.

F. Souza Neto relembra que, no ensino de cada Teologia, se subentendia uma determinada Filosofia. Esta é uma questão de importância para a epistemologia teológica, pois, no que se refere à Teologia Moral, a mediação entre a universalidade dos princípios e a particularidade da ação, a Teologia e a Filosofia terão uma articulação significativa. E mais ainda, quando se trata de uma Ética da Libertação que visa a uma ruptura com certa ordem ou *status* que é incompatível com a liberdade humana. Porém, fica a questão se é possível que se processe uma ruptura a certa "ordem", a partir dela mesma e da sua racionalidade.

A Filosofia permite-se abstrair-se da Fé e da Graça e elaborar sistemas de análise levando em conta a ética como fenômeno da cultura. No caso da Ética da Libertação, porém, põe-se o desafio não de se abstrair, mas do inserir-se no devir da História. Desse modo, a Ética da Libertação deve levar em conta as seguintes proposições: 1) A Teologia Moral tendo um discurso homogêneo à racionalidade própria do momento histórico que é enunciado, terá suas possibilidades medidas segundo os limites dessa mesma racionalidade; 2) Visualizando o *ethos* à luz da Fé, a Teologia Moral deve levar em conta a História, discernindo a metafísica subjacente e a lógica que articula seus discursos; 3) A Teologia Moral deve sempre dizer uma palavra a respeito da direção dos rumos da História, de modo que seu juízo de valor seja baseado numa

---

[200] Ibid., p. 71.
[201] Ibid., p. 72.
[202] Ibid., p. 73.

justa coerência entre o presente e o futuro escatológico; 4) A Teologia Moral deve precisar como antever possíveis alternativas que se abrem a uma idade ou geração; 5) O discernimento da Racionalidade de uma sociedade depende do conhecimento adequado do seu processo de formação[203]. Podemos perceber como esses pressupostos reivindicam uma Teologia Moral que seja bem articulada com a realidade concreta histórica na qual ela está inserida.

Do ponto de vista do problema da "universalidade da ética", F. Souza Neto procura responder com a razão prática, e sua necessária conclusão particular, isto é, mesmo que a razão prática articule um discurso em torno de um objeto que lhe é próprio, e mantenha a mesma lógica da razão especulativa, no que se refere à forma, deverá descer ao nível do particular já que lhe cabe julgar e dirigir a ato humano, num sujeito singular, em um momento histórico específico, nas limitações que lhe são próprias.

> "A solução adotada implica não se poder alcançar, em matéria de Ética, a mesma universalidade e o mesmo rigor que o discurso se impõe quando se trata de Metafísica e mesmo de Física. Nestes termos, a Ética, inclusive no exercício que lhe cabe no horizonte da Fé, jamais pode pretender-se Metafísica dos Costumes. Com isto, instaura-se certa relatividade que, embora não vigore ao nível dos princípios, afeta o Juízo ético no momento da conclusão. Não há Relativismo, já que não há indiferença ou limitação quanto à vigência dos princípios e o Rigor da Forma, mas há relatividade, já que a conclusão concerne sempre a um sujeito singular e à particularidade de sua ação"[204].

Nesse sentido, lembramos como o tema já foi bem delineado por H. Lepargneur no I ENSBTM, quando falou sobre o descompasso entre Teoria e Prática e apontou questões acerca do "relativo no absoluto da Lei Moral". Dessa forma, os temas principais são sempre retomados para sua maturação.

F. dos Anjos aborda o tema "Teologia Moral e comunidade de fé". Sua reflexão sobre a participação das comunidades cristãs no fazer Teologia Moral começa com a definição de comunidade como um grupo de pessoas, que, superando o anonimato e individualismo de massa, passa a ser um "nós" em comunhão e participação. Considerando também uma "comunidade de fé" como um grupo que busca em conjunto uma prática e uma reflexão sobre o que diz respeito a sua fé, inseridos na vida histórica e social[205].

A Teologia Moral na América Latina terá como metodologia um instrumental de análise baseado na interpretação da vida e das relações humanas sociocomunitárias. Em parceria com as demais ciências, deverá compreender essa dinâmica da vida social e suas formas de compreender a Teologia Moral. São tantos movimentos populares, comunidades eclesiais de base e tantos outros grupos que vão se somando como novos agentes da Moral dispostos a contribuir em experiência e reflexão.

As comunidades, de certa forma, harmonizam as relações humanas, tornando o grupo mais sensível às necessidades de cada um, e nesse processo de tornarem-se sujeitos, responsáveis pelo seu próprio comportamento, consegue-se perceber com mais intensidade tudo o que fere essa dignidade. Para F. dos Anjos, esse é um aspecto novo para a Teologia Moral: a experiência comunitária recupera as pessoas como sujeitos da moral, mas, ao mesmo tempo, as transforma em agentes na elaboração de

---

203 Cf. SOUZA NETO, F. B. "Ética, Teologia e Libertação", p. 76-77.
204 SOUZA NETO, F. B. "Ética, Teologia e Libertação", p. 80.
205 Cf. ANJOS, M. F. dos. "Teologia Moral e Comunidade de Fé", p. 84.

princípios morais. E cita entre esses novos agentes: mulheres, negros, empobrecidos e índios[206].

Para integrar essa realidade como parte da epistemologia moral, F. dos Anjos afirma que a comunitariedade seria princípio formal. A moral personalista aponta como fio condutor o conceito de "Aliança", um pacto de fidelidade mútua entre o povo e Deus. Um povo que na AL é marginalizado e empobrecido e torna-se sinal concreto da imoralidade social que deve ser transformada. Trata-se de uma "aliança" que traz consigo uma nova ordem moral.

Do ponto de vista epistemológico, o foco da normatividade está no "outro" que nos provoca algo novo. Baseado na contribuição de E. Lévinas e E. Dussel, F. dos Anjos confirma que "a convicção de que a interpelação ética de Deus em nossa vida passa pela mediação do outro particularmente empobrecido"[207]. Na AL, há uma prática que privilegia a comunitariedade através de uma pastoral viva nas bases eclesiais, e *Puebla* veio confirmar esta realidade com o tema "comunhão e participação".

Aproveitando da dinâmica utilizada pela hermenêutica bíblica, que vem comprovando o quanto a comunidade influenciou no texto escrito, assim também a Teologia Moral deve considerar a plena participação da comunidade para pensar sobre os reais problemas morais que afligem a população. Mas, segundo F. dos Anjos, é necessário pensar não só em termos de contextualização geográfica, mas como espaço social, reconhecendo grupos e comunidades como sujeitos da moral.

Esse processo não poupa uma avaliação do papel da autoridade, seja ela hierárquica, seja do próprio teólogo moral. A relação com a comunidade deve ser de abertura para que esta possa participar efetivamente na formulação das normas morais, através da sua experiência de fé. A experiência de santidade e pecado, que circula nas comunidades, suas formas de solidariedade, sua criatividade, podem somar para que a moral seja um compartilhar de experiências aprendidas e vividas à luz da fé.

E, enfim, F. dos Anjos aborda a visão de Deus que a Teologia Moral deve buscar. Superando uma concepção de um Deus distante, abre-se hoje a perspectiva de cunho personalista de um Deus comprometido com a história do homem, o que, na AL, se traduz na experiência do "Deus-Povo, a partir de onde a vida concreta do povo – o tecido de sua história – passa a ter interesse imediato e decisivo para a Aliança"[208].

Outro mediador é A. da Silva, brasileiro, orionita, que desenvolve o tema da "Questão Negra". E, naturalmente, inicia falando dos quinhentos anos da presença da Igreja na AL, lembrando que a abolição está prestes a comemorar o centenário, mas ainda muitos aspectos dessa realidade carecem de aprofundamento. Para A. da Silva, continuamos a esbarrar continuamente em realidades que nos causam indignação ética, desde a questão da *apartheid* na África do Sul até a exploração do contingente de mão de obra barata na Inglaterra, Itália, Holanda, França. No Brasil, é impossível pensar uma sociedade sem ter em conta a questão negra "pois faz parte da realidade genético-estrutural de nossa história"[209].

Na questão teológica, segundo A. da Silva, há uma lacuna muito grande sobre a questão negra. Seja no pensamento dos Padres da Igreja, na Escolástica, na Teologia Moderna, há uma herança teológica discriminadora. Naquele momento, era a TdL que

---

206 Cf. Ibid., p. 87.
207 Ibid., p. 89.
208 Ibid., p. 97.
209 SILVA, A. da. "Teologia Moral e questão Negra", p. 102.

finalmente se defrontava com a questão. Para A. da Silva, "o afrontamento da realidade étnico-cultural, mais precisamente da questão negra, faz-se necessário não só do ponto de vista da coerência da prática da fé, mas inclusive, da epistemologia teológica"[210].

Entretanto, já encontramos um contraste quando tomamos por referência a categoria "povo", que, na TdL, do ponto de vista sociológico está ligado à categoria "proletariado", isto é, o operariado urbano e rural. Mas, no caso dos negros, na sua maioria nem sequer eram assalariados, vivendo do subemprego ou no desemprego. A estrutura capitalista que se impõe opressora é a mesma para brancos e negros, mas o negro sofre um jugo maior pela questão étnica. A própria TdL, no seu início, não percebeu essa diferença que hoje os negros vêm impondo como necessária no processo de libertação, isto é, considerar "a articulação da fé a partir do pobre mais pobre – o negro"[211].

A Teologia Moral, segundo A. da Silva, utilizando os métodos da TdL, deve mergulhar no submundo dos desclassificados: negro, mulher, índio. E no caso do negro há uma dupla exclusão, como negro e como pobre. "A questão negra recupera para a Teologia Moral a sua identidade profética, milenarmente distanciada da comunidade primitiva, onde era moralmente abominável proceder "a fração do pão" se os bens não eram partilhados"[212]. Enfim, A. da Silva reivindica da Teologia Moral uma postura não só de indignação ética quanto ao preconceito em relação aos negros, mas uma real transformação da consciência para uma efetiva mudança da realidade. Além da questão da conscientização, tema que já foi abordado no VII ENSBTM, para A. da Silva é necessário um passo a mais na superação de toda discriminação. "Trata-se do método genético-estrutural que assentado nas várias ciências do homem, patenteia a realidade numa análise que reúne os elementos da base material e do universo simbólico"[213]. Uma forma mais profunda para desideologizar uma realidade enraizada na discriminação e, ao mesmo tempo, elaborar novas categorias e novas posturas ético-morais.

A última reflexão desse quadro de moralistas é de B. Leers, que entra no tema específico de como "ensinar Teologia Moral". Com uma vasta experiência como professor, B. Leers considera as grandes mudanças na vida da humanidade no pós--guerra e reconhece tudo em ritmo acelerado.

No Brasil, o ensino da Teologia Moral conta com um primeiro obstáculo: poucos operários especializados. Para B. Leers, "a Teologia Moral é considerada uma ciência prática que intenciona refletir sobre o agir das pessoas e sociedades e orientá-las em sua caminhada dentro da perspectiva cristã da fé"[214]. Sendo assim, não pode se tornar uma área isolada da Teologia, mas, ao contrário, deve se comunicar, conhecer as consciências e entender como se formam na história.

Num primeiro momento, B. Leers compartilha sua experiência acerca dos manuais. No começo da sua atividade como professor, tinha grandes nomes em suas mãos: F. Tillmann (1874-1956), J. Leclercq (1891-1971), E. Génicot (1856-1900), H. Noldin (1838-1922), A. Tanquerey (1854-1932), A. Vermeersch (1858-1936). Acompanhando seus livros clássicos estavam os volumes de casuística para apli-

---

210 Ibid., p. 108.
211 Ibid., p. 109.
212 Ibid., p. 110.
213 Ibid., p. 115. O autor não entra em nenhum detalhe a respeito de quem é esse método ou como ele se estruturaria dentro da Teologia Moral.
214 Leers, B. "Ensinar Teologia Moral", p. 120.

cação dos princípios "em casos frios e sem alma"[215]. Segundo ele, o sentimento de negativismo era deprimente, diante do peso de tantos pecados. Sem falar no poder de autoridade eclesial que dominava sobre o clero, que portava em suas mãos uma verdadeira arma contra as forças demoníacas do pecado.

Foi B. Häring que, em 1954, veio trazer o primeiro alívio abrindo a porta para se sair do "museu da imoralidade" formado pelos manuais. Para B. Leers, os manuais trouxeram consigo uma experiência eclesiológica em torno do pecado e do inferno, do castigo e da condenação. O lugar privilegiado para a cura das almas era o confessionário. Mas, no Brasil, sentiu-se logo esse hiato entre a formação e a prática pastoral. As ciências humanas tiveram um papel decisivo para uma mudança de mentalidade, abrindo os horizontes da reflexão acerca da realidade, especialmente a psicologia e sociologia.

B. Leers relata com emoção sua experiência de professor recém-chegado da Europa, mergulhando em um ambiente completamente diferente daquele que vivia, começa a se tornar um aprendiz-aluno que "anotava suas descobertas diárias, sem compreender o significado dos gestos, atos, palavras e ritos que observava, convivendo com gente da roça e da cidade, sem reconhecer o mundo em que eles viviam, se moviam e eram si mesmos com os outros"[216].

O fator de descoberta de uma linguagem que de abstrata se tornava humana, encarnada na voz e no jeito de um povo que entende das coisas ao seu modo, foi transformando pesados manuais em um gosto por uma Teologia Moral acessível e compreensível à vida humana. Para o povo, não havia separação dos saberes, isto é, saber e agir não eram estanques. "O povo comum sentia, pensava, decidia, agia holisticamente, sem conhecer o termo, dentro de uma mundivisão totalizante em que Deus estava no centro, segurando as rédeas da vida e dos acontecimentos"[217]. Para B. Leers, dava a impressão de que os Manuais apresentavam as normas de tal forma que não havia esquinas e nem encruzilhadas na vida. A prudência e a *epikéia* ficaram de lado sem serem lembradas. Mas na vida real, o homem estava a caminho, com situações históricas complexas, constantes obstáculos a superar e numa dinâmica que os Manuais de Teologia Moral não tinham alcance: "o majestoso edifício do manual da teologia dos padres não cabia dentro da cabeça do povo, cuja adesão ou resistência tinha seus próprios caminhos"[218].

B. Leers redimensiona, no Brasil, as questões de reciprocidade e de pluralidade. No ensino de Teologia Moral, esses dois pontos são fundamentais no processo ensino-aprendizagem. Reciprocidade significa diálogo, troca mútua, partilha de experiências, interpretações e avaliações que trazem consigo uma libertação crítica de deformações ideológicas[219]. E a pluralidade é investir em um ensino que esteja aberto à diversidade de proposições. Diversidade esta já muito presente na própria Teologia Moral, com tantas interpretações dos seus princípios e normas. Essa característica de não ter medo de se expor à discussão de opiniões diferentes colaboram para "a formação do discernimento, do senso crítico, que uma obediência unidimensional não desenvolve"[220]. A

---

215 Ibid., p. 121.
216 Ibid., p. 125.
217 Ibid.
218 Ibid., p. 126.
219 Cf. Ibid., p. 127.
220 Ibid., p. 132.

reciprocidade das consciências e a pluralidade são fundamentais para amadurecer a responsabilidade e a autonomia compartilhada que centram no Deus da fé cristã suas decisões e se alimentam pela experiência de vida comunitária eclesial.

B. Leers lembra também que é preciso considerar no ensino da Moral o seu horizonte histórico. No Brasil, esta não é uma tarefa fácil. Com pouca literatura em português, B. Leers chama a atenção sobre o limite do material que chega às mãos dos professores e alunos. Porém, vai mais além, e pergunta se realmente são consideradas as diferenças entre a doutrina moral da Igreja e as consciências morais do povo na sua ampla diversidade. Diferente da Europa – que historicamente teve uma homogeneidade entre direito civil e normas morais da Igreja – o Brasil recebeu uma doutrina pós-tridentina voltada à manutenção da ordem. Também se destaca a miscelânea na composição étnica do povo brasileiro como fator de influência no seu modo de ser e agir que está muito além daquilo que lhe era imposto como doutrina, como, por exemplo, a bagagem cultural dos afro-brasileiros.

Sua conclusão gira em torno da criatividade. No Brasil, país de tanta mistura étnica e religiosa, é impossível conter a gama e a riqueza de interpretações das normas morais nas diferentes realidades que se apresentam e, ademais, a criatividade do povo brasileiro tem um grande poder de resolução.

Essa produção realizada como resultado das conclusões do X ENPTM é um passo significativo para o processo de reflexão dos professores de Teologia Moral que vinham se reunindo para trocar experiências e aprofundar seus conhecimentos. Os ensaios apresentados mostraram maturidade e uma capacidade de trabalho em conjunto dos moralistas. Percebe-se, também, que há um esforço para definir uma metodologia e um programa de estudos permanentes com temas que garantam uma reflexão consistente e aberta em busca de uma identidade da Teologia Moral no Brasil e na América Latina.

### 5.1.11 Reflexões éticas a partir da realidade eclesial e teológica da América Latina – 1987

A partir do XI ENSBTM, inicia-se uma ampliação do debate em torno de temas relevantes para a Teologia Moral no Brasil, com a organização de Congressos Latino-americanos. Assim, o XI ENSBTM e o I Congresso Latino-americano de Teologia Moral (I CLATM) realizaram-se na cidade de São Paulo entre os dias 08 e 12 de dezembro. O 11TG teve como foco: "Reflexões éticas a partir da realidade eclesial e teológica da América Latina"[221]. Os TEs abordados foram os seguintes: 1) "A Teologia Moral após o Vaticano II e a Contribuição da América Latina", B. Häring[222]; 2) "Significado de Santo Afonso para a Teologia Moral hoje", S. Majorano[223]; 3) "O pecado Social em chave Latino-americana", A. Moser[224]; 4) "Direitos Humanos e Teologia Moral: reflexão a partir da realidade Latino-americana",

---

221 ANJOS, M. F. dos (Coord.). *Temas Latino-americanos de ética*. Coleção Teologia Moral na América Latina 3. Aparecida: Santuário, 1988; ID., "Teologia Moral na América Latina – significado de um Congresso". In: *Studia Moralia* 26/1 (1988) 131-138.

222 HÄRING, Bernhard. "A Teologia Moral após o Vaticano II e a contribuição da América Latina". In: ANJOS, M. F. dos (Coord.). *Temas Latino-americanos...*, p. 21-40.

223 MAJORANO, Sabatino. "Significado de Santo Afonso para a Teologia Moral hoje". In: ANJOS, M. F. dos (Coord.). *Temas Latino-americanos...*, p. 41-62.

224 MOSER, A. "Pecado Social em chave Latino-americana". In: ANJOS, M. F. dos (Coord.). *Temas Latino-americanos...*, p. 63-89.

F. Rejón[225]; 5) "Uma Moral integrada: o Movimento contra a Tortura "Sebastián Acevedo"", J. Aldunate[226]; 6) "Reconciliação: aproximação Ética a partir da América Latina", T. Mifsud[227]; 7) "A Questão do discernimento Ético", R. Junges[228]; 8) "Fundamentos filosóficos da Teologia Moral na América Latina", L. Álvarez[229]; 9) "Bem-Aventuranças e Ética da Libertação", J. Dominguez[230]; 10) "Mulher, contribuição à Teologia Moral na América Latina", I. Gebara[231]; 11) "Bioética a partir do Terceiro Mundo", F. dos Anjos[232]; 12) "Éticas e Políticas Demográficas", E. Bonnin[233]; 13) "A Dívida Externa e a vida dos Pobres", J. Mo Sung e H. Mo Sung[234]; 14) "Postulado por uma mudança ética na questão da Dívida", J. de Santa Ana[235]; 15) "Ensinar Teologia Moral na América Latina", B. Leers[236]; 16) "Ética e Evangelização das Culturas", M. Brunero[237]; 17) "25 anos do Concílio Vaticano II", L. Barazzutti[238]; 18) "O Projeto "Reino" nas mediações Históricas", N. Masi[239].

**Articulação dos principais argumentos dos Mediadores**

Com as palavras de abertura proferidas pelo então Cardeal de São Paulo, Dom Evaristo Arns, o I CLATM começa relembrando do bicentenário de morte de Santo Afonso Maria de Ligório. Como foco de motivação, o Cardeal Arns realça, em primeiro lugar, a opção preferencial pelos pobres como referência teológica para AL. Em segundo lugar, deu uma ênfase toda especial pela presença de B. Häring, reconhecendo sua contribuição para a renovação da Teologia Moral no mundo inteiro, mas especialmente a fidelidade para com a AL em momentos dolorosos e críticos.

---

225 REJÓN, F. M. "Direitos Humanos e Teologia Moral – reflexão a partir da realidade Latino-americana". In: ANJOS, M. F. dos (Coord.). *Temas Latino-americanos...*, p. 93-104.

226 ALDUNATE, José. "Uma Moral integrada. O movimento contra a tortura "Sebastián Acevedo"". In: ANJOS, M. F. dos (Coord.). *Temas Latino-americanos...*, p. 105-118.

227 MIFSUD, T. "Reconciliação: aproximação ética a partir da América Latina". In: ANJOS, M. F. dos (Coord.). *Temas Latino-americanos...*, p. 119-132.

228 JUNGES, J. R. "A questão do discernimento ético". In: ANJOS, M. F. dos (Coord.). *Temas Latino-americanos...*, p. 133-156.

229 ÁLVAREZ, Luís José Gonzáles. "Fundamentos Filosóficos da Teologia Moral na América Latina". In: ANJOS, M. F. dos (Coord.). *Temas Latino-americanos...*, p. 157-174.

230 DOMINGUEZ, Jorge. "Bem-Aventuranças e Ética da Libertação". In: ANJOS, M. F. dos (Coord.). *Temas Latino-americanos...*, p. 175-194.

231 GEBARA, Ivone. "A mulher: contribuição à Teologia Moral na América Latina". In: ANJOS, M. F. dos (Coord.). *Temas Latino-americanos...*, p. 195-210.

232 ANJOS, M. F. dos. "Bioética a partir do Terceiro Mundo". In: ANJOS, M. F. dos (Coord.). *Temas Latino-americanos...*, p. 211-232.

233 BARCELÓ, Eduardo Bonnín. "Ética e Políticas Demográficas" In: ANJOS, M. F. dos (Coord.). *Temas Latino-americanos...*, p. 233-242.

234 MO SUNG, Jung; MO SUNG, Hyung. "Dívida Externa e a vida dos pobres". In: ANJOS, M. F. dos (Coord.). *Temas Latino-americanos...*, p. 243-266.

235 SANTA ANA, Júlio. "Postulado por uma mudança ética na questão da Dívida". In: ANJOS, M. F. dos (Coord.). *Temas Latino-americanos...*, p. 267-278.

236 LEERS, B. "Ensinar Teologia Moral na América Latina". In: ANJOS, M. F. dos (Coord.). *Temas Latino-americanos...*, p. 279-310.

237 BRUNERO, Maria Alícia. "Ética e Evangelização das Culturas". In: ANJOS, M. F. dos (Coord.). *Temas Latino-americanos...*, p. 311-326.

238 BARAZZUTTI, Luís. "A 25 anos do Concílio Vaticano II". In: ANJOS, M. F. dos (Coord.). *Temas Latino-americanos...*, p. 327-342.

239 MASI, Nicola. "O Projeto "Reino" nas mediações Históricas". In: ANJOS, M. F. dos (Coord.). *Temas Latino-americanos...*, p. 343-368.

Sobre o Congresso em Geral, propõe três pontos: primeiro, o fato que entre o Magistério também se discute sobre a origem e fundamentos da moral. Conta uma experiência pessoal em que ele participava do Secretariado para os não crentes e, em Roma, apresentou uma pesquisa feita no Brasil com os ateus, sobre qual seria o fundamento para o comportamento deles. Em síntese, apresentou o seguinte consenso na resposta: "a dignidade do homem e seus direitos fundamentais nos lembra constantemente como proceder". Com esta argumentação, o Cardeal Arns lembrou-se da expressão semelhante em Clemente de Alexandria: "Pelo exterior será difícil distinguir o cristão do ateu"[240].

O segundo ponto que destacou foi um dos temas voltados à "Ética e Dívida Externa". O Cardeal Arns, a partir de uma série de perguntas éticas, conclui que a questão dos juros bancários impostos à AL deve passar pela reflexão moral[241]. E termina destacando também a questão da propriedade, que no Brasil já custou milhares de vidas. Assim, o Cardeal Arns abre os trabalhos do I CLATM insistindo que "a ciência e a prática da Moral devem encontrar o seu lugar na evolução da Teologia de hoje"[242].

Com o tema "A Teologia Moral após o Vaticano II e a contribuição da América Latina", B. Häring reflete neste ensaio sobre a importância que o Concílio Vaticano II teve na renovação da Teologia Moral.

Com uma clareza de todo o processo dos bastidores do Vaticano II, no que se refere à subcomissão: "*De ordine morali*", B. Häring mostra como havia uma contracorrente bem preparada e fundamentada para impedir qualquer iniciativa de renovação da Moral no Concílio. Entretanto, ao final, "o Vaticano II tornou-se não só um ponto de chegada e aceitação da renovação, mas um ponto de partida para um aprofundamento"[243]. Com essa primeira premissa, B. Häring desenvolveu oito pontos de aprofundamento.

Em contraste com muitos dos projetos que antecediam o Concílio, que traziam consigo uma forma totalmente vertical de Igreja, a *Lumen gentium*, ao contrário, apresentava a expressão Povo de Deus, isto é, os leigos, que chamados à corresponsabilidade experimentam a solidariedade da salvação. Assim também o decreto *Optatam totius* convoca todo o Povo de Deus, nesta mesma solidariedade, a produzir frutos para a vida do mundo. Dessa forma, como primeiro ponto de aprofundamento, B. Häring entende que se supera o medo de usar a palavra "amor" e se enfatiza no Concílio a viva e verdadeira face de Deus como uma face de amor que nos cura e nos chama à libertação e à salvação.

O segundo ponto de aprofundamento foi: a opção fundamental pela solidariedade da salvação que une a todos. B. Häring destaca a *Gaudium et spes* como o documento mais dinâmico para a Teologia Moral, pois coloca em relevo a solidariedade da Igreja com toda humanidade, como aquela que serve. *Medellín* toma o mesmo rumo, confirmando essa solidariedade nas diversas culturas presentes na AL, "próxima dos pobres, oprimidos, explorados, marginalizados, suscitando todas as energias e carismas em todos os níveis e em todas as dimensões"[244].

Como terceiro ponto, o autor, fundamentado na *GS* 16, reafirma a "reciprocidade das consciências" capaz de ir além do recinto eclesial, unindo-se a outros que tam-

---

240 Anjos, M. F. dos (Coord.). *Temas Latino-americanos de ética*, p. 15.
241 Cf. Ibid., p. 16.
242 Ibid., p. 15.
243 Häring, B. "A Teologia Moral após o Vaticano II...", p. 22.
244 Ibid., p. 23.

bém buscam a verdade em prol de uma sociedade melhor. Quando há intenção de monopolizar uma verdade, há o perigo de manipulação da consciência e, na Teologia Moral, ao contrário o que vale é o esforço solidário na escuta e no diálogo sem violência e manipulação[245].

No quarto ponto de aprofundamento, B. Häring destaca a "excelência da liberdade"[246], presente como tema da *GS* 17. Uma liberdade entendida não só em nível pessoal, mas em todas as dimensões da vida, de modo que está em plena harmonia a com a questão da solidariedade da salvação.

Outro ponto de observância é a "opção fundamental". Esse tema é central para a AL, pois é nele que se fundamenta a opção preferencial pelos pobres. As pessoas, grupos e comunidade eclesial são chamados continuamente à conversão; e isso exige uma opção fundamental por Jesus Cristo servidor. Esse exame de consciência pessoal e coletivo é um chamado ao testemunho e à corresponsabilidade de manterem-se fiéis a Cristo, servidor humilde e não violento em todos os âmbitos, sejam eles pessoais ou estruturais. B. Häring salienta que essa opção traz como consequência uma "incômoda história da sagrada aliança entre trono e altar", e lembra da necessidade de uma renúncia clara do "abraço dos benfeitores poderosos que oferecem esmola"[247], para a manutenção de sua ordem particular, que é raiz da desordem vivida pela maioria especialmente os mais pobres[248].

B. Häring dá uma atenção à questão do marxismo, sendo este o sexto ponto de aprofundamento. Ele faz uma crítica para o interno da própria Igreja, isto é, vendo os erros do marxismo, especialmente as generalizações injustas e suas radicalidades. Isso fez com que ele começasse a ler a própria história da Igreja com nova sensibilidade. E não poucas vezes, a Igreja foi palco de ideologias e políticas "do trono", com os "*assistenti del soglio*"[249] que foram motivos de tantas divisões.

> "Diante do Marxismo, diante da obediência absurda de tantos cristãos a Hitler e Mussolini, diante das causas históricas de uma semelhante escravidão, eu estava convencido que se impunha uma profunda reconsideração da Teologia Moral, do Direito Canônico, da Teologia Apologética, etc. Revisão que deveria ser feita prestando atenção ao estudo da sociologia da religião, do ethos predominante, das culturas e também da moral, perscrutando sempre a relação entre a religião institucionalizada e os relacionamentos, processos e estruturas da história socioeconômica, política e cultural"[250].

Por isso, para B. Häring, a TdL, na AL, é esse eco do Concílio Vaticano II de propor mudanças, voltar-se a conversão radical ao Evangelho de modo que a solidariedade com os pobres e marginalizados fosse um sinal de um Êxodo corajoso de libertação completa do abraço dos poderosos e de seus privilégios injustamente adquiridos e mantidos[251]. Esse é o sétimo ponto de aprofundamento: uma Igreja convertida à simplicidade e à pobreza junto dos pobres. E faz outra dura crítica aos carreirismos e aos títulos como um "triunfalismo ridículo, uma vaidade absurda"[252].

---

245 Cf. Ibid., p. 24.
246 Ibid.
247 Ibid.
248 Cf. Ibid., p. 25.
249 Ibid., p. 26.
250 Ibid., p. 26.
251 Cf. Häring, B. "A Teologia Moral após o Vaticano II...", p. 27.
252 Ibid., p. 28. Seria interessante se B. Häring pudesse hoje acompanhar a nova perspectiva do Papado de Francisco, que deseja uma Igreja pobre para os pobres e teve como sua primeira viagem feita a Lampedusa, despertando uma consciência aos excluídos em toda Europa.

O último ponto refletido foi a própria questão da TdL. Mas o autor lembrou especialmente de um tema que infelizmente não se conseguiu votar no Concílio: a reforma agrária, perdendo-se uma oportunidade profética de denunciar essa tamanha injustiça[253].

Na segunda parte de seu ensaio, B. Häring traça algumas prospectivas do anúncio da moral na AL. Propõe o uso do vocábulo *paraclese* para a linguagem moral e libertadora. Em contraposição com outros vocábulos inadequados, a proposta bíblica, como *parenese*, "imperativo" ou "utopia", B. Häring mostra que o uso da *paraclese* tem todo um fundamento bíblico, em harmonia com a proposta da Teologia Moral libertadora, que confronta e encoraja, pela lei do Espírito "de modo que toda a mensagem moral seja facilmente compreendida como um dom intrínseco à nova criação, à liberdade para a qual o Cristo nos redimiu" (cf. Êx 20,2; Dt 6,4-9; Tt 2,11-13; Rm 8,1-2)[254].

O termo também pode representar uma pedagogia divina não violenta. Jesus mostra-se o Servo de Javé manso, Servo sofredor. A *paraclese* nos ajuda a vivermos conforme os "desígnios do Pai, impulsiona-nos por dentro, a viver como agentes não violentos da paz"[255]. Outro termo interessante usado é o "amor terapêutico". Os evangelhos nos mostram claramente duas exigências para testemunhar: o amor para com os mais pobres e com os nossos adversários. Assim, é uma cura por meio da fé, que traz consigo a verdadeira libertação. A TdL só terá crédito se o mesmo amor terapêutico que nos une aos pobres puder ajudar a curar também os inimigos e perseguidores[256].

Lembrando do conceito da reciprocidade da consciência, o autor propõe também uma sensibilidade e um discernimento sobre o processo de conscientização. Perscrutando os valores e recursos para o bem, temos que buscar uma convergência, seja na consciência dos pobres, seja dos que fazem parte da classe dominante. Em ambos, a *paraclese* nos convida a buscar uma autêntica consciência em busca da verdade e da paz[257].

Outro fator importante para a Teologia Latino-americana é quando B. Häring reconhece que foi ela a primeira a dar atenção sistemática à indicação da *GS* 46: "à luz do Evangelho e da experiência humana". Essa indicação metodológico-hermenêutica vivida e assumida na AL impulsionou outras partes da Igreja e também outras Igrejas para uma práxis mais coerente com a proposta libertadora do Evangelho.

O segundo mediador de renome convidado para o I CLATM foi S. Majorano, italiano, Redentorista, que aprofundou o significado de Santo Afonso para a Teologia Moral hoje.

Em torno do tema do "justo equilíbrio", S. Majorano faz todo um resgate da proposta Moral de Santo Afonso, atualizando-a para a realidade da AL. Apesar da complexidade do ambiente cultural e das polêmicas que envolviam o patrono dos moralistas católicos, é possível considerar as grandes lições que Afonso de Ligório deixou no seu legado. Primeiro, a questão da praticidade, isto é, para chegar ao justo equilíbrio, é necessário encarar a vida na sua dinâmica própria, com

---

253 Cf. Ibid., p. 29.
254 Ibid., p. 32.
255 Ibid., p. 34.
256 Cf. Ibid., p. 35.
257 Cf. Häring, B. "A Teologia Moral após o Vaticano II...", p. 36.

realismo, mas com disposição para transformá-la. Assim, Afonso nos ensina que ser prático é: 1) Estar encarnado no seu tempo; 2) Ter realismo pastoral; 3) Saber usar os instrumentais racionais que predominam sem estar preso a eles; 4) Estar aberto à verificação pela prática pastoral. É assim que Afonso foi muito mais além do que uma proposta de um sistema pastoral, mas oferece uma proposta global de vida cristã e pastoral[258].

Outro ponto para se chegar ao justo equilíbrio é estar a serviço do povo. Afonso viveu isso na sua própria vida realizando um verdadeiro Êxodo do seu mundo elitista para o mundo dos abandonados. S. Majorano também aponta algumas lições dessa experiência de Afonso, que serve para o teólogo Moral da AL: 1) Rompe com o seu status e se dedica ao serviço do Evangelho; 2) A experiência com o Evangelho o leva inevitavelmente aos pobres, com os quais convive conhecendo as situações mais dramáticas; 3) Organiza movimento de leigos e propõe atividade missionária; 4) Abandona a linguagem rebuscada e assume a linguagem do povo incentivando a participação; 5) Proclama a verdade de modo que fala ao coração, canta com o povo; 6) Desenvolveu no povo a responsabilidade da procura da verdade moral.

Esses itens mostram um caminho antropológico para uma reflexão moral que assume as condições de vida e a praxe do povo mais pobre e abandonado, transformando este dado em ponto de partida e referencial metodológico[259].

Um dos aspectos fundamentais da proposta afonsiana é "uma teologia ministerial a serviço da consciência, para sua maturação e correta dinâmica no discernimento"[260]. Para S. Afonso, a norma próxima e formal é a consciência do homem, enquanto a remota e material é a lei divina. Neste caso, o homem recebe uma ajuda para discernir sobre a verdade: a consciência como "sacrário do homem" afirmado pela *GS* 16 é onde ressoa a voz de Deus no homem. Naturalmente que se pode receber o apoio da psicologia e de outras ciências, mas tendo sempre em conta o "mistério" da presença do Cristo ressuscitado que continua atuando na comunidade, tornando as decisões um ato de liberdade com frutos de caridade[261]. Contra qualquer tipo de coação para com a consciência, S. Afonso propõe um respeito à caminhada de cada pessoa, e, assim, evitam-se pecados maiores ainda. Trata-se, na visão afonsiana, de entender que a caminhada em direção à verdade é gradual, e por isso não se aceita que se transforme uma injustiça causada por outros em culpa de quem a padece.

E, finalmente, lembra que S. Afonso fala da reciprocidade da consciência como um ponto de unidade com toda humanidade na busca da verdade e da solução dos problemas que afligem todos os homens. Essa verdade moral revela-se como "verdade da caminhada para a plenitude, pessoal e comunitária"[262].

O terceiro mediador do I CLATM é A. Moser, que desenvolve o tema do pecado social em chave latino-americana. Ele começa expondo a questão da mudança, no pós-Concílio, da Igreja no Terceiro Mundo que optou pelos pobres, denunciou o pecado e o conceituou em nível social. Uma mudança de lugar social fez também descobrir um novo sujeito social, mudando seu eixo de atuação. Os empobrecidos abrem uma nova perspectiva de Igreja e começam a viver um novo tipo de experiência eclesial através das CEBs.

---

258 Cf. Majorano, S. "Significado de Santo Afonso...", p. 42-47.
259 Cf. Majorano, S. "Significado de Santo Afonso...", p. 47-52.
260 Ibid., p. 58.
261 Cf. Ibid., p. 59.
262 Ibid., p. 62.

Esse processo terá uma influência no modo de fazer Teologia e da compreensão de pecado desta. Para A. Moser, há uma crise do Sacramento da Penitência, pois a realidade de injustiça e opressão não condiz com o arrependimento e os bons propósitos de nossos confessionários. O fato é que "uma concepção meramente individual, intimista e atomizada do pecado já não responde nem a realidade dos fatos, nem uma experiência de Igreja mergulhada no mundo dos empobrecidos"[263].

Entretanto, A. Moser quer aprofundar essa mudança em torno da questão do pecado social, e procura contextualizá-lo, primeiramente de acordo com a Exortação *Reconciliatio et Paenitentia*, de João Paulo II, em que desenvolve o tema com presteza, distinguindo três níveis diferentes: o que chama de "comunhão do pecado" em contraposição à "comunhão dos Santos" e que repercute na estrutura eclesial e na família humana; o segundo nível do pecado social está ligado às agressões ao próximo, contra os direitos humanos, contra a justiça; e um terceiro nível, mais abrangente, a ponto do pecado social se tornar anônimo e tão complexo de modo que é difícil identificar suas causas[264].

O pecado social é aquele que nasce no coração humano, mas passa pelo comunitário e consegue se instaurar no social, na forma de estruturas opressivas e retorna pelo comunitário até o pessoal. É um círculo vicioso que se instaura na dinâmica da vida das pessoas.

A. Moser aponta o egoísmo como uma das tendências que explica a raiz do pecado social, pois ora ele se acentua como individual e ora como coletivo. Portanto, numa compreensão dialética, "não se deixa de perceber o peso das estruturas, mas não se esvaziam eventuais responsabilidades de pessoas e grupos"[265].

O pecado social parece apresentar-se como uma novidade, mas buscando nas fontes bíblicas e da Tradição é possível reconhecer os seus traços e muitas das suas fundamentações. A expressão "pecado social" não está explícita nem na Bíblia, nem na Tradição, mas, segundo o autor, podemos encontrar seus pressupostos. Apesar da conotação individual que foi dada ao pecado, especialmente nos Manuais, se reconhece, por outro lado, que essa é uma realidade complexa. A. Moser retoma três expressões do Antigo Testamento: *hatta*, *awôn*, *péshca*, que significam erro, pessoa má e ruptura comunitária, respectivamente. Tendo como pressuposto o conceito de "Aliança", é possível ter uma chave de leitura para fundamentar também o pecado social, isto é, o pecado como ruptura da Aliança.

O pecado original, que nasce no coração do homem, não permanece só ali, ele se alastra, fere toda humanidade; como afirma São Paulo, "toda criação geme como que em dores de parto" (Rm 8,22), e, dessa forma, de uma configuração pessoal, o pecado toma proporções maiores, atingindo também o interpessoal, o comunitário, o social e até o cósmico[266]. Na Aliança no Sinai, Deus faz um pacto com todo o Seu Povo e, como sujeito dessa Aliança, é do povo que se espera a fidelidade e para ele recairá as bênçãos ou as maldições. Os profetas denunciavam essa ruptura da fidelidade quando se rompe com seus irmãos, não se respeita o Direito, não se protege o oprimido, não se faz justiça ao órfão e não se defende as viúvas (cf. Is 1,16-17), quando é violador dos direitos dos pobres (cf. Os 5,11-15). E os sinais da fidelidade

---

263 MOSER, A. "Pecado Social em chave Latino-americana", p. 68.
264 Cf. Ibid., p. 74.
265 Ibid., p. 77.
266 Cf. MOSER, A. "Pecado Social em chave Latino-americana", p. 81.

à Aliança se provam quando reina a justiça nas Assembleias, respeita-se o Direito, rompe-se a cadeia das injustiças, desatam-se as cordas do jugo, tornam livres os oprimidos, dá-se alimento aos esfomeados, dá-se abrigo aos infelizes sem asilo, vestem-se os maltrapilhos (cf. Is 58,5-7).

No Novo Testamento, Jesus não fala muito do pecado, mas sim da salvação. O conceito do pecado vem transmitido através das parábolas: os convidados às bodas (cf. Lc 14,18-20), das virgens sonolentas (cf. Mt 25,1s), o irmão mais velho (cf. Lc 15,11-32), as parábolas de Mateus (cf. Mt 24,37-39; 25,31s). Jesus ultrapassa a concepção de pecado dos líderes religiosos e se relaciona com os pecadores. Parece que em torno das parábolas e das atitudes de Jesus há um pecado fontal: rejeitar o Cristo e o seu Reino, e disso decorrem as manifestações do pecado.

Reassumindo a linha dos profetas, Jesus investe contra aqueles que instrumentalizam a Religião e oprimem o povo. Os anátemas de Jesus são coletivos: fariseus, escribas, ricos, sacerdotes, governantes, que se opõem ao Reino de Deus. Portanto, para A. Moser, Jesus situa o pecado em um duplo nível: em nível pessoal e em nível social, quando se impede a concretização do Reino (cf. Mc 7,2-12).

Na Tradição, por sua vez, predominou uma linha casuística que, no conjunto da obra dos Padres da Igreja, muitos foram os ensinamentos sociais. O tema da "usurpação" foi muito especulado nos escritos patrísticos. Assim, A. Moser cita S. Basílio, S. Ambrósio e considera que também na Escolástica muito se escreveu sobre a violação do bem comum.

Assim, a Teologia Latino-americana está colaborando para um melhor aprofundamento sobre o pecado social, já que este conceito é recente e necessita ser delineado melhor. E finaliza com uma frase da Exortação sobre o Sacramento da Penitência de João Paulo II: "não se deve induzir ninguém a subestimar a responsabilidade individual das pessoas; mas tem em vista constituir um alerta para as consciências de todos, a fim de que cada um assuma as próprias responsabilidades, no sentido de serem séria e corajosamente modificadas essas realidades nefastas e estas situações intoleráveis" (*RP* 16).

F. Rejón é o quarto mediador e trata da questão dos Direitos Humanos e da Teologia Moral a partir da realidade latino-americana. Sua atenção está centrada no processo histórico que separou o tema do âmbito moral e o delimitou na área jurídica e política. Segundo ele, foi uma deficiência congênita, resultado da mentalidade liberal moderna[267]. Assim, ele propõe uma reintegração e uma nova tratação do tema para superar o divórcio entre ética e política.

*Puebla* lembra que a AL vive uma situação permanente de violação da dignidade da pessoa (cf. *Puebla* 41), trazendo, assim, enormes consequências para a vida dos pobres que sofrem diretamente essa violação. Mas, a questão mais escandalosa é que, nesses países, a maioria dos usurpadores dos direitos humanos é cristã. Nesse sentido, F. Rejón propõe um empenho para fazer crescer a consciência daquilo que é dignidade humana e uma sensibilidade moral para condenar essas violações. Isso vem acontecendo de alguma forma pelas Instituições nacionais e internacionais, mas também pela iniciativa do povo simples que, com sua criatividade, acaba respondendo com eficácia contra a estrutura que sistematicamente o agride.

Na perspectiva liberal-individualista dos direitos humanos que predominou na história da sua implantação, a acentuação está no ideal de autonomia e liberdade

---

[267] Cf. Rejón, F. M. "Direitos Humanos e Teologia Moral...", p. 95.

individuais (autonomia e independência dos Estados e a abolição da escravatura, por exemplo). F. Rejón analisa esse processo como um passo limitado, pois "a ideologia liberal usa os direitos humanos para acabar com os privilégios políticos, mas consagra os privilégios econômicos"[268].

Em contrapartida, na perspectiva social popular, F. Rejón recorda que a Declaração Universal dos Direitos Humanos não teve um consenso geral na ONU, a ponto que os estados socialistas, contra a proposta dos setores democrático-liberais, se abstiveram da votação. A mesma tensão aconteceu na AL, que, depois de uma série de experiências de ditaduras, centrou seu ponto de apoio na luta pelos direitos humanos, na defesa da democracia e na justiça, no que se refere aos direitos econômicos e sociais. Nesse sentido, F. Rejón retoma *Puebla* na sua preocupação preferencial de defender o direito dos pobres (cf. *Puebla* 1217). Só se poderá falar em libertação integral quando os direitos econômicos e sociais forem garantidos e tutelados pela ordem legal, diminuindo a distância entre direito e fato[269].

Nesta perspectiva, a Teologia Moral tem que fazer uma memória histórica desde as questões oficiais, como a Doutrina Social da Igreja, até o discernimento sobre a relação da ideologia liberal com a própria Igreja. Assim, F. Rejón assinala as seguintes questões: 1) O foco central é a dignidade da pessoa humana de modo integral e não só seus aspectos; 2) Assumir uma defesa dos direitos humanos fundamentais em seu conjunto e não só na perspectiva liberal individualista; 3) O pobre como o sujeito preferencial dos direitos humanos; 4) Uma realidade que viola sistematicamente os direitos humanos está em pecado e precisa de conversão e mudanças de estrutura[270].

Os direitos humanos não pertencem só à ordem do direito positivo, mas expressam valores morais fundamentais e, por isso, devem ser tema da Teologia Moral de modo que esta: 1) Marque a direção e o sentido na consecução de um homem novo e uma sociedade nova; 2) Mantenha vigilância e espírito crítico para evitar o uso ideológico; 3) Mostre a unidade entre a defesa da dignidade humana e uma autêntica espiritualidade cristã; 4) Celebre as conquistas de modo a antecipar de alguma forma o sentido escatológico que tem processo integral de libertação[271].

O quinto mediador, J. Aldunate, jesuíta chileno, fez um relato do Movimento contra a tortura "Sebastián Acevedo", e nesta experiência do Chile, ele propõe uma reflexão sobre uma "moral integrada".

Trata-se de um movimento que nasce das CEBs, dentro do contexto da Ditadura militar no Chile, começa a manifestar publicamente, de modo não violento, mensagens contra a tortura que, muitas vezes, culminava em desaparecimentos. Entendendo a tortura como um pecado social, que no Chile vinha se institucionalizando, o movimento começou um trabalho de conscientização da população através de manifestações em lugares de impacto, com faixas, panfletos, tornando vagões de metrô como vitrinas de publicidade. Enfim, métodos simples, mas tendo como objetivo alcançar o maior número de pessoas. Segundo J. Aldunate, o critério "é de discernir a eficácia dos meios em vista da utopia cristã e humanista de criar um mundo não violento, fraterno"[272].

---

268 REJÓN, F. M. "Direitos Humanos e Teologia Moral...", p. 99.
269 Cf. Ibid., p. 101.
270 Cf. Ibid., p. 103.
271 Cf. Ibid., p. 104.
272 ALDUNATE, J. "Uma Moral integrada...", p. 111.

Para J. Aldunate, o movimento é uma práxis coletiva, que enfrenta uma estrutura de pecado que é a tortura institucionalizada no Chile, e ao mesmo tempo chama a atenção das consciências individuais para uma solidariedade para com o homem torturado. Desse modo, indivíduo e coletividade se integram como sujeitos de uma ação comum, vinculada a uma tarefa que visa à construção de uma nova sociedade[273].

O sexto mediador é T. Mifsud, também jesuíta, de Malta, professor no Chile. Ele desenvolveu o seguinte tema: "Reconciliação: aproximação ética a partir da América Latina". O termo reconciliação pertence à área da Teologia, mas ultimamente vem sendo utilizado por outros setores como a política, criando, assim, certa confusão no seu uso.

T. Mifsud faz um resgate bíblico teológico do termo, lembrando que Deus tem a iniciativa de reconciliar a humanidade (cf. Ez 18,31), revela-se misericordioso (cf. Ex 34,6) e faz Aliança com a humanidade (cf. Jr 31,31-33). Jesus, como mediador entre Deus e os homens, cumpre a reconciliação definitiva (cf. 1Tm 2,5). O contexto bíblico define a reconciliação como "a superação de uma situação de inimizade provocada pelo ser humano contra Deus e a criação de uma nova situação de onde o humano é redimido pelo próprio Deus que se faz homem"[274]. Em suas cartas, São Paulo apresenta uma dimensão religiosa e ética da reconciliação (cf. Rm 5,10-11; 11,13-15; 2Cor 5,18-20; Ef 2,14-18; Cl 1,18-23). Na dimensão religiosa, Deus é o autor da reconciliação. Ele toma a iniciativa e a oferece como um dom para toda a humanidade, através de Jesus Cristo. Na dimensão ética, trata-se de um compromisso ético de resposta. Aceitar esse dom significa viver segundo o projeto de Deus, como reconciliados, e traduzir essa experiência com gestos de solidariedade entre nós. A reconciliação da humanidade com Deus se traduz em reconciliação dos homens entre si[275]. E para fundamentar essa exigência, recorda que João Paulo II tocou nesta questão com precisão mostrando que o pecado tem suas consequências não só dentro do homem, mas nos círculos onde ele vive, tais como a família, a profissão, a própria sociedade (cf. *RP* 13). Isso é um marco ético na leitura do social, isto é, apelando para valores éticos, busca-se superar situações de conflitos, convoca-se a uma plena participação popular, já que todos desejam superar as injustiças sociais e as causas que fomentam o ódio e a opressão.

Recordando a parábola do Bom Samaritano, T. Mifsud assinala que Jesus não responde à pergunta do escriba "quem é meu próximo?", mas faz pensar em "quem foi o próximo a partir da necessidade do caído e marginalizado à beira do caminho? Isto é, o próximo se define a partir da necessidade do outro..."[276]. Assim, uma reta compreensão da reconciliação exige que a leitura social da realidade tenha como ponto de partida as necessidades dos marginalizados, buscando as causas sociais da sua marginalização, esforçando-se na busca da verdade dos fatos, num espírito de solidariedade e que desemboque numa práxis transformadora da realidade.

O sétimo mediador é outro jesuíta, R. Junges, brasileiro. Sua reflexão gira em torno da questão do discernimento ético. Sua primeira questão é exatamente a lacuna que a TdL deixou em relação a uma Teologia Moral. Tendo em vista que, desde o seu início, a TdL se apresentou como uma Teologia ética, não se teve a preocupação de

---

273 Cf. Ibid., p. 117.
274 MIFSUD, T. "Reconciliação...", p. 122.
275 Cf. MIFSUD, T. "Reconciliação...", p. 123.
276 Ibid., p. 128.

sistematizar uma Teologia Moral correspondente. Porém, R. Junges destaca algumas produções realizadas nesse caminho como as de F. Rejón, B. Leers e A. Moser[277].

Falar em discernimento exige uma visão histórico-social situada, pois nossa realidade latino-americana se difere em muito da situação da Europa e numa situação social de opressão e exploração o discernimento se impõe como imperativo ético. Entendendo que todo o discernimento tem uma dimensão política, pois se coloca sempre diante de conflitos que exigem opção pela promoção da vida, é necessário também compreender sua dinâmica na dimensão da fé. Identificado com Jesus Cristo, o cristão recebe esse dom do chamado e, ao mesmo tempo, uma exigência de testemunhar no seu tempo, a mesma prática de Jesus. É exatamente pelo discernimento que o cristão terá a capacidade de atualizar essa prática de Jesus, enquanto dom do Espírito. "O discernimento responde a uma busca de eficácia no agir [...] os seus subsídios procuram iluminar a consciência na descoberta da ação mais adequada ao valor moral que está em jogo em uma determinada situação concreta"[278]. Assim, para R. Junges, o discernimento tem uma dimensão política, espiritual e prática.

No NT, São Paulo usa o termo *dokimázein* do qual deriva a vida moral do cristão: é o que dá a possibilidade de discernir as coisas melhores (cf. Rm 2,18), o que é bom, o que agrada o Senhor, o que é perfeito (cf. Rm 12,2), discernir o que é agradável ao Senhor (cf. Ef 5,8-10), discernir o que mais convém (cf. Fl 1,9-10), e, assim, o cristão deve discernir tudo e ficar com o que é bom (cf. 1Ts 5,21). Apesar de esta visão ter perdurado através dos padres da Igreja e também pela visão tomasiana da prudência, como virtude do discernimento, na Idade Moderna, ao contrário, foi-se estreitando em decorrência do nominalismo e do acento na obrigatoriedade da lei: "a consciência ficou reduzida a uma instância de aplicação da lei e do discernimento restringido"[279]. Os sistemas morais surgem para tentar encontrar uma saída à questão da centralidade da lei.

Para R. Junges, a Teologia Moral dos séculos XVI e XVII teve que enfrentar um contexto complexo de um capitalismo nascente e a expropriação selvagem do Novo Mundo, o acúmulo de capital na Europa e a sua relação com a realidade do Novo Mundo, como a questão dos índios e da colonização.

É neste contexto que R. Junges resgata a importância de B. de Las Casas como aquele que soube relacionar a exploração colonial e a destruição das Índias, não ficando restrito a uma reflexão ética de cunho intimista para resolver dúvidas de consciência. O fato está ligado a uma experiência pessoal de B. de Las Casas, que mudou seu lugar social. De encomendeiro passou a defender o direito dos índios. Apesar do probabilismo se apresentar, dentre os sistemas morais, o mais identificado com um humanismo, ele não conseguia ainda discernir sobre a questão do outro e menos ainda conseguiam discernir o lugar social de quem elaborava o discurso comprometendo a verdade dos fatos. Para R. Junges, foi B. de Las Casas quem soube discernir melhor os interesses que estavam em jogo e a vontade de Deus expressa nos sinais dos tempos, pois possuía as duas perspectivas: a do explorador e a do explorado[280].

Se o discernimento é uma função da consciência, um exercício da própria consciência, é necessário rever o significado da consciência moral e da sua verdade mo-

---

277 Especialmente as obras: Rejón, F. M. *Teologia Moral a partir dos pobres*..., (1987), e Moser, A.; Leers, B. *Teologia Moral*: impasses e alternativas..., (1987).

278 Junges, J. R. "A questão do discernimento ético", p. 135.

279 Ibid., p. 138.

280 Cf. Ibid., p. 140.

ral, que é o ponto no qual se deve chegar. Num breve antecedente histórico, lembra que, na Sagrada Escritura, a consciência se apresenta como "o lugar da interpelação de Deus e da eclosão de todos os desejos do homem"[281], identificada com o coração. A partir da Idade Média, a consciência foi reduzida a um ato de juízo, com uma tendência legalista e casuística da moral em que era função da consciência aplicar a lei universal ao caso particular. Mais tarde, afirma R. Junges, com a influência da psicologia humanista e do personalismo existencialista, a consciência voltou a ter uma dimensão mais integral. E no Concílio Vaticano II se consagrou essa visão reconhecendo a consciência como núcleo e sacrário do encontro entre o homem sozinho com Deus (cf. *GS* 16). Enfim, a modernidade conquistou para a consciência um *status* de primeira grandeza: "a consciência é a sede da autonomia e por isso o respeito à consciência é um direito inalienável"[282].

No entanto, para R. Junges, temos um problema. A consciência saiu de seu estado de mera intérprete da lei para um estado de intérprete do sujeito. O autor, assim, faz frente à questão de que uma liberdade é sempre exercida em relação ao outro e a uma situação sociopolítica. Utilizando um esquema visual, mostra os perigos de uma consciência que é invadida e leva a introjetar um sistema legal e moral que a aliena e depois serve de justificação de uma estrutura opressora. Ao contrário, propõe uma consciência que não seja somente um superego (S. Freud) ou um armazém de normas (E. Durkheim), mas uma intencionalidade autônoma, que sai de si (interpelação), encontra com o outro, interpreta a realidade em que vive e retorna de novo para si (integração) num processo que a transforma e que a liberta (discernimento) tornando-a menos alienada. Deixa claro, porém, que não se trata de anomia, mas uma necessária purificação do uso ideológico das normas[283].

Para completar esse processo, é necessário um esclarecimento sobre verdade moral. Para R. Junges, a verdade moral diz respeito ao conteúdo ético de um ato e "em cada discernimento cabe à consciência descobrir a verdade de uma ação, isto é, constituir o conteúdo que determina a moralidade de um ato"[284]. No processo interpelação-integração-discernimento, a verdade moral não está objetivada na consciência, não é também só uma verdade pessoal, mas é *ortopraxis* que é retidão e eficácia no agir; é histórica porque transforma a realidade; tem coerência existencial porque revela a opção fundamental do sujeito agente; é responsável porque assume as implicações da práxis; é libertadora porque é resposta aos apelos que chegam do sofrimento e opressão do outro e, ao mesmo tempo, é o lugar de estruturação e mediação da liberdade do autor desta[285].

O oitavo mediador é L. Alvarez, espanhol de nascimento, radicado na Colômbia desde 1972, é leigo, teólogo e especializado em filosofia latino-americana. Sua abordagem é exatamente os fundamentos filosóficos da Teologia Moral na América Latina.

O autor compreende que a ética latino-americana da libertação busca seus fundamentos tanto na teologia quanto na filosofia, pois essas se interpenetram e até se confundem no pensamento libertador latino-americano. O propósito do autor é traçar algumas linhas mestras, do ponto de vista filosófico, para uma estruturação de uma

---

281  Ibid., p. 141.
282  Ibid., p. 142.
283  Cf. Ibid., p. 144-145.
284  Ibid., p. 147.
285  Cf. Ibid., p. 149-150.

Teologia Moral da Libertação em cinco temas centrais: vida, bondade-maldade, alteridade, justiça e libertação.

Para L. Alvarez, a vida é um valor supremo e absoluto e não pode ser subordinada a nenhum outro valor, pois é a expressão real da nossa existência. Sendo o homem a expressão mais jovem da vida na escala da evolução, consegue transcendê-la de modo a criar um novo universo de valores. O homem é um ser pessoal e possui a vida de um modo singular e irrepetível, e por isso nenhuma coletividade ou indivíduo pode arrogar-se o domínio sobre a vida humana. Cada pessoa pode administrar sua vida com liberdade. Para tanto, valem as premissas: 1) O ser humano é um fim em si mesmo e não um meio; 2) Toda vida humana reclama um respeito incondicional; 3) O homem é sujeito original e o fim de toda a valoração moral[286].

Em segundo lugar, L. Alvarez analisa a bondade e a maldade como vida e morte. O homem descobriu o valor da vida e quer desfrutá-lo e muitos vão procurar categorias ou valor secundário para garantir que esse bem seja usufruído de alguma forma. Esse valor poderá ser o puro prazer, ou as altas aspirações espirituais, isto é, o bem, como utilidade ou como ascese, para esse mundo ou um mundo posterior. E no perigo de uma absolutização desses valores secundários se poderá justificar muitos antivalores: a utilidade do rico justifica a miséria do pobre ou o desenvolvimento econômico pode justificar a fome. Assim, o critério contra essa imoralidade é redefinir o sentido do bem moral como vida, e mal tudo o que mata a vida, a limita e a empobrece[287].

A alteridade é o terceiro ponto referencial para L. Alvarez. Apesar de sabermos que o instinto de sobrevivência é fundamental para assegurar a espécie, no homem, pode tomar proporções negativas quando esse instinto se amplia, mediante a razão, a um horizonte inesgotável de poder. Um poder de domínio sobre o outro que pode ser também de classes sociais ou de nações. A categoria da alteridade não é nova e foi delineada por Aristóteles quando tratou da virtude da justiça, mas, ao longo dos séculos, se apresentou de modo muito abstrato. A ética latino-americana a resgata com um sentido social concreto. Um sentido que no Evangelho conclama ao serviço, a ponto de dar a própria vida pelo outro[288].

E nesse sentido L. Alvarez retoma a questão da justiça como aquela virtude capaz de reconhecer no rosto de cada pessoa um direito radical à vida e aos bens necessários para viver. Então justiça é uma consciência de sentido. Ao buscar dar a cada um aquilo que lhe é próprio, cria no outro uma obrigação em lutar para que todos tenham o seu necessário e, desse modo, a justiça é uma *práxis*. A Teologia Moral deverá estar atenta para não tornar a virtude da justiça de acordo com um critério elitista de perfeição social, mas garantir que o direito natural e o direito positivo estejam universalmente assegurados a todos sem distinção[289].

E, finalmente, L. Alvarez aborda a questão da libertação mostrando a contraposição da ética utópica da ética ideológica. Falar em ética utópica significa falar em uma vida cheia de valores. O oprimido procura a libertação exatamente para fazer acontecer o seu projeto de vida que se estende à comunidade e à sociedade. A ética ideológica, segundo L. Alvarez, mascara os valores reais e manipula o sistema para manter uma consciência submissa dos seus cidadãos. A ética utópica, por sua vez, denuncia os interesses ocultos

---

286 Cf. ÁLVAREZ, L. J. G. "Fundamentos Filosóficos...", p. 158-161.
287 Cf. Ibid., p. 163.
288 Cf. Ibid., p. 163-167.
289 Cf. ÁLVAREZ, L. J. G. "Fundamentos Filosóficos...", p. 168-170.

do sistema e supera toda ideologia ao confrontá-la com a justiça, permitindo aos pobres condições sociais para fazer acontecer projetos de libertação historicamente viáveis[290].

J. Dominguez é o nono mediador no I CLATM e tem como tema as "Bem-aventuranças e Ética da Libertação". Para ele, esse é um tema diretamente ligado com a especificidade da ética cristã. Por ética cristã o autor entende a ética do próprio Cristo com a interpretação dada pelas primeiras comunidades[291].

Jesus anuncia as Bem-aventuranças como referencial do Reino de Deus. Um Reino para os pobres, em favor deles: felizes os pobres, porque o Reino de Deus lhes pertence; felizes os famintos, porque serão saciados; felizes os aflitos, porque serão consolados são as três proposições comuns em Mateus e Lucas (cf. Mt 5,3.5-6; Lc 6,20-21). Num paralelo com o profeta Isaías (cf. Is 61,1-6), pode-se dizer que não se referem a três grupos distintos, mas ao mesmo grupo: os pobres de Israel. O Reino de Deus chega aos pobres numa simultaneidade de presente e futuro, como presença do amor e da justiça de Deus, mas, acima de tudo, chega até os pobres porque Deus se fez humano, e por isso não pode aceitar esta situação[292].

Em Lucas há uma quarta Bem-aventurança em acréscimo: a dos sofrimentos dos discípulos. Neste Evangelho, os destinatários não são os pobres de Israel, mas os cristãos perseguidos: "Felizes sereis vós quando vos odiarem e vos perseguirem, detestando o vosso nome por causa do Filho do Homem. Alegrai-vos então, e escutai, porque grande será a vossa recompensa nos céus" (Lc 6,22-23). Lucas, então, tem uma perspectiva ética: "As Bem-aventuranças são um consolo e uma exortação aos cristãos pós-apostólicos para continuarem a missão de Jesus em meio às perseguições e sofrimentos. Embora essa perspectiva ética não esteja em primeiro plano, a fidelidade ao seguimento implica no cumprimento de uma exigência moral fundamental"[293].

Em Mateus, as quatro Bem-aventuranças em comum com Lucas, e as demais, apresentam um perspectiva ético-religiosa como a expressão de um imperativo para os seguidores de Jesus. Mateus quer mostrar um novo programa de vida em oposição àquele dos fariseus. É um corpo doutrinal que vale para todos os cristãos da comunidade com um cunho parenético. E por isso, J. Dominguez faz um pequeno resumo interpretativo de cada uma das Bem-aventuranças em Mateus e conclui fazendo uma ligação com a Ética da Libertação: 1) As Bem-aventuranças nos revelam o Pai que oferece a vida do Reino aos pobres do Continente; 2) Em Lucas, as Bem-aventuranças fortalecem e animam os pobres nas suas lutas para tornar presente na própria vida o Reino de Deus; 3) Em Mateus, o seguimento de Cristo, pela ação do Espírito se dá numa atitude de confiança e obediência ao Pai e leva a uma prática de que todos tenham vida, em particular os mais pobres e necessitados[294].

I. Gebara, religiosa, filósofa e brasileira, é a décima mediadora abordando o tema da mulher e sua contribuição à Teologia Moral na AL. Buscando alguns fundamentos antropológicos, a autora fala de Teologia Moral com humor, no sentido de que, às vezes, é necessário se desarmar um pouco e se entregar ao não habitual na reflexão ética.

I. Gebara define sua abordagem não pelos habituais e costumeiros caminhos de justificar a inferioridade sociológica da mulher, seja na história, seja nos espaços

---

290 Cf. Ibid., p. 172.
291 Cf. DOMINGUEZ, J. "Bem-Aventuranças e Ética da Libertação", p. 175.
292 Cf. Ibid., p. 178.
293 Ibid., p. 181.
294 Cf. Ibid., p. 192-193.

sociais, seja nas condições de opressões vividas e tantas outras. Para I. Gebara, não são suficientes. Sua abordagem toca direto a questão simbólica da mãe dos viventes: Eva. Segundo I. Gebara, "é da relação à Eva que nasce a negação de Eva, é do medo do poder de Eva que nasce a luta pela negação do poder de Eva, é pelo fascínio sedutor de Eva que nascem os antifeminismos"[295].

A mulher foi assimilada com muitas imagens negativas como fraqueza da carne ou volúpia e tentação, e muitos outros atributos que trouxeram consequências ao longo dos séculos. Para I. Gebara, este comportamento tem suas raízes na expressão feminina como uma força que escapa ao controle da razão e em torno dessa força se constrói mitos para a negação de seu poder: "o útero escuro, a profundeza da terra, as grandes águas, o leite que alimenta, o sangue que corre, o regaço que acolhe, seduzem e amedrontam ao mesmo tempo"[296]. E, assim, as mulheres e os homens assimilaram uma visão de medo diante das forças que atraem e apavoram, da qual a mulher é imagem. Isso causa certo medo e é esse medo que cria mecanismos para impedir um possível domínio desta expressão humana presente no feminino. Para I. Gebara, o que amedronta foi reduzido a objeto[297]. Na visão da autora, a mulher esteve sempre ausente e presente na elaboração da Teologia Moral cristã. Ausente, como sujeito na elaboração e, presente, como objeto de acusação.

Partindo da concepção do corpo como centro onde a vida se faz e onde tudo se conflui, a autora retoma o livro do Gênesis para lembrar como foi plasmado o corpo de Eva: do profundo sono de Adão. O corpo de Eva é sonho do outro, do seu dono, seu corpo é desejo de outro corpo. Eva não dorme e não sonha. E, segundo a autora, porque os homens, marcados pelo dualismo, confundiram seus próprios medos existenciais com o símbolo do pecado de Eva e, assim, o exorcizaram na história do cristianismo. Assim diz veemente a autora: "as igrejas têm medo dos corpos, principalmente do corpo da mulher". Temem abrir-lhe espaços porque estes exigirão uma nova organização do espaço e do poder sagrados, porque terão que habitar com corpos diferentes numa relação entre corpos de direitos iguais"[298].

Na perspectiva do Reino, o corpo é redimido, homem e mulher testemunham a redenção através da alegria e da liberdade e é por isso que a Teologia Moral deve esforçar-se para acolher uma antropologia unitária e superar os dualismos.

Para a autora, deve-se começar a fazer uma releitura bíblica que corresponda à história de um povo e não de um arquétipo do ser humano, de modo que haja um novo centro hermenêutico que recupere a memória das mulheres que se entregaram movidas pela paixão do Reino e, ao mesmo tempo, reelabore uma moral sexual que esteja mais de acordo com uma visão antropológica e não mítica do sexo, herdada do judaísmo e dos gregos. Enfim, para I. Gebara, a Teologia Moral tem uma grande tarefa "de reler as Escrituras a partir de um centro hermenêutico igualitário fundado em uma nova antropologia"[299].

"Bioética a partir do Terceiro Mundo" é o tema do décimo primeiro mediador, F. dos Anjos. Seu objetivo não é um tratado teológico-moral de Bioética, mas trazer à tona o que ele chama de "sensibilidades teológicas". E, para isso, parte da premissa

---

295 Gebara, I. "A mulher – contribuição à Teologia Moral...", p. 196.
296 Ibid., p. 198.
297 Cf. Ibid., p. 200.
298 Ibid., p. 203.
299 Ibid., p. 209.

de que o conceito de Bioética tem um lugar social. Como conceito abrange toda a ética da vida, mas ultimamente seu conteúdo tem sido limitado a uma ética médica, posicionando-a como uma filosofia moral da pesquisa e da práxis biomédica, como expressão de E. Sgreccia[300]. A Teologia Moral vem se esforçando para não se esquecer de aspectos mais amplos da ética da vida, discutindo temas que vão bem além da ética médica. Buscando princípios fundamentais para repensar a Bioética no Terceiro Mundo, é necessária uma cosmovisão em que o pobre seja visto. As duas premissas básicas da Bioética como ética da vida está no fato de a vida ser um valor em si, absoluto, sagrado e inviolável e, desse modo, a Bioética pensa a partir do indivíduo. O sentido "em si" da vida e do indivíduo deve ser assumido somente como um preâmbulo de uma reflexão dialética, que seja capaz de ampliar os horizontes para conhecer o concreto e o real da vida e do sofrimento das pessoas, não ficando só num fundamento abstrato e impessoal.

Para F. dos Anjos, esse contexto dialético em que a vida se situa, bem como as ideologias e mecanismos que manipulam a vida e estruturam a antivida devem ser abordados na Bioética latino-americana. São muitas as ingerências de fatores políticos, econômicos e sociais que, no Terceiro Mundo, estão diretamente ligados ao tema da ética da vida, como é, por exemplo, o tema da fome. Outros temas poderiam ser re-propostos e considerados a partir das ideologias e dos mecanismos que os produzem: arma, guerra, terrorismo, aborto. Assim, deve-se levar em consideração, na Bioética latino-americana, o lugar social a partir de onde se tecem os seus pressupostos[301].

Numa aproximação socioanalítica, para F. dos Anjos, demonstra-se com clareza a ingerência do social em suprir as necessidades básicas da vida, na qual a vida é atropelada e estressada e por onde a Bioética deve fazer uma análise sócio-crítica nas pegadas da pobreza e da miséria. Do ponto de vista filosófico, a Bioética latino-americana fundamenta-se numa chave dialógica, isto é, numa possível metafísica da alteridade, na qual só se entende o ser humano em face ao outro, criando, assim, um princípio de sociabilidade e subsidiariedade que permitem uma sociedade mais justa. E, por fim, numa aproximação hermenêutico-teológica, a base de reflexão está no conceito de um Deus que é Pai de todos e nos faz todos irmãos: "Eu vim para que todos tenham vida e a tenham plenamente" (Jo 10,10). Abre-se, assim, para a Bioética, o valor da gratuidade[302].

F. dos Anjos entende que a dinâmica para superar uma visão restrita da Bioética, apenas como reguladora das liceidades morais, é que ela possa buscar alternativas em meio a situações que constituem ameaça à vida, transformando a realidade, num projeto para uma nova sociedade. Nesse sentido, o autor aponta as seguintes propostas: 1) Os temas concretos que compõem a Bioética são de desafio prático e, por isso, se devem incluir também os temas relacionados à infraestrutura básica de vida, considerando a vida real do pobre; 2) A forma de se obterem as normas morais concretas devem considerar a vida dos pobres, levando em conta o cunho relacional da vida humana; 3) Que os pobres também sejam colocados como interlocutores das normas práticas de Bioética; 4) Considerar sempre a utopia cristã como elemento necessário para as normas morais práticas da Bioética, para garantir ao pobre que a situação vigente não é permanente[303].

---

300 Cf. Sgreccia, E. *Bioética*. Manuale per medici e biologi. Milano: Vita e Pensiero, 1986, p. 27 apud Anjos, M. F. dos. "Bioética a partir do Terceiro Mundo", p. 213.

301 Cf. Anjos, M. F. dos. "Bioética a partir do Terceiro Mundo", p. 221.

302 Cf. Ibid., p. 224.

303 Cf. Ibid., p. 228.

O décimo segundo mediador é E. Barceló, costa-riquenho, da Ordem dos Esculápios, que abordou o tema da "Ética e políticas demográficas". Ele, na verdade, faz uma retomada do pronunciamento do Magistério sobre o assunto e, diante da imposição do neomaltusianismo norte-americano sobre muitos dos países latino-americanos, destaca seis pontos.

Primeiro em relação à acusação de que a Igreja está a favor do crescimento demográfico descontrolado. Em *Medellín*, Paulo VI, na inauguração da Conferência, expressou que a doutrina da Igreja não é a favor de uma cega corrida à superpopulação, não diminui a liberdade e a responsabilidade dos cônjuges e não impede medidas terapêuticas legítimas. Lembra também as palavras dos Bispos da República Dominicana de que a Igreja aprova uma legítima regulação da família e a defende. Os Bispos do México, por sua vez, expressam que reconhecem uma honesta regulação da natalidade[304]. Nesse sentido, Barceló fundamenta-se nos documentos magisteriais. Para ser lícita essa regulação, devem-se dar duas condições: que seja fruto da paternidade responsável e que seja feita por meios moralmente lícitos (cf. *GS* 51; *HV* 14.16)[305].

O segundo aspecto que se deve levar em conta é a existência de inúmeras uniões irregulares, em que superam em número os matrimônios canônicos ou meramente civis, o que afeta a educação sexual e o equilíbrio familiar.

O terceiro aspecto é a posição da Igreja em afirmar que a solução do problema demográfico estaria em um desenvolvimento econômico e social que conserve e aumente os verdadeiros bens do indivíduo e de toda a sociedade (cf. *MM* 192)[306].

O quarto aspecto é uma denúncia de que as campanhas natalistas eram um ato de agressão dos países ricos contra os pobres (cf. *FC* 30)[307].

O quinto aspecto é a denúncia de que diversos episcopados faziam críticas referentes à política demográfica que tem por finalidade a dominação internacional e visa conservar o bem-estar dos países desenvolvidos para manterem uma situação de dependência.

O sexto e último aspecto é o papel do Estado, que, dentro de sua competência, deve intervir de maneira conveniente de acordo com as exigências da lei moral, respeitando a justa liberdade dos esposos (cf. *PP* 37)[308].

Com o tema "A dívida externa e a vida dos pobres", dois irmãos coreanos apresentam-se: J. Mo Sung e H. Mo Sung. Ambos leigos, naturalizados brasileiros, sendo que o primeiro é teólogo da moral e o segundo é analista econômico. O tema era de grande relevância na época do I CLATM, tanto que uma comissão pontifícia tratou exclusivamente sobre o assunto[309].

---

304 Cf. Barceló, E. B. "Ética e Políticas Demográficas", p. 238.

305 Cf. Ibid., p. 238.

306 Cf. Ibid., p. 239.

307 E. Barceló também cita um trecho do discurso de Paulo VI na Conferência Mundial das Nações Unidas sobre a alimentação, em Roma 1974: "é inadmissível que os que têm o controle dos bens e dos recursos da humanidade procurem resolver o problema da fome impedindo aos pobres de nascer...", in L'Observatore Romano (ed. Espanhola) 307 apud Barceló, E. B. "Ética e Políticas Demográficas", p. 240.

308 Cf. Barceló, E. B. "Ética e Políticas Demográficas", p. 241. Seria uma via indireta de atuação, isto é, por meio da educação, segurança social, formação de consciência solidária.

309 A pedido do Papa João Paulo II, a Pontifícia Comissão de Justiça e Paz refletiu sobre os critérios de discernimento para uma consideração ética da dívida internacional. O documento foi publicado em dezembro de 1986. Em português, foi editado pelas Paulinas: Pontifícia Comissão Justiça e Paz. *A serviço da Comunidade Humana*. Uma consideração Ética da Dívida Internacional. São Paulo: Paulinas, 1987.

A primeira consideração que os mediadores fazem é sobre a relevância e a pertinência que pode haver entre Teologia e Economia. Quanto à pertinência, o argumento é tirado de São Tomás, quando este se refere que "a Teologia trata de todas as questões com referência a Deus, isto é, observando o seu objeto formal – o que define uma ciência – toda a realidade pode ser o seu objeto material"[310]. No que se refere à relevância, os autores destacam que, mesmo não sendo o ordenamento econômico uma questão da fé, porém, está diretamente ligado a uma aplicação desta e, por isso, a economia é tratada no âmbito da ética e não da Teologia. E é nesse sentido que, do ponto de vista da TdL, Deus é um Deus da vida e, portanto, da vida humana na sua materialidade. Sendo a economia o âmbito da produção e reprodução dos bens materiais que são necessários para essa vida humana, há uma relação íntima entre a Teologia e a economia. Assim, a TdL não pode fazer uma opção preferencial pelos pobres sem tocar na questão da produção e reprodução dos bens materiais necessários à vida humana[311].

Contextualizada a causa da dívida externa, a partir especialmente na década de 1970 com os choques petroleiros fazendo cair os preços das matérias-primas e o fluxo dos petrodólares com seus investimentos ambiciosos, os autores fazem todo o caminho traçado pela sequência de crises econômicas internacionais. E o Brasil, em 1986, estava com a maior dívida externa de todos os países da América Latina: 110 bilhões de dólares[312]. Para pagar os juros dessa dívida, os países deveriam conseguir dólares, ou emprestando ou aumentando o seu *superávit* comercial. E, então, começa um círculo de grandes consequências sociais: a baixar custos de mercadorias para exportar mais, a baixar salários, aumentar a produção e diminuir o consumo interno, e assim se engorda o capital financeiro internacional. "Em Mali – um país pobre da África – por exemplo, a produção alcançou níveis nunca antes atingidos, mas ao mesmo tempo a população passou tanta fome"[313]. Para os autores, o custo social da dívida externa é comparável ao sacrifício de Moloch (cf. Lv 20,3), pois é o próprio sangue do povo que alimenta esse deus sanguinário que pertence ao novo sagrado que é o mercado.

Os autores analisam as propostas da Comissão de Justiça e Paz e fazem uma crítica a alguns pontos do documento que não correspondem à realidade e deixam a desejar: 1) Propõe-se que os agentes econômicos e financeiros mudem a prioridade de suas ações econômicas, mas não se questionam as teorias econômicas que fundamentam essas ações. 2) A Comissão propõe que pelo incentivo ao crescimento econômico se possa também pagar os juros das dívidas. Mas isso significa fome e estagnação econômica e entra em contradição com a proposta cristã. Sem mudanças nas regras do comércio internacional e do sistema financeiro, não existe mágica. 3) Em relação aos credores, pede-se uma ética de solidariedade, o que, para os irmãos Mo Sung, é uma fantasia no sistema vigente. Os bancos são grandes conglomerados, propriedades de acionistas que têm em torno deles o único interesse de especular para ganhar. No fundo dessa história não se pode esquecer de que o sistema financeiro internacional se organizou para que os Estados Unidos pudessem ter a hegemonia de suas moedas e de sua política. É neste contexto, portanto, que se deve entender o papel do próprio FMI. A ética de solidariedade prevista no documento da Comissão

---

310 Mo Sung, J.; Mo Sung, H. "Dívida Externa e a vida dos pobres", p. 244. Trecho escolhido pelos autores para fundamentar seus argumentos (*Suma Teológica* q.1, a.7).

311 Cf. Ibid., p. 245.

312 Cf. Ibid., p. 251.

313 Ibid., p. 254.

Justiça e Paz é coerente como enunciado teológico, mas, como ética de intencionalidade, carece do fato de não levar em conta as estruturas que produzem efeitos colaterais. A forma de articular a ética da solidariedade não está adequada.

A palavra final dos autores está na proposta de uma Nova Ordem Econômica Mundial, com a criação de uma nova ordem social nos países capitalistas dependentes-pobres: "a morte provocada pelo atual sistema econômico internacional e a crise da dívida externa, é mais que um pecado social, é um caso de idolatria..."[314].

O décimo quarto mediador é J. de Santa Ana, nascido no Uruguai, metodista, teólogo. Continuando o tema anterior, o autor faz uma reflexão sobre a possibilidade de uma mudança ética na questão da dívida.

Para ele, em primeiro lugar, é uma questão de justiça. Herdamos duas perspectivas do termo justiça, aquela de raízes judaicas, na qual Deus age a partir dos oprimidos, e aquela grega, em que no símbolo da balança se deve dar a cada um aquilo que lhe corresponde. Naturalmente que, nos países latino-americanos, essa balança está completamente inclinada em favor dos que têm poder econômico. Com o mesmo raciocínio do ensaio anterior, o autor lembra das consequências injustas na busca de se pagar os juros da dívida: a baixar os preços dos produtos no mercado internacional, diminuir o consumo interno, arrocho salarial e enormes sacrifícios para o povo. Faz-se uma violência contra os mais pobres e cria-se uma sociedade mais violenta. Na leitura de justiça judaico-cristã, quando os pobres não são levados em consideração, há um agravamento da condição social, o que pode ocasionar uma reação que o autor chama de espiral de violência[315].

Outro aspecto fundamental é que a dívida vai se tornando um empecilho, um obstáculo para uma garantia das necessidades básicas da população, o que significa uma questão de vida. A contradição da realidade social com o superávit alcançados na balança de pagamento com o comércio exterior é, no mínimo, um escândalo.

O terceiro ponto reforçado pelo autor é a instabilidade social que a dívida gera nos países devedores. Mesmo que esses países honrem seus valores de democracia, bem-estar social e paz para a população, são obrigados a se adaptar à pressão de pagar valores exorbitantes de juros que os impedem de exercer uma verdadeira democracia com todos os valores que ela contem. Desse modo, a democracia corre o risco de ser vítima daqueles que nunca a aceitaram e buscam organizar regimes autoritários sobre o povo. Retomando a visão bíblica, poder-se-ia argumentar com uma possibilidade de perdão da dívida, como fazia a tradição hebraica quando essa se acumulava ao longo de cinquenta anos. Assim, é preciso fazer valer os valores da justiça, da vida humana, da democracia, dos direitos dos trabalhadores. A questão da dívida exige novas alternativas de formulação corajosa. O dinheiro e a mercadoria não podem estar acima das pessoas[316].

Enfim, o autor remete-se à questão do sagrado. Parece que o secularismo invadiu a área da economia do mercado e esse não admite nenhuma possibilidade transcendente na organização econômica. Essa separação radical fez criar em torno do tema uma rigidez, um dogmatismo tal que parece ser inquebrantável. Não se pode ousar em propor mudanças nas leis do mercado e nos parâmetros estabelecidos para o pagamento da dívida, sob o risco de ser considerado um perigo para o equilíbrio da

---
314 Mo Sung, J.; Mo Sung, H. "Dívida Externa e a vida dos pobres", p. 265.
315 Cf. Santa Ana, J. "Postulado por uma mudança ética na questão da Dívida", p. 270.
316 Cf. Ibid., p. 272-275.

ordem estabelecida. Segundo J. de Santa Ana, houve um deslocamento do sagrado para um deus escondido que exige sacrifícios para a sua manutenção. J. de Santa Ana afirma que é necessário se voltar contra esse falso deus, pois é uma questão de vida ou de morte: "novas regras, novos tipos de comportamento regidos por novos princípios, orientados para a formação da justiça, da vida, dos valores novos, e, sobretudo, da consciência de uma solidariedade fundamental entre todos os seres humanos especialmente os mais pobres"[317].

Como décimo quinto mediador, B. Leers desenvolve o tema de como "ensinar Teologia Moral na América Latina". B. Leers, com seu costumeiro bom humor, faz um tributo aos manuais de H. Noldin, A. Tanquerey e A. Arrégui, dizendo que estes descansam em paz nas bibliotecas porque seu tempo já passou. Apresenta como referencial de manuais a Moral Renovada de B. Häring, M. Vidal e Práxis Cristã. O ponto crucial para B. Leers é que, na situação de carência de professores e do acúmulo de serviços pastorais, a solução é explicar o texto de um manual e, neste sentido, a Moral Renovada tem respondido bem aos apelos do Concílio Vaticano II, porque valoriza a questão bíblica e a teologia de conjunto com uma linguagem mais atual. Para explicar um pouco da crise no ensino de Teologia Moral, B. Leers aponta algumas interferências na transmissão[318].

Para B. Leers, o ensino da moral é sempre contextual, e deve-se levar em conta a mobilidade social que amplia o sistema de valores morais e se defronta com modelos diferentes daqueles tradicionais. Há uma ruptura da unidade moral por um pluralismo social. Essa pluralidade se dá numa esfera mais global com bandeiras de liberdade, direitos humanos, paz, justiça e ecologia. Porém, há um desgaste e uma imoralidade que se espalham nas relações de família, de trabalho, da política e na sociedade como um todo, criando instabilidade.

Na Igreja, há uma divisão interna que testemunha uma contradição. Há um conservadorismo tradicionalista, por um lado, que se mantém nas velhas ideias de pecado, propriedade e família com a separação dos dois mundos e, por outro lado, a revolução de movimentos de emancipação. Isso cria uma defasagem entre a doutrina oficial da moral da Igreja com a prática das pessoas[319].

Outra questão de fundo para B. Leers é a clericalização da moral, que, às vezes, parece ser feita pelo clero e para o clero. Normalmente com o seu público reduzido aos cursos seminarísticos, o professor de moral limita a teoria para o ensino centrado no clero. "Como agentes e formadores da moral cristã, os leigos não chamam ainda atenção, numa Igreja preocupada com seus quadros profissionais"[320]. B. Leers também lamenta profundamente a falta de acolhida da mulher na produção da Teologia Moral, assim como a necessidade de um estudo sistemático dos sistemas morais do povo para a construção de uma Teologia Moral para a AL.

B. Leers também apresenta a questão de uma adequação na linguagem teológico-moral que seja aberta à realidade de todas as pessoas. No universo católico, a linguagem teológica vem melhorando com a ajuda da filosofia e das ciências humanas, mas é preciso dar um passo adiante no que se refere ao discurso aos não católicos, aqueles que estão num outro universo de compreensão, para que

---

317 LEERS, B. "Ensinar Teologia Moral na América Latina", p. 277.

318 Cf. Ibid., p. 280.

319 Cf. Ibid., p. 283.

320 Ibid.

possamos construir pontes de comunicação prática e solidária na realidade latino--americana[321].

Valorizando a experiência vivida nas CEBs e em outros movimentos populares da América Latina, B. Leers resgata um projeto de ensino da moral que esteja voltado para os apelos da vida, à luz da fé cristã e no impulso da caridade que as comunidades testemunham nas suas lutas diárias. Uma moral que não esteja voltada exclusivamente à formulação de normas exatas com suas previstas soluções, mas focalizada no papel da consciência cristã solidária, responsável e livre. É a liberdade que começa, colabora e impulsiona para a construção de uma sociedade melhor. É, enfim, o suporte para uma práxis moral[322].

Priorizando um ensino moral que seja centrado na pastoral, B. Leers procura recuperar a linha do Concílio Vaticano II, que deu ênfase à formação do povo de Deus. Assim, as experiências pastorais e a práxis das comunidades locais se tornaram referência para a reflexão. Nesta experiência, valoriza-se uma dinâmica histórica da moral e se reconhece formas de transição teórica e prática na sua elaboração. Desse modo, propõe um projeto de educação que tenha em consideração: 1) Aperfeiçoamento dos conteúdos cognitivos; 2) A formação recíproca de consciências morais que participam do processo; 3) O treinamento pastoral mútuo, num intercâmbio de liberdades e respeito à alteridade. Para isso, é necessário uma metodologia que exige grupos de trabalho em contraposição ao ensino vertical. "A educação se torna triangular: 'os presentes se educam a si mesmos, o professor educa os estudantes, e os estudantes se educam mutuamente, inclusive o professor'"[323].

Em relação ao conteúdo, muitas vezes, o modo abstrato de abordá-lo na Moral Fundamental dificulta a compreensão e causa desinteresse. Um método prático, especialmente na AL, é trabalhar com a sensibilização dos temas, pois inclui a afetividade no ensino-aprendizado e cria confronto de ideias. Porém, para não ficarem limitados a sua visão de mundo, é necessária uma mediação do estudo das ciências humanas como a psicologia, a sociologia e outras que colaboram a superar a estreiteza das percepções pessoais e aprofundar com mais propriedade os temas que foram sensibilizados. Buscar na Tradição e na exegese mais interlocutores no processo de aprendizagem ajudará a perceber a riqueza do debate também ao longo da história. Porém, a melhor de todas as virtudes é a modéstia, pois "o ensino da Teologia Moral vai abrir largos horizontes, visões amplas. No mesmo movimento, os agentes morais precisam ter a humildade de aceitar, que o único lugar onde podem agir é o lugar limitado em que estão com as possibilidades reais, também limitadas, que lhes estão à disposição"[324].

Em relação ao Magistério, o professor deve levar em conta uma seleção criteriosa de textos pontifícios e episcopais como material indispensável e obrigatório, mas lembrando que estes não respondem a todos os desafios das situações concretas da vida, e é sempre a pessoa adulta mesma que forma a sua consciência e deve buscar as razões que julga verdadeiras e justas. E não faltam conflitos também entre o que os professores de moral ensinam, com o grande fluxo da vida que influencia a vida dos estudantes. Por isso, segundo B. Leers, é necessário um senso crítico, a garantia

---

321 Cf. Ibid., p. 286.
322 Cf. Ibid., p. 289.
323 Ibid., p. 296.
324 LEERS, B. "Ensinar Teologia Moral na América Latina", p. 304.

da liberdade de expressão e uma sinceridade mútua para favorecer um diálogo aberto de convergência solidária[325].

Para falar do tema "Ética e Evangelização das Culturas", M. Brunero apresenta-se como mulher, leiga, latino-americana-argentina, não tomista. Para a autora, a questão da especificidade da ética cristã vem sendo muito discutida, especialmente pela secularização e a influência de intelectuais católicos e franceses[326]. Segundo M. Brunero, o *proprium* que distingue a moral cristã se baseia em três correntes: 1) A ética cristã não tem normas próprias e não se distingue da ética que chega aos não cristãos. Como representantes dessa linha, temos: F. Böckle, que acredita numa comunicabilidade racional dos valores; J. Fuchs, que ao se referir às categorias do ato moral pressupõe que os atos morais verdadeiramente humanos são antecipação implícita da lei de Cristo; H. Küng, que acentua a realidade do homem como ser moral e o cristão como radicalmente humano. 2) A ética cristã tem normas que não são alcançáveis sem a ajuda da fé. Nesta visão, a conduta cristã aparece diferente e superior. H. Balthasar afirma que uma ética cristã só pode ser elaborada a partir de Jesus Cristo, e na fé, a norma cristã adquire universalidade; P. Delhaye, na submissão radical da inteligência e da vontade às moções do Espírito Santo consiste a verdadeira liberdade; D. Tettamanzi afirma a existência de uma cosmovisão religiosa em toda ética. 3) Há uma necessária autonomia da moral, porém a fé tem seu papel determinante no comportamento. R. Simón diz que não existe uma ética cristã no conteúdo porque essa corresponde à razão; K. Rahner fala dos "cristãos anônimos". Insiste na humanidade do cristão e tal carga humana se realiza do ser cristão; M. Vidal afirma que a ética não é essencial, mas integral ao cristianismo. É a mediação de práxis da fé, esta impulsiona a partir de dentro um processo de racionalidade ética[327].

Assim, parece que M. Brunero aponta para uma tensão entre o âmbito da autonomia da moralidade com as outras concepções da ética. E segundo M. Vidal, essa tensão é necessária para não nos fecharmos em uma visão parcial, deixando predominar o individualismo, o imanentismo, o indiferentismo ou uma tentação de assepsia universal[328]. Por outro lado, quando há uma incidência da cosmovisão religiosa na conduta moral, M. Brunero aponta os perigos da alienação, autoritarismo e imperialismo cultural e manipulação. Desse modo, para a autora, é necessário "reiterar que a expressão plena do humano inclui a autonomia substantiva do moral e a cosmovisão adjetiva do religioso, (ou não religioso, segundo o Documento de Puebla 389)"[329].

No que se refere à base antropológica, a autora recupera as três relações elementares do ser humano: com os homens, com o cosmos e com a transcendência, isto é, um ser comunitário, histórico, livre e libertador. Lendo a vida, do ponto de vista cristão, temos a realidade do mistério cujo centro é Jesus Cristo. É Ele o dom do Pai pelo Espírito que nos revela sua existência do seio da Trindade, isto é, Trindade, Encarnação e Ressurreição são os mistérios centrais da nossa fé. A autora, então, articula os temas assim: "o cristão é o homem que vive sua vocação humana, comunitária, em uma exigência de amor à imagem da Trindade; histórica, em um compromisso

---

325 Cf. Ibid., p. 309.
326 Cf. BRUNERO, M. A. "Ética e Evangelização das Culturas", p. 312. Aqui a autora se refere à XXVII Semana de Intelectuais Católicos Franceses de 1966.
327 Cf. Ibid., p. 314-316.
328 Cf. Ibid., p. 317.
329 Ibid., p. 318.

de fé pela força da Encarnação; livre e libertadora, em uma tensão de esperança em virtude da Ressurreição"[330].

Nessa perspectiva, os cristãos têm um modo de evangelizar intramundano que não escapa da cultura. Portanto, a autora considera que a ética dos cristãos é igual a dos não crentes e elas se encontram na dignidade da pessoa humana. Por viver no plano moral e religioso, o cristão não pode se eximir do compromisso ético e, assim, evangeliza através do seu testemunho e experimenta da presença operante e salvífica de Cristo na cultura em que vive plenamente como homem[331].

O décimo sétimo mediador é L. Barazzutti, salesiano italiano e residente em Buenos Aires, que faz uma análise crítico-pastoral sobre a Teologia Moral Renovada (TMR) a partir dos 25 anos do Concílio Vaticano II. Sua primeira consideração é o impulso que o Vaticano II deu à TMR, a qual já apresenta sua linha de destaque, que é a moral da autonomia, e, ao mesmo tempo, já se apresentam seus críticos, inspirados na TdL. E cita T. Mifsud, A. Moser, F. Rejón e F. Ferrero. Para L. Barazzutti, a TMR "é moral científica, de base bíblica, moral de metas, a serviço de todos os fiéis, em diálogo com as ciências e o pensamento contemporâneo, e aberta ao diálogo"[332].

O primeiro problema que nos apresenta L. Barazzutti é que a TMR, num momento inicial, causa confusão e atordoamento nos cristãos, deixando-os "sem o chão". Frente a essa insegurança na hora de fazer decisões e opções, os cristãos vão buscar um porto seguro, ou na própria Teologia Moral Tradicional, ou nas outras ciências, como a psicologia, ou até na legalidade pública, de modo a recuperarem alguma credibilidade. L. Barazzutti considera que a TMR, na sua proposta, não é acessível a todos, e são poucos os que conseguem "ver que ser responsáveis ou fiéis a Cristo nos termos da TMR é uma tarefa árdua, de discernimento mantido e de grande maturidade ou prudência cristã"[333].

De acordo com as impressões mais correntes, L. Barazzutti considera que isso se deve: 1) À linguagem existencial-personalista, de conteúdo científico, elaborado de pressupostos de diferentes autores. Assim, para o leigo, a TMR está muito distante de ser clara e de identificá-la com a Palavra de Deus; 2) Os pontos de referência da TMR se situam no nível dos grandes horizontes de comportamento. Apresenta-se como uma literatura elegante, mas muito resistente a oferecer normas específicas e determinantes para a decisão moral; 3) A TMR leva a uma insegurança na concepção popular das decisões morais, porque, buscando ser aberta às diferentes possibilidades de análise dos temas, oscila demais nas conclusões e suscita nos destinatários dúvidas e angústias. O uso demasiado do tempo verbal no condicional, segundo L. Barazzutti, compromete uma definição clara dos parâmetros esperados pelo povo; 4) A necessidade de apresentar uma Teologia Moral Fundamental com aprofundamento na Escritura e no Magistério da Igreja. No que se refere à Palavra, é importante sempre um indicativo irrenunciável do qual flui um imperativo (sempre com a devida exegese e hermenêutica). A partir disso, apresenta-se uma normativa concreta que possa ajudar a discernir o absoluto e o relativo, o universalmente vinculante do meramente histórico e provisório. No que se refere ao Magistério, o critério é que esteja de acordo com a eclesiologia do Vaticano II; 5) No que se refere à Teologia Moral

---

330 BRUNERO, M. A. "Ética e Evangelização das Culturas", p. 324.
331 Cf. Ibid., p. 326.
332 Ibid., p. 328.
333 Ibid., p. 329.

Geral, é importante aprofundar as questões conflitivas. Não à maneira da Teologia Moral Tradicional – com a limitante ideia da circunstância – nem mesmo como o existencialismo que não dá importância às questões de limites, como se elas fossem necessariamente já conhecidas, mas como uma visão da vida real que ajude a pessoa nas suas últimas decisões pessoais, sem rigorismo e sem laxismo, mas sempre com prudência; 6) No que se refere à Teologia Moral Especial, é necessário esclarecer os conceitos de natureza e de pessoa humana e sua inter-relação. Porém, com o devido cuidado para não cair em naturalismo e nem personalismo exagerado, mas respeitar nos fatos a estrutura pessoa-em-natureza-humana (no mundo – com os outros – aberta para Deus em Cristo)[334].

Diante disso, L. Barazzutti recorda que não é renunciando a sua cientificidade que a Teologia Moral irá se transformar em uma moral para todos, mas é através da pregação, da catequese e da formação que se pode encontrar meios de abranger seus princípios a todo povo de Deus. O povo de Deus precisa de prescrições que ajudem como ponte com os valores e princípios e que sejam eficazes. Também requer modelos dinâmicos ou indicadores sugestivos de como agir no aqui e agora e ser fiel a Cristo. L. Barazzutti propõe uma segurança moral através da consciência responsável, segurança da pessoa responsável: "é a conquista progressiva da autonomia pessoal através dos princípios e normas, como mediadores necessários e úteis para o agir humano e para sua maior objetividade"[335]. Para o autor, esse é um caminho seguro pelo qual se pode evitar o subjetivismo moral e confirmar a maioridade dos leigos na Igreja. Termina numa defesa contundente da TMR: "é uma moral energicamente libertadora do homem em todas as suas dimensões e em qualquer situação pessoal e social que se encontre"[336].

O último mediador do I CLATM é N. Masi, xaveriano, italiano, teólogo da moral, que abordou o seguinte tema: "O Projeto Reino nas Mediações Históricas". Deparamo-nos com três visões de Reino, segundo N. Masi: 1) O Reino Intra-mundano, no qual se acredita ser possível a realização da felicidade plena já aqui na Terra. A religião e a ética são um empecilho para essa realização porque distraem o homem e o alienam. Deve-se lutar para alcançar esse projeto; 2) O Reino ultramundano, ao contrário, tem uma visão para o além, e é para lá que todas as forças do homem devem se convergir. Tem como base um espiritualismo excessivo e de plena resignação; 3) O Reino histórico-escatológico é aquele onde céus e terra estão envolvidos. Ele está próximo (cf. Mc 1,15; Mc 3,2; 4,17; 10,7; Lc 10,9), está no meio de nós (cf. Lc 17,21; 11,20; Mt 12,28) e será condividido no Banquete escatológico (cf. Mt 8,11; Lc 13,28).

Assim, N. Masi vai delineando a proposta do Reino como a centralidade de toda a pregação de Jesus e tem como conteúdo a própria Soberania de Deus em vista de uma mudança de uma ordem não desejada, como já anunciava o profeta Isaías (cf. Is 2,4; 28,8; 65,17-18) preanunciando novo céu e nova terra onde lobo e cordeiro pastarão juntos (cf. Is 65,19-25). Um Reino que trará consigo a libertação dos homens e inaugurará uma nova e definitiva maneira de viver, que perpassa não só o coração do homem, mas suas relações sociais[337]. Portanto, o Reino de Deus é histórico e escatológico, é o já e o ainda não, material e espiritual, pessoal e social.

---

334 Cf. BARAZZUTTI, L. "A 25 anos do Concílio Vaticano II", p. 336-337.
335 Ibid., p. 341.
336 BARAZZUTTI, L. "A 25 anos do Concílio Vaticano II", p. 342.
337 Cf. MASI, N. "O Projeto "Reino" nas mediações Históricas", p. 346.

Preferindo usar o termo profecia no lugar de utopia, N. Masi procura mostrar que aquela é sempre aberta à transcendência, é ruptura, é crítica, mas é também alteridade. E a profecia critica o sistema que queira ser absoluto, e procura recuperar o verdadeiro sentido da política, além de mostrar que o sistema histórico é só uma mediação, mas não é definitivo[338].

A primeira mediação necessária é em nível de conhecimento. Um empenho moral surge ao mesmo tempo da profecia e da realidade concreta. Assim, é preciso estudar as maneiras concretas de fazer realizar o Projeto, escolhendo o caminho mais adequado, detectando os sinais do antirreino e suas raízes. Para isso, deve-se estar atento de qual ótica se observa a realidade.

A segunda mediação é em nível da ação. Para implantar o Projeto, passa-se por duas vertentes: uma no espaço eclesial onde se celebra a fé e a outra no espaço civil onde se vive a fé. Na verdade, toda a argumentação de N. Masi é uma busca de justificar uma ética que tenha como fundamento central o Projeto Reino a ser implantado e que exige uma práxis libertadora. "Uma práxis é libertadora quando, de fato, elimina o conflito profundo existente no mundo entre opressores e oprimidos"[339]. Esse processo vai exigir uma profunda conversão não só individual, mas também social, que transforma radicalmente as estruturas. N. Masi incentiva uma verdadeira organização das forças eclesiais, políticas e sociais, pois todos são chamados a dar a sua parcela de colaboração. E na sua posição mais radical, N. Masi aposta em uma ética genuína de confronto: "ética genuína é aquela que influi ativamente no desenvolvimento da consciência de classe dos setores explorados; anima a uma organização articulada e a uma mobilização das classes subalternas, em vista de uma sociedade alternativa"[340].

### 5.1.12 Síntese da Fase 1

Depois de termos passado pelo conteúdo dos dez primeiros anos da SBTM, podemos fazer uma primeira tentativa de articulação dos dados através dos seus números:

Na Fase 1(F1) da SBTM, foram escolhidos 11 Temas Gerais (TG) dos quais 5 (cinco) deles foram classificados na área de Teologia Moral Fundamental (f) e 5 (cinco) foram classificados na área de Teologia Moral Especial (s), sendo que um dos temas mescla ao mesmo tempo as duas áreas (f+s)[341]. Foram debatidos 60 (sessenta) Temas Específicos (TE)[342], os quais, desmembrados em 130 (cento e trinta) Palavras-Chaves, seguem com os seguintes resultados: 25 (vinte e cinco) Palavras-Chaves foram classificadas no tema específico dos fundamentos da moralidade (fm) e 30 (trinta) no tema específico da moral geral (fg), 14 (catorze) foram classificadas no tema da moral da pessoa (sp) e 47 (quarenta e sete) como moral da sociedade (ss).

No que se refere aos temas específicos da Teologia Moral, há claramente uma predominância de referenciais na área social. Porém, no tocante às áreas, há uma aproximação entre Moral Fundamental e Moral Especial, isto é, foram 55 (cinquenta e cinco) termos classificados na área de Moral Fundamental (f) e 61 (sessenta e um)

---

338 Ibid., p. 350.
339 Cf. Masi, N. "O Projeto "Reino" nas mediações Históricas", p. 362.
340 Ibid., p. 367.
341 Cf. Apêndice, Tabela 1.
342 Cf. Apêndice, Tabela 2.

termos classificados na área de Moral Especial (s)[343]. Além disso, outros 18 (dezoito) termos foram classificados como pertencentes a outras áreas da Teologia e das ciências humanas (al).

Em relação aos mediadores, podemos apontar os seguintes números: dos 55 (cinquenta e cinco) mediadores que expuseram suas ideias e reflexões durante os 10 (dez) primeiros anos da SBTM, 39 (trinta e nove) são religiosos (r), 4 (quatro) diocesanos (d) e 12 (doze) foram leigos (l). Desses mediadores, 49 (quarenta e nove) são homens ($^m$) e 6 (seis) mulheres ($^f$). A participação de leigos como mediadores começou a partir do V Encontro em 1981, e das mulheres, a partir do IX Encontro, em 1985. No que diz respeito à formação dos mediadores, 36 (trinta e seis) deles tinham uma especialização em Teologia Moral (*TgMor*) e 19 (dezenove) em outras áreas (al/P). Um fato interessante é que, nesses primeiros anos da SBTM, o número de mediadores estrangeiros (al/N), que é de 30 (trinta), supera os mediadores brasileiros (BRA), que são ao todo 25 (vinte e cinco). Consequentemente, a formação na Europa (E) foi de 46 (quarenta e seis) mediadores contra 9 (nove) formados na América Latina (Am)[344].

No que se refere às fontes, temos os seguintes dados: como fonte referencial primária, temos 6 (seis) livros publicados (FRp), 31 (trinta e um) artigos de livros [FRp] e 13 (treze) artigos de Revistas [FR*p*]. As produções referenciais secundárias [PRs] somam 3 (três) e em 18 (dezoito) temas as fontes são desconhecidas (P/d)[345].

Percebe-se claramente, nesta fase, um rápido crescimento e expansão da SBTM, que deixa de ser um mero encontro entre professores de moral para uma troca de ideias e de colaboração fraterna, para se tornar uma associação organizadora de debates para toda a América Latina. Elabora um projeto de ação mais amplo quando passa de Encontros Nacionais de Professores de Teologia Moral (ENPTM) para Sociedade Brasileira de Teologia Moral (SBTM), em 1984. Com um estatuto, determina objetivos, conquista sócios, divulga suas propostas em nível nacional e organiza o seu primeiro Congresso Latino-americano de Teologia Moral (CLATM) em 1987, com a participação de moralistas de destaque nacional e internacional.

A SBTM consegue, ao final dessa primeira fase, conquistar credibilidade e de 12 participantes no primeiro encontro chegam a 70 no I CLATM, configurando-se como uma sociedade de cunho não só nacional, mas da América Latina. Já possui, nesse período, um Instituto de Formação em Teologia Moral, chamado *Alfonsianum*, bem como a produção de uma coleção de Teologia Moral na América Latina, pela editora Santuário.

Enfim, esta fase se caracterizaria como um salto de qualidade realizado pela Teologia Moral no Brasil. Uma primeira resposta à renovação exigida pelo Concílio Vaticano II. É o salto realizado da plataforma da Moral Tradicional e Clássica, que foi escalada degrau por degrau na formação dos teólogos moralistas no Brasil e, ao chegarem ao trampolim do Vaticano II e do Documento de *Medellín*, foram impulsionados a saltar, pois as águas da América Latina e do Brasil precisavam ser melhor exploradas.

---

[343] Cf. Apêndice, Tabela 3.

[344] Cf. Apêndice, Tabela 3.

[345] Cf. Apêndice, Tabela 3.

## 5.2 Fase II (1988-1998)

### 5.2.1 *Ética e Economia – 1988*

O XII ENSBTM realizou-se em São Paulo entre os dias 05 e 09 de dezembro. O 12TG teve como foco: "Ética e economia". Destaca-se o seguinte TE: "A Ética da economia capitalista", J. Santa Ana[346].

**Articulação dos principais argumentos dos Mediadores**

J. Santa Ana é leigo, uruguaio, teólogo metodista, e sua reflexão tem como foco a ética da economia.

Quando se fala em atividade econômica, temos que ter em conta ao menos três possibilidades de análise. A primeira é a postura dos que defendem o livre comércio e detêm o controle privado dos meios de produção. A segunda diz respeito à postura de socialização dos meios de produção, que fixam quantidades, custos e preços com objetivos de caráter social. E a terceira combina elementos da primeira e da segunda, quando se adere a livre iniciativa, livre comércio e competição, mas tem no Estado a tarefa de vigilância assegurando à sociedade suas necessidades básicas. Enfim, são as chamadas economias capitalistas, economias socialistas e economia social de mercado ou mista, respectivamente[347].

Diante dessa diversidade de teorias, é cabível perguntar se realmente existe uma ciência econômica ou, simplesmente, diferentes orientações ideológicas acerca do tema, que respondem aos diferentes interesses, como dos proprietários do capital, do Estado ou dos trabalhadores. Sendo assim, não poderíamos nem sequer falar em uma ética da economia, mas sim de "éticas de economias diferentes e contraditórias"[348].

A grande maioria dos países latino-americanos pertence ao mundo capitalista, e percebe-se que o discurso da Igreja, quando reivindica mais justiça e solidariedade, o faz considerando a ordem econômica vigente e, desse modo, uma injeção de moral seria o suficiente para que o capitalismo pudesse ser melhor. Porém, lembra J. Santa Ana que o capitalismo não é só um sistema econômico, mas um modo de viver, uma ideologia, uma cultura. Por isso, quando exigimos mais ética no sistema vigente, devemos compreendê-la na totalidade do sistema[349]. Desse modo, temos duas posições: uma que defende as virtudes que emanam do capitalismo, e outra que afirma a incompatibilidade em relação às questões morais. Seus representantes mais ortodoxos chamam de amoralidade. Quando se fala, por exemplo, de liberdade, não se trata do exercício da autonomia, mas sim da liberdade de mercado; não valores morais, mas valores de mercado. O exercício da liberdade deve estar de acordo com as leis do mercado.

Outro problema é a mística como é tratada a dinâmica social, como se uma mão invisível estivesse a impulsionar o progresso da sociedade. Para J. Santa Ana, o resultado nos mostra que não há nada de místico: "uma minoria desfruta dos lucros, e um segmento pouco mais amplo consegue partilhar do bolo, enquanto a grande maioria luta simplesmente pela sobrevivência"[350]. Porém, aos que defendem a mís-

---

346 SANTA ANA, Julio de. "A ética da economia capitalista". In: ID. *O amor e as paixões*. Crítica teológica à Economia Política. Coleção Teologia Moral na América Latina 5. Aparecida: Santuário, 1989, p. 69-94.

347 Cf. SANTA ANA, J. "A ética da economia capitalista", p. 69-70.

348 Ibid., p. 71.

349 Cf. Ibid., p. 72.

350 SANTA ANA, J. "A ética da economia capitalista", p. 75.

tica do capitalismo o fazem de modo a justificar a necessidade do sacrifício, como algo necessário para o bom andamento da sociedade como um todo.

Para qualquer atividade econômica, é necessário considerar os meios e os fins e, por isso, é importante estar atento ao processo que dissociou a economia da moral. Enquanto a ética está voltada para o âmbito do indivíduo, o sistema capitalista na sua estrutura nada tem a ver com as escolhas pessoais e o modo de vida de cada pessoa. Assim, trabalho e vida pessoal não se interagem. A consciência burguesa configurou os imperativos morais para a vida privada, e no que se refere à vida pública, esta foi modelada por outras exigências. A raiz dessa mentalidade está na evolução do espírito burguês, que, fugindo dos feudos, buscava nos burgos alternativa de sobrevivência e certa autonomia. Essa quebra da vassalagem, para certa independência, foi sendo aperfeiçoada ao longo dos séculos e revelou-se contrária a qualquer tipo de tradicionalismo, que remontava a uma vida na qual se contentava em ganhar o necessário para viver. Essa burguesia não teve medo de austeridade para se enriquecer e se saciar vivendo bem, e isso só é possível pelo trabalho. As virtudes são boas enquanto asseguram o crédito e, assim, a ética burguesa é uma ética utilitarista[351]. Desse modo, o trabalho é o sinal da sua maior virtude, uma verdadeira vocação, uma atividade ética privilegiada.

Contudo, esse espírito de virtude em torno de trabalho foi substituído por outro referencial quando falamos de mercado e concorrência: o que vale são os índices de produtividade. As motivações derivam da ideia hobbesiana de que o ser humano é guiado pelo apetite, pela cobiça, cólera e ambição, e, por isso, a concorrência tem de ser encaminhada. "Ninguém participa do mercado para fazer filantropia e, nesse âmbito, as relações não são nem racionais nem lógicas"[352].

De modo geral, J. Santa Ana quis retomar duas ideias centrais da antropologia de alguns clássicos: que o ser humano é movido por interesses, e que a tolerância, a restrição da ação do Estado e o exercício da liberdade são necessários para as bases do capitalismo. Recupera, também, a reflexão nietzschiana do dinamismo dessa vontade de poder: o lado ativo e as forças reativas.

Examinando isso, do ponto de vista da economia capitalista, temos a tipologia do que se empenha para multiplicação da vida e o tipo que é orientado pelo ressentimento. Para J. Santa Ana, o "ressentimento está na raiz da agressividade, da concorrência e da má consciência da burguesia"[353].

A burguesia capitalista, ao relembrar de sua raiz de servidão, age de tal forma que desencadeia uma reação agressiva contra a vida. É uma reação de autoafirmação, diante de tantas contradições que ela mesma criou como classe social em torno da concorrência. Muitas tragédias do nosso tempo podem ser explicadas a partir dessa orientação reativa da existência, em que a força da pessoa muda do polo positivo para o polo negativo e cria um permanente desejo de vingança[354].

Alguns traços desse ressentimento se fazem presentes e perceptíveis na moral capitalista: 1) É a inveja com a permanente capacidade de desprezar os demais; 2) A passividade, que o induz a tirar proveito de tudo; 3) Atribuir aos outros os erros, procurando culpados. Assim, a boa consciência do capitalista é de pensar que ele não prejudica ninguém. A justiça é exatamente a aceitação da injustiça. O oprimido é justo, paciente e humilde enquanto permanece nesse marco.

---

351 Cf. Ibid., p. 80.
352 SANTA ANA, J. "A ética da economia capitalista", p. 83.
353 Ibid., p. 87.
354 Cf. Ibid., p. 89.

Desse modo, ele estrutura seu ressentimento em religião, com seus sacerdotes, especialistas em inverter os valores, a convencer as vítimas do sacrifício, a aceitarem seus destinos.

J. Santa Ana, no entanto, afirma que o futuro é desejado pelos que amam a vida e, ao contrário do capitalista que se fecha para o futuro, é necessário acreditar na promessa de vida em plenitude e lutar por ela, pois trata-se de uma ética profética, que anuncia a volta do Messias, que nos livra do fardo do ressentimento e nos fará transitar por uma nova sociedade mais fraterna e mais humana[355].

### 5.2.2 Teologia Moral e Libertação – 1989

O XIII ENSBTM realizou-se em Petrópolis entre os dias 11 e 15 de dezembro. O 13TG teve como foco: "Teologia Moral Fundamental na perspectiva Latino-americana". Os TEs abordados foram os seguintes: 1) "Coordenadas básicas de uma Ética da Libertação – evolução histórico-teológica", M. Mayer; 2) "Crise de identidade da Ética", M. Brandão[356]; 3) "Aportes filosóficos na busca de identidade", M. Sassatelli; 4) "Deus na Ética da Libertação", J. Mo Sung[357]; 5) "Valores emergentes na Ética da Libertação", D. de Camargo; 6) "Requisitos éticos para uma nova evangelização", L. de Mattos; 7) "Consciência e conscientização", N. Agostini[358]; 8) "Liberdade e processo de libertação", L. Boff[359].

**Articulação dos principais argumentos dos Mediadores**

N. Agostini apresenta o ensaio sobre "consciência e conscientização". Para ele, a consciência é como o pivô da dinâmica educacional e pastoral no Brasil. Primeiramente, N. Agostini resgata a importância do Movimento surgido na cidade de Natal, no Rio Grande do Norte, onde, na década de 1940, houve um crescimento demográfico tal que levou a cidade a situações desumanas e intoleráveis. A Igreja se pôs à frente, tomando iniciativas de enfrentamento da pobreza com projetos de educação de base, através do serviço radiofônico e de uma alfabetização que visava à conscientização e à politização. Na década de 1950, esse processo desencadeou a organização de cooperativas e sindicatos nas comunidades rurais que buscavam mudanças das estruturas. A pobreza não era mais entendida como um fato natural e inevitável, mas era resultado de uma estrutura social que deveria ser transformada.

Outro movimento que N. Agostini destaca é o de Educação de Base (MEB), que foi uma proposta da CNBB, aprovada por decreto pelo então presidente Jânio Quadros, em 1961. O MEB foi se organizando em meio às populações locais, de tal forma que, além da alfabetização, se tornou um formador de lideranças animando as comunidades para mudanças sociais.

---

355 Cf. SANTA ANA, J. "A ética da economia capitalista", p. 94.

356 A autora produziu posteriormente duas obras de relevância: BRANDÃO, Margarida R. L. *Teologia na ótica da mulher*. Rio de Janeiro: PUCRJ, 1990; ID. *Mulher e relações de gênero*. São Paulo: Loyola, 1994.

357 J. Mo Sung tem uma vasta produção e, na época, destacavam-se duas delas: MO SUNG, Jung. *A idolatria do capital e a morte dos pobres*. São Paulo: Paulinas, 1989; MO SUNG, J. *Experiência de Deus*: mito ou realidade? São Paulo: FTD, 1991.

358 AGOSTINI, N. "Consciência e conscientização". In: *REB* 50 (1990) 7-24.

359 Destacamos as seguintes publicações: BOFF, Leonardo. "Liberdade e libertação: pontos de contato e de atrito entre o primeiro e terceiro mundo". In: *REB* 47 (1987a) 839-859; BOFF, L. "Exigências teológicas e eclesiológicas para uma nova evangelização". In: *REB* 47 (1987b) 120-144; BOFF, L. *O caminhar da Igreja com os oprimidos*. Petrópolis: Vozes, 1988; BOFF, L. "Evangelizar a partir das culturas oprimidas". In: *REB* 49 (1989) 799-839.

A partir do golpe militar de 1964, houve uma mudança de linha entrando de acordo com os parâmetros ditados pelo Governo: a visão de um "mundo sem conflitos e sem as desigualdades de riqueza e de poder"[360].

Outra figura de destaque é de Paulo Freire, que trabalhava como professor em Pernambuco entre 1946 e 1954. Seu método consistia em adaptar a linguagem e a prática pedagógica ao universo cultural das pessoas de modo a sistematizar um modelo de alfabetização eficaz e de curta duração.

Do ponto de vista teórico, o método tem na conscientização o elemento fundamental para uma educação libertadora. O método investe numa visão transitiva da realidade brasileira, em que uma sociedade fechada transita para uma sociedade aberta e os sujeitos se tornam participantes ativos na construção da história.

Essa conscientização da participação popular, através de movimentos populares e de lutas contra a opressão do Regime militar, proporcionou uma experiência também para a caminhada da Igreja.

A Igreja Católica foi tomando consciência da sua missão em relação à situação social-econômica do povo brasileiro, que sofria penúrias e marginalização num sistema que gerava cada vez mais pobreza. *Medellín* e *Puebla* expressaram este rosto latino-americano com uma nova consciência eclesial. A opção preferencial pelos pobres numa perspectiva de libertação integral é, ao mesmo tempo, uma busca de compreender as causas dessa pobreza buscando transformar essa realidade.

Com isso, a reflexão teológica passa a ter como referencial o que N. Agostini chama de irrupção dos pobres[361]. O pobre deixa de ser um mero receptor de ajuda, relegado a uma dimensão caritativa da Igreja, e passa a ser sujeito, construtor de sua história, capaz de decifrar o mundo e dar respostas às formas de miséria e marginalização. Houve, enfim, uma inversão de um movimento descendente para uma dinâmica ascendente, marcada do particular para o universal com a emergência de uma consciência histórico-eclesial.

Essa conscientização trouxe uma série de conflitos, tanto para o campo sociopolítico, como para o ético e moral. À medida que o sistema de valores das pessoas e das comunidades foi se aprimorando, com mais senso crítico, a própria Teologia passa a ser alvo de tensões.

N. Agostini refere-se a dois tipos de movimentos que predominaram na década de 1970: o vanguardismo e o basismo. O primeiro com a estratégia da vanguarda acreditava ser uma força de transformação da sociedade e foi duramente reprimido pelo Estado, e o segundo baseou-se na autonomia dos grupos sociais populares. Ambos, porém, mostraram seus limites especialmente quando assumidos de forma radical.

No processo de conscientização, deve-se levar em conta os condicionamentos próprios do ser humano, como a questão genética, biológica, psicológica. Outra influência sobre a consciência é da alimentação e do clima. Mas existe um tipo de condicionamento que pode ser fruto da manipulação e transformar-se em instrumento ideológico.

Para N. Agostini, a história do vocábulo "ideologia" mostra uma diversidade de interpretações, mas destaca que as leituras de A. Comte (1798-1857), de F. Nietzsche (1844-1900) e de S. Freud (1856-1939) trouxeram uma reflexão ligada também ao estudo das representações religiosas.

---

360 Agostini, N. "Consciência e conscientização", p. 7.
361 Cf. Agostini, N. "Consciência e conscientização", p. 10.

No século XX, as ideologias expressaram-se com sinais patológicos nas suas interpretações radicais: o nazismo, o stalinismo, o fascismo, o maccartismo e tantas outras manifestações levaram a humanidade ao terror. Cria-se uma base ideológica que leva à ortodoxia, isto é, uma verdade estabelecida que não pode ser questionada. Esta inflexibilidade é uma cegueira ideológica que busca conseguir alcançar seus objetivos por caminhos absolutos, cujos mediadores têm poder total. Nessa visão, a história se divide entre bons e maus e de forma maniqueísta o mau se torna o inimigo a ser destruído a qualquer preço. Assim, há um aparelhamento do Estado em relação aos seus serviços subjugando todos de acordo com sua visão de mundo.

As ideologias não podem ser compreendidas só do ponto de vista negativo, como instrumento de manipulação, mas, ao contrário, se deve reconhecer que elas têm uma influência direta sobre a consciência das pessoas. Por mais que tenham diferentes conotações políticas, elas trazem à tona a consciência de pertença a um grupo, a uma nação e exercem uma função de integração e unidade. Desta unidade pode-se descobrir forças que invistam em referenciais coletivos capazes de realizar ações em comum, julgando e agindo responsavelmente e, assim, construindo uma base de organização social.

O processo de conscientização pode colaborar para garantir uma sensibilidade e um espírito crítico frente a qualquer tipo de manipulação: "o grande interesse na conscientização reside no fato de que ela mobiliza o homem para uma reflexão crítica e uma ação responsável e engajada em seu tempo e seu espaço"[362]. Para N. Agostini, a conscientização é como um antídoto para qualquer tipo de manipulação que procura doutrinar e domesticar o homem, tornando-o cego à realidade.

Essa consciência crítica é um processo de evolução que envolve toda a existência do ser humano e que o faz se encontrar consigo mesmo, descobrir os outros e abrir-se para o transcendente. É uma consciência aberta ao diálogo e transitiva, isto é, amplia suas esferas de análise da realidade através de uma total interação com o mundo ao seu redor. O homem conscientizado é aquele que está inserido na história numa troca de saberes. Através de sua prática participativa constrói um processo permanente de geração de saberes, tornando-o capaz de engajar-se de modo crítico e responsável no seu ambiente social.

N. Agostini chama a atenção para dois bloqueios que podem ser um obstáculo ao processo transitivo da conscientização: a consciência mágica e a consciência fanática. A primeira representa uma degradação da consciência ingênua fechando o homem numa posição fatalista. A consequência disso é um tipo de domesticação da consciência, para mantê-la num estado de imersão, anestesiada. É utilizada para manter populações inteiras submissas, tornando-as um objeto passível de domesticar. A segunda representa um desvio da consciência que está começando a despertar, mas a consciência se torna submissa a um processo de regressão, como uma distorção da razão. É uma manipulação que freia qualquer tentativa de mudança histórica.

Assim, para superar esses bloqueios, é necessário que a consciência real, dentro dos limites de sua situação determinada, se transforme em consciência potencial através de um engajamento que viabilize o que parecia não ser possível: o inédito possível através da práxis. Esse é exatamente o papel da educação conscientizadora.

A consciência crítica não se limita somente a uma capacidade cognitiva frente à realidade, mas a uma ação que exige responsabilidade e se torna como uma media-

---

362 AGOSTINI, N. "Consciência e conscientização", p. 10.

ção entre os valores éticos e a realidade. Nesse sentido, para N. Agostini, a consciência é concebida como aquela que constitui um conjunto de regras e as torna viáveis, garantindo um sistema de valores e uma estabilidade social.

O problema é quando essas regras se pretendem absolutas, discriminando as outras morais eticamente constituídas. O perigo de um poder que quer dominar e domesticar a diferença pode levar à construção de falsos universais, absolutizando-os como ídolos. Somente uma intenção ética pode superar essa pretensão ideológica, promovendo princípios que estejam fundamentados não em pessoas ou sistemas políticos, mas numa consciência reta que defende princípios universais como igualdade, justiça, dignidade humana. A aspiração do homem ao verdadeiro e ao justo transcende uma visão relativista.

Para os cristãos, a consciência, além de ser a dimensão de encontro entre o humano e o divino, é também o lugar de encontro da comunidade eclesial. Na comunidade, existe uma prática de discernimento que favorece o compromisso e a participação, como um agir responsável da Igreja no mundo. Através do discernimento pessoal e comunitário, o homem encontra-se consigo mesmo, com o outro e com Deus numa existência histórica concreta, e professa sua fé em Jesus Cristo, tendo a Sagrada Escritura como fonte desse discernimento. Sempre atenta para não cair na tentação de domesticar a diferença, a comunidade cristã deve aprender a partir da sua história, reconhecendo seus erros e procurando não repeti-los. "Uma evangelização conscientizadora permite associar o ser humano em todas as suas dimensões ao crescimento responsável segundo o espírito de Deus que atua no mundo"[363].

Desse modo, N. Agostini finaliza afirmando que o processo de conscientização está diretamente ligado a um projeto de maturidade crítica no qual o homem responsável é aquele que sabe discernir. Um discernimento que atinge a existência da obra criadora de Deus e colabora, assim, para a realização plena dessa obra como imagem e semelhança do seu Criador.

### 5.2.3 Teologia Moral e Culturas – 1990

O XIV ENSBTM e o II CLATM realizaram-se em São Paulo, entre os dias 10 e 14 de dezembro. O 14TG teve como foco: "Teologia Moral e Culturas"[364]. Os TEs abordados foram os seguintes: 1) "Interpelações da Cultura para a Teologia Moral", F. dos Anjos[365]; 2) "Teologia Moral e o contexto histórico-cultural: alguns traços da Teologia do séc. XVI", F. Rejón[366]; 3) "Cultura e Evangelho: responsabilidade Ética", T. Mifsud[367]; 4) "Moral e Cultura: entre diálogo e etnocentrismo", A. Moser[368]; 5) "Perspectivas morais para a Evangelização da Cultura", M. Brunero[369]; 6) "Exílio,

---

363 AGOSTINI, N. "Consciência e conscientização", p. 24.
364 Os conteúdos desse Encontro correspondem à seguinte obra: ANJOS, M. F. dos (Coord.). *Teologia Moral e Cultura*. Aparecida: Santuário, 1992. (Coleção Teologia Moral na América Latina 8).
365 ANJOS, M. F. dos. "Interpelações da Cultura para a Teologia Moral". In: ID. (Coord.). *Teologia Moral e Cultura...*, p. 15-28.
366 REJÓN, F. M. "Teologia Moral e contexto histórico-cultural: alguns traços da Teologia do século XVI". In: ANJOS, M. F. dos (Coord.). *Teologia Moral e Cultura...*, p. 29-42.
367 MIFSUD, T. "Cultura e Evangelho: responsabilidade ética". In: ANJOS, M. F. dos (Coord.). *Teologia Moral e Cultura...*, p. 43-64.
368 MOSER, A. "Moral e cultura: entre o diálogo e o etnocentrismo". In: ANJOS, M. F. dos (Coord.). *Teologia Moral e Cultura...*, p. 65-80.
369 BRUNERO, Maria Alícia. "Perspectivas Morais para a evangelização da cultura". In: ANJOS, M. F. dos (Coord.). *Teologia Moral e Cultura...*, p. 81-88.

Sodoma e o deserto: uma Ética Teológica a partir das culturas dos submundos", L. Martin[370]; 7) "Consulta às vítimas em matéria de Moral", C. Halvey[371]; 8) "A Teologia Moral no futuro da América Latina", A. Duque[372].

**Articulação dos principais argumentos dos Mediadores**

O primeiro mediador é F. dos Anjos com o tema: "Interpelações da Cultura para a Teologia Moral". A Teologia Moral não se faz fora do tempo e do espaço, nem mesmo fora de uma cultura. Partir da cultura para a Teologia Moral é o caminho escolhido por F. dos Anjos.

Lembrando que a Teologia Moral passou por diferentes fases desde a Suma dos Confessores, os Manuais, a estreita ligação com o Direito Canônico, tudo com uma forte formação europeia e clerical, configurando a Teologia Moral como uma elaboração monocultural. Quando, porém, o Concílio Vaticano II se dirigiu ao clero, propôs uma renovação da Teologia Moral, mas, ao mesmo tempo, lançou a discussão ampliada dos temas da moral para além da formação clerical: "promoção do progresso e da cultura; a vida econômica e social; a vida da comunidade política; a promoção da paz e da comunidade dos povos" (cf. *GS* 53)[373].

O Concílio Vaticano II abriu o diálogo com o mundo impulsionando o tema da pobreza, que depois, em *Medellín*, foi assumido como prioridade. Enfim, foi graças ao Concílio Vaticano II que a Teologia Moral abriu as portas para novos interlocutores, exigindo uma mudança epistemológica na sua elaboração[374].

F. dos Anjos seleciona três interpelações culturais para a Teologia Moral. Primeiro, refere-se aos novos sujeitos culturais: uma presença mais atuante das mulheres e dos leigos, bem como das etnias com suas diferentes concepções de vida e espiritualidade e dos pobres como sujeitos da fé. Em segundo lugar, F. dos Anjos considera de grande importância as interpelações que vêm da comunidade científica, sejam elas de cunho filosófico ou empírico. Elas colaboram diretamente no progresso da vida humana e, assim, garantem uma base de análise mais consistente para a Teologia Moral. A terceira interpelação é do *ethos* cultural da comunidade. As práticas das comunidades cristãs têm mostrado a importância do *ethos* cultural como eixo do teologizar, seja na forma de um espírito democrático, seja no método de proceder a reflexão. Não se trata, como diz F. dos Anjos, de democratização das normas morais, e sim de uma moral mais valorativa, capaz de utilizar os princípios de inteligibilidade da fé que elaboram juízos e valores morais a partir da praticidade da vida[375].

Enfim, desse modo, F. dos Anjos avalia que a Teologia Moral tem como missão evangelizadora dar frutos para a vida do mundo, e isso só será possível à medida que ela, em pleno diálogo com seus novos interlocutores, for capaz de rever seu estatuto epistemológico e sua metodologia sem medo de ser interpelada pela cultura[376].

---

370 MARTIN, Leonard M. "Exílio, Sodoma e o deserto: uma ética teológica a partir das culturas dos submundos". In: ANJOS, M. F. dos (Coord.). *Teologia Moral e Cultura...*, p. 89-114.

371 HALVEY, Catherine. "A consulta às vítimas em matéria de Moral". In: ANJOS, M. F. dos (Coord.). *Teologia Moral e Cultura...*, p. 115-118.

372 DUQUE, Alberto Munera. "A Teologia Moral no futuro da América Latina". In: ANJOS, M. F. dos (Coord.). *Teologia Moral e Cultura...*, p. 119-180.

373 ANJOS, M. F. dos. "Interpelações da Cultura para a Teologia Moral", p. 19.

374 Cf. Ibid., p. 20.

375 Cf. Ibid., p. 26-27.

376 Cf. ANJOS, M. F. dos. "Interpelações da Cultura para a Teologia Moral", p. 27.

F. Rejón é o segundo mediador com um ensaio sobre a "Teologia Moral e o contexto histórico-cultural: alguns traços da teologia do século XVI".

Para F. Rejón, há uma grande carência na produção de uma história da Teologia, e mais ainda quando se trata da Teologia Moral. Com a passagem do V centenário de evangelização na América Latina, começam a aparecer bons materiais que procuram resgatar a evolução das colocações teológico-morais ao longo dessa história. O tema escolhido para a IV Conferência do Episcopado Latino-americano está de acordo com essa preocupação: "Nova evangelização, promoção humana e cultura cristã".

Olhando para o século XVI, F. Rejón faz uma tentativa de sintetizar qual foi a sensibilidade cultural da Teologia da época e a dimensão teológica dessa cultura. O primeiro traço cultural do século XVI é o Humanismo, que, com o seu antropocentrismo, traz à tona toda a dimensão da vida humana concreta. A maioria dos missionários busca fundamentar os direitos humanos na consideração do homem como imagem e semelhança de Deus. Essa dimensão humanista dos teólogos e missionários perpassa todas as suas obras: como fundar centros educativos e hospitais para os índios, criar um clima parecido com a Igreja primitiva e destacar questões da vida cotidiana na própria reflexão teológica[377].

O segundo traço cultural é o Nominalismo. Conhecido como uma corrente de pensamento que trata dos universais com uma ética caracterizada pelo voluntarismo, o Nominalismo vai além e incide diretamente sobre a Teologia. Seus críticos buscam uma visão mais pluralista e aberta em contraposição à visão legalista e rígida. No campo da Teologia, F. Rejón elenca algumas consequências diretas: 1) A primazia do indivíduo e dos atos; 2) Necessidade da experiência para a Teologia, em consonância com o espírito científico positivista da época; 3) Conotação ética de toda a Teologia. Nesse sentido, há uma revolução no campo da Teologia Moral, pois aparecem os tratados de *justitia et jure* em que a moral e a justiça prevalecem sobre o direito e a política. Há uma explícita dimensão ética de toda a Teologia que se compõe como ciência prática. Lembra F. Rejón que, nessa época, a Teologia Moral não constituía uma disciplina autônoma[378].

Influenciados pelo Novo Mundo, os parâmetros da Teologia começam a ser influenciados por essa mentalidade do "novo" e abrem mais espaço para a Teologia Moral devido aos problemas sociais, políticos e econômicos que predominam sobre qualquer tentativa de metafísica. Assim, os moralistas dedicam-se, inclusive, a compor tratados sobre a economia, a equidade e as necessidades sociais dos pobres. No entanto, o mais polêmico está numa crítica maior, que é a questão da liceidade ou não das conquistas das Índias. Sobre isso, houve muita controvérsia. Nomes como B. de Las Casas (1484-1566), G. de Sepúlveda (1490-1573) e F. de Vitória (1483-1546) polemizaram a questão em nível acadêmico, suscitando essas controvérsias. Sendo que as reações estão tanto do lado dos que denunciam, como daqueles que justificam as conquistas além-mar, o fato é que a questão foi abordada com paixão, provando, assim, que a Teologia estava realmente engajada com os problemas essenciais e candentes do seu tempo[379].

O terceiro mediador no II CLATM é o jesuíta T. Mifsud com o tema "Cultura e Evangelho: responsabilidade ética".

Embora a definição de cultura se apresente muito ampla, tanto do ponto de vista religioso como das ciências humanas, o conceito sofreu uma evolução significativa.

---

377 Cf. REJÓN, F. M. "Teologia Moral e contexto histórico-cultural...", p. 34.
378 Cf. Ibid., p. 34-38.
379 Cf. Ibid., p. 41.

À diferença dos séculos XVII e XVIII, que distinguiam o patrimônio do homem civilizado em oposição ao homem selvagem, no século XIX se distingue o homem do animal como ser social capaz de reconhecer seu patrimônio do passado. Segundo T. Mifsud, essa mudança substancial de compreensão é devido a uma antropologia moderna que deu ênfase ao protagonismo do homem na história. Os resultados são visíveis: industrialização, democracia, nacionalismos.

Em contrapartida, uma gama de frustrações recaiu sobre esse protagonismo e não foram poucas as experiências de guerras, exploração social com ditaduras: "é a amarga experiência contemporânea do domínio dos fenômenos sociais sobre o homem e a limitação da razão humana"[380]. Desse modo, a cultura deixa de ser concebida só como uma estrutura de conteúdos, mas é também geradora destes, em constante construção, enfim, como "sistemas de significações pelos quais se ordena e dá sentido à vida numa sociedade ou em um determinado grupo social"[381]. Essas significações não são estanques, fechadas em conceitos pré-determinados, mas compartilhadas pela coletividade para compreender a própria realidade. O ser humano é cultural enquanto dá significados e os reveste de sentido para poder compartilhá-los.

Essa visão enfatiza a dimensão social, relacional e comunicativa do ser humano, dando-lhe sentido de pertença, segurança e identidade. T. Mifsud, então, propõe o seguinte conceito de cultura: "construção significativa da realidade na relação do ser humano com a natureza (dimensão técnico-econômica), na inter-relação do grupo humano organizado em sociedade (dimensão sociopolítica) e na busca de sentido em relação com a totalidade (dimensão religiosa)"[382].

No que se refere à evangelização, é necessário relembrar que o anúncio da pregação de Jesus era a antecipação do Reino de Deus (cf. Lc 11,20), oferecido pelo Pai de modo gratuito (cf. Lc 12,32), que leva os discípulos a tomarem uma decisão e a fazerem uma experiência de *metanoia*. A primeira comunidade, consciente do seu papel evangelizador, proclama a mensagem de Jesus (cf. At 2,36; Rm 1,4; Ef 2,19-22). Essa missão evangelizadora se estende na Igreja durante a história como um convite permanente para renovar a humanidade, através "da conversão pessoal e coletiva dos homens", como nos lembra Paulo VI (cf. *EN* 18).

Mas esse anúncio radicado nas raízes da cultura comporta, ao mesmo tempo, uma negação da cultura por parte do Evangelho, enquanto este nega a possibilidade de uma cultura como realização total do homem, e uma afirmação da cultura, quando o Evangelho nega a possibilidade de uma realização humana fora de uma ordem criacional. T. Mifsud destaca, porém, o fato de que "essa afirmação ou negação que o Evangelho comporta, fundamenta-se e tem sua raiz no sujeito e não no objeto"[383]. Desse modo, deve-se entender a evangelização como uma dinâmica que se expressa em toda cultura através de uma ação transformadora a partir do Evangelho.

A evangelização, segundo T. Mifsud, penetra o horizonte do significado primário do processo de significação cultural e interage com a cultura como elemento de coerência de significado e como instância crítica da cultura a partir dela mesma. Isto significa dizer que a evangelização se mostra como horizonte de significado último e, ao mesmo tempo, como horizonte de discernimento para aquilo que vai contra o

---

380 Cf. Mifsud, T. "Cultura e Evangelho: responsabilidade ética", p. 46.
381 Cf. Ibid.
382 Ibid., p. 48.
383 Ibid., p. 51.

plano de Deus. Assim, o autor prefere utilizar o termo "inculturação da fé" a "evangelização da cultura"[384].

Essa inculturação da fé tem dois movimentos que a dinamizam: continuidade e ruptura, pois ao mesmo tempo em que capta continuamente a realidade anunciada, deve romper com as inadequações que comprometem a autenticidade da mensagem. Adaptações de admissão e adaptações de rejeição serão comuns à medida que se entende a fé como uma luta contínua (cf. 1Tm 6,12).

A partir disso, T. Mifsud tira algumas consequências éticas: 1) O referencial ético primário da evangelização é um modo distinto de pensar, julgar e agir que resulta da conversão; 2) Há uma relação de complementaridade entre cultura e ética; 3) A ética tem um papel vigilante em toda cultura, um papel profético que se contrapõe ao consumo com uma ética da gratuidade, à marginalidade propõe uma ética da solidariedade e, diante de uma cultura que se centraliza no êxito, é necessário uma ética da debilidade; 4) A ética tem um papel criativo pelo qual se vislumbra caminhos de superação; 5) Uma ética que nasça da esperança cristã que se fundamenta na força de Deus, que cumpre a promessa do Reino[385].

A. Moser é o quarto mediador e tem como tema: "Moral e cultura: entre o diálogo e o etnocentrismo". Entendendo a cultura como um complexo de experiências práticas, de costumes e leis, pode-se dizer que ela é sempre histórica e social, formando o chamado *ethos* cultural. Uma das características desse *ethos* é a abertura para o diálogo, pois as culturas têm essa vocação existencial para ir ao encontro uma das outras. Porém, muitas vezes nos deparamos com uma mentalidade etnocêntrica que tende a analisar a outra cultura a partir de parâmetros de superioridade e inferioridade.

Para A. Moser, o *ethos* é como que a alma de uma cultura, que traduz valores vitais e que mantém o vigor de um povo. Para interpretá-lo, algumas questões são mais explícitas e outras mais implícitas, isto é, aquilo que se proclama como ideal e aquilo que se vive na prática. Por outro lado, deve-se levar em conta que a modernidade trouxe valores como liberdade, autonomia, pluralismo, mas, ao mesmo tempo, desafios vêm transformando o *ethos* radicalmente. Primeiro, o crescimento de uma civilização não religiosa; segundo, uma mentalidade individualista e utilitarista, reforçada pelo consumismo; e um terceiro, uma autossuficiência com um materialismo pragmatista que rege a sociedade[386].

Diante desses desafios, A. Moser nos lembra que dos países da América Latina, dos empobrecidos, dos meios populares, vem emergindo uma leitura da realidade que pode iluminar e dar respostas mais adequadas aos desafios da modernidade: 1) A mudança de lugar social, isto é, ser capaz de olhar a realidade sob outro prisma que não é só dos países desenvolvidos, mas dos empobrecidos; 2) Encontrar o novo sujeito social, o pobre, o marginalizado, que representa uma situação de injustiça imposta à humanidade; 3) A riqueza das culturas populares que normalmente são rejeitadas pelas culturas dominantes, mas apresentam sinais profundos de solidariedade.

A. Moser conclui mostrando que o diálogo é a identidade de um *ethos* cristão e esse deverá sempre estar aberto a compreender as sementes do Verbo espalhadas e agindo em todos os povos. Seja nos países do Primeiro Mundo, seja nos de Terceiro

---

384 Cf. Mifsud, T. "Cultura e Evangelho: responsabilidade ética", p. 52.

385 Cf. Ibid., p. 59-63.

386 Cf. Moser, A. "Moral e cultura: entre o diálogo e o etnocentrismo", p. 77-78.

Mundo, todos se defrontam com uma modernidade que se impõe com suas ideologias inibidoras das raízes do *ethos* popular. Assim, o autor convida à ousadia evangélica de resgatar as riquezas escondidas no *ethos* cultural[387].

A quinta mediadora é M. Brunero, com o tema "Perspectivas morais para a evangelização da cultura". Continuando sua reflexão realizada no I CLATM, M. Brunero parte do conceito de autonomia. Para ela, deve-se resguardar-se da "embriaguez" da autonomia[388]. A partir de sua cosmovisão, o homem deve ser capaz de reconhecer sua contingência, sua limitação humana. Todavia, um perigo constante que ronda o homem é a tentação de uma autonomia desencarnada, que não leva em conta a realidade da pessoa. É uma autonomia que não consegue se encarnar na história.

Outra tentação que desvia o homem de sua essência é o poder religioso que muitas vezes privilegia algumas cosmovisões em detrimento de outras. Aparecem os fanatismos, as discriminações religiosas, o paternalismo religioso e tantas outras tendências em torno do poder religioso. A história já comprovou muitas vezes que esse poder religioso cometeu erros graves em nome de Deus. Mas esse passado pode também nos redimir quando, olhando para ele, somos capazes de nos conscientizar daquilo que não podemos repetir.

Mas é na centralidade de Jesus e na sua mensagem que encontramos uma referência capaz de dizer ao mundo e ao homem uma verdade com coerência. Assim, n'Ele converge a verdade do ser humano e descobrimos o sentido da nossa autonomia, da nossa contingência, do perigo do poder religioso e da pobreza humana que nos indica um rumo a seguir. Aos que seguem Jesus de Nazaré, o Homem-Deus, não cabem atitudes alienantes, nem reducionismos moralistas. Na trama da cultura, o cristão deve viver plenamente sua humanidade e, interpelado pela vida de Jesus, comprovar a moralidade e a coerência de suas ações.

O sexto mediador é L. Martin, redentorista, que expõe uma reflexão sobre uma ética teológica a partir das culturas do submundo em três referenciais: Exílio, Sodoma e o deserto.

Levar uma proposta moral a quem não conhece a mensagem do Evangelho e vive no submundo dos marginalizados é uma tarefa desafiante. M. Martin toma como exemplo a homossexualidade masculina que se manifesta na cultura brasileira para mostrar um caminho metodológico que colabore numa moral missionária. A primeira questão é esclarecer quem é o sujeito e quem é o destinatário. Em relação à homossexualidade, temos aqueles que consideram que sua orientação sexual é um problema e aqueles que se confrontam com essas pessoas com a intenção de ajudá-las. Outro ponto relevante é o lugar de onde se fala. Bastaria comparar os discursos de um psicanalista freudiano, de seu consultório, e um gay assumido a partir de sua militância. Seria muito diferente o modo de expressarem sobre discriminação e marginalização nas cidades brasileiras. As diferentes perspectivas podem enriquecer o discurso e comprovar a sua complexidade. Mas quando queremos atuar sobre a realidade e ajudar quem sofre essas discriminações, é necessário um diálogo sincero e sem preconceitos. O homossexual, no Brasil, sofre com a angústia da clandestinidade e, sentindo-se marginalizado pela sociedade e pela Igreja, busca no submundo da cultura homossexual um apoio e uma referência.

Assim, uma Teologia Moral missionária deverá levar em conta, primeiramente, a realidade da pessoa a partir da experiência vivida por ela, na complexidade do

---

387 Cf. Ibid., p. 80.
388 Cf. BRUNERO, M. A. "Perspectivas Morais para a evangelização da cultura", p. 82.

mundo do outro. Este processo pode ser feito de maneira artesanal, com imaginação e criatividade, ou de uma maneira científico-acadêmica. As duas abordagens são importantes. Porém, para o agente de pastoral, a realidade impõe-se de modo diverso, mais intenso, usando de troca de experiências e de seu conhecimento da Palavra de Deus para elaborar soluções práticas. Já o teólogo faria de um ponto de vista mais largo e com linguagem mais abstrata, recorrendo às ciências humanas, à hermenêutica e a outros instrumentais. Para L. Martin, as duas metodologias se complementam.

Em relação ao destinatário, o autor lembra que se trata daquele para quem o Evangelho não é conhecido ainda. L. Martin, usando as metáforas bíblicas, propõe alguns modelos de Teologia Moral pensando que o destinatário pode apresentar-se como quem vive uma experiência de deserto ou numa experiência de exílio ou cativeiro, quem espera encontrar a liberdade ou quem busca uma terra prometida. Assim, a Igreja é também destinatária desta Teologia Moral missionária da homossexualidade, quando busca adaptar os discursos tendo em vista as diferentes realidades. Deve-se ter em conta o conteúdo do discurso, considerando para quem este se dirige. É necessário um discurso sincero, aos membros da comunidade, a quem o problema não toca diretamente, para que possam entender melhor a situação de seus irmãos e irmãs que sofrem discriminação. Já quando se dirige a agentes de pastoral, confessores, profissionais da saúde, assistentes sociais, deve-se focar que estes têm necessidade de ajudar quem está em dificuldade de orientação sexual. Enfim, quando se dirige àqueles que participam da comunidade, são homossexuais e sofrem um problema existencial, é necessário sensibilidade e acolhida.

A sociedade também pode ser destinatária da mensagem moral da homossexualidade, na medida em que o missionário procura esclarecer a boa nova do Evangelho sobre a sexualidade para quem não a conhece e a tem de modo caricaturizado. Enfim, são muitos os destinatários dependendo do foco de abordagem do tema e a disponibilidade interior do missionário em estar atento às moções do Espírito que o leva a agir com coragem no submundo das culturas que amedrontam, penalizam, destroem e matam qualquer esperança. L. Martin chama esse submundo de Sodoma[389].

Segundo L. Martin, quatro autores deram uma contribuição significativa à questão da moral sexual no que se refere à homossexualidade: J. Snoek, G. Menárd, B. Leers e R. Gallagher.

Pode-se acompanhar claramente a evolução e a coerência no pensamento de J. Snoek, que, desde 1967, já abordava o assunto com propriedade. Em síntese, J. Snoek usa o termo homofilia, distinguindo-a a nuclear, a periférica e de ambivalência sexual. Na homofilia nuclear, pode-se verificar uma que é mais narcisista e outra que é mais intersubjetiva. Esta segunda, é considerada por ele como capaz de passar de um amor captativo para um amor oblativo[390]. Reconhece que a proposta da Igreja de sublimação e continência é válida, porém nem todos são capazes de vivê-la. E no que se refere à homossexualidade nuclear, há três categorias que a moral deve considerar: 1) Os que não se conformam com sua situação; 2) Os que aceitam e exploram seus instintos de maneira desregrada; 3) Os que se aceitam, mas buscam uma vida regrada e de qualidade. Usando as metáforas bíblicas, os primeiros se sentem no cativeiro, presos na sua homossexualidade; os da segunda categoria se sentem escravos de seus instintos, e suas relações se instrumentalizam não se dando a chance de

---

389 Cf. Martin, L. M. "Exílio, Sodoma e o deserto...", p. 94.
390 Cf. Ibid., p.97.

amar e serem amados; os da terceira categoria estão no Êxodo, numa caminhada que pode levar a vida inteira. Assim, a proposta de J. Snoek é de tolerância, inclusive no que se refere à atividade genital. Ele aponta algumas tendências de justificação: 1) A atividade genital homossexual é intrinsecamente imoral porque fere o princípio da sexualidade que é a procriação; 2) A homossexualidade, por ser um desvio, é um mal ôntico, mas, quando a continência se torna gravemente prejudicial, a expressão genital deixa de ser pecaminosa pelo princípio da proporcionalidade; 3) Se é considerado que na sexualidade o fundamental é o crescimento mútuo que há na relação, quando o relacionamento amoroso entre os parceiros corresponde a essa comunicação, pode ser considerada moralmente boa; 4) Tanto o relacionamento heterossexual como o homossexual pode ser expressão de amor-doação como de coisificação; 5) Numa sociedade onde os direitos das minorias sejam respeitados, a orientação sexual é secundária. J. Snoek, diante dessas tendências, continua a afirmar a homossexualidade como um desvio, mas reconhece que fortes argumentos a defende como uma simples variante da natureza[391].

Tentando dar uma resposta com as metodologias latino-americanas, G. Ménard sugere uma TdL do homossexual. Para tanto, o autor parte de uma prática libertadora e utiliza as metáforas bíblicas para a reflexão teológica. O desejo de liberdade que passa pelos homossexuais está inserido no mesmo movimento de libertação de outros grupos humanos que se sentem explorados e oprimidos.

Tanto a experiência de cativeiro, como a experiência de êxodo significam a intensidade de convivência numa situação de marginalização e que busca novas propostas e novas saídas. O homossexual vive fundamentalmente o exílio interior, a clandestinidade, a marginalização. Por isso, o tema da saída, do êxodo, toca profundamente na realidade do submundo dos homossexuais: "numa teologia da libertação gay, descobre-se um Deus que faz sair dos Egitos das opressões humanas, mas também um Deus prisioneiro ao lado dos que sofrem, que caminha ao lado dos que estão saindo para o deserto, rumo à terra prometida"[392].

Ao falar dos homossexuais, B. Leers também parte da realidade concreta vivida por eles, mas focaliza o aspecto conflitivo, isto é, a situação de ostracismo, opressão e marginalização em que vivem. Para ele, não se pode reduzir a discussão ao âmbito genital, porque os homossexuais são sujeitos de decisão e responsabilidade. O grande conflito está no fato de que o homossexual é constrangido em um ambiente de repressão e não consegue se desenvolver psico-afetivamente com liberdade. Mas, a liberdade não é garantida somente com mudanças sociais. É preciso também mudar o modo de pensar de homossexuais e heterossexuais que devem quebrar mentalidades deformadas em prol da dignidade humana[393].

Finalmente, L. Martin propõe uma quarta visão sobre a homossexualidade: a de R. Gallagher. Este concorda em muito com J. Snoek e defende que a questão é extremamente complexa. Deve-se levar em conta critérios de todos os julgamentos morais, tais como a natureza humana, as motivações internas, as circunstâncias do ato e suas consequências. L. Martin, para explicar a posição de R. Gallagher, usa uma imagem bíblica: "a moral da sexualidade da terra prometida é uma, a moral que se pode exigir no deserto é outra", para dizer que nem todo ideal de sexualidade humana pode

---

391 Cf. MARTIN, L. M. "Exílio, Sodoma e o deserto...", p. 103.
392 Ibid., p. 109.
393 Cf. Ibid., p. 111.

ser alcançado na prática. R. Gallagher introduz, assim, o princípio do ideal prático, o qual reconhece que é importante o esforço contínuo para apresentar o ideal em função daquilo que a pessoa pode concretizar, respeitando as suas limitações. Assim, toda pessoa deve se esforçar ao máximo para viver o ideal que for possível dentro das circunstâncias da sua vida, e assim deverá agir o homossexual, mesmo que seja o processo lento e gradual[394].

Desse modo, L. Martin quis apresentar uma Teologia Moral missionária voltada aos homossexuais que vivem uma experiência de exílio, de cativeiro e de deserto dentro do seu próprio país. Acredita que se deve buscar devolver ao homossexual o direito de ser sujeito na sociedade e na Igreja, de modo que todos possam exercer com dignidade suas responsabilidades sociais a caminho da terra prometida.

A sétima mediadora a expor sua reflexão é C. Halvey, irlandesa que trabalha há muitos anos no Brasil, com o tema: "A consulta às vítimas em matéria de moral". No início, C. Halvey já contextualiza sua fala: "a atrocidade dos homicídios que durante o século XX já eliminaram de modo genocídico mais que sessenta milhões de homens, mulheres e crianças de diversas raças, religiões, grupos étnicos e classes sociais, constitui-se o chão do contexto histórico ensanguentado de onde surge nossa interrogação moral diante de Deus"[395].

C. Halvey fala a partir de uma experiência na Grande São Paulo, onde se convive num clima de insegurança e de violência constante que qualquer esforço interpretativo é vão. Assim, também quando se fala em projeto libertador, não terá a capacidade de justificar as vidas eliminadas pela violência de nossas cidades. Para C. Halvey, o número de vítimas interpela nossos sistemas de moralidade construídos ao longo dos séculos e nos faz pensar sobre nossas teorias e práticas e como elas são exercidas. As circunstâncias exigem um esforço de levar adiante a consulta às próprias vítimas. Se a moral está, o humano está, e é necessário defini-la dentro desta realidade crescente de vítimas de crimes fraudulentos da ganância homicida.

Para C. Halvey, consultar as vítimas não é uma tarefa fácil, porque tratamos muitas vezes o assunto com dogmatismo. Talvez fosse mais adequado recuperar a linha de J. Habermas sobre o agir comunicativo, os discursos ambivalentes e a crítica totalizadora. A autora lembra que quem tentou resgatar a mensagem da presença da vítima foram as feministas e também os que recuperaram o Holocausto. "A voz da vítima inocente questiona e pode levar a uma fé que reza sua razão melhor do que a argumenta"[396].

O oitavo mediador é A. Duque, jesuíta, colombiano, com o título: "A Teologia Moral no futuro da América Latina".

A. Duque começa fazendo um levantamento da realidade latino-americana e de seus problemas. Devemos considerar, primeiramente, a diversidade étnica do continente, com suas culturas, suas histórias, enfim, sua idiossincrasia. O povo latino-americano constitui-se de etnias aborígenes mescladas e justapostas às etnias europeias e mescladas também com etnias africanas. No tocante à estrutura social, segundo o autor, as classes privilegiadas são predominantemente de estrangeiros, enquanto as classes populares pertencem às culturas mestiças, aos aborígenes e aos afrodescendentes.

Outra característica é a imposição cultural dos países dominadores sobre a América Latina. Devido à dependência política e econômica, nossos países vão assimi-

---

394 Cf. Ibid., p. 113.
395 HALVEY, C. "A consulta às vítimas em matéria de Moral", p. 115.
396 Ibid., p. 117.

lando toda uma cultura forânea, que não se identifica com nossas raízes. O autor chama de imperialismo cultural a esses padrões que vão se estabelecendo em torno do comercial e econômico e manipulam os costumes sociais. Fenômenos como a violência, que cresce devido às consequências da extrema pobreza, a secularização, que desvirtua os valores religiosos, os cinturões de miséria devido ao êxodo do campo para as cidades, são claramente fenômenos que vêm penetrando diretamente na cultura e mudando o *ethos* social da AL. Mas existem também questões internas como os fanáticos nacionalismos, corrupção, desintegração política, e tantos outros aspectos crônicos que desestruturam a sociedade e fazem surgir mais vítimas sociais.

Quando se entra na discussão dos macro-elementos, A. Duque situa o papel dos Estados com suas políticas elitistas e de interesse de uma minoria, gerando, assim, uma debilidade naqueles pontos que deveriam ser prioridade, como educação, saúde e moradia. Os meios de comunicação contribuem diretamente com esse sistema injusto e confundem a opinião pública com suas manobras e manipulações para garantir um controle das massas.

Daí surge um desafio para a consciência moral, que, para se estabelecer com uma hierarquia de valores, precisa se basear no patrimônio cultural de uma sociedade. Mas, no caso da AL, quando esses valores são submetidos a parâmetros que são alheios a essa cultura, naturalmente que haverá uma consequência também sobre a práxis moral[397].

Em seguida, A. Duque avalia, diante desse quadro, as possibilidades futuras para AL e a práxis moral libertadora, que surge como resposta a esses desafios. No âmbito social, haverá um fortalecimento do sistema capitalista, devido aos fracassos do socialismo e as suas consequências. Isso significa que os ricos continuarão ficando mais ricos e os pobres mais pobres. É necessário um sistema alternativo de socialização das estruturas econômicas que gere maior justiça e diminua as diferenças sociais. Para tanto, considera-se válido todo tipo de iniciativa popular que pressione os governos para que cumpram seus deveres na área do social.

Do ponto de vista político, A. Duque prevê uma tendência à atomização individualizante, com o fortalecimento dos nacionalismos egoístas, fortalecidos pelos países dominantes no intuito de manter os países latino-americanos divididos e enfraquecidos para servir melhor às macropotências econômicas. Para responder a esse desafio, destacam-se os grupos de defesa pelos direitos humanos, os grupos de orientação cristã que conscientizam as classes populares de seus direitos, os movimentos de educação popular e o próprio testemunho de tantos mártires que deram a vida pela causa dos pobres como sinal de uma práxis teologal levada até as últimas consequências.

No campo cultural, continuará um certo colonialismo, que influencia no *ethos* social, desconfigurando-o de suas raízes, isso também devido aos dois itens anteriores que fazem um conjunto de influência sobre a AL. A. Duque já falava do advento da cultura planetária, que hoje traduzimos por globalização. Mas, no seu modo de ver à época, manteriam os mesmos padrões de interesse dos que dominam sobre todas as culturas, as quais perderão ainda mais suas características e sua identidade, sendo que, para ele, "a identidade cultural de nossos povos tende a desaparecer no futuro não muito distante da América Latina. Essa perda de identidade favorece e aumenta o processo de dominação a que estamos submetidos"[398]. Destacam-se como resposta

---

[397] Cf. Duque, A. M. "A Teologia Moral no futuro da América Latina", p. 129.
[398] Ibid., p. 134.

da práxis teologal os grupos de defesa dos valores culturais autóctones, grupos que se organizam em defesa do patrimônio ecológico e contra as intenções das multinacionais, propondo a recuperação da memória histórica da América Latina com uma hermenêutica própria e o florescimento da produção literária e artística que contribuem para uma valorização de suas expressões culturais.

No âmbito religioso, a Igreja historicamente se colocou ao lado dos opressores e, no acelerado processo de secularização da sociedade, a Igreja posicionou-se como obstáculo ao progresso das ciências e teve dificuldade de dialogar com a modernidade. No entanto, recentemente, a Igreja deu largos passos e avançou em muitos aspectos. Mas a tendência é que a religião vá perdendo terreno para o fenômeno do secularismo. Como resposta moral, temos as CEBs, os movimentos em torno da família, a opção preferencial pelos pobres, a força do laicato como um fenômeno evidente da práxis teologal da Igreja no pós-Concílio Vaticano II.

No que se refere ao âmbito científico-tecnológico, A. Duque afirma que nossos países ainda estão fracos numa possível competição tecnológica e, por isso, serão levados a reboque pelos padrões dos países de Primeiro Mundo. O progresso científico e tecnológico está intimamente ligado à competitividade e ao mercado e é dominado segundo os padrões de quem tem mais a investir na área. Por isso, os países latino-americanos ainda são dependentes das tecnologias dos outros, e se não conseguirmos investir nessa área, continuaremos a ser satélites, colônias e marginalizados tecnologicamente. Neste campo, são poucas as iniciativas da práxis teologal, a não ser um reconhecimento de que na cultura popular há uma tendência a não se submeter a esquemas impostos pelos sistemas tecnológicos, mas manter-se prudentes diante do perigo do humano se tornar máquina, mais desumanizado e marginalizado.

No que diz respeito à questão econômica, pesam duas questões: as Dívidas Externas que desequilibram o mercado interno de qualquer país e, por outro lado, a corrupção que corrói as possibilidades de desenvolvimento econômico e social. Neste aspecto, cresce a proposta do não pagamento da Dívida Externa como ponto de unidade entre os países latino-americanos e como um modo de desafiar os poderes imperialistas. Outro aspecto é a luta contra a corrupção administrativa e financeira, que se tornou um roubo público dos bens pertencentes ao povo, que agora responde com veemência a esta injustiça por meio de suas organizações representativas como uma verdadeira práxis teologal.

Enfim, no âmbito demográfico, o que mais parece pesar é o deslocamento da área rural para os centros urbanos, de modo a criar bolsões de pobreza nas periferias e, com isso, um consequente aumento da marginalidade. A. Duque previa que, em pouco tempo, as grandes cidades da AL estariam entre as mais populosas, porém desprovidas de estruturas para tal concentração, que resulta em consequências sociais alarmantes. Mesmo assim, podemos ver o esforço e o sacrifício do povo para continuar protegendo suas minorias étnicas, assim como a constante luta que ele trava para ter uma vida digna e responsável.

Diante dessas considerações, A. Duque justifica sua análise de tópicos de âmbito público como práxis teologal do cristão. Mas, para ele, "não existem realidades puramente teologais que não sejam os mesmos acontecimentos humanos interpretáveis como práxis teologal"[399]. A práxis teologal é entendida como um agir humano pelo bem do próximo, conforme nos ensinou Jesus, e não há nada de estranho nisso. Prova maior são os mártires latino-americanos que testemunham em suas vidas essa práxis em torno desses mesmos temas.

---

[399] DUQUE, A. M. "A Teologia Moral no futuro da América Latina", p. 156.

Desse modo, uma Moral Libertadora é constituída de: 1) Uma normatividade do Evangelho que é o próprio Jesus, o protótipo do ser humano perfeito. Jesus estabelece que a relação do ser humano com Deus acontece através do próximo. Portanto, libertar nossos irmãos da escravidão e da opressão é um verdadeiro comportamento moral, uma práxis teologal libertadora; 2) Jesus histórico. Ele mostrou sua apaixonada preferência pelos pobres, marginalizados, desprezados e rejeitados da sociedade de então, e isso constitui uma normativa para os seus seguidores; 3) O Cristo da fé, que foi o referencial da comunidade primitiva e a testemunhou com uma prática concreta e transformadora. O Novo Testamento apresenta-se como uma práxis libertadora das escravidões: da morte, da lei, das trevas, da maldade, da cegueira e tantas outras; 4) A antropologia teológica neotestamentária, que é uma proposta para entendermos o ser humano a partir de Cristo, em Cristo e para Cristo. A Graça que nos foi dada pelo Pai, através de Cristo, "opera no sujeito uma transformação ontológica pela qual adquire os traços de Cristo e se constitui em filho adotivo do mesmo Pai de Jesus, e entra na posse do amor infinito do Pai e do Filho"[400]. O Espírito Santo continua a mover os cristãos a optar pelo fundamental amor ao próximo que nos identifica com o amor trinitário. A. Duque considera que essa antropologia teológica é uma práxis teologal da fé enquanto é um agir vital do ser cristão e se transforma em atividade de moral libertadora; 5) A práxis da Igreja primitiva continuada na tradição eclesial. Os cristãos de hoje devem atuar com a moção do mesmo Espírito Santo que impulsionou as comunidades primitivas, porém levando em conta as circunstâncias existenciais atuais; 6) Os critérios do Vaticano II como: a primazia do NT frente ao AT (*DV*), a primazia da autonomia da consciência (*GS*), a salvação crística de todos os seres humanos de boa-vontade (*LG*). Em seguida, *Medellín* e *Puebla* contextualizam esses critérios na América Latina em termos de uma verdadeira, legítima e indispensável Moral libertadora. 7) As contribuições da TdL: reinterpretação do pecado em sentido social, o campo de relação do ser humano com Deus é a relação de amor-justiça com o próximo e o reconhecimento da *ortopráxis* como realidade primeira e anterior à ortodoxia[401].

Como elementos dessa moral libertadora, A. Duque propõe os seguintes pontos: 1) A libertação do empobrecido como opção coerente a uma Teologia Moral Libertadora na realidade latino-americana; 2) A oposição à Moral dos Manuais e a crítica ao seu sistema e sua aplicação; 3) A especificidade da moral cristã é que ela não pode ser indiferente à causa dos mais pobres e deserdados da sociedade; 5) A primazia da consciência sobre a lei; 6) A autonomia do cristão e a responsabilidade de discernir o que está de acordo aos critérios evangélicos; 7) A Moral libertadora tem como campo da práxis as relações humanas, que podem ser vistas do âmbito secular, da justiça, da política, do econômico e do social, de maneira que o cristão deve buscar sempre a coerência entre o pessoal e o público; 8) No âmbito da eclesiologia conciliar, isto é, em estreita ligação com a proposta de Igreja marcada pelo Concílio Vaticano II[402].

Ao final de seu ensaio, A. Duque reforça a proposição de que o método constitutivo para a Teologia Moral Libertadora é o da "práxis-reflexão-práxis", que garante um trabalho de confrontação e de práticas libertadoras. Lembra que é necessário um

---

400 Ibid., p. 160.
401 Cf. Ibid., p. 164.
402 Cf. Ibid., p. 165-170.

retorno à Sagrada Escritura e a uma legítima Tradição eclesial, bem como um constante diálogo com as ciências para uma justa interpretação da realidade. E, finalmente, o envolvimento com as massas populares, apoiando a práxis teologal nos irmãos empobrecidos. Para ele, a Teologia Moral Latino-americana é a única que pode dar esperança e garantir uma libertação do povo[403].

### 5.2.4 Metodologia da Teologia Moral – 1991

O XV ENSBTM realizou-se em Curitiba entre os dias 09 e 13 de dezembro. O 15TG teve como foco: "Metodologia da Teologia Moral". Os TEs abordados foram os seguintes: 1) "Metodologia Latino-americana e Teologia Moral", C. Boff[404]; 2) "Impasses da vida humana", A. da Costa; 3) "Para um balanço da Teologia Moral na América Latina", F. dos Anjos; 4) "O interlocutor da Teologia Moral no Brasil – base antropológica do agir Moral", M. Mayer; 5) "Temas relevantes da Teologia Moral no Brasil hoje", R. Junges; 6) "Ecologia entre Economia, Ética e Política", N. Masi.

**Articulação dos principais argumentos dos Mediadores**

Não consta nenhuma publicação oficial específica sobre os temas debatidos nesse encontro ou das suas conclusões na SBTM.

### 5.2.5 O Documento de Santo Domingo – 1992

O XVI ENSBTM realizou-se em Ilhéus, em conjunto com a SOTER, entre os dias 07 e 12 de dezembro. O 16TG focou o Documento de Santo Domingo. Destaca-se o TE: 1) "O documento de Santo Domingo: Nova Evangelização, Promoção Humana e Cultura Cristã"[405].

**Articulação dos principais argumentos dos Mediadores**

Não consta nenhuma publicação oficial específica sobre os temas debatidos nesse encontro ou das suas conclusões na SBTM.

### 5.2.6 Ética na relação Igreja e Sociedade na América Latina – 1993

O XVII ENSBTM e o III CLATM realizaram-se em São Paulo entre os dias 06 e 10 de dezembro. O 17TG teve como foco: "Ética na relação Igreja e Sociedade na América Latina"[406]. Os TEs abordados foram os seguintes: 1) "Ética e Economia na América Latina e Caribe", J. Santa Ana[407]; 2) "Pluralismo e Ética", M. Oliveira[408]; 3) "Conceito Teológico-Moral de sujeito social", S. Mier[409]; 4) "Sujeitos Sociais emergentes da

---

403 Cf. *Ibid.*, p. 178.

404 Recordamos a obra referencial na área de metodologia do autor: Boff, C. *Teoria do Método Teológico*. Petrópolis: Vozes, 1998.

405 CELAM. IV. *A Igreja na atual transformação da América Latina à luz do Concílio. Conclusões de Santo Domingo*. Petrópolis: Vozes, 1992. No ano seguinte, A. Antoniazzi relata alguns dos pontos debatidos na SOTER: Antoniazzi, Alberto. "Interrogações em forma de respostas: observações sobre a Conferência e as Conclusões de Santo Domingo". In: *Perspectiva Teológica* 25 (1993) 93-102.

406 A obra referencial desse Encontro é: Anjos M. F. dos (Coord.). Ética na relação entre Igreja e Sociedade. Coleção Teologia Moral na América Latina 10. Aparecida: Santuário, 1994.

407 Santa Ana, J. "Ética e economia na América Latina e Caribe". In: Anjos, M. F. dos (Coord.). Ética na relação..., p. 15-38.

408 Oliveira, Manfredo Araújo de. "Pluralismo e Ética". In: Anjos, M. F. dos (Coord.). Ética na relação..., p. 39-74.

409 Mier, Sebastián. "Conceito Teológico-Moral de sujeito social". In: Anjos, M. F. dos (Coord.). Ética na relação..., p. 75-100.

Ética", B. Leers[410]; 5) "Ética civil e Teologia", A. Duque[411]; 6) "Igreja e Sociedade: Relação Dialogal", T. Mifsud[412]; 7) "Alguns desafios da Ética na Relação Igreja e Sociedade", F. dos Anjos[413]; "Ousando Sonhar", L. Caixeta, J. Gutiérrez, P. Fernandez[414].

**Articulação dos principais argumentos dos Mediadores**

J. Santa Ana retorna, mais uma vez, com o tema da Ética e Economia. Depois de analisar o panorama da situação da América Latina em relação ao crescimento econômico, o autor apresenta claramente as consequências do crescimento econômico dos últimos anos, que exigiu sacrifícios da população, excluiu ainda mais os menos favorecidos e implantou um sistema competitivo que só favorece a quem tem mais condições. Esta conjuntura econômica é resultado de uma longa história, porém alcança níveis preocupantes no momento da análise do autor.

Para analisar melhor esses fenômenos, J. Santa Ana faz uma diferenciação entre moral e ética. Para ele, baseado em P. Ricoeur (1913-2005), por exemplo, a moral é caracterizada pela dimensão social, pelo referencial coletivo dos usos e costumes de diversos grupos. Os comportamentos individuais, assim, devem se ajustar a certa ordem. Já a ética é mais pessoal, mais existencial, e discute questões ligadas ao sujeito como liberdade e livre-arbítrio. A experiência moral leva a um ajuste ou a um desajuste quando exige uma adequação aos comportamentos sociais, definidos por uma autoridade reconhecida pelo coletivo. Portanto, a experiência moral está ligada ao reconhecimento da autoridade, que pode julgar, corrigir e finalizar quando há desajustes à ordem moral estabelecida.

Uma questão de fundo, e que faz parte da análise da experiência moral, é a formalidade. J. Santa Ana dá o exemplo do dever moral no pagamento dos juros da dívida externa. Esses juros são comprovadamente injustos e geram ainda mais injustiças, porém há contratos legitimados a salvaguardar e, desse modo, "diante da injustiça material prevalece a integridade de procedimentos formais"[415].

Se a experiência moral, segundo J. Santa Ana, está ligada aos elementos formais, a experiência ética volta-se às convicções. Na moral prevalece a autoridade social, ao passo que a ética se refere ao sujeito existente. Para caracterizar melhor, pode-se dizer que a experiência ética passa por momentos que a caracterizam ainda mais como existencial e a ligam com a *metanoia*.

Primeiro, é a experiência ética do fracasso que nos defronta com a contradição entre as nossas intenções e o sistema no qual elas não se enquadram. Os ideais que pareciam viáveis e possíveis são frustrados num sistema que impõe outros padrões e outros interesses.

Segundo, a experiência ética da falta. Essa falta se encontra entre nossa potencialidade de ser e aquilo que realmente somos. Essa carência leva a um conformismo, a uma resignação, a uma homogeneização, de modo que, muitas vezes, se perde o próprio perfil e se deixa levar pelo que o sistema impõe.

---

410 Leers, B. "Sujeitos Sociais emergentes da Ética". In: Anjos, M. F. dos (Coord.). Ética na relação..., p. 101-130.
411 Duque, Alberto Múnera. "Ética Civil e Teologia". In: Anjos, M. F. dos (Coord.). Ética na relação..., p. 131-152.
412 Mifsud, T. "Igreja e Sociedade: Relação Dialogal". In: Anjos, M. F. dos (Coord.). Ética na relação..., p. 153-168.
413 Anjos, M. F. dos. "Alguns desafios da Ética na Relação Igreja e Sociedade". In: Anjos, M. F. dos (Coord.). Ética na relação..., p.169-186.
414 Caixeta, Luzenir Maria; Gutiérrez, Juan Carlos; Fernandez, Pedro Larico. "Ousando Sonhar". In: Anjos, M. F. dos (Coord.). Ética na relação..., p.188-191.
415 Santa Ana, J. "Ética e economia na América Latina e Caribe", p. 24.

Terceiro, a experiência ética da solidão. Esta experiência está ligada à relação, à comunicação, ao diálogo, à aproximação com os outros que é próprio do ser humano. Quando não há essa comunicação, faz-se a experiência de desumanização. Muitas vezes, nos sistemas sociais, são abundantes as informações, mas somos carentes de comunicação e diálogo.

Desse modo, para J. Santa Ana, a experiência moral exige uma *metanoia*, uma mudança de mentalidade, uma conversão, pois ela atinge diretamente a consciência do ser humano. Diante do excesso de experiência moral imposta pelo sistema de mercado, qualquer iniciativa ética perde impacto ou é subvertida pelo sistema. Esses comportamentos perversos precisam ser cortados pela raiz e somente a experiência ética tem força para isso. Os problemas atuais têm uma arqueologia que os explica e um sistema que hoje os justifica. Esse processo deve ser enfrentado com crítica e também com a criatividade de romper com a moral de sentido comum e introduzir elementos novos. Por isso, a experiência ética pode inovar na medida em que, inspirada na experiência de Deus de Jesus, exige uma escolha e não quer um coração dividido: "Ninguém pode servir a dois senhores, porque ou desgostará a um ou desgostará a outro, ou então se apegará a um e desprezará a outro. Não podeis servir a Deus e ao dinheiro" (Mt 6,24).

O segundo moderador desse III CLATM é o filósofo M. Oliveira, cujo tema desenvolvido é "Pluralismo e Ética". No seu ensaio, utiliza como base de reflexão os fundamentos de J. Habermas sobre o processo de estruturação das sociedades modernas expressado como "sistema" e como "mundo de vida". Em contraposição às estruturas hegemônicas e totalizantes que antecederam esse processo, o pluralismo surge como uma das características de destaque nesta sociedade ilimitada de universos simbólicos, baseando-se na autonomia dos elementos do social e na livre negociação entre seus sujeitos.

A questão mais complexa é a conciliação entre esse "sistema" e o "mundo vivido", tendo em vista que o primeiro visa à conservação do segundo e este, por sua vez, pressiona a maleabilidade do primeiro. O "mundo vivido" garante a sociabilidade graças a sua natureza simbólica, mediada por estruturas linguísticas que lhe dão sentido e integram os processos sociais num consenso de entendimento. E aqui destaca duas estruturas que interagem nesse processo: as familiares e as formas míticas de consciência. Ambas foram longamente estabilizadas na história e se complementam uma à outra, formando um universo simbólico com pouco espaço para inovações e que, passando pelas relações tribais até a constituição das sociedades modernas, tiveram uma única possibilidade de terem progredido e sido reestruturadas: pelo processo de racionalização mediado pelo universo simbólico linguístico que permitiu interação, consenso, normatização e socialização[416].

O processo de racionalização, porém, teve como consequência um enfraquecimento e um rompimento com esse universo simbólico que garantia a sociabilidade e uma unidade de fundo. O "mundo vivido", assim, esfacela-se em sistemas e cosmovisões que se diferenciam entre si: diferença entre cultura e sociedade e, ao mesmo tempo, entre personalidade e sociedade que, por fim, se define também como diferença entre cultura e personalidade.

> "A emergência de um mundo vivido pluralístico é aprofundada através da diferenciação, que se acentua, cada vez mais, entre forma e conteúdo. Na esfera da cultura, os

---

416 Cf. OLIVEIRA, M. A. de. "Pluralismo e Ética", p. 45.

elementos formais (processos de argumentação, conceitos de mundo etc.) se destacam das visões míticas do mundo. Em nível da sociedade, ocorre o processo de emergência de princípios universais de ação independentes das comunidades históricas e por isto cada vez mais abstratos. No plano da personalidade, as estruturas cognitivas conquistadas através dos processos de socialização se separam dos conteúdos culturais"[417].

Sendo assim, à medida que o "mundo vivido" vai sendo racionalizado e mediado por novos mecanismos de coordenação de ações, sua base não será mais regida por uma ética radicada na religião, mas por valores instrumentais, técnicos, como o dinheiro e o poder. Os novos meios sistêmicos são empíricos e necessitam de validação e de mediação, o que dá origem a dois subsistemas: a economia e a administração estatal.

Uma sociedade moderna pluralista, desse modo, é aquela na qual houve um "desengate do mundo vivido, do universo simbólico, dos dois subsistemas de ação instrumental, fruto do próprio processo de racionalização do mundo vivido"[418].

Como vimos o fenômeno do ponto de vista sociológico, é interessante notar como a filosofia fez a leitura dessa pluralidade. O pensamento ocidental, baseado na sua tradição metafísica, vem passando por uma reviravolta nos seus conceitos. A visão de uma razão universal e una é contraposta a um processo de finitização da razão, para a qual a ilusão metafísica deve ceder ao pluralismo das razões. Para o autor, esse pluralismo emerge como uma crise da modernidade, que, privilegiando o homogêneo, defende a fragmentação do pensar em detrimento de todo discurso universalista: "Fala-se, hoje, da morte desta razão una e universal e se proclama o início de um novo tempo em que o pluralismo das múltiplas razões substitui a razão totalizante da tradição"[419]. F. Nietzsche representa um crítico a essa razão e inicia um movimento contra a racionalização da cultura ocidental, que é fonte de ilusão, engano e erro e, por isso, deve-se recuperar a vida contra a razão. A ideia de recuperação da vida, segundo M. Oliveira, perpassa por alguns autores como um fio condutor: 1) L. Feuerbach acentua o ser sensível individual; 2) S. Kierkegaard vai insistir na facticidade da existência individual, na "verdade para mim"; 3) K. Marx reflete sobre o espírito enquanto situado na produção material; 4) M. Heidegger desemboca no pensamento do "ser" como evento imprevisível enquanto história do ser e história da verdade.

Tudo isso trouxe uma reviravolta linguístico-pragmática que recebeu estímulos de L. Wittgenstein. A hermenêutica parte do homem essencialmente entendido como finito e histórico. Sendo assim, para compreendê-lo, é necessário levar em conta os significados de sua facticidade originária com sua visão de mundo. A dimensão histórica é vista não como limite, mas como possibilidade da práxis histórica no mundo. Como um verdadeiro a priori, é a história que nos situa como seres-no-mundo e, por isso, a hermenêutica radicaliza a negação da metafísica: "a ontologia deixa de ser uma construção da totalidade do mundo dos entes e se faz experiência histórica e interpretação desta experiência"[420].

Para L. Wittgenstein, a racionalidade oniabrangente é substituída pela racionalidade pluralista dos jogos de linguagem sem a possibilidade de encaixá-los em uma regra universal. Sendo a linguagem um processo de interação simbólica, é fruto da

---

417 OLIVEIRA, M. A. de. "Pluralismo e Ética", p. 46.
418 Ibid., p. 48.
419 Ibid.
420 Ibid., p. 54.

criação de comunidades humanas históricas e, por essa razão, as conexões só serão inteligíveis dentro do contexto de interação, no qual existe um jogo próprio, uma estrutura própria situada e diversa, constituindo, assim, um pluralismo insuperável[421].

A pluralidade reina soberana, e à filosofia resta a análise dos jogos plurais de linguagem, com suas infinitas especificidades e diversidade de regras, sem nenhuma possibilidade de um jogo de linguagem universal.

Diante dessa pluralidade, a ética defronta-se com muitos desafios. O primeiro deles é exatamente a própria defesa de uma multiplicidade infinita de éticas. Num mundo variado de expressões étnicas, de raças e sexo, é impossível definir um discurso universal que pudesse ser válido para todos os comportamentos. O homem como ser-no-mundo está situado em determinada cultura, com uma consciência histórica, de saber relativo, com normas de ação determinadas a partir de sua situação histórica singular. O ontológico é o particular e, por consequência, a pluralidade infinita de éticas é incompatível entre si, de modo que não há uma melhor do que a outra, isto é, são todas válidas.

O pluralismo torna-se um valor a ser defendido como força de liberdade contra totalitarismos e éticas universais que se pretendam negar as diferenças. A ética particular defende a diferença libertadora da pluralidade: "o caminho da emancipação humana passa pela reconquista da particularidade. Contra a dissolução terrorista da particularidade, o imperativo do momento é a exaltação da particularidade e da diferença"[422].

Para M. Oliveira, a recuperação do universal torna-se urgente, porém sem deixar de lado o reconhecimento da historicidade e suas particularidades que, de certa forma, garantem a criatividade histórica que nos caracteriza. Afirmar, no entanto, que não existe uma razão universalíssima significa contradizer a própria proposição que se pretende ser universal. Portanto, afirmar que só há pluralidade, e não há princípios universais, é uma contradição em si mesma.

Temos uma tensão entre duas linhas dicotômicas da filosofia: do racionalismo moderno passa pelo idealismo alemão e por diferentes tipos de marxismo, e uma segunda linha, que passa pelo segundo L. Wittgenstein, pela filosofia analítica e hermenêutica e defende a razão fragmentada. Porém, como vimos anteriormente, proposições particulares podem ser portadoras de verdades universalíssimas[423].

Sendo assim, a ética deve buscar um caminho de justaposição entre o universal e o particular para poder ter uma visão mais completa do processo de conhecimento da realidade. O universal tem necessidade de se explicitar por um processo de mediação através das situações particulares. Desse modo, podemos entender o pluralismo como portador de um valor ético, porque é a possibilidade do universal se efetivar no irrepetível de sua situação. M. Oliveira mostra o quanto este debate é aberto ainda em relação à ética e, consequentemente, à Teologia Moral.

O terceiro mediador do III CLATM é S. Mier, jesuíta mexicano que desenvolve o tema: "Conceito teológico-moral de sujeito social". Tendo como premissa que o ser humano vive sua experiência de filiação divina num contínuo crescimento até a plenitude escatológica, como sujeito livre e responsável, deve-se considerar que essa experiência não se faz só na dimensão individual, mas é uma colaboração de dimensão social. A Sagrada Escritura evidencia essa realidade com o tema do povo

---

421 Cf. Ibid., p. 55.
422 OLIVEIRA, M. A. de. "Pluralismo e Ética", p. 65.
423 Cf. Ibid., p. 70.

de Deus, ou mais especificamente no Novo Testamento, o Reino de Deus. Sendo assim, para colaborarmos eficazmente no projeto de Deus, devemos levar em conta o sujeito social.

Para definir melhor esse conceito, S. Mier destaca que, para a Teologia Moral, os traços fundamentais de todo o sujeito são: 1) Liberdade; 2) Consciência; 3) Opção fundamental. Entendendo sujeito social como um grupo humano que também tem a capacidade de realizar essas três categorias, é possível, então, atribuir a este tipo de sujeito uma moralidade tanto quanto ao sujeito individual. Segundo S. Mier, esta disposição não diminui e nem anula a moralidade individual, mas, sendo em outro nível, até a favorece. O grupo humano que podemos considerar como sujeito social é aquele que tem um "sentido de pertença, objetivos comuns permanentes, interesses interdependentes, comunicação e interação mútuas e normas divididas, o que leva a uma identidade como grupo"[424]. O grupo só será sujeito social se possui consciência, liberdade e opção fundamental.

No que se refere à consciência, o sujeito social adquire uma identidade e, com isso, discerne o caminho para realizar o projeto ao qual se almeja alcançar. Sobre essa consciência pesam tanto as influências geográficas e sociais como as de cunho mais cotidiano que geram a convivência e a solidariedade. Na Sagrada Escritura, por exemplo, o termo "Povo de Deus" configura essa identidade social que procura discernir a vontade de Deus e realizar os seus projetos. Para isso, o grupo começa a ter uma consciência solidária para que todos possam participar ativamente do crescimento mútuo. São momentos de reflexão que garantem a criação de uma consciência ativa à luz da ação do Espírito Santo, que renova e impulsiona para a atuação que seja viável sem cair em extremismos.

No que toca à liberdade, é necessário refletir sobre a autonomia, que está ligada em torno da consciência da identidade do grupo. Autonomia é também capacidade de decisão própria para determinar os fins e os meios de acordo com uma coerência, a qual o grupo se propõe a viver e, na medida em que vai sendo assimilada internamente, também se expressa exteriormente em ações autônomas.

A autonomia do sujeito social exige que cada um dos seus membros seja capaz de assumir os seus projetos com liberdade de ação. Uma participação autêntica movida pela liberdade interior, sem imposições, respeitando em cada membro do grupo a capacidade de ser livre e aceitando uma diversidade na atuação dos seus membros. Um fator importante é que as decisões sejam tomadas pelo grupo mesmo e realizadas por ele, de modo que todos os seus membros sejam agentes e não só executores de uma ação. A experiência do povo de Israel demonstra claramente que, para obterem a liberdade, eles responderam a um chamado divino e, ao mesmo tempo, assumiram essa identidade de povo de Deus.

O terceiro referencial é a opção fundamental que a partir de uma opção profunda tende a orientar e unificar as diversas atitudes. Se o projeto é viável, coerente e justo, o grupo tende a crescer na consciência de sua opção de maneira cada vez mais coesa, garantindo, assim, uma maior aproximação da realização do projeto. S. Mier destaca que falar em sujeito social, de maneira alguma, dilui a responsabilidade pessoal. A ideia de sujeito social proposta por S. Mier não só é compatível com a subjetividade e a responsabilidade, como é uma exigência sem a qual o sujeito social não conseguiria cumprir seu projeto.

---

[424] Mier, S. "Conceito Teológico-Moral de sujeito social", p. 82.

S. Mier elenca algumas características complementares para que o sujeito social possa realmente cumprir seus projetos: 1) Condições objetivas: referem-se às circunstâncias sociais (econômicas, políticas e culturais) em que se encontra e precisa modificá-las; 2) Ser e fazer do sujeito: é a busca de um equilíbrio para que o sujeito social possa atuar tanto dentro do grupo (ser) como externamente (fazer); 3) Estilos de comunicação: referem-se à necessidade da troca de informação dentro do grupo para uma verdadeira comunhão; 4) Diversidade e complementaridade de traços: referem-se ao modo da distribuição de atribuições levando em conta as inclinações pessoais e as necessidades do grupo para estabelecer relações de cooperação; 5) Força de organização: refere-se à concentração de atividades internas e externas que devem colaborar para a realização do projeto; 6) Processo de estruturação: refere-se ao processo evolutivo de cada um que influencia no grupo, de modo que se fará experiências também de desestruturação[425].

Para S. Mier, é o sujeito Divino que se comunica e propõe um projeto de libertação integral, e a proposta requer uma resposta e uma aceitação ativa do sujeito humano, livre e consciente. Esse sujeito humano não é somente individual, mas também social. O povo de Deus, na Sagrada Escritura, representa bem esse projeto que exige consciência, liberdade e opção fundamental numa resposta responsável ao chamado de Deus.

O quarto moderador é o B. Leers com o tema "Sujeitos sociais emergentes da Ética".

B. Leers reconhece que a ética atravessa uma crise e, no Brasil, tem muitos motivos para confirmar esta situação. O contexto social do país mostra claramente o quanto as estruturas, tanto do Estado como da Igreja, perderam sua eficiência. Esse contexto, por outro lado, faz surgir uma reação por parte do povo, que busca se organizar para responder a esses desafios por meio da organização de movimentos que reivindicam uma sociedade mais justa e mais viável.

Numa variedade de estilos, essas organizações se apresentam de diferentes formas no que se refere ao raio de ação, ao público participante, ao tipo de articulação e dinâmica, às estratégias de mobilização. Porém, para B. Leers, algumas características são comuns: 1) Organizações de iniciativa particular, autônomas e não governamentais; 2) Representam a consciência coletiva de um grupo social diante de questões que ameaçam a própria existência; 3) Finalidades concretas na vida social; 4) Prática coletiva eficiente em vista da execução de seus projetos de ação; 5) Os meios de ação variam de extrema violência até a não violência ativa, procurando soluções a curto ou longo prazo; 6) Desempenham um papel político novo e alternativo na sociedade; 7) O ponto de encontro e o campo de ação são de ordem ética; 8) Podem se organizar a nível local, nacional ou transnacional, estimulando reformas estruturais[426].

Para B. Leers, os movimentos sociais são uma resposta do próprio povo às estruturas que se construíram pelas bases, mas que se afastaram delas. No caso da Teologia Moral, basta olhar a história de sua sistematização e verificar que os Manuais não foram feitos de elucubrações, mas é um arsenal de vivências concretas que foram sendo sistematizadas ao longo do tempo e tornaram-se abstratas porque não acompanharam a dinâmica da vida. No entanto, isso não silenciou o povo e, para B. Leers, "o povo foi sempre sujeito social da ética, se bem que de modo clandestino"[427].

---

425 Cf. MIER, S. "Conceito Teológico-Moral de sujeito social", p. 92-96.
426 Cf. LEERS, B. "Sujeitos Sociais emergentes da Ética", p. 104-106.
427 Ibid., p. 108.

Assim, para o autor, a novidade dos sujeitos sociais está nos seguintes aspectos: 1) Não pertencem ao núcleo tradicional ou oficial de definições de normas, seja eclesial ou civil; 2) Têm pretensão de ordem ética em prol dos pobres; 3) Atuam sem se separar da sociedade de que fazem parte; 4) Rompem com o esquema tradicional de autoridade e criam relações mais democráticas de participação e cooperação; 5) Protestam e pressionam a opinião pública; 6) Possuem uma visão dinamicamente próxima da realidade humana e subumana; 7) Têm uma nova maneira de fazer ética, como comunidade de ideias, de diálogo, de consenso que leva à participação[428].

B. Leers também retoma um dos temas que já desenvolveu em outros encontros – a reciprocidade das consciências –, mostrando, assim, que os sujeitos sociais também podem contribuir com a formação de uma ética. Apesar de considerar que todos os documentos e posicionamentos morais do Magistério não saíram do nada, mas são frutos de evolução da Teologia Moral ao longo dos séculos, que soube recolher o que há de melhor das experiências vividas pelo povo, por outro lado, há impulsos de sujeitos sociais emergentes que rompem com esse monopólio tradicional do saber e contribuem de modo criativo para uma nova ética, especialmente em três pontos: 1) É possível alcançar uma autonomia de ação que vai além do campo religioso, para melhorar as condições de vida do povo e garantir suas necessidades básicas para uma vida digna; 2) A reflexão ética formal com seus códigos de normas deve ser completada pelos sujeitos sociais para superar qualquer tendência de abstração uniformizante; 3) A busca de um agir comunicativo para reformular e adaptar a linguagem e que possa ser compreendida pelos agentes sociais nas suas realidades; 4) Finalmente, os agentes sociais emergentes representam a busca de uma ética comum humana que busca agir em prol dos mais pobres.

Como quinto tema do III CLATM, há o debate sobre "Ética civil e Teologia", tendo como mediador A. Duque.

A América Latina e o Caribe são herdeiros da sociedade sacral determinada pelo cristianismo, que predominou como referência moral. Porém, aos poucos, os Estados modernos foram assumindo sua autonomia, à custa de conflitos e guerras, garantindo uma organização social independente da religião. Com o advento da secularização, o marco referencial de valores, que era dado pela religião, começa a perder seu espaço e a sociedade já não reconhece muitos desses valores como normativos, desconsiderando-os do campo civil. Esse rápido processo criou um vácuo e pode-se sentir as suas consequências com um panorama desolador no campo ético. Por isso, há uma busca de se construir uma ética civil que preencha esse vazio e reestabeleça um mínimo de senso ético comum para garantir uma sociedade mais viável e menos autodestrutiva. Não se trata de recompor a ética nos mesmos padrões religiosos de outrora, mas de redescobrí-la no contexto secular.

Para tanto, A. Duque propõe algumas reflexões: 1) A ética civil, embora respeite o direito à liberdade religiosa, tem um caráter secular e autônomo, estabelecendo, assim, seus referenciais éticos normativos por si mesma. Uma linha da Igreja afronta essa secularidade, e a linha Conciliar, por sua vez, reconhece a legitimidade e a autonomia das realidades terrenas; 2) A ética civil reconhece um pluralismo social e, para estabelecer um mínimo ético comum, busca um consenso através do reconhecimento da igualdade de direito das partes que compõem uma sociedade. Nesse sentido, há um confronto eclesiológico voltado a uma uniformidade doutrinal em busca de uni-

---

428 Cf. Leers, B. "Sujeitos Sociais emergentes da Ética", p. 109-111.

dade, enquanto a linha Conciliar reconhece o pluralismo como algo indispensável para uma Igreja que deseja ser presença na sociedade secular; 3) A ética civil está baseada sobre a liberdade, em que as pessoas, com autonomia de decisão, buscam criar vínculos referenciais para seu comportamento. Numa linha eclesial mais tradicional, o tema da liberdade humana é sempre visto com desconfiança à lei natural e à lei revelada. Na linha Conciliar, podemos interpretar melhor o tema entendendo que a liberdade humana é obra do criador, mas é totalmente autônoma; 4) A ética civil pretende o bem comum através do consenso baseado numa antropologia que reconhece no ser humano a capacidade de deliberar e estabelecer referenciais para sua vida em sociedade. Para a linha tradicionalista, essa tendência do homem de elaborar referenciais éticos já está escrita na lei natural, de caráter imutável e cuja interpretação compete à Igreja. Segundo o Concílio, a ênfase se dá em uma visão mais personalista, estando mais atenta às mudanças da humanidade na sua existência histórica do que às imutabilidades absolutas; 5) A ética civil busca o mínimo comum ético de conteúdos concretos. Apesar de a linha tradicionalista ter tentado desqualificar a opção preferencial pelos pobres como uma linha marxista, esta é fruto de "uma preferência iniludível de Deus"[429], que não será apagada da história, mas, ao contrário, esta opção, unida aos Direitos Humanos e Direito dos Povos, pode se tornar um núcleo ético comum de grande força de transformação social; 6) A ética civil estabelece o mínimo ético comum ao qual as pessoas aderem através de acordos que se mantêm até que dure essa adesão. 7) A ética civil defende que é a autonomia da consciência que dinamiza o ser humano na sua adesão, recuperação e criação de valores a partir das circunstâncias concretas em que vive, permitindo, assim, construir consensos éticos.

Desse modo, a ética civil tem seu espaço e sua função social e, em muitos aspectos, a moral cristã poderá dialogar quando se encontrar em mínimos comuns. Graças a sua característica pluralista que o cristão pode assumir o seu sistema de valores próprios e exercê-los na sociedade secular.

Para A. Duque, pensando em uma nova evangelização, não podemos ficar com a visão tradicionalista na qual temos uma verdade moral de modo absoluto que deve ser imposta a todos. Dentro da perspectiva da consciência, e esta situada num contexto determinado, podemos pensar no anúncio do Evangelho como um valor proposto e não imposto. Na participação da ética civil, poderemos colocar à prova a validade de nossas proposições cristãs e confrontar-nos com os outros valores.

T. Mifsud é o sexto mediador e aprofunda o tema: "Igreja e Sociedade: Relação Dialogal".

O Concílio Vaticano II trouxe uma consciência de Igreja como servidora da humanidade, continuando a obra do Cristo por meio da evangelização, chegando às raízes mais profundas da conduta humana. Na América Latina, essa missão é identificada de modo preferencial para com os pobres. Porém, nessa mesma realidade, são impostos grandes desafios para essa missão, quando se verifica uma dicotomia entre fé e vida e o fortalecimento de estruturas injustas, a desigualdade e a violência.

Há uma sociedade emergente que busca um novo modo de se organizar politicamente. E numa sociedade em que se vive uma provisoriedade histórica, é necessário um discernimento prudente dos valores emergentes. Há aqueles que, no campo político, se aferram às ideologias clássicas e reagem com a retomada de todas as normas

---

[429] Duque, A. M. "Ética Civil e Teologia", p. 142.

do passado, tentando reintegrá-las para um resgate da ordem social. No campo eclesial, é a visão de que o Evangelho traz consigo uma lei e a cultura deve aderir sem reservas ao seu cumprimento. Ambos julgam o presente exclusivamente com critérios do passado. Para T. Mifsud, a ética da emergência é aquela que trabalha em uma dimensão de provisoriedade, de caminho não acabado, sem prescindir da realidade.

Na sociedade pluralista, em que os fenômenos são analisados de diferentes ângulos, e não existem pontos de contatos comuns, a ética deverá defender uma antropologia que garanta que na humanidade existem valores que potencializam a vida e outros que a negam. Neste diálogo, entre as antropologias em busca dos potenciais por uma vida mais digna, é possível encontrar uma dimensão também transcendental como fundamento antropológico, sem ter que apelar para fundamentalismos.

T. Mifsud entende que não se pode falar em paradigmas, já que esta sociedade emergente se define como provisória. Mas se pode falar em uma possível configuração ética que teria as seguintes características: 1) A política deve ser vista em termos de consenso, que tenha como ponto de partida o bem comum, e suas prioridades sejam assumidas solidariamente por toda a sociedade; 2) A política refere-se a um projeto social no qual o Estado deve garantir a sua execução sem cair em ideologias ou demagogias; 3) O desenvolvimento econômico e a equidade são metas necessárias e complementares em uma sociedade que visa ao bem comum; 4) A política é o mais legítimo meio de participação que pode garantir o bem-estar de todos os membros da sociedade[430].

A pobreza continua a ser uma prioridade tanto para a ética civil como para a cristã. Se a pessoa humana é o centro da ética, os empobrecidos constituem uma preocupação prioritária, uma vez que sua realidade exige uma resposta ética ao que se refere a dignidade da pessoa. A pobreza conclama a todos para uma responsabilidade mediante atitudes solidárias. Ainda há muita indiferença diante do empobrecido, o que se constitui num grave problema diante de uma sociedade que tem em vista o sucesso. O modelo econômico de mercado não é solidário, e sim pragmático, pois se preocupa com a funcionalidade do sistema. Por isso, pergunta-se, em relação aos empobrecidos, se a crítica deve ser em relação ao modelo ou pela criação de mecanismos solidários dentro do modelo. Para T. Mifsud, é necessário pensar as duas coisas, mas a prioridade seria dar ao modelo instâncias solidárias para seu melhor funcionamento, com articulação social dessas alternativas para que toda a sociedade se sinta participante do processo por uma melhor qualidade de vida.

O pobre é uma pessoa real que vive carências concretas. A ética deve ser intérprete desse empobrecido, conhecê-lo em sua realidade e sua voz, de modo que ele possa contribuir na elaboração das propostas, isto é, uma ética do discernimento capaz de escutar os problemas e testemunhar com gestos concretos e solidários.

O sétimo mediador é F. dos Anjos, que abordou o tema "Alguns desafios da ética na relação Igreja e Sociedade". Sabemos que não é mais a Igreja que domina o discurso sobre a ética no âmbito social e isso traz uma série de desafios na leitura social. Igreja e Sociedade são realidades amplas que se interpenetram e estão em constante diálogo.

F. dos Anjos elenca alguns pontos para compreender melhor os desafios que interpelam Igreja e Sociedade. Em primeiro lugar, dois temas emergem como desafios de empenho comum entre Igreja e Sociedade: as novas formas de pobreza e a tecnologia. A grande dicotomia é que a mesma tecnologia que gera desenvolvimento e

---

[430] Cf. MIFSUD, T. "Igreja e Sociedade: Relação Dialogal", p. 159-163.

progresso reproduz a pobreza e a exclusão. A eficiência tecnológica vem conquistando seu espaço e chega com a força de precisão e de poder. Temos como exemplo a engenharia genética, que seleciona sementes, reproduz animais e programa a reprodução humana, e a informática, que gera e controla dados e mapeia, via satélite, cada metro quadrado do solo brasileiro. Contudo, F. dos Anjos aponta que esse otimismo tecnológico também traz uma série de dúvidas e de questões éticas. Primeiro porque essa tecnologia não é para o acesso de todos. Segundo, porque ela pode ser usada para a guerra e a seletividade e discriminação de pessoas e, por isso, a ética deve estar atenta para as implicações sociais e uma ampla participação na discussão dos limites desse poder tecnológico.

O segundo ponto levantado por F. dos Anjos é a crise dos paradigmas, isto é, uma contínua ruptura de determinados pressupostos metodológicos e conceituais e o aparecimento de novos referenciais. Na Teologia, falou-se muito em modelos e rupturas epistemológicas, mas, enfim, a questão de fundo é a mesma: quais são as bases sociais que sustentam um paradigma ou a autoridade que o mantém? O fato é que essas constantes rupturas estão ligadas também ao pluralismo e sua consequente fragmentariedade.

A ética civil tem paradigmas diferenciados daqueles religiosos e baseia-se em razões instrumentais como a eficiência e a competitividade, enquanto a ética religiosa não se mostra eficaz porque seu conteúdo não transparece essa funcionalidade exigida pelo mundo social. Outro desafio da Igreja é que o pluralismo reconhece que existem tantas éticas quanto sejam as particularidades dos grupos humanos, rejeitando qualquer pretensão de universalidade. Para F. dos Anjos, a resposta estaria "em dar ao mesmo tempo volume e credibilidade à reflexão a partir das particularidades, nas quais o universal de alguma forma se expressa"[431]. Os movimentos ecológico e holístico procuram devolver à sociedade fragmentária uma visão mais integral da natureza e do ser humano, mas se defrontam com visões inadequadas do homem em relação à natureza, seja do ponto de vista de um exagero antropocêntrico, seja do ponto de vista do total esvaecimento do ser humano nos processos biológicos e naturais. O mesmo vale sobre a questão da diversidade das culturas e dos gêneros. Muitos grupos étnicos estão tentando recuperar suas culturas, assim como há movimentos de conscientização ocupados em pensar o papel do homem e da mulher de modo igualitário sem supremacias ou discriminações. Embora a Igreja venha manifestando sua posição sobre essas questões[432], há ainda um longo caminho a percorrer.

O terceiro ponto que desafia a Igreja é a questão dos sujeitos e atores. Na dinâmica da ética, o diálogo mútuo e os gestos e práticas são fundamentais para que se possa avançar em um denominador comum. A prática relacional com a realidade dos sujeitos permite conhecer suas necessidades, seus desejos e sua criatividade e, assim, dão lugar a uma moral vivida que se desdobra em processos de transformação. Sabemos, no entanto, que muitos campos ainda estão em aberto e precisariam de maior atenção, como, por exemplo, na área sexual e na área das ciências e tecnologias. Outro fator que se deve levar em conta é que o discurso ético deve estar de acordo com a prática para que possa ganhar legitimidade e competência.

---

431 ANJOS, M. F. dos. "Alguns desafios da Ética na Relação Igreja e Sociedade", p. 179.

432 O autor refere-se a *Evangelii nutiandi* (1974), *Catechesi tradendae* (1980), *Mulieris dignitatem* (1988), *Redemptoris missio* (1990), *Santo Domingo* (1992). Cf. ANJOS, M. F. dos. "Alguns desafios da Ética na Relação Igreja e Sociedade", p. 181.

Por fim, o quarto ponto é a questão da ética e sua comunicação. Contra uma ética autoritária e impositiva e com discursos herméticos distantes da realidade, é necessário saber comunicar a ética de modo adequado, seja por gestos, palavras ou imagens, desde as relações interpessoais até às macrossociais.

### 5.2.7 Ética entre os Excluídos – 1994

O XVIII ENSBTM realizou-se em Vitória entre os dias 05 e 09 de dezembro. O 18TG teve como foco: "Ética entre os excluídos". Os TEs abordados foram os seguintes: 1) "Aproximação socioantropológica do mundo dos excluídos", D. Peruzzo[433]; 2) "O Deus da Ética dos Excluídos", D. Camargo; 3) "As normas morais na marginalidade", L. Martin; 4) "A Ética entre as Madalenas", H. D'Ans; 5) "A moral dos travestis e portadores de HIV", I. Adams; 6) "Moral dos Cortiços", L. Tegami; 7) "Meninos e meninas de rua fazem Moral", M. Couto; 8) "Pela Ética entre os excluídos", a cargo dos participantes.

**Articulação dos principais argumentos dos Mediadores**

Não consta nenhuma publicação oficial específica sobre os temas debatidos nesse encontro ou de suas conclusões.

### 5.2.8 Questões de Bioética hoje – 1995

O XIX ENSBTM realizou-se em Fortaleza entre os dias 04 e 08 de dezembro. O 19TG teve como foco: "Questões de Bioética hoje". Os TEs abordados foram os seguintes: 1) "Grandes problemas da Bioética hoje", L. Pessini[434]; 2) "Abordagem histórica e contextual da Bioética", F. dos Anjos; 3) "Ética Médica Codificada no Brasil", G. Veloso, J. C. Gomes e L. Martin; 4) "Bioética, Saúde e cidadania", V. Garrafa[435]; 5) "A prostituição de menores como desafio para a Bioética", A. Sempiero e E. Silveira.

**Articulação dos principais argumentos dos Mediadores**

Não consta nenhuma publicação oficial específica sobre os temas debatidos nesse encontro ou de suas conclusões.

### 5.2.9 Ética e o Direito – 1996

O XX ENSBTM e o IV CLATM realizaram-se em São Paulo entre os dias 10 e 13 de dezembro. O 20TG teve como foco: "Ética e o Direito"[436]. Os TEs abordados foram: 1) "Ética e Direito – um panorama às vésperas do século XXI", J. Lima Lopes[437]; 2) "Santo

---

433 Como sociólogo refletiu sobre a maginalização nas cidades com a obra: Peruzzo, Dilvo. *Habitação, controle e espoliação*. São Paulo: Cortez, 1984.

434 Obra referencial dos autores nessa época: Pessini, L.; Barchifontaine, C. P. (Orgs.). *Fundamentos da Bioética*. São Paulo: Paulus, 1996².

435 O autor escreve sobre o tema no seguinte artigo: Garrafa, Volnei. "Bioética, Saúde e Cidadania". In: *Saúde em Debate* 43 (1994) 25-92.

436 A obra de referência desse Encontro: Anjos, M. F. dos; Lopes, José Reinaldo de Lima (Orgs.). Ética e Direito: um diálogo. Aparecida: Santuário, 1996. (Coleção Teologia Moral na América Latina 12). Um relato sobre o evento encontra-se em: Mier, S. "Cronica del IV Congreso Latinoamericano de Teología Moral: Etica y Derecho". In: *Efemérides Mexicanas* 45 (1997) 371-374.

437 Lopes, José Reinaldo de Lima. "Ética de Direito – um panorama às vesperas do século XXI". In: Anjos, M. F. dos; Lopes, J. R. L. (Orgs.). Ética e Direito..., p. 21-32.

Afonso Maria de Ligório, jurista e teólogo da Moral", M. Ceschini[438]; 3) "Tolerância, Liberdade e Democracia: algumas questões", L. Oliveira[439]; 4) "Intervenção humanitária entre o Direito e o Dever", E. Barceló[440]; 5) "Direito Alternativo: propostas e fundamentos éticos", A. Wolkmer[441]; 6) "Nova crítica sobre a relação Direito e Moral", A. P. Silva[442]; 7) "Recepção da Ética Personalista no Código de Direito Canônico", N. Masi[443]; 8) "Ética e Direito em Agostinho. Um Ensaio sobre 'Lei Temporal'", F. Ramos[444].

**Articulação dos principais argumentos dos Mediadores**

J. Lima Lopes, leigo, professor na Faculdade de Direito da Universidade de São Paulo, é o primeiro mediador, debatendo o tema: "Ética e Direito: um panorama às vésperas do século XXI".

Com o objetivo de dar um panorama do Direito e seus desafios, Lopes faz uma retomada histórica e lembra que a escola mais influente na modernidade foi o jusnaturalismo racionalista, com sua visão individualista e contratualista da sociedade. Essa visão permite que a sociedade civil, na qual as regras de apropriação e repartição dos frutos do trabalho individual são garantidas pela via contratual, seja ela social ou particular, garanta as regras que permitem a vida civilizada. A filosofia democrática colaborou para a criação de um Estado constitucional e de direito, apesar da desconfiança para com os métodos democráticos que muitas vezes incitavam revoluções. Porém, predominaram as ideias liberais, especialmente no que se refere às liberdades civis que procuravam se distanciar cada vez mais da interferência das Religiões e do Estado sobre a vida privada. J. Lima Lopes recorda que o Império, no Brasil, elaborou uma Constituição nos moldes do ideário liberal.

Todavia, esse processo de abertura do jusnaturalismo foi cedendo ao chamado legalismo conservador, quando passadas as reformas, os juristas simplesmente queriam aplicá-las. J. Lima Lopes lembra que legalismo e legalidade são coisas diferentes. Enquanto o primeiro é uma reprodução acrítica de ordens e mandatos que se aplicam em nome da maioria, o segundo é uma qualidade necessária para um projeto democrático. No Brasil, a realidade impunha-se com outros ideários: a semente do jusnaturalismo plantada em solo eclesial e conservador desenvolve-se pouco. E qualquer tentativa de fazer crescer as sementes de um liberalismo cívico é sufocada pelo patriarcalismo, pelo coronelismo e pelo catolicismo brasileiros[445].

J. Lima Lopes reconhece que, na atualidade, há uma corrente mais positivista, apesar de também ter sido dissolvida em outras vertentes. Ele distingue dois tipos de positivismo jurídico, um ideológico e outro metodológico. O primeiro vai pela mes-

---

438 CESCHINI, Miguel Luís Schwab. "Santo Afonso Maria de Ligório, jurista e teólogo moral". In: ANJOS, M. F. dos; LOPES, J. R. L. (Orgs.). Ética e Direito..., p. 33-64.

439 OLIVEIRA, Luciano. "Tolerância, Liberdade e Democracia: algumas questões". In: ANJOS, M. F. dos; LOPES, J. R. L. (Orgs.). Ética e Direito..., p. 65-106.

440 BARCELÓ, Eduardo Bonnín. "Intervenção Humanitária: entre o Direito e o Dever". In: ANJOS, M. F. dos; LOPES, J. R. L. (Orgs.). Ética e Direito..., p. 107-124.

441 WOLKMER, Antonio Carlos. "Direito alternativo: proposta e fundamentos éticos". In: ANJOS, M. F. dos; LOPES, J. R. L. (Orgs.). Ética e Direito..., p. 125-146.

442 SILVA, Antonio Pinto da. "Nota crítica sobre a relação Direito e Moral". In: ANJOS, M. F. dos; LOPES, J. R. L. (Orgs.). Ética e Direito..., p. 147-165.

443 MASI, Nicola. "Recepção da ética Personalista no Código de Direito Canônico". In: ANJOS, M. F. dos; LOPES, J. R. L. (Orgs.). Ética e Direito..., p. 167-186.

444 RAMOS, Francisco Manfredo Tomás. "Ética e Direito em Agostinho. Um ensaio sobre a 'Lei Temporal'". In: ANJOS, M. F. dos; LOPES, J. R. L. (Orgs.). Ética e Direito..., p. 190-220.

445 Cf. LOPES, J. R. L. "Ética de Direito – um panorama às vesperas do século XXI", p. 24.

ma linha do legalismo, enquanto o segundo entende que ao jurista cabe uma interpretação da lei de acordo com o contexto complexo da sociedade. Outra corrente surge: a realista. Influenciada especialmente por dois filósofos juristas que propunham mais rigor na análise da aplicação das leis, H. Kelsen (1881-1973) e H. Adolphus Hart (1907-1992): "Para Hart e Kelsen o jurista não se pode contentar com a mistura inconsequente de vagas intuições morais sobre o bom e o bem em sociedades complexas regidas pela convivência dos diferentes e das diferentes opiniões"[446]. Assim, a corrente realista volta-se para o ser e suas regularidades fáticas. Mas, H. Adolphus Hart lembra que constatar uma regularidade empírica não significa encontrar uma regra. Essa não se alcança com uma visão meramente externa, mas interna, quando o sujeito a toma como guia de sua ação, e esse seria o princípio de legalidade. Para J. Lima Lopes, esse princípio, essa rocha de base, encontra-se na tradição democrática, mas fora do ordenamento jurídico. Por isso, a necessidade dos juristas entrarem em diálogo com outras disciplinas de caráter não dogmático. J. Lima Lopes, nesse sentido, sugere a filosofia moral.

Grandes e cada vez mais exigentes são os desafios para a jurisprudência: direitos humanos, as guerras, o direito das gerações futuras, a Bioética e muitos outros. Muitos desses problemas exigem respostas imediatas, e outros, mais a longo prazo, exigem a elaboração de regras claras e justificáveis. O centro da autoridade, cada vez mais, vem se focando no próprio ser humano, responsável individual e coletivo de suas próprias ações.

J. Lima Lopes reflete sobre algumas linhas de reflexão que influenciam o direito no que se refere à autonomia. Para os liberais, por exemplo, na ética pública, a autonomia é exercida com um mínimo de solidariedade que define as liberdades. Assim, como em nome da autonomia, o Estado e a sociedade não podem intervir sobre a vida privada, assim também o sujeito tem um limite ligado a sua condição socioeconômica, isto é, justifica-se se esta não piora a sorte dos menos favorecidos. J. Rawls (1921-2002) é o teórico mais importante a defender políticas do Estado social.

Para os liberistas, ao contrário, não se justifica qualquer preocupação com a interação entre agentes livres. Os comunitaristas dão ênfase e precedência do todo sobre a parte e da comunidade sobre os indivíduos. Estes são alguns dos nomes que representam essa linha: C. Taylor, M. Walzer, A. MacIntyre, M. Sandel e J. Finnis, que revezam entre o conservadorismo de uma visão organicista até uma visão da comunidade como instância crítica diante do individualismo.

Uma tentativa de resposta está em K. O. Apel e J. Habermas com a chamada ética do discurso. Apoiam-se numa recuperação da comunicação como princípio para uma antropologia de base:

> "Ao fazer isto, podem beber das fontes mais modernas e mais clássicas. Podem recuperar em Aristóteles o homem político, 'capaz de fala', e em Wittgenstein o inarredável jogo de linguagem que nos constitui. Podem tomar de Kant o princípio de uma razão universal ideal e submetê-lo às condições de possibilidade de uma comunidade real de comunicação"[447].

Para J. Lima Lopes, enfim, para enfrentar os desafios da sociedade moderna, é necessário esse encontro e diálogo entre a teoria do direito, a filosofia do direito e a ética, para apontarem respostas e responsabilidades.

---

446 Ibid., p. 25.
447 LOPES, J. R. L. "Ética de Direito – um panorama às vésperas do século XXI", p. 31.

O segundo mediador do XX ENSBTM é M. Ceschini, redentorista e canonista, com o tema: "Santo Afonso Maria de Ligório, jurista e Teólogo da Moral". O objetivo de M. Ceschini é mostrar o lado mais jurista de Santo Afonso e como isso influenciou na Teologia Moral.

Afonso nasce em Marianella, Nápoles, a 27 de setembro de 1696. Primogênito de 7 irmãos, ele era o herdeiro dos títulos dos bens da Família de Ligório que há séculos eram cavalheiros napolitanos. De seus irmãos se destaca o clima de religiosidade familiar: Antonio torna-se beneditino; Caetano, sacerdote diocesano; Bárbara e Ana Maria, franciscanas; Tereza-Maria casa-se com o duque de Balzo, Hércules recebe a primogenitura de Afonso, e teve a perda de uma irmãzinha, gêmea de Bárbara, que morreu logo após o seu batismo. Seus pais são Dom José de Ligório e Dona Ana Cavalieri, ele comandante da nave capitânia da armada napolitana e ela filha de patrícios.

Dom José fazia planos para seu filho e sonhava vê-lo como ministro do vice-reinado, como juiz. Sendo comandante da nave capitânia da armada napolitana, achava que a área militar era muito perigosa e atribulada. Assim, Afonso teve uma educação de primeira qualidade. Em casa, com professores particulares de gramática e línguas, com Dom Domenico Buonaccia, que o ensinou o toscano, o latim, o grego, o francês e o espanhol. Aulas de filosofia, matemática, equitação e esgrima, ciências humanas e poesia, música e cravo, desenho, pintura e arquitetura. Enfim, tal foi a formação que aos 12 anos havia terminado seus estudos e se matriculado na Universidade, dando início ao curso de Direito.

Foram cinco anos de estudo com 12 cadeiras acadêmicas entre Direito Civil e Direito Eclesiástico, de modo que, aos 16 anos, conseguida a dispensa de idade que exigia 20 anos completos, Afonso presta seu exame final em 21 de janeiro de 1713 com dois temas sorteados para defender: no Direito Civil, "Os Contratos e a Prioridade da Justiça e da Equidade sobre a letra da Lei" e no Eclesiástico, "As transferências dos Clérigos e as Doações Pias"[448]. Depois de completar seu tirocínio, aos 18 anos, torna-se o mais jovem advogado de Nápoles.

Sua fama de bom advogado se espalhou e todos acreditavam que sua carreira seria promissora. Mas, em 1723, na defesa de uma causa importante em que estava em jogo o Feudo de Amatrice, Afonso perde a causa devido a um arranjo que a parte contrária havia feito com os juízes. Profundamente decepcionado, desveste a toga que usava e deixa o Tribunal. Aquilo haveria de mudar completamente a sua vida. Depois de muita oração, direção espiritual e visitas ao hospital dos incuráveis, Afonso decide, mesmo contra o desejo de seu pai, entrar para o seminário e tornar-se sacerdote. E, assim, completou seus estudos e, em 21 de dezembro de 1726, tornou-se sacerdote diocesano de Nápoles.

Enquanto completava seus estudos, a 13 de novembro de 1724, Afonso inscreveu-se na Congregação das Apostólicas Missões, que tinha o objetivo de despertar o interesse dos sacerdotes para as missões no exterior. Em 1725, na ilha de Prócida, sua primeira missão foi ensinar catecismo aos pescadores. Também fez parte da Confraria dos Brancos da Justiça, visitando prisioneiros nas suas confissões, bem como esteve presente a várias execuções realizadas em praça pública. Ele, continuando a aprofundar sua vida espiritual e pastoral a serviço dos mais abandonados, faz uma experiência na cidade de Scala, onde havia encontrado mais pobreza que em Nápoles. A 9 de novembro de 1732, nasce em Scala a Congregação do Santíssimo Reden-

---

448 Ceschini, M. L. S. "Santo Afonso Maria de Ligório, jurista e teólogo moral", p. 36.

tor, que começa a se expandir e tem como base do seu trabalho as missões populares com o anúncio do Evangelho e da misericórdia de Deus e retiros espirituais para sacerdotes e leigos. Nesse período, escreve novenas, orações, canções que servem para ajudar o povo simples a se aproximar de Deus. Foi Pastor, fundador e escritor durante toda a sua vida. Faleceu no dia primeiro de agosto de 1787, canonizado em 26 de maio de 1839 por Gregório XVI, e em 1871 Pio IX concedeu a ele o título de Doutor da Igreja. Finalmente, Pio XII, em 26 de abril de 1950, declara Santo Afonso Patrono de todos os confessores e moralistas.

De suas mais de 100 obras, a *Theologia Moralis* foi a que recebeu maior atenção. Sua formação jurídica colaborou para que desenvolvesse temas que fossem de relevância para o povo e para os estudantes da Congregação, buscando entre autores rigoristas e laxistas um meio termo que ajudasse na prática do exercício das missões. No meio das discussões entre jansenistas, tucioristas, laxistas, probabilistas e probabilioristas, Afonso consultou mais de 800 autores, chegando a 70.000 citações.

Apesar de todo o seu cabedal intelectual, sua exímia preparação jurídica, não era sua intenção se dedicar a disputas acadêmicas. O foco de sua atenção estava no povo abandonado, marginalizado, excluído que precisava de apoio para viver sua vida cristã. Assim, três grandes temas fizeram parte de sua Teologia Moral: a Consciência, a Lei e os Atos Humanos. O Equiprobabilismo surge do seu conhecimento jurídico unido a sua experiência pastoral missionária e ao seu encontro com os mais abandonados. A maneira como ele interpreta a Lei, como razão reta daquilo que se deve fazer, mostra o seu orientamento para a liberdade.

O sistema moral de Santo Afonso está baseado em dois princípios fundamentais: 1) Uma lei duvidosa não pode obrigar porque não é suficientemente promulgada; 2) Uma lei incerta não pode induzir uma obrigação certa, e por isso não pode ligar a liberdade, destituindo-a de sua posse conforme a máxima: *In dubio melior est conditio possidentis*.

> "Na exposição dos dois princípios Afonso demonstra como a lei duvidosa não obriga, por falta de suficiente promulgação, característica necessária a fim de que ela tenha a força de obrigar. Porque a lei incerta não pode impor uma obrigação certa, não pode também privar a liberdade do ser humano de seu direito certo de fazer aquilo que quer, enquanto não estiver ligada por um vínculo igualmente certo"[449].

Essa foi a doutrina mantida por Santo Afonso de 1762 até o fim da sua vida e, desse modo, toda a sua base jurídica foi essencial para a elaboração do seu sistema moral.

O terceiro mediador é o sociólogo L. Oliveira, que desenvolve o tema: "Tolerância, liberdade e democracia: algumas questões".

Apesar de o tema da tolerância parecer estar resolvido nas sociedades democráticas contemporâneas, o autor relembra que este já foi polêmico e motivo de muita guerra, especialmente no que se refere às religiões. O sentido de tolerância, em contraposição à liberdade religiosa, pode ser encontrado em discussão já na Declaração dos Direitos do Homem da Revolução Francesa, em 1789. A questão é que o termo "tolerância religiosa" não seria necessário se todas as religiões fossem livres para celebrar seus cultos. Mas, ao se referir à tolerância, tem-se a ideia de suportar e admitir as religiões como um mal menor, e quando se refere à liberdade, há um reconhecimento do direito à diferença.

---

449 CESCHINI, M. L. S. "Santo Afonso Maria de Ligório, jurista e teólogo moral", p. 48.

Outro fator interessante é notar o deslocamento do conceito de tolerância do foco religioso para outras áreas da vida, como a política, a filosófica e a cultural. Houve, então, um alargamento do sentido de tolerância, sendo esta entendida como um modo de ser e agir, no qual os seres humanos vivenciam respeitosamente as maneiras diferentes de ser e agir na sociedade. Por outro lado, esse deslocamento de foco se encontra no campo complexo das concepções políticas e comportamentos sociais. Daí surgem algumas perguntas: podemos tolerar um partido que pregue a discriminação de uma minoria racial? No campo da justiça, podemos aceitar a pena de morte ou uma tortura? E, assim, muitas outras áreas em que, ao invocarmos a tolerância no âmbito mais amplo da vida humana, podemos cair em questões de difícil consenso. Oliveira nos lembra dos grandes debates em torno do tema, como, por exemplo, em 1689, quando foi promulgado o *Toleration Act* para resolver as perseguições contra católicos e outras religiões na Inglaterra. Na França, ao contrário, os católicos que perseguiam os heréticos. E, assim, os escritos a favor da tolerância proliferaram entre os séculos XVI e XVIII. Voltaire (1694-1778), por exemplo, escreve um Tratado sobre a Tolerância em 1763, em favor da reabilitação de um protestante que foi torturado e morto, acusado de matar o filho, porque este queria se tornar católico. Na verdade, o filho havia sido encontrado enforcado, e tratava-se de um suicídio. Em 1787, às vésperas da Revolução, Luís XVI promulgou o edito de Tolerância, porém reafirmando que o culto oficial era da Igreja Católica.

Já nas sociedades modernas, e de modo particular no Brasil, L. Oliveira considera que há uma crescente liberalização dos costumes, e lembra o chavão de 1968: "É proibido proibir"[450]. No comportamento sexual começa uma revolução: o homossexualismo deixa de ser punição, o adultério deixa de ser crime, uniões livres deixam de ser escândalo, o divórcio se impõe, a concubina passa a ser companheira. Esses exemplos, segundo L. Oliveira, em nível individual e comportamental, representam a passagem da superação da tolerância para a liberdade, através do direito. Todavia, poder-se-ia pensar também no nível dos costumes e das concepções políticas, em que as dificuldades se multiplicam. L. Oliveira se pergunta se é possível, nessa dialética, uma via de acesso para se pensar de modo coerente a questão da tolerância e da liberdade. O fato é que ambas têm como balizas corretoras os valores da democracia e dos direitos humanos. Essa perspectiva focou a tolerância, diferentemente de como era pensada antes, em novas bases com pressupostos e limites.

O primeiro aspecto que L. Oliveira recorda do debate clássico é que a religião tinha um papel de coesão social. Segundo Voltaire, enquanto a lei se ocupa dos crimes conhecidos, a religião ocupa-se dos crimes secretos. Lembra também que o debate da tolerância religiosa passa pela questão do econômico. A intolerância era vista como um obstáculo ao desenvolvimento do comércio e da riqueza, tendo como exemplo a Holanda, onde, ao contrário, a liberdade religiosa é a condição da prosperidade comercial. Esse debate do século XVII, diz L. Oliveira, faz pensar que "hoje em dia, somos naturalmente levados a minimizar a importância das discussões propriamente teológicas, e a crer que aí, no fator econômico, reside a verdadeira, senão única explicação para a emergência da tolerância religiosa"[451]. L. Oliveira acredita que estamos entre o consumismo e uma prática de análise de mais de dois séculos, de uma sociologia que nos ensinou a centralizar o interesse material, a razão das ações

---

450 Oliveira, L. "Tolerância, Liberdade e Democracia: algumas questões", p. 75.
451 Ibid., p. 82.

dos sujeitos sociais. É a discussão que, no século XVIII, predominou nas ciências sociais, de que "se o universo físico está submetido às leis do movimento, o universo moral não está menos às leis do interesse"[452].

Esse referencial para nós parece tão sedimentado, que fazemos a leitura sob este prisma, de toda a história. Mas, para L. Oliveira, no tempo das guerras religiosas, o que predominava era o desejo da salvação. Foi no terreno da religião e de sua oferta de salvação que foram elaborados os discursos sobre a tolerância. Para exemplificar esta realidade, L. Oliveira cita dois autores clássicos sobre o assunto: P. Bayle (1647-1706), filósofo francês, e J. Locke (1632-1704), filósofo inglês.

P. Bayle, em 1686, escreve um texto intitulado: "Comentário filosófico sobre as palavras de Jesus Cristo: "obriga todos a entrar"", e para fugir de uma possível condenação, publica o livro como se fosse uma tradução de um livro inglês, usando o pseudônimo Sieur Jean Fox de Bruggs. Trata-se do capítulo 14 de Lucas, quando Jesus conta a parábola do banquete em que os convidados não compareceram e o Senhor ordenou que saíssem pelos caminhos e obriga todos a entrar para encher a casa. Era um trecho muito usado pelos intolerantes que justificavam a necessidade de que todos têm a obrigação de professar a religião. P. Bayle, ao contrário, interpreta que não existe nada de mais abominável do que fazer conversões pela coação e que a liberdade da consciência é o fundamento da tolerância e, assim, tudo o que é feito contra os ditames dessa mesma consciência é pecado.

No mesmo ano, J. Locke escreve sua "Carta sobre a Tolerância", fruto de uma série de outras reflexões que ele já tinha feito sobre o tema. O argumento de J. Locke baseia-se sobre a necessidade de estabelecer princípios que assegurem uma separação entre Igreja e Estado. Enquanto o Estado se constitui para conservar os bens civis da vida, como a liberdade, a integridade da vida, a Religião é composta de homens livres que se reúnem para adorar a Deus e obter a salvação. Assim, para J. Locke, os meios utilizados pelo Estado, como leis e coerção, não servem para assegurar os bens de quem busca a salvação. A fé, para J. Locke, não é adesão exterior, mas fé interior. Ele delimita bem os domínios de cada uma, argumentando o que não pode numa e noutra. Levanta também a questão do conflito entre jurisdição temporal e religiosa. Nesse sentido, usa a premissa de que o bem público é a regra e a medida das leis. Um magistrado deverá ter em conta que nenhum dogma que se oponha ou seja contrário à sociedade humana pode ser tolerado. Na sua visão social, Estado e Religião têm propósitos e objetos diferentes, não haveria um conflito entre o temporal e espiritual. A lei civil não pode impor um dogma de fé e nem mesmo extirpá-lo do coração do homem que crê.

Ambos os autores espiritualizam a relação do homem com Deus e definem as delimitações do poder temporal e do poder espiritual para fundamentar a doutrina da tolerância religiosa. L. Oliveira lembra que esses autores, porém, repousam seus argumentos a partir do seu contexto particular, assim como um democrata moderno o faz no seu. Nenhum deles analisa de modo indiferente o mundo em que vive. Nesse sentido, a democracia não é um regime que tolera qualquer prática, a maioria não é soberana absoluta, porque tem que estar de acordo com as exigências dos direitos humanos.

As duas grandes marcas que definiram um rosto específico à modernidade estão em dois acontecimentos que resultam do radical período de mutação que vem da renascença italiana ao iluminismo francês: as revoluções americana (1776) e france-

---

[452] Ibid., p. 83.

sa (1789). Daí derivam as máximas de que todos os homens foram criados iguais e foram dotados pelo Criador a direitos inalienáveis como a vida, a liberdade e a busca da felicidade, enfim, os homens nascem, permanecem livres e iguais em direito. São como que marcas inaugurais de um tempo moderno. Para L. Oliveira, a busca de salvação foi substituída pela busca de felicidade e alguns autores como F. Nietzsche, que fala da morte de Deus, e M. Weber, que fala do desencantamento do mundo, demonstram claramente que a vida deixou de ser uma passagem para o além e agora tem um valor em si porque todos nascem iguais e livres.

Essa experiência trouxe certo esvanecimento de uma identidade social totalizante e orgânica que tinha um garantidor último, transferindo ao homem a responsabilidade de assumir o próprio destino, criando uma finalidade com suas próprias referências. Em tempos de crise, rondam os totalitarismos, para aproveitar do medo da liberdade, como um meio de restabelecimento da identidade orgânica. L. Oliveira também recorda que foi nesse clima de recuperar a confiança num sistema orgânico, porém não transcendental, que A. Comte sugere uma religião da humanidade e entende o fato social como sendo de origem religiosa[453].

Assim como a salvação foi motivo de guerras e disputas no passado, o novo projeto democrático traz consigo as querelas de como alcançar a felicidade. É exatamente a questão social que faz parte da essência da democracia moderna.

Para L. Oliveira, é possível discernir, na dinâmica da tolerância moderna, um fundamento para a liberdade e a igualdade dos homens. Primeiro, porque a tolerância moderna está baseada no seu contexto de democracia e direitos humanos. Segundo, porque, na modernidade, a conquista do direito à diferença, em que cada um pode ter sua vida privada desde que não fira os interesses coletivos, mostra claramente que a tolerância tem seu papel na dinâmica social de interesses. A questão que fica para refletir é se todos os cidadãos podem exercer indistintamente sua autenticidade e exercer sua liberdade. L. Oliveira lembra que existem minorias que não se encontram em condições de reivindicar seu estatuto de cidadão. Nesses casos, não existe autenticidade e nem mesmo autonomia. Eles sofrem episódios de intolerância que são intoleráveis: "defender a tolerância em relação aos diferentes não significa, de forma alguma, confundir na mesma 'nulidade objetiva' todas as diferenças, porque elas revelam situações que não têm o mesmo estatuto de autonomia"[454]. L. Oliveira também chama a atenção ao perigo contrário, quando se pratica intolerância em relação aos miseráveis em vez de combater a miséria.

O quarto mediador é E. Barceló, que apresentou como tema: "A intervenção humanitária: entre o direito e o dever". A pergunta que se faz é se uma comunidade internacional tem o direito/dever de intervir em uma nação para salvaguardar seus direitos fundamentais e usar a força em situações de graves perigos?

João Paulo II manifestou-se sobre esse assunto denunciando as guerras que colocam em risco a vida de civis por causa de motivos egoístas e partidários. Para o Papa, nesses casos é necessário o apoio do direito internacional humanitário, de modo que, em lugares onde há uma situação que compromete gravemente a vida de uma população ou de um grupo étnico, haja uma obrigatória intervenção humanitária[455]. Porém, já desde Pio XII até João XXIII, havia uma doutrina no Magistério de que a intervenção

---

453 Cf. OLIVEIRA, L. "Tolerância, Liberdade e Democracia: algumas questões", p. 96.
454 Ibid., p. 103.
455 Cf. BARCELÓ, E. B. "Intervenção Humanitária: entre o Direito e o Dever", p. 108. O discurso foi pronunciado a 2 de dezembro de 1992 na Conferência Internacional sobre alimentação, organizada pela FAO e OMS.

humanitária era afirmada no sentido de que devemos reconhecer que não existem sociedades perfeitas e autossuficientes que possam prescindir umas das outras.

E. Barceló faz uma revisão dos aspectos históricos e jurídicos da intervenção humanitária. Este tema está na fronteira entre a moral e o direito. Quando se fala do direito de uma intervenção humanitária, enfatiza-se o aspecto jurídico e, quando se fala do dever, o aspecto moral. A questão está ligada aos chamados "justos títulos", que garantiam a presença espanhola na América no século XVI. F. de Vitória (1492-1546) justifica a intervenção porque todos os seres humanos são criaturas de Deus e, assim, há entre todos uma relação de ajuda universal, mas especialmente em casos como: 1) Indígenas cristãos são proibidos de praticar a fé; 2) Quando os indígenas são incapazes de se governar; 3) Contra tiranos ou leis tirânicas em prejuízo dos inocentes[456]. Posteriormente, autores como H. Grócio (1583-1645), S. Pufendorf (1632-1694), C. von Wolff (1679-1754), E. de Vattel (1714-1767) e I. Kant (1724-1804), apesar de defenderem o princípio da não intervenção, admitem a exceção em caso de excessos insuportáveis.

No século XIX, o tema concentrou-se na chamada "questão oriental", quando foram tomadas uma série de ações partindo da Europa contra o Império Otomano, no sentido de ajuda às minorias em perigo e em defesa dos direitos humanos. No século XX, o termo alarga-se para "direito de assistência", "direito de intervenção", "intervenção de urgência", intervenção humanitária" e, finalmente, o termo "ingerência". Grupos de Organizações não Governamentais como a Anistia Internacional ou os Médicos Sem Fronteiras usam o termo "aldeia global" para uma maior conscientização da humanidade que precisa de todos. Nas Nações Unidas e no Direito Internacional, o conceito de não intervenção evoluiu com a resolução 688/1991 do Conselho de Segurança, que "determina a existência de um direito-dever de ingerência nos Estados por razões humanitárias"[457].

Há pouca produção na Teologia Moral sobre o assunto e o debate gira em torno de duas linhas, uma de defesa da intervenção humanitária e outra aposta contra. Os que defendem se baseiam na necessidade de se superar a visão tradicional de Estado soberano e assumir uma concepção mais global de família humana baseada em um novo direito internacional. Essa visão tem como pano de fundo o fato de que a maioria dos Estados é dependente economicamente de poderes multinacionais e, ao mesmo tempo, deve-se enfrentar as três grandes ameaças contra a humanidade: a guerra nuclear, a fome e o desastre ecológico. Outra linha defende o direito de assistência humanitária, mas é contra qualquer intervenção. Especialmente porque já se acompanhou o quanto uma intervenção militar armada destrói pessoas e os seus bens. Esta é a postura de todos os grupos pacifistas, partidários da não violência ativa.

Para E. Barceló, o direito à intervenção está diretamente ligado ao direito da legítima defesa. Para o autor, "a legítima defesa armada individual, social ou internacional não está contra o Evangelho, e certamente apoia-se no Magistério da Igreja"[458]. É necessário, porém, que o Conselho de Segurança seja remodelado e crie-se uma autoridade mundial que possa preservar a paz eficazmente. Havia uma preocupação de que a ONU se tornasse um instrumento policial a serviço dos Estados Unidos, ou que os membros permanentes fossem somente os vencedores da Segunda Guerra Mundial. Assim, cada nação tem o compromisso de assinar os tratados que permi-

---

[456] Cf. Ibid., p. 113.

[457] BARCELÓ, E. B. "Intervenção Humanitária: entre o Direito e o Dever", p. 116. Foi o caso das intervenções na Iugoslávia, Somália, Ruanda e Haiti.

[458] Ibid., p. 122.

tem aos súditos poder recorrer aos Tribunais internacionais quando seus direitos são desrespeitados. Desse modo, a intervenção humanitária não será usada para formas de imperialismo, mas poderá garantir a soberania dos Estados ao mesmo tempo em que as necessidades dos povos sejam garantidas.

O quinto mediador do IV CLATM é A. Wolkmer, professor de Direito na Universidade Federal de Santa Catarina. Seu tema versa sobre: "Direito Alternativo: Proposta e fundamentos éticos".

O primeiro passo é esclarecer os conceitos. A moral, para o autor, não é abstrata, não parte só da análise de ações meramente individuais, mas do "complexo de princípios, valores e regras do comportamento humano enquanto processo social concreto"[459]. Dessa forma, os sujeitos históricos individuais e coletivos expressam e representam as necessidades sociais e, com sua experiência e discernimento, podem escolher virtudes morais como justiça, solidariedade e tantas outras para compor sua base de valores sociais. O Direito relaciona-se com a moral na medida em que ambos buscam o que é justo.

Dentre os vários discursos sobre o Direito, como o formalista-positivista, o idealista-racionalista e o crítico-dialético, o autor escolheu como abordagem este último por opção metodológica. Assim, como a Moral que não se limita só à análise das ações individuais, também o Direito não se configura só como um valor cultural, mas "como a manifestação concreta e ritualizada de relações sociais em determinado momento histórico que, mediante um sistema de regulamentação normativa, garante a ordenação da sociedade"[460].

Em cada momento histórico, a estrutura jurídica será embasada nos padrões predominantes daquela sociedade de então. Ele se constitui um reflexo ideológico daquele padrão dominante, legitimando seus interesses econômicos e políticos. Para ele, na sociedade moderna, o Direito está fundado nas raízes burguesas, que culminam no processo de produção capitalista, de uma política liberal-individualista e com um modelo de Estado burocrático-nacional. Um Direito com bases na vontade estatal tende a ser legitimador dos grupos dominantes e menos utilizado como instância de construção de uma sociedade mais justa.

É desse ponto que o autor propõe um Direito alternativo. É uma dimensão variante da justiça que escapa à burocracia convencional imposta pelo poder oficial do Estado e, dialeticamente, torna-se uma opção que não se exclui da unidade do Direito como um todo. Toma-se partido pelo avesso do instituído e se opta pelos que estão fora do institucionalizado: injustiçados, oprimidos e marginalizados: "é a transgressão teórico-prática de formulações ou critérios fixados através do consenso padronizado. Trata-se da pretensão de alterar os aspectos desfavoráveis de uma forma de ser representada pelo Direito"[461].

Desde os anos 1990, o Direito alternativo aparece como debate no Brasil e há um consenso em defini-lo como uma expressão de inconformismo e de crítica à estrutura jurídica estatal. Na tentativa de superar esta justiça tradicional com seus aparatos institucionais, o Direito alternativo quer implantar uma nova cultura jurídica com bases na democracia contra leis opressoras. A discussão, no Brasil, variou entre instâncias institucionalizadas, bem como em instâncias emergentes da sociedade civil

---

459 WOLKMER, A. C. "Direito alternativo: proposta e fundamentos éticos", p. 125.
460 Ibid., p. 126.
461 WOLKMER, A. C. "Direito alternativo: proposta e fundamentos éticos", p. 128.

criando uma série de nuances de interpretação. Desse modo, é possível assinalar que o Direito alternativo está inserido no chamado pluralismo jurídico, que, no Brasil, tem três frentes de luta: 1) Positivismo Jurídico de combate, que aplica em favor dos segmentos populares normas e textos legais que ainda não foram efetivados; 2) Hermenêutica Judicial Alternativa, que é uma prática interpretativa feita por juízes que implica em explorar as contradições e ambiguidades do Direito legislado em prol das camadas sociais menos favorecidas; 3) Direito insurgente, que é um direito paralelo do espaço plural e comunitário da sociedade que visa reconhecer os direitos fundamentais distintamente das normas positivas oficiais.

Essas três frentes foram chamadas equivocadamente, no Brasil, de Direito alternativo. Na verdade, o termo mais correto para essas manifestações seria o de "pluralismo jurídico". Apesar de se mostrarem complementares, seria o Direito insurgente que melhor definiria a juridicidade alternativa brasileira.

Foi na década de 1970 e ao longo dos anos de 1980 que a crítica jurídica e os movimentos franceses e italianos prepararam o caminho que eclodiu o Direito alternativo nos anos de 1990. A falta de resultados do Direito formal levou a uma reação tanto individual quanto social que pretendia inovar a prática jurídica, fazendo uma clara opção pelos pobres, deslocando-se do acadêmico para a rua[462]. Não se trata só de uma crítica, mas de uma real possibilidade de transformação que o Direito alternativo pode desencadear. Para isso, adota alguns critérios políticos ideológicos do Direito alternativo: 1) O Direito é um instrumento em favor da emancipação dos menos favorecidos e, por isso, descarta-se o caráter imparcial dos operadores e instâncias jurídicas; 2) O movimento visa construir uma sociedade socialista e democrática; 3) Usa-se o método histórico-social dialético, com interpretação jurídico-progressista; 4) Privilegia a efetivação da legitimidade das maiorias e a implementação da justiça social.

O Direito alternativo não nega a legalidade, mas luta contra seu caráter opressivo. Sua preocupação é fazer frente àquelas leis consideradas injustas e opressoras. A. Wolkmer lembra, no entanto, que é um mito pensar que a lei contém todo o Direito enquanto expressão do justo. O Direito moderno, nos seus conteúdos, é o resultado de uma multiplicidade de situações históricas e se deve levar em conta as necessidades sociais que os juízes na sua esfera de competência consideram prioritárias. Por isso, ao juiz cabe fazer a justiça e resistir às leis injustas. Enfim, o Direito alternativo busca uma superação de um legalismo estreito, superando leis injustas, dentro dos princípios gerais do Direito, conquistados ao longo da história da humanidade.

Todo esse processo tem necessidade de uma legitimidade tanto dos autores envolvidos quanto de suas reivindicações. O Direito alternativo fala de princípios axiológicos como justiça, solidariedade e vida digna. Porém, deve-se fazer duas perguntas: "toda a ação de sujeitos coletivos está eticamente legitimada a produzir direitos paralelos? E toda regulação comunitária autônoma, espontânea e não estatal é valorativamente justa?"[463]. O critério é que a validade de práticas legais alternativas depende de certos princípios de valoração ética que precisam ser aceitos e compartilhados por todos. Os agentes devem ser comprometidos com mudanças sociais e com um projeto de sociedade igualitária. Qualquer legalidade produzida fora dos canais formais deve ter uma causa justa, que atenda às exigências de princípios éticos em vista do bem geral.

---

462 Cf. Ibid., p. 136-137.

463 WOLKMER, A. C. "Direito alternativo: proposta e fundamentos éticos", p. 142.

Esses princípios normativos deverão contemplar uma proposta ético-filosófica que possa fundamentar a legalidade alternativa. Para tanto, propõe-se a Ética da alteridade, que envolve duas condições: 1) Inspira-se na práxis concreta; 2) As categorias teóricas e os processos de conhecimento são encontrados na própria cultura latino-americana. Desse modo, a Ética da alteridade participa da pluralidade cultural sem deixar de contemplar princípios universais comuns a toda humanidade. Tendo como práxis a solidariedade, gera uma pedagogia libertadora, colabora diretamente na emancipação de sujeitos históricos oprimidos e excluídos, tendo como pressuposto epistemológico a vertente latino-americana da Filosofia da Libertação.

O Direito alternativo, enfim, é uma experiência concreta das possibilidades de resposta às crises de legitimação a partir de categorias éticas e práticas emancipatórias em busca da justiça, liberdade e igualdade. É uma busca de superar o conformismo e exercer plenamente a cidadania.

A. P. Silva é o sexto mediador do IV CLATM e faz uma nota crítica sobre a relação Direito e Moral. E, para começar, faz algumas diferenciações entre os dois: 1) A moral é uma situação de bondade e de maldade praticada por um ser humano consciente que a realiza voluntariamente. O direito é uma situação social em que há uma permissão ou proibição legalmente estabelecida por uma autoridade nos limites de uma estrutura social; 2) O direito é regulador da vida social: proíbe o que causa prejuízo à vida social, estabelece o que é crime, valida atos que dão direito à convivência social, estabelece leis, regulamenta até situações que são más em si para coibir prejuízos maiores. A moral, por outro lado, não depende de um legislador, mas se relaciona diretamente com suas próprias escolhas. A moral tem uma condição de previsibilidade. Antes dos fatos acontecerem, eles são planejados podendo ser escolhidos ou excluídos, e quando são imprevisíveis, os fatos perdem sua significação moral. A moral exige que o agente aja com liberdade de escolha. Ninguém pode se tornar bom ou mau sem se determinar livremente por isso.

A partir dessas diferenças, parte-se para a questão Teológica, em que, considerando o pressuposto de que a Perfeição Divina não poderia ter escolhido nenhum mal, a criatura se move pela lei divina e pela lei natural que garantem a bondade dos atos. Com a liberdade decaída, há uma dependência direta entre criatura e Criador, de modo que há uma moral estruturada e preestabelecida na organização física da criatura, comprovada pela visão e declaração do Criador de que tudo era bom (cf. Gn 1,4.10.12.18.21.25.31). Na visão da Aliança, acentua-se a mistura da moral com o direito dentro de um projeto revelado. No Novo Testamento, a Lei nova, não estruturada em uma convivência nacional, foi de certa forma abafada pela cristandade que trouxe à tona a força da teoria grega da lei natural. Assim, a lei moral divina ou natural foi interpretada como lei jurídica em todas as suas fases e características: uma ordem racional, orientada para o bem comum, com autoridade competente com promulgação recebida[464].

Com o costume de publicar cânones com orientação de costumes, os sínodos e concílios deram um cunho jurídico às questões de moral. Depois se somam os decretos dos Papas e dos Bispos, formando-se uma coleção jurídica que culmina com os manuais de moral feitos para os confessores, bem como as opiniões dos *probati autores* que formam uma jurisprudência nos tratados de moral da casuística. Referindo-se, por exemplo, ao pecado mortal do sacerdote que celebrasse a missa com menos de um quarto de hora,

---

464 Cf. Silva, A. P. da. "Nota crítica sobre a relação Direito e Moral", p. 153.

isso significa que "basta uma lei positiva para que a ação tenha uma 'moralidade' extremamente desenvolvida sem nenhuma relação com o bem ou com o mal reais"⁴⁶⁵. Para A. P. Silva, é necessário lembrar também de que a teoria luterana da corrupção absoluta do homem através do pecado valoriza ainda mais a lei divina como centralidade da moral cristã e não é por menos que R. Descartes e I. Kant reconhecem que somente uma moral do dever universal e absoluto pode garantir uma resposta diante da liberdade humana.

Em relação ao confronto entre moral e direito, A. P. Silva elenca as seguintes situações que podem trazer confusões de interpretação: 1) Em relação à promulgação da moral, as leis eclesiásticas de caráter diretivo, sem indicação moral, como no caso das congregações religiosas; 2) A questão da liberdade da Igreja perante a sociedade e vice-versa; 3) As chamadas estruturas de pecado que privilegiam indivíduos ou grupos em detrimento dos mais vulneráveis, como a lei do *apartheid*, das patentes dos capitalistas e outras; 4) Na diferença das pessoas enquanto indivíduos e enquanto comunidade; 5) As diferenças na variedade das posições culturais a partir do seu referencial histórico; 6) O surgimento de novos paradigmas técnicos e científicos que mudam a posição do homem diante da natureza.

Mas, por outro lado, é impossível pensar uma moral sem o direito, isso é uma contradição. Uma moral permanentemente subjetivista destruiria as possibilidades de convivência social e o direito sem a base moral pode se tornar justificador de todas as injustiças. Ambos são finitos, têm um tempo e um espaço onde se desenvolvem, e numa sociedade de mudança e de pluralismo, tanto a moral quanto o direito terão respostas parciais e conflituais. Contudo, em muitos momentos, eles se encontram e se complementam: "a moral é instrumento precioso como crítica do mau direito e um direito legalmente desenvolvido por uma cultura formadora da justiça é eficiente corretor das más consciências morais"⁴⁶⁶.

O sétimo mediador é N. Masi, que desenvolve o tema: "Recepção da Ética personalista no Código de Direito Canônico".

O ser humano é capaz de comandar a si mesmo e a se organizar em sociedade. E neste encontro de pessoas, descobrem-se valores em comum e começa-se a elaborar projetos de vida que visam manter e solidificar esses valores. São projetos que têm por finalidade não só organizar a vida em sociedade, mas também representam uma leitura da própria vida constituindo um *ethos*, um modo de viver. N. Masi lembra que os gregos se achavam com um *ethos* mais justo e mais digno até que se encontraram com outros povos a quem chamavam bárbaros. Depois, eles se deram conta de que também os bárbaros tinham um *ethos* e valores que mereciam ser respeitados. São princípios impostos pela razão humana que formam uma base na qual se atinge a liberdade de modo a que todos tenham seu espaço na convivência social.

Todavia, para organizar essa base na convivência humana, é necessária uma autoridade reconhecida que discipline, fiscalize e dê as devidas punições, quando necessárias. Desse modo, a ética é esse mundo dos valores que, a partir da consciência e da responsabilidade do sujeito, constrói um *ethos* social viável. O direito, por sua vez, é a intervenção positiva para garantir esses valores em busca do bem comum. Quem exerce esse papel é a autoridade reconhecida que expressa em forma de lei a maneira pela qual a comunidade assegura os valores que acredita. Essa é uma primeira ambiguidade da lei, pois ao mesmo tempo em que deve ser estável para regular uma sociedade, tam-

---

465 Silva, A. P. da. "Nota crítica sobre a relação Direito e Moral", p. 154.
466 Ibid., p. 164.

bém deve ser flexível, pois responde a situações particulares que mudam na história. Pode-se cair num legalismo inflexível ou numa legalidade instável e superficial.

Esse perigo é constante na Igreja, onde o humano e o Divino se encontram, onde normas históricas se tornam como que imutáveis ou quando, ao contrário, se relativizam normas eternas. Por isso, a insistência dos teólogos em afirmar que a Igreja deve se deixar conduzir pelo Espírito Santo, atenta aos sinais dos tempos. A ética e o direito não podem ser contraditórios, pois buscam a humanização da sociedade e, por isso, complementam-se. Enquanto a ética estuda o agir humano em vista do seu fim último, o direito organiza o agir humano para o bem social. Por isso, a lei não pode ser arbitrária, mas ela organiza o coletivo nos seus projetos éticos.

A ética que está fundada na razão humana tem seus princípios universais e, portanto, inspiradores para a construção de um *ethos* no tempo e no espaço. Mesmo que esse direito tenha que se adaptar ao pluralismo, será sempre necessário recorrer à ética para que se possa legislar de modo mais universal possível, isto é, atingir o maior número de pessoas com o menor prejuízo possível. "Uma lei que se torne em determinados tempos e situações, injusta ou prejudicial perde a sua força e se esvazia por si mesma. Então ela deve ser mudada e atualizada, para não trair a pessoa humana e a própria função da lei. Portanto, a legislação é inspirada pela ética"[467].

Numa visão mais interna da Igreja, podemos verificar como os decretos conciliares universais e locais constituíram-se coleções imensas de leis que de certa forma eram dispersas. Assim, começaram-se as tentativas de uma unificação e, finalmente, Pio X publicou o primeiro Código de Direito Canônico de 1917. Na instabilidade social que atravessava o período histórico com guerras e revoluções radicais e formação de Estados totalitários, o modernismo vinha como um rolo compressor a pressionar a Igreja. Esta, por sua vez, teve uma reação de defesa reforçando seu poder central e definindo a infalibilidade pontifícia.

O Código de 1917 tem um forte enquadramento disciplinar e foi promulgado com juramento antimodernista. A característica do código de 1917 é que as partes, processual e penal, são muito bem desenvolvidas, o que reflete uma tendência moralista rigorista. Dividido em duas categorias, pessoas e coisas, reafirma o aspecto hierárquico de forma piramidal, reservando aos leigos uma parte mais de deveres que direitos, solicitando deles obediência, disciplina e execução das normas.

O Código de Direito Canônico de 1983 foi desejado já desde o Papa João XXIII, pois os novos tempos exigiam uma nova codificação. Aquilo que seria uma atualização se tornou uma verdadeira reforma, segundo os princípios do Vaticano II. Tendo como orientação a visão pastoral da lei, o Código identificou-se com a eclesiologia conciliar entendendo a Igreja como povo de Deus, tendo a autoridade eclesiástica como um serviço, em busca da comunhão e participação de todos no tríplice múnus de Cristo: sacerdotal, profético e régio. Destacam-se a importância do ecumenismo, a concepção mais personalista da lei, a liberdade religiosa, um otimismo diante do mundo com a autonomia das realidades terrestres.

Entretanto, N. Masi não deixa de considerar que, embora tenham tido muitos avanços, existem ainda algumas inquietações como a questão da colegialidade, da autonomia das Igrejas locais, do ecumenismo, do papel dos leigos, da pluralidade do povo cristão nas diferentes culturas. Naturalmente que, fazendo uma ligação com seus ensaios anteriores, N. Masi aponta a necessidade de uma organização jurídica

---

467 Masi, N. "Recepção da ética Personalista no Código de Direito Canônico", p. 172.

que seja esperança para os pobres: "as instâncias tão prementes do 'Projeto Reino', a reciprocidade do amor e o amor preferencial pelos pobres parecem persistir como uma grande interrogação a interpelar o novo Código"[468].

O oitavo e último tema da IV CLATM é um ensaio de F. Ramos: "Ética e Direito em Agostinho – um ensaio sobre a Lei Temporal". F. Ramos reconhece que estamos vivendo um momento em que direito e moral foram separados por filosofias anteriores e qualquer tentativa de interpretação dos valores é oscilante e arbitrária. Mas sua frase ao início de seu ensaio é decisiva: "a ética é a passagem obrigatória de todo humanismo".

Tendo Santo Agostinho como seu referencial teórico, F. Ramos tem como pressuposto que, para o Bispo de Hipona, há uma lei natural que justifica a lei positiva em relação a uma lei eterna. Lei eterna é a razão divina, é a vontade de Deus que ordena todas as coisas. Agostinho dá uma ênfase muito grande aos conceitos de "ordem" e "amor". A virtude, para o cristão, seria viver uma "ordem do amor", isto é, "trata-se de um apetite natural, pressuposto pela vontade livre, que deve, iluminada pela razão, orientá-lo finalmente para Deus, sumo bem"[469].

Quando o homem guarda esta ordem, cumpre a justiça e, por isso, é usado também num contexto sociopolítico. Agostinho compõe um quadro da paz que vem desta ordem que, quando cumprida, designa a cada um aquilo que lhe é devido. Paz que traz harmonia entre conhecimento e ação, que leva o homem a obedecer a Deus e a sua lei, que traz concórdia entre os homens, enfim, que leva à perfeição. Quando esta paz tem um reto uso, é como uma chave para se obter a paz temporal na cidade terrestre e a paz eterna na cidade celeste. Desse modo, a lei natural a que o homem deve se submeter também pode ser traduzida na máxima "não fazer aos outros o que não queremos que seja feito a nós mesmos", e assim portadora de paz também no âmbito social.

F. Ramos lembra que, na visão de Agostinho, o homem está submetido à lei. É o homem concreto, pecador e redimido. Podendo falhar livremente, apega-se a bens mesquinhos e inferiores e afasta-se dos bens superiores. Portanto, o homem só é bom enquanto sua bondade deriva de Deus. Nossa natureza foi criada capaz de participar dessa bondade através da nossa vontade. Porém, o homem tem seu lado pecador e torna-se mau quando se afasta da verdade da caridade e da piedade. Seu mau é interior, íntimo. Assim, só a graça de Deus pode saná-lo. Sem destruir o livre-arbítrio, a graça age com ele. A graça de Cristo é absolutamente necessária para a salvação. Por meio da fé em Cristo, temos acesso à justiça de Deus, que não depende nem da Lei e nem da capacidade da natureza, mas da graça. Portanto, quanto mais formos semelhantes ao Cristo, mais participamos da sua justiça. Mas sabemos que é impossível alcançar plenamente a justiça aqui na Terra, porque falhamos e pecamos, e o pecado faz com que amemos menos e quanto menos amamos, menos justos seremos.

Essa justiça singular do homem, participada, mas ao mesmo tempo imperfeita, refere-se à cidade política de Agostinho. F. Ramos lembra que Agostinho não era maniqueu. Para ele, Deus era o princípio e o fim de tudo, sumo bem do indivíduo e da coletividade, pois somente Deus pode tornar o homem feliz, ao passo que o Estado é o conjunto de uma multidão de homens. Esta visão de Agostinho traz consigo um personalismo cristão que compreende a pessoa humana na sua dignidade, seja do ponto de vista natural, seja sobrenatural. Daí vem a questão se é possível

---

468 Masi, N. "Recepção da ética Personalista no Código de Direito Canônico", p. 185.

469 Ramos, F. M. T. "Ética e Direito em Agostinho...", p. 192.

chegarmos a um Estado justo. Em primeiro lugar, o Estado deve garantir a tutela dos bens temporais e assegurar a paz temporal ou a felicidade terrena. Porém, ele não é absoluto e não tem a capacidade de oferecer um bem absoluto, mas só bens transitórios, os quais, por outro lado, devem estar abertos ao absoluto de valor, que lhe dá sentido e veracidade. "Não há, com efeito, justiça e nem nenhuma das virtudes sobre as quais se fundamenta o Estado sem o amor de Deus e do próximo"[470]. Assim, podemos dizer que, em Agostinho, a questão da justiça e da felicidade só pode ser compreendida à luz da sua teologia sobre a criação, a graça e a salvação. Sempre haverá uma ambivalência na cidade dos homens, pois, no Estado que a representa, se refletirá a mesma divisão que o homem tem dentro se si mesmo, como cidadão de dois reinos, entre o bem e o mal em constante luta, donde vêm as guerras e divisões da cidade terrena.

A lei eterna ou a lei natural servem de fundamento para as leis temporais dos povos e dos Estados. Para Agostinho, a lei civil é mutável e imperfeita, pois deve legislar sobre ações más que provêm da paixão desordenada. O Estado não consegue, assim, punir todos os delitos, mas reivindica aqueles necessários para manter a paz. A lei temporal pode mudar durante o tempo, mas isso de modo algum diminui a disposição justa e legítima que ela deriva da lei eterna. A lei eterna é aquela em que é justo que todas as coisas estejam em perfeitíssima ordem e dessa lei derivam todas as leis temporais. Mesmo que mudem as leis temporais, nenhuma vicissitude poderá afetar o justo e perfeito ordenamento do todo[471].

Agostinho também considera que, ao fazer juízos morais, devemos estar atentos aos lugares, tempos e pessoas para não cometer juízo temerário. Deve-se sempre ponderar com a caridade na sua utilidade e sua beneficência. Para Agostinho, enfim, a justiça e o tempo não marcham no mesmo passo.

Outros dois aspectos que F. Ramos põe em evidência é a visão de Agostinho sobre o valor e o papel da autoridade, e a justiça penal em relação à mansidão cristã. Entendendo que esses temas têm o contexto histórico da luta donatista e das invasões bárbaras da época, muitos outros temas se entrelaçam, como o da unidade, catolicidade, da graça de Cristo e da justificação do homem, da relação da Igreja com o Estado como seu braço secular e da divergência entre cidade dos homens e celeste República.

Em relação aos donatistas, depois de perderem a causa perante o Estado, Agostinho argumenta em favor da intervenção do braço secular com seus métodos próprios para a manutenção da ordem e da paz. Não foram poucos os esforços de Agostinho de convencer os cismáticos ao retorno à paz e à unidade da Igreja Católica. Para tanto, procura resgatar as virtudes da mansidão e da misericórdia contra os maus, pois o direito se funda na justiça e no bem. Por isso, ele admoesta os magistrados que não usem de tortura e nem da pena de morte contra os inimigos da Igreja, pois a finalidade do castigo é apenas a conversão e não se deve retribuir o mal com o mal, mas permite o açoite com varas como fazem os genitores. Para F. Ramos, é difícil separar a questão da justiça penal do contexto histórico em relação aos fanáticos donatistas que eram considerados na linguagem atual como terroristas. Nesse sentido, deve-se levar em conta o contexto histórico para entender que Agostinho, nesse caso, compreendeu que o temor da lei para os duros pode ser necessário numa etapa

---

470 RAMOS, F. M. T. "Ética e Direito em Agostinho...", p. 201.
471 Cf. RAMOS, F. M. T. "Ética e Direito em Agostinho...", p. 205.

inicial. Também, para Agostinho, Estado e Igreja são distintos e autônomos, mas existem causas comuns que necessitam de mútua ajuda. Os pecadores devem ser corrigidos com uma severidade benigna, de modo que possam se converter através de uma disciplina que não seja desumana. A mansidão e a misericórdia cristãs levam à concórdia e derivam da lei da própria razão e, por isso, podem ser assumidas pelo Estado, pois são válidas não só por motivos de fé ou apologéticos[472].

F. Ramos conclui seu ensaio lembrando que os textos de Agostinho devem sempre ser lidos dentro do contexto histórico. Agostinho, de fato, não se pretendia um filósofo do direito, mas tinha amor à verdade. As leis temporais da cidade terrestre permitem ao homem desfrutar um pouco da paz terrena. Apesar de que essas leis são imutáveis e imperfeitas, pois o tempo tem um compasso diferente, seu fundamento está na lei natural que participa da lei eterna, a qual foi disposta em perfeita ordem por Deus. Mas, quando a vontade má descumpre essa ordem, deve-se orientar e corrigir para que não se desvirtue. Ao cristão, seja o que tem autoridade ou um simples cidadão, cabe a obrigação de levar ao próximo a experiência do amor de Deus através da beneficência, da doutrina e pela disciplina, até o dia em que estejamos de tal modo vinculados e identificados com a pátria celeste que não precisemos mais das leis temporais.

### 5.2.10 Ética e Cidade – 1997

O XXI ENSBTM realizou-se em Aparecida entre os dias 08 e 12 de dezembro. O 21TG teve como foco: "Ética e Cidade". Os TEs abordados foram os seguintes: 1) "Desafios da cidade: aspectos psicológicos", V. H. Lapenta; 2) "A cidade na Bíblia", D. Sávio[473]; 3) "Desafios éticos teológicos da urbanização", N. Agostini[474]; 4) "Os desafios da Pastoral urbana hoje, à luz de Medellín, Puebla e S. Domingo", Dom Dadeus Grings; 5) "A mulher, a moral e a cidade", Z. Ribeiro e M. Brandão[475].

**Articulação dos principais argumentos dos Mediadores**

N. Agostini desenvolve o tema "Urbanização no Brasil: um desafio para a Igreja, a Ética e a Teologia". O autor analisa a nova ordem urbana que trazia para a Igreja a preocupação de se inculturar nessa nova realidade. A cultura urbana já havia sido focada pelo Episcopado (cf. *Santo Domingo* 255-256) e sua dinâmica deveria ser melhor conhecida pela Igreja diante da sua complexidade.

Para N. Agostini, é necessária uma perspicácia crítica diante dos desafios éticos que emanam desse processo urbanizatório, de modo que, encontrando sinais de novos elementos que emergem dessa cultura, se possa responder pastoralmente a eles.

O autor mostra claramente os dados da rápida urbanização no Brasil, suas causas e consequências. Houve uma migração em massa do campo para a cidade, aumentando os problemas sociais como marginalidade, vida insalubre, desemprego e exclusão. Os

---

472 Cf. Ibid., p. 217.

473 Sua obra de referência: Silva, Domingos Sávio da. *Habacuc e a resistência dos pobres*. Aparecida: Santuário, 1999.

474 Agostini, N. "Urbanização no Brasil: um desafio para a Igreja, a Ética e a Teologia". In: *Fragmentos de Cultura*, 9/2 (1999) 233-247; Id., "Cidade e o anúncio do Evangelho". In: Ética cristã e os desafios atuais. Petrópolis: Vozes, 2002, p. 83-114.

475 Algumas produções feitas sobre o tema: Ribeiro, Zilda Fernandes. *A mulher e seu corpo*. Magistério eclesiástico e renovação da ética. Aparecida: Santuário, 1998; Brandão, M. L. R. *Evangelho e experiência humana*: comunicabilidade da ética em um mundo pluralista. São Paulo: Paulinas, 1998.

migrantes que foram para novas fronteiras agrícolas sofreram com a falta de apoio governamental e todo tipo de injustiça e discriminação. N. Agostini denuncia que esse processo desequilibrou o fornecimento alimentar brasileiro, que até a década de 1970 era feito pelas pequenas propriedades. A industrialização potencializou a vida urbana e o Estado teve que se ajustar a esse novo molde de organização social buscando suporte financeiro e associando-se ao setor privado nacional e estrangeiro[476].

Uma das consequências que atinge diretamente a Teologia Moral é o processo de desenraizamento dessa população migratória que vai perdendo seus referenciais e sua identidade cultural. Essa mudança atinge o comportamento e o modo de viver desses grupos que têm que reconstruir, a partir de uma realidade de marginalização, normas de comportamento e de sobrevivência, especialmente no que se refere ao núcleo familiar.

N. Agostini aponta a modernidade como o processo que foi definindo essa nova lógica em que se afirma a autonomia do homem através da sua razão e sua produção, lançando as bases da democracia e dos direitos humanos[477]. Porém, paralelamente a essas conquistas, há um grave desequilíbrio, seja de uma razão científica que depreciou o próprio homem, como de uma produção frenética que depredou a natureza e instaurou injustiças sociais de grandes proporções.

Assim, nesse quadro de fragmentação de saberes, de injustiças sociais, de consumismo desenfreado, de um individualismo e uma subjetividade prevalentes, instaurou-se uma crise sobre a vida nas cidades, com a perda dos referenciais de valores. A Teologia Moral defronta-se com uma secularização e um relativismo que se instaura numa sociedade que se pretende autônoma de qualquer imposição religiosa. N. Agostini fala dessa irrupção do novo, em que a pluralidade é inevitável. Esse tempo de transição exige uma visão mais ampla e atenta aos processos de rápida mudança como processo de desmodernização[478]. Esse fenômeno é o próprio declínio de um modelo que já se apresenta como provisoriedade e sempre em ritmo de dissociação de suas próprias estruturas. O desafio é combinar tudo isso com uma ética que seja válida e defenda a vida humana na sua dignidade pessoal e coletiva.

### 5.2.11 *Ética e Direitos Humanos – 1998*

O XXII ENSBTM realizou-se em Vitória entre os dias 07 e 12 de dezembro. O 22TG teve como foco: "Ética e Direitos Humanos". Os TEs abordados foram os seguintes: 1) "O impacto da teoria dos Direitos Humanos sobre nossa prática de Teologia Moral", L. Martin; 2) "Direitos Humanos: o despertar da Igreja do Brasil aos 50 anos da Declaração Universal da ONU", N. Agostini[479]; 3) "Economia, História e Direitos Humanos: alguns aspectos da Doutrina de Santo Afonso sobre a usura e os juros", M. Ceschini; 4) De Direitos Humanos para direitos da Pessoa: o resgate do feminino na reflexão sobre os Direitos Humanos", Z. Ribeiro; 5) "Direitos Humanos e crime organizado em Vitória: Comissão de Justiça e Paz de Vitória", F. Badenes Júnior, E. Guimarães; 6) "Direitos Humanos: uma questão de Ética, Justiça e Direito", J. B. Herkenhoff[480].

---

476 Cf. Agostini, N. "Urbanização no Brasil: um desafio para a Igreja, a Ética e a Teologia". In: *Fragmentos de Cultura* 9/2 (1999) 236.

477 Cf. Agostini, N. "Urbanização no Brasil...", p. 239.

478 Cf. Ibid., p. 236.

479 Agostini, N. "Direitos Humanos: o despertar da Igreja no Brasil – Aos 50 anos da declaração da ONU". In: *REB* 232 (1998) 871-895.

480 Destaca-se essa produção na área: Herkenhoff, João Baptista. *Direitos Humanos*: a construção de uma utopia. Aparecida: Santuário, 1997.

## Articulação dos principais argumentos dos Mediadores

N. Agostini aborda o tema "Direitos Humanos: o despertar da Igreja do Brasil aos 50 anos da Declaração Universal da ONU". A consciência dos Direitos Humanos foi se dando progressivamente, através de várias declarações em diferentes países, de maneira mais consistente na época moderna: Inglaterra (1689), Estados Unidos (1776, Virgínia), França (1789), ONU (1948). A grande preocupação é a de fundamentar os Governos com uma base mais consistente no direito, para uma vida em sociedade mais viável.

Apesar dessa intenção social, N. Agostini chama a atenção para o fato de que essas declarações priorizam mais o indivíduo e, ao mesmo tempo, acabam beneficiando mais uma classe social em detrimento das outras. É o que ele chama de visão liberal-burguesa, que se utilizou dos discursos dos Direitos Humanos "como recurso teórico para socorrer e legitimar o *status quo*, com a sua ordem e a sua lei"[481].

Em contrapartida, N. Agostini aponta para uma nova realidade social emergente que vem mudando as estruturas de relação de poder. Tratam-se dos novos sujeitos sociais, que fazem a leitura dos Direitos Humanos pela experiência de marginalização e pobreza, e tornam-se sujeitos ativos na defesa da dignidade do ser humano. A América Latina fez esse percurso de passar dos direitos individuais para os sociais e daí o "direito dos pobres a partir dos pobres até uma noção que se funda na noção de cidadania"[482].

No Brasil, na década de 1950, a Igreja Católica tomou a frente nesse processo de passagem dos direitos individuais para o social, posicionando-se em prol da justiça e da dignidade humana. Com a Ditadura militar iniciada em 1964, a Igreja tornou-se o referencial na defesa da luta pelos Direitos Humanos. Segundo N. Agostini, isso aconteceu devido aos seguintes fatores: 1) A visão eclesiológica do Concílio Vaticano II, que definiu a Igreja como sinal e sacramento com sua missão dentro do mundo; 2) A recepção criativa das propostas do Concílio incentivadas por *Medellín*, *Puebla* e *Santo Domingo*, com uma opção libertadora que dá preferência aos pobres; 3) O distanciamento Igreja-Estado devido à política de Ditadura militar no Brasil (1964-1985); 4) Um novo modo de fazer teologia e uma nova prática eclesial proporcionados pela TdL; 5) O fortalecimento dos movimentos populares. Desse modo, a Igreja Católica lançou uma série de documentos que refletem essa realidade e animam as comunidades para que se tornem sujeitos ativos na construção de uma nova sociedade[483].

---

481 AGOSTINI, N. "Direitos Humanos...", p. 874.

482 Ibid., p. 875.

483 N. Agostini reconhece que era difícil citar todas as publicações e manifestações da CNBB, mas destaca algumas: CNBB. "Nordeste: desenvolvimento sem justiça". In: *Revista Católica de Cultura* 5 (1967) 387-442; ID., "A Doutrina de Segurança Nacional à luz da Doutrina da Igreja". In: *SEDOC* 1 (1968) 432-444; ID., "Memorial dos Bispos e Prelados da Amazônia ao Governo Federal e ao Povo Amazônico". In: *SEDOC* 1 (1968) 961-986; ID., "Documentação Pastoral de Brasília". In: *SEDOC* 3 (1970) 77-89; ID., "Uma Igreja da Amazônia em conflito com o latifúndio e a marginalização social". In: *SEDOC* 4 (1971) 955-984; ID., "De 1948 a 1972 – Os Novos Direitos do homem". In: *SEDOC* 5 (1972) 1351-1364, 1375-1381, 1383-1384; ID., "Eu ouvi os clamores do meu povo". In: *SEDOC* 6 (1973) 607-629; ID., "Marginalização de um Povo". In: *SEDOC* 6 (1973) 993-1021; ID., "Não oprimas teu irmão". In: *SEDOC* 8 (1975) 729-731; ID., "Exigências cristãs de uma ordem política". In: *SEDOC* 9 (1976) 1018-1025; ID., "Violência contra os humildes". In: *SEDOC* 10 (1977) 961-983; ID., "Repressão na Igreja do Brasil". In: *SEDOC* 11 (1978) 1161-1188. E destaca, ainda, outros documentos de nível nacional: CNBB. "A Igreja e problemas da terra". In: *SEDOC* 12 (1979) 823-839; ID., "O solo urbano e a ação pastoral". In: *SEDOC* 14 (1981) 1221-1237; ID., "Igreja e Constituinte". In: *SEDOC* 18 (1985) 1095-1132; ID., "Exigências éticas de uma ordem política". In: *SEDOC* 22 (1989) 88-104.

No Brasil, com a Ditadura militar iniciada em 1964, a Igreja posicionou-se contra qualquer tipo de tortura. Com a criação da Pastoral dos Direitos Humanos, a Igreja tornou-se um referencial para aquelas famílias que eram vítimas de repressão política. Já a partir de 1975, há uma ampliação dos critérios e a defesa pelos direitos se torna mais abrangente. A maioria da população vinha sofrendo a violação dos seus direitos ao trabalho, à terra, à casa, à alimentação, ao transporte, à saúde, enfim, a todos os direitos sociais e econômicos. Esse fator impeliu a organização de grupos e movimentos populares em prol dos marginalizados.

Nas dioceses, organizaram-se as Comissões de Justiça e Paz ligadas a uma Comissão Pontifícia e, rapidamente, em todo o país os grupos se reuniam em torno de um objetivo comum. O primeiro encontro dos Direitos Humanos aconteceu em Petrópolis, no Rio de Janeiro, em 1982, com o tema "Servir a vida". Desses encontros, articulou-se o Movimento Nacional de Defesa dos Direitos Humanos (MNDDH).

O MNDDH procurou atuar em vários níveis definindo uma pauta de trabalhos a partir de encontros nacionais: 1) Uma conscientização crítica e libertadora; 2) Uma pedagogia; 3) Lutas das organizações e movimentos; 4) Articulação popular; 5) Nível da comunicação; 6) Nível político.

Para superar as relações sociais excludentes, as iniciativas no Brasil buscavam responder a um desafio que se impunha no país com muita intensidade. Isso, porém, exigia um tipo de participação mais ativa, a que Agostini chama de cidadania ativa[484]. Nela, o cidadão exige seus direitos, responsabiliza-se pelos seus deveres e cria espaços para a consolidação social e política, garantindo uma prática democrática e participativa.

No Brasil, especialmente nos anos 1960 e 1980, consolidou-se a expressão "direitos da maioria que são pobres", com um enfoque na opção preferencial e solidária pelos pobres assumida na América Latina, de modo que não se pode pensar em uma democracia e na defesa dos Direitos Humanos se não for a partir das maiorias violadas e oprimidas. Desse modo, a Igreja investiu na formação da consciência através dos movimentos, das pastorais e das CEBs para articularem um projeto alternativo de transformação social.

Para uma fundamentação desse projeto, N. Agostini faz o caminho da Sagrada Escritura, que compreende o direito dos pobres como o direito de Deus quando: oprime-se o fraco (cf. Pr 14,31); faz-se justiça ao órfão e à viúva, e ama o estrangeiro (cf. Dt 10,18; Jr 22,16; Pr 22,22-23, Sl 146,6-9; Lv 19,33; Ex 12,48); compreende-se os que choram, os que sofrem fome, injustiças e perseguições (cf. Lc 6,20-23; 5,31-32); os pobres são os primeiros destinatários do Reino de Deus (cf. Lc 4,18; 6,20); a solidariedade para com eles é o critério da salvação e da perdição (cf. Mt 25,40).

Recuperando *Medellín* e *Puebla*, o autor afirma que, diante da realidade latino-americana, é necessária uma nova evangelização que articule fé e realidade sem negligenciar as questões de justiça e Direitos Humanos, além de considerar que a Igreja, nas últimas décadas, vem lançando as bases de uma nova evangelização que exige a promoção dos Direitos Humanos fundamentada no Evangelho, de modo a defender a vida desde o primeiro momento da concepção até o seu último alento[485].

Para N. Agostini, a Igreja colaborou para um grande processo de conscientização, pois soube fazer a leitura da realidade descendo às bases e aprendendo na escola da vida, e, nesta perspectiva, o pobre tornou-se sujeito de uma nova maneira de ser Igreja.

---

484 Cf. AGOSTINI, N. "Direitos Humanos...", p. 883.
485 Cf. AGOSTINI, N. "Direitos Humanos...", p. 891.

Essa consciência é marcada em diferentes níveis de relações na complexa malha social, através do diálogo, da experiência de comunidade eclesial, da presença do outro, da inculturação. Assim, Agostini afirma que uma consciência crítica, matura e responsável é fruto da fidelidade à nossa identidade original, isto é, Jesus Cristo e seu Evangelho. A dignidade de cada homem e mulher tem sua expressão profunda no próprio Filho de Deus que se fez carne. Em Cristo, deixamos de ser espectadores para nos tornar atores de uma sociedade justa e solidária contra toda e qualquer tipo de exclusão.

Enfim, para N. Agostini, o projeto de uma nova sociedade precisa de uma cidadania ativa e participativa e deve passar pelo seguinte desafio: "Nesta arquitetura da desigualdade, precisamos desconstruir os mitos da globalização, deslegitimar a versão ideológica e antropológica do neoliberalismo, mudar a ordem das prioridades, reequilibrar a força do poder financeiro, num controle do capital e dos mercados financeiros"[486].

### 5.2.12 Síntese da Fase 2

A segunda fase da SBTM estabeleceu-se em tempos de grandes mudanças sociais e culturais na vida do povo brasileiro, e num processo contínuo de reflexão e atualização foram explorados mais profundamente os temas pertinentes à realidade do contexto latino-americano.

Na F2 da SBTM, foram também escolhidos 11 Temas Gerais (TG). Porém, dessa vez, houve uma predominância na área da Teologia Moral Especial com praticamente a maioria dos encontros tratando dessa área, isto é, 8 (oito) dos 11 (onze) encontros[487]. No que se refere aos temas específicos, houve quase um empate entre os temas de moral geral (fg) e os de moral social (ss) com 53 (cinquenta e três) e 50 (cinquenta), respectivamente[488]. Isso significa que muitos dos temas da moral social estavam entrelaçados com os fundamentos da moral geral e foram debatidos em conjunto.

Outro fator a destacar é o aumento considerável da participação de leigos que, na primeira fase, eram somente 12 (doze) e, agora, já eram 26 (vinte e seis) como mediadores[489]. Os religiosos continuam dominando o cenário de reflexão e, na F2, somam 40 (quarenta). As mulheres mantêm uma participação mais estável durante o decênio com pouco crescimento em relação à fase anterior, isto é, de 6 (seis) passaram a ser 9 (nove) mediadoras.

O número de teólogos da moral manteve-se estável em comparação à F1, porém a diferença é o crescimento do número de brasileiros em relação aos estrangeiros, que, dessa vez, somam 43 (quarenta e três) contra 26 (vinte e seis), respectivamente.

Outro fator importante a destacar é o aumento do número de mediadores formados na América Latina: de 9 (nove) mediadores da F1 passaram a ser 19 (dezenove) na F2. O número de produção publicada diminuiu consideravelmente em relação aos ENSBTM, mas aumentou a produção pessoal dos mediadores em áreas afins[490].

Nesta F2, após o salto corajoso da F1, os teólogos da moral buscaram aprofundar os temas relacionados à América Latina, ao realizar durante essa década mais três

---

486 Ibid., p. 894.
487 Cf. Apêndice, Tabela 1.
488 Cf. Apêndice, Tabela 2.
489 Cf. Apêndice, Tabela 3.
490 Cf. Apêndice, Tabela 3.

CLATM (1990, 1993, 1996), estabelecendo, assim, um fortalecimento da identidade da reflexão da Teologia Moral Latino-americana, o que culminou no IV CLATM sobre Direito e o lançamento do último volume da Coleção de Teologia Moral na América Latina, somando, ao final, doze publicações.

Na F2, a SBTM conseguiu mergulhar em muitos temas, alguns nas margens e outros na profundeza das águas, isto é, foi uma tentativa de se defrontar com as dores, alegrias e tristezas dos temas latino-americanos.

Desse modo, podemos dizer que a F2 é caracterizada por uma imersão que explorou os temas da Teologia Moral no Brasil em intensa sintonia com a realidade da América Latina como um todo.

## 5.3 Fase III (1999-2011)

### 5.3.1 Teologia Moral na passagem do Milênio – 1999

O XXIII ENSBTM realizou-se em Curitiba entre os dias 06 e 10 de dezembro. O 23TG teve como foco: "Teologia Moral na Passagem do Milênio"[491]. Os TEs abordados foram os seguintes: 1) "Moral dos Manuais", B. Leers[492]; 2) "Moral Renovada", A. Moser[493]; 3) "Moral na Perspectiva da Teologia da Libertação", F. dos Anjos[494]; 4) "Moral Social, o desafio ambiental na América Latina", N. Agostini[495]; 5) "Bioética", L. Pessini[496]; 6) "Teologia Moral e questões de gênero: Uma aproximação Moral à obra de Waman Puma", R. Adela[497]; 7) "Bases filosóficas para uma ética religiosa no novo milênio", D. Costella; 8) "Bernhard Häring e o Diálogo Intra-Religioso", M. Millen[498]; 9) "Uma nova abordagem à Moral Fundamental", J. Konzen[499].

**Articulação dos principais argumentos dos Mediadores**

Este Encontro possui um relato do M. Couto que permite termos uma visão geral do que foi tratado e da articulação entre os Temas Específicos. O objetivo de Tema

---

[491] A referência desse Encontro é um relato significativo sobre os Temas. COUTO, Márcio Alexandre. "XXII Encontro da SBTM – dezembro 1999". In: *REB* 60 (2000) 381-392. Há um erro de numeração, pois este Encontro corresponde ao XXIII e não ao XXII como no título.

[492] Referências sobre o assunto podem ser encontradas no seu livro em conjunto com Antonio Moser: MOSER, A.; LEERS, B. *Teologia Moral*: impasses e alternativas..., p. 36-42.

[493] MOSER, A. "Moral Renovada aos Cinquenta anos". In: *REB* 60 (2000) 557-577.

[494] Uma excelente referência sobre essa reflexão foi uma contribuição do autor numa produção de M. Vidal: ANJOS, M. F. dos. "Ética teológica no Brasil". In: VIDAL, Marciano (Org.). *Nova Moral fundamental*: o lar teológico da ética. Aparecida: Santuário, 2003, p. 489-505.

[495] AGOSTINI, N. "A questão ambiental na América Latina e no Caribe". In: AGOSTINI, Nilo. *Evangelização*: contribuição franciscana. Petrópolis: Vozes, 2000, p. 138-156.

[496] Algumas publicações relevantes da época sobre o tema de Bioética: PESSINI, L.; BARCHIFONTAINE, P. (Orgs.). *Fundamentos de Bioética*. São Paulo: Paulus, 1996²; PESSINI, L. *Morrer com dignidade*: até quando manter artificialmente a vida? Aparecida: Santuário, 1998³; PESSINI, L. *Distanásia*: até quando prolongar a vida? São Paulo: Loyola e Centro Universitário São Camilo, 2001; PESSINI, L.; BARCHIFONTAINE P. (Orgs.). *Bioética*: alguns desafios. São Paulo: Loyola e Centro Universitário São Camilo, 2001.

[497] Escritos de relevância em torno do Tema: SIERRA, Rosa Adela Osório. "Vida religiosa e questões de gênero". In: *Convergência* 301 (1997) 146-155; Tese de doutorado defendida na Accademia Alfonsiana. Roma, 1999: "Kuñaité en Abia Yala. Una Aproximación Moral a la Obra de Waman Puma"; ANJOS, M. F. dos.; SIERRA, Rosa Adela Osório. *Gênero e poder na vida religiosa*. São Paulo: Loyola, 1999.

[498] MILLEN, Maria Inês de Castro. *Os acordes de uma sinfonia*: a Moral do Diálogo na Teologia de Bernhard Häring. Juiz de Fora: Editar, 2005.

[499] KONZEN, João. *Ética Teológica Fundamental*. São Paulo: Paulinas, 2001.

Geral era fazer uma retrospectiva e uma avaliação da Teologia Moral do século XX, bem como as contribuições latino-americanas à Teologia Moral com suas perspectivas.

O primeiro mediador foi B. Leers, que discorreu sobre a Moral dos Manuais. Até 1970, os Manuais ainda eram comumente usados. E por serem escritos em latim, pareciam serem portadores de uma imortalidade e uma intemporalidade, não dando nenhuma margem à criatividade. Para B. Leers, os Manuais carecem de perspectiva histórica – Jesus Cristo está ausente – e possuem uma filosofia aristotélica unilateral concebida para homens nascidos em Atenas. O esquema básico de Aristóteles não é a pessoa, mas o *actus humanus* assim divididos: razão, vontade livre, concupiscência e agressividade. Enfim, o esquema aristotélico atravessa a Idade Média, tem sua interpretação em Santo Tomás, chega à Idade Moderna até os nossos dias como uma linguagem essencialista e abstrata com a centralidade sobre as normas.

A segunda conferência foi realizada por A. Moser e tratou da Moral Renovada. Para ele, a Moral Renovada foi assimilada e institucionalizada pela doutrina oficial. Isso aconteceu porque os fatores históricos do momento contribuíram para sua emergência. A visão antropológica da Moral Renovada focaliza no sujeito a imagem e semelhança de Deus e, assim, toda a renovação teológica da cristologia e da eclesiologia colaboraram para solidificar ainda mais a Moral Renovada. Também o novo vigor dado ao estudo da Escritura, dos Padres e da Escolástica marcou o fortalecimento da Moral Renovada como uma resposta ao juridicismo dos Manuais com seus casuísmos e sua pecadofobia. A Aliança e o Reino de Deus emergem como os novos referenciais. Mas o grande desafio da Moral Renovada é como se adaptar à opção pelos pobres e à perspectiva social. Em muitos autores que assumem a Moral Renovada, o social situa-se mais a favor do *status quo*. Enfim, para A. Moser, três desafios parecem emergentes: o ecumenismo, o diálogo inter-religioso e a exclusão.

O terceiro mediador a expor suas ideias foi F. dos Anjos, abordando o tema da Moral na perspectiva da TdL. Fazendo um balanço da TdL a partir de R. Oliveros, E. Dussel e J. B. Libânio, e da Teologia Moral a partir de J. Snoek, A. Moser e o próprio F. dos Anjos, aponta para alguns tópicos de relevância: 1) Identificar quando a Teologia Moral é abordada em chave de Libertação. Neste caso, é importante destacar a relação entre Teologia Moral e TdL. Para ambas, o pecado social deve ser combatido, mas a TdL tende a dominar pela reflexão ética, atraindo para si todos os temas estruturais da Teologia Moral, ficando esta com questões mais intimistas; 2) Uma autocrítica metodológica em relação aos sujeitos da Teologia Moral buscando o reconhecimento dos novos sujeitos: os pobres, os marginalizados, os excluídos; 3) As etapas da ética que abrangem os mesmos períodos históricos da América Latina e sua fundamentação com base nas fontes hermenêutico-teológica (Sagrada Escritura, Cristologia, Mariologia, etc.) e as fontes racionais (ciências sócio-analíticas, antropologia, sociologia, etc.). Para F. dos Anjos, ainda falta aprofundar o conceito de historicidade, a estrutura para uma articulação global, a alteridade e a cultura.

M. Millen fez uma comunicação de sua pesquisa com o tema: "Bernhard Häring e o Diálogo intra-religioso". Antes de falarmos em diálogo com as outras religiões, é necessário um diálogo dentro da própria Igreja. B. Häring tem o diálogo como eixo de suas colocações e como uma proposta para o anúncio do Evangelho, baseando-se: 1) Nos sinais dos tempos, a força da autonomia do sujeito e o imediatismo são características da modernidade, cuja filosofia baseia-se em três correntes: a) a razão instrumental para a razão débil; b) volta à Tradição; c) abre-se mão da razão instrumental, mas não da razão. 2) Numa fundamentação Bíblica, a tarefa da Moral é buscar o que dá sentido à vida das pessoas e, assim, a lei não pode ser domínio e controle; 3) No modo de fazer Teologia, a Igreja, como proposta pelo Concílio Vaticano II, deve ser compreendida como Povo de Deus. A Teologia Moral considera que é necessário descentralizar estruturas antigas autoritárias e, por isso, só o diálogo é gerador e capaz de transformar.

O quarto moderador é N. Agostini, que trata do tema "Moral social: o desafio ambiental na América Latina". A partir de uma visão mais global, propõe-se um sistema eco-social, no qual o homem e a natureza se intersectam. Foram abordados três pontos: 1) Uma leitura eco-social que permite conhecer melhor a situação ambiental. A vulnerabilidade da natureza tem um nexo com a crise social: húmus desaparecendo, degradação do solo, desertamento, falta de água, destruição da fauna, o uso de agrotóxicos, represamento dos rios, incêndios. Na crise, todos os fatores estão entrelaçados. A qualidade de vida está submetida à busca de rentabilidade imediata. São citados temas de relevância como: desmatamento especulativo, a pressão do FMI aos países do Terceiro Mundo, os problemas sociais nas megalópoles, desastre ecológico e desordem social; 2) O movimento ambientalista é uma tentativa de responder com discernimento e fazer uma crítica à situação de crise. Tem os seus valores positivos como busca de harmonia e solidariedade entre o homem e natureza. Há uma rede que tudo conecta e busca salvaguardar o todo. Entre alguns que querem uma solução técnica imediata e outros que buscam mudanças profundas na sociedade, há um consenso de que os problemas ambientais são inseparáveis dos sociais e, assim, propõe-se uma reconversão de mentalidade que dê preferência a salvaguardar a vida ameaçada; 3) Francisco de Assis e a escola franciscana podem ser referenciais que resgatam a chamada harmonia cósmica. Somos criaturas e, por isso, é necessário afeição e reverência à compaixão que passa pelo empobrecido. Este seria, portanto, um grande referencial ético para superar uma razão instrumental.

O quinto moderador é L. Pessini, camiliano, que fala sobre Bioética, a qual nasce num ambiente laico, tem como característica a pluralidade e o diálogo multicultural, inter, trans e multidisciplinar. A Bioética passou por quatro fases: 1) Quando se confunde com a ética médica; 2) Quando é identificada com os direitos do paciente; 3) Quando se remete às questões de estrutura do sistema de saúde; 4) Quando trata da saúde da população. Em relação ao futuro da Bioética, espera-se: a) avanços na área da genética; b) maior justiça, cuidados na saúde, equidade e solidariedade; c) a luta por um meio ambiente humano sustentável; d) uma abertura às realidades culturais e sua diversidade; e) ampliação da sua área de abrangência; f) políticas públicas para normatizar questões da vida como aborto genético, transgênicos e eutanásia; g) um novo estatuto epistemológico; h) pluralismo. Há uma significativa presença da Bioética latino-americana na Bioética mundial.

Como sexta moderadora, R. Adela desenvolveu o tema: "Teologia Moral e Questões de gênero: uma aproximação moral à obra de Waman Puma". R. Adela lembra a questão da discriminação contra as mulheres e faz um estudo dos traços da cultura inca e seu diferencial. Na cultura inca, a mulher, a partir dos três anos, tinha direito à terra e entre eles não havia nem fome e nem prostituição. Uma leitura dual que reconhece a unidade entre masculino e feminino como necessária para a existência da vida. O culto era dirigido pelas mulheres. Waman Puma, com base nesse referencial, apresenta a questão do gênero nos antigos, na conquista e na atualidade marcado pela utopia.

J. Konzen realizou uma comunicação intitulada "Uma nova abordagem à Moral Fundamental", de um curso de moral fundamental que o autor utiliza no seu magistério.

Como sexto moderador falou D. Costella, xaveriano, desenvolvendo o tema: "Bases filosóficas para uma ética religiosa no novo milênio". No novo milênio, a filosofia dará sua contribuição a partir das éticas laicas cujo fundamento é a racionalidade. Destacam-se em sua fala J. Habermas e K. O. Apel.

Costella cita dois problemas fundamentais em relação ao discurso ético: 1) A mudança da primazia política para o discurso econômico. Desde Maquiavel que a ética se desliga do político. A ética não regula mais relações curtas, o direito também não responde mais, a própria política não responde mais. 2) Como fundamentar religiosamente as normas morais? Para F. Nietzsche, está a primazia da vida (vontade de poder) em relação à verdade.

Para responder a essa questão, é preciso conhecer os modelos que foram propostos: até F. Nietzsche temos só dois modelos: 1) Idade Média (onto-teológico); 2) Modelo kantiano, no qual o critério passa a ser a pessoa produzindo uma moral autônoma.

No século XX, D. Costella destaca três tradições: 1) Grega-aristotélica-escolástica; 2) Moderna Kantiana de conteúdo formal; 3) Anglo-saxônica moderna, que parte do empirismo inglês. O empirismo inglês admite uma ética fundada no sentimento, cujo critério é a felicidade no sentido existencial.

Na década de 1970-80, há duas correntes: 1) Inspirada no *ethos* aristotélico ou hegeliano, cujos membros são chamados comunitários, por exemplo H. Arendt; 2) A ética do discurso, que se inspira em I. Kant, neste caso J. Rawls apresenta uma ética formal do tipo contratualista contra as éticas de origem anglo-saxônica. Desse modo, podemos formular uma ética a partir do *ethos* e das tradições, correndo perigo, porém, de cair no fundamentalismo, especialmente as religiões monoteístas que foram as que mais fizeram guerra.

Para A. MacIntyre, não se pode debater sobre a ética entre as próprias tradições, pois cada tradição desenvolve seu esquema de modo próprio. Outros autores propõem uma ética formal para escapar desse esquema. Em relação a I. Kant, a grande mudança está em K. O. Apel e J. Habermas. Para K. O. Apel, uma fundamentação última da ética não é necessária. Ele aproveitou da filosofia analítica para chegar à intersubjetividade. Os judeus K. Rosenkranz, M. Buber e E. Lévinas foram os que introduziram a alteridade. D. Costella afirma que, no mundo pós-metafísico, só há pretensão de validade e o paradigma para determinar uma norma é a comunidade e o consenso.

M. Heidegger, por sua vez, reflete sobre a oposição entre ética e técnica, enquanto H. Jonas foi o primeiro autor a aplicar a ética à técnica e à medicina. Não é mais a natureza o fim, mas a técnica. O problema é saber o limite entre o natural e o artificial. Enfim, para uma via média, seria necessário retomar esses quatro valores: paz, justiça, proteção dos direitos humanos e respeito à natureza, isto é, a primazia deve se voltar à ética e à política.

### 5.3.2 Ética na Política – 2000

O XXIV ENSBTM realizou-se em Porto Alegre entre os dias 04 e 08 de dezembro. O 24TG teve como foco: "Ética e Política". Os TEs abordados foram os seguintes: 1) "Ética e Política", E. Stein[500]; 2) "Democracia representativa X Democracia participativa", J. Fortunati; 3) "Sujeitos e instâncias da Ética na política desde o

---

500 Com uma vasta produção em filosofia contemporânea, na época estava lançando duas obras: STEIN, Ernildo. *Diferença e Metafísica*. Porto Alegre: EdiPUCRS, 2000; STEIN, E. *Compreensão e finitude*. Ijuí: Unijuí, 2001.

ponto de vista das classes populares (sociedade civil)", J. Bisol e S. Görgen; 4) "Eficiência da Ética Teológica", Dom Ivo Lorscheiter; 5) "Sujeitos e instâncias da Ética na política desde o ponto de vista eclesial", M. Couto.

**Articulação dos principais argumentos dos Mediadores**

Não consta nenhuma publicação oficial específica sobre os temas debatidos nesse encontro ou de suas conclusões.

### 5.3.3 Ética e Reconciliação na América Latina e Caribe – 2001

O XXV ENSBTM e o V CLATM realizaram-se em São Paulo entre os dias 10 e 14 de dezembro. O 25TG teve como foco: "Ética e Reconciliação na América Latina e Caribe". Os TEs abordados foram os seguintes: 1) "Corrupção e impunidade: como fazer justiça?", P. Sampaio; 2) "Desarmamento e reconciliação: um caminho para a reconstrução ética", F. Rejón; 3) "Ética e Reconciliação: que raízes filosóficas em jogo?", M. Oliveira; 4) "Teologia da Reconciliação", J. Comblin[501]; 5) "O problema da reconciliação na América Latina", B. Leers; 6) "Dimensão Moral da Teologia do Povo na Argentina", J. Meinvielle; 7) "Que reconciliação para uma política solidária na América Latina?", M. Brunero; 8) "Teologia Moral no Brasil: 25 anos de encontros", F. dos Anjos e M. Couto.

**Articulação dos principais argumentos dos Mediadores**

Não consta nenhuma publicação oficial específica sobre os temas debatidos nesse encontro ou de suas conclusões.

### 5.3.4 Moral Sexual – Desafios atuais – 2002

O XXVI ENSBTM realizou-se em Petrópolis entre os dias 09 e 13 de dezembro. O 26TG teve como foco: "Moral Sexual – desafios atuais". Os TEs abordados foram os seguintes: 1) "Visão teológica da sexualidade", A. Moser[502]; 2) "Releitura das normas da sexualidade", C. Josaphat; 3) "Os transtornos de identidade de gênero – GID's e a Moral Católica", M. Freitas; 4) "Como entender as fases da evolução sexual?", H. de Souza; 5) "Pedofilia", A. Moser[503].

**Articulação dos principais argumentos dos Mediadores**

A. Moser aborda o tema da pedofilia e compara os escândalos sexuais como uma tragédia para a Igreja, tal qual foi a destruição do *World Trade Center* para os norte-americanos. Inicia mostrando uma série de reportagens que tendem para o sensacionalismo da questão, mas, por outro lado, não se pode negar, segundo ele, a gravidade do problema e a seriedade do discernimento necessário para se defrontar com esse fenômeno dentro da Igreja. A. Moser esclarece que os fatos já vinham sendo denunciados e relatados desde a década de 1980, quando uma série de casos de abusos sexuais, no mundo anglo-saxão, levou padres e Bispos a renunciarem.

A. Moser faz uma ligação com o contexto social de um mundo que era conhecido

---

501 COMBLIN, José. *Teologia da reconciliação*: ideologia ou reforço da libertação? Petrópolis: Vozes, 1987.

502 O obra de referência para essa abordagem: MOSER, A. *O Enigma da Esfinge*: a sexualidade. Petrópolis: Vozes, 2001.

503 MOSER, A. "Igreja, desafios inusitados – pedofilia: primeiras reações e interpelações". In: *REB* 62 (2002) 515-547.

pela rigidez e, agora, representa o mundo do consumismo desenfreado. Nesse contexto, pesa também os abalos financeiros nas Dioceses e Congregações que chamou a atenção para o lado da exploração dos processos jurídicos.

Outro aspecto que pesa na avaliação dos escândalos é a omissão das autoridades competentes em relação às vítimas e aos seus familiares. Esse tipo de atitude leva a pensar que a questão central é a imagem da própria Igreja como Instituição, porém isso levou a aprofundar ainda mais o peso dos escândalos. A pedofilia, para A. Moser, implica numa verdadeira violação porque o agressor usa de sua autoridade, do seu poder e de sua dominação, aproveitando-se da vulnerabilidade da vítima. Apesar de toda a complexidade do tema, A. Moser enquadra a pedofilia num quadro patológico de perversão sexual. O autor lembra também o papel desastroso de uma mídia que vem impulsionando uma vida sexual precoce, cujo resultado é um quadro desastroso: "crianças em atividade sexual com adultos infantilizados"[504].

O autor aponta, através das últimas pesquisas realizadas pela Associação Americana de Psiquiatria, que os pedófilos estão espalhados em todas as partes da sociedade, desde o ambiente familiar até profissionais da área como psicólogos, pedagogos, pediatras e outros que têm alguma função relacionada, como são os sacerdotes e religiosos. Infelizmente, os casos são promovidos por pessoas que as crianças confiam e que estão muito próximas.

Por isso, A. Moser faz uma crítica à imprensa, que deu a impressão de a pedofilia estar somente entre o clero, atingindo sua grande parte. Há, em torno do tema, muitos outros interesses particulares como o dinheiro, os ressentimentos e as vinganças. Outro erro que surgiu em torno da pedofilia é sua ligação com o celibato. O fato é que a maioria dos casos de pedofilia acontece dentro das próprias famílias. A questão não está no estado de vida escolhido pela pessoa: celibato, matrimônio, solteiro ou não. A questão está no desvio que a pessoa tem.

A. Moser contextualiza as consequências de uma sociedade que passou, nos meados da década de 1960, uma revolução sexual. Do prazer proibido passou-se ao prazer obrigatório. A medida da felicidade está na capacidade de sentir orgasmos. Isso trouxe um aumento considerável da perversidade e uma libertinagem danosa para o verdadeiro sentido da sexualidade. Um dos exemplos dados pelo autor é o tráfico de mulheres brasileiras, sobretudo menores de idade. Há o chamado "turismo sexual" em que milhares de meninas são prostituídas, movimentando bilhões de dólares por ano[505].

Para A. Moser, há pelo menos três eixos que propiciam o florescimento dessas aberrações: 1) A banalização do que é sagrado; 2) Insensibilidade em relação à miséria; 3) A violência. Há uma dessacralização da sociedade que leva à perda do sentido da sexualidade. Na vida, os maiores valores estão no consumismo, propiciando a exploração do outro. Tudo vira objeto de consumo, inclusive o sexo. Em relação à miséria e à violência, o autor lembra que as crianças vêm sofrendo fome, abandono nas ruas e nas cidades, sem falar das guerras que vitimam milhões de crianças inocentes, de modo que a pedofilia não é a única violência pela qual nossas crianças são submetidas. Para combater essa dimensão esfacelada da sexualidade no mundo consumista, é necessária uma educação para o amor. "A educação para o Amor signi-

---

504 MOSER, A. "Igreja, desafios inusitados – pedofilia...", p. 523.
505 Cf. Ibid., p. 531.

fica uma verdadeira conversão e uma verdadeira ascese"[506]. Essa educação exige um trabalho árduo com muita oração e competência profissional. Entendendo a sexualidade como uma das energias mais poderosas que move o ser humano, é necessário buscar condições para bem administrá-la, por meio de uma vivência saudável de ternura e amor, como Cristo o fez.

A. Moser lembra que este campo é extremamente complexo e qualquer posição de julgamento deve ser baseada em termos de responsabilidade, exigindo muito discernimento. Não se pode esquecer de que a Igreja propõe o caminho da conversão, da penitência, de cruz, mas também pregamos o Evangelho da graça. O autor reconhece que se tratando de patologias, estas devem ser medidas conforme seu grau de comprometimento, para que, assim, sejam buscados, com discernimento, os possíveis tratamentos que lhes são próprios. Desse modo, A. Moser considera que o momento é de dor e sofrimento purificador para a Igreja. Em relação às vítimas e seus familiares, deve-se reparar os danos físicos e morais, psicológicos e pastorais. No que se refere aos acusados, impõe-se a linha corretiva e preventiva de acordo com o grau de gravidade. Mas, de maneira geral, é necessário espírito crítico em relação aos sensacionalismos da imprensa e lembrar que a Igreja continua a exercer seu papel de mãe para com todas as crianças, seja nas escolas, nas creches, nos hospitais, nos orfanatos e, de modo geral, nas paróquias com a catequese. Ao lado de algumas sombras, existe muita luz que pode ser testemunhada.

### 5.3.5 Moral Sexual – Desafios atuais (continuação) – 2003

O XXVII ENSBTM realizou-se em Belo Horizonte entre os dias 08 e 12 de dezembro. O 27TG teve como foco: "Moral Sexual – Desafios atuais (continuação)". Os TEs abordados foram os seguintes: 1) "A questão da sexualidade na Doutrina Ético-Moral de Santo Agostinho", M. Costa; 2) "Repensando a Moral Sexual a partir da Integração entre Ser e Agir", R. Zacharias; 3) "Homossexualismo: uma abordagem interdisciplinar", C. Oliveira; 4) "Células tronco e início da vida: desafios éticos", W. Barth; 5) "Homossexualidade – aspectos pastorais e teológicos", J. Trasferetti[507]; 6) "A Contribuição de algumas ciências para uma nova compreensão ética da sexualidade", A. Moser[508].

**Articulação dos principais argumentos dos Mediadores**

Não consta nenhuma publicação oficial específica sobre os temas debatidos nesse encontro ou de suas conclusões.

### 5.3.6 Biotecnologias: desafios à Teologia Moral – 2004

O XXVIII ENSBTM realizou-se em São Paulo entre os dias 07 e 11 de dezembro. O 28TG teve como foco: "Biotecnologias: desafios à Teologia Moral"[509]. Os TEs

---

506 Ibid., p. 523.
507 TRASFERETTI, José Antonio; LEERS, Bernardino. *Homossexuais e ética cristã*. Campinas: Átomo, 2002.
508 MOSER, A. *O Enigma da Esfinge*: a sexualidade. Petrópolis: Vozes, 2001.
509 Abordando a questão das biotecnologias, a SBTM publicou a seguinte edição: TRASFERETTI, José Antonio; ZACHARIAS, Ronaldo (Orgs.). *Ser e viver*: desafios morais na América Latina. Aparecida: Santuário. São Paulo: SBTM: Centro Universitário São Camilo, 2008a. Também contêm alguns dos Temas Específicos e outros temas ligados ao TG que são colaborações dos mediadores na mesma obra: SOUZA, Paulo Roberto de; GALUPPO, Fernando Furlanetto. "A morte, a Bioética e o biodireito: uma abordagem panorâmica", p. 87-124; CESAR, Constança Terezinha Marcondes; TRASFERETTI, José. "Ética e meio ambiente", p. 125-146; TRASFERETTI, José. "Corpo, cultura e sociedade", p. 147-168; TRASFERETTI; R. ZACHARIAS (Orgs.). *Ser e viver...*, p. 63-76. TRASFERETTI, José. "Teologia da prevenção na América Latina", p. 169-195.

abordados foram os seguintes: 1) "Biotecnologias e alguns horizontes atuais", Dom Odilo Scherer, R. Junges[510]; 2) "Biotecnologias: conquistas científicas atuais e prospectivas", M. Boccatto; 3) "Reprodução Assistida", R. Abdelmassih; 4) "Casuística ilustrativa – reprodução assistida", R. Abdelmassih; 5) "Biotecnologias: incidências sociais", P. Fortes; 6) "Tendências das Bioéticas na sociedade plural", E. Zoboli; 7) "Biotecnologias: desafios à contribuição teológica atual", L. Pessini[511]; 8) "Biotecnologias: desafios à moral pastoral".

### Articulação dos principais argumentos dos Mediadores

Dom Scherer, na época secretário-geral da CNBB, abordou o tema das novas biotecnologias e desafios éticos. Para ele, são dois os grandes desafios do momento que os Bispos devem enfrentar com mais veemência: 1) O aborto ou antecipação terapêutica do parto no caso dos anencéfalos; 2) O projeto de biossegurança e o uso de embriões humanos para pesquisa com células tronco. Ambos estão sendo discutidos nas instâncias do Supremo Tribunal Federal e do Congresso Nacional.

Em relação ao aborto de anencéfalos, os defensores usam os seguintes argumentos: 1) São vidas inviáveis fora do útero materno e, por isso, não há senso em manter essa gravidez; 2) Representa um sofrimento insuportável para as mães levar uma gravidez inviável; 3) Trata-se de uma anomalia, é um não-ser; 4) A dignidade a ser respeitada é a da mãe, sujeito de direitos; 5) Os anencéfalos são natimortos, e a ausência total ou parcial do cérebro equivale à morte cerebral; 6) O Brasil é um dos países que tem maior incidência de anencefalia e é necessário mudar esse quadro.

Para Dom Scherer, esses argumentos não podem ser aceitos sem uma reflexão crítica da área médica, do direito e da ética. A tendência, muitas vezes, é deixar-se levar pela emoção dos meios de comunicação ou pelos resultados de opinião, não se discutindo as graves implicações éticas e morais do tema.

A CNBB tem entrado no debate entendendo que está em jogo um direito humano essencial e, por isso, contrapõe-se a essa mentalidade com o Evangelho da Vida, sem medo de confrontar o pluralismo. Para tanto, argumenta com os seguintes pontos: a) O anencéfalo é um ser humano fragilizado, um ser vivo e merece o respeito e tutela de toda sociedade; b) O sofrimento da mãe não é o suficiente para suprimir a vida de um bebê anômalo. Poder-se-ia cair num princípio de que se pode tirar a vida de um ser humano que causa sofrimento a outro; c) O sofrimento da mãe pode ser diminuído seja pela medicina, pela psicologia, pela religião e pela solidariedade social. Um aborto provocado pode, ao contrário, tornar-se um sofrimento para a vida inteira. O alívio de um sofrimento não pode ser equiparado ao valor de uma vida humana; d) Dizer que a dignidade de uma mãe é desonrada pela geração de um filho com anomalia é um preconceito; e) A vida humana é respeitável por ela mesma independentemente da sua duração ou do valor que os outros lhe dão; f) Os anencéfalos são seres humanos vivos; g) Só Deus é Senhor da vida e não cabe ao homem eliminar seres humanos porque não estão dentro dos padrões da sociedade. Diante da vida humana frágil, é necessário desdobrar-se em cuidados, solidariedade e compaixão.

---

510 SCHERER, Odilo Pedro. "Novas biotecnologias e desafios éticos". In: TRASFERETTI, J. A.; ZACHARIAS, R. (Orgs.). *Ser e viver...*, p. 77-86; JUNGES, José Roque. "Desafios das biotecnologias à Teologia Moral". In: TRASFERETTI, J. A.; ZACHARIAS, R. (Orgs.). *Ser e viver...*, p. 63-76.

511 PESSINI, L. "Bioética: das origens aos desafios contemporâneos". In: TRASFERETTI, J. A.; ZACHARIAS, R. (Orgs.). *Ser e viver...*, p. 11-62.

No que se refere ao Projeto de Biossegurança, os argumentos utilizados para a liberação do uso de embriões para a pesquisa científica são os seguintes: 1) Países mais desenvolvidos já liberaram a pesquisa e o Brasil está atrasado; 2) O embrião não é ainda vida humana, mas um amontoado de células; 3) É mais nobre utilizar os embriões excedentes das clínicas de fertilização assistida do que destiná-los à eliminação.

Nessas discussões, entra em jogo a questão do início da vida humana. Para o Magistério, a vida se dá no momento da fecundação. As mutações que acontecem em seguida são quantitativas, mas não qualitativas. Assim, o embrião humano deve ser tratado com respeito. Não se dispõe da vida de um ser humano, mesmo que seja em benefício de outros seres humanos, como um bem de consumo.

Para Dom Scherer, a pesquisa mais promissora está sendo realizada com as células-tronco adultas, sendo que esta pesquisa não tem obstáculos éticos e morais. Para esse debate, é necessário superar fundamentalismos e buscar uma base antropológica e de ética natural. A Teologia Moral tem "a tarefa de elucidar as razões fundamentadas no Evangelho da vida, que cabe aos Bispos anunciar e defender sem titubeios, junto com toda comunidade cristã católica"[512].

R. Junges aborda o tema dos desafios das biotecnologias à Teologia Moral. Sua primeira questão é a diferença entre Teologia eclesiástica e Teologia pública. A primeira visa uma comunhão eclesial, enquanto a segunda visa uma presença da fé cristã na sociedade. Na era pós-cristã, ambas se complementam, embora cada uma possua sua especificidade. Para R. Junges, a Igreja é uma figura histórica do Reino de Deus, não a sua plena realização. Por isso, o Reino de Deus é mais amplo e a Teologia tem essa função de ler os sinais do Reino nas esferas da vida política, cultural, econômica, científica e ecológica da sociedade. Assim, como a Teologia participa da *res publica*, deverá ser capaz também de sofrer suas críticas. O desafio, então, é falar uma linguagem pública que seja acessível a todos, mantendo a sua identidade cristã.

R. Junges considera que o desencantamento do mundo gerou a fragmentação da realidade e a exploração humana sobre a natureza alavancou o progresso científico e industrial com seus benefícios e suas catástrofes. O próprio ser humano tornou-se vítima do seu desencanto, colocando em risco a sua própria especificidade antropológica.

O progresso da genética é um exemplo claro de quanto o homem se torna passível de intervenções e manipulações que, extrapolando o campo da cura de doenças, se abrem para projetos narcisísticos e pretensões eugênicas, e tudo com respaldo jurídico. R. Junges, a partir disso, questiona-se: "Se a falta de uma visão sistêmica da natureza está na origem dos desastres ecológicos, que tipo de desastre antropológico no futuro a crescente fragmentação do próprio ser humano poderá ocasionar?"[513].

Fenômenos naturais da vida que eram envolvidos em torno do sagrado, como o nascer e o morrer, agora, além de desmistificados e secularizados, vão trocando o referencial simbólico pela técnica. R. Junges considera que a lei jurídica tomou o lugar do tabu cultural. Há uma mudança no campo de atuação que deixa de estar ligado ao que é natural e se transforma em um campo da subjetividade.

Assim, a técnica estaria substituindo a mediação da religião? E a lei jurídica consegue ter para si a mesma força de proteção dos antigos tabus culturais? O fato é que a dignidade humana se tornou um bem jurídico fundamental. Mas, na sociedade fragmentada, o conceito de dignidade também é desconstruído. Junges cita alguns

---

512 Scherer, O. P. "Novas biotecnologias e desafios éticos", p. 85.
513 Junges, J. R. "Desafios das biotecnologias à Teologia Moral", p. 65.

autores como J. Habermas, L. Ferry, R. Debray, R. Rorty, que defendem a necessidade da religião para a superação da crise ética. Parece que se torna necessário um reencantamento do mundo, que começa a ter olhos críticos para a secularização. Nesse contexto, humanismo transcendental e espiritualidade voltam à cena como um modo de enfrentar a fragmentação.

A técnica trouxe uma série de benefícios à humanidade e isso criou uma euforia com o progresso científico. O mito prometeico do poder ilimitado e da onipotência projetaram a possibilidade de um ser humano sem contingências e fragilidades. R. Junges entende que esse é o núcleo da crise existencial atual: cada dia mais as pessoas têm dificuldade de aceitar suas limitações e finitudes. Sem essa consciência de vulnerabilidade, o homem não pode exercer sua autonomia e responsabilidade, porque não consegue superar sua fase narcisística e não é capaz de enfrentar a realidade adversa, criando a ilusão, através do seu encapsulamento, de que os problemas estão superados.

O desejo de onipotência pode muito bem ser traduzido como o pecado original. É uma tendência de autocentramento, que nega o outro e, consequentemente, produz o mal. Somente a experiência do sentir-se amado por Deus supera esta autossuficiência.

Esses problemas se tornam ainda mais agudos quando se referem às questões da procriação humana. Naturalmente que, ao longo da história, a concepção humana sempre esteve envolvida em mistério e o filho era sempre um dom de Deus. As novas técnicas de fertilização deram um impulso de domínio e autonomia sobre a procriação, superando o fatalismo biológico. Esse processo de sofisticação trouxe uma substituição dos processos naturais e vem se aperfeiçoando cada vez mais.

A busca de um recurso para substituir um processo que pertença ao natural domínio do homem não é tão simples e exige uma transignificação. É uma experiência de luto da infertilidade e que precisa de um tempo certo para ressignificar essa perda, para que então se possa ter autonomia para decidir sobre o uso das técnicas. Se esse sentimento não for bem trabalhado, poderá ocorrer uma busca patologizada do filho e a técnica terá sempre uma prótese tecnológica imediata a oferecer.

Problema maior é que de uma proposta terapêutica, o procedimento se alarga para a definição do filho a ser gerado. Ao proceder assim, insere-se no conceito de oferta da biotecnologia como produção. Porém, R. Junges deixa bem claro que produzir ou fabricar é bem diferente de procriar. Não se pode perder o significado antropológico da procriação humana. Para R. Junges, uma das melhores imagens para refletir sobre a procriação é a hospitalidade. O filho é o hóspede que chega: "no fundo de toda procriação autenticamente humana, existe esperança e acolhida do desconhecido"[514].

Quando se invoca o argumento de que os cientistas estão brincando de Deus, significa dizer que alguns limites não poderiam ser transpostos. Para R. Junges, porém, não se trata de brincar em relação a Deus, pois se trata de conhecimento científico e tem seu poder sobre a natureza.

Desde o Iluminismo, a humanidade não precisa da hipótese Deus para fazer ciência. R. Junges entende que "brincar de Deus" não é um princípio, mas uma perspectiva, isto é, quer lembrar a humanidade que ela tem uma falibilidade. Essa expressão pode lembrar do perigo de que se Deus não é mais um dado, o homem torna-se ele mesmo onipotente.

R. Junges finaliza dizendo que Deus se autolimitou quando criou por amor e, assim, Ele não intervém nas leis da natureza para anulá-las. "Trata-se de uma limitação

---

514 JUNGES, J. R. "Desafios das biotecnologias à Teologia Moral", p. 72.

que Deus se autoimpõe por amor. É o Deus que se revela em Jesus de Nazaré. Quem ama se autolimita, e Deus é o sumo amor. O ser humano precisa aprender de Deus essa autolimitação por amor se quiser 'brincar' de Deus"[515].

Outro mediador é L. Pessini, camiliano, que trabalha o tema da Bioética e faz uma análise dos desafios das origens até o momento presente.

Depois de todo o sucesso dos seus apenas 35 anos de surgimento, a Bioética, instuída por V. Potter, tem toda uma estrutura já bem sedimentada como os Institutos Kennedy e Hastings Center, nos Estados Unidos, além de inúmeros institutos e programas em Universidades em todo mundo.

V. Potter nasceu em Dakota do Sul, em 27 de agosto de 1911. Foi quem cunhou o neologismo Bioética, em 1970. Doutor em bioquímica, trabalhou durante 50 anos na Universidade de Wisconsin, em Madison, nos Laboratórios MacArdle, na pesquisa do Câncer. Morreu em 06 de setembro de 2001 em Madison.

Para V. Potter, a Bioética é a ciência da sobrevivência humana. No ano de 1970, escreve um artigo intitulado *Bioethics, science of survival* e, em 1971, o livro *Bioethics: bridge to the future*[516]. Para ele, a Bioética é uma ponte entre a ciência biológica e a ética. Pensando na sobrevivência humana e sua sustentabilidade, é necessário um sistema ético. V. Potter havia pensado em uma nova disciplina que pudesse interagir ser humano e meio ambiente.

Por outro lado, o obstetra holandês A. Hellegers, da Universidade de Georgetown, em Washington, seis meses após o lançamento do livro de V. Potter, criou um novo centro de Estudos: *Joseph and Rose Kennedy Institute for the Study of Human Reproduction and Bioethics*. A abordagem dada ao termo Bioética focalizou-se no progresso médico tecnológico, dando à Bioética uma missão de ponte entre a medicina, a filosofia e a ética. Desse modo, a Bioética desenvolve-se em duas linhas: uma macrobioética na perspectiva de V. Potter, e uma microbioética, na de A. Hellegers.

L. Pessini afirma que V. Potter se decepcionou com o rumo que foi dado à Bioética, a qual ele pretendia mais ampla, e não apenas um ramo da ética aplicada em relação à medicina. Em 1988, V. Potter fala da Bioética Global, que deve estar em diálogo com todas as ciências. V. Potter menciona que, na atualidade, esse sistema ético proposto não muda o seu núcleo como ponte, mas se estende para a Bioética global. Assim, ética médica encontra-se com a ética do meio ambiente, para que, numa escala mundial, se possa preservar a sobrevivência humana[517].

Em 1998, V. Potter dá um passo além e expõe a ideia da "Bioética profunda", retomando a linha de P. Whitehouse, de um pensamento sistêmico e complexo dos elementos biológicos. Assim, o planeta seria um grande sistema biológico onde tudo é entrelaçado e interdependente.

A referência primordial na área de Bioética é a Enciclopédia de Bioética publicada nos Estados Unidos em três edições: 1978, 1995 e 2004. W. Reich, da *Georgetown University*, foi o editor-chefe das duas primeiras edições, e S. Post, da *Case Western Reserve University*, foi o editor-chefe da terceira edição. Para W. Reich, a primeira edição cumpriu a função de desenhar o novo campo, enquanto a segunda teve a função de refleti-lo. De uma para outra, o campo da Bioética mudou rapidamente devido ao novo cenário dos avanços científicos, médicos e legais, como também na própria concepção de ética.

---

515 Ibid., p. 75.

516 POTTER, Van Ressenlaer. "Bioethics, science of survival". In: *Perspectives in Biology and Medicine* 14 (1970) 27-153; ID., *Bioethics: bridge to the future*. New Jersey: Prentice-Hall, 1971.

517 Cf. PESSINI, L. "Bioética: das origens aos desafios contemporâneos", p. 21.

Na primeira edição, a Bioética é entendida como "o estudo sistemático da conduta humana no âmbito das ciências da vida e da saúde, enquanto essa conduta é examinada à luz de valores e princípios morais"[518]. Na segunda edição de 1995, assim é definida a Bioética: "é o estudo sistemático das dimensões morais – incluindo visão, decisão, conduta e normas morais – das ciências da vida e da saúde, utilizando uma variedade de metodologias éticas num contexto interdisciplinar"[519].

Na segunda edição, foi acrescentada uma série de novos assuntos, tais como: cuidados da saúde, fertilidade, reprodução humana, saúde mental, sexualidade e gênero, sobre a morte e o morrer, meio ambiente, códigos de organismos nacionais e internacionais.

Na terceira edição, são acrescentados ainda muitos outros temas, como por exemplo: bioterrorismo, imigração, oncologia, ordens de não reanimar, num total de 110 novos verbetes. Um dos pontos de relevância nessa edição é o pluralismo e o discurso público, e o pós-humanismo. A Bioética sempre foi se aprimorando no diálogo com diferentes tradições e com a esfera pública. Esse passo de abertura fez que a terceira edição tratasse de temas como trans-humanismo e pós-humanismo, cibernética, clonagem, dignidade humana, embrião e feto, pesquisa com células-tronco embrionárias, nanotecnologia, intervenções antienvelhecimento. Para os pós-humanistas, a natureza humana é mais um obstáculo que pode ser superado criando um pós-humano com mais poder e habilidades, o que, para L. Pessini, é uma ação pretensiosa, arrogante, por desconsiderar a dignidade humana natural.

A Associação Internacional de Bioética (IAB) hoje é a entidade de maior representação na área. Foi fundada em 1992 e já tinha organizado até então oito congressos mundiais: 1992 – Amsterdã, Holanda; 1994 – Buenos Aires, Argentina; 1996 – São Francisco, EUA; 1998 – Tóquio, Japão; 2000 – Londres, Inglaterra; 2002 – Brasília, Brasil; 2004 – Sidney, Austrália; 2006 – Pequim, China. Nos últimos congressos, muitos temas vêm fazendo crescer a reflexão sociopolítica da Bioética, especialmente os congressos de Brasília e Sidney. Destacam-se alguns temas como: saúde da população, saúde pública, a pesquisa multinacional e globalização, a tensão entre autonomia do indivíduo e a abordagem comunitária, os temas em torno aos direitos humanos, justiça social e global, a pobreza mundial.

L. Pessini finaliza lembrando que a Bioética tem grandes desafios, mas destaca três: 1) A paz no mundo; 2) A luta contra a pobreza; 3) O cuidado com o meio ambiente. Os três desafios estão interligados, pois, se não combatemos a pobreza, são inúteis as medidas ecológicas e muito menos conseguimos a paz. Desse modo, a Bioética ocupa-se de todos os problemas éticos do cuidado da vida e da saúde e tem na sua agenda um compromisso de enfrentar os desafios emergentes sinalizando prioridades para o futuro[520].

### 5.3.7 Ética Teológica e Ética Mundial – 2005

O XXIX ENSBTM e o VI CLATM foram realizados em São Paulo entre os dias 12 e 16 de dezembro. O 29TG teve como foco: "Ética teológica e ética mundial: perspectivas de contribuição". Os TEs abordados foram os seguintes: 1) "Ética Teo-

---

518 Ibid., p. 38.

519 REICH Warren Thomas. (Editor-in-Chief). *Encyclopedia of Bioethics*. New York: Macmillan Library Reference, 1995², v.1, p. XXI apud PESSINI, L. "Bioética: das origens aos desafios contemporâneos", p. 40-41.

520 Cf. PESSINI, L. "Bioética: das origens aos desafios contemporâneos", p. 60.

lógica e Ética Mundial: perspectivas de contribuição", Dom José Benedito Simão; 2) "Mundialização: fenômeno e alcance", L. Wanderley[521]; 3) "A mundialização considerada a partir da América Latina", L. Bógus e N. Ribeiro Júnior; 4) "O desafio Ético da pluralidade: conflito de certezas", M. Oliveira[522]; 5) "A pluralidade no contexto latino-americano", M. Millen e F. dos Anjos[523]; 6) "Ética Teológica cristã: capacidades e limitações", I. Vargas; 7) "Contribuições da reflexão latino-americana para a elaboração da Ética Teológica cristã", R. Junges e N. Agostini[524].

**Articulação dos principais argumentos dos Mediadores**

Neste encontro, M. Oliveira desenvolveu o tema: "Desafio ético da pluralidade: conflito de certezas", porém, na publicação, o tema vem um pouco diferenciado: "A ética na tensão entre absolutismo e relativismo". Sua reflexão começa com a tensão entre o particularismo e o universalismo numa sociedade pluralista e globalizada. No mundo histórico, com configurações culturais bem específicas, o homem constrói a sua ética. Algumas regras são implícitas e não estão manifestadas nas normas e nos valores externos, organizando seu agir em regras comuns que partem dos campos básicos da existência e determinam um *ethos*.

Entre os gregos, a ética surge de comunidades pequenas com relações humanas próximas e recíprocas. Com as novas tecnologias, tudo se alargou em nível planetário, trazendo uma nova relação de responsabilidade. M. Oliveira cita H. Jonas, o qual mostra a diferença entre éticas antigas e modernas: a tecnologia potencializou o ser humano com a capacidade de produzir danos irreparáveis à natureza e a si mesmo. A ação humana teve sua natureza modificada, de modo que a relação do ser humano com a natureza fez emergir uma responsabilidade, sem a qual se cria um abismo entre a manipulação técnica e os preceitos éticos. Para M. Oliveira, a tecnologia unida à genética traz à tona um dos temas mais acirrados, pois nele pode-se efetivar um velho sonho: "a aspiração à planificação e a produção da vida humana em laboratório"[525].

Com a tecnologia, houve um crescimento do bem-estar e do consumo, o que estimulou uma mudança no meio ambiente, o qual tem seus recursos limitados. O contrassenso dessa situação é que o ser humano, capaz de manipular tudo, não consegue pôr um fim a esse processo tão nocivo a si mesmo e à natureza. Desse modo, o homem tem hoje em suas mãos a capacidade técnica para sua autodestruição. Procurando explicar o sentido mais profundo dessa crise, M. Oliveira analisa a questão do capitalismo e seu discurso de globalização. O momento atual se configura como um sistema de mercado que se consolida em todas as bases mundiais e comanda o processo econômico, de modo que é o único mecanismo capaz de manter a socieda-

---

[521] WANDERLEY, Luiz Eduardo W. "A questão social no contexto da globalização: o caso latino-americano e caribenho". In: CASTEL, Robert; WANDERLEY, Luiz Eduardo W.; BELFIORE-WANDERLEY, Mariangela. *Desigualdade e a questão social*. São Paulo: EDUC, 2007², p. 51-162; WANDERLEY, Luiz Eduardo W. "Globalização, religiões, justiça social: metamorfoses e desafios". In: SANCHEZ, Wagner Lopes (Org.). *Cristianismo na América Latina e no Caribe*: trajetórias, diagnósticos, prospectivas. São Paulo: Paulinas, 2003, p. 212-233.

[522] OLIVEIRA, M. A. "A Ética na tensão entre absolutismo e relativismo". In: TRASFERETTI, J. A.; ZACHARIAS, R. (Orgs.). *Ser e comunicar*: ética e comunicação. Aparecida: Santuário, São Paulo: SBTM: Centro Universitário São Camilo, 2008b, p. 77-120.

[523] ANJOS, M. F. dos. "Teologia Moral e pluralidade no contexto latino-americano". In: TRASFERETTI J. A.; ZACHARIAS R. (Orgs.). *Ser e comunicar...*, p. 61-76.

[524] AGOSTINI, N. *Ética cristã e desafios atuais*. Petrópolis: Vozes, 2002, reimpressão 2005.

[525] OLIVEIRA, M. A. "A Ética na tensão entre absolutismo e relativismo", p. 79.

de moderna. Assim, o novo paradigma produtivo baseado na tecnologia da informação trouxe suas consequências: o trabalho reestruturado e o desemprego estrutural, economia globalizada com diminuição da ação do Estado regulador, o abismo entre metas econômicas e fins sociais, abrindo a porta para todo tipo de desrespeito pelos direitos humanos, guerras civis, corrupção, fome, pobreza, subdesenvolvimento econômico, cultural e político, grandes movimentos migratórios. Para M. Oliveira, é um custo muito alto para um crescimento econômico mundial[526].

Na sociedade moderna, o pluralismo ganha força enquanto resposta à perda de uma concepção unitária de normatividade. Modelos alternativos de vida são aprendidos desde a infância e a base social não está mais fundamentada em uma cosmovisão da totalidade, mas de diferentes cosmovisões, em que coexistem as mais diversas tradições culturais, colocando em xeque a coesão dos Estados Nacionais tradicionais. O ciberespaço e a cibercultura criam diferentes produções simbólicas, tornando-se o espaço de memória informativa da sociedade atual, sem território específico, além do físico, além do social, além do cultural.

M. Oliveira utiliza uma expressão de J. Habermas: situacionalização da razão. Ocorre uma inversão hierárquica em relação ao pensamento tradicional. Se antes predominava o universal, o atemporal e o necessário, agora é o particular, o mutável e o contingente que juntos fragmentam a razão em muitas razões e priorizam a heterogeneidade e a diferença como forças de emancipação da existência:

> "Anuncia-se hoje a morte da razão una e universal, e se apregoa o prelúdio de uma nova época em que o pluralismo das múltiplas razões se põe no lugar da razão totalizante da tradição, isto é, passa para o primeiro plano a pluralidade dos subsistemas da razão, simplesmente um sistema justaposto ao outro sem que se possa identificar uma unidade básica entre eles, uma racionalidade capaz de abrangê-los a todos"[527].

Para M. Oliveira, será F. Nietzsche quem vai inaugurar um movimento contra a razão ocidental. A razão tem um poder destruidor da vida real porque tem a pretensão de interpretá-la não a partir dela mesma, mas de uma instância transcendente. A vida contém lutas, dramas e conflitos e deve-se amar a vida com todo o seu lado negativo. Desse modo, as religiões, as metafísicas e o humanismo já não funcionam mais, pois criaram uma civilização técnico-científica que manipula a natureza e os seres humanos, é perversa, dominadora e cínica.

M. Oliveira mostra que uma reação interessante para se analisar é aquela dos comunitaristas, os quais, contra o liberalismo, acreditam que uma norma só será válida e compreendida no seio de práticas histórico-sociais comuns e de culturas específicas com sua língua, sua religião e seu modo de organizar-se em sociedade. Nossas convicções morais nascem dessa base concreta com o pano de fundo da nossa cultura, do nosso contexto social. Por isso, não tem sentido apelar para princípios universalistas, em torno de sujeitos abstratos, fora de suas comunidades concretas, desenraizados. Os comunitaristas criticam essa orientação universalista do liberalismo moderno que não valoriza o princípio de comunidade. Uma resposta para essa visão individualista é uma política do bem comum, em que os fins são partilhados e beneficiam todos os membros de uma sociedade.

Para M. Oliveira, esse contextualismo radical é hoje representado por R. Rorty, que pretende que a humanidade seja curada da metafísica através da filosofia analí-

---

526 Cf. OLIVEIRA, M. A. "A Ética na tensão entre absolutismo e relativismo", p. 82.
527 OLIVEIRA, M. A. "A Ética na tensão entre absolutismo e relativismo", p. 86.

tica. Abandonando a possibilidade de chegar a verdades filosóficas através de argumentos, é necessária uma desconstrução da metafísica, sanando os mal-entendidos que remontam a Platão. Por meio da linguagem, temos acesso ao mundo e é esta a mediação necessária para qualquer saber. "A reviravolta pragmática, na sua versão contextualista, defende a tese de que não pode existir acesso a entidades do mundo fora do processo de entendimento intersubjetivo, linguisticamente mediado, nos mundos vividos das diferentes comunidades históricas"[528]. R. Rorty propõe pensar uma ética sem obrigações universais, sendo solidários nos valores comuns, intersubjetivamente partilhados, a partir de um mesmo pano de fundo, isto é, do contexto histórico e cultural dos quais os sujeitos participam. Desse modo, não há sentido na solidariedade ampla, como, por exemplo, em relação à espécie humana ou a massas miseráveis fora do nosso alcance. M. Oliveira chama a atenção que dessa linha surgem os decisionistas, que acreditam que o acatamento de um conceito moral é decisão do indivíduo e que ele só é portador de direitos enquanto membro de uma comunidade moral, onde pode ser reconhecido com direitos iguais.

M. Oliveira entende que o desafio da ética hoje é fundamentar princípios normativos – tanto em nível individual como Institucional – numa sociedade da globalização. Se, por um lado, faz-se necessária uma ética mais universalista, por outro lado, as enormes diferenças culturais mostram a impossibilidade de uma verdade objetiva. Daí vem a visão cética segundo a qual não se acredita em validade universal. O relativismo ético também se faz presente diante da multiplicidade das concepções éticas nas diferentes culturas, de modo a reconhecer nelas códigos morais válidos, mas de maneira relativa, no contexto ao qual se refere: o que é justo numa cultura pode não ser para outra. O lado radical dessa linha seria o niilismo ético, para o qual não há normas obrigatórias e cada um pode fazer o que quiser. O relativismo moral tornou-se uma espécie de referência das sociedades modernas capaz de ter uma posição de tolerância. Mas se o relativismo moral reconhece que não há princípios de validade universal, então qualquer tentativa de fundamentar posturas normativas universais, como no caso dos direitos humanos, torna-se inválida e arbitrária. O foco do ceticismo e do relativismo é a recusa da dimensão absoluta e incondicionada para a posição das restrições particulares que cada contexto finito estabelece como verdadeiro ou falso, como justo ou injusto[529].

Com a globalização, os fóruns internacionais trazem à tona todos os problemas em grande escala, desde questões como direitos humanos até a concentração dos recursos naturais na mão de poucos – problemas que exigem uma normatividade que seja reconhecida universalmente. O relativismo ético das sociedades liberais põe obstáculos a esse processo de globalização que o momento histórico está exigindo. A determinação cultural, a linguagem distinta, a ética fragmentada sem pretensão de universalidade levantam para a filosofia um dilema decisivo: ou se acata a renúncia de toda postura universalista ou se leva a sério o desafio da historificação que valida universalmente o discurso contingente.

Para M. Oliveira, não podemos abandonar nenhuma das interpretações, pois, diante dos desafios globais, é urgente a retomada do discurso universalista e, ao mesmo tempo, a variedade das situações humanas indica uma ética da particularidade.

A primeira perspectiva, na tentativa de conciliar esses opostos, é a questão da mediação da linguagem. A articulação entre pensamento, linguagem e realidade foi

---

528 Ibid., p. 94.
529 Cf. Oliveira, M. A. "A Ética na tensão entre absolutismo e relativismo", p. 105.

realizada na tradição ocidental como filosofia reflexiva que levou a uma discussão sobre a pretensão de verdade no que se refere à realidade. São condições objetivas, universais, e o nosso falar sobre o real e sua validade não depende de qualquer entidade subjetiva: "o objetivo da reflexão filosófica é exatamente estabelecer que condições objetivas tornam possível que se constitua uma relação entre um símbolo proposicional e algo determinado no mundo"[530].

Se entendermos que essa análise lógica da forma do pensamento fundamenta uma ontologia, como pretende a tradição metafísica, isso exige dois pressupostos: 1) Há diferentes modalidades de discurso. Uma é a declarativa, que asserta o que as coisas são ou não são, e que, no discurso, é possível reconhecer se ela é verdadeira ou falsa; 2) A concepção do caráter essencialmente simbólico do pensamento.

Na conexão entre esses dois pressupostos, tem-se uma ontologia, isto é, não se refere só ao pensamento ou à linguagem, mas a como se estrutura aquilo que se é pensado, como se articulam os entes pensados com suas propriedades essenciais. "Se o mundo pode ser pensado, então o pensamento é capaz de exprimir os traços essenciais da estrutura dos entes do mundo"[531].

As leis da lógica são leis do ser e, em última instância, são também uma ontologia, e constitui, assim, uma esfera universal, pois todo o ser possui esta estrutura do pensar, do falar e do agir. Nesse sentido, M. Oliveira entende a ética como aquela que tem por base um valor ontológico e, sem a mediação da vontade, um valor ontológico não conseguiria assumir um caráter de valor ético. Desse modo, a ética brota da vida, dos contextos humanos e deve perguntar sobre a validade dos princípios que uma comunidade histórica específica se autodetermina. No fundo, M. Oliveira considera que está em jogo, nesse emaranhado de práticas, a efetivação do ser humano como racional e livre e o papel da ética é conduzir a sua autorrealização e plena humanização.

Essa liberdade, porém, não é intimista, voltada para si como liberdade interior, mas, ao contrário, é sempre liberdade na relação com o mundo e com os sujeitos. Ela só se realiza quando se exterioriza na natureza e na sociedade. E para M. Oliveira, essa seria a tarefa ética suprema: construir um mundo cujas relações sociopolíticas superem qualquer tentativa de coisificação, alienação, e reconheçam o ser humano de maneira igualitária com a primazia da liberdade. "Ser homem significa conquistar-se como ser livre, e o caminho para chegar aí é a construção de uma sociedade simétrica que seja síntese da identidade (todos sejam considerados como fins em si mesmos) e da diferença (todos sejam reconhecidos nas diferenças que não destroem a igualdade básica)"[532].

Outro aspecto, já demonstrado em outra conferência, é que a afirmação de que não há princípios universais já é, por si mesma, uma pretensão de universalidade e, assim, faz-se contraditória. Desse modo, universalidade e particularidade não são desassociados, pois na particularidade se encontra universalidade; na multiplicidade, há o uno, e na contingência, o necessário. Assim, o universal é um momento necessário do agir ético, mas não é suficiente, pois necessita efetivar-se através de situações concretas da história humana.

Para M. Oliveira, a ética se realiza através das éticas. Exigem, na situação histórica específica, a criatividade do espírito livre, de modo que é no pluralismo das éticas

---

530 OLIVEIRA, M. A. "A Ética na tensão entre absolutismo e relativismo", p. 109.
531 Ibid., p. 110.
532 OLIVEIRA, M. A. "A Ética na tensão entre absolutismo e relativismo", p. 113.

que se efetiva o universal ético. "Tanto a universalidade (a ética) quanto a historicidade (as éticas) são dimensões essenciais da ação ética que uma decisão concreta humana pressupõe um duplo saber: o saber da ordem universal e o saber da situação histórica, em que normas tornam-se realidade"[533].

F. dos Anjos é o mediador do Tema: "Teologia Moral e pluralidade no contexto latino-americano". Na Teologia Moral, a pluralidade se faz presente nas diferentes realidades vividas no fluxo da história, com sujeitos e faces concretas e, assim, há uma singularidade na pluralidade da América Latina que pode contribuir para a reflexão ética mundial. F. dos Anjos dá um exemplo concreto dessa singularidade no que se refere ao encontro das culturas: ameríndios que na América do Sul registravam 580 línguas faladas, depois se acrescentam os povos africanos da origem cultural Nagô e Bântu, e ainda os povos colonizadores espanhóis e portugueses e um grande contingente imigratório indo-europeu. "Esta situação tão plural sob o ponto de vista étnico tem sido saudada atualmente, diante das recentes conquistas da biogenética, como uma das situações ideais e mais saudáveis do planeta, por sua diversificação de padrões genéticos"[534].

A questão é que essa pluralidade, na América Latina, está marcada pela desigualdade. A colonização estratificou a sociedade em senhores coloniais, simples colonos, escravos e indígenas, de modo que as culturas oprimidas também tiveram suas identidades étnicas suprimidas. As consequências dessa perda se revelam hoje nos termos empobrecidos e excluídos. *Puebla* tenta resgatar essa identidade buscando revelar os rostos desses empobrecidos que foram rotulados como se fosse uma coisa só (cf. *Puebla* 30).

F. dos Anjos retoma o conceito de autonomia em dois sentidos: 1) A autonomia das realidades terrestres que foi proposta pelo Concílio Vaticano II: na América Latina, onde as tradições cristãs estão enraizadas na organização social, esse processo de secularização não é tão simples. Na medida em que o discurso religioso foi relegado à esfera do privado, o espaço público foi marcado pela pluralidade do debate laico; 2) A autonomia associada à individualidade, à subjetividade e às particularidades individuais e grupais como formas de expressão. A América Latina busca a afirmação da consciência das identidades reprimidas como mulheres, negros e populações indígenas.

Outra característica interessante é a pluralidade religiosa latino-americana, em que cresce a cada ano o número de agnósticos, enquanto o cristianismo se divide cada vez mais entre católicos, evangélicos tradicionais e novas confissões de tendência pentecostal. Mas, grupos afro-brasileiros conseguiram incluir seus princípios religiosos no ensino religioso das escolas.

A pluralidade também se faz presente na teologia com diferentes cosmovisões provenientes das diferentes culturas. Os grupos eclesiais representam diferentes experiências de vida e de práxis que vêm influindo nas formulações teológicas.

Enfim, para F. dos Anjos, a pluralidade do contexto latino-americano pode contribuir com um projeto de ética mundial especialmente em três eixos: 1) Partilha na diversidade, isto é, a partilha das chances e condições de vida em busca de justiça e equidade. Baseada na experiência cristã e apostólica das primeiras comunidades, tem uma força evangélica e destaca a luta dos pobres e excluídos; 2) Métodos adequados

---

533 Ibid., p. 119.
534 ANJOS, M. F. dos. "Teologia Moral e pluralidade no contexto latino-americano", p. 64.

que possam incentivar e aproveitar as contribuições da TdL, da teologia feminista, da teologia indígena e afro-ameríndias em busca da reciprocidade e da partilha; 3) Diálogo interativo que possa abranger as fundamentações teóricas e chegue também à moral vivida, que representa a experiência de tantos grupos religiosos.

A Bioética é um exemplo de que é possível um diálogo interdisciplinar em que a Teologia se faz presente e colabora com todas as áreas do conhecimento, exercitando, assim, a saída do seu discurso confessional para se confrontar com outras fundamentações.

F. dos Anjos finaliza sua reflexão dizendo que a pluralidade na América Latina tem uma riqueza incalculável e se deve aproveitar dessa realidade para um diálogo que seja crítico, mas respeitoso para a formulação de uma ética mundial.

### 5.3.8 Ética e a nova condição comunicativa – 2006

O XXX ENSBTM realizou-se em São Paulo entre os dias 11 e 15 de dezembro. O 30TG teve como foco: "Ética e nova condição comunicativa: compreendendo os novos processos comunicativos. Produzindo novas pedagogias éticas". Os TEs foram divididos em três eixos: Eixo político-econômico: 1) "Conjuntura mundial e nova ordem comunicativa", A. Moser[535]; 2) "Novas tecnologias e impacto sociopolítico", J. Puntel[536]; 3) "Liberdade de imprensa, informação e política", C. Roldão, M. Veloso; 4) "Comunicação e Política: dos interesses às intrigas", R. Sierra, F. dos Anjos, R. Santos. Eixo antropológico: 5) "Comunicar e Ser", L. Sá Martino; 6) "Mídia, Religião, Valores", A. Cabral Filho, E. Cabral; 7) "A comunicação na formação da personalidade: perspectivas éticas", R. Junges, J. Konzen, R. Zacharias[537]. Eixo Pedagógico: 8) "Comunicar a Ética", F. Nunes; 9) "A comunicação na pedagogia ética", M. Oliveira Lima, N. Agostini[538]; 10) "Em busca de novas pedagogias éticas", L. Trigo, J. Trasferetti, M. Millen[539]; 11) "Estratégia ética face à linguagem e ao sistema de comunicação", C. Oliveira.

**Articulação dos principais argumentos dos Mediadores**

A. Moser desenvolve o tema da ética e da nova condição comunicativa. A comunicação, que sempre fez parte da vida como processo de interação entre pessoas e grupos, agora vem passando por grandes transformações. Há uma nova cultura comunicativa gerada especialmente pela biogenética, biotecnologia e bioinformática. O mundo virtual cruza-se com o mundo real criando uma cibercultura que traz consigo uma nova linguagem.

A. Moser reflete que muitos podem chamar esta etapa da história da cibercultura como uma grande revolução, mas poder-se-ia dizer também que é uma nova condição que vem transformando as ciências e o modo de ver o mundo trazendo uma certa

---

535 Moser, A. "Ética e nova condição comunicativa". In: Trasferetti J. A.; Zacharias, R. (Orgs.). *Ser e comunicar...*, p. 31- 60.

536 Puntel, Joana Terezinha "Comunicação: novas tecnologias e impacto socioeconomico". In: Trasferetti, J. A.; Zacharias, R. (Orgs.). *Ser e comunicar...*, p. 11-30.

537 Junges, J. R. "A nova condição comunicativa e a formação da personalidade: perspectivas éticas". In: Trasferetti, J. A.; Zacharias, R. (Orgs.). *Ser e comunicar...*, p. 151-164; Konzen, João Aloysio. "A comunicação na formação da personalidade". In: Trasferetti, J. A.; Zacharias, R. (Orgs.). *Ser e comunicar...*, p. 165-180.

538 Agostini, N. "Comunicação Social e ética", In: *Communio* 94 (2007) 67-86.

539 Trasferetti, J. "A comunicação e o outro. Um enfoque a partir de E. Lévinas". In: Trasferetti, J. A.; Zacharias, R. (Orgs.). *Ser e comunicar...*, p. 121-150.

sensação de poder. As ciências, historicamente, passaram por uma fase enciclopédica, em que tudo era abordado de uma forma global capaz de fazer um tratado geral de todas as coisas. Mais tarde, com o cientificismo iluminista, foi-se especificando o conhecimento, de modo que o rigor científico exigia uma nítida divisão e separação dos saberes.

Hoje, há uma convergência de informações sobre todas as coisas. Ele cita a biogenética como exemplo. Desde que a filosofia se perguntava como eram formados os seres humanos, passando pelos filósofos do século XVI e XVII, depois pelas experiências do monge agostiniano G. Mendel, a descoberta do DNA em 1953, até o projeto Genoma Humano em 1970, houve todo um processo de compreensão cada vez mais racional das leis da natureza para decifrar os seres vivos. Uma progressiva convergência de vários saberes contribuiu para que esse conhecimento fosse alcançado. Hoje, esse processo é quase que automático.

Quando se fala em biogenética, conecta-se imediatamente aos conhecimentos da biologia, fisiologia, zoologia, enzimologia, virologia, bioquímica, microbiologia, imunologia, genética, biologia celular, biologia molecular, neurociências, física quântica, engenharia elétrica e eletrônica, robótica, ciências da computação e biologia computacional[540].

A questão da teoria e prática na convergência tecnológica tem uma outra dinâmica. Há um processo de retroalimentação que é tão veloz que, em um simples aparelho de celular, se pode ter todas as informações de que necessita. E mais ainda, pode-se interferir porque tudo é interativo. Nesse sentido, para A. Moser, antes a ciência tinha suas fronteiras bem definidas, ao passo que hoje as tecnologias permitem uma mistura de informações e dados que podem ser articulados simultaneamente. Outro fator que impressiona é a nanotecnologia, que levou a ação humana em nível dos átomos e das moléculas criando os poderosos *chips*.

A partir dessas considerações, é necessário analisar as implicações antropológicas e éticas da convergência científica e tecnológica. Para A. Moser, essa nova condição humana passa pela questão da linguagem e semiótica. A linguagem é um conceito complexo traduzido de diversas formas pela Filosofia: 1) Linguagem como metafísica, como representação de um ser existente; 2) Linguagem como lógica, articulação das premissas e conclusão; 3) Linguagem como parte da epistemologia, ressalta certos conhecimentos *a priori*; 4) A linguagem é incapaz de traduzir a verdade total dos seres; 5) Linguagem como análise dos conceitos com diferentes realidades como língua, linguagem, linguística; 6) Linguagem como tradução de ideias, significados, pensamentos e sentimentos; 7) Linguagem como alma da comunicação que possibilita os seres humanos expressarem-se culturalmente[541]. A filosofia da linguagem também se aproximou da biogenética e da bioinformática. Tentando entender a transmissão de informações das mensagens escritas nos genes, o programa genético busca interpretar os códigos de modo que os sinais químicos se tornam mensageiros de novas expressões de vida.

Com a semiótica, a filosofia da linguagem recebeu um outro impulso. F. Saussure diz que a linguagem remete aos sinais, e a sociedade lhes dá sentido e os interpreta. Na dinâmica do significante e do significado, o autor trabalha a questão do emissor e do receptor. C. Peirce julgava que era necessário o interpretante entre

---

540 Cf. Moser, A. "Ética e nova condição comunicativa", p. 37.
541 Cf. Moser, A. "Ética e nova condição comunicativa", p. 41.

o significante e o significado. Já a corrente estruturalista vai dar ênfase aos padrões de linguagem. Enfim, todas as correntes vão acentuar aspectos ligados à linguagem e à comunicação, enquanto a semiótica vai dando mais atenção aos aspectos simbólicos fazendo uma passagem entre o mundo real e o virtual. O mundo virtual passa a ser o caminho pelo qual as ideias, convicções e mitos chegam com intensidade até as pessoas.

Para A. Moser, vivemos a era da comunicação, resultado da pós-industrialização e da pós-modernidade. O autor considera que a comunicação está no centro dos bens produzidos e a distingue em três tipos: comunicação de massa, comunicação de mídia e comunicação digital. A primeira, com características de homogeneização do pensamento e despersonalização dos ouvintes. A segunda, voltada para o gosto dos receptores, mas ainda apresenta um quadro estático. É na comunicação digital que os espectadores passam a se tornar criadores, produtores, difusores. Há uma interação entre os milhões de emitentes de mensagem que podem mudar de papel. O mundo virtual parece não ter limites. Para A. Moser, essa cibercultura toca diretamente a questão da identidade das pessoas, das culturas e das religiões.

A. Moser considera que suas definições de cibercultura não serão mais válidas em pouco tempo exatamente porque é um campo em que tudo flui muito rapidamente. O fato é que essa nova condição de comunicação tem suas questões éticas e antropológicas.

Com todas essas mudanças de linguagem e de comunicação, passamos de um contexto sociocultural em que as pessoas tinham uma identidade padrão que as definiam perante a sociedade: professor, médico, sacerdote, pai, mãe, e assim por diante, para um contexto, como vemos hoje, em que uma pessoa pode exercer muitas funções, sem identidades fixas e definitivas.

Três fatores impulsionaram essa condição antropológica: 1) A biogenética; 2) A neurociência; 3) A digitalização. As duas primeiras são capazes de invadir os mecanismos mais secretos da vida e podem interferir, manipular e transformar a identidade humana, enquanto a digitalização cria uma cibercultura como um modo de vida.

Muitas culturas passaram séculos e séculos preservando sua identidade, como, por exemplo, as indígenas e as orientais. Com a Revolução Industrial, ocorre uma grande mudança cultural com a chegada das máquinas substituindo os homens. Hoje a globalização vem configurando uma sociedade cuja identidade é ditada pelas culturas dominantes. "Novas relações estabelecidas no ciberespaço que não conhece nenhuma fronteira, criam continuamente novas identidades, constituídas não mais pela etnia ou pelo sangue, mas por conexões próprias da internet"[542].

A. Moser finaliza seu ensaio com uma dose de otimismo, apesar de não esconder o medo de que esta confusão das linguagens seja uma nova Babel, em termos de valores. Mas admite que a comunicação sempre foi um sinal de Deus, que é a comunicação e comunhão por excelência.

J. Puntel, jornalista, brasileira, é mediadora do tema: "Comunicação: novas tecnologias e impacto socioeconômico".

J. Puntel inicia sua reflexão apresentando algumas dimensões socioculturais da comunicação, que articula a sociedade e toca as esferas da cultura e da ética. O universo da comunicação, com novas técnicas operativas, foi progressivamente aperfeiçoando-se e abrindo cada vez mais espaço para o chamado ciberespaço em in-

---

542 MOSER, A. "Ética e nova condição comunicativa", p. 53.

terconexão mundial. Podemos considerar que se trata de uma nova cultura, a cultura midiática com uma nova organização de vida coletiva e pessoal.

A preparação técnica na área da comunicação exige formação e atualização constantes, mas esse não é o ponto principal. Não basta saber usar os novos recursos, por mais sofisticados que sejam, mas é necessário competência e prudência na discussão e reflexão sobre as implicações éticas da comunicação social, em que sejam colocadas em relevo as responsabilidades, especialmente socioeclesial, diante dos desafios de um mundo conectado.

Para J. Puntel, trata-se de estabelecer eixos que possam nortear a prática pastoral e social. É preciso estar atentos também para combater qualquer tipo de tirania do determinismo tecnológico e social.

No que se refere à dimensão econômica, vemos um grande fluxo de fusões, alianças e aquisições de controle entre as empresas de comunicação para concentrar o poder e a riqueza da mídia entre um número pequeno de empresas. Isso traz como consequência novos padrões de exigência no mercado e mistura informação, multimídia e produção de entretenimento sob um único teto.

Essas novas tentativas de dominação levam a uma exploração das pessoas, e o que se apresenta como uma tecnologia da liberdade pode oprimir os desinformados. Ninguém pode negar que a infraestrutura das redes tem seus donos, que podem controlar acessos e manipular dados para fins comerciais, ideológicos e políticos.

Assim, as novas tecnologias tornam-se elemento articulador na configuração histórico-social de vida. J. Puntel cita o sociólogo O. Ianni, que utilizou o conceito de "Príncipe eletrônico" para caracterizar o poder das novas tecnologias[543]. Trata-se de uma evolução do conceito do "Príncipe de Maquiavel", do "Moderno Príncipe" de A. Gramsci, e que agora não é mais um líder na figura de uma pessoa, nem na figura de um partido, mas uma entidade nebulosa e ativa, porém invisível. J. Puntel entende que a grande corporação midiática realiza a metamorfose da mercadoria em ideologia, do mercado em democracia e do consumismo em cidadania.

Entretanto, ao mesmo tempo, para J. Puntel, há uma multidão solitária, de anônimos que, bem informados, se reúnem virtualmente, sem risco de se comprometer diretamente com as causas sociais. Por isso, é interessante analisar o quanto a mídia, nas suas articulações sistêmicas, não é neutra e, por isso, pode dinamizar e mudar estruturas sociais, econômicas, políticas e sociais, passando a modelar o comportamento humano.

R. Junges, J. Konzen e R. Zacharias são os mediadores do Tema: "A comunicação na formação da personalidade: perspectivas éticas". Dessa discussão foram elaborados dois ensaios com o mesmo título por R. Junges e J. Konzen, respectivamente.

R. Junges começa analisando o caráter revelacional da moral cristã. Deus se autocomunicou por Jesus Cristo, e nos fez um convite de comunhão com Ele através do Filho no Espírito Santo. Não foi uma imposição de sentenças de verdades, mas uma oferta de sentido para a existência humana.

O ser humano pode dar sua resposta na medida em que busca o que é adequado em cada situação salvífica, tendo a própria pessoa de Jesus Cristo como o caminho. O Espírito Santo, recebido no Batismo, capacita cada cristão a fazer a vontade de Deus através do "discernimento", termo que São Paulo utiliza em muitas cartas (Cf. Rm 2,18; 12,2; Fl 1,10; Ef 5,10).

---

[543] IANNI, Octavio. "O Príncipe eletrônico". In: DOWBOR, Ladislau; IANNI, Octavio; REZENDE, Paulo E.; SILVA, Hélio (Orgs.). *Desafios da comunicação*. Petrópolis: Vozes, 2001, p. 62-76 apud PUNTEL, J. T. "Comunicação: novas tecnologias e impacto socioeconômico", p. 26.

Esse caráter pneumático não significa que o cristão pode dispensar as normas do seu agir. Na Escritura, é preciso ter presente o caráter narrativo das formulações normativas. As normas, desse modo, estão ligadas ao contexto da narração de um fato moral. A consciência foi aprimorando um modo de responder mais adequadamente à vontade de Deus.

As normas surgem como interpretação dessa vontade para um contexto concreto, e não podem substituir o discernimento da consciência. R. Junges esclarece que não se trata dos princípios gerais, mas das normas operativas do agir, isto é, são referenciais do caminho, apontam para valores de determinadas realidades e, desse modo, exercitam o *sensus fidelium* do povo de Deus.

A Igreja deveria levar mais em conta a sensibilidade ética dos fiéis como fonte para formulação da sua mensagem moral, especialmente as questões que dizem respeito a suas vidas, como matrimônio, sexualidade, trabalho, etc. R. Junges aponta o problema da comunicabilidade na mensagem moral. Para ele, de nada adianta propor uma moral que é vazia de significado e não chega ao coração das pessoas. Não se trata só de uma questão de linguagem, mas de captar a experiência significativa das pessoas e sintonizá-las na sua natural ambivalência de valores e desvalores.

Diante da inadequação comunicativa do modelo tradicional da moral, é necessário refletir sobre os paradigmas que definem os quadros referenciais dos discursos éticos. R. Junges considera os três paradigmas da história do pensamento ocidental: 1) O *paradigma do ser*, cujo ponto de referência é a natureza das coisas. Tem como ciência a metafísica e a verdade é entendida como a adequação da mente à coisa. Seus referenciais são Aristóteles e Tomás de Aquino. A moral de conteúdos conduz à felicidade, garantida pela reta razão, explicitada no *ethos* e vivida pela virtude; 2) O *paradigma da consciência*, no qual o ponto de referência é o sujeito. O mundo é configurado pelo sujeito e a crítica ao conhecimento é a ciência mestra. I. Kant é o autor que representa esse paradigma. A moralidade é definida pela autonomia da consciência e a sociedade é organizada pelo contrato social, baseado na lei constituída pela vontade geral; 3) O *paradigma da linguagem* introduz uma perspectiva intersubjetiva. Os referenciais são L. Wittgenstein e C. Peirce com seu giro linguístico como estruturador do pensamento. As ciências da linguagem têm a primazia. A verdade é fruto de um consenso que a comunidade constrói como processo de comunicação. Nessa comunidade, constrói-se uma ética comunicativa, ou ética do discurso, que será compreendida de acordo com os pressupostos ideais e universalmente válidos dessa mesma comunidade[544].

Se a Teologia Moral quiser comunicar algo aos seus contemporâneos, deverá levar em conta o paradigma atual do pensamento, formulando a proposta moral cristã de acordo com a nova condição comunicativa do ser humano, tendo a linguagem como expressão dessa relação. Desse modo, R. Junges propõe a alteridade como fundamento da condição comunicativa do ser humano e da própria ética. O outro é descoberto na própria motivação moral. O outro é aquele que ultrapassa a ideia do outro como eu, e merece o respeito. Assim, eu encontro o outro quando consigo transcender a mim mesmo. E. Lévinas, na sua ideia de alteridade radical, afirma que só o primado da ética pode captar o outro enquanto tal. R. Junges destaca dois ensinamentos precisos de E. Lévinas: 1) A relação ética está na assimetria e não na reciprocidade; 2) A alteridade do outro contesta a lógica identitária.

---

544 R. Junges cita dois grandes representantes dessa linha e suas respectivas obras: Jürgen HABERMAS, *Theorie des Kommunikativen Handelns*. Frankfurt: Suhrkamp, 1992; APEL, Karl-Otto. *Trasformation der Philosophie*. Frankfurt: Suhrkamp, 1981 apud JUNGES, J. R. "A nova condição comunicativa...", p. 160.

Enfim, para R. Junges, "na nova condição comunicativa do ser humano, expressa pela centralidade da linguagem no pensamento e da interação da convivência social, a relação com o outro se torna pedra de toque da moralidade"[545].

Essa nova condição exigirá uma opção fundamental, sempre levando em consideração o outro, de modo que a personalidade se estrutura em uma moral na qual a consciência se deixa interpelar pelo outro, de forma responsável e respeitosa. Assim, não se trata de um respeito às normas em si, mas à responsabilidade que tenho em relação ao outro, isto é, posso relativizar a norma em respeito ao outro, mas nunca relativizar o outro para respeitar a norma. Portanto, educar eticamente é possibilitar que as pessoas possam ter uma opção fundamental formadora da personalidade moral.

J. Konzen considera que, no contexto pluralista em que vivemos, não podemos limitar o nosso discurso só na visão religiosa-cristã, mas elaborar uma proposta moral secular, humana, bem fundamentada em uma antropologia. Desse modo, ele destaca dois pressupostos antropológicos significativos: 1) O ser humano é essencialmente relacional: o surgimento da vida já é fruto de uma relação, por isso o ser humano se realiza na convivência, e desta é que nasce sua consciência moral; 2) O ser humano, por natureza, é sempre sujeito e nunca objeto. Consciente, livre e responsável pelas suas ações, o ser humano distingue-se de todos os demais seres. As relações humanas são intersubjetivas, de sujeito para sujeito e nunca de pessoa para objeto.

Com esses dois pressupostos, devemos pensar uma Ética na mídia, isto é, considerando o destinatário da comunicação como sujeito. A partir disso, J. Konzen faz alguns questionamentos: 1) A publicidade comercial é geralmente enganosa e cria necessidades artificiais para promover o consumo e beneficiar empresários anunciantes; 2) O acesso à mídia está restrito a empresas poderosas que têm possibilidade de mantê-las, e, assim, interesses da classe popular nunca têm espaço de discussão na mídia; 3) Na comunicação jornalística, as notícias são selecionadas de acordo com os interesses ideológicos; 4) As programações são sempre cheias de violência, competição e sexo para atrair público, ao passo que os programas educativos não têm incentivos.

Tudo isso exige uma Ética da Comunicação. Para J. Konzen, deve-se começar pela consciência ética dos profissionais, com participação ativa dos agentes de comunicação num esforço de moralização da mídia. A Igreja precisa se preparar melhor para evangelizar neste campo. Naturalmente que não é suficiente pensar somente em um trabalho de consciência dos profissionais, sabendo que os que administram os meios de comunicação fazem parte de uma grande elite neoliberal que rege tudo pelos seus interesses econômicos.

Seria necessário rever a legislação para diminuir esses privilégios. Assim, uma possível moralização da comunicação social passa pela moralização também do modelo socioeconômico vigente. Em vez de um individualismo exacerbado, propõe-se uma dinâmica de cooperação solidária.

J. Konzen afirma que a Igreja deveria propor uma campanha sistemática, com seus organismos e meios disponíveis, para afirmar um modelo de economia a serviço da vida humana, e as empresas de comunicação social deveriam ser capazes de realizar um serviço de esperança por um mundo melhor.

J. Trasferetti, na mesa redonda com o tema: "Em busca de novas pedagogias éticas", apresenta um enfoque de E. Lévinas, abordando o tema do "outro" na comunicação brasileira, de maneira especial em fatos relatados no jornal *Folha de São Paulo*.

---

545 JUNGES, J. R. "A nova condição comunicativa...", p. 163.

O pensamento de E. Lévinas apresenta um novo sentido para o agir moral a partir da responsabilidade e da relação com o outro. Na experiência humana, encontra-se a tessitura do real, sem subterfúgios, a qual deve ser explicitada com pensamento crítico e construtivo. A fenomenologia apresenta-se, assim, como um caminho metodológico que abre fronteiras motivadas pelo desenvolvimento de conceitos.

O homem livre e autônomo se constrói não como um espectador, mas como um protagonista de sua existência, transformando o mundo e a si mesmo. Por isso, o homem não pode viver isolado, porque é sempre relação.

Para E. Lévinas, o homem deve esforçar-se para sair do seu próprio eu, de sua solidão, quebrando o pensamento de representação e de posse, e ir ao encontro do outro, para se realizar na dimensão social. O homem, em E. Lévinas, não está para si mesmo, mas para o outro e para o transcendente.

O homem contemporâneo é vítima do excesso de ser. Isso o sufocou e o mergulhou no anonimato, no *il y a*, isto é, uma existência sem existente, um vazio. É exatamente o homem contemporâneo que perdeu o sentido das coisas e não se comunica mais. É preciso sair desse fechamento, dessa carência de sentido e isso só será possível através da alteridade que nos livra do enclausuramento e nos abre para a transcendência.

Desse ponto, J. Trasferetti apresenta alguns artigos do jornal *Folha de São Paulo*, fazendo uma análise sobre a alteridade em cada um deles. Ele passa por notícias de guerras, de experimentação com seres humanos, de violência nas penitenciárias, sobre obesidade, padrões estéticos e padrões de beleza, sobre o aborto e outros temas relacionados. Toda essa realidade noticiada pelos meios de comunicação pode ser iluminada pela teoria de E. Lévinas sobre a alteridade a partir dos pressupostos anteriormente mencionados.

### 5.3.9 A Moral cristã em tempos de relativismos e fundamentalismos – 2007

O XXXI ENSBTM realizou-se em Aparecida entre os dias 25 e 27 de julho. O 31TG teve como foco: "A moral cristã em tempos de relativismos e fundamentalismos"[546]. Os TEs abordados foram os seguintes: 1) "Para compreender os relativismos e fundamentalismos", M. Vidal[547]; 2) "Propostas éticas em tempos de relativismos e fundamentalismos", M. Vidal[548]; 3) "Argumentação e moral cristã na sociedade secular", M. Vidal[549]; 4) "CELAM – V CONFERÊNCIA: conteúdos éticos e morais", F. dos Anjos; 5) "Desafios éticos do atual contexto científico e tecnológico", M. Vidal[550]; 6) "Sobre a vida cristã no mundo globalizado", M. Vidal[551]; 7) "Para compreender a sexualidade hoje", M. Vidal[552]; 8) "CELAM – V CONFERÊNCIA: significados

---

546 O Tema Geral foi proposto em torno da reflexão que M. Vidal vinha desenvolvendo e neste mesmo ano havia lançado uma produção na qual tratava de todos esses temas: VIDAL, M. *Orientaciones éticas para tiempos inciertos*: entre la Escila del relativismo y la Caribdis del fundamentalismo. Bilbao: Desclée De Brouwer, 2007. Para o português, foi feita uma tradução com um resumo dos principais temas: VIDAL, M. *Moral cristã em tempos de relativismos e fundamentalismos*. Aparecida: Santuário, 2007.

547 Cf. VIDAL, M. *Orientaciones éticas...*, p. 33-58.

548 Cf. Ibid., p. 59-92.

549 Cf. Ibid., p. 93-120.

550 Cf. Ibid., p. 121-142.

551 Cf. Ibid., p. 393-409.

552 Cf. Ibid., p. 263-276.

globais", O. Beozzo[553]; 9) "Critérios éticos cristãos para a vida sexual", M. Vidal[554]; 10) "Segunda união e participação na vida eclesial", M. Vidal[555]; 11) "CELAM – V CONFERÊNCIA: perspectivas para a Teologia Moral", J. Trasferetti.

### Articulação dos principais argumentos dos Mediadores

Como as contribuições de M. Vidal não foram elaboradas exclusivamente para a SBTM, não entraram no critério de Fonte Referencial primária e de análise dos seus conteúdos. Esse Encontro foi significativo para a história da SBTM, pois houve uma grande participação, somando um total de 373 inscritos, dentre os quais estavam pessoas vindas de todo o Brasil e também da América Latina. Esse fato demonstra claramente como a produção de M. Vidal tem um impacto sobra a elaboração da Teologia Moral na América Latina. E, no caso específico desse Encontro, foram tratados de temas polêmicos contidos na obra referencial citada.

### 5.3.10 Entre a exclusão de si e a globalização do todo – 2008

O XXXII ENSBTM realizou-se em São Paulo entre os dias 08 e 11 de dezembro. O 32TG teve como foco: "Entre a exclusão de si e a globalização do todo"[556]. Os TEs abordados foram os seguintes: 1) "Ética do Cuidado: entre a exclusão de si e a globalização do todo", L. Pessini[557]; 2) "O paradigma do cuidado e o reconhecimento do outro", C. Barchifontaine[558]; 3) "O paradigma do cuidado no âmbito da saúde", M. Paes, A. L. de Oliveira, L. Pereira, A. de Sá[559]; 4) "O paradigma do cuidado no âmbito da saúde: desafios ético-morais", J. Munaro, M. Millen, P. Souza, M. Duran[560]; 5) "Ética do Cuidado no Contexto da Criação: cuidando da Terra", A. Moser[561]; 6) "Ética do Cuidado: textos e contextos nas correntes filosóficas atuais", O. Pegoraro, C. César[562]; 7) "Ética do Cuidado: desafios epistemológicos",

---

553 Beozzo, José Oscar. "Aparecida à luz das Conferências do Rio, Medellín, Puebla e Santo Domingo". In: Ameríndia (Org.). *V Conferência de Aparecida*. Renascer de uma esperança. São Paulo: Paulus, 2008, p. 34-48.

554 Cf. Vidal, M. *Orientaciones éticas*..., p. 255-262.

555 Cf. Ibid., p. 321-354.

556 Trasferetti, José Antonio; Zacharias, Ronaldo (Orgs.). *Ser e cuidar*: da ética do cuidado ao cuidado da ética. Aparecida: Santuário, São Paulo: SBTM: Centro Universitário São Camilo, 2010. Os dois mediadores são os organizadores do livro que resultou do XXXII ENSBTM. Também oportunizaram a publicação de outros temas de relevância: Trasferetti, J. A.; Lima, Maria Érica de Oliveira. "Ética do Cuidado: sexualidade, AIDS e idosos", p. 197-214.

557 Pessini, Leo. "Ética do Cuidado: entre a exclusão de si e a globalização do todo". In: Trasferetti, J. A.; Zacharias, R. (Orgs.). *Ser e cuidar*..., p. 17-54.

558 Barchifontaine, C. P. "O paradigma do cuidado e reconhecimento do outro". In: Trasferetti, J. A.; Zacharias, R. (Orgs.). *Ser e cuidar*..., p. 55-78.

559 Sá, Ana Cristina de. "O paradigma do cuidado no âmbito da saúde". In: Trasferetti, J. A.; Zacharias, R. (Orgs.). *Ser e cuidar*..., p. 171-186; Pereira, Luciane Lúcio. "Ética do Cuidado: desafio na formação profissional da saúde". In: Trasferetti, J. A.; Zacharias, R. (Orgs.). *Ser e cuidar*..., p. 149-170.

560 Millen, M. I. C. "O paradigma do cuidado no âmbito da saúde: desafios ético-morais". In: Trasferetti, J. A.; Zacharias, R. (Orgs.). *Ser e cuidar*..., p. 187-196; Duran, Marcos Henrique Coelho. "O paradigma do cuidado no âmbito da saúde: desafios ético-morais em sujeitos portadores de doenças neurológicas adquiridas na infância e que acarretam necessidades especiais". In: Trasferetti, J. A.; Zacharias, R. (Orgs.). *Ser e cuidar*..., p. 215-236.

561 Moser, A. "Cuidado da Terra: ética do cuidado no contexto da criação". In: Trasferetti, J. A.; Zacharias, R. (Orgs.). *Ser e cuidar*..., p. 247-284.

562 Pegoraro, Olinto. "Existência humana é existência cuidadosa". In: Trasferetti, J. A.; Zacharias, R. (Orgs.). *Ser e cuidar*..., p. 89-108; Cesar, Constança Marcondes. "A noção do cuidado em Paul Ricoeur". In: Trasferetti, J. A.; Zacharias, R. (Orgs.). *Ser e cuidar*..., p. 79-88.

R. Manzini, N. Agostini, L. Mattos[563]; 8) "Ética do Cuidado: questões de fronteira", F. dos Anjos[564]; 9) "O cuidado da Ética na pesquisa com seres humanos: o reconhecimento do rosto do outro", W. Hossne[565]; 10) "Perspectivas e Prospectivas para a Teologia Moral", N. Ribeiro Júnior, J. Trasferetti, R. Zacharias.

**Articulação dos principais argumentos dos Mediadores**

L. Pessini é o primeiro mediador do XXXII ENSBTM e desenvolve o tema: "Ética do cuidado: entre a exclusão de si e a globalização do todo". Em sua fala, ele conta uma fábula-mito de Higino (64 a.C – 17 a.C), na qual o Cuidado, Júpiter, a Terra e Saturno se encontram em torno de uma criatura moldada do barro pelo Cuidado. A ela deveria ser dado um nome e este é o motivo de toda a discussão. Ao final, Saturno decidiu que Júpiter receberia de volta o espírito da criatura quando ela morresse, já que foi ele que o soprou sobre a criatura. A Terra receberia o corpo, já que foi ela quem doou o barro. O Cuidado moldou a criatura e, assim, ficaria sob seus cuidados enquanto ela vivesse. Essa criatura recebeu o nome de Homem, que vem de *humus* e significa terra fértil. Essa fábula foi utilizada por M. Heidegger na sua obra "Ser e Tempo". L. Pessini aproveita as imagens e interpretações para mostrar como o mito pode ajudar a comunicar uma mensagem de modo compreensível. Para ele, esse mito transmite a centralidade do cuidado para o ser humano e sua vida.

É importante distinguir os significados do termo "cuidado", ao qual L. Pessini aponta ao menos quatro sentidos no âmbito da saúde: 1) Cuidado como compaixão, isto é, colocar a pessoa que está doente no centro de nossas ações, colocar-se no lugar dessa pessoa, valorizar suas experiências e sintonizar-se com seu estado de saúde; 2) Cuidado como uma ajuda ao outro a realizar o que não pode fazer por si mesmo. É disponibilizar instrumentos e recursos para que a pessoa possa readquirir sua autonomia; 3) Cuidado como confiança, isto é, ajudar e deixar-se ajudar; 4) Cuidado como maximização dos recursos, isto é, colocar todos os procedimentos, pessoais e técnicos, a serviço do enfermo. Quando se coloca em prática essas quatro modalidades, estamos diante do "cuidado integral", que se torna uma obrigação moral dos profissionais da saúde.

L. Pessini faz também uma análise da gestão do cuidado no âmbito da saúde. A área da saúde passa por mudanças e o modelo biomédico do cuidado já não é suficiente para suprir aos novos desafios. Por isso, hoje se fala em um modelo mais holístico, integral, comunitário, menos burocrático, de relação ativa entre paciente e cuidador, de tecnologias complexas. Atualmente, o mercado competitivo faz com que a gestão na área de saúde invista em qualidade. Para L. Pessini, isso significa passar do paradigma mecanicista para o orgânico, isto é, de um sistema rígido, previsível e imutável, para um processo pró-ativo, de participação e colaboração mútua.

Para tanto, é necessário um foco maior sobre aquele que está vulnerável. A palavra deriva do latim *vulnus*, ferida. Vulnerável é aquele que pode ser ferido. Na Bioética, é discutido sobre três perspectivas: 1) A vulnerabilidade como condição humana universal; 2) A vulnerabilidade como característica particular de pessoas e

---

563 Agostini, N. "Ética do cuidado: desafios epistemológicos". In: Trasferetti, J. A.; Zacharias, R. (Orgs.). *Ser e cuidar...*, p. 109-124.

564 Anjos, M. F. dos. "Ética do Cuidado e a questão de fronteiras". In: Trasferetti, J. A.; Zacharias, R. (Orgs.). *Ser e cuidar...*, p. 125-148.

565 Hossne, William Saad. "O cuidado da Ética na pesquisa com seres humanos: o reconhecimento do rosto do outro". In: Trasferetti, J. A.; Zacharias, R. (Orgs.). *Ser e cuidar...*, p. 237-246.

grupos; 3) A vulnerabilidade como princípio ético internacional. Nos três itens, há uma consciência de que toda humanidade deve cuidar dos mais vulneráveis e, assim, garantir o respeito pela dignidade humana nas situações em que autonomia e consentimento se manifestam insuficientes. Segundo as proposições internacionais, quanto maior for a vulnerabilidade, maior deve ser a proteção.

L. Pessini também levanta a questão da tecnociência. Apesar dos avanços científicos, é possível verificar que muitos não têm acesso aos seus benefícios. Os avanços não foram acompanhados com a devida reflexão ética, gerando manipulação e poder. Para uma possível solução desse perigo constante de desrespeito pela dignidade humana, invoca-se o "Princípio de Precaução", isto é, "quando determinadas atividades humanas podem ser cientificamente plausíveis e interessantes, mas provocam danos moralmente inaceitáveis, deve-se agir para evitar ou diminuir tais danos"[566]. Muitas vezes, esses danos podem ser nocivos à vida dos seres humanos e do ambiente para sempre. Se não houver, na pesquisa científica, sabedoria ética e controle social, podemos comprometer a vida das futuras gerações. L. Pessini cita H. Jonas, que refletiu muito sobre esse tema e propôs a "heurística do medo", para evitar um mal possível e elaborar uma ética da esperança. Seu "princípio da responsabilidade" é um imperativo que exige de todos uma mudança de vida em defesa de uma vida autenticamente humana na Terra.

Outro ponto que L. Pessini destaca é o cuidado da dor como um direito humano. Controlar a dor, hoje, é uma responsabilidade ética fundamental em vista da qualidade de vida e da assistência integral ao paciente. Esta é um sinal vital que deve ser monitorado tanto quanto a temperatura, a pressão arterial, a respiração e a frequência cardíaca. L. Pessini vê na omissão ao tratamento da dor uma injustiça e um desrespeito a um direito humano fundamental. Quando essa dor não é tratada adequadamente, a eutanásia torna-se como que uma resposta desesperada para o fim do sofrimento. Sofrimento este que atinge o todo da pessoa. Uma resposta a esse sofrimento seria uma boa relação terapêutica, que, quando bem realizada, tem uma capacidade de cura.

Muitas pessoas não conhecem o significado dos cuidados paliativos e não sabem dos programas hospitalares nessa área. Esse procedimento pode ser mal compreendido. Não se trata de uma suspensão de tratamento para que a pessoa possa morrer mais rápido, mas sim de suspender aqueles considerados fúteis, tornando o tratamento menos invasivo e mais humano.

O cuidado também se faz presente no momento do luto, da morte. Quando a dor da perda e o luto não são bem trabalhados, podem ocasionar traumas e impedir a pessoa de retomar a vida. A morte de um ente querido é uma ruptura que requer um ajustamento. E. Kübler-Ross (1926-2004) atuou muito próximo àqueles que estavam se despedindo da vida e refletiu sobre as fases desse momento único e irrepetível que todos nós devemos enfrentar. L. Pessini traduz em palavras simples as fases que a doutora E. Kübler-Ross considera como quatro sentimentos profundos que são a essência da nossa vida: 1) Obrigado; 2) Desculpe; 3) Eu te amo; 4) Adeus. Expressar esses sentimentos é um dos nossos maiores desafios para aceitar a morte, pois são questões que dizem respeito à vida e precisamos aprender a concluí-las. Mesmo que não seja possível curar, é sempre possível cuidar. L. Pessini lembra também que morrer com dignidade é uma decorrência da qualidade de vida, de uma vida digna, e sabemos muito bem que muitos não têm acesso a esse tipo de vida, mas simplesmente sobrevivem. O direito a uma vida digna vem antes do direito a uma morte digna.

---

566 Pessini, L. "Ética do Cuidado: entre a exclusão de si e a globalização do todo", p. 30.

Hoje, é possível dizer que a tecnologia não solucionou a questão da dor, exatamente porque não se trata só de um problema técnico, mas sim ético, em que estão envolvidas questões de ordem física, psíquica, social e espiritual. O sofrimento comove, inspira respeito e nos conscientiza da nossa fragilidade. A tendência de reduzir as pessoas a um número, a um corpo, deve ser superada com uma visão holística, na qual o ser humano é um todo. Promovendo essa unidade, seremos capazes de humanizar o mundo da saúde com mais sensibilidade e sabedoria.

Por último, L. Pessini faz um breve comentário sobre a Bioética e o cuidado do planeta, abrangendo, assim, a dimensão do cuidado não só para os seres humanos, mas para toda natureza. A Bioética de V. Potter surgiu como a ciência da sobrevivência humana com um sentido macro e ecológico. Nas décadas que se seguiram, privilegiou-se a Bioética clínica ligada à tecnociência na medicina. V. Potter, porém, insiste que uma Bioética global é aquela capaz de cuidar não só das pessoas, mas da terra e dos seres que nela vivem. L. Pessini lembra que essa consciência vem crescendo e muitas iniciativas internacionais procuram responder a esse desafio com amplos debates[567]. É preciso reconhecer que somos uma família humana e uma comunidade terrestre frágil e interdependente com um destino comum. E, nesse sentido, somar forças significa gerar uma sociedade global sustentável, isto é, cuidar da Terra e uns dos outros.

L. Pessini finaliza apresentando três desafios que devem ser enfrentados: 1) Compromisso ético-ecológico; 2) Ciência com consciência e ternura; 3) Reflexão ética consistente. Enfim, para ele, todos devem se empenhar, pois o cuidado é responsabilidade de todos.

C. Barchifontaine trata do tema: "O paradigma do cuidado e o reconhecimento do outro". Diante de uma crise profunda do humanismo, C. Barchifontaine pergunta se é possível passar de uma globalização excludente para uma globalização da solidariedade. Essa sua preocupação o faz refletir sobre a dignidade humana e seus referenciais no mundo globalizado. O ser humano não pode ser entendido como um meio, mas tem um valor na sua própria natureza. Por isso, não pode ser instrumentalizado. Na busca de sua autorrealização pessoal, objeto e razão da dignidade, o homem descobre a si e aos outros por meio da solidariedade ontológica com todos os membros da sua espécie.

O esforço para salvaguardar a vida é o resultado de uma maturidade, fruto de etapas de socialização que todos experimentamos, cujo processo é chegar cada vez mais ao respeito pela dignidade do outro. No âmbito da saúde, esse respeito deve passar por cada consciência até chegar a ser garantida pela Constituição Federal.

A pessoa humana deve ser respeitada. Isso significa entender que o respeito se estende a todas as dimensões da pessoa: física, psíquica, social e espiritual. Dimensões que não são estanques, mas formam um conjunto em que o relacionamento humano é a chave principal. Se fizermos um paralelo com a definição de saúde, teremos que reconhecer a dificuldade latino-americana em estabelecer o respeito à dignidade do homem. A saúde não é só ausência de doença, mas uma "resultante das condições de alimentação, habitação, educação, renda, meio ambiente, trabalho, transporte, lazer, liberdade, acesso e posse da terra e acesso a serviços de saúde"[568].

C. Barchifontaine levanta quatro causas pelas quais ele considera que o povo brasileiro esteja sem saúde: 1) Causas ligadas às condições naturais de vida (clima, água

---

567 Cúpula da Terra (Rio de Janeiro – 1992), Rio+10 em Johanesburgo (África do Sul – 2002), Carta da Terra (Paris – 2000). Cf. Pessini, Leo. "Ética do Cuidado: entre a exclusão de si e a globalização do todo", p. 48-49.

568 Barchifontaine, C. P. "O paradigma do cuidado e reconhecimento do outro", p. 59. Conforme a definição de saúde da VIII Conferência Nacional de Saúde, de 17 a 21 de março de 2006.

e qualidade da terra); 2) Causas ligadas a determinantes estruturais (sociopolíticas e econômicas); 3) Causas ligadas às condições sociais de vida (moradia, higiene, vestuário e alimentação); 4) Causas ligadas a outras condições de vida associadas aos recursos e serviços de cura (atendimento médico e acesso ao medicamento). Em seguida, o autor apresenta como essa falta de saúde fere os princípios Constitucionais do país. Apesar das conquistas como o Sistema Único de Saúde (SUS), o Brasil ainda não vem cumprindo o que está definido na lei[569].

Assim, a noção de dignidade humana não pode ficar só nas linhas da lei, mas deve mobilizar a comunidade humana a alargar ainda mais o seu sentido salvaguardando seus direitos. A humanização da saúde exige o respeito à individualidade e a garantia de um atendimento humanizado, especialmente aos mais vulneráveis. C. Barchifontaine finaliza insistindo que a globalização da solidariedade seria a resposta para uma sociedade mais justa e fraterna.

L. Pereira, doutora em enfermagem, é a mediadora do tema: "Ética do Cuidado: desafio na formação do profissional da saúde". Para ela, é um grande desafio conciliar o avanço científico e tecnológico com o respeito à dignidade humana.

Na profissão de enfermagem, o cuidado concretiza-se de maneira mais direta e profissional. L. Pereira refere-se a estudos apoiados na antropologia, que identificaram padrões culturais que apresentam o cuidado de forma diversificada. São padrões de cuidado que nas diversas culturas serão assimilados com diferentes sentidos.

Se cuidado refere-se ao envolvimento, à preocupação, o oposto é o descaso, a displicência, o que leva à vulnerabilização do outro. Por isso, é necessário resgatar valores como a ética, o respeito e a liberdade. A opção profissional pelo cuidado constitui um modo de ser que traz consigo uma responsabilidade para com o outro. Para L. Pereira, é preciso ir além de uma leitura biológica ou técnico-funcional, e exercitar a percepção de si mesmo e do outro. Naturalmente que é um processo lento, que pode ser investido com maior intensidade no tempo de formação do profissional da saúde. Mas, infelizmente, também no campo da formação dos profissionais, passa a ser norteada pela competitividade, preparação profissional ultraespecializada, fragmentada e pressionada pelas leis do mercado. L. Pereira sugere uma aliança entre a formação técnica e científica e a formação humanista através de um tripé: Bioética, interdisciplinaridade e habilidades comunicativas.

Em relação à Bioética, a autora considera que é uma possibilidade de preparar melhor o profissional nos problemas emergentes da ética da vida. Com sua dimensão mais humanística, a Bioética traria uma visão mais integral do ser humano. O desafio de transformar o paradigma centrado na tecnologia e na fragmentação do conhecimento pode ser superado com métodos que privilegiem o diálogo, tendo em vista casos concretos da vida em sua real complexidade.

Em relação à interdisciplinaridade, a autora refere-se à necessidade de se trabalhar em equipe. Na área da saúde, expressar propósitos comuns, concordar com metas estabelecidas e, acima de tudo, sentir-se responsável pelos resultados são metas de difícil alcance. Os trabalhos em equipe nessa área são complexos e envoltos a suas normas deontológicas que engessam seu modo de atuar. É necessária a busca de uma autonomia e a interdependência. Nesse sentido, a interdisciplinaridade seria

---

569 Artigo 196 da Constituição Federal: "A saúde é direito de todos e dever do Estado, garantido mediante políticas sociais e econômicas que visem a redução do risco de doença e de outros agravos e ao acesso universal e igualitário às ações e serviços para sua promoção, proteção e recuperação", In: BARCHIFONTAINE, C. P. "O paradigma do cuidado e reconhecimento do outro", p. 65-66.

uma possibilidade estruturante na formação do profissional da saúde para superar a fragmentação do conhecimento e buscar uma abordagem mais ampla.

No que se refere ao desenvolvimento das habilidades, a autora considera necessária uma busca de competência interpessoal capaz de desenvolver relações eficazes, conscientes das próprias necessidades e das necessidades dos outros. Sem uma comunicação eficiente, muito se perde na humanização do serviço na área da saúde. Pereira acredita que o desenvolvimento dessas habilidades possibilita o diálogo, construindo relações significativas para a formação da Bioética e sua interdisciplinaridade.

Enfim, L. Pereira propõe uma reabilitação dos profissionais da área da saúde: investir numa educação aberta ao diálogo, à interdisciplinaridade e ao desenvolvimento das habilidades comunicativas, que acreditem numa real transformação da sociedade por meio do respeito à vida e da inalienável dignidade do ser humano.

A. de Sá, doutora em Enfermagem, é a mediadora do tema: "Paradigma do cuidado no âmbito da saúde". Para ele, prestar o cuidado na área da saúde exige uma qualidade, uma competência no agir. Seguindo a referência de uma autora na área da Enfermagem, chamada P. Kurcgant, a mediadora resgata três competências necessárias: saber-saber, saber-fazer e saber-ser[570].

Na primeira competência, está contemplada a questão da base teórico-científica, que faz refletir o serviço de quem está na pesquisa na área da saúde. Quando a teoria se desvincula da realidade, não serve para nada, por isso é necessário pensar em teorizações que realmente visem à melhoria de qualidade de vida das pessoas. Também se deve levar em conta que toda práxis na área da saúde, para ser validada, precisa ser aplicada com o menor risco de dano possível. Isso porque nem sempre o cuidado científico se identifica com o cuidado natural. Seria interessante que o potencial que todos nós temos para nosso autocuidado fosse estimulado nas equipes hospitalares para superarem a visão estritamente técnica. Na área da enfermagem, os métodos de resolução de problema dos indivíduos exigem contínuo *feedback* e o enfermeiro deve planejar suas ações de modo que tenha presente o processo como um todo. Assim, haverá mais segurança teórica e possíveis danos podem ser evitados.

Na segunda competência, do saber-fazer, está contemplada a questão do exercício das habilidades e da eficiência no cuidado. Mediante a consciência e a sensibilidade do profissional da saúde que dedica o cuidado a alguém, o atendimento poderá ser mais rápido e confortável, na medida em que este mesmo profissional maximiza todas as suas habilidades, especialmente porque amanhã poderá ser ele que necessite daquele procedimento. Infelizmente, muitos gestores de instituições de saúde desviam a função da enfermagem para serem gestores de burocracias e isso desqualifica a profissão e os serviços de cuidado.

Na terceira competência, realiza-se, de fato, a humanização no atendimento profissional. É no saber-ser que se expressa uma verdadeira comunicação e uma inteligência intra e interpessoal. A autora reforça, também, a ideia do cuidar de quem cuida. Como não se trata de um trabalho com máquinas, mas com pessoas, é preciso exercitar essa competência entendendo que o outro tem suas crenças, sua identidade e o seu modo de pensar. O contato aberto e desprendido de preconceitos com os pacientes é uma grande lição de vida em que se aprende dialogando e ouvindo. É nesse contato com o outro que se aprende a saber-ser com os outros e consigo mesmo. A fragilidade humana que

---

570 Cf. Kurcgant, Paulina. "As teorias da administração e os serviços da enfermagem". In: Kurcgant, Paulina (Org.). *Administração em Enfermagem*. São Paulo: EPU, 1991, 165-179 apud Sá, A. C. de. "O paradigma do cuidado no âmbito da saúde", p. 171.

se impõe todos os dias nas instituições de saúde faz pensar sobre toda fragilidade humana, não só dos que são cuidados, mas também dos cuidadores.

Para A. de Sá, essas três competências, se desenvolvidas, poderão trazer para os profissionais da saúde eficiência, ética e humanização.

M. Millen desenvolve o tema: "O paradigma do cuidado no âmbito da saúde: desafios ético-morais". Para a autora, assumir o cuidado como modo de ser existencial é um desafio em tempos de pressa excessiva, em que perder tempo é perder dinheiro. Essa mentalidade coloca as pessoas sempre em segundo plano.

Entendendo que o cuidado seria algo natural, um existencial básico, ele não poderia faltar nas relações humanas. Mas, ao contrário, vemos que o mundo carece de cuidado e, assim, entendemos que ele deva ser exercitado, desenvolvido numa perspectiva de maturidade. Também o cuidado está ligado a uma compreensão mais ampla do conceito de saúde. A saúde compreendida como atitude de harmonização que gera sentido à dor, ao sofrimento e à morte. Pelo cuidado e pela saúde, percorremos um caminho em busca de força vital, o que nos capacita a vivermos com mais equilíbrio seja pessoal, seja coletivo.

Para M. Millen, facilitar às pessoas o acesso ao necessário e a uma vida digna, bem como capacitá-las para se organizarem e serem capazes de encontrar aquilo que as humaniza, é a missão que o cuidado na Saúde deve percorrer.

Para isso, M. Millen resgata alguns desafios éticos: 1) Despertar o cuidado adormecido no ser, isto é, saber ouvir o clamor da vida e se deixar afetar pela vida mesma que está em si e no outro; 2) Compaginar cuidado e cura, no sentido de que nem sempre podemos curar, mas sempre podemos cuidar; 3) Compaginar *logos* e *pathos* no sentido de que o conhecimento advém da experiência do *pathos* e revela o lado profundo do nosso ser dando um sentido ao amor, à pessoa e à vida; 4) Recuperar alguns *a priori*: o amor, a ternura, a humildade, a misericórdia, a compaixão, a generosidade e a polidez (boa-educação).

Enfim, para M. Millen, essas premissas permitem que, na saúde, o cuidado seja vivido como convívio e não como conflito. O cuidado reconfigura o nosso *ethos* na expressão do amor. "O modo-de-ser-cuidado é o modo-mesmo-de-ser-amor"[571].

M. Duran aborda o tema: "O paradigma do cuidado no âmbito da saúde: desafios ético-morais em sujeitos portadores de doenças neurológicas adquiridas na infância que acarretam necessidades especiais". A preocupação do autor é construir conceitos adequados do ponto de vista ético e moral, para que as pessoas com deficiência desse porte possam se desenvolver de modo saudável nos âmbitos pessoal e social.

No início de seu ensaio, Duran faz todo um relato técnico do sistema nervoso central e periférico e como acontece o processo de neurodesenvolvimento do ser humano. Depois, aborda os temas da filogenia e ontogenia, para, finalmente, chegar aos aspectos neuropsicológicos que são a base para compreender o tema das doenças neurológicas infantis. Desse modo, ele quis mostrar a complexidade do tema e que este não é só uma questão de tratamento médico, mas envolve o conhecimento psicológico, antropológico e ético.

No caso específico das encefalopatias, M. Duran trata da questão da deficiência mental e da paralisia cerebral especificamente. Deficiência mental é aquela que, devido a um comprometimento no sistema nervoso central, no início da vida, provoca limitações no funcionamento intelectual e das áreas de habilidade. A paralisia

---

[571] MILLEN, M. I. C. "O paradigma do cuidado no âmbito da saúde: desafios ético-morais", p. 195.

cerebral, por sua vez, é considerada uma disfunção neuromotora com distúrbios de movimento e postura, devido a uma lesão cerebral no início da vida.

M. Duran recomenda que, nesses casos, quanto antes se começar uma habilitação, mais as crianças terão chances de desenvolvimento das habilidades que não foram comprometidas, bem como de atenuar as que sofreram lesão. Como essas patologias ocorrem nos primeiros anos de vida, o cuidado terapêutico, médico e educacional serão realizados a médio e longo prazo.

O modelo que se utiliza para essa reabilitação é o biomédico de base cartesiana. A. Flexner (1866-1959), representante da escola médica norte-americana, propôs modificações nas escolas médicas que fossem baseadas na biologia humana e na capacidade técnica apurada. Tendo como base a mecânica de Newton, o cartesianismo e o evolucionismo darwiniano, o modelo flexneriano privilegiou o conhecimento fragmentado, que divide a pessoa em partes cada vez menores para um melhor domínio científico. M. Duran reconhece que esse modelo foi muito útil para a evolução da ciência do corpo humano. Porém, o seu limite está na dissociação entre os aspectos biológico, psicológico e social que constituem o ser humano.

Desse modo, segundo o modelo flexneriano, os cuidados para com as pessoas com deficiência devem passar pela educação formal para uma real inclusão, pois sem letramento não há comunicação, não se acessa a tecnologia. Mas, para as pessoas com deficiência mental e paralisia cerebral, o processo de educação formal é muito complexo, de modo que elas podem ficar em um círculo vicioso sempre excludente. Nesse sentido, M. Duran entende que sem um modelo mais holístico não se faz uma verdadeira inclusão. É necessária uma nova visão sobre nossa percepção de normalidade. Não somos máquinas e não podemos nos limitar a sermos tratados com este tipo de similaridade.

M. Duran argumenta que uma pessoa com deficiência mental ou motora precisa ser tratada na sua singularidade, promovendo suas habilidades e adaptando suas incapacidades no convívio social, e não numa possível "oficina" que o conserte, e depois o restitua na sociedade. Dentre as atividades que proporcionam o desenvolvimento de habilidades, podem ser citadas as de cunho artístico, que mostram excelentes resultados.

M. Duran conclui seu ensaio propondo um modelo que tenha como paradigma a busca do bem-estar bio-psico-social-espiritual das pessoas com deficiência mental e paralisia cerebral. Esse paradigma deve levar em conta essas pessoas em todas as suas dimensões, respeitando sua singularidade, promovendo suas habilidades com a adaptação dos seus limites no âmbito da vida social.

A. Moser aborda o tema: "Cuidando da Terra: ética do cuidado no contexto da criação". Para tanto, desenvolve um ensaio com base em três clamores, três gritos que se fazem ouvir: os da terra, os do cosmos e os da identidade. Ele se refere aos dramas ecológicos que ameaçam a vida em todas as suas formas.

Gritos que brotam da Terra: para o autor, desde a aparição de inúmeras formas de vida, sempre houve choques e conflitos. Também o ser humano sempre foi uma espécie de predador, e A. Moser resume seu crescente poder em três momentos: descoberta do fogo, Revolução Industrial e revolução biotecnológica. É difícil delimitar o exato momento do início de uma consciência dos efeitos da ação do homem sobre o meio ambiente, bem como os primeiros gritos do drama. Foi após os anos de 1970 que as preocupações se popularizaram mais e a "poluição" foi uma primeira palavra que criou impacto de denúncia. Depois vieram outras: desertificação, erosão, esgotamento de matéria-prima, concentrações urbanas, crescimento demográfico, entre outras.

A América Latina começa uma abordagem mais profunda na análise da crise ecológica, não só tratando das consequências, mas questionando os mecanismos de produção capitalista. Procuraram-se caminhos de superação que na exploração da terra traziam consigo a exploração da pessoa e, por isso, o grito da terra foi também o grito dos pobres. É necessária uma conversão profunda para superar a injustiça e fazer emergir uma consciência de responsabilidade social e ecológica. A. Moser fala a respeito de um novo paradigma, acerca da ampliação da consciência sobre os reais problemas que nos afetam. Para ele, a ecologia não pode ser tratada isoladamente, ela está sempre acompanhada de muitos adjetivos: ambiental, cósmica, energética, humana, política, social, econômica, urbana, industrial, agrária, profunda, transpessoal[572].

O segundo grito brota do cosmos. Três interpretações predominam nessa área: antropocêntrica, biocêntrica e social dialética. Na primeira, o ser humano está destinado a ser senhor da criação, podendo explorar tudo ao seu dispor. É uma interpretação de origem teológica, mas, quando radical, pode levar também a um ateísmo prático. Na segunda interpretação, chamada biocêntrica, cada ser tem sua razão de ser e sua autonomia. E a terceira é a social dialética, em que a conflitividade é um componente do dinamismo da criação e o papel do ser humano é administrar esse caos. A. Moser, porém, considera que os gritos do cosmos são de alerta. Uma cosmovisão ecológica nos revela que a Terra é constituída de milhares de manifestações de vida que estão interligadas. Sabemos também que a Terra não passa de um minúsculo ponto que navega num oceano de milhares de outras galáxias. É preciso, pois, que o ser humano se coloque no seu devido lugar.

O terceiro grito é o da identidade face às ameaças do biopoder. Desde o projeto Genoma Humano, desenvolvido na década de 1990, até as últimas conquistas das biotecnologias, vemos um progresso científico que traz consigo muitos interesses. O impacto da biogenética e das biotecnologias na identidade dos seres nos fez pensar sobre nossa capacidade de manipulação e de interferência sobre a natureza. Desse modo, vem um grito da intimidade dos seres, lá onde o domínio fascina e atemoriza.

A. Moser posiciona-se diante de tantas manifestações da ecologia, alertando que elas não podem ser nem sentimentais demais e nem muito românticas. É preciso tratá--las de maneira plural e complexa, pois envolvem as áreas da economia, política, sociedade, religião, concepções antropológicas e éticas. O biopoder é uma realidade que se impõe diante do encontro do homem com sua própria potencialidade, o macro e o microcosmo. Segundo A. Moser, "é na perda de consciência de ser criatura que localiza a raiz mais profunda do espírito de dominação"[573], manifestando-se como exploração desordenada dos recursos naturais e interferência na identidade dos seres em vista de lucratividade. Diante dessa ameaça, A. Moser propõe uma Teologia da Criação que resgate a responsabilidade do homem diante da criação e que possa utilizar a mesma tecnologia que destrói para se resgatar o equilíbrio perdido. Uma ação que vise contribuir para um novo relacionamento dos seres humanos entre si e com o universo, e que com sabedoria possa administrar os bens que lhe foram confiados pelo seu Criador.

Constança T. César aborda o tema: "A noção do cuidado em Paul Ricoeur". Ela parte dos temas da simpatia e da ética do respeito como necessários para que a mera descrição fenomenológica do outro não seja decepcionante[574]. O outro é uma pre-

---

572 Cf. Moser, A. "Cuidado da Terra: ética do cuidado no contexto da criação", p. 253-254.

573 Moser, A. "Cuidado da Terra: ética do cuidado no contexto da criação", p. 263.

574 A autora parte do seguinte artigo: Ricoeur, Paul. "Sympatie et respect". In: *Revue de Métaphysique et de morale* 59 (1954) 380-397 apud Cesar, C. M. "A noção do cuidado em Paul Ricoeur", p. 79.

sença no mundo, e é preciso reconhecê-lo como pessoa distinta das coisas. Para P. Ricoeur, a atitude comum entre as pessoas não é a simpatia ou a compaixão, mas o conflito. Por isso, diferente de E. Husserl, que propunha a analogia da alteridade, em que o outro se torna um outro eu, P. Ricoeur entende que há uma oposição das consciências e a simpatia entendida como atitude meramente afetiva não alcança a radical alteridade dos sujeitos. Assim, retomando I. Kant, P. Ricoeur vai recuperar a noção de simpatia como cuidado e afeto no âmbito do respeito ao outro. I. Kant é retomado no sentido de ter posto em evidência a alteridade associada à pessoa, ao dever, ao reconhecimento, como existência de valor. A lei que rege a relação entre os sujeitos é de respeito recíproco, superando a simpatia afetiva e o ódio ilimitado. Portanto, para P. Ricoeur, a simpatia como respeito ao outro integra não só a benevolência, mas a dramaticidade dos conflitos entre sujeitos. P. Ricoeur, porém, tenta superar o caráter formal da obrigação e do dever, evidenciando a exigência de conciliar a vida concreta na história, na simpatia e no conflito.

Desse modo, o primeiro sentido do cuidado, em P. Ricoeur, está ligado à noção de respeito, em que a simpatia e o reconhecimento do outro são fatores que se entrelaçam para superar os conflitos. O segundo sentido do cuidado é a solicitude. Nas relações interpessoais, é a estima do outro, distinto de nós. É a busca da justiça, da amizade, da reciprocidade, da superação da violência e, enfim, é quando se reconhece o caráter insubstituível do outro enquanto pessoa. Para P. Ricoeur, cuidar é não instrumentalizar a pessoa humana.

O terceiro sentido do cuidado está no exame da noção de reconhecimento. Assim como se fala da estima de si e estima do outro, há um reconhecimento de si e um reconhecimento do outro. Quando desvendamos nossas próprias capacidades, é um modo de permanecer si mesmo, fidelidade a si e cuidado consigo, mas esse pode se defrontar com a ameaça de não ser reconhecido em virtude da pluralidade dos sujeitos humanos. Desse modo, para P. Ricoeur, reconhecimento do outro é superar a dissimetria e passar à reciprocidade. Em E. Husserl, o outro por analogia é um "outro eu", é possível uma reciprocidade para formar uma comunidade de sujeitos que se compreendem. Em E. Lévinas, a exterioridade do outro se impõe a nós e se deve buscar a reciprocidade entre desiguais por meio da justiça. P. Ricoeur retoma em sua reflexão os obstáculos apontados por T. Hobbes à realização da reciprocidade: 1) A procura do benefício próprio; 2) A segurança, à custa da desconfiança do outro; 3) A glória na busca de reputação. Diante disso, P. Ricoeur procura um caminho que possa afirmar a reciprocidade por meio da noção do sujeito de direito. É no plano social, na ideia mesma de direito, que se garante a reciprocidade. O cuidado traduz-se, assim, como busca de paz.

Portanto, em P. Ricoeur, o cuidado está intrinsecamente ligado às noções de respeito, estima, solicitude, reconhecimento de si e do outro. O cuidado exige uma luta contínua em superar o ódio, o conflito, o desconhecimento por meio do amor e da justiça como condições para que a humanidade possa se realizar na reciprocidade social.

O mediador O. Pegoraro aborda o tema: "Existência humana é existência cuidadosa". Para ele, a cultura ocidental criou três concepções de homem: 1) Um ser racional (gregos); 2) Um ser racional com fé (judaísmo-cristão); 3) Um ser racional cuidadoso do mundo (contemporaneidade).

A fenomenologia trouxe o discurso filosófico para o mundo da existência, diferente do movimento anterior no qual predominava o mundo metafísico, a essência, os princípios últimos da ética e a constituição subjetiva do homem. Agora, a filosofia centra-se na existência. O homem existe, acontece, é tecido e gestado na história e na relação com o mundo se constrói ou se destrói. Esse existente, cercado de mundo, é capaz de compreender e amarrar as coisas. A filosofia é isso, amarrar as coisas entre si e dar a elas um sentido, pois em si mesmas não têm nenhum sentido intrínseco. A natureza produziu uma única espécie inteligente com uma tríplice função: 1) Autogoverno humano por meio da ética e da política; 2) A administração da natureza por meio da ciência; 3) A condução da história humana por meio da sabedoria. A essa tríplice função do homem a fenomenologia chamou de Cuidado, termo este que nunca teve peso na filosofia. Foi M. Heidegger que deu a devida importância a ele. Ele "quis mostrar que todas as estruturas ontológicas do *Dasein* (ou existência humana) encontram seu centro de unificação no cuidado (*sorge*)"[575].

Para O. Pegoraro, o movimento feminista americano serviu-se da fenomenologia do cuidado para sua teoria ética na área da saúde. Para as feministas, as mulheres atuantes na área da saúde são cuidadosas com os pacientes e esse cuidado é um componente fundamental para a cura de muitas enfermidades. Enfim, o enfermo, fragilizado na sua existência, merece especial cuidado.

O. Pegoraro destaca três aspectos do cuidado: o sentido comum, o mitológico e o ontológico. O primeiro refere-se ao cuidado como um zelo, uma dedicação, um carinho. O exemplo clássico é o da mãe para com o filhinho recém-nascido. Mas, também, se resgata a ideia do cuidado com o meio ambiente, cuja voz de maior respeito é de H. Jonas, que defende a responsabilidade como um imperativo ao único ser inteligente em relação ao resto da natureza. No entanto, há vozes discordantes como a de P. Singer, que critica o especismo no qual a espécie humana é o topo da escala ética. Para ele, não se tem premissas suficientes para criar uma ética global na qual todas as espécies e a natureza tenham um lugar de dignidade. No que se refere ao aspecto mitológico do cuidado, já nos referimos aqui, na exposição do primeiro mediador, ao mito da deusa Cura, Júpiter, Tellus e Saturno. Na interpretação de M. Heidegger, tudo gira em torno do tempo em que os atores se submetem à arbitragem do deus Saturno. "Assim, as estruturas do *Dasein*, como o ser-no-mundo, ser-com-os-outros, ser-possível, ser-cuidadoso, ser-para-a-morte, se radicam na temporalidade"[576]. No que se refere ao terceiro aspecto do cuidado, O. Pegoraro analisa o sentido ontológico. A primeira questão é que o *Dasein* antecipa, aqui e agora, o que poderá acontecer num futuro próximo ou remoto. Pode-se dar o exemplo da jovem que tem possibilidade real de ser mãe no futuro, ela faz vir-a-si a alegria de ser mãe, porque ela já tem essa possibilidade em seu *Dasein*. A essa antecipação M. Heidegger dá o nome de por-vir (zu-Kunft). Esta é a verdadeira condição existencial do ser humano: uma existência aberta às suas possibilidades. A mesma dinâmica pode ser compreendida em relação ao *Dasein* como ser-passado (*ich bin gewesen*), isto é, sou um passado que agora está avançando para o futuro. Em relação ao presente não é uma realidade estática como um prédio que vejo a minha frente, mas é uma presentificação: traz à presença o ter-sido e o por-vir. No sentido ontológico, a temporalidade é onde acontece o *Dasein*, o meu ter-sido e o meu por-vir:

> "A existência no modo da autenticidade que assume decididamente a antecipação de sua finitude, como ser-para-a-morte e se assume como ter-sido. Oposto é o fenômeno de existência inautêntica, como um mero ente no meio dos outros, tagarelando e

---

575 PEGORARO, O. "Existência humana é existência cuidadosa", p. 91.

576 Ibid., p. 97.

vivendo num anonimato indiferente, sem projeto. No primeiro, temos o Dasein como senhor de si e no segundo, o Dasein como escravo do tempo ordinário"[577].

A compreensão do tempo originário nos revela que somos e existimos finitamente, diferente da dimensão do tempo ordinário que se limita à sequência temporal. Nossa finitude ontológica é uma realidade que nem a filosofia, nem ciência, nem a ética podem apagar, pois se trata de um conceito metafísico que nem as ciências físicas e biológicas conseguem ter acesso.

O. Pegoraro, ao final de seu ensaio, retoma a ideia inicial das três grandes maneiras de entender a existência humana: a grega, a judaico-cristã e a contemporânea. Na primeira, o legado de Platão e Aristóteles com o foco na racionalidade sobre a qual construíram a ética e a política. O cristianismo, por sua vez, adotou ambas visões com o legado de Santo Agostinho e Santo Tomás. E na terceira, O. Pegoraro considera a fenomenologia como a grande concepção do ser humano, tendo como M. Heidegger seu representante mais qualificado. O. Pegoraro entende que o modelo fenomenológico é o mais adequado hoje para analisar os problemas relacionados à física, à biotecnologia, à biologia humana, à ética dos animais, e éticas aplicadas. Para O. Pegoraro, os modelos metafísicos greco-medievais têm pouco impacto sobre os problemas levantados pelas ciências. O autor considera que a fenomenologia instalou o ser humano como o único ente encarregado de zelar pela sua existência, pela natureza e pela história e, por isso, a ética fenomenológica tem que descobrir caminhos de comportamento que unam a natureza, os progressos técnicos científicos e a história humana.

N. Agostini trabalha o tema: "Ética do Cuidado: desafios epistemológicos". N. Agostini entende o Cuidado pela vida como uma questão ligada ao *ethos*, com uma raiz profunda nas bases de uma sociedade. Dessa raiz o ser humano manifesta sua identidade enquanto relação e comunhão. O Cuidado garante uma vida de relações fundamentais, consigo, com os outros, com a criação e com a transcendência.

Estamos enraizados no *ethos*, que tem suas marcas na história e na cultura. Para N. Agostini, ele exerce uma função de arqueologia social em que muitas evidências primitivas compõem o quadro da identidade primeira e original. Também no que se refere à ética, ele surge como uma instância que permite avaliar as circunstâncias, permitindo gerar estratégias de ação. Desse modo, os costumes, as normas morais e a ordem positiva do direito estão estreitamente ligados ao *ethos* e são explicados por ele, adquirindo, assim, uma identidade cultural.

Em contraste com a tendência natural do homem que o impele ao encontro dos outros, o individualismo vem sendo angustiante no cenário atual. Mesmo que nos organizemos em sociedade, onde há tantas possibilidades de partilha da vida humana, o individualismo impõe-se com a força do isolamento. Quando desaparece essa interação social, que é própria da comunidade, esquemas tipificadores criam o anonimato. A comunidade é o espaço privilegiado onde o indivíduo emerge como pessoa. É o lugar de descoberta, criação, conscientização e conversão. N. Agostini vê na Trindade a causa principal da alegria de viver em comunidade. A Trindade, sem eliminar a particularidade, é um todo em comunhão e reciprocidade. A Trindade não é fechada e se expande em todo o criado e convida a pessoa humana a participar dessa comunhão transbordante, e o ser humano, criado à imagem de Deus, sente-se chamado a viver essa comunhão.

---

[577] HEIDEGGER, M. *Ser e tempo*. Parte II. Petrópolis: Vozes, 1998, p. 137 apud PEGORARO, O. "Existência humana é existência cuidadosa", p. 101.

Quando falamos do Cuidado, é importante ressaltar a questão da acolhida. O Cuidado vem sendo compreendido como uma categoria-chave na relação dos seres humanos com a natureza. Para N. Agostini, seria retomar uma fenomenologia do Cuidado, entendendo-o como ele se realiza e se desvela em nós mesmos. Não só temos Cuidado, mas somos Cuidado. É uma constituição ontológica com uma essência e uma estrutura que determina a prática. No que se refere à saúde e sua humanização, o Cuidado é um imperativo para a profunda crise de humanismo. Agostini refere-se às graves situações no ambiente hospitalar em que as pessoas são instrumentalizadas, desrespeitadas e, muitas vezes, tornam-se cobaias de pesquisa. O autor defende a implantação de uma política de assistência e cuidado que respeite a dignidade do ser humano doente.

No cristianismo, o Cuidado assumiu um ministério que se desenvolveu na história como "a cura das almas". Cura é um sinônimo de Cuidado. Hoje se deve pensar em um ministério da acolhida, assim como São Paulo fala de um serviço de solidariedade aberto a todos (cf. 1Ts 3,12). O próprio Cristo não veio para ser servido, mas para servir e dar a sua vida em resgate de muitos (cf. Mc 10,45).

N. Agostini entende que uma ética do cuidado se pauta necessariamente no diálogo com o outro. Assim como o Concílio Vaticano II preferiu o remédio da misericórdia ao da severidade, é necessário resgatar essa misericórdia como um componente essencial do *ethos* do Evangelho. E. Lévinas, na linha da alteridade, resgata o sentido da compaixão como fazer a experiência de quem sofre. A alteridade nos coloca face a face com o outro, e desse encontro irrompe projetos de justiça e transformação social. A aceitação do outro implica um compromisso-obrigação e, para N. Agostini, "deixar que o outro se mostre e me interpele é entrar na dinâmica da epifania do Outro divino, o Deus criador"[578].

F. dos Anjos apresenta seu ensaio com o tema: "Ética do Cuidado e a questão das fronteiras". Sua abordagem se dá em termos antropológicos, focando as fronteiras dos sujeitos envolvidos pela ética do cuidado em tempos tecnocientíficos.

O termo fronteira, normalmente usado para espaços físicos e geográficos, é também utilizado para expressar limites existenciais, antropológicos e éticos, enfim, como fronteiras do ser. A filosofia trabalhou em termos de finito e infinito, perfeito e imperfeito, limitado e ilimitado. Assim, as fronteiras têm um papel na configuração do ser, na afirmação de sua identidade. Em relação ao cuidado, a fronteira está ligada à afirmação da identidade dos seres humanos.

A fragilidade humana, nas experiências de doença e morte, é expressão da finitude da condição humana, de modo que o cuidado se faz presente quando o limite se torna limitação. Quem aprofunda o tema é P. Ricoeur[579], que assume a fragilidade humana no seu sentido ético mais profundo, entendendo que o conflito do homem se dá internamente quando há uma não-coincidência do homem consigo mesmo. Paulo apóstolo já expressava essa experiência (cf. Rm 7,18-19). Dessa conflitividade falou Agostinho e I. Kant, e a Filosofia e a Teologia continuam a perscrutar esse tema. Mas, de maneira geral, se fala da experiência de conflito e de fronteira como um crescimento existencial. O cristianismo, por exemplo, é proposto em forma de discipulado, que significa aprendizado. Uma fé que faz lidar com os limites, mas, ao mesmo tempo, uma fé que abre para possibilidades. P. Ricoeur refere-se a esse sentido de possibilidade, quando o homem se mostra capaz de ultrapassar seus próprios limites afirmando sua liberdade.

---

578 AGOSTINI, N. "Ética do cuidado: desafios epistemológicos", p. 121.

579 Cf. RICOEUR, Paul. *Philosophie de la volonté*. v. 1-2. Paris: Aubier-Montaigne, 1963 apud ANJOS, M. F. dos. "Ética do Cuidado e a questão de fronteiras", p. 128.

Na ética do cuidado, a questão das fronteiras está ligada à experiência de limitação e finitude expressas na doença, na dor, no sofrimento. Para F. dos Anjos, esse limite evidencia uma necessidade espiritual não no sentido estritamente religioso, mas na necessidade de uma reelaboração da própria existência. Nesse sentido, é importante compreender, na ética do cuidado, que a fronteira é também o limiar da relação com o outro, implica necessariamente relações, de tal modo que as próprias fronteiras podem ser transformadas. Os processos de globalização e mundialização provam claramente essas mudanças de fronteiras, de modo que o homem vai adquirindo o estatuto jurídico de cidadão do mundo. Naturalmente que esse processo se dá em torno de grandes conflitos e num cenário de muita violência. A comunicação é um desafio na ética do cuidado, pois, muitas vezes, nas fronteiras, poderes são abalados e fragilidades são evocadas. Entre cuidador e sujeito de cuidados, a fronteira será sempre tênue.

Outro destaque de F. dos Anjos é a questão da fronteira entre técnica e ética. O cuidado não pode ser entendido como uma técnica ou razão instrumental. O sujeito carrega consigo, na sua doença, as características de sua subjetividade. Nesse sentido, a consciência dessas características pode ajudar no processo de cura. F. dos Anjos chama a atenção para os jogos de interesses que cercam as fronteiras da técnica e da ética, comprometendo os serviços do cuidado com os lucros que dele derivam.

Por fim, F. dos Anjos dá um enfoque à Teologia cristã com sua riqueza de abordagens sobre o cuidado, abrindo-se para um amplo contexto existencial: o da criação e da libertação. Em relação à criação, primeiro há um gesto criador que se transpõe à barreira do nada, isto é, a expansão do ser é comunicação e "o cuidado se dá no encontro com a finitude do outro, lá onde o outro está acuado nas fronteiras do não-ser. Assim, em toda ação de cuidado, transparece uma iniciativa criadora"[580]. Na criação do homem e da mulher, há o reconhecimento da reciprocidade na diferença (cf. Gn 2, 23.24). Assim, nasce a compaixão diante das necessidades do outro, pois reconhecer o outro é desencadeamento ético das relações. Porém, não é uma relação isenta de conflito. No relato do pecado original, há um poder avesso ao reconhecimento e reciprocidade, na imagem da serpente que insinua um caminho de onipotência. Como também nas narrações de Caim e Abel e de Noé até os relatos do Êxodo, há sempre a ideia do cuidar e o conflito do poder. Nos relatos bíblicos, encontramos as fronteiras do cuidado em que o reconhecimento do outro exige um processo de consciência e discernimento para uma construção ética.

Nos Evangelhos, vemos a riqueza simbólica das curas, que não se limitam só ao cuidado das doenças físicas ou mentais, mas representam uma necessidade ou carência ou ainda um entrave moral. O mais significativo nas narrações de cura dos Evangelhos é a capacidade de ouvir e ver a real necessidade, reconhecer na pessoa o semelhante e dar lugar à ação do cuidado.

W. Hossne, médico, é o mediador do tema: "O cuidado da Ética na pesquisa com seres humanos: o reconhecimento do rosto do outro".

A área médica sempre realizou pesquisas em prol do avanço da medicina e, desde o juramento hipocrático, procurou ser atenta aos princípios da não maleficência e beneficência. Naturalmente que a legitimidade da investigação dependia da virtude do investigador. Mas, infelizmente, na história, essas virtudes não foram suficientes para impedir abusos nas experimentações com seres humanos. W. Hossne relembra o caso dos negros sifilíticos deixados sem tratamento em Tukesgee durante quarenta

---

580 ANJOS, M. F. dos. "Ética do Cuidado e a questão de fronteiras", p. 137.

anos (1932-1972). Também o caso recente (1997) das gestantes portadoras do HIV que receberam placebo em vez de medicamento antirretroviral. Mas, acima de tudo, os casos dos campos de concentração que marcaram uma época e tiveram como resultado o famoso Julgamento de Nuremberg (1947), com o Código de mesmo nome a ser respeitado. E, depois, os documentos que se seguiram: Helsinque (1964) e as Diretrizes Éticas Internacionais para a Pesquisa Biomédica e do Comportamento em Seres Humanos (1980). Os países foram estabelecendo normas complementares para implantar as diretrizes contidas nesses documentos.

No Brasil, foi em 1988 que o Conselho Nacional de Saúde promulgou a resolução 1988 para endossar a Declaração de Helsinque. Contudo, foi em 1996 que foi aprovada a Resolução 196/96, elaborada pelo Conselho Nacional de Saúde, após um ano de trabalhos ouvindo diversos segmentos da sociedade. Esta Resolução teve um caráter pluralista e multidisciplinar e é considerada uma Resolução de Bioética que se aplica às pesquisas envolvendo seres humanos, com grande amplitude: "É uma peça de Bioética, desde sua gênese, concepção, conteúdo e aplicação e em todas as suas disposições se enfatiza o cuidado da ética na pesquisa envolvendo seres humanos e sempre está presente o reconhecimento do rosto do outro"[581].

Algumas características que W. Hossne destaca da Resolução 196/96: 1) Respeito aos Direitos Humanos; 2) Cuidado com a vulnerabilidade do sujeito da pesquisa; 3) Invoca referenciais de não maleficência, beneficência, autonomia, justiça, equidade, prudência e solidariedade; 4) Cuidado ético e reconhecimento do outro no Termo de Consentimento Livre e Esclarecido; 5) Esclarece responsabilidades por parte do pesquisador e da Instituição com reafirmação dos direitos do outro; 6) Avaliação completa e adequada dos Protocolos de Pesquisa; 7) Aprovação de todo e qualquer projeto com ser humano por parte do Comitê de Ética em Pesquisa; 8) Os Comitês devem ser aprovados pela Comissão Nacional de Ética em Pesquisa, de composição pluralista.

Enfim, para W. Hossne, os mais de 14.000 projetos de pesquisa, somando aproximadamente 60.000 pessoas envolvidas ao ano, são o "outro", com seu merecido reconhecimento e dignidade num sistema que procura garantir a eticidade dessas pesquisas[582].

### 5.3.11 Ética Teológica e o futuro do continente latino-americano – 2009

O XXXIII ENSBTM e o VII CLATM realizaram-se em São Paulo entre os dias 7 e 10 de setembro. O 33TG teve como foco: "Ética Teológica e o futuro do continente latino-americano e caribenho: qual ética teológica para um momento de crise?". Os TEs abordados foram os seguintes: 1) "O Mundo em Crise: interpretando mutações/desconstruindo evidências", R. Ricupero[583]; 2) "Impactos da crise mundial no continente latino-americano e caribenho: desafios à Ética Teológica", C. Ayala; 3) "Ética Teológica, Compromisso solidário e Espiritualidade esclarecida", M. Millen, L. Baronto; 4) "Ética teológica, Crise mundial e Contexto eclesial", F. Altemeyer Jr.; 5) "O papel hermenêutico da Ética Teológica diante das atuais transformações eclesiais", R. Manzini, F. dos Anjos; 6) "Qual futuro para a Ética Teológica no continente? Entre a literalidade e a alegoria", E. Vásquez[584], J. Trasferetti[585], L. Pessini, R. Zacharias.

---

581 Hossne, W. S. "O cuidado da Ética na pesquisa com seres humanos: o reconhecimento do rosto do outro", p. 243.

582 Cf. Ibid., p. 245.

583 Ricupero, Rubens. *Esperança e ação*. São Paulo: Paz e Terra, 2002.

584 Chersi, Edwin Vásquez. "Amazônia, crise ambiental e reconhecimento do outro: para pensar a ética teológica na América Latina". In: Trasferetti, J. A.; Zacharias, R. (Orgs.). *Ser e cuidar...*, p. 285-301.

585 Trasferetti, J. A. "Teologia Moral no século XXI: tarefas para um futuro incerto". In: Pessini, L.; Zacharias, R. (Orgs.). *Ser e educar...*, p. 255-268.

### Articulação dos principais argumentos dos Mediadores

J. Trasferetti apresenta um ensaio sobre "A Teologia Moral do século XXI: tarefas para um futuro incerto". Neste ensaio, aprofunda três caminhos que são imprescindíveis à Teologia Moral para responder aos desafios atuais: 1) Retorno às fontes; 2) Mudança metodológica; 3) Reorientação de conteúdos.

Em relação ao primeiro ponto, o autor relembra o papel do Concílio Vaticano II, que rompeu com o modelo casuístico que vigorou por tanto tempo e deu um caráter mais positivo para a moral, prevalecendo a autonomia do sujeito e o poder da consciência para as escolhas morais. J. Trasferetti relembra as três configurações da moral do futuro, segundo M. Vidal: "resposta prazerosa", que supera as categorias de obrigação; "liberdade no amor", entendendo a experiência moral como um caminho de liberdade e "simplicidade na caridade", que impulsiona a prática da solidariedade responsável. Desse modo, com o Concílio Vaticano II, a Teologia Moral ganhou novo estatuto epistemológico, promovendo uma articulação com a síntese teológica geral e vinculando seu campo de ação no conjunto global do saber teológico.

No entanto, para J. Trasferetti, é preciso avançar mais, diante do vazio existencial vivido no cotidiano das pessoas. A Teologia Moral deve ajudar as pessoas a encontrar o sentido de suas vidas.

O segundo ponto é sobre a mudança metodológica da Teologia Moral. A questão é que, diante das grandes e complexas mudanças conferidas pela pós-modernidade, a Teologia Moral deve ampliar suas discussões com todo o Povo de Deus. É preciso ouvir o que as comunidades têm a dizer. Teologia Moral não se faz fechado em gabinete. Uma participação popular qualificaria ainda mais a elaboração teológica. A Teologia Moral precisa estar aberta à interdisciplinaridade, ao diálogo com especialistas de todas as áreas e à participação efetiva da comunidade. A Teologia Moral precisa de uma racionalidade criativa e crítica que ajude os cristãos a buscarem respostas eficazes para suas vidas. J. Trasferetti adota a posição de M. Vidal, que insiste em uma metodologia diversificada em princípios gerais e aplicações concretas, distinguindo três tipos de ações vinculantes: princípios de reflexão, critérios de julgamento e diretrizes de ação[586].

O terceiro ponto é a reorientação dos conteúdos. J. Trasferetti entende que o mundo moral, transformado pelas revoluções do comportamento, precisa ajudar as consciências a ter espírito crítico e a discernir moralmente o que é salutar e o que é nocivo a si mesmo e à sociedade. Vale investir em uma moral de sentido aprofundada pela Palavra de Deus e pela Tradição que se faz na história. Uma moral que lute contra a exclusão social e a cultura da morte. Uma Teologia Moral que não prescinda das circunstâncias que compõem a existência humana naquilo que lhe é próprio e fundamental.

Outro mediador é o professor peruano V. Chersi, que analisa a questão da crise ambiental a partir da ética teológica na América Latina, e de modo particular de uma experiência vivida na selva do Peru.

O caso trágico que terminou com a morte de 24 policiais e 09 indígenas no Peru (05/06/2009) se deu por questões de interesses em torno da exploração da madeira, do petróleo e do gás, atingindo diretamente a vida das etnias *awjún* e *wampis*. Os decretos e leis que foram impostos sobre essa exploração dos recursos naturais não previram e nem respeitaram os direitos dos povos que ali viviam. Para V. Chersi, os "projetos desenvolvimentistas que veem a Amazônia unicamente como fonte de riqueza, sem cuidar nem preservar suas matas e rios, contribuem para sua destruição e, consequentemente, para o aumento do efeito estufa"[587].

---

586 Cf. VIDAL, M. *Dez palavras-chaves em Moral do Futuro*. São Paulo: Paulinas, 2003, p. 327 apud TRASFERETTI, J. A. "Teologia Moral no século XXI...", p. 262.

587 CHERSI, E. V. "Amazônia, crise ambiental...", p. 287.

Para o autor, essa crise ambiental tem suas raízes na racionalidade instrumental da modernidade, que transformou a natureza em objeto de desejo e domínio sem medir as consequências disso. Segundo ele, muitos autores justificaram esse domínio com uma leitura incorreta do texto do Gênesis 1, 28. Mas, é necessário urgentemente uma resposta humanizante a essa racionalidade, de modo que o mundo possa ser orientado com mais dignidade e responsabilidade.

Para isso, Chersi propõe cinco "éticas" para uma mudança de mentalidade a fim de se construir uma ética ambiental que responda aos desafios da crise que paira sobre o planeta. Primeiro, uma ética biocêntrica que respeite os direitos da natureza e reconheça que eles estão mais além do ser humano. Segundo, uma ética da humildade que colabore na autoavaliação do ser humano com seus limites, de modo que aprenda a conviver e respeitar os outros seres que vivem no planeta. Terceiro, uma ética da responsabilidade que seja capaz de conscientizar o homem das consequências das suas ações, para que sejam garantidas as condições de sobrevivência sobre a terra. Quarto, uma ética do cuidado para com os ecossistemas ameaçados pela ação humana. Quinto, uma ética do bem comum como equilíbrio para a vida planetária. Para V. Chersi, a pobreza e a injustiça estão diretamente ligadas às questões ambientais. Sem a solidariedade com o meio ambiente e sem uma nova consciência, iremos nos defrontar com o caos ambiental.

Enfim, V. Chersi enfatiza que confiar na promessa de Deus é o passo fundamental para superar a exclusão do outro e a crise ambiental. A garantia de um novo futuro passa pelo horizonte da fé e pelo respeito ao outro.

### 5.3.12 Teologia Moral e história: buscando soluções em tempos de incertezas – 2010

O XXXIV ENSBTM realizou-se em São Paulo entre os dias 06 e 09 de setembro. O 34TG teve como foco: "Teologia moral e história: buscando soluções em tempos de incertezas"[588]. Os TEs abordados foram os seguintes: 1) "Teologia Mundial e História: um mundo inquieto", F. dos Anjos e R. Zacharias[589]; 2) "Sobre o tempo de incertezas", J. Siqueira; 3) "Sobre as incertezas da ciência", W. Hossne; 4) "Sobre as incertezas da Moral", J. Trasferetti, L. Mattos, N. Ribeiro Júnior[590]; 5) "Educar para a cidadania", C. Barchifontaine[591]; 6) "Educar para a responsabilidade", M. Berkenbrock Rosito; 7) "Educar para os valores", E. Zoboli, F. Ramos, M. Millen[592]; 8) "Teologia Moral e História: buscando 'soluções' num contexto de incertezas", L. Pessini, F. Silva[593].

---

[588] A obra referencial neste encontro: Pessini, Leo; Zacharias, Ronaldo (Orgs.). *Ser e educar*. Teologia Moral: tempos de incertezas e urgência educativa. Aparecida: Santuário, São Paulo: SBTM: Centro Universitário São Camilo, 2011.

[589] Anjos, M. F. dos. "Teologia Moral e história no contexto mundial inquieto". In: Pessini, L.; Zacharias, R. (Orgs.). *Ser e educar...*, p. 13-36.

[590] Colaboraram em forma de debate com os seguintes temas: Trasferetti, J. A. "Teologia Moral e pós-modernidade: em tempo de liquidez e incertezas", p. 237-254; Mattos, Luiz Augusto de. "A ética teológica e o tempo de incertezas – o dilema entre o 'tempo de incertezas' e a incerteza ética", p. 37-72; Ribeiro Júnior, Nilo. "Teologia Moral e história: em busca de soluções em tempos de incertezas", p. 73-146.

[591] Barchifontaine, C. P. "Educar para a cidadania". In: Pessini, L.; Zacharias, R. (Orgs.). *Ser e educar...*, p. 187-208.

[592] Zoboli, E. L. C. P. "Educar para a intersubjetividade e o cuidado". In: Pessini, L.; Zacharias, R. (Orgs.). *Ser e educar...*, p. 209-224; Millen, M. I. C. "Educar para os valores". In: Pessini, L.; Zacharias, R. (Orgs.). *Ser e educar...*, p. 225-236.

[593] Pessini, L. "Bioética na América Latina: algumas questões que desafiam o presente e o futuro". In: Pessini, L.; Zacharias, R. (Orgs.). *Ser e educar...*, p. 163-186; Silva, Franklin Leopoldo e. "Incerteza e Alteridade". In: Pessini, L.; Zacharias, R. (Orgs.). *Ser e educar...*, p. 147-162.

### Articulação dos principais argumentos dos Mediadores

F. dos Anjos aborda o tema: "Teologia Moral e história no contexto mundial inquieto". O autor esclarece, no início do seu texto, que, embora as mudanças históricas afetem todas as religiões, o seu ensaio se refere à Teologia cristã e, especificamente, à Católica Romana. Sua proposta é analisar como as evoluções históricas caracterizam os tempos atuais e interferem nas propostas morais da religião.

A primeira consideração é a questão se a crença faz parte ou não do processo do conhecimento, o qual hoje chamamos de ciência. A crise que paira entre ciência e religião levou a uma mentalidade de que ambas se excluem. Mas, a história do pensamento mostra o contrário. Platão concebia a filosofia como uma busca de salvação ao longo da vida. Para Agostinho, o conhecimento necessita de uma base de crença a afirmações anteriores para poder progredir e, assim, a fé precede a razão. Tomás de Aquino afirma a insuficiência da razão para atingir o infinito do divino que a ultrapassa.

Essas concepções levaram a uma hierarquização do saber, em que a razão é vista como serva da Teologia, supondo que o conhecimento proveniente da fé é garantido pela Revelação, enquanto a razão é marcada pelas limitações humanas. Para F. dos Anjos, a filosofia moderna reconhece também o lugar da crença no processo do conhecimento humano. Se entendermos a crença como a adesão a uma realidade, podemos tomá-la por certa. F. dos Anjos lembra que, para Tomás de Aquino, a certeza é uma adesão firme ao objeto cognoscível e, assim, essas adesões geram convicções sejam para as ciências, para as religiões e para a ética.

Para L. Wittgenstein, a certeza vem antes da razão no processo de aprendizado e compreensão, porém se deve distinguir entre fé e superstição. Enquanto a primeira é um confiar, a segunda baseia-se no temor e se torna uma falsa ciência. Desse modo, F. dos Anjos sintetiza: "a crença, em seu sentido amplo, integra todo o processo do conhecimento, sendo constituída por um conjunto de certezas às quais aderimos com base na confiança. A partir desta base se colocam as dúvidas e as buscas do conhecimento científico"[594].

Com R. Bacon (1214-1292), o chamado conhecimento experimental critica o método dedutivo e busca o conhecimento nas particularidades e fenômenos, e não nos universais. Em seguida, G. de Ockham (1285-1349) confirma que a certeza é gerada pela análise do particular e não pela dedução das essências, afetando, assim, a epistemologia teológica: as leis da natureza derivam da vontade absolutamente livre de Deus. F. dos Anjos relembra outros nomes clássicos da crise das afirmações de fé, como N. Copérnico (1473-1543), G. Galilei (1564-1642).

Esse processo teve suas consequências também na ordem política com um gradativo movimento de separação entre religião e vida pública. Para exemplificar essa situação, F. dos Anjos recorda que o Concílio de Trento (1545-1563) dirige-se à consciência moral para que essa possa se garantir diante da autonomia do Estado. Para F. dos Anjos, é a era da consciência, em que a Teologia Moral interage com o Direito Canônico e com as Leis civis. Essa estratégia fortaleceu as instâncias hierárquicas na condução da consciência – exemplo claro é do sistema penitencial – e culmina com a infalibilidade formulada no Concílio Vaticano I (1870-1871). No Vaticano II, houve a opção do diálogo com a cultura moderna, reconhecendo a condição plural da humanidade, antecipando o pluralismo que se instaurou em nossos tempos.

---

594 ANJOS, M. F. dos. "Teologia Moral e história no contexto mundial inquieto", p. 18-19.

Anjos aponta alguns desafios à Teologia Moral no mundo inquieto de hoje. O primeiro desafio é do conhecimento científico, ou tecnociência que se apresenta veloz, eficiente e fascinante. Neste conhecimento, predomina-se a razão instrumental e desprezam-se as razões finais e a análise do sentido que acompanha a ação. Como a ética e a Teologia Moral pressupõem a reflexão, tendem a ficar à margem em um conhecimento que simplesmente processa dados.

O segundo desafio é o fortalecimento do indivíduo e sua subjetividade. Nessa dimensão, valorizam-se a autonomia e a liberdade no pensar e no agir, de modo que o ser humano possa construir sua própria história. Assim, F. dos Anjos entende que a versão moderna do indivíduo se dá com a sua liberdade da tutela religiosa e da sua autonomia dos laços comunitários. A subjetividade ganha espaço e torna-se condição básica na relação com todas as outras dimensões. A era da consciência de Trento encontra a subjetividade, a autonomia e a liberdade como novos pressupostos de compreensão da vida.

O terceiro desafio é do pluralismo e da crise de valores. A partir das novas formas de se compreender e situar-se no mundo consumista, os sujeitos do agir ético encontram-se em crise de identidade. O ambiente sociocultural é sempre provisório, o que acarreta uma incerteza diante de tantas particularidades e possibilidades. Essa situação é respondida ora com o conformismo que se traduz em relativismo ético, ora como defesa na voz dos fundamentalistas. Na Teologia Moral, o fundamentalismo se expressa na afirmação de valores e normas fechadas ao diálogo e às críticas. Assim, o pluralismo exige da Teologia Moral mais diálogo, seja com as ciências humanas, seja com outras áreas do conhecimento.

F. dos Anjos considera que a Teologia Moral está em um novo momento epistêmico. O sentimento paradoxal do vazio impõe-se no momento em que a humanidade experimenta um surto de produção e diversidade. Para F. dos Anjos, o "vazio decorre da falta em discernir valores capazes de conferir sentidos construtivos à vida no pluralismo"[595]. Uma resposta a essa experiência do individual e da falta de referências pode ser obtida através do reencontro com a comunidade. Para F. dos Anjos, o Vaticano II antecipou essa realidade com o conceito do Povo de Deus e da Comunidade. O termo comunidade é usado hoje para diferentes formas de associação humana e é indispensável para a recuperação de referenciais que superem o individualismo exacerbado.

As novas comunidades católicas expressam bem essa nova realidade dos diferentes espaços culturais, afetivos e ideológicos dentro de uma sociedade. Graças às CEBs que deram início a experiência de participação na comunidade, abriu-se, assim, uma consciência de que é por meio da participação que se faz a revisão das estruturas, e os sujeitos individuais e coletivos podem ser reconhecidos firmando sua própria identidade.

F. dos Anjos acredita que o momento é propício para acolher as reflexões morais provenientes das bases comunitárias. O autor relata que os dois Congressos Intercontinentais realizados na Itália, Padova (2006) e Trento (2010), marcam a história da Ética Teológica Católica, pois foram realizados respeitando a diversidade e abertos ao diálogo, provando, assim, que é possível iniciativas que resgatem a identidade do discurso ético-teológico cristão com coerência ao Evangelho[596].

L. Mattos é o mediador do tema: "A ética teológica e o tempo de incertezas".

---

595 ANJOS, M. F. dos "Teologia Moral e história no contexto mundial inquieto", p. 29.

596 Referências do Congresso de Pádua podem ser encontradas em: KEENAN, James (Org.). Ética teológica católica no contexto mundial. Aparecida: Santuário, 2010. Original: *Catholic Theological Ethics in the World Church*. The Plenary Papers from the First Cross-Cultural Conference on Catholic Theological Ethics. New York: Continuum, 2008.

Para ele, a ética teológica vive seu momento de incertezas, devido ao descompasso em responder às novas questões impostas pela sociedade contemporânea. É necessário reatualizar a perspectiva, a argumentação, o paradigma e o método da ética teológica. Porém, para L. Mattos, emergem algumas preocupações: 1) Os impasses da ética são devido a um tempo de incerteza ou de uma incerteza ética? 2) Para resolver essa incerteza, não corremos o risco de retornar às certezas sagradas, absolutas e universais, ao invés de buscar a ética das grandes questões humanitárias de salvar a Terra, promover a vida dos pobres e excluídos e acreditar num outro mundo possível e necessário? Desse modo, L. Mattos sugere duas reflexões. Na primeira, procura caracterizar esse tempo de incertezas. Num segundo momento, reflete o significado de incerteza ética para, enfim, propor uma ética teológica para esse tempo, sem pretensões de fechar o tema.

Caracterizando o tempo de incertezas, pode-se dizer que se vive a experiência de secularização ética, uma era do pós-dever: depreciação dos preceitos superiores, estímulos às aspirações imediatas, paixão ao ego, felicidade intimista e materialista, negação do sacrifício. Imperativo do bem-estar, direitos subjetivos, ética tênue e minimalista, repúdio ao dever rígido e consagração da liberdade, autonomia, autossatisfação. Além dessas características da secularização, é possível identificar duas lógicas antagônicas: uma flexível, dialógica e liberal e outra fundamentalista, rigorista e repressora. Na ausência da religião do dever, implanta-se um caos organizador[597].

Uma segunda característica do tempo de incerteza é a chamada modernidade líquida, sobre a qual elencamos alguns sinais: 1) O sujeito não tem identidade fixa e estável; 2) Vive-se no aqui e agora; 3) Velocidade é o que importa; 4) Descartabilidade e valores voláteis e egoístas; 5) Tudo na dimensão da mercadoria, da fluidez. Enfim, vive-se a incerteza com naturalidade, em que os sujeitos podem mudar imprevisivelmente, seja individualmente, seja nas famílias, seja nas instituições[598].

Uma terceira característica é a manifestação de novas heteronomias. A ideia é que nunca há um vazio ético em nenhuma sociedade humana e, desprezada a heteronomia da transcendência, recorre-se a outras que são até mais coercitivas que as tradicionais. É uma heteronomia anônima e sem origem, mas exige submissão incondicional, comandando juízos, definindo condutas e submetendo os povos a tantas tiranias[599].

A quarta análise de L. Mattos trata dos pobres e oprimidos como novo sujeito ético emergente. Estes seriam protagonistas na transformação da sociedade, mas a reflexão teológica caiu na ingenuidade da idealização dos pobres. Querer construir um mundo pleno em tempo e espaços finitos é uma ilusão transcendental. Esta mesma ilusão passou pela ideologia do mercado perfeito do neoliberalismo, pelo socialismo de modelo soviético e, segundo L. Mattos, por muitos projetos da construção do Reino de Deus. Isso não se trata apenas de uma questão teórica, pois esses projetos geraram sistemas que exigiram sacrifícios de muitas vidas humanas. Nessa mesma dinâmica, esqueceu-se do fator antropológico, no qual devemos considerar que todo ser humano tem paixões, interesses, tem capacidade para ser solidário e generoso, mas também egoísta e prepotente. A condição humana, segundo L. Mattos, é feita

---

597 Como referência dessa linha de pensamento, L. Mattos cita LIPOVETSKY, Gilles. *A Sociedade pós-moralista*. O crepúsculo do dever e a ética indolor dos novos tempos democráticos. Barueri: Manole, 2005. Cf. MATTOS, L. A. de. "A ética teológica e o tempo de incertezas...", p. 42.

598 Para essa linha, L. Mattos apoia-se na reflexão de BAUMAN, Zygmunt. *Modernidade líquida*. Rio de Janeiro: Jorge Zahar, 2001. Cf. MATTOS, L. A. de. "A ética teológica e o tempo de incertezas...", p. 45.

599 O referencial teórico é de VALADIER, Paul. *Moral em desordem*. Um discurso em defesa do ser humano. São Paulo: Loyola, 2003. Cf. MATTOS, L. A. de. "A ética teológica e o tempo de incertezas...", p. 47.

de ambivalência e ambiguidade. A idealização do pobre e oprimido como sujeito libertador não aconteceu e a sociedade igualitária e fraterna que se esperava não se realizou. Desse modo, muitos se frustraram em suas militâncias, criando um vazio, abrindo, assim, uma série de incertezas diante do contexto social[600].

A incerteza ética está presente nesse tempo de incertezas, de modo que a ética teológica se defronta com muitas questões vindas dessa nova realidade. Há uma imprevisibilidade com a qual a ética teológica deve se deparar, com suas contradições e incertezas.

> "a) Como harmonizar os interesses pessoais (egocêntrico) e o bem da coletividade (sócio-ôntico)? b) O que priorizar diante de uma vida degradada física e mentalmente: a quantidade ou a qualidade de vida? c) Como conjugar o bem dos nossos próximos com as grandes questões da humanidade? d) O problema para a ética teológica está nos imperativos ou nas incertezas e contradições encontradas na ação? e) Como ter autonomia e liberdade éticas para decidir diante do poder científico e tecnológico sobre nossas vidas? f) Como redefinir conceitos, pressupostos e princípios teológicos que sempre foram referência na e para a ética teológica, e que hoje deverão ser retrabalhados diante das exigências da laicização do Estado, da secularização societária e do processo democrático? g) Como superar a distância entre o discurso oficial ou a linguagem moral dos documentos e o agir moral do povo? h) Como enfrentar as novas formas de heteronomias que são coercitivas como as antigas, em nome de sujeitos que vivem a dignidade, a liberdade e a justiça?"[601].

Diante dessas perguntas e desafios que a ética teológica deve tentar responder, L. Mattos entende que o primeiro ponto a ser enfrentado é o do sentido da existência humana. É preciso estar atento a uma aplicação ética não só no sentido normativo, mas também antropológico, isto é, trabalhar o compromisso ético teológico sem perder de vista a realidade humana que busca uma coesão e uma razão de ser. Para L. Mattos, pensar numa ética teológica é enfrentar a crueldade em relação à vida e ao mundo, com uma ética da tolerância, da compaixão, da cordialidade e misericórdia. Então, teríamos uma ética desarmada e aberta ao diálogo diante das tecnologias, da política e dos movimentos de emancipação. É preciso pensar em uma ética teológica que não caia na ilusão transcendental de que é possível um mundo perfeito, mas que possa lutar para impedir o triunfo do mal. A ferocidade do mundo deve ser combatida permanentemente.

A ética teológica aponta para alguns elementos de moralidade: 1) Resgatar e conferir centralidade à experiência da afetividade, isto é, a dimensão do *pathos*; 2) Cuidar da Terra e da vida da Terra; 3) Agir com solidariedade com os seres que povoam a Terra; 4) Viver uma ética da responsabilidade; 5) Dialogar e interagir com frentes de resistência em prol da vida dos últimos da sociedade; 6) Viver a ética à luz da fé e mística cristãs; 7) Acreditar que uma outra civilização é possível e fundamental[602].

Enfim, L. Mattos entende que a ética teológica deverá atuar tanto para legitimar os fundamentos normativos básicos para uma civilização global, quanto para ajudar a cultivar subjetividades democráticas para uma globalização alternativa que seja mais inclusiva, justa e feliz.

---

600 Os referenciais para essa análise: Assmann, Hugo. *Crítica à lógica da exclusão*: ensaios sobre economia e teologia. São Paulo: Paulus, 1994; Assmann, Hugo; Mo Sung, Jung. *Competência e sensibilidade solidária*: educar para a esperança. Petrópolis: Vozes, 2000; Mo Sung, Jung. *Sujeito e sociedade complexas*: para repensar os horizontes utópicos. Petrópolis: Vozes, 2002.

601 Mattos, L. A. de. "A ética teológica e o tempo de incertezas...", p. 56-57.

602 Cf. Ibid., p. 65-67.

N. Ribeiro Júnior é o mediador do tema: "Teologia Moral e história: em busca de soluções em tempos de incertezas".

A primeira questão que N. Ribeiro Júnior considera é que não há por que banir o horizonte da incerteza das considerações morais como se fosse má em si mesma. Para ele, toda ação moral encerra riscos e pode ter imprevisibilidades.

Em segundo lugar, a Teologia Moral associa seu conteúdo à Revelação dada por Jesus. Nesse sentido, ela não pode perder de vista o horizonte que faz parte da própria experiência de fé cristã marcada pelos eventos da Criação, da Salvação e da Santificação, através do anúncio de Jesus de Nazaré e a plena realização do seu mistério Pascal. Daí advém um novo tempo inaugurado por Jesus, *o eschaton*, que ainda não está consumado, abrindo, assim, um novo espaço para ação humana iluminada pela vida de Jesus. O cristão é convidado a mergulhar no seio da história a fim de encontrar sinais do Espírito que testemunhem a vitória da vida sobre a morte e a superação dos medos que bloqueiam a passagem, a páscoa da transfiguração do mundo e sua trans-significação, conforme o Mistério Pascal de Cristo. Enfim, para N. Ribeiro Júnior, o Espírito faz surgir no coração humano, mesmo daqueles que não creem, o desejo incessante de buscar saídas para os problemas éticos de nossos dias.

O autor fala do perigo de um certo "imaginário da ação", pois a própria Teologia Moral está sujeita a suas interpelações. Trata-se de uma tentativa de negar ou anular qualquer tipo de incerteza da ação em nome de uma pseudossegurança em tempos de crise. Essas variantes se inscrevem no *ethos* cultural e se expressam especialmente em três fenômenos: 1) Sociedade de indivíduos; 2) Cultura Somática; 3) Juridicização da vida.

Em relação à "sociedade dos indivíduos", é importante ressaltar, em primeiro lugar, que a cultura não pode ser abstraída ou desprezada da reflexão teológica, porque nela se torna possível detectar os problemas éticos de cada tempo e, assim, Ética, Cultura e Teologia Moral estão intimamente ligadas entre si. N. Ribeiro Júnior entende que há um perigo constante de se abstrair as verdades da Fé, pode-se cair no chamado "imaginário moral religioso" tradicional, em que a teologia idealiza um aparato teórico-prático com soluções imediatas para todos os problemas éticos, religiosos, culturais e sociais experimentados pelas pessoas. Tudo o que se opor a esse ideário é de certo modo diabolizado, pois vai contra a clareza da Revelação.

Nesse sentido, qualquer sujeito de boas intenções tem condição de apropriar-se das verdades da fé, e com critérios seguros, superar suas dúvidas e incertezas que surgem no momento da ação. Um tipo de receituário para questões éticas. Para não cair nessa interpretação radical, é necessária uma concepção de fé cristã que, recuperada desde suas origens, seja lida com o horizonte da vida em Cristo, que é um horizonte cheio de possibilidades para o agir humano e não certezas sedimentadas e fixadas para a ação. Assim, é possível falar de uma Teologia Moral hermenêutica ou uma ética do discernimento da ação que não tem receio de lidar com as diversas circunstâncias e condições inesperadas que se apresentam ao agir humano. É a saída da visão de um Deus legislador para um Deus que se autocomunica amando e salvando a humanidade. A fé cristã é pensada como caminho, que às apalpadelas vai seguindo a lógica simbólica da Revelação. E a Teologia Moral reaprende a acolher de maneira inusitada essa Revelação que continua acontecer de modo intermitente, na qual o homem vai desvendando os vestígios da passagem de Deus na cultura e na história "cuja decifragem se inscreve na temporalidade existencial e ontologicamente vivida pelo ser humano da contemporaneidade"[603].

---

603 RIBEIRO JÚNIOR, N. "Teologia Moral e história...", p. 85.

Essa nova visão exige da Teologia Moral um espírito de mobilidade capaz de seguir a dinâmica histórica e cultural da Revelação: é a perspectiva simbólica da ação. Na busca de vias de acesso dessa Revelação continuada, vai se encontrando com as epifanias que se irrompem constantemente na cultura; a partir da experiência de seres humanos concretos vai se encontrando novas e humanizantes maneiras de viver a finalidade de agir com os outros e para os outros. Deus deixa a marca de sua presença-ausência na vida e no rosto humano. Nessa intrincada tecedura da cultura, a experiência ético-teológica, em busca da verdade, encontra os vestígios de Deus na vida do outro, mas, ao mesmo tempo, continua a encontrar-se com uma verdade cativa, pois a vida é ambivalente, é complexa e pluridimensional. À medida que se faz um diálogo com outras religiões e culturas, podem-se encontrar outras vias de interpretações para melhor compreender a vida humana. Para N. Ribeiro Júnior, a Teologia Moral poderia, assim, abandonar de vez o imaginário moralizante da religião e se inscrever na ética do cuidado, mais apropriada para lidar com os problemas atuais.

O fenômeno da globalização processou configurações de subjetividades gerando sociedades de indivíduos, que, por sua vez, desconfiguraram o sentido de pessoalidade do ser humano, isto é, do ser humano como relação, elaborado ao longo do pensamento filosófico teológico ocidental. A globalização se produz na lógica da "economia de mercado" e isso afetou diretamente a chamada "economia humana". Aqui, N. Ribeiro Júnior toma os termos do filósofo italiano G. Agamben, que entende a economia humana como biocêntrica, associando, assim, o *oikos bios* com o *ethos*[604].

G. Agamben retoma a diferenciação grega do *bios* e do *zoé*. Enquanto, para os gregos, o *bios* é a vida indissociada do caráter ético, político, público e planetário da economia humana, o *zoé* tem um caráter mais biológico e material, isto é, exterior da vida. Agamben retoma esses conceitos para mostrar que, na economia humana contemporânea, há uma tendência para uma leitura biologicista (*zoé*) da vida, mais do que uma visão biocêntrica (*bios*). Também retomando a ideia grega de economia como *ethos*, isto é, morada, casa, lugar de acolhida, e como *oikos* no sentido de gestão e empreendimento, o filósofo italiano argumenta que a economia teria um novo significado se à ética e à política fossem dada a interpretação da economia humana biocêntrica, isto é, a economia carece de manter-se articulada ao âmbito ético e político da existência. N. Ribeiro Júnior recupera esta visão biocêntrica da vida, como uma simbólica da vida para que a Teologia Moral possa fazer a crítica a respeito da categoria de indivíduo da atual sociedade.

A economia humana biocêntrica está em consonância com a vida na e da *polis*, isto devido ao fato da linguagem e do poder da ação nas vidas social e política. Da vida pública emerge a necessidade da realização do bem comum, de modo que o ser humano não pode ser reduzido a um mero indivíduo, isolado como um existente fora do mundo. A *polis* lhe confere capacidade de ação e de comunicação que o torna capaz de habitar o mundo (*ethos*) e o torna capaz de gerir humanamente sua vida (*oikós*) de modo a deslocar uma gestão da vida privada para uma gestão política e social. Enfim, é "a ideia de uma comunidade de cidadãos que comungam da mesma vida política biocentricamente vivida"[605].

Todavia, G. Agamben faz uma ressalva afirmando que vários setores da sociedade e das religiões, influenciados pela prevalência do privado sobre o público, estão colocan-

---

604 Esses referenciais estão no livro Agamben, Giorgio. *Homo sacer*. Il potere sovrano e la nuda vita. Torino: Giulio Einaudi, 1995. Tradução para o Brasil: *Homo sacer*: o poder soberano e a vida nua. Belo Horizonte: Editora da UFMG, 2002.

605 Ribeiro Júnior, N. "Teologia Moral e história...", p. 93.

do a Bioética como mera ciência da vida biológica. Para o filósofo italiano, a cultura contemporânea está começando a viver no limiar da modernidade biológica, isto é, a espécie e o indivíduo enquanto corpo vivente tornam-se o foco das apostas políticas, que, através do seu biopoder, concentram-se em tecnologias elaboradas usando ao seu dispor os corpos de que necessitam. Para N. Ribeiro Júnior, esse é o grande desafio moral a enfrentar: o enaltecimento da vida biológica/*zoé* em detrimento da vida/*bios*, da vida privada em detrimento da vida pública. Nesse sentido, a globalização e o biopoder são indissociáveis, de modo que a visão de ser humano não leva em conta a unicidade pessoal e a identidade relacional do indivíduo. Desse modo, o biopoder seria a ideologia e a fonte nutriz do fortalecimento da sociedade de indivíduos.

Neste contexto, a Teologia Moral exerce seu papel hermenêutico-crítico. N. Ribeiro Júnior entende que é necessário recuperar o caráter relacional, social e político da identidade dos sujeitos. Também em relação ao cuidado do planeta, a Teologia Moral deve ajudar a superar o imaginário biologicista, para uma visão ético-política de intercomunhão solidária e planetária. Fortalece-se, assim, uma Teologia Moral pública e política para ajudar os cristãos a saírem do círculo vicioso do indivíduo competitivo, consumidor e gestor, para tornarem-se responsáveis em vista das futuras gerações. "A Teologia Moral assume um papel sapiencial ao lado da filosofia e de outras ciências hermenêuticas preocupadas em apontar os pressupostos éticos que estão em questão na nova forma de biopoder"[606]. A preocupação de N. Ribeiro Júnior é mostrar que, nessa perspectiva, a Teologia Moral não cancela o mundo das incertezas, com respostas idealizadas, mas procura soluções que considerem o ser humano na sua capacidade criativa de agir com sentido.

Outro desafio ético para a Teologia Moral de que trata o autor é da nova cultura somática, que enfatiza o caráter performático do corpo, fazendo surgir a sociedade do espetáculo. A Teologia Moral, desse modo, deve esforçar-se em compreender o fenômeno somático e recuperar seu estatuto fenomenológico-ontológico.

Para N. Ribeiro Júnior, a cultura somática é fruto da revolução científica, da biogenética que descortinou possibilidades de cura, atenuou a dor física e diminuiu a falibilidade humana. A biotecnologia transformou-se em ciência e tomou para si uma bioidentidade, isto é, quando se tenta definir a identidade corporal do ser humano, é remetida sempre do ponto de vista científico. Essa realidade traz consigo muitas incertezas que devem ser consideradas pela Teologia Moral. O primeiro perigo é da tecnociência se transformar em um mito cientificizante e oferecer um ideal de corpo e *performances* sem limites atraindo os indivíduos para suas "certezas" científicas. Aparece, assim, um novo tipo de vitalismo, em que as pessoas freneticamente procuram um corpo puro, limpo, bem esculpido, sem manchas, sem rugas, liberado de qualquer contágio da finitude corporal. É um novo tipo de moralismo em que o conceito de bem é substituído pelo conceito de saúde, e o mal moral passa a ser mal corporal.

Somadas a essa nova concepção sobre o corpo, aliam-se as experiências da cibercultura, na qual aparecem novas formas de relacionamento. É a cultura da imagem. É um imageamento que foi aprimorado pelo uso da tecnologia nos diagnósticos médicos e revigorou a produção do corpo *bite*, padronizado pelo marketing e pela cultura somática. A identidade do corpo esvazia-se com a supervalorização do estético e do consumo e torna-se um objeto à disposição dos que o moldam para conformar-se às aparências ditadas pela cultura midiática, tornando-o ontologicamente distinto do sujeito.

---

606 Ibid., p. 102.

A cultura contemporânea, para N. Ribeiro Júnior, é movida pelo dever do gozo, o qual idealiza sensações com a telemática e cria a *performance* da moral do espetáculo. O outro atrai por ser uma promessa de sensação. Diante disso, a Teologia Moral, num diálogo com a filosofia, faz uma crítica à moral do espetáculo, associada à moral do gozo, retomando algumas categorias e o caráter simbólico do corpo enquanto carne. Trata-se de uma hermenêutica crítica que recupere a dimensão salvífica do corpo como lugar do dom e da cura do mal levado a cumprimento na morte e ressurreição de Cristo. A partir dessa perspectiva, o corpo é o lugar da experiência da filiação divina. A ética do corpo recupera, também, sua dimensão escatológica em que o corpo faz uma travessia contínua e discernida para o corpo espiritual em Cristo.

O terceiro desafio ético, refletido por N. Ribeiro Júnior, diz respeito à juridicização da vida em todas as suas esferas. Trata-se do afã compulsivo das sociedades contemporâneas de garantir os direitos privados dos indivíduos para defender-se de suas incertezas. Forma-se, assim, a cultura das seguradoras. Esta cultura está intimamente ligada à sociedade dos indivíduos e à nova cultura somática, dando a ideia de um indivíduo gestor que pretende encontrar êxito em seu negócio e precisa de todas as garantias jurídicas para o seu sucesso. Ao mesmo tempo, passamos de uma cultura jurídica, que era baseada na liberdade e na responsabilidade, para uma função acusatória e penalizante do direito. A responsabilização recai sobre o lícito e ilícito com a consequente sanção que deve ser aplicada ao faltoso, de modo que a responsabilidade jurídica deixou de estar referida à liberdade e passou a sujeito de direito: "ser pessoa moral passou a ser identificado a ser um sujeito que cumpre as regras jurídicas e que se encontra sob a prova da retidão e da lei positiva"[607].

Desse modo, vemos emergir um movimento cultural juridicizante de todas as esferas da vida, multiplicando-se obrigações e aumentando o controle social, de modo que este aparato jurídico desmobilizou a ação moral dos indivíduos. Para evitar ser imputado em qualquer responsabilidade jurídica, o homem desmotiva-se no agir moral. Seria necessário que o Direito fizesse uma autocrítica, buscando em sua base uma leitura mais antropológica que tenha presente mais o sentido da liberdade e da justiça, associando a Ética e a Política para discernir melhor o seu papel na sociedade como um todo.

Enfim, para N. Ribeiro Júnior, a Teologia Moral tem um papel fundamental na recuperação de uma simbólica da ação que dialogue com a cultura e se deixe interpelar pelos desafios que a compõem. Essa Teologia Moral será pública, política, preocupada com a construção da cidade e com o cuidado do planeta. Será uma Teologia Moral sensível, sapiencial, menos jurídica e disposta a reinterpretar os vestígios da passagem do Deus de Jesus, o Cristo.

F. Silva é o mediador do tema: "Incerteza e alteridade". O autor começa por um resgate da história para poder entender melhor o que significa esse contexto de incertezas. Para F. Silva, a primeira referência é M. Foucault (1926-1984), que apresenta F. Nietzsche (1844-1900), K. Marx (1818-1883) e S. Freud (1856-1939) como os mestres da suspeita. Eles buscam a origem dos valores que se impuseram na história e, para isso, a genealogia seria uma crítica autêntica, uma vez que ela pretende questionar como os hábitos e os parâmetros se tornaram naturais, aceitos de fato e legitimados pelo direito: quem os afirma e por que o fazem.

Desse modo, entende-se que valores e categorias são motivados mais do que racionalizados. O motivo localiza-se no contexto relativo da experiência da vida

---

[607] RIBEIRO JÚNIOR, N. "Teologia Moral e história...", p. 133.

dos seres humanos, enquanto a razão diz respeito aos fundamentos lógicos que dão explicações. Enquanto a motivação está relacionada à contingência, a razão pressupõe a necessidade: "ora, a consolidação dos motivos acaba por transformá-los em razões, o que contempla a necessidade de justificar racionalmente as opções iniciais"[608]. Assim, o filósofo sabe que esses valores consolidados podem ser necessários em termos históricos e vitais para a preservação de certa imagem do mundo e da realidade humana, mas não como parâmetros de racionalidade absoluta. Dessa forma, estabelece-se um caráter objetivo de certezas, de modo que, por meio de um procedimento de racionalização, se transforma aquilo que tem uma origem relativa em uma universalidade absoluta, ou se transforma uma contingência em necessidade.

Ao abandonar o fundamento metafísico da certeza, a modernidade buscou um fundamento formal, de caráter lógico, para garantir sua fundamentação: F. Nietzsche mostrou que todos os valores são demasiadamente humanos; para K. Marx, os valores são produzidos historicamente a partir de interesses sociais e econômicos e S. Freud apela para as determinações inconscientes e pulsões não submetidas ao crivo da razão.

Outro autor que aborda essa temática é H. Bergson (1859-1941). Para ele, os parâmetros sociais e morais que vigoram em todos os tempos estão ligados à estrutura pragmática da nossa relação com o mundo, relacionados com o critério de sobrevivência. Assim como os animais têm o instinto para sobreviver, os homens têm a inteligência como meio natural de preservação da vida. Nossa capacidade de invenção e transformação e até nossa especulação são eficazes mecanismos organizados pela natureza para sobrevivermos.

Essas perspectivas abalaram o humanismo clássico relativizando o império do homem como dominador da natureza e dele mesmo. F. Silva lembra que as experiências históricas de guerras, genocídios e totalitarismos contribuíram para essa relativização. A "morte de Deus", em F. Nietzsche, e "tudo é permitido", em F. Dostoiévski (1821-1881), são uma antecipação dessa crise e preanunciam o desaparecimento dos horizontes éticos. É o advento de um homem desencantado com ele mesmo, de um mundo trágico resultando no que M. Löwy chama de "barbárie civilizada": um paradoxo que se dá ao constatar o progresso material e técnico da civilização, porém sem correspondência de um discernimento ético que equilibre os meios e os fins na organização da prática[609].

Outro paradoxo é que a sociedade de massa vive o relativo como se fosse o absoluto, agindo a partir dos interesses concretos como um modo de superar a universalidade abstrata. A primeira consequência grave é que esta sociedade terá sérias dificuldades para conciliar a singularidade subjetiva com a universalidade humana.

A universalidade humana, no caráter concreto da existência, na sua pluralidade e nas suas contradições, está ligada não a uma forma, mas a um modo de vida. A experiência de nossa convivência está limitada ao convencional e o que predomina é o próprio interesse. F. Silva entende que seria necessário uma experiência autêntica de subjetividade, tendo como raiz a alteridade. É nesse sentido que J. P. Sartre afirma que não somos sujeitos, mas a subjetividade se faz em nós à medida que escolhemos livremente aquilo que queremos ser. F. Silva, então, questiona o que afinal de contas buscamos em nós mesmos? Primeiro, a recusa de uma certeza de si, pois, quando

---

[608] Silva, F. L. e. "Incerteza e Alteridade", p. 148.

[609] Cf. Silva, F. L. e. "Incerteza e Alteridade", p. 148.

encontramos o outro, o dogma da identidade total se desfaz pelo simples encontro com o diferente. Os outros atuam como critério de transformação que nos impele ao respeito e à solidariedade, pois, quando convivemos com o outro, temos menos certeza de si.

Desse modo, não podemos considerar a autonomia como um princípio isolado, pois "ser-para-si" é imediatamente "ser-para-o-outro", isto é, uma experiência da autonomia compartilhada entre liberdades válidas e que se reconhecem entre si.

No entanto, essa liberdade implica uma certa instabilidade no plano existencial. G. Hegel fala do conflito das consciências, que é o choque das liberdades, e J. P. Sartre fala da liberdade situada. Quando a minha subjetividade se impõe como certeza de si, implica que devo recusar a certeza do outro. Desse modo, qualquer valor que o outro queira partilhar será relativizado. Daí a dificuldade de aceitar o valor do outro no subjetivismo moderno, de modo que ao Estado é dada a incumbência de representar a razão de cada um, deslocando o problema sem solucioná-lo.

Nesse sentido, temos uma série de interpretações de linhas tênues sobre a superação da subjetividade para encontrar o outro. F. Silva fala da experiência de intersubjetividade, na qual eu não coincido com a autonomia do outro, mas a aceito como análoga à minha própria autonomia. Porém, nos dramas da modernidade, a subjetividade revela-se sempre a partir da mediação de nós mesmos, podendo cair numa contaminação narcisística, enquanto o outro se torna um obstáculo à minha liberdade. Para J. P. Sartre, quando transcendemos a nós mesmos, encontramos o outro. Santo Agostinho vai considerar que só encontramos verdadeiramente a nós mesmos se encontrarmos Deus em nós.

Enfim, F. Silva considera que a época moderna é a da certeza de si, porém que convive com a incerteza a respeito de tudo, com a prevalência do subjetivismo. Todas as tentativas que buscaram reajustar a existência numa perspectiva interindividual, como o marxismo, o existencialismo, o personalismo, a filosofia da libertação, conseguiram arranhar criticamente a certeza individualista, mas não conseguiram derrotá-la. F. Silva se pergunta se essas incertezas podem trazer alguma transformação significativa no modo como o ser humano concebe a si mesmo, mas, para ele, "a convivência pode significar tanto angústia como acomodação. Neste último caso, não estaríamos vivendo uma relação dramática com a verdade, mas um simples desinteresse por ela"[610].

L. Pessini é o mediador do tema: "Bioética na América Latina: algumas questões que desafiam o presente e o futuro".

O primeiro ponto que L. Pessini reflete é a questão social da Bioética. Partindo da realidade latino-americana, a Bioética tem um encontro obrigatório com a pobreza e a exclusão, e isso exige uma visão mais ampla, uma abordagem em nível macro.

> "Uma bioética pensada em nível 'macro' (sociedade) precisa ser proposta como alternativa à tradição anglo-americana de uma bioética elaborada em nível 'micro' (solução de casos clínicos). A bioética sumarizada num 'bios' de alta tecnologia e num 'ethos' individualista (privacidade, autonomia, consentimento informado) precisa ser complementada na América Latina por um 'bios' humanista e um 'ethos' comunitário (solidariedade, equidade, alteridade)"[611].

L. Pessini considera como características desse macro: 1) A justiça na saúde e nos cuidados da saúde é um conceito-chave para a América Latina; 2) Papel crítico da

---

610 Silva, F. L. e. "Incerteza e Alteridade", p. 161.
611 Pessini, L. "Bioética na América Latina...", p. 166-167.

Bioética em relação ao progresso técnico científico; 3) Garantir políticas públicas em relação às questões éticas; 4) Maior comunicação e diálogo entre os povos.

Um segundo ponto que se deve levar em conta é a diferença da Bioética latina da anglo-saxônica. L. Pessini afirma que a Bioética deve ser crítica em relação a qualquer tipo de procedimento que venha a desumanizar a vida. Na América Latina, a Bioética surge em meio aos problemas básicos da população, numa perspectiva ético-social, em vista do bem comum, e sua abordagem é a equidade na alocação de recursos e distribuição de serviços de saúde. Por isso, é imprescindível o respeito pela diversidade moral e a busca de um consenso moral.

O terceiro ponto que L. Pessini aborda é a mística ou o horizonte de sentido da Bioética. Trata-se da convicção da transcendência da vida, isto é, não deixar interesses egoístas suprimirem a voz dos excluídos. Na busca de uma vida digna para todos, a Bioética convida os grupos das diferentes áreas a unirem-se por um paradigma econômico e técnico-científico mais solidário.

Outro aspecto relevante é que se convive com uma série de modelos teóricos da Bioética e se deve respeitar as diferenças de cada proposta como uma experiência de pluralismo e tolerância. Os modelos podem estar inter-relacionados e serem complementares. Apesar da predominância que teve o modelo principialista, hoje a Bioética tem uma gama de abordagens teóricas e metodológicas que enriquecem seu estatuto epistemológico.

Existem algumas questões ainda pendentes na América Latina, como as que se relacionam à justiça, à equidade e à alocação de recursos na área da saúde. O paternalismo ainda impera, e é necessário lutar para que a população tenha acesso ao que lhe é de direito. A Bioética dos países desenvolvidos ignorou as questões básicas de milhões de excluídos e marginalizados.

L. Pessini, também, levanta a questão da ecologia, como um compromisso de todos em busca de um mundo habitável e saudável. Contudo, lembra que, em muitos países de populações pobres, além da exploração dos recursos naturais, muitos grupos são usados para pesquisas em seres humanos sem critérios éticos. É necessário estar atento a este tipo de exploração e desrespeito pela dignidade dos mais vulneráveis.

Não se pode deixar de abordar a questão da religiosidade latino-americana e caribenha marcada por valores e expressões culturais próprias. Diferentemente da cultura norte-americana, a América Latina faz um diálogo profícuo entre Bioética e Teologia, entre Bioética secular e universo religioso.

L. Pessini finaliza recordando V. Potter, que havia proposto a Bioética como ponte para o futuro. Na realidade latino-americana, a Bioética tornou-se uma ponte para a sociedade e daí para a cidadania. É uma consciência mais humanista e em vista de dignidade e de solidariedade.

C. Barchifontaine é o mediador do tema: "Educar para a cidadania". Numa análise do cenário atual, o autor levanta dois grandes desafios: o primeiro é de uma sociedade que enfraqueceu o seu corpo social e tem dificuldade de se identificar no problema do outro, como se tivéssemos uma insensibilidade diante das desgraças dos outros.

Em segundo lugar, a sociedade foge de seus limites e a finitude física é um obstáculo a ser superado. Desse modo, é preciso resgatar uma comunhão humana em torno da solidariedade e recuperar o verdadeiro valor da pessoa. C. Barchifontaine quer mostrar no seu ensaio como a Bioética pode ser uma ferramenta e uma ponte para o exercício da cidadania e, por consequência, uma ponte para a educação e a cidadania.

No Brasil, afirma o autor, a democracia corre riscos devido à péssima distribuição de renda no país. A lógica do Mercado não se preocupa com o cidadão, mas visa consumidores e, assim, vivemos num mundo dividido entre incluídos e excluídos. A pós-modernidade encarna um estilo de vida suspeito: o niilismo, o vazio, a ausência de valores. Sem grandes ideais, a pessoa pós-moderna entrega-se ao presente e extrai dele o máximo de prazer. A organização social se dá pelas novas tecnologias. Vale mais a sensibilidade que a inteligência na busca de sensações com o mínimo de dor. Há também uma apatia política, porque se perderam de vista os ideais.

Com o fortalecimento da globalização, é necessário estar atento às responsabilidades coletivas que temos diante do respeito à dignidade humana e da qualidade ambiental do planeta. Esse controle coletivo exige um claro plano socioeconômico e político. Nesse conjunto, a economia deve estar a serviço do bem-estar social, pois o bem de poucos não pode ser custeado pela maioria excluída, e que infelizmente, segundo C. Barchifontaine, acostumou-se com o assistencialismo social, colocando-a à margem de qualquer tentativa de inclusão.

Nesse sentido, a lógica da economia entra como uma base indispensável na engrenagem globalizante. Para muitos economistas, fora do mercado não há salvação, pois, nesse sistema, a produção é voltada ao atendimento dos desejos dos consumidores. Esse desejo é mais forte que a realidade, pois desejar estar no mercado não significa necessariamente estar nele. Somente o desejo dos mais aptos consegue trilhar o caminho da competição e da eficácia. O mercado já possui uma religiosidade na qual o dogma é o dinheiro que pode mover céus e terra.

C. Barchifontaine elenca também algumas causas da injustiça social no Brasil: a) Uma herança escravocrata que gerou uma mentalidade de indiferença em relação à desigualdade, à violência e à exclusão; b) A relação perversa entre os planos econômicos e as políticas sociais; c) A ineficiência de nossas políticas sociais. Esses três fatores nos mostram que programas sociais e planos econômicos precisam investir numa política que dê igualdade de oportunidades, pois esse é um dos fundamentos da democracia, a começar pelo acesso universal à educação e saúde.

Nesse sentido, a educação deve colaborar para que o cidadão possa participar ativamente da sociedade, sabendo de seus direitos e de seus deveres. Educar não é só transferir conhecimentos, mas formar cidadãos que cooperem na construção de uma sociedade justa e solidária. Deve-se priorizar um modelo de educação que seja dialógico e que colabore para a desconstrução de ideologias que fortalecem a discriminação e a desigualdade social.

É necessário, também, utilizar mais os instrumentos da democracia que se constituem uma verdadeira escola da cidadania, tais como os plebiscitos, os referendos, ações populares, as audiências públicas e muitos outros. Também pesam como expressões democráticas os movimentos sociais, as associações que reivindicam, de modo organizado, temas que o Estado muitas vezes se omite de tratar. Sem educação não há exercício de cidadania. Logo, a boa formação é um caminho seguro que permite o exercício e a conquista do conjunto dos direitos e da garantia de dignidade humana.

Nesse sentido, C. Barchifontaine faz uma analogia entre a educação e a Bioética, já que esta procura resgatar a dignidade da pessoa humana por meio de uma melhor qualidade de vida. Desse modo, a educação e a Bioética se complementam. É a Bioética cotidiana voltada aos problemas éticos da maioria das pessoas que poderá articular o acesso aos direitos da população de assistência sanitária, qualidade de vida e alocação de recursos para a saúde, educação e segurança. Educar com Bioética é educar para a cidadania.

E. Zoboli é a mediadora do tema: "Educar para a intersubjetividade e o cuidado". Para a autora, a conflitividade faz parte da educação para os valores. É necessário saber identificá-los e depois discernir responsavelmente sobre eles. Identificar um valor requer responsabilidade e coragem moral, isto é, quem carece de compaixão não consegue captar o sofrimento do outro. Portanto, o núcleo de uma educação que vise humanizar a vida de todos está na intersubjetividade e no cuidado.

A intersubjetividade está baseada numa ética de razão cordial, que busca ir além da razão procedimental, encontrando uma razão humana íntegra incrustada num corpo, que opera na inteligência e valoriza o afeto, não atuando alheia aos valores e sentimentos. A razão cordial requer competência comunicativa entre pessoas que se reconhecem cordialmente. O reconhecimento cordial nos permite apoiarmo-nos mutuamente para assumirmos juntos projetos de vida digna.

Dessa forma, a autora entende que a ética não é pura subjetividade, nem mesmo só a expressão de verdades objetivas, mas é uma intersubjetividade humana que nos torna vinculados uns aos outros. Quando negamos esse vínculo que há entre nós, começamos a declinar do outro, o que significa rechaçar os vínculos existentes, isto é, declinamos de nossas obrigações morais para com os outros. É o que vem acontecendo na lógica dos valores do Mercado.

A educação pode ser essa força de desmascaramento e de transformação de uma realidade imoral para uma realidade compatível com a dignidade humana. A educação teria uma tarefa de cultivar as predisposições necessárias para apreciarmos os valores. Para a autora, há três chagas incrustadas no coração humano: a glória, a competição e a desconfiança. Essas características geram pactos para a manutenção da vida e da propriedade.

Na sociedade atual, em relação aos desfavorecidos, viabilizam-se pactos de manutenção e não condições de vida digna. O pacto traz consigo a ideia de um contrato que parte do zero, mas, quando nos referimos ao reconhecimento cordial, nos damos conta de que já existe um vínculo que reclama ser reconhecido, um vínculo que a priori nos obriga moralmente. Por isso, a educação tem como meta o desenvolvimento da personalidade integral do educando, levando-o a atitudes e hábitos de responsabilidade e cooperação.

No reconhecimento cordial, a pessoa é e se constrói na relação, como intersubjetividade, sentindo-se responsável pelo outro. Nesse encontro com o outro, especialmente os mais vulneráveis, traz consigo o desejo de cuidado. No entanto, as formas de cuidado não estão prontas, mas devem ser construídas de maneira conjunta, coletiva, responsável. Nesse sentido, o cuidado corresponde a uma práxis de cidadãos morais, engajados na história e visam o bem comum da humanidade.

Infelizmente, nossos modelos educacionais cultivaram mais a culpa em vez da responsabilidade, e agora precisamos recuperar o sentido de uma cidadania na qual são compartilhados os fardos e os benefícios, bem como a cooperação para superar dificuldades.

Enfim, para E. Zoboli, é preciso educar para a conversão do coração, isto é, uma mudança de estilo de vida em que haja o reconhecimento cordial para uma convivência humana intersubjetiva, e do cuidado, em que se consiga discernir os valores para alcançarmos uma cidadania moral e uma sociedade habitável.

M. Millen é a mediadora do tema: "Educar para os valores". M. Millen faz uma introdução sobre a experiência que todos nós passamos: aprendemos conteúdos dissertativos, exortativos e normativos que, porém, não são aplicáveis na concretude da vida das pessoas.

Essa é a concepção bancária da educação, como sugere P. Freire, que desenvolveu uma longa crítica a este tipo de modelo de ensino. M. Millen fazendo a ponte entre questão da educação e os valores, acredita que é necessária uma outra pedagogia, mais dialógica e recíproca. Dialógica porque educação deve ser o encontro de pessoas, que têm uma realidade, um mundo a compartilhar e a transformar. No que se refere aos valores, M. Millen os conceitua como conceitos que traduzem nossas preferências com uma gama enorme de expressões: éticos, religiosos, políticos, humanos, universais e assim por diante. Em J. Piaget, valores são investimentos afetivos.

Assim, nessa época da hiper-racionalidade, M. Millen entende que podemos pensar valores a partir do coração. A pedagogia de Jesus pode iluminar o caminho desse diálogo e do discernimento dos valores que realmente são necessários.

A autora destaca alguns desses valores que considera interdependentes: 1) A gratidão e a liberdade: numa sociedade em que tudo tem um preço, a gratuidade torna-se um valor fundamental. Ser grato é fazer memória daquilo que somos, dos nossos limites, mas é também uma busca de perfeição. Da experiência de gratidão nasce a libertação.

A liberdade, para M. Millen, é um valor essencial que está em nossa origem, mas que precisa ser buscada e, assim, é dom, mas é tarefa; 2) Verdade, beleza e bondade: em resposta a essa busca da beleza de forma redutiva, como mera aparência, devemos recuperar o diálogo da ética com a estética e da verdade com a bondade. Uma busca pela beleza sem as bases que a fundamentam, que é a verdade e a bondade, se torna um esteticismo frio, uma aparência banal, uma vida artificial. Desse modo, para M. Millen, é necessário que o Teólogo Moral seja um pedagogo humilde, e deixe-se conduzir pela sabedoria.

J. Trasferetti é o mediador do tema: "Teologia Moral e pós-modernidade: em tempo de liquidez e incertezas". Para J. Trasferetti, estamos vivendo um novo *ethos* marcado pela efemeridade, pelo passageiro, pelo volátil e pelo líquido. E para o autor, a liquidez é a essência máxima que resulta dessa nova maneira de estar em sociedade. Uma vida líquida se dá quando não se define uma única direção, isto é, com a perda das crenças em visões totalizantes da história, não existem mais modelos seguros.

A lógica do Mercado, o acesso ao virtual, as conquistas tecnológicas, os progressos científicos, o acúmulo de dinheiro, o hedonismo, o relativismo, o consumismo produziram um novo homem que, segundo J. Trasferetti, tem pouca firmeza nas suas convicções e é indiferente. Não há nem entusiasmo e nem motivações que o impulsione a grandes mudanças.

J. Trasferetti analisa que, na sociedade líquida, o individualismo tende a crescer porque as experiências são rápidas e a vida se goza pessoalmente. Na busca incessante de modernizar-se, de desfazer-se do que se conseguiu ontem, o homem líquido não tem mais identidade. Os que não se atualizam são retardatários e serão excluídos por isso.

A vida líquida é uma vida de consumo, em que tudo vira objeto de uso e utilidade enquanto durar. O que comprei ontem, hoje já está ultrapassado, de modo que o lixo se tornou o maior produto da sociedade líquida de consumo. Isso traz como consequência uma constante insatisfação do homem consigo mesmo.

Diante disso tudo, J. Trasferetti sugere que a Teologia Moral deve confrontar o caminho da valorização do ser humano diante deste quadro de liquidez. Para uma formação da consciência, é necessária uma dura crítica aos meios de comunicação de massa e ao projeto consumista. O caminho, para o autor, é a educação. Por meio da educação, será possível uma nova sociedade livre e soberana capaz de enfrentar seus problemas com maturidade e lucidez.

### 5.3.13 A contribuição da Teologia Moral cristã numa sociedade plural e global – 2011

O XXXV ENSBTM realizou-se em São Paulo entre os dias 05 e 08 de setembro. O 35TG teve como foco: "A contribuição da Teologia Moral cristã numa sociedade plural e global"[612]. Os TEs abordados foram os seguintes: 1) "O sonho transdisciplinar", H. Japiassu[613]; 2) "A identidade diante da diferença", F. Silveira Filho, M. Millen[614]; 3) "A verdade diante do pluralismo", A. Menezes, A. Ferla[615]; 4) "A Teologia Moral diante da dor do outro", G. Cord Neto, N. Ribeiro Júnior[616]; 5) "A dor do outro: qual Teologia Moral?", A. Martins, R. Manuel, D. Jesus e E. Toneti[617]; 6) "Teologia Moral: do pluralismo reinante à pluralidade legítima", C. Oliveira e L. Pessini[618].

**Articulação dos principais argumentos dos Mediadores**

H. Japiassu é o mediador do tema: "O sonho transdisciplinar". Seu ensaio está em torno da contradição entre a solução de problemas globais e a persistência do conhecimento fragmentado. Nesse sentido, a educação precisa de uma reforma, na qual se possa privilegiar conhecimentos interdisciplinares e desenvolver uma pesquisa transdisciplinar. Para H. Japiassu, o transdisciplinar refere-se ao que está entre as disciplinas, através delas e além de cada uma. Isso exige saber contextualizar e globalizar, isto é, ver o problema de todos os ângulos e ter uma visão da complexidade do mundo e das ambiguidades do ser humano.

Para o autor, há uma miopia e quase uma cegueira social, que em vez de enfrentar o mundo para compreendê-lo, vive desviando-se dele ou interpretando-o inadequadamente. Por causa de nossa herança cultural, temos interpretado o mundo a partir de ideias claras e distintas, e, assim, separamos o que é unido, unificamos o que é múltiplo e eliminamos o que fornece contradições. Desse modo, é necessário romper com esse modelo que se reduz ao conhecimento fragmentado e considerar os sistemas complexos nos quais as partes e o todo se interfecundam e se interorganizam.

---

612 A obra referencial deste Encontro: Pessini, Leo; Zacharias, Ronaldo (Orgs.). *Ser e fazer*. Teologia Moral: do pluralismo à pluralidade, da indiferença à compaixão. Aparecida: Santuário, São Paulo: SBTM: Centro Universitário São Camilo, 2012.

613 Japiassu, Hilton Ferreira "O sonho transdisciplinar". In: Pessini, L.; Zacharias, R. (Orgs.). *Ser e fazer*..., p. 19-32.

614 Silveira Filho, Francisco Maciel. "Diálogos entre Identidades e Diversidade. In: Pessini, L.; Zacharias, R. (Orgs.). *Ser e fazer*..., p. 59-80; Millen, Maria Inês de Castro. "A identidade diante da indiferença". In: Pessini, L.; Zacharias, R. (Orgs.). *Ser e fazer*..., p. 81-96.

615 Menezes, Anderson de Alencar. "A verdade diante do Pluralismo". In: Pessini, L.; Zacharias, R. (Orgs.). *Ser e fazer*..., p. 33-58; Ferla, Anesio. "A verdade diante do pluralismo: verdade ou verdades". In: Pessini, L.; Zacharias, R. (Orgs.). *Ser e fazer*..., p. 97-110.

616 Ribeiro Júnior, N. "A Teologia Moral diante da dor do outro". In: Pessini, L.; Zacharias, R. (Orgs.). *Ser e fazer*..., p. 179-218.

617 Martins, Alexandre Andrade. "A dor do outro: qual Teologia Moral?". In: Pessini, L.; Zacharias, R. (Orgs.). *Ser e fazer*..., p. 237-246.

618 Pessini, L. "Em busca de uma Bioética global: frente ao pluralismo seria o consenso impossível?". In: Pessini, L.; Zacharias, R. (Orgs.). *Ser e fazer*..., p. 111-120; Oliveira, C. J. P. "Do pluralismo da rivalidade à pluralidade solidária". In: Pessini, L.; Zacharias, R. (Orgs.). *Ser e fazer*..., p. 121-140.

H. Japiassu entende que é necessário, mais do que uma simples justaposição de disciplinas, uma eliminação de suas fronteiras, permitindo, assim, uma comunicação fecunda entre elas. Fala de um diálogo ecumênico entre as disciplinas para evitar seu total esfacelamento. O problema da especialização trouxe uma fragmentação crescente do horizonte epistemológico: sabe-se quase tudo sobre o nada. É uma obesidade de informação e uma anorexia de conhecimento.

O especialista apossou-se de seu minifúndio de saber de que é proprietário e exerce seu minipoder. A interdisciplinaridade substitui essa concepção por um saber partilhado, no qual também são válidos as qualidades do coração e o entusiasmo que representam as raízes da inteligência. H. Japiassu não tem reservas em dizer que, em nosso sistema escolar, há um ostracismo devido aos preconceitos positivistas que insistem numa epistemologia reduzida que dissocia o saber, chegando ao ponto de chamar as instituições de ensino desta linha como "penitenciárias centrais da cultura", onde se armazenam e se distribuem a ração intelectual ou um saber mofado nocivo à saúde espiritual e completamente indigesto ao nosso tempo[619].

Qualquer inovação trará consigo o medo da mudança. Para H. Japiassu, o novo sempre incomoda, porque questiona o *status quo*. Em nossas instituições, existem mais encontros multidisciplinares que, na mão de bons manejadores de conceitos e métodos diversos, não mudam absolutamente nada na instituição. É necessária uma prática interdisciplinar para transformar as escolas, de modo que elas deixem de ser um lugar de reprodução do conhecimento para se transformar num lugar onde se produz um saber novo de modo coletivo e crítico.

H. Japiassu propõe instituições com estruturas flexíveis, métodos fundados nas aptidões intelectuais voltadas para o novo. Mas, para isso, deve-se ainda superar alguns obstáculos como: cargos ocupados por medíocres, peso da rotina, inveja e ódio fraterno, positivismo anacrônico, aprendizado por acumulação, departamentalização, carreirismo sem competência, ausência de crítica. Para contrapor a esses obstáculos, seriam necessários, para cientistas e educadores, os seguintes requisitos: uma razão mais turbulenta e agressiva, fazer da imprudência um método, colocar questões, ser mais independente nas ideias, ter razões para mudar, aceitar dúvidas e incertezas e não fazer concessões ao Saber.

H. Japiassu reconhece que há uma atrofia da imaginação política e um empobrecimento intelectual de nossas lideranças. Assim, o sonho transdisciplinar não só ajudaria a desmontar um edifício da razão fechada, mas também a recompor os segmentos dos nossos atuais conhecimentos. O autor acredita que é necessário estar aberto a um novo modo de pensar, de outra inteligibilidade, sem suprimir diferenças.

A. Menezes é o mediador do tema: "A verdade diante do pluralismo". Primeiramente, ele analisa o conceito de verdade como correspondência na perspectiva histórica. Platão é o primeiro a formulá-la de forma categorial, podendo se concentrar na premissa de que verdadeiro é o discurso que diz as coisas como são. Aristóteles, por sua vez, argumentava que afirmar o que é, e negar o que não é, é a verdade. E complementou com duas teses: uma de que a verdade está no pensamento ou na linguagem e não no ser ou na coisa, e a outra de que a medida da verdade é o ser ou a coisa e não o pensamento ou o discurso. Portanto, segundo A. Menezes, a definição de verdade e o critério de verdade coincidem.

---

619 Cf. JAPIASSU, H. F. "O sonho transdisciplinar", p. 24.

Santo Agostinho define a verdade como aquilo que é como aparece, bem como identifica a verdade com o *Verbum*, que é a manifestação perfeita do Ser, entendendo, assim, a verdade como aquilo que revela o que é, que se manifesta a si mesmo.

Tomás de Aquino vai retomar o conceito de verdade como adequação entre o intelecto e a coisa. A verdade tende ao intelecto de modo natural, e assim podemos chegar ao conhecimento dos universais e à essência das coisas.

A partir desses pressupostos, A. Menezes refere-se à perspectiva empirista e à perspectiva metafísica da aproximação da verdade. A primeira entende que a verdade é o que se revela imediatamente ao homem como sensação, intuição e fenômeno. Na segunda concepção, a verdade revela-se em modos de conhecimento, através da evidência, que é ao mesmo tempo definição e critério de verdade. Enquanto na primeira a verdade é identificada com o discernimento revelado pelo conhecimento através da sensibilidade, na metafísica, a verdade é a manifestação do ser ou do princípio supremo.

Na modernidade, o conceito de verdade como revelação, com base no critério de evidência, levou ao conceito de verdades eternas. Será I. Kant quem estabelecerá um pensamento metódico que se mostra como crítica à tradição que predominou seja na religião, seja na metafísica. As suas perguntas "O que posso conhecer?", "O que devo esperar?" e "Como devo agir?" abrem uma nova perspectiva antropológica reorientada pelos princípios de uma razão autônoma[620].

A. Menezes passa, então, a analisar a verdade a partir da ótica de J. Habermas, sob o prisma da virada linguística, que caracterizou uma mudança de paradigma, substituindo a consciência pela linguagem. J. Habermas refere-se a um corte metodológico e um hermenêutico. O primeiro quer superar a concepção de que todo o conhecimento deve ser pensado em termos de categorias mentais, rígidas. Na questão hermenêutica, há uma tentativa de analisar a razão de forma objetiva, na tentativa de esboçar um modelo de ciência reconstrutiva para um novo paradigma da razão. J. Habermas vincula o conhecimento ao vivido, não separa o subjetivo do objetivo e nem a verdade do método, pois estão, para ele, intrinsecamente ligados.

É importante destacar, também, a diferença que J. Habermas faz entre experiência sensorial e experiência comunicativa, isto é, entre a observação e a compreensão. Enquanto a primeira se refere a um âmbito mais individual de um sujeito voluntário, a segunda é mais ampla, constitui uma atividade comunicativa.

As diferenças de paradigmas atinge a dimensão da razão, quando, para J. Habermas, a razão comunicativa é intersubjetiva porque exige dois seres que se intercomunicam e pretendem o entendimento. Diferente, pois, da razão instrumental, na qual a noção de subjetividade tende a manipular e dominar os objetos. A filosofia da linguagem também renunciou o contato direto com fenômenos da consciência por atitudes que partem da análise das expressões linguísticas com finalidade de comunicar-se, isto é, "passa-se de uma relação subjetiva e autônoma para uma relação intersubjetiva e consensual"[621].

A. Menezes destaca que, no discurso que visa um consenso, o que vale é a busca cooperativa da verdade, tendo em vista o melhor argumento, mas que, por outro lado, não há maior satisfação quanto um consenso organizado da ação, isto é, traz consigo a condivisão de competências e a reconstrução de sentidos. J. Habermas,

---

620 Cf. MENEZES, A. de A. "A verdade diante do Pluralismo", p. 38-39.
621 MENEZES, A. de A. "A verdade diante do Pluralismo", p. 43.

na sua ação comunicativa, parte de uma ontologia, isto é, reconhece os sujeitos com capacidade linguística, cuja interação permite uma coordenação das suas ações: "a ação comunicativa racional se opõe a todo tipo de dogmatismo, de coação interna ou externa imposta aos sujeitos falantes e agentes [...], leva à emancipação de todas as formas de dominação social fazendo que os sujeitos cheguem à sua própria maioridade pelo uso racional da linguagem e do pensamento"[622].

F. Silveira Filho é o mediador do tema: "Diálogos entre Identidades e diversidades". Em relação à diversidade, F. Silveira Filho esclarece, logo no início, que não se trata só de uma diferença entre raças ou de idade e gênero. Muitos outros fatores contribuem para a definição de diversidade: história pessoal, profissional e coorporativa, estilo de vida, orientação sexual, origem geográfica, status de privilégio nos espaços sociais, etc.

Os teóricos nessa área vêm definindo alguns modelos conceituais sobre diversidade. E a ideia que prevalece é a de que, de fato, a presença da diversidade nas organizações trará um impacto na eficácia individual e organizacional, bem como na construção de identidades grupais.

Tanto os Estados Unidos como o Canadá garantiram, nas últimas décadas, dispositivos legais, de modo que os grupos discriminados podem ampliar seu acesso a posições de poder e prestígio. Porém, o Brasil tem características particulares de miscigenação, de modo que ainda não se reconhece um preconceito nas relações da sociedade, pois, no excesso de migrações e profusão de raças, a estratificação social, econômica e cultural esconde a discriminação sob o véu de uma diversidade isenta de preconceitos.

No início, os programas incluíam mulheres, índios, negros e hispânicos e, depois, foram incluídas as pessoas com deficiências. Há um sistema de cotas para melhorar a representação numérica das minorias nas empresas e instituições educacionais. As medidas governamentais são muito recentes e esbarram no problema de que ainda não se aceita que existam no país preconceito e discriminação. O povo brasileiro expressa ser pacífico e acolhedor, mestiço por natureza e, por isso, culturalmente ainda se escondem os preconceitos. Nas bordas do sistema, estão as mulheres, negros, índios, deficientes, homossexuais, bissexuais, transexuais, pobres, idosos, obesos, estrangeiros.

Normalmente se trata só a questão primária da diversidade, isto é, aquela que decorre das aparências mais superficiais. Para F. Silveira Filho, porém, existem outras esferas da diversidade que devem ser levadas em conta, tais como a religião, a escolaridade e a profissionalização. Deve-se também levar em conta a dimensão organizacional da diversidade como status profissional, sindicalização, local onde se trabalha. Também a dimensão da nacionalidade e a própria dimensão ligada à personalidade com o modo de ser, pensar, agir, atuar e sentir. A questão de fundo, para F. Silveira Filho, é saber se na gestão da diversidade no Brasil, aceitamos, assimilamos e integramos o diferente enquanto diferente ou se há uma tendência de padronizar diferenças como se estas pudessem ser amputadas.

Essas discussões tiveram seu início nos Estados Unidos, e, ainda hoje, o conceito de diversidade ainda sofre uma carência de rigor e fundamentação teórica. Quem vem se dedicando mais a essa área é a antropologia social, a psicologia e a sociologia. Entender a diversidade na sua complexa expressão social pode reverter em vantagem competitiva para as organizações, pois se aprende a lidar com o diferente e se garante mais responsabilidade social. Para F. Silveira Filho,

---

622 Cf. Ibid., p. 50.

"uma organização multicultural é aquela que é plural, caracterizada por baixos índices de discriminação e preconceito. Baixo nível de conflitos entre grupos representantes de diferentes categorias e que consegue garantir uma integração cultural nas redes de trabalho entre grupos majoritários e minoritários que a compõe"[623].

Para o autor, quando a diversidade se torna um transtorno é porque não foram bem trabalhados os planejamentos e execuções de sistemas que auxiliam a maximizar potencialidades e minimizar desvantagens, que são normais em qualquer organização. Isso se dá também em nível social, quando as pessoas manifestam atos trágicos, como atear fogo em mendigos ou espancarem prostitutas, provando uma não aceitação. Tanto na esfera corporativa quanto na esfera pública e social, é necessário que todo o sistema coloque em prática estratégias que ajudem a mudar a cultura organizacional. As organizações ganhariam, assim, uma maior satisfação de seus membros, com um consequente aumento de produtividade e, na sociedade, haveria mais desenvolvimento social.

No tocante à identidade do sujeito social, é preciso entender a complexidade da questão, porque é difícil darmos conta de todas as características humanas caracterizadas pelo social, psicológico, religioso, político, étnico e tantos outros. Quando nos perguntamos sobre a nossa identidade, buscamos consciência de nós mesmos. Porém, a identidade se constrói também no encontro com outras identidades. Por isso, F. Silveira Filho toma como definição de identidade o processo daquilo que queremos ser, tendo em vista quem somos agora e quem fomos instantes atrás[624], isto é, a identidade é esta mistura de muitas informações que vamos adquirindo ao longo da vida, de modo que tudo está ligado, inter-relacionado e interdependente. A identidade é determinada por condições históricas, sociais que, somadas às condições do próprio indivíduo, se expressa como determinante na definição dos espaços sociais.

Todos nós somos afetados por estereótipos, construídos na base social e alicerçados nas histórias pessoais. Esses estereótipos atrapalham, moldam e distorcem nossa percepção. Por isso, devemos nos esforçar para minimizá-los nas relações interculturais, através de uma consciência do valor do outro, conhecendo sua realidade e compreendendo seus símbolos e, assim, aceitarmos a diversidade como parte integrante e constituinte de nós mesmos.

M. Millen é a mediadora do tema: "A identidade diante da diferença". Aborda três tipos de identidade: a pessoal, a social-cultural e a identidade cristã.

No que diz respeito à identidade pessoal, a autora considera algumas características. A primeira: cada pessoa é única, mas também, sendo única e diferente dos outros, é múltipla, isto é, participa dos vários "eus" que constituem uma unidade. Estamos em processo, e, por isso, "ainda não somos", pois estamos abertos a infinitas possibilidades e nossa identidade não está pronta e acabada. Diante disso, podemos dizer que, ao mesmo tempo em que somos únicos, múltiplos e em processo, também somos relacionais, vivemos necessariamente em sociedade e, assim, somos com os outros.

Com relação à identidade social, a autora considera que essa identidade relacional, da qual necessariamente participamos, é composta de uma consciência da diferença e da identificação de símbolos. A realidade do outro me interpela, me responsabiliza, me compromete. No entanto, o outro pode ser também o nosso inferno, pois nossas relações são sempre envolvidas com conflitos. A experiência do outro

---

623 Silveira Filho, F. M. "Diálogos entre Identidades e Diversidade", p. 68.
624 Cf. Ibid., p. 72.

que me ama, me sustenta, me encoraja e me alegra, faz superar a negativa concepção do outro só como um obstáculo. Para a autora, numa sociedade fragmentada e individualista, com perda de valores éticos, é necessário um empenho para a formação ética de nossa identidade.

Por fim, M. Millen aborda a identidade cristã, que se caracteriza pela adesão a Jesus Cristo e ao seu projeto do Reino. A proposta de Cristo exige comportamentos coerentes com seu projeto, e o outro é uma primeira referência ética. A identidade cristã exige inclusão e, nesse processo, o outro deve ser amado e cuidado. Millen cita que, no Brasil, o último Censo de 2010 apontou que o número de católicos caiu para 68%. Talvez a instituição esteja tendo dificuldade em manter a identidade e tenha se distanciado do *ethos* do Evangelho. A autora, desse modo, entende que é necessário um exame de consciência para avaliar se nossa identidade, em vez de ser uma unidade na diferença, está se tornando indiferente a muitos.

A. Ferla é o mediador do tema: "A verdade diante do pluralismo: verdade ou verdades?". Ele começa seu discurso com uma abordagem do contexto atual que nos interpela a partir dos rápidos processos de mudança ocorridos nos últimos anos, como o avanço da biotecnologia, a consolidação dos métodos democráticos, os avanços e retrocessos econômicos e políticos, a cultura do consumo, do novo, do estético, da imagem. A secularização cresce a passos largos e traz suas consequências da laicização, da dessacralização e do ateísmo. O aumento das migrações é outra característica da dinâmica social, em que prevalece um desenraizamento das identidades culturais. Por consequência, aumenta-se a pobreza e a exclusão traz respostas com mais problemas sociais, como o tráfico de drogas e tudo o que deriva dele em uma sociedade fragilizada e sem referenciais.

A. Ferla contextualiza essa experiência a partir das cinco gerações que se pode destacar nos últimos 60 anos: 1) Tradicionais (até 1945), geração da guerra e da reconstrução; 2) *Baby-Boomers* (1946-1964), filhos do pós-guerra, lutaram pela paz; 3) Geração X (1975-1977), experimentou mais qualidade de vida, liberdade individual e tecnologia; 4) Geração Y (1978-1995), valorização da infância, educação sofisticada, acesso à alta tecnologia, de resultados rápidos; 5) Geração Z (a partir de 1995), inclusão tecnológica, crianças realizam várias atividades, buscam emprego em curto prazo, atentos aos problemas sociais e ao meio ambiente. É uma geração, segundo Ferla, que não quer conviver com disciplina e enquadramentos.

Nesse cenário, encontramos também um horizonte transcendental. Apesar desse cenário de incertezas, há um crescimento do pluralismo religioso, e isso pode ser uma resposta aos anseios que o homem tem de superar seus próprios limites. Os dados mostram que cresce o número dos sem religião e há uma des-catolização que rompe com a instituição. Mas, por outro lado, existe um revigoramento espiritual, uma busca do sagrado, o que nos leva a reconhecer as sementes do Verbo plantadas nas diversas expressões religiosas da pós-modernidade.

A. Ferla, enfim, acredita que é preciso recuperar uma economia solidária, um modelo econômico menos excludente e recuperar a esperança na humanidade, revigorando as fontes de espiritualidade como a alma da cultura e da sociedade.

L. Pessini é o mediador do tema: "Em busca de uma Bioética global: frente ao pluralismo seria o consenso impossível?". Ele faz, no início, uma apresentação da obra de T. Engelhardt sobre a Bioética global[625], que é fruto de um esforço de vários autores que aprofundam as questões éticas atuais. O próprio T. Engelhardt entende

---

625 Cf. ENGELHARDT JÚNIOR, Hugo Tristam (Org.). *Bioética Global*: o colapso do consenso. São Paulo: Paulinas: São Camilo, 2012 apud PESSINI, L. "Em busca de uma Bioética global...", p. 111.

que essa obra é uma análise da condição moral humana e admite que as guerras culturais que fragmentam as reflexões Bioéticas estão fundadas em uma diversidade moral insolúvel que, no máximo, nos permite viver como estranhos morais.

Para L. Pessini, há um forte ceticismo diante da diversidade e do pluralismo moral que dificultam um projeto para uma Bioética Global. Ele relembra a linha do teólogo italiano B. Forte, que, para fazer um *check-up* dos tempos pós-modernos, utiliza a imagem de quatro metáforas: 1) A metáfora do naufrágio, para dizer que a humanidade experimenta uma situação de avaria dos seus instrumentos de navegação e de direção; 2) A metáfora da liquidez, para expressar que tudo se volatizou; 3) O encontro das Religiões com as civilizações significa o encontro das identidades plurais correndo o perigo de uma voltar-se contra a outra; 4) Torre de Babel, para dizer da impossibilidade de entendimento expressada, por exemplo, na permanente crise econômica que faz sofrer os mais vulneráveis. A resposta dada pelo teólogo B. Forte estaria baseada em uma ética: 1) Nunca sem o outro, isto é, os náufragos precisam uns dos outros para sobreviver; 2) No princípio de tudo o Dom, para dizer que a gratuidade e o amor incondicional são valores imprescindíveis para qualquer mudança; 3) Não existe ética sem a prática da Justiça, isto é, na aldeia global a necessidade de reconhecer o direito do outro; 4) Uma ética da transcendência, que seja capaz de resgatar o amor e a esperança[626].

L. Pessini também traz para a discussão a reflexão de H. Küng, que fala de um projeto de ética global como uma aliança entre crentes e não crentes por um novo *ethos*[627]. As religiões têm um papel fundamental num projeto de responsabilidade global. Alguns temas precisam ser garantidos na agenda das religiões, tais como: a não violência, o respeito à vida, a solidariedade e a justiça, a tolerância, os direitos iguais. No que se refere a nossa especificidade cristã, L. Pessini reafirma que Cristo é a luz que ilumina a ação do cristão no mundo e é por Ele que podemos dizer algo sobre a vida, contribuindo com um projeto de um *ethos* mundial.

Para L. Pessini, devemos ter a convicção ética de crescermos juntos como amigos morais e não como estranhos morais, nutrindo respeito e solidariedade.

C. Oliveira é o mediador do tema: "Do pluralismo da rivalidade à pluralidade solidária". Na visão do autor, a pluralidade é um fenômeno que penetrou todos os domínios da cultura e não para de crescer. Desse fato surge um pluralismo como uma exaltação mística da pluralidade, como um valor universal inegável que se apodera da opinião pública e de toda sociedade.

Para enfrentar essa ideologia é necessária uma ética que resgate uma pluralidade autêntica, que valorize a diferença para construir a solidariedade e não um pluralismo ideológico que quer detonar com qualquer modelo normativo. Por isso, é preciso uma distinção entre o fenômeno da pluralidade e a ideologia do pluralismo.

A pluralidade é um fenômeno dentro do contexto do progresso técnico-científico, de uma economia racional e de uma comunicação sofisticada do capitalismo industrial. É resultado, também, de uma lógica acelerada das exigências do mercado que dinamiza e torna o mundo pequeno devido à grande mobilidade, unindo setores, re-

---

626 Essa reflexão foi realizada no II Congresso Mundial de Ética Teológica, em Trento na Itália, de 24 a 27 de julho de 2010. Cf. FORTE, Bruno. "Ethics and interreligious Dialogue in a Globalized World: a Catholic Perspective". In: KEENAN, James (Ed.). *Catholic Theological Ethics, Past, Present and Future*. The Trento Conference. New York: Orbis Books, 2011, p. 11-17.

627 Cf. KÜNG, Hans. *Projeto de Ética Mundial*. Uma moral ecumênica em vista da sobrevivência humana. São Paulo: Paulinas, 1992 apud PESSINI, L. "Em busca de uma Bioética global...", p. 117.

giões, categoria de pessoas. Esse encontro plural pode se traduzir como uma riqueza de patrimônios culturais que se unem. Diferentemente de outras épocas em que as conquistas eram realizadas por invasões e ocupações feitas pelos grandes impérios, agora, a economia e a comunicação permitiram uma navegação por entre as culturas, inaugurando uma humanidade plural.

C. Oliveira considera que o início dessa pluralidade moderna foi marcado por brutalidades na colonização, e infelizmente continua a mapear desigualdades. Mas, hoje, a humanidade se vê plural e associa a essa visão um valor, um modo de viver e conviver, de produzir e comunicar. Esta ostentação da pluralidade como uma evolução cultural tem também o seu lado pernicioso, de desordem, de imoralidade. Nesse sentido, a Teologia deve trilhar um caminho de sabedoria para analisar a pluralidade, bem como o seu lado ideologizado, para responder a alguns desafios da atualidade. É a busca de uma ética da liberdade, da autonomia, da responsabilidade, da justiça e da solidariedade que poderá responder à altura, para a guerra aberta entre os radicais do absolutismo e do relativismo moral.

Para C. Oliveira, "o relativismo pós-moderno que anima o pluralismo é o absolutismo pelo avesso"[628], devido ao fato de que o Absolutismo, na história, relativizava as liberdades individuais e, agora, o pluralismo universal relativiza as normas, mostrando-se como uma emancipação total.

C. Oliveira recorda que E. Lévinas se recusa a fundar seu paradigma na liberdade, por esta estar ligada irreparavelmente ao egocentrismo individualista. Para superar essa visão egocêntrica, é preciso reconhecer o outro, e C. Oliveira amplia esta premissa para fundamentar uma ética autêntica fundada na gratuidade, no serviço, no dom de si.

C. Oliveira propõe como paradigma, diante das interpelações da modernidade, os conceitos de Valores e Virtudes. Para ele, esse binômio de excelência e perfeição pode ser confrontado com as exigências da moral tradicional, bem como com o problema do pluralismo. Esses valores dão praticabilidade ao projeto ético. Valores, para C. Oliveira, "são os princípios normativos supremos, fontes de motivação e de legitimação das opções, ações e decisões, assumidas com reflexão e liberdade"[629]. Nesse sentido, esses valores, na medida em que visam o bem do homem, dão harmonia às suas escolhas em vista de um bem comum.

No que se refere às virtudes, C. Oliveira acredita que elas garantem uma ética, não como doutrina, mas como força interior que atrai o bem. É uma afinidade com o bem conquistado e o bem interiorizado. O ser humano – pela virtude – é impulsionado sempre mais a se aprimorar.

O pluralismo ideológico mostra-se fortalecido com uma série de aliados, tais como o relativismo, o subjetivismo e o individualismo. Por outro lado, a ética mundial vem mostrando sua força no contexto globalizado com sua dinâmica de denúncias, seja na área da ecologia, como nas reivindicações sociais, promovendo a preservação da vida. A ética mundial, que não se restringe a quadros confessionais ou culturas, tem o papel de despertar a humanidade para um novo alvorecer. "A ética mundial é o imperativo religioso, o mandamento que vem do coração de todas as religiões. Muito particularmente se afirma qual corolário teológico primordial da revelação cristã"[630].

---

628 OLIVEIRA, C. J. P. "Do pluralismo da rivalidade à pluralidade solidária", p. 133.
629 Ibid., p. 136.
630 Ibid., p. 139.

Segundo C. Oliveira, a ética mundial seria uma possibilidade em que as religiões poderiam resgatar aquilo que perderam por infidelidade à inspiração fundadora. Assim, uma ética mundial deverá aceitar um núcleo comum coerente com princípios e valores e direitos humanos fundamentais, bem como reconhecer a dinâmica do mundo globalizado, sua índole sistêmica. A viabilidade de uma ética mundial passa pela compreensão de como se organiza a sociedade para poder atuar com uma semelhante compreensão sistêmica, aplicando os modelos da ética em todos os setores da sociedade.

N. Ribeiro Júnior é o mediador do tema: "A Teologia Moral diante da dor do outro", cuja finalidade é refletir sobre o tema da alteridade e como a Teologia Moral trabalha com esse panorama da complexidade do mal, no que se refere ao sofrimento humano. Foca-se, com a alteridade, não o sujeito moral, mas a relação intersubjetiva e social do contato com a dor do outro como Rosto padecente. Para N. Ribeiro Júnior, o advento da Bioética provocou uma virada na maneira de produzir reflexão moral. O sofrimento do outro pode estar ligado a questões como vulnerabilidade, terapias preditivas, prolongamento da vida humana, formas de biopoder, sem deixar de lado o sentido que a dor e o sofrimento trazem consigo como "vestígio" da passagem de Deus que se revela no padecimento do Rosto humano.

A Teologia Moral só poderá se debruçar sobre a questão da dor do outro se este, por sua vez, se revela na sua dor, para evitar uma reflexão abstrata e sem sentido. É no contato e na proximidade que se pode ter acesso ao mal que o sofrimento traz consigo. A dor extrapola a abordagem meramente empírica e se tem acesso ao seu real significado quando o outro manifesta seu sofrimento. Desse modo, é preciso repensar o discurso ético-teológico que mantinha uma distinção entre o mal moral e o mal físico. Ao lidar com a alteridade do outro que padece, o que vale é o testemunho, isto é, somente quem está sofrendo a dor é quem pode expressar a verdade sobre ela. Por isso, a Teologia Moral deve mostrar que a radicalidade do mal não se reduz a uma questão terapêutica, mas diz respeito a uma realidade complexa que escapa à biologia e à ética. "A dor remete tanto à iniquidade do mal como à intangibilidade do sofrimento humano, porque diz respeito à morte dramática do outro que, por sua vez, aparece como outro em sua *santidade* de Rosto humano"[631]. N. Ribeiro Júnior, também, recorda da responsabilidade coletiva, da imputabilidade e da responsabilidade moral diante da dor, do sofrimento e da morte do outro, pois, muitas vezes, uma sociedade corrobora para que o mal se enraíze na história.

Para N. Ribeiro Júnior, a vulnerabilidade seria um critério, ou uma categoria fundamental para a Teologia Moral poder atuar na ambivalência entre a manifestação da gratuidade do mal e a irrupção da santidade do Rosto.

A fenomenologia pode ajudar a compreender melhor o evento da vulnerabilidade do outro no sentido de que o Rosto se mostra em sua nudez. Significa que o Rosto se manifesta além da plasticidade, sem artimanha ou estratégia revelando sua condição indigente e indefesa, reivindicando ser acolhido. A significação da alteridade do seu argumento, dos seus direitos, da sua pretensa sacralidade. A nudez do Rosto é a vulnerabilidade do outro na sua verdade que se revela como uma significação sem contexto, isto é, ele significa por si mesmo, a si mesmo. Desse modo, o princípio da vulnerabilidade retroalimenta a experiência ética do dom em que o sujeito está disposto a cuidar para que o outro não seja abandonado na sua dor.

---

[631] RIBEIRO JÚNIOR, N. "A Teologia Moral diante da dor do outro", p. 196.

A Bioética tem utilizado muito a categoria de vulnerabilidade, entendida como suscetibilidade a ser ferido. Desse modo, leva-se em conta a precariedade de todos os seres viventes, que se encontram ameaçados de serem feridos. Nesse sentido, reforça-se a ideia de que o ser humano (e todos os seres vivos) está sujeito a sofrer e a padecer e, portanto, precisa de cuidados. Essa situação acentua a interdependência entre os seres humanos, diante da vulnerabilidade. Do ponto de vista Bioético, retoma-se a reflexão do exagero de muitas medidas terapêuticas que negam a alteridade. O Biopoder volta-se única e exclusivamente para o tratamento da dor física, isolando o indivíduo como padecente. Há uma tendência clara de privatizar o tratamento da vulnerabilidade humana e, por isso, a Bioética chama a atenção para uma visão mais ampla da vida em todas as suas dimensões.

A Teologia Moral, por sua vez, elabora sua crítica ao Biopoder e à privatização da vulnerabilidade, fundamentando-se "no impacto da santidade de Deus, plenamente revelada na vulnerabilidade do Filho, sobre a relação dos seres humanos. A santidade de Deus em Cristo, por sua vez, passa e se passa na vulnerabilidade do Rosto"[632]. A partir disso, entende-se que perguntar por Deus diante da vulnerabilidade é perguntar pela identidade do ser humano. O Rosto de Cristo emerge, assim, como expressão do outro humano vulnerável. No "Eis o meu corpo entregue por vós" há um convite a oferecer-se pela vulnerabilidade do outro, um chamado a oferecer-se a si mesmo como corpo entregue ao Rosto vulnerável.

> "Em última instância, a Teologia Moral interpelada pela humanidade de Deus, que se revela na vulnerabilidade do Rosto e na sensibilidade do ser humano cuidador do outro, tende a estruturar-se em função do 'Princípio Vulnerabilidade' como maneira de superar o impasse das teorias da ação ético-moral que correm o risco de abstrair o sentido da sensibilidade, que evoca a subjetividade a partir da relação, ao acentuar ainda hoje a ética da autonomia centrada no sujeito abstrato"[633].

G. Cord Neto é o mediador do tema: "Sobre a relação entre a ética teológica e o sofrimento". Ele entende que, para a fé cristã, o sofrimento é um problema teológico por excelência, pois fala ao mesmo tempo da nossa indigência e da atuação de Deus. Contudo, o sofrimento é também motivo de reflexão e nos orienta para a vida. A busca incessante por uma verdade moral sobre o sofrimento perpassou o seio de muitas comunidades humanas.

Nas Sagradas Escrituras, são relatadas experiências de sofrimento, mas, ao mesmo tempo, um chamado à plenitude, à santidade da vida. Há fundamentalmente um apelo à confiança. Na busca do sentido do sofrer, há atitudes de arrependimento e conversão. A Revelação em Jesus Cristo se dá pelo sinal da cruz. Em Cristo, os cristãos aprenderam com o sofrimento orientando a vida para Deus. Esta experiência de sofrer é uma passagem, como nos provou Jesus, confiando no Pai. Por isso, toda experiência de sofrimento traz consigo a sabedoria do acompanhamento. Podemos não eliminar o sofrimento, mas o cuidado é essencial.

G. Cord Neto destaca a força que brota do sofrimento, a qual chama de coragem. O próprio Jesus disse: "Coragem! Sou eu. Não tenhais medo" (Mt 14,27). A coragem pode ser vivida por quem sofre, como também por quem acompanha. Ninguém deve buscar o sofrimento para obter recompensa. Mas somos capazes de discernir suas causas: de uma injustiça, do nosso pecado ou uma causa natural, o

---

632 Ribeiro Júnior, N. "A Teologia Moral diante da dor do outro", p. 209.
633 Ibid., p. 216.

fato é que o sofrimento sempre nos ensina, sempre enriquece o autoconhecimento e nos ajuda a decidir.

Há uma correspondência entre o sofrimento e o amor, como podemos ver nos padecimentos de Israel e na Paixão de Cristo. A história da humanidade revela-se através do amor e da compaixão. O amor é alento e ânimo, mesmo quando se sente que as forças físicas se esvaem.

Na Ética Teológica, podemos preservar o exercício da liberdade e da dignidade humana mesmo quando temos sofrimentos, através de atitudes solidárias e com cuidado para com o sofredor. É também uma responsabilidade coletiva o cuidado da justiça para com os que sofrem.

E. Toneti é o mediador do tema: "A Teologia Moral e o entardecer da vida", retomando a questão do tema anterior e entendendo que a Teologia Moral se defronta com a questão do sentido da dor e do sofrimento e o motivo pelo qual Deus os permite.

Inicialmente, o autor faz uma reflexão sobre os progressos na medicina que trouxeram uma série de benefícios no enfrentamento da dor. Para os idosos, pesam muitos fatores, a começar pelo *status* de descarte que recebem na sociedade de consumo. Outro problema que o idoso enfrenta é a aceitação familiar, devido às grandes mudanças do perfil social da família. Também conta muito o ritmo acelerado da vida, o qual muitos idosos não conseguem acompanhar. O processo de envelhecimento vem entrando em conflito com as novas formas de organização familiar e social, trazendo para muitos idosos o fracasso e o tédio.

E. Toneti entende que, na crise existencial peculiar da velhice, o papel da Teologia Moral seria colaborar para o resgate de um novo sentido do mistério da solidariedade. É preciso que a pessoa idosa redescubra os valores humano-religiosos de sua idade, vivendo esse tempo com a intensidade que lhe é própria. Outro fator determinante é conscientizar as famílias de manterem os vínculos afetivos com seus idosos.

Enfim, no entardecer da vida, quando vem à tona mais fortemente as crises existenciais, é necessária uma espiritualidade do envelhecimento. O amor que ultrapassa a barreira do tempo e da idade é o critério para uma espiritualidade de abertura ao outro. Não podemos permitir que os idosos sejam relegados à periferia da sociedade, lançando mão de suas aptidões e de sua sabedoria; ao contrário, eles podem contribuir para o bem social e para a defesa dos valores humanos.

A. Martins é o mediador do tema: "A dor do outro: qual Teologia Moral?". Como o próprio autor menciona no início de seu ensaio, seu objetivo é passar um relato de sua experiência como capelão hospitalar.

A primeira questão de relevância na sua experiência pessoal é tocar o sofrimento com a mão, isto é, sair da reflexão abstrata e ser sensível à realidade do outro, sentir-se afetado pelo sofrimento do outro. É o contato com a fragilidade do corpo, nua e crua, que nos impulsiona a transcender.

O hospital é um ambiente complexo, onde se misturam sentimentos de superação e de esperança com aqueles de desespero e abandono. Como exemplo, o autor lembra o caso dos recém-nascidos com enfermidades congênitas, que silenciam qualquer teologia. São tantas pessoas envolvidas, tantos profissionais obcecados pela cura que, às vezes, se esquecem do cuidado.

O secularismo e a tecnologia dominam o ambiente hospitalar, e isso afeta diretamente a relação médico-paciente, pois a tendência é que os pacientes serão tratados como objetos de pesquisa. Mas, por trás do cuidado com a excelência na pesquisa, existem muitos profissionais que interagem e sofrem com seus pacientes. A. Martins cita a filósofa francesa S. Weil (1909-1943), que trabalhou com a população vulnerável do seu tempo. A experiência com os seus desventurados operários fez com que S. Weil passasse por uma verdadeira *metanoia*, e, após isso, sua reflexão passa a ser feita a partir dos seus dramas. Usando o termo *malheur*, que significa desventura, a filósofa reflete sobre este desenraizamento da vida de quem prova a dor, o sofrimento e a desventura. O fator social pesa sobre a ocorrência do *malheur* e se não há uma intervenção, há uma degradação social. A desventura (*malheur*) é a alma ferida, degradada, desconsiderada, à margem, desenraizada e, por isso, segundo A. Martins, representa uma dor muito maior que o sofrimento físico.

É a partir dessa experiência que S. Weil encontrou o cristianismo e procurou responder a esta dura realidade, mergulhando no sofrimento, o que afetou o seu modo de olhar e a fez perceber a existência de vulneráveis. A Teologia precisa deixar-se afetar pelos desventurados para não construir um mundo inexistente. Assim também A. Martins relata que na sua vida houve uma *metanoia*, depois que começou a trabalhar no hospital. Para ele, a Teologia precisa fazer uma reflexão que brote da realidade dos desventurados, e enamorar-se do Verbo que se encarnou no meio deles. A Teologia precisa sair da zona de conforto das cátedras acadêmicas e ter coragem de mergulhar nos verdadeiros dramas da vida.

### *5.3.14 Síntese da Fase 3*

A fase 3 caracteriza-se por um período um pouco mais longo do que as fases anteriores, acrescentando-se dois anos. É uma fase na qual os dados mudam significativamente e a SBTM vai se mostrando com algumas diferenças marcantes no processo de construção da Teologia Moral no Brasil.

No que se refere aos temas, é interessante notar que não temos nenhum TG exclusivo da área de Teologia Fundamental. São 7 (sete) Temas mesclados entre a Fundamental e a Especial (f+s) e todos os demais temas da Área Especial, com crescimento dos Temas Específicos da moral da vida e da pessoa (sp), especialmente com referenciais da Bioética[634].

Um fator que salta aos olhos é o crescimento significativo do laicato como mediadores nos debates. De 26 (vinte e seis) leigos da F2, temos agora nesta fase a participação de 54 (cinquenta e quatro) leigos. Há também um número significativo de mulheres que, na F2, somavam 9 (nove), e agora, na F3, somam 31 (trinta e uma). Pela primeira vez, o número de especialistas em outras áreas foi maior que o número dos teólogos morais, o que mostra um maior diálogo com áreas afins, compondo 67 (sessenta e sete) moralistas e 69 (sessenta e nove) profissionais de outras especialidades.

O número de mediadores brasileiros praticamente triplicou, passando de 43 (quarenta e três) da F2, para 121 (cento e vinte e um) na F3, e os moderadores estrangeiros passaram de 30 (trinta) na F1, para 26 (vinte e seis) na F2 e, finalmente, 15 (quinze) na F3. Equilibrou-se, também, a questão da formação, somando-se 67 (sessenta e sete) mediadores formados na América Latina e 69 (sessenta e nove) na Europa.

Em relação às publicações, há uma retomada e um impulso semelhante à F1, e, assim, temos 6 (seis) livros publicados com 41 (quarenta e um) ensaios de diferentes autores, que puderam publicar suas reflexões realizadas nos Encontros Nacionais da SBTM. Uma nova série recomeça em 2008, agora com uma nova característica de

---

[634] Cf. Apêndice, Tabela 2.

apresentação, a começar dos títulos: "Ser e..." caracterizando uma linha que desponta na SBTM e que vamos analisar na próxima parte desta obra.

Enfim, ao final de três Fases aqui dispostas, somamos os seguintes dados: foram analisados 35 (trinta e cinco) Encontros Nacionais; 506 (quinhentos e seis) palavras-chave, das quais 57 (cinquenta e sete) foram classificadas como da moral fundamental, 155 (cento e cinquenta e cinco) da moral geral, 73 (setenta e três) da moral da pessoa, 161 (cento e sessenta e uma) da moral social e 60 (sessenta) de outras áreas afins; 260 (duzentos e sessenta) mediadores, dos quais 146 (cento e quarenta e seis) religiosos, 23 (vinte e três) diocesanos, 91 (noventa e um) leigos, 214 (duzentos e quatorze) homens e 46 (quarenta e seis) mulheres, 141 (cento e quarenta e um) formados em Teologia Moral, 119 (cento e dezenove) formados em outras áreas do conhecimento; 189 (cento e oitenta e nove) mediadores brasileiros, 71 (setenta e um) estrangeiros, 95 (noventa e cinco) com alguma formação na América Latina e 165 (cento e sessenta e cinco) com alguma formação na Europa; 16 (dezesseis) publicações de livros com 98 (noventa e oito) artigos, 19 (dezenove) artigos de revistas, 44 (quarenta e quatro) publicações afins e 87 (oitenta e sete) temas cujas publicações são desconhecidas ou não foram oficialmente divulgadas.

São três Fases que formam um conjunto, separadas para efeito de um estudo mais aprofundado. Porém, trata-se de um mesmo processo de busca de respostas às questões morais de cada tempo, num diálogo contínuo com a história e a cultura, de modo que a Teologia Moral, no Brasil, esteve sempre atenta à realidade, ao seu contexto e às circunstâncias que a definem em cada Fase.

Temos uma visão de conjunto dos conteúdos abordados como parte do processo realizado pela SBTM como resposta ao Concílio Vaticano II e às exigências de renovação da Teologia Moral. Como já vimos, a Teologia Moral nunca esteve isenta dos ditames do contexto histórico e da dinâmica social de sua realidade. Na sua leitura sobre a realidade, procurou interpretá-la segundo os critérios de sua epistemologia, sem nunca deixar de levar em conta os sujeitos sociais a partir do seu *ethos*.

Depois de termos esse mapeamento, possibilitado através do levantamento de dados, passemos dos números para o significado que estes dados podem revelar no processo da Teologia Moral no Brasil. Apesar de sabermos da impossibilidade de analisarmos todos os dados na sua totalidade e riqueza de conteúdos, ao menos damos um primeiro passo para um longo caminho que se abre para melhor compreendermos como identificar a Teologia Moral no Brasil.

# PARTE IV

# O ROSTO DA TEOLOGIA MORAL NO BRASIL A PARTIR DOS REFERENCIAIS DA SBTM

"A Teologia Moral teria de ser praticada como se estivesse diante da luz de um farol, que ora se acende e ora se apaga, diante dos ocupantes de um barco em alto-mar, numa noite escura e à procura de uma orientação mais do que um ancoradouro seguro."

N. Ribeiro Júnior

# Capítulo VI
# As Facetas da Teologia Moral no Brasil

Verificamos, na primeira e segunda partes desta obra, o contexto histórico, bem como os pressupostos que antecederam a SBTM. Pudemos determinar, assim, em que base foram dados os seus primeiros passos, sobre quais degraus ou obstáculos teve que subir para determinar o seu campo de visão e quais os impulsos que recebeu para dar o salto que determinaria seu potencial.

A base dessas mudanças, como já dissemos, foi construída em torno de uma longa história da Teologia Moral, que procurou definir seu espaço no *corpus theologicus* como disciplina autônoma.

Os degraus e obstáculos referem-se exatamente às controvérsias que derivavam das diferentes linhas de compreensão, como é o caso dos sistemas morais, da casuística, dos Manuais para confessores, do legalismo influenciado pelo Código de Direito Canônico, enfim, de uma série de facetas nas quais a Teologia Moral foi perdendo sua força de expressão, bem como sua identidade como ciência.

Em relação aos impulsos e ventos que colaboraram para esse caminho, entram em questão as influências filosóficas do existencialismo, a corrente da teologia protestante e as experiências políticas e sociais do último século, que assolaram o mundo com duas guerras mundiais, repercutindo as consequências no caminho da moralidade e da sua compreensão de mundo.

Todos esses fatores contribuíram na criação da SBTM, que deu um impulso na interpretação desses fenômenos, já refletidos pela Igreja Universal no Concílio Vaticano II, pela Igreja Continental, em *Medellín*, e pela Igreja local, através dos documentos da CNBB, dando início a um processo de transição ou, como estamos chamando, um "salto" de originalidade na Teologia Moral no Brasil.

Após termos passado por alguns pressupostos históricos, realizamos um levantamento de dados que nos possibilitou um encontro com os conteúdos. Com isso, temos em mãos alguns dados – não todos certamente – para decifrar o olhar da SBTM sobre a Teologia Moral, e compreender seu caminho, suas interpretações e seu modo próprio de elaborar Teologia Moral.

Para isso, procuraremos responder a três perguntas: qual a face ou as faces da Teologia Moral no Brasil que emergem dos dados levantados da SBTM? Qual a contribuição que a SBTM oferece à Teologia Moral como um todo? E qual o *continuum* e o *proprium* da Teologia Moral no Brasil no período pesquisado?

Apresentaremos a seguir uma visão panorâmica dos temas tratados pela SBTM, buscando articular os dados com os conteúdos, compreender as proposições de cada Fase, destacar os principais argumentos da elaboração das respostas morais aos desafios do *ethos* brasileiro como parte do processo criativo da dinâmica metodológica latino-americana.

Para responder a essas perguntas, deixaremos falar os dados e os mediadores, para que a originalidade dessa visão seja compreendida no seu *locus* próprio e a partir de quem as elaborou.

## 6.1 Teologia Moral Transitivo-crítica: um salto qualitativo

Como já observamos na síntese da primeira fase, a dinâmica dos primeiros Encontros nos mostra um contínuo progresso, seja no número de participantes, seja na organização da SBTM, seja na abordagem dos seus conteúdos.

Lembramos que, nessa pesquisa, a primeira Fase (F1) da SBTM corresponde aos onze primeiros Encontros (1977-1987). O primeiro Encontro ocorrido em 1977, em São Paulo, com seus 15 professores de Teologia Moral, não tinha muitas pretensões, senão a troca de experiência entre eles e um debate sobre os problemas atuais. Esse dado é muito importante para entendermos que a SBTM surge com muita simplicidade, desprovida de um projeto preestabelecido sobre sua própria identidade. Não é fruto de uma decisão que se impôs, mas nasce espontaneamente de um desejo que se tornou realidade, na medida em que as condições internas na Igreja favoreciam e os teólogos respondiam positivamente: os teólogos da moral desejavam se encontrar para se conhecer e trocar ideias. É uma Teologia Moral despretensiosa, aberta ao encontro e disposta a aprender com os outros, favorecida pelo fato de que o Brasil tem uma grande extensão, e os professores provenientes de diferentes regiões traziam consigo uma série de experiências em relação ao ensino-aprendizagem da Teologia Moral.

Confrontando essa realidade histórica, apresentada nos relatos do primeiro Encontro, com o conjunto de dados da primeira Fase, podemos verificar que a SBTM foi muito mais além do que pretendia. Em onze anos, um Encontro que visava a uma simples troca de experiências se tornou um evento internacional.

Os dados nos mostram que esse caminho foi sendo definido na medida em que a SBTM apresentava uma Teologia Moral em processo de construção, atenta à leitura da realidade e preocupada em responder às tensões que daí brotavam para apontar novos caminhos, de onde emergiam novas perguntas e se exigiam novas respostas.

Podemos verificar que há um *continuum* que liga os Encontros entre si, e cada Encontro revela-se como uma *tensio* que impulsiona e exige um passo ulterior. Da tensão gerada surge uma significação, um sentido, um referencial, o qual é confrontado com a realidade, e retorna em forma de tensão que gera o mesmo movimento. "Tensão-significação-confrontação" movem-se pela própria *ortopráxis* que as alimenta em vista da verdade. Desse modo, podemos reconhecer o nexo e a lógica apresentados na primeira Fase da SBTM e como foram sendo elaborados os seus conteúdos.

Em linhas gerais, poderíamos dizer que essa Fase se constrói a partir de um tema nuclear, do qual são gerados outros temas que, por sua vez, constroem um conjunto de temas afins, dando identidade, apontando metas e definindo ações práticas. Nosso trabalho aqui é delinear um pouco essa organogênese moral do *corpus theologicus* que a SBTM desenvolveu para a Teologia Moral no Brasil.

O "núcleo-fundante" foi expresso já no primeiro encontro em 1977. Trata-se do tema: "O descompasso entre teoria e prática: uma indagação das raízes da moral", em que o mediador H. Lepargneur convoca a todos a enfrentar esse "problema grave e universal que importa a todos os homens e repercute em qualquer outro problema da vida humana"[1]. A tensão pulsante do "núcleo-fundante", na sua dimensão universal e particular, projetou um caminho para a Teologia Moral no Brasil que fosse capaz de aproximar a teoria da prática e vice-versa.

A partir desse "núcleo-fundante", podemos fazer um possível caminho que foi evoluindo na dinâmica "tensão-significação-confrontação", determinando um primeiro conjunto orgânico para a Teologia Moral no Brasil nos seguintes moldes:

---

1  LEPARGNEUR, H. *O descompasso...*, p. 9.

1. Apresentação do problema moral: o núcleo-fundante [Fase 1 (1977)].
2. Busca de resposta ao desafio moral em duas bases de apoio: compreender como é feita a leitura dos fundamentos éticos (base ético-filosófica), mas, ao mesmo tempo, sem deixar de considerar o modo que o povo brasileiro interpreta esses fundamentos (base antropológico-cultural) [F1(1978)].
3. Referenciais metodológicos: contextualização do momento teológico atual [F1(1979)].
4. Referenciais históricos: as raízes da interpretação ética na história da Igreja da América Latina e na moral católica do sistema colonial brasileiro [F1(1980), F1(1981)].
5. Abordagem temática: os temas centrais tratados foram a liberdade, a consciência e o pecado [F1(1982)].
6. Abordagem proposicional: é necessária uma mudança. Propõe-se a conscientização como estratégia e o método Ver-Julgar-Agir, propostos por *Medellín* e *Puebla* e pela TdL. Esses poderiam ser os instrumentos adequados para a mudança do *ethos* social brasileiro. Porém, nenhum desses métodos ou estratégias funciona se não se refletir primeiramente sobre o papel do poder e da consciência na mudança social [F1(1983)].
7. Articulação da Teologia Moral pela SBTM.

A partir desses pressupostos, opta-se por uma articulação com toda a América Latina, para ouvir e avaliar as questões da Teologia Moral no conjunto da realidade, refletindo problemas concretos que afligem todos os países tais como: a pobreza, a violência, a discriminação da mulher e do negro, as torturas, a política demográfica, a dívida externa e tantos outros. Por outro lado, continua a aprofundar os temas pertinentes à fundamentação, metodologia e estratégias para uma mudança profunda da realidade latino-americana e do *ethos* social que a compõe: TdL, ciências do social, o pecado social, o discernimento ético, fundamentos filosóficos, evangelização das culturas, a Bioética no terceiro mundo e a implantação do Projeto do Reino de Deus [F1(1984), F1(1985), F1(1986) e F1(1987)].

O "núcleo-fundante" foi se moldando às novas exigências de cada Encontro, não perdendo sua força, mas abrindo-se para uma série de outros temas, de modo a expandir-se e ampliar sua dimensão inicial. Prova disso é que, quando se falava em Dívida Externa, ou sobre a questão da Mulher, no último Encontro da primeira Fase [F1(1987)], podia-se interligar seus argumentos com o "núcleo-fundante" sobre o descompasso da teoria com a prática, conectando os conteúdos de toda a Fase.

Na verdade, a Fase avançou porque assimilou como válidas todas as contribuições que foram acrescidas durante o período, sejam as de caráter de fundamentação teológica, as de base de apoio e mediação, as de relatos de experiências e as de proposições de práxis.

Esse processo que passou de um núcleo para um sistema complexo de temas e abordagens, mas que não deixou de estar interligado, inaugura um novo modo de fazer Teologia Moral no Brasil, isto é, deixando-se interpelar pela realidade e confrontando-a com os fundamentos teóricos e com a práxis que a transformam.

### *6.1.1 Apresentação do problema: um "núcleo-fundante"*

A Teologia Moral parece chegar com toda a sua força para cumprir algumas metas concretas e desafiadoras como: "abrir caminhos", "des-velar" na realidade as intuições do Magistério, "repropor questões" e "indicar saídas" e dar uma "nova compreensão" da realidade à luz da fé, e tudo isso com enfoque crítico e libertador[2].

Uma tarefa nada fácil, principalmente quando vemos que há um grande descompasso entre teoria e prática, indicando que essa mudança é complexa e exige o enfrentamento de um problema grave: a patologia do comportamento humano[3]. Essa expressão é para reforçar o sentido do fenômeno da inversão epistemológica vivida no Ocidente, em que houve uma transição da visão objetiva para uma visão subjetiva, isto é, o eu subjetivo tornou-se o centro do mundo, graças ao filo condutor concebido no Cartesianismo, florescido na Renascença, dogmatizado na Reforma, ideologizado na Revolução, assumido pela Modernidade, fundamentado pelo Existencialismo e, em busca de validação científica, por uma ciência desmitizada.

A prevalência do modo subjetivo de ler o mundo ocasionou uma série de tentativas de respostas, as quais trouxeram ao homem referenciais de segurança, diante da instabilidade do crescente descompasso. O foco recai sobre a práxis. Uma práxis que buscava suprir o vazio da perda da *episteme* objetiva para um projeto definido pelo próprio homem, gerado e alimentado dentro de sua consciência, assumido na sociedade como resultado de sua própria capacidade de organizar o seu destino. Uma práxis criadora de uma nova realidade e de uma nova sociedade. O Marxismo tentou responder a essa ansiedade histórica, mas infelizmente passou de uma práxis que, no início, se mostrava criadora, para uma práxis imitativa ou repetitiva, resultado da interpretação ideologizada que lhe foi dada. O descompasso entre teoria e prática se intensificou trazendo consequências políticas e sociais ainda mais nocivas para um novo mundo em construção. O remédio foi pior que a doença ou, como afirma H. Lepargneur, "passamos de um monismo disfarçado para outro" e não enfrentamos a questão crucial do dualismo entre teoria e prática que gera uma compreensão inadequada da consciência[4].

Desse modo, é possível perceber como essas interpretações decorrentes do descompasso podem explicar uma moral que fundamenta o monarquismo, o regime republicano, um sistema escravocrata do colonialismo brasileiro e tantas outras formas de explicação para justificar sistemas que, na sua estrutura e composição normativa, não correspondem aos ditames da consciência livre que o homem projetou sobre si mesmo e sobre a sociedade. Mesmo a tentativa de lapidar o discurso moral, dentro dos parâmetros epistemológicos da ciência para validar suas argumentações, teve como consequência o perigo de delimitar e condicionar a moral a normas e leis científicas sem levar em conta que "o universo humano divide-se em campos de diferenciações normativas cuja fórmula unitária nos escapa", como nos lembra H. Lepargneur[5].

No início da SBTM, encontramo-nos, assim, com uma *tensio* entre teoria e prática na Teologia Moral. Essa, porém, derivada não só dos fatores internos da renovação da Teologia como um todo, mas também inserida e influenciada pelos fatores externos que a tornaram cada vez mais mergulhada na realidade. Esse núcleo-fundador inicia o confronto necessário para a repercussão do processo e do encontro com as ciências e com a multividência necessária para a especificidade de uma Teologia Moral latino-americana[6].

O que caracteriza esse caminho inicial é a leitura crítica de um certo tipo de

---

2 Cf. Moser, A. *O problema demográfico*..., p. 43.
3 Cf. Lepargneur, H. *O descompasso*..., p. 9.
4 Cf. Lepargneur, H. *O descompasso*..., p. 41.
5 Cf. Ibid., p. 65.
6 Cf. Moser, A. *O problema demográfico*..., p. 44.

Teologia Moral que se mostra deficitária de coerência em relação ao seu modo de responder aos desafios que exigem à consciência do cristão um sentido e uma prática de acordo com sua fé. Com o afastamento entre teoria e prática, ficou mais difícil responder a uma realidade que parece estar desconexa das normas. O cenário revela-se entre a rigidez e arbitrariedade de uma "teoria" que busca assegurar cegamente seus fundamentos e uma "prática" presa aos condicionamentos humanos e limitada ao campo no qual ela quer se impor. Além disso, deve-se ter em conta a fraqueza da vontade, própria do ser humano, que não amadurece por comodismo ou falta de decisão. Em outras palavras, o núcleo-fundante da SBTM se expande com os ecos de um confronto entre a Teologia Moral Clássica, que chegou ao Brasil por meio da Cristandade, e seu projeto expansionista e predeterminado, com um pragmatismo utilitarista, próprio da idiossincrasia brasileira, e o limite da fraqueza da vontade, resultado histórico de um longo sistema colonial que levou a uma predominância da dependência cultural do povo brasileiro.

Esse eco inicial repercute como um primeiro confronto entre o atomismo moral e uma visão global humanista que faz com que a SBTM se volte mais para fora dos seus muros, ampliando, em cada Encontro, a força do "núcleo-fundante", na tentativa de diminuir a distância entre teoria e prática. Essa metodologia da SBTM, em que se apresentam contraposições e confrontos, resulta de em um processo de abertura e diálogo, em que se conhecem diferentes pontos de vista e seus valores e limites sem pretensão de extrair verdades fixas e estáveis, isto é, reconhecem-se valores relativos válidos sem desprezar o horizonte metafísico e universal.

A grande força motriz do núcleo-fundante da SBTM é focalizar a Moral, não como um setor da vida humana, não como um complexo sistema de dedução das normas eternas e sua exata adequação no agir humano, não como uma estrutura perfeita e inquestionável de verdades a serem assimiladas. A SBTM propõe, ao contrário, um caminho mais acessível e compreensível à realidade humana, ao seu contexto, às suas referências, aos seus fins e intenções. Enfim, a força de impulso para se fazer Teologia Moral no Brasil, partindo do confronto entre Teoria e Prática, parte de um pressuposto que permite um diálogo com o mundo e com as outras ciências: "a ação moral é ação humana, é ação reta, justificável no tribunal da razão prática: apenas isto, totalmente isto"[7].

### *6.1.2 Bases de apoio: em busca de uma hermenêutica do ethos*

Apresentado o problema moral do descompasso entre Teoria e Prática na Teologia Moral e as tensões que advêm dessa realidade (a rigidez da Teologia Moral Clássica, a prática desconexa do pragmatismo utilitarista e a fraqueza da vontade dos condicionamentos históricos), bem como a necessidade de uma resposta coerente com a identidade cristã na sua leitura latino-americana, a SBTM dá mais um passo para aprofundar a questão, buscando contextualizar as éticas de predomínio e o impacto sobre a realidade brasileira.

A tensão-confronto que busca bases de apoio para compreender o dilema Teoria e Prática se dá, primeiramente, com o reconhecimento de duas facetas da lei moral: uma abordagem individual e outra social. A cultura baseia-se em sistemas integrados de valores que, ao longo do tempo, dado seus condicionamentos, vão se definindo como valores morais. Esses valores vão se hierarquizando na cultura e

---

7 LEPARGNEUR, H. *O descompasso...*, p. 66.

os mais importantes tendem a se tornar os mais universais. Além disso, vão sendo assimilados pelo indivíduo e pela sociedade. Todo corpo social exige um mínimo de regras para sua organização, sejam elas formadas da espontaneidade da vida em comum, sejam elaboradas para a determinação de estruturas mais complexas. O fato é que tanto a religião quanto o pluralismo secular se encontram moralmente no que se refere à resposta humana aos ditames da consciência: "toda ética é social na sua formação e nos seus condicionamentos e individual no seu exercício de responsabilidade"[8].

De acordo com a experiência pastoral vivida no Brasil, a SBTM considera que esta resposta humana é complexa e os ditames da consciência refletem muito do contexto no qual ela está inserida, isto é, depende do ideal individual e coletivo que deu suporte para uma leitura de si mesma e do *ethos* ao qual pertence e da interpretação acerca da fé recebida e constituída como referencial de linguagem.

Desse modo, pressupõem-se ao menos três elementos que se constituem referenciais da Teologia Moral como base de apoio na interpretação de seus referenciais no Brasil: 1) As éticas da lei natural; 2) As éticas existencialistas; 3) As éticas de situação.

A primeira é a predominância das éticas que consideram uma natureza permanente, válida para toda a humanidade. Nessa visão, há uma conformidade da ação moral com as leis da natureza. A essência da Teologia Moral estaria em interpretar essas leis ditadas pela natureza, empiricamente constatadas, e adequá-las no universo da ação humana, que deve assimilá-las e obedecê-las. As divergências estariam no que se refere à flexibilidade e à metodologia dessa conformidade.

Para a SBTM, no Brasil, a questão é mais complexa e, por fatores geográficos, históricos e culturais é muito difícil de conceber uma possível "estandardização uniforme da moral na sociedade"[9]. São muitos contrastes sociais, políticos, econômicos e culturais que se misturam nas raças, nos lugares e nos tempos, multiplicando-se, assim, as mundividências.

Em relação às éticas existencialistas, a SBTM focaliza, de modo especial, aquelas que foram elaboradas por J. P. Sartre e S. Beauvoir. Essa linha filosófica se encontra diretamente em confronto com a visão da ética da lei natural, que defende e valoriza a sujeição às leis cósmicas ratificadas pela revelação divina. Na ética existencialista, "o absoluto é a própria liberdade e não está sujeito a leis de uma natureza predeterminada e preexistente"[10].

Por fim, a terceira abordagem refere-se às éticas de situação. É a visão do concreto situacional que valoriza a criatividade humana e considera que a lei do amor é a única norma moral realmente universal. Essas éticas entram em confronto com "as alienações da boa consciência que se nutre de mitologia pseudo-universal e entra na casuística dos princípios, eventualmente para se dispensar do óbvio, da ajuda, ou respeito ao próximo imediato"[11].

Essa reflexão traz consigo uma plataforma na qual a SBTM vai construir suas bases de análise teológica: 1) em torno das éticas da lei natural se desenvolverá os temas que se referem ao ser, à pessoa ou agente, sujeito da ação moralmente constituída; 2) Em torno das éticas existencialistas, serão abertas as reflexões sobre o sujei-

---

8 LEPARGNEUR, H. "Teses fundamentais da Ética", 6, tese XII.
9 LEERS, B. *Jeito brasileiro...*, p. 11.
10 LEPARGNEUR, H. "Teses fundamentais da Ética", 9, tese XXVII.
11 Ibid., tese XXVIII.

to frente à sua própria liberdade, autônomo, isto é, uma liberdade que autodetermina, capaz de julgar dos fins e dos meios da sua ação; 3) Em torno das éticas de situação nos encontramos no fator de conjuntura e de contexto, isto é, das circunstâncias da ação, especialmente no que se refere à leitura social da realidade brasileira.

Essa primeira base de apoio estará presente no conjunto dos temas desenvolvidos pela SBTM, com maior ou menor ênfase em cada Fase, de acordo com as exigências do momento histórico.

As três linhas de abordagem, apesar de estarem constantemente em tensão dialética, especialmente no que se refere ao relativo e absoluto, ao particular e universal, entre consciência individual e sistematização social, complementam-se na medida em que a moral constituinte e a moral constituída permitem a descoberta de um pluralismo dialético dinamizador que aprimora a consciência moral da coletividade.

Se a primeira base de apoio da SBTM para compreender melhor o problema-fundante do descompasso entre Teoria e Prática se focaliza numa plataforma construída pelas éticas herdadas pela Teologia Moral no Brasil, é interessante buscar também um referencial antropológico-cultural que assegure uma visão inculturada e seja lida pelo *ethos* que herdou e reinterpretou a plataforma das éticas da natureza, existencialista e de situação.

B. Leers consegue dar essa visão mais cultural da leitura moral do povo brasileiro contextualizando seus pressupostos. O primeiro fator de influência é a determinação histórica dada pela constituição de uma sociedade patriarcal de classes. Esse fator permite compreender a interpretação histórica da Teologia Moral no Brasil, que decorre da determinação social estratificada, e que utilizou de sua composição teórica para justificar esse sistema social. Mas, por outro lado, é possível extrair uma composição criativa que nasce propriamente como reação a essas estruturas injustas. Os contrastes culturais internos permitiram uma mundivisão popular que soube acumular experiências morais respondendo problemas da vida quotidiana a partir da sua própria vivência de fé e de discernimento da consciência.

Essa proposição trazida pelo B. Leers à SBTM é uma tentativa de argumentar a favor de uma moral que está presente na vida do povo, mas não é reconhecida pela formalidade teórica, no confronto Teoria e Prática do tema-fundante. B. Leers procura argumentar que essa base de apoio é fundamental para a construção de uma Teologia Moral pós-conciliar que se pretende renovada. Essa base antropológico-cultural é um chamado a uma abertura para a realidade de um povo que, pelas circunstâncias históricas, aprendeu a lidar com seus problemas e estruturou respostas válidas e que, como povo de Deus, essas respostas fazem parte do discernimento inspirado pelo Espírito Santo, tanto quanto as propostas do Magistério.

A base de apoio que surge do *ethos* social não deixa de ter suas raízes nos fundamentos da ética natural em relação à formação do indivíduo responsável do ato moral, mas, ao mesmo tempo, reage a uma interpretação da lei natural que predeterminou uma uniformização da consciência do homem, criando um sistema racional estéril de normas. Uma reação que suscita dois conceitos que irão dar sentido à base de apoio antropológico-cultural: conscientização e participação[12]. O jeito brasileiro, que representa uma técnica de viver do povo, acima de tudo, é uma práxis que se faz a partir da pessoa em seu confronto com a situação concreta que exige uma ação, vai determinar um caminho particular da Teologia Moral no Brasil. A SBTM foi abrindo

---

12  Cf. LEERS, B. *Jeito brasileiro...*, p. 41.

o espaço para uma discussão mais abrangente do núcleo-fundante, entendendo que o descompasso tem que ser enfrentado com a ampliação do debate através de uma participação ativa e não passiva, dos cristãos leigos na formação das normativas e orientações magisteriais, pois quanto mais participação do povo na formulação da lei, mais adesão e menos distância entre Teoria e Prática.

Desse modo, na busca de bases de apoio para responder ao desafio do núcleo--fundante da SBTM, os Teólogos Moralistas do Brasil buscaram duas plataformas de análise: uma das éticas filosóficas que pressionaram a renovação da Teologia Moral, representada pelas argumentações de Lepargneur, e outra, a interpretação do *ethos* cultural que pressionou uma reação situada, em torno do confronto entre Teoria e Prática, representado por B. Leers, abrindo, assim, uma perspectiva de reconhecer os traços de uma Teologia Moral lida e interpretada no *ethos* brasileiro, isto é, uma moral que considera "a pessoa humana em sua concretude histórica social, e brota do homem em sua individualidade concreta, no lugar onde esse homem vive e age"[13].

### 6.1.3 Referenciais metodológicos

A SBTM continuou a estruturar seu caminho de acordo com o núcleo-fundante e aprofundando seus argumentos em vista da renovação da Teologia Moral no Brasil. Havia uma clara necessidade de contextualização. O reconhecimento de um descompasso na Teoria e Prática e a busca de uma maior inserção da Teologia Moral no contexto teológico de então, através da conscientização e participação popular, exigiram uma melhor articulação com a realidade.

A Teologia Moral, porém, não estava sozinha nesse processo. Toda Teologia passava por um período intenso de mudanças ocasionadas pelo Concílio Vaticano II, e motivadas também pelas Conferências Latino-americanas que propunham toda uma gama de novos métodos de evangelização para a América Latina. A SBTM procurou definir metodologias válidas para sua melhor inserção na realidade brasileira e teve como preocupação compreender o papel da TdL nesse processo. Não há nenhuma novidade em dizer que a TdL foi, por um período no Brasil, um referencial teórico e metodológico que predominou na hermenêutica teológica e na práxis pastoral. Mas, no caso da SBTM, há uma pergunta no Encontro de 1979 que define mais claramente a posição da Teologia Moral em relação à TdL: "Como eu vejo a situação da Teologia Moral no contexto da Teologia da Libertação?". Podemos entender nesta pergunta que tinha como objetivo abrir um debate e uma troca de experiências entre os professores de Teologia Moral, que a TdL tinha uma tal predominância na leitura da realidade que se tornou um "contexto", isto é, uma convenção pela qual se passava necessariamente, para entender a práxis pastoral da Igreja no Brasil.

Por que essa necessidade de situar a Teologia Moral no contexto da TdL? Primeiro, porque a TdL tinha nos seus pressupostos teóricos e metodológicos uma mediação de base sociológica que permitia uma eficácia na sua práxis, diminuindo, assim, a distância entre Teoria e Prática, e, desse modo, identificava-se com o núcleo-fundante da SBTM.

Segundo, porque se convencionou sua metodologia de análise da realidade como referencial para a elaboração dos documentos oficiais das Conferências Latino-americanas, permitindo que toda a práxis pastoral da Igreja se baseasse também nos mesmos padrões de aplicação metodológica.

---
13   Leers, B. "IV Encontro Nacional dos Professores...", p. 132-133.

Terceiro, porque na TdL havia uma inserção direta com a sociedade, construindo projetos de transformação social, o que vinha ao encontro dos pressupostos de renovação da Teologia Moral exigidos pelo Vaticano II, que gerassem frutos de caridade para o mundo.

Assim, a discussão do tema do contexto da TdL nos Encontros da SBTM revela uma impostação inicial, mais de busca metodológica da parte da Teologia Moral, do que de referencial teórico, que veio a ser discutido e aprofundado posteriormente na Fase 2.

Apesar dos ensaios produzidos se focarem na dimensão interna do ensino-aprendizagem da Teologia Moral no Brasil, começa claramente uma necessidade de ampliar os conteúdos, de expandir a reflexão da coerência entre Teoria e Prática e de exigir uma nova postura dos próprios teólogos morais em relação à sua produção e abordagem metodológica.

Contudo, o aparecimento constante do termo "autonomia" demonstra um passo muito mais profundo e significativo para a história da Teologia Moral no Brasil. B. Leers é um dos que critica o *status quo* dos teólogos profissionais, distantes das reais necessidades do povo, vestidos com diversas plumagens e sem critérios, limitados a comentar documentos do Magistério eclesiástico[14].

Essa autonomia contra um esquema pré-moldado de uma moralidade que legitimava uma sociedade patriarcal escravagista e que continuava até então a justificar as ações das ditaduras militares nos países latinos, deveria ser buscada por uma moral poliforma, atenta à doutrina oficial da Igreja, mas, ao mesmo tempo, ao progresso e à evolução da sociedade. Porém, para que isso fosse possível, era necessário valorizar a singularidade da experiência moral e das decisões de consciência que se formam no caldo do catolicismo popular.

### *6.1.4 Referenciais históricos*

Após ter apresentado o problema do descompasso entre Teoria e Prática, as bases de apoio das éticas e da antropologia cultural e os referenciais metodológicos de maior prevalência, a SBTM continua a aprofundar o tema das características do pensamento moral brasileiro, agora a partir dos referenciais históricos que o constituíram.

A abordagem histórica escolhida pela SBTM foi relacionada ao modelo da Igreja-Cristandade, que predominava no catolicismo da época das descobertas, mas que se manteve através do conceito de sociedade sacral e de religião oficial, identificando os interesses da Igreja com os da Coroa e, consequentemente, dos poderes vigentes *a posteriori*.

Na raiz da história brasileira, foi estabelecida uma sociedade patriarcal, latifundiária, escravocrata e tanto a submissão dos índios quanto dos negros fazia parte do projeto colonizador, de modo que não se podia pensar o Brasil sem escravos. Este elemento constitutivo da realidade brasileira, desde os seus primórdios, é uma chave de leitura que abre muitas perspectivas de compreensão dos problemas sociais do Brasil, e a SBTM compreendeu que era fundamental um apoio das ciências históricas para a composição de uma nova perspectiva para a Teologia Moral.

### *6.1.5 Abordagem temática*

Do caminho trilhado na primeira fase da SBTM, a partir do que foi proposto como temática nos Encontros Nacionais, começam a surtir os primeiros debates em torno de questões persistentes na história da Teologia Moral. Apesar de não terem sido publicados

---

14  Cf. LEERS, B. "IV Encontro Nacional dos Professores...", p. 130.

os resultados do Encontro de 1982, seus Temas revelam que a SBTM começava a fazer uma releitura da Teologia Moral, agora com chave de leitura latino-americana.

A escolha de três temas da Teologia Moral Fundamental para o VI Encontro [F1(1982)]: liberdade, consciência e pecado, não é por acaso, uma vez que reflete claramente por onde a renovação da Teologia Moral deveria começar.

B. Leers tratou a questão do *ethos* brasileiro quando escreve sobre a "liberdade humana e o jeito", H. Lepargneur reflete sobre "a emergência da consciência", e A. Moser já havia escrito um ensaio sobre o assunto do pecado. Todos eles no esforço de ampliarem a reflexão dos temas buscando referenciais da realidade brasileira com suas características próprias[15]. A SBTM, nesse momento, estava buscando um salto qualitativo.

A Teologia Moral clássica vinda da Europa já não estava sendo suficiente para resolver as questões do descompasso moral, havendo a necessidade de uma abordagem diferente. Os moralistas reunidos nos seus Encontros perceberam que era preciso "criar laços de entrosamento" com outros campos da Teologia, com as ciências humanas e com o *ethos* social presente no caldo da religiosidade popular para assumir uma perspectiva libertadora[16].

### 6.1.6 Proposição da F1

Para superar a crise da Moral Tradicional e dar o salto qualitativo necessário, para a sua renovação, a SBTM propôs:

1. Uma conscientização que favoreça a descoberta do sentido profundo da vida humana a partir das suas circunstâncias históricas;
2. Uma conscientização que permita uma transição crítica da Teologia Moral Tradicional para uma Teologia Moral Renovada com as mudanças sociais, políticas e religiosas que isso comporta;
3. Uma conscientização que fortaleça ações coletivas com força de transformação e libertação em todos os âmbitos da existência humana;
4. Uma conscientização em que o modelo de moralista intelectual-autoridade transite para um modelo de intelectual orgânico, no qual o homem se torne estruturador de seus comportamentos;
5. Uma conscientização que atinja a própria consciência para mudar estruturas e comportamentos arraigados no tecido social das ideologias [F1(1983)][17].

Analisando os ensaios produzidos pelos mediadores da SBTM, podemos verificar que havia um consenso em relação à necessidade de uma transição de uma Teologia Moral Tradicional para uma Teologia Moral Renovada, e desta para uma Teologia Moral Libertadora. No entanto, entre os mediadores já se apresentavam controvérsias em relação ao método para realizar essa transição. A linha de H. Lepargneur demonstrava-se reticente em relação às correntes que priorizavam a conscientização política, pois, para ele, esse tipo de consciência não era suficiente para resolver o âmago do problema do descompasso entre Teoria e Prática na sociedade como um

---

15 Cf. LEERS, B. *Jeito Brasileiro*..., p. 59-61; LEPARGNEUR, H. "A emergência da consciência Moral I". In: *Atualização* 175/176 (1984) 341-358; LEPARGNEUR, H. "A emergência da consciência Moral II". In: *Atualização* 183/184 (1985) 139-156; MOSER, A., *O pecado ainda existe?* São Paulo: Paulinas, 1976.

16 Cf. Márcio A. COUTO, "SBTM: 25 anos de Teologia Moral". Disponível em: <http://www.sbtmpesquisadores.org.br/historico.asp> Acesso em: 16 jul. 2013.

17 Essas são premissas gerais que estão presentes nos argumentos dos moderadores A. Moser, A. da Silva e H. Lepargneur, respectivamente.

todo. Também considerava que as interpretações da abordagem marxista, que definiam a luta entre duas forças, uma do bem e outra do mal, levavam a um quadro maniqueísta da história. Para ele, enfim, não se pode escolher métodos sem antes discutir a questão do poder que gira em torno deles, que os justifica e os torna eficazes para a realização dos seus fins.

Desse modo, H. Lepargneur opta pela conscientização da consciência, isto é, para ele é preciso investir na formação das consciências individuais para que possam exercer livremente seu papel de autorresponsabilidade no *ethos* coletivo.

Mas, por outro lado, recorda também que, em condições de pobreza extrema e limite econômico, a consciência pode ser de tal modo comprometida que lança mão de suas obrigações morais em vista da sobrevivência. Ao mesmo tempo em que há uma necessidade de formação da consciência para a geração de responsabilidade, há também uma dispersão das normas morais à causa das estruturas de injustiça e de pecado que acobertam crimes contra o bem comum.

É fundamental, porém, notar que nenhuma estrutura nasce e cresce se não houver um terreno fértil para tal processo, e para cortar o mal pela raiz, H. Lepargneur faz a seguinte proposição de confronto: um processo de conscientização da consciência em vista de uma moral da responsabilidade contra uma moral baseada na retórica vazia que quer levar vantagem em tudo, egoísta, com seu jeito habilidoso de uma utopia e um diletantismo verbal que corrói os bons costumes de uma nação e corrompe sua visão ética para manter seus privilégios. Com isso, essa linha de pensamento defende que não é um golpe de Palácio, uma troca de governo por uma ou outra classe social que irá resolver o problema da injustiça, e sim uma revolução ética, baseada numa moral com um programa claro e transparente, racional e consequente nas suas ações.

Uma revolução ética não pode ser baseada na mudança de estruturas, mas na compreensão de que a condição humana tem seus limites e a ação humana está sempre inserida na sua dimensão histórico-social, de modo que todos têm uma responsabilidade diante da sua situação concreta. Se a Teologia Moral não for criativa nos seus critérios e desconsiderar a dinâmica histórica, ao invés de estimular a criatividade humana a elaborar novos valores e maneiras diferentes de realizá-los, estará limitando a leitura do homem e do mundo a uma visão legalista e abstrata, aumentando cada vez mais o abismo entre Teoria e Prática.

Essa linha proposicional da conscientização da consciência em prol da autorresponsabilidade exige uma abertura criativa para a sua realização. Essa abertura é um exercício que cabe à Teologia Moral estimular: ao mesmo tempo em que deve salvaguardar os postulados da fé, deve também ter um olhar atento aos sinais dos tempos e uma atenção particular aos perigos dos determinismos das ciências que ampliam seu poder de argumentação em detrimento da linguagem teológica e transcendental. Mais um motivo pelo qual se impõe a emergência de uma consciência moral criativa e dialogal.

Para H. Lepargneur, os critérios de avaliação dos juízos morais não podem ser únicos e exclusivos da Teologia Moral. É preciso abrir-se ao diálogo para buscar as raízes dos conceitos. Seu diálogo é, especialmente, com a sociobiologia e a psicanálise, que consideram o filo genético da evolução moral e o "ente de cultura" da observação comportamental, respectivamente. Ambas reconhecem que o homem tem a capacidade de alargar seu determinismo genético e seu campo de egoísmo para abrir-se à eticidade, num processo em contínua evolução. A não unanimidade na definição das normas se dá pela diversidade de situações interpretadas de diferentes formas, refletindo, assim, um moralismo cultural. Apesar da dificuldade das ciências na compreensão dos conceitos morais, devido ao fato de que liberdade e transcendência extrapolam seus limites conceituais, é necessário um atento diálogo para que a Teologia Moral não se feche aos referenciais dos ingredientes primitivos que a pesquisa científica alcança.

Portanto, a abordagem metodológica que H. Lepargneur propõe para a Teologia Moral é um alto investimento na conscientização da consciência, que, por sua vez, gera responsabilidade e reconhece a autonomia do outro, de modo que alarga seu espírito criativo para além dos seus limites, interpretando sua realidade situada, complexa e plural sem perder sua liberdade e transcendência.

A outra linha de abordagem centra-se mais na ideia da troca de saberes[18] que resulta do processo de conscientização mais amplo, pois envolve a responsabilidade do conscientizador e a participação do povo. Para A. Moser e B. Leers, os modelos libertadores estavam demonstrando sinais de vitalidade, mesmo entendendo que eles não estavam isentos de manipulação. Mas a estratégia principal desta abordagem é que, quando há uma "troca de saberes" e se reconhece o povo como agente principal desse processo, se diminui o perigo de manipulação. Desse modo, a conscientização, atuando sobre uma consciência falsa, manipulada e oprimida, liberta as massas dos desvios impostos pelo pecado da dominação. É preciso corrigir a rota que foi desviada pelas ideologias do imobilismo, e a Teologia Moral deve investir profundamente na mudança de uma consciência falsificada para uma consciência verdadeira através de uma ética libertadora[19].

A diferença de foco está no fato de que, na primeira abordagem, se acredita que é por meio da formação da consciência individual que se chega à responsabilidade e, então, a uma mudança da consciência coletiva. A segunda abordagem acredita que, por meio da troca de saberes coletivos, se transforma as consciências individuais, fortalecendo-as e superando juntos como comunidade o imobilismo da consciência manipulada. Na primeira, destacam-se os limites internos que condicionam uma consciência falsa. Na segunda abordagem, tratam-se de fatores externos que manipulam e falsificam a consciência verdadeira. Na primeira, entende-se que se passa da autorresponsabilidade para a consciência do outro, do egoísmo para o altruísmo como um processo de alargamento criativo e necessário para a construção de uma moralidade. Na segunda, é da experiência de partilha, no aprendizado mútuo e na troca de saberes que se passa da consciência ingênua para um processo de conscientização, em que todos se libertam.

Portanto, não são visões contrapostas, mas caminhos diferentes e complementares para chegar ao mesmo ponto: uma Teologia Moral situada na realidade Latino-americana.

### 6.1.7 Articulação da Teologia Moral pela SBTM na F1

Nos dez primeiros anos da SBTM, desde a apresentação do núcleo-fundante com a problemática do descompasso entre Teoria e Prática, buscaram-se bases de apoio dentro e fora da Teologia como um todo, abrindo-se também para as outras ciências. Também se preocupou em resgatar os referenciais históricos que, ao longo dos anos, foram definindo o campo específico do *ethos* social brasileiro com suas características próprias e um modo particular de responder aos problemas relativos à moral.

Ao lado desse desenvolvimento, os referenciais metodológicos foram sendo co-

---

18 Cf. Moser, A. "Conscientização...", p. 26.
19 Cf. Ibid., p. 28.

lhidos como resultado do próprio processo histórico e social em que se construíram as bases da moral na sociedade brasileira, de modo que se manifesta sempre com uma gama de métodos, como é próprio do seu rosto social: pluralista, poliforme e multividente. Mas, tendo em vista a herança de uma Teologia Moral Tradicional que se impôs, na mesma medida que se impôs uma cultura sobre povos e tradições, já presentes na América Latina, a recente história das terras descobertas em relação à milenar cultura dos descobridores e dominadores não tardou em reconhecer as perdas irreparáveis do passado e, num processo irreversível de independência, começou-se a reconstruir uma outra história em busca de justiça e liberdade. Esse fenômeno social de independência é compartilhado pelos países latino-americanos e em relação à Teologia Moral não é diferente. A Cristandade se fez presente com os mesmos métodos de conquista e dominação cultural e, como vimos, a moral colaborou para justificar estruturas de pecado como a servidão e a escravidão dos povos conquistados.

Todo esse caminho resgatado por meio de uma conscientização histórico-social trouxe à tona uma série de marcas deixadas pelas constantes lutas por liberdade, por justiça e dignidade que os povos latinos não têm como apagar do seu passado. Descobre-se, assim, a riqueza de um povo que, mesmo explorado, soube responder com criatividade aos desafios morais que lhe foram impostos. É interessante notar que a mesma fé que justificou a submissão dos povos aos seus conquistadores, inspirou também os anseios de independência e liberdade, de modo que a religião na América Latina cresceu sob o filtro da consciência e da sabedoria popular que a alargou de uma moral de subserviência para uma moral de sobrevivência.

A SBTM nasce no limiar dos 500 anos do descobrimento do Brasil, há somente 155 anos da sua independência e num dos momentos mais acirrados da sua crise política de Ditadura militar, com uma das maiores Dívidas Externas do mundo, isto é, um país totalmente dependente dos ditames do capital estrangeiro e com uma desigualdade social alarmante. Mas, a SBTM é fruto exatamente de uma resposta a essa realidade que grita das bases e seu clamor chega aos céus. A Igreja, na América Latina, como vimos na primeira parte, assumiu uma agenda voltada às questões sociais, como uma resposta dada pelo Espírito Santo e que soprou nos documentos do Concílio Vaticano II, chegando como um vento impetuoso a reavivar a fé do povo sofrido e oprimido, por meio da opção preferencial pelos pobres de *Medellín*, *Puebla* e *Santo Domingo*.

É nesse sentido que, ao final da sua primeira fase, a SBTM organiza sua primeira estratégia em conjunto com toda a América Latina, num projeto amplo de "troca de saberes", na tentativa de uma primeira sistematização da Teologia Moral a partir da realidade latino-americana.

Com o objetivo de articular a reflexão da Teologia Moral na América Latina, organizou-se o primeiro Encontro Latino-americano, ampliando, assim, o campo de ação. Para F. dos Anjos, não há nada de novo, mas trata-se de "uma maior consciência, elucidação e organização dos elementos que presidem a reflexão teológico-moral"[20]. De fato, na composição dos temas discutidos, não há nada de novo, porém, se considerarmos a proposta de como realizar essa articulação, veremos que a SBTM aponta especificidades que devem ser consideradas como inovação [F1(1987)][21].

---

20 ANJOS, M. F. dos *Articulação da Teologia Moral...*, p. 5.
21 Cf. Apêndice, Tabela 3.

Elencamos aqui algumas especificidades da Teologia Moral idealizada e desejada pela SBTM, na sua primeira fase:

1. Uma TM que priorize os problemas e aponte soluções práticas dentro da realidade latino-americana;
2. Uma TM articulada não só em chave intelectual-científica, mas afetiva, baseada no princípio da comunhão e participação;
3. Uma TM capaz de traçar caminhos para uma transformação das estruturas sociais;
4. Uma TM que seja capaz de fazer uma triagem de modo a discernir as situações concretas, identificando práticas que iluminam a prática cristã;
5. Uma TM que saiba equilibrar o uso de suas mediações como possibilidade de "mordência sobre a realidade"[22];
6. Uma TM que saiba fazer a ruptura com a ordem ou o *status* que é incompatível com a liberdade humana;
7. Uma TM que interprete a respeito da direção dos rumos da História, de modo que seus juízos de valor sejam baseados numa justa coerência entre o presente e o futuro escatológico;
8. Uma TM que tenha como metodologia um instrumental de análise baseado na interpretação da vida e das relações humanas sócio-comunitárias;
9. Uma TM que, no seu processo de ensino-aprendizagem, leve em conta as questões de reciprocidade e de pluralidade [F1(1986)].

A presença de B. Häring no primeiro Congresso Latino-americano marcou esse salto qualitativo da SBTM, representando de certa forma a ponte entre a Renovação da Teologia Moral, o Concílio Vaticano II e o impacto que esse processo teve na América Latina.

B. Häring confirmou todos os anseios que a SBTM até então tinha refletido e produzido, mostrando que a Igreja latino-americana estava caminhando em pleno acordo com o espírito do Concílio. B. Häring reafirma temas como: "opção fundamental pela solidariedade", "reciprocidade das consciências", "excelência da liberdade", "uma Igreja convertida à simplicidade e à pobreza junto dos pobres"[23]. Desse modo, a América Latina, na análise do teólogo moral, foi a primeira a dar uma atenção sistemática à indicação da *GS* 46: "à luz do Evangelho e da experiência humana", com uma indicação metodológico-hermenêutica própria. Em sintonia com a linha da SBTM, que entende a partilha e troca de saberes como chave para a superação de uma consciência ideologizada ou ingênua, B. Häring acredita que, "no processo de conscientização, a pré-compreensão anterior dos pobres, que tinham aceitado sua miséria e sua exploração como vontade de Deus, sofreu um processo de clarificação"[24].

Dessa forma, estrutura-se e fortalece-se a leitura da Teologia Moral latino-americana como um salto, uma ruptura com todas as forças que geram uma consciência falsa e ideologizada e instrumentalizam os povos, desrespeitando sua liberdade e autonomia. Surgem como exemplos a serem seguidos Santo Afonso Maria de Ligório e Bartolomeu de Las Casas, que souberam romper com seu status, mudando seu lugar social em vista de clarificar a consciência dos que eram explorados.

---

22 Moser, A. "Ciências do Social...", p. 66.
23 Häring, B. "A Teologia Moral após o Vaticano II...", p. 25-28.
24 Ibid., p. 38.

Essa leitura hermenêutico-metodológica da Teologia Moral na América Latina está baseada na experiência de libertação do povo de Israel, dos primeiros discípulos e das primeiras comunidades apostólicas. A práxis é tomada como ponto de partida, a qual é iluminada pela Palavra de Deus, meditada e refletida na comunidade, que, por sua vez, discerne suas experiências à luz dessa mesma Palavra em vista da construção do Reino de Deus. Nos sinais dos tempos, a comunidade sente-se chamada à mesma luz da experiência de fé autêntica expressa no Evangelho. Nesse sentido, compreende-se mais claramente a definição de Teologia Moral para B. Leers: "uma ciência prática que intenciona refletir sobre o agir das pessoas e sociedades e orientá-las em sua caminhada dentro da perspectiva cristã da fé"[25].

Orientar a caminhada significa investir na formação da consciência para poder discernir tudo aquilo que constitui o pecado social, que fere os direitos fundamentais da pessoa e, consequentemente, sua dignidade, pois uma realidade que viola sistematicamente esses direitos está em pecado e precisa de conversão e mudanças de estrutura[26]. Junges afirma que o discernimento está ligado a uma busca de eficácia no agir que ilumina a consciência na descoberta da ação mais adequada ao valor moral em uma determinada situação concreta[27]. Desse modo, à Teologia Moral Latino-americana impõe-se uma realidade diferente da Europa, pois apresenta uma situação social de opressão e exploração que exige o discernimento como imperativo ético.

Para T. Mifsud, esse discernimento acontece quando encontramos o outro e nos deparamos com suas necessidades, isto é, quando ele se torna o nosso próximo. Desse modo, partindo da necessidade dos marginalizados, buscando as causas sociais de sua marginalização, em espírito de solidariedade é que vamos realmente partir para uma práxis transformadora da realidade[28].

A proposta de conscientização foi recebendo uma dinâmica mais intensa e ganhando um *status* de prioridade na reflexão moral. E, para defender sua integridade e evitar as tentativas de manipulação que a aliena e justifica estruturas opressoras, R. Junges propõe uma consciência que não seja somente um superego ou armazém de normas, mas uma intencionalidade autônoma. Dessa forma, seria garantida a eficácia da ação, pois sai de si (interpelação), encontra o outro – interpreta a realidade em que vive – retorna para si (integração) num processo que a transforma e a liberta (discernimento). Essa seria uma proposta de remédio contra o uso ideológico das normas, tornando a consciência menos alienada.

O avanço dessa articulação é significativo, pois consegue fazer uma ponte entre as duas linhas anteriores que se posicionavam por caminhos diferentes entre a fraqueza de vontade interna e a dominação ideológica externa. E a partir do pressuposto da consciência como intencionalidade autônoma se contempla a aproximação entre Teoria e Prática num processo de discernimento que transforma a realidade, de modo que a consciência pessoal não perde sua autonomia e liberdade. No processo interpelação-integração-discernimento, a verdade moral não está objetivada na consciência, não é também só uma verdade pessoal, mas é *ortopráxis*, é eficaz em suas ações, é histórica, pois transforma a realidade, é coerente porque está de acordo com a opção fundamental do sujeito agente, é responsável porque assume implicações na práxis e

---

25 Leers, B. "Ensinar Teologia Moral", p. 120.
26 Cf. Rejón, F. M. "Direitos Humanos e Teologia Moral...", p. 103.
27 Cf. Junges, J. R. "A questão do discernimento ético", p. 135.
28 Cf. Mifsud, T. "Reconciliação...", p. 98.

é libertadora porque responde aos apelos de sofrimento e opressão, sendo, ao mesmo tempo, lugar de estruturação e mediação da liberdade do próprio agente[29].

As tentativas de discutir os temas da área da Teologia Moral no Brasil, seja na corrente da Teologia Moral Renovada, na linha da autonomia, seja na corrente da TdL, na linha da práxis libertadora, trouxeram para dentro dos encontros promovidos pela SBTM uma riqueza de diferentes abordagens que redimensionaram a leitura da renovação da Teologia Moral. Não se tratou somente de uma readaptação de conteúdos doutrinais, mas da elaboração de um novo modo de fazer Teologia Moral, alargando para todo o seu conteúdo epistemológico uma hermenêutica em chave latino-americana, isto é, construída a partir das exigências morais de um *ethos* social com suas características próprias determinadas pela sua história e cultura. Nesse novo modo de fazer Teologia Moral, deixa-se de lado o atomismo tradicional para assumir um processo de conscientização, que, a partir da experiência de fé na comunidade, transforma a realidade e os sujeitos-agentes tendo em vista o projeto do Reino de Deus, vislumbrando, desde já, uma moral situada e atualizada, a libertação do pecado pessoal e estrutural e a construção de uma sociedade justa, fraterna e solidária.

Nesse processo de transição da Moral Tradicional de predomínio legalista para uma Teologia Moral Renovada e Libertadora, não há uma ruptura epistemológica com o passado, mas uma ampliação, um alargamento, um acréscimo hermenêutico no conjunto da Teologia Moral como um todo, de modo que podemos afirmar, a partir da análise dessa primeira fase da SBTM, a presença da evolução de um modelo de Teologia Moral que se diferencia daqueles tradicionais. Houve um salto qualitativo que passou de uma leitura universalista e generalizante das leis morais para uma leitura contextual e situada do agir humano, diminuindo, assim, o descompasso entre Teoria e Prática, tema-fundante da SBTM.

J. Santa Ana resume bem a expectativa da Teologia Moral em chave latino-americana: "novas regras, novos tipos de comportamento regidos por novos princípios, orientados para a formação da justiça, da vida, dos valores novos sobretudo da consciência de uma solidariedade fundamental entre todos os seres humanos, especialmente os mais pobres"[30].

A partir da análise da primeira fase (F1), podemos agora articular os conteúdos em forma de programa de ação, elencando alguns pontos de referência e interpretação criativa que foram elaborados pelos Encontros Nacionais.

Após escalar os degraus de uma formação acertadamente tradicional em termos de moral, os teólogos moralistas fizeram essa ruptura com o *continuum* clássico herdado dos Manuais. Vemos, assim, na primeira fase, algumas características que nos ajudam a entender o salto realizado pela SBTM.

1. No discurso dos mediadores, há sempre um convite a ampliar a visão dos temas. Mas é também uma ampliação-deslocamento, o que eles chamam de consciência-transitiva crítica[31].
2. A linguagem utilizada não é só para o interno da Teologia, deixa de ser exclusivamente eclesiástica e se opta por uma linguagem pública, num esforço de dialogar com as ciências humanas. Daí provém a questão da

---

29 Cf. JUNGES, J. R. "A questão do discernimento ético", p. 149-150.
30 SANTA ANA, J. "Postulado por uma mudança ética na questão da Dívida", p. 277.
31 Cf. MOSER, A. "Conscientização...", p. 17.

mediação das ciências sociais e aquilo que chamam de "confronto de mundividências"[32].
3. Há um contínuo confronto com a autoridade eclesiástica, quando esta representa e sustenta uma moral estática.
4. A busca de uma autonomia nas visões morais.
5. Um número significativo de autores refletiram e confrontaram a Teologia Moral com a Ética de situação.
6. Uma busca de diferentes padrões de análise, como, por exemplo, a chamada "Moral poliforma".
7. Uma valorização do resgate histórico para se recuperar as raízes da Teologia Moral e confrontá-lo com a realidade do *ethos* cultural.
8. O Referencial teórico nesta fase tem sua fundamentação nos documentos do Vaticano II, *Medellín* e *Puebla*, especialmente.
9. Uma tentativa constante de mudança do *ethos*, através do processo da conscientização para uma maior adesão às propostas do Concílio.
10. O tema do teólogo orgânico/intelectual orgânico como referencial de uma teologia que leva em conta a prática da Igreja como comunidade eclesial situada no social.
11. A Ética da Libertação faz a crítica ao uso abstrato do conceito de pessoa da Moral Renovada, de modo que, para superar a abstração ideal construída em torno desse conceito, se busca uma moral situada para compreender a pessoa no seu contexto histórico e cultural.

## 6.2 Teologia Moral da Imersão: eixos teológico-morais

Na segunda fase (F2), faz-se o mergulho. Depois da coragem do salto e do desprendimento de uma influente herança teológico-moral do passado, a SBTM consegue mergulhar mais profundamente na sua realidade e explorar a fundo a situação em que se encontra. Um mergulho que se faz sem medo de dialogar com a realidade que está no entorno: economia, cultura, novos interlocutores, a sociedade, os excluídos, os direitos humanos, a cidade, enfim, reconhece que a Teologia Moral não pode se isolar em torno de si mesma, mas aprender a se avaliar a partir da realidade e assumir uma nova postura diante desta. É uma fase de aprofundamento, mas também de muita articulação com a realidade.

Na engrenagem da SBTM, poderíamos dizer que, nessa Fase do mergulho na realidade latino-americana, se definem alguns eixos que vão permanecer como referências para a história da Teologia Moral no Brasil. Tendo em vista o caminho realizado na F1, com o impulso do núcleo-fundante, podemos dar mais um passo, nessa F2, mantendo a mesma dinâmica "tensão-significação-confrontação" e buscando caracterizar um segundo conjunto orgânico para a Teologia Moral no Brasil a partir dos seguintes eixos:

1. Apresentação do problema moral: dissociação entre a Teologia Moral e a vida [F2(1988)];
2. Base de apoio: economia, *ethos* cultural como eixo do teologizar (base antropológico-cultural) e Direito [F2(1988), F2(1990), F2 (1996)];
3. Referenciais metodológicos: antropologia do social [F2(1991)];
4. Referenciais teóricos: em torno da pluralidade e do diálogo [F2(1993)];
5. Abordagem prospectiva do Direito;
6. Articulação da Teologia Moral pela SBTM na F2.

---

32 Cf. Moser, A. *O problema demográfico...*, p. 44.

É importante destacar que a escolha desses eixos passa pelo critério de uma coerência com a proposta de uma análise orgânica e articulada dos conteúdos refletidos pela SBTM. Mas não é a única alternativa de análise. Poderiam ser elencadas diferentes abordagens de análise de conjunto da produção realizada durante os períodos propostos.

Nesse trabalho de pesquisa, especificamente, optamos por um caminho que possa corresponder com coerência ao objetivo geral de conhecer o rosto da Teologia Moral no Brasil a partir do enfoque da SBTM. Nessa segunda fase, estamos chamando de "eixos" pelo fato de que a reflexão teológico-moral realmente transborda do limite interno da discussão teológica para o externo da ética civil, encontrando eixos de ligação, isto é, temas comuns que fazem parte da agenda latino-americana e são necessariamente tratados a partir da experiência do diálogo e da participação da vida em sociedade.

A Teologia Moral no Brasil vai deixando definitivamente sua linguagem formal, abstrata e legalista e vai se identificando com as interpelações de uma nova moldura social que se aproxima velozmente e precisa ser reconhecida e integrada. Desse modo, a configuração da F2 segue como resultado de alguns pontos que achamos por bem defini-los como "eixos" que interligam a reflexão teológico-moral com a ética civil.

### 6.2.1 Apresentação do problema: dissociação entre Moral e Vida

Dando continuidade ao processo de construção de uma Teologia Moral Latino-americana, a SBTM vai mergulhando cada vez mais na realidade brasileira e tentando responder, em conjunto com toda América Latina, aos desafios morais que vão se impondo pela realidade. Em sintonia com o núcleo-fundante, cujo tema gira em torno do descompasso entre Teoria e Prática, verificamos nesta Fase uma ampliação do problema: esse mesmo descompasso se alarga para todos os setores da sociedade e, assim, verifica-se que há uma tendência em dissociar a Teologia Moral da realidade econômica (1988), cultural (1990), social (1993), política (1994), (1997), jurídica (1996), (1998) e técnico-científica (1995). A SBTM, assim, quer colaborar para uma leitura mais profunda da realidade latino-americana, mirando com mais precisão os pontos aos quais deseja confrontar e responder.

A SBTM, nesta segunda fase, deixa de ser transitiva, mas continua sendo crítica e mergulha ainda mais na análise da realidade brasileira, questionando os problemas na sua raiz, propondo, assim, uma plataforma de temáticas que não podem deixar de ser confrontadas: economia, cultura, evangelização, submundo social, ecologia, ética, política, exclusão, HIV, marginalização, prostituição, meninos e meninas de rua, Bioética, direito, tolerância, democracia, liberdade, urbanização, cidades, mulher, direitos humanos, crime organizado, saúde, cidadania.

Enquanto na primeira Fase se levava em consideração uma passagem, uma renovação da Teologia Moral e, consequentemente, uma transição necessária do interno para o externo da Igreja, nesta segunda Fase o processo se centra na realidade, nos seus problemas, como eles se compõem e como se mantêm, sua estrutura e sua influência sobre a compreensão dos valores morais. Desse modo, a SBTM ataca mais especificamente os problemas buscando compreendê-los na raiz das suas estruturações e, por isso, podemos dizer que alarga a discussão da Teologia Moral para fora dos muros da Igreja. A dissociação entre moral e vida vai sendo desvelada ao longo desta Fase na mesma dinâmica "tensão-significação-confrontação" de uma realidade que interpela a Teologia Moral.

Há uma preocupação de fazer uma análise ampla que possa abranger todo o complexo dos problemas morais que se impõem à normatividade da Teologia Moral, destacando-se nessa Fase pontos de referência na base interna da Teologia Moral para a construção de um diálogo profícuo e uma resposta adequada a essas interpelações: uma teologia fundamentalmente latino-americana com uma metodologia própria, inserida no contexto social e interpelada por ele. O conteúdo a ser tratado nessa Fase está baseado no mergulho que a Teologia Moral fez no contexto da Ética da Libertação e sua inserção na realidade. A predominância de uma temática na área do social caracterizou esse período como o mais inserido das três fases, pois conseguiu trazer não só mediadores que pensam os conteúdos morais, mas aqueles que estão dentro nos problemas reais, como nos relatos de pastorais que atuam diretamente com prostituição de menores (1995), com travestis e com portadores do HIV (1994), prostitutas (1994), meninos e meninas de rua (1994), com a realidade dos cortiços nas grandes cidades (1994), a marginalização da mulher (1997), do crime organizado (1998) e os grupos de defesa dos direitos humanos.

Por outra parte, há uma resposta da própria sociedade na tentativa de construir uma ética laica, baseada no bem comum, na razão científica e na filosofia que interpelam o sistema capitalista a adaptar-se a uma consciência crítica cada vez maior da população excluída pelas suas estruturas. À medida que as duas correntes éticas buscam conquistar seu espaço no processo de "tensão-significação-confrontação", elas também anseiam por definir uma identidade que permita projetar seus ideais na pluralidade do *ethos* que compõe essa mesma vida social.

Para amenizar a dissociação entre moral e vida, a Teologia Moral sai de seus confins para alcançar uma reflexão dialogal com referenciais da economia, da cultura e do direito, garantindo, assim, um processo aberto, de troca de saberes e plural com uma sociedade em constante mudança. É uma tentativa de abrir a Teologia Moral para refletir sobre as raízes do sistema em que ela se encontra, a maneira como esse sistema determina os valores éticos e a forma como esses valores são assimilados na sociedade em forma de lei.

A verdade é que tanto as éticas civis quanto as éticas religiosas se encontraram na mesma crise detonada pelo processo de finitização da razão para a qual a ilusão metafísica deve ceder ao pluralismo da razão [F2(1993)]. M. Oliveira fala da morte da razão una e universal, de modo que o pluralismo chegou para se impor como um caminho que substitui a razão totalizante da tradição[33].

O desengate da moral com o mundo vivido é resultado do próprio processo de racionalização desse mundo que foi criando subsistemas instrumentais em contraposição ao universo simbólico. Para a SBTM, esse processo foi delineado pela filosofia através do seguinte fio condutor: L. Feuerbach – S. Kierkegaard – K. Marx – M. Heidegger – L. Wittgenstein, que refletiram em suas filosofias sobre o ser enquanto sensibilidade individual, facticidade existencial, espírito situado na produção material, a imprevisibilidade do ser até a hermenêutica de um homem entendido como um ser finito e histórico, respectivamente. Por isso, qualquer tentativa de conexão de valores entre as comunidades humanas históricas só será inteligível dentro de uma estrutura que seja capaz de interpretar a linguagem da interação simbólica situada, que se traduz em contextos diversos e plurais.

É por esse motivo que a SBTM não teve receio de buscar compreender a linguagem e a interação do mundo vivido nas diferentes experiências pastorais da Igreja do Brasil, assimilando seus valores e interpretando sua linguagem como uma manifestação ética válida. Desse modo, o problema levantado nesta Fase é a conciliação entre a universalidade dos valores morais como uma moral teórica e a validade da

---

33 Cf. OLIVEIRA, M. A. de. "Pluralismo e Ética", p. 48.

ética particular, que defende a diferença libertadora da pluralidade no mundo vivido. F. dos Anjos chama isso de dupla Moral, isto é, uma oficialmente elaborada e proposta e outra implicitamente elaborada e vivida[34].

### 6.2.2 Base de apoio: economia, ethos cultural e Direito

A abordagem que foi dada ao capitalismo, e de modo especial à economia que lhe dá sentido e alimenta sua estrutura, recebe uma grande importância no contexto de compreensão da ética desse sistema. Entendendo o capitalismo também como um modo de vida, uma ideologia que precisa estabelecer parâmetros de sobrevivência, é possível analisar sua interação com a cultura, sua assimilação pelo *ethos* e sua impostação pela lei. Essa dinâmica garantida por esses três pilares se estabelece de um tal modo que parece uma interação perfeita para estabelecer uma sociedade organizada.

Todavia, para os moralistas, é preciso compreender a totalidade do sistema e não se deixar enganar pelo seu aparente sucesso. Em relação à economia, emanam questões que se demonstram como virtudes do sistema, mas também, por outro lado, questões que comprovam a incompatibilidade de posições com uma perspectiva moral. Por exemplo, para J. Santa Ana, a liberdade se mostra como uma virtude do capitalismo e é um dos eixos propulsores da economia, mas essa liberdade não é o verdadeiro exercício da autonomia, e sim da liberdade de mercado, de acordo com as leis do mercado. Os valores são estabelecidos pela concorrência e pelos índices de produtividade. O papel da Teologia Moral, então, seria ampliar o sentido da autonomia e da liberdade, não só do ponto de vista utilitarista, que carece na atenção às minorias, nem só na visão hobbesiana de uma liberdade guiada pelo apetite, pela cobiça e pela ambição, e nem mesmo da visão nitzscheana da vontade de poder, que com seu lado ativo e reativo impulsiona o ressentimento de uma burguesia que quer se superar na história. Ao contrário, a Teologia Moral deve procurar propor uma economia justa e solidária mediante uma "tensão-significação-confronto" que esteja centrada no ser humano, na sua dignidade, o significado maior de sua luta pela liberdade, por meio da experiência de uma sociedade mais humana e fraterna.

Para equalizar essa economia, cujo sistema a encarcera na lógica do mercado, os moralistas propõem um eixo fundamental de interpretação: o *ethos* cultural. F. dos Anjos expressa com propriedade o caminho realizado pela Teologia Moral desde as Sumas dos Confessores, passando pelos Manuais e, posteriormente, pela predominância do Direito Canônico, deixando prevalecer uma elaboração monocultural da Moral, isto é, de influência europeia e clerical. Isso só foi superado com o Concílio Vaticano II, que abriu novas portas para as outras áreas do conhecimento e não só da Teologia, propondo a interação de novos interlocutores, isto é, um abrir-se para o que F. dos Anjos chama de grande sociedade[35].

F. dos Anjos elenca ao menos três interpelações culturais para a Teologia Moral, que, de certa forma, exigiram uma mudança epistemológica na sua interpretação: novos sujeitos culturais, as interpelações que vêm da comunidade científica e o *ethos* da comunidade civil.

No primeiro caso, estamos falando de interlocutores fora do âmbito clerical e europeu. Na construção de uma identidade latino-americana da Teologia Moral, abre-

---

34  Cf. ANJOS, M. F. dos. "Interpelações da Cultura...", p. 23.
35  Cf. ANJOS, M. F. dos. "Interpelações da Cultura...", p. 21.

-se a possibilidade de ouvir e dar espaço a outros sujeitos que podem oferecer uma contribuição moral a partir das experiências vividas. F. dos Anjos elenca alguns: a interpelação das etnias, espalhadas na América Latina através de grupos étnicos que procuram manter suas tradições: indígenas, orientais, africanos. Também os pobres interpelam a Teologia Moral como novos sujeitos que possuem um modo próprio de ler a vida: por isso se propõe uma moral sob a ótica dos pobres. As mulheres também são sujeitos que, a partir de suas vidas, nas famílias, no campo do trabalho, na economia, nas mais diferentes profissões, podem colaborar com uma visão diferenciada daquela milenarmente proposta pelos clérigos.

Em relação ao segundo grupo que interpela a Teologia Moral, levanta-se a contribuição da comunidade científica. As descobertas das ciências são imprescindíveis para que a Teologia Moral possa aprofundar seus temas afins. Para F. dos Anjos, o caminho que estamos acostumados a fazer é ir da ética teológica para os dados das ciências. Porém, as interpelações das ciências têm ajudado na compreensão das potencialidades humanas e nas estruturas que construímos para garantir esse processo. Desse modo, as ciências colaboram para uma Teologia Moral mais realista, mais precisa, que, em diálogo com os avanços do conhecimento científico, integra seus conteúdos e seus métodos no conjunto da sua interpretação da realidade.

Também se deve levar em conta a importância da Filosofia, que garante as bases dos fundamentos racionais em que a Teologia Moral se firma como ciência. Por isso, consideram-se mais as questões de fundo epistemológico. A Teologia Moral assimila e reelabora a hermenêutica filosófica como referencial necessário para a compreensão do pensamento atual.

E em terceiro lugar estão as interpelações da comunidade civil. F. dos Anjos aponta para alguns elementos do *ethos* cultural como um eixo do teologizar, isto é, para que a Teologia Moral não se torne uma reflexão estéril e fora da realidade, ela deve estar atenta ao *modus vivendus* como ponto de partida e de chegada. Isso evitaria uma Teologia Moral autoritária, rigidamente normativa, porque seus valores e juízos morais seriam fruto do esforço de inteligibilidade da fé a partir das práticas das comunidades. Sem perder seu caráter crítico, a Teologia Moral também estaria aberta a uma democracia na moral[36].

Assim como a Economia e o *ethos* cultural são bases de apoio para a construção de uma Teologia Moral contextualizada, também a definição dos critérios de normatividade, definidos pelo Direito, contribuem significativamente para alicerçar uma plataforma de ação em vista da transformação social. Entendendo que também o Direito e a moral estão dissociados devido ao processo de fragmentação do conhecimento e do descompasso entre Teoria e Práxis, essa base de apoio necessita passar primeiramente por uma análise crítica, para que, em seguida, possa ser reaproximada da Teologia Moral por meio do intercâmbio e do diálogo que tem seu lugar comum nos seus próprios fundamentos. Não se pode negar que na história a moral e o direito beberam da mesma fonte da lei natural. Com o contratualismo social, houve a separação entre as duas áreas, pois havia um condicionamento imposto pela ética cristã de teocratizar o direito. Essa tutoria da moral sobre o direito foi responsável pela dissociação entre os dois, até porque sempre esteve em jogo questões do poder, seja na monarquia, seja na construção dos regimes políticos nos quais a Igreja continuava a ter influência de decisão.

Quando o Concílio Vaticano II fala da autonomia das realidades terrenas (cf. *GS* 36), reconstrói, assim, uma ponte que abre um diálogo entre Moral e Direito, em

---

36 Cf. ANJOS, M. F. dos. "Interpelações da Cultura...", p. 26.

que se pode retomar a discussão dos fundamentos humanitários que constroem uma sociedade baseada na justiça e nas relações de respeito entre os seus cidadãos.

E para entender como os conceitos de Economia, *Ethos* cultural e Direito estão dissimulados e, ao mesmo tempo, entrelaçados, basta pensar na carência de atitudes éticas em relação aos excluídos, vítimas de um sistema econômico gerador de injustiças sociais, que perdem sua identidade numa sociedade construída sobre o alicerce da produtividade, uniformizando e abafando as expressões próprias do *ethos* cultural, levando, assim, a gerar leis injustas que favorecem uns poucos que mantêm o poder em detrimento dos outros que buscam sobreviver. Para F. dos Anjos, "a miséria e a pobreza serão sempre uma radical exigência de reformulação das relações sociais e por isso mesmo uma constante interrogação sobre a presença eficaz da ética no direito"[37]. Desse modo, a SBTM conseguiu debater e colocar em foco em seu segundo decênio o que chamamos tríade referencial como base de apoio para determinar melhor o seu próprio estatuto epistemológico na América Latina. Economia, Cultura e Direito formam uma plataforma de interação indispensável para uma Teologia Moral que se pretende imersa na realidade.

### 6.2.3 Referenciais metodológicos: antropologia do social

No esforço de responder ao descompasso entre Moral e Vida e, ao mesmo tempo, compreender a estruturação de um sistema que desencadeia injustiça, desigualdades e violência, a Teologia Moral precisa de um discernimento prudente dos valores emergentes. T. Mifsud aponta essa reflexão fazendo aqui uma ponte com a terceira fase da SBTM, cujo pano de fundo serão os sinais emergentes de uma sociedade que vive a provisoriedade histórica. Nessa provisoriedade, a sociedade estrutura-se dentro dos limites permitidos pelas leis do próprio sistema, isto é, como era impossível, no Brasil, pensar uma economia dos engenhos sem a mão de obra escrava, parece impossível pensar um sistema capitalista sem exclusão. Nesse sentido, o papel das ciências sociais e dos seus fundamentos antropológicos foi, também, suscitar um espírito crítico sobre o sistema e buscar defender uma vida mais digna.

Apesar do seu sucesso inicial, a metodologia enfocada no protagonismo do homem na história foi-se mostrando limitada, e não com poucos desajustes, como, por exemplo, a experiência de guerras, revoluções e ditaduras. Por isso, era necessário rever e reavaliar constantemente os métodos, tanto para as ciências do social quanto para uma Teologia que fazia parceria com esses métodos. Nesse sentido, a Teologia que, na América Latina, havia concentrado suas forças na transformação social, tinha como fundamento de sua práxis a inculturação da fé. Uma inculturação que exigia um conhecimento da realidade e uma análise crítica desta em vista da construção do Reino de Deus. No que se refere ao conhecimento da realidade e sua crítica, a Teologia Moral teve muitos subsídios e referenciais teóricos ofertados pelas reflexões da TdL e das ciências do social que, de certa forma, tornaram a análise crítica sua especialidade e aprimoraram significativamente a chamada análise de conjunto. Mas, em relação à construção do Reino de Deus, isto é, do projeto de justiça e solidariedade nas sociedades que buscavam no Direito o respeito pela dignidade do homem, o processo foi mais exigente e exaustivo, devido aos constantes descompassos entre o projeto de uma sociedade ideal e aquela real, cheia de contradições e instabilidades.

---

37  Anjos M. F. dos.; Lopes, J. R. L. (Orgs.). Ética e Direito..., p. 14.

T. Mifsud nos ajuda a compreender essa angustiante tentativa de acertar o caminho da inculturação da fé, por meio de dois movimentos que dão dinâmica ao campo de uma Teologia Moral inculturada: a continuidade e a ruptura. Não se pode pensar em uma metodologia fechada e unilateral, mas fazer Teologia Moral é ir além de simplesmente ler a realidade, fazer sua análise crítica e propor a solução que mude essa realidade. Fazer Teologia Moral na complexidade Latino-americana é captar continuamente a realidade anunciada, rompendo com as inadequações, mas não esquecendo que se trata de uma luta contínua que exige também adaptações, sejam de métodos, sejam de conteúdos. A contínua mudança da realidade anunciada exige uma constante mudança dos caminhos de superação e, nesse sentido, o papel fundamental da Teologia Moral é colaborar com o processo criativo que abre a porta não para um único caminho, para uma única resposta, mas para muitas possibilidades de solução. Para T. Mifsud, "a ética tem um papel vigilante em toda cultura, um papel profético, pois diante de uma cultura que consagra o consumo, uma ética da gratuidade; diante de uma cultura que consagra a marginalidade, uma ética da solidariedade..."[38].

A reflexão e os fundamentos teóricos das ciências do social contribuíram eficazmente na construção de uma sociedade mais crítica e mais consciente em relação aos direitos democráticos e de participação, de modo a garantirem leis que protegem e defendem uma digna cidadania. Do ponto de vista religioso, a TdL foi uma chave de leitura imprescindível para que fosse possível encontrar uma dimensão transcendental que pudesse dialogar com a sociedade como um todo. A Teologia Moral, aproveitando-se dessa dinâmica metodológica da TdL, refletiu, nos ENSBTM, sobre possíveis valores que podem ser redimensionados no conjunto do modelo econômico de modo a não ficar preso somente numa crítica fundamentalista contra o sistema, sem ter buscado ampliar possíveis mecanismos de solidariedade dentro do modelo de então. Mas, aos poucos, a complexidade do modelo político e social de então foi exigindo não só uma metodologia de tensão-significação-confronto, mas uma série de correntes metodológicas para conseguir abranger a complexidade dos fenômenos situados que exigem diferentes abordagens de ação. Encontrar no modelo instâncias solidárias para corrigir o seu funcionamento e apriorizar leis que garantam a dignidade do cidadão, respeitem os direitos universais do homem e combata toda forma de discriminação e exclusão, é um papel no qual a Teologia Moral deve estar plenamente engajada, seja internamente no âmbito eclesial, seja no diálogo com a sociedade civil.

Nesse sentido, F. dos Anjos alerta para a necessidade de a Teologia Moral estar aberta à ruptura de determinados pressupostos metodológicos, bem como ao conhecimento de novos referenciais. Enquanto na primeira fase a preocupação era escolher um método que ajudasse a fazer Teologia Moral Latino-americana e, dessa forma, optou-se pela metodologia das ciências do social e da TdL como referenciais, na segunda fase, temos uma gama de metodologias para resolver a provisoriedade de modelos do sistema que surgem e desaparecem conforme a dinâmica dos interesses do mercado, exigindo da Teologia Moral uma maior amplitude de recursos metodológicos diante da complexidade dos fenômenos sociais emergentes. Por isso, nessa segunda fase, a SBTM concorda que o foco antropológico das metodologias utilizadas exigiu aquilo que T. Mifsud chama de "adaptações de admissão" e "adaptações de rejeição", abrindo-se para uma Teologia Moral com ênfase no sujeito, diante da "tensão-significação--confronto" do crescimento de uma civilização não religiosa, de uma mentalidade in-

---

38  MIFSUD, T. "Cultura e Evangelho: responsabilidade ética", p. 63.

dividualista reforçada pelo consumismo e de um materialismo pragmatista que reforça uma sociedade com crise de valores. Tendo em vista essa realidade, a Teologia Moral mergulha na realidade do sujeito para ler os sinais da esperança cristã revelados por Deus nas entrelinhas da história com a promessa do Reino e, com criatividade, desencadeia uma releitura da realidade baseada nas seguintes exigências:

1. Olhando a realidade dos países empobrecidos, podem-se reconhecer os graves vícios do sistema de uma economia de mercado que privilegia poucos em detrimento da maioria. Essa estrutura injusta cria estruturas viciadas e só é compreensível com a experiência da mudança social quando se vê a realidade do prisma de quem sofre as consequências do sistema injusto;
2. À medida que se coloca na perspectiva dos excluídos, encontram-se novos sujeitos sociais que são marginalizados e perdem sua dignidade de pessoa e de cidadão. Esses sujeitos, desfigurados de sua real identidade, são desconsiderados nas suas reais necessidades e tratados como um adendo e um peso no sistema de mercado, pois não se enquadram nos padrões de consumidores exigidos pela economia de mercado;
3. Na mudança de lugar social e no encontro com os novos sujeitos, redescobre-se a riqueza da cultura popular, do "jeito" próprio com o qual os novos sujeitos superam seus conflitos e da criatividade pela qual apresentam sinais profundos de solidariedade.

Esse caminho de inculturação da fé, na dinâmica de continuidade com adaptações de admissão e de ruptura com adaptações de rejeição, foi bem assimilado pela Teologia Moral latino-americana, pois, em parceria com as metodologias das ciências do social e dos referencias da TdL, ela pode alargar seus referenciais teóricos com diferentes postulações metodológicas, deixando-se interpelar pela realidade, encontrando novos sujeitos e valorizando o processo criativo da consciência interpelada como resultado da complementaridade entre cultura e moral.

### 6.2.4 Referenciais teóricos: em torno da pluralidade e do diálogo

O III CLATM marcou a década da segunda fase pelo aprofundamento que foi dado aos referenciais teóricos que surgiram do consequente diálogo entre Igreja e Sociedade, entre Teologia Moral e Cultura, dando, assim, um passo a mais na busca de uma identidade latino-americana da Ética Teológica.

Como o processo histórico foi comprovando a inadequação de um projeto de mudança radical do sistema capitalista, pois os que o fizeram construíram sistemas tão opressores que o remédio foi pior que a doença, era necessária uma readequação teórica e metodológica, mais aberta, em que a crítica às estruturas de pecado não significaria exatamente a destruição dessas estruturas, pois elas foram corrompidas, mas poderiam conter joio e trigo. Assim, também as metodologias foram sendo ampliadas e alargadas com menor radicalidade e maior diálogo. Na Igreja do Brasil, a dimensão pastoral nunca perdeu as raízes com as bases da cultura popular e manteve sempre um vínculo de defesa dos menos favorecidos, através de suas campanhas nacionais e de seus projetos sociais em nível mundial, como é o caso, por exemplo, da Pastoral da Criança. Graças a essa acessibilidade eclesial no âmbito social através de parcerias e execução de projetos sociais em conjunto, a Igreja do Brasil foi sempre respeitada pela sua participação na vida social e política do país. Esse fator facilitou uma visão mais aguçada da Teologia Moral no Brasil, que, dentro desse conjunto de vida eclesial e social, teve uma penetração, seja na realidade situada e contextualizada exigida pelos parâmetros da Moral renovada do pós-Concílio, seja para criar uma nova maneira de fazer Teologia Moral com base na pluralidade étnica social-cultural-religiosa do país. A convergência de uma série de fatores de ordem religiosa, política e cultural tornou a segunda fase da SBTM um referencial teórico e metodológico para um contexto plural que começava a despontar com intensidade no cenário teológico.

A Teologia Moral no Brasil aprendeu necessariamente a refletir e a elaborar seus referenciais teóricos e metodológicos a partir de uma relação, uma comunicação, um diálogo e uma aproximação com os novos sujeitos da moral, reconhecendo neles a mediação necessária para a interpretação dos sinais revelados por Deus para a construção do seu Reino.

B. Leers faz uma reflexão interessante quando coloca o povo como sujeito social da ética, porém de modo clandestino. Para ele, a Teologia Moral sempre se organizou tendo como pano de fundo as vivências concretas, que foram sendo sistematizadas e, com o tempo, se tornaram abstratas porque queriam ser respostas definitivas. Desse modo, não acompanharam a dinâmica da vida e se tornaram obsoletas. O povo, ao contrário, no seu modo prático de resolver seus problemas, respondeu às suas necessidades defendendo valores sistematizados a partir de seu *ethos* cultural e de sua vivência concreta. Os sujeitos sociais expressam um modo comum de fazer Teologia Moral no Brasil, contribuindo para a formação de uma ética de inspiração e fundamento cristão, mas que pode ser compreendida e vivida por toda a sociedade. B. Leers entende esse processo como um complemento da reflexão ética formal com seus códigos e normas. Na medida em que os sujeitos sociais participam ativamente na formação da ética, a Teologia Moral colabora não só para a maturação e a adesão livre e consciente dos seus códigos de valores, mas também para a construção de uma sociedade melhor, que busca condições de vida mais digna para toda a população. As questões de "tensão-significação-confronto", propostas pela Teologia Moral no Brasil, identificam-se com as reais preocupações dos sujeitos sociais e com seus anseios de uma sociedade mais justa e solidária. As questões sociais nunca foram estranhas à Igreja do Brasil e, consequentemente, à Teologia Moral e, por isso, impediram uma tendência de abstração uniformizante. Assim, a segunda Fase apresenta uma gama de temas de uma ética comum humana, motivada pelos agentes sociais emergentes, geradora de frutos para a vida do mundo.

Hoje podemos confirmar o que, no III CLATM, disse A. Duque, para quem a opção preferencial para os pobres, unida aos Direitos Humanos e ao Direito dos Povos, se tornaria um núcleo ético que realizaria grandes transformações sociais. Para A. Duque, essa é uma forma nova de evangelização na qual a verdade moral não pode ser imposta, mas proposta. A participação dos cristãos nas proposições éticas de núcleo comum leva a uma "tensão-significação-confronto" que coloca à prova a validade das proposições cristãs quando confrontadas com outros valores. Nesse sentido, é importante que a Teologia Moral esteja atenta na busca de um agir comunicativo para reformular e adaptar sua linguagem de modo a fazer-se compreender.

O Concílio Vaticano II colaborou muito com essa consciência de uma Igreja servidora da humanidade, capaz de chegar às raízes mais profundas da conduta humana. E parece que, nessa segunda Fase da SBTM, a Teologia Moral tem essa preocupação de mergulhar nesse discernimento dos valores emergentes, atenta a uma dimensão de provisoriedade, de um caminho não acabado, sem prescindir, porém, da dimensão transcendental que se revela na realidade.

Apesar de a ética civil apresentar paradigmas diferenciados daqueles da Teologia Moral, o diálogo entre Igreja e sociedade é fundamental para a definição de métodos de discernimento e da formação da consciência. Enquanto a primeira se baseia mais em razões instrumentais como a eficiência e a competitividade para manterem e sustentarem o sistema vigente, a segunda busca um diálogo mútuo para avançar em um denominador comum.

Os avanços para tal empreitada se demonstravam cada vez mais desafiantes diante de um quadro social que apresentava mudanças muito rápidas. O desafio à Teologia Moral era estabelecer uma hierarquia de valores que fossem válidos e compreensíveis para a ética social. Além disso, era necessário recuperar o patrimônio cultural que foi sendo apagado pela imposição das regras de mercado com uma visão limitada de cultura, trazendo consequência para a práxis moral. Nesse sentido, A. Duque avalia alguns desafios que a Teologia Moral na América Latina deverá enfrentar no que diz respeito não só à elaboração de novos valores, mas no resgate daqueles que se perderam ou que estavam sendo perdidos:

1) No âmbito social, a Teologia Moral deverá se empenhar na promoção da justiça para a diminuição das diferenças sociais;

2) No âmbito político, diante de uma tendência à atomização individualizante, que fortalece nacionalismos egoístas, propõe-se o fortalecimento da defesa dos Direitos Humanos, entendendo aqui que os grupos de orientação cristã podem desenvolver o papel de conscientizar as classes populares de seus direitos;

3) No âmbito cultural, para combater uma tendência à manutenção do colonialismo sobre o *ethos* social, desfigurando-o de suas raízes, propõe-se a defesa dos valores culturais autóctones e do patrimônio ecológico, visando superar o processo de dominação cultural;

4) No âmbito eclesial, para superar o medo do secularismo e dos descompassos no diálogo com a modernidade, é necessária uma revalorização do laicato, entendendo que nele está a força do testemunho cristão no mundo e a dinâmica da práxis teologal da Igreja no pós-Concílio Vaticano II;

5) No âmbito científico-tecnológico, nota-se que os países da América Latina ainda carecem de investimentos para uma possível competição tecnológica e dependem dos padrões dos países desenvolvidos. A Teologia Moral, na sua práxis teologal, percebe que a cultura popular está atenta e usa de prudência aos possíveis efeitos de uma tecnologia que desumaniza e marginaliza;

6) No âmbito econômico, continuam as consequências devastadoras das dívidas externas que desestabilizam qualquer país e a corrupção que corrói o sistema e impede o desenvolvimento econômico e social. Para essa realidade, a Teologia Moral deve colaborar na conscientização da população sobre a importância do processo democrático e da responsabilidade dos cidadãos na escolha de seus representantes, cujo critério principal é a ética na política;

7) No âmbito demográfico, deve-se estar atento aos bolsões de pobreza nas periferias pelo grande deslocamento das áreas rurais para os centros urbanos, trazendo como consequência a marginalidade. Essa realidade presente em todos os países latino-americanos deve ser aprofundada e debatida com profundidade, pois nela se encontra a chave para uma série de problemas morais que surgem em torno dessa mobilidade, mudando não só o estilo de vida das pessoas, mas também sua hierarquia de valores, comprometendo seu discernimento moral.

Esses pontos elencados como desafios da Teologia Moral comprovam o quanto a Teologia Moral, nesta segunda fase, está mergulhada na realidade humana, em todos os âmbitos, de modo a entender que "não existem realidades puramente teologais que não sejam os mesmos acontecimentos humanos interpretáveis como práxis teologal"[39].

### 6.2.5 Abordagem de prospectiva e do Direito

N. Agostini consegue apresentar sucintamente o passo que a Teologia Moral fez nessa segunda Fase em relação ao Direito: "a América Latina fez esse percurso de passar dos direitos individuais para os sociais e daí o direito dos pobres a partir dos pobres até uma noção que se funda na noção de cidadania"[40]. Esse percurso é resultado de todo esse processo de renovação da Teologia Moral que buscou alargar seus parâmetros de normatividade para além de seus muros internos, e estabeleceu, assim, um diálogo em torno de um mínimo de senso comum ético na busca de construir uma sociedade mais viável.

Nesse sentido, A. Wolkmer concorda com N. Agostini quando define que a moral não é abstrata e não é só análise de ações individuais, mas "um complexo de princípios, valores e regras do comportamento humano enquanto processo social concreto"[41]. A Teologia Moral latino-americana nunca esteve ausente desse processo social concreto de que fala A. Wolkmer, mas foi sendo elaborada e definida nas bases que constituíram e inspiraram os ideais de liberdade e democracia. Como vimos, nessa segunda Fase da SBTM, com três Congressos Latino-americanos de Teologia Moral, organizados pela SBTM (1990, 1993 e 1996), os temas de moral foram trabalhados em conjunto, pois havia uma solidariedade na vivência dos mesmos problemas sociais, frutos da exploração e da perda de identidade ocasionadas pela história de uma contínua e permanente colonização.

A opção preferencial pelos pobres e a noção de cidadania que advém dessa proposta ultrapassam o setor meramente religioso para alcançar uma proposta e um fundamento ético comum entre nações que sofrem a experiência da exploração, da marginalização e da exclusão. O cristão busca sua cidadania eterna, mas deve começar desde já a conquistar os valores que considera indispensáveis para uma vida digna e justa já aqui na terra. Como afirma Ramos quando reflete a visão de Santo Agostinho: "não há, com efeito, justiça e nem nenhuma das virtudes sobre as quais se fundamenta o Estado, sem o amor a Deus e do próximo"[42].

A. Wolkmer, no entanto, relembra que o poder oficial do Estado, muitas vezes, impõe uma burocracia convencional a ponto de engessar, por meio das leis, a própria ação da justiça em prol dos cidadãos. Dessa reflexão, os moralistas católicos no Brasil refletiram sobre a experiência do Direito alternativo, que não deixa de ser uma resposta, um "jeito" pelo qual se alarga os critérios fixados pela lei e se transgride suas formulações em benefício dos menos favorecidos. No Brasil, destacaram-se três frentes de defesa do Direito Alternativo. A primeira aplica normas e textos legais que não foram efetivados em favor dos segmentos populares. A segunda é a prática interpretativa dos juízes que, em prol das camadas menos favorecidas, explora as contradições e ambiguidades do Direito. A terceira é a prática de um Direito paralelo criado pela pluralidade social e da organização comunitária que reconhece direitos fundamentais distintamente das normas positivas oficiais. Essa reflexão do Direito alternativo, pela SBTM, mostra a inserção da reflexão teológico-moral no proces-

---

39 DUQUE, A. M. "A Teologia Moral no futuro da América Latina", p. 156.
40 AGOSTINI, N. "Direitos Humanos...", p. 875.
41 WOLKMER, A. C. "Direito Alternativo: propostas e fundamentos éticos", p. 125.
42 RAMOS, F. M. T. "Ética e Direito em Agostinho...", p. 201.

so levantado por N. Agostini, em que a passagem dos direitos individuais para os sociais é uma conquista da qual a Teologia Moral não pode prescindir já que toda proposta latino-americana se inspira nos valores evangélicos de libertação das estruturas de pecado e da implantação do Reino de Deus manifestados na reciprocidade do amor e do amor preferencial pelos pobres.

### 6.2.6 Articulação da Teologia Moral pela SBTM na F2

A Teologia Moral enfocada pela SBTM na segunda Fase apresenta características próprias, definindo um conjunto orgânico que responde às interpelações do momento histórico de então.

Nessa Fase, o mergulho tornou-se profundo e temas polêmicos de difícil resolução foram abordados. Trata-se de questões de raízes sociais e políticas profundas e que se demonstravam muito mais complexas do que se podia pensar. É o período do fim dos regimes comunistas, o fim das utopias, e o fortalecimento das democracias, mas, ao mesmo tempo, a continuação ou manutenção de um sistema capitalista que ainda era causa de injustiças e exploração.

Dessa forma, enquanto na F1 da SBTM a Teologia Moral foi interpelada pelos movimentos de renovação teológica, de inspiração europeia, que nos moldes de um *aggiornamento* culminou no Concílio Vaticano II e, posteriormente, nos documentos do CELAM, na F2 a Teologia Moral é interpelada pela realidade social, pela cultura, pelo sistema econômico, pelos novos sujeitos sociais, exigindo, assim, uma identidade própria para uma possível interação e diálogo com uma sociedade cada vez mais secularizada. Enquanto na F1 temos motivações internas para uma renovação, na F2 temos uma responsabilidade de garantir o espaço e a presença da Teologia Moral na sociedade.

Na F1, a Teologia Moral busca base de apoios para compreender melhor seu processo de elaboração de normas e de adequação entre as proposições magisteriais e a realidade concreta com seus problemas e dilemas próprios. Na F2, é possível verificar uma busca de eixos de interação com a sociedade como um todo. A Teologia Moral, identificada como ética cristã, se compreende como instrumental eficaz para a transformação da realidade e concebe seus conteúdos válidos para serem discutidos e confrontados com outras éticas que não têm conotação religiosa. Assim, na F2, a preocupação da SBTM é responder eficazmente às interpelações que vêm da sociedade e colaborar num mundo plural com a parte que lhe é própria. Nessa Fase, a Teologia Moral no Brasil não tem pretensões de apresentar verdades morais, e sim conhecer e interagir com a realidade que a interpela, buscando eixos de articulação num núcleo ético comum que tenha força de transformação social.

Enquanto na F1 se busca uma interpretação histórica para compreender como se definiram as estruturas morais para reinterpretá-las com chave latino-americana, na F2, ao contrário, busca-se um mergulho no presente, no real, interagindo com os novos sujeitos culturais, com as novidades da comunidade científica e com a pluralidade das éticas da comunidade civil. É uma Teologia Moral que não fica presa no passado, mas reage com o presente para projetar o futuro. Apresenta-se como uma Teologia Moral de prospectiva que busca entender o hoje para melhor atuar amanhã.

Na F2, percebe-se também uma nova linguagem, menos radical e mais interativa com a realidade. Expressões da F1 como "mudar estruturas" (1979), "construção de uma sociedade nova" (1983), "ruptura com certa ordem ou *status quo*" (1986), "nova ordem moral" são substituídas na F2 por "caminhos de superação"

(1990), "sistema alternativo" (1990), "agir comunicativo para reformular e adaptar a linguagem" (1993).

A proposição central da F1 foi a "conscientização" como meio eficaz de conhecer a realidade histórica, de fazer uma transição de paradigmas morais, de mobilizar para ações coletivas em vista de uma transformação social. Já na F2, o foco está na "relação", que constrói pontes entre a Teologia Moral e as outras áreas do conhecimento, que abre portas para novos interlocutores, que se deixa interpelar pelas forças sociais e pela cultura, expressada com clareza por T. Mifsud quando situa a relação da Teologia Moral com a cultura, isto é, quando reconhece que é na cultura que se geram os valores, que lhes dá significado e sentido. Por isso, a Teologia Moral não pode deixar de levar em conta que, na cultura, o ser humano constrói relações com a natureza, interage com os grupos e busca o sentido da totalidade, isto é, as três colunas de uma sociedade: dimensão técnico-econômica, dimensão sociopolítica e dimensão religiosa, respectivamente. As três dimensões se inter-relacionam e interagem com os outros fatores de relevância como a idiossincrasia do povo latino-americano.

Dessa forma, na Teologia Moral da F2, percebe-se uma tendência maior a uma práxis mediada pelo diálogo num processo de encontro com o plural, de interação, de consenso. Esse modo de fazer Teologia Moral já predispõe as análises e métodos que serão adotados na F3, quando se emerge desse mergulho do mundo vivido.

A SBTM, com seu processo aberto de constante leitura da realidade, foi socializando sua agenda de prioridades conforme as interpelações da cultura, abrindo, assim, um caminho original de relação com a provisoriedade, de um caminho que se vai construindo, por meio de um discernimento prudente dos valores emergentes.

## 6.3 Teologia Moral da Emersão: a emergência da realidade

Depois do salto e do mergulho, a SBTM emerge na terceira Fase (F3) e defronta-se com um mundo em rápida mudança. O mergulho da F2 facilitou o diálogo da Teologia Moral com a realidade, a definir um caminho de relação dialogal com as outras áreas do conhecimento e a reconhecer que o fazer Teologia Moral exige, cada vez mais, um trabalho em conjunto, com respeito à pluralidade, mas sem perder de vista o Projeto do Reino. Os três encontros latino-americanos realizados na F2 comprovaram a riqueza de discutir os desafios da Teologia Moral a partir dos referenciais da própria realidade em vista de uma transformação social mais ampla.

Entretanto, a F3 apresenta-se num momento histórico muito particular. É uma fase de transição histórica significativa. No encontro de 1999, a própria SBTM propõe-se a fazer uma avaliação de sua caminhada pensando a Teologia Moral a partir da passagem do milênio. Há uma sensibilização maior para se fazer uma retrospectiva e uma prospectiva, seja do interno da Igreja, seja da sociedade de maneira geral. Se na F2 a SBTM mergulhou na realidade deixando-se ser interpelada por esta, preocupada com uma *ortopráxis* que respondesse aos desafios de então, agora na F3 ela emerge desse mergulho e tem que reconhecer uma nova plataforma de prioridades.

Parece que, na passagem do segundo milênio, esvaíram-se com ele todos os seus sonhos e projetos, enfim, toda solidez de suas tradições e, assim, o homem chega num tempo de liquidez e incertezas, no qual ele se tornou um anônimo de sua identidade histórica, um obeso de informação e um anoréxico de conhecimento [F3(2011)].

Esse contexto contribuiu para uma descaracterização dos valores morais e a Teologia Moral no Brasil se mobiliza em torno dos temas mais atuais e desafiantes, colocando-se de frente aos problemas emergentes, para apontar suas fraquezas e seus pontos vulneráveis e apresentar, em conjunto com seus amigos morais, propostas claras contra o ceticismo ético para recuperar a esperança na humanidade.

Como não se trata de uma Teologia Moral alheia, alienada e abstrata, a questão de fundo é que a SBTM propiciou uma maturação no processo de elaboração e discussão dos fundamentos da moralidade latino-americana, e em duas décadas de reflexão soube se manter atenta aos apelos da realidade. Ela conseguiu reunir os recursos necessários para uma análise profunda da especificidade de sua epistemologia no Brasil quando imergiu no seu modo de "fazer", para agora emergir no seu modo de "ser". A escolha dos títulos nas publicações dessa fase define essa dinâmica: "Ser e Comunicar" (2008), "Ser e Viver" (2008), "Ser e Cuidar" (2010), "Ser e Educar" (2011), "Ser e Fazer" (2012).

Ao emergir com uma realidade em constante mudança, a SBTM reconhece sua própria limitação diante de um mundo tão complexo, sem a pretensão de solucionar todas as questões. A dimensão relacional da F2 foi imprescindível para um amadurecimento e uma preparação aos desafios da F3. Trata-se de um emergir com uma nova realidade que se apresenta plural, comunicativa, multiforme, relativa, complexa, global, incerta, fundamentalista e cada vez mais excludente.

À diferença das duas fases anteriores, não é possível determinar um problema central, mas a SBTM parece ter entrado em uma fase de muita flexibilidade e busca de sentido. Se a F1 imprime um caráter mais de tensão, a F2 caracteriza-se pela confrontação e, na F3, prevalece a significação, embora na dinâmica de discernimento os três fenômenos de análise estejam presentes em todas as fases. Buscar significados exige uma hermenêutica mais aprimorada com o uso adequado de uma linguagem que seja, ao mesmo tempo, mediadora e conciliadora, diante do pluralismo e da diversidade presentes num mundo globalizado.

De fato, uma das características da F3 é a busca de terminologias que expressem a veracidade e a validade dos conceitos morais de modo a garantir a presença da Teologia Moral na comunidade de consenso. Essa terceira fase tem um conjunto orgânico complexo e de difícil caracterização pela sua pluralidade temática. Desse modo, apresentaremos a seguir uma divisão em forma de "tensão-confrontação" (*tensio*), isto é, dos desafios que interpelam a Teologia Moral na F3, e sua "significação" (*sensus*), quer dizer, as possíveis interpretações e prospectivas de validação oferecidas pela Teologia Moral no Brasil.

*Tensio* 1: O desafio das biotecnologias e das ameaças à vida. *Sensus* 1: Ser e Viver: enfoque da Bioética.

*Tensio* 2: O desafio da comunicação na conjuntura mundial. *Sensus* 2: Ser e comunicar: enfoque da Ética dos Valores.

*Tensio* 3: O desafio da globalização e da exclusão. *Sensus* 3: Ser e cuidar: enfoque da Ética do Cuidado.

*Tensio* 4: O desafio de construir a história em tempos de incertezas. *Sensus* 4: Ser e educar: enfoque da Ética da responsabilidade.

*Tensio* 5: O desafio de fazer Teologia Moral numa sociedade plural e global. *Sensus* 5: Ser e Fazer: enfoque da Ética da alteridade.

Essas cinco abordagens demonstram a complexidade da F3. Elas não abrangem todos os temas discutidos no período, mas apontam para um sistema que prioriza áreas específicas de confronto, abrindo, assim, uma linha de reticências para um modo de fazer Teologia Moral sempre aberto e dinâmico com a realidade que emerge. Em vez de falar em conjunto orgânico, na terceira fase, poderíamos falar em "processo sistêmico" da Teologia Moral no Brasil.

### 6.3.1 Ser e Viver: enfoque da Bioética

As questões relacionadas à Bioética já haviam sido tratadas nas outras fases [F1(1987), F2(1995)], mas parece ter consolidado seu status de "chave de leitura" para a Teologia Moral latino-americana na F3.

Diante do desafio das biotecnologias e das ameaças em relação à dignidade da pessoa e da vida humana, bem como à vida do planeta, a Teologia Moral, na F3, assume uma contraproposta e busca validar seus argumentos.

A tensão-confronto se dá com uma mudança de visão antropológica. Os fenômenos naturais foram desmistificados, secularizados e substituídos pelos referenciais da técnica. A natureza não é mais o fim, e sim a técnica. Esse fenômeno traz consigo o problema de saber o limite entre o natural e o artificial. Como consequência, temos um excesso de confiança no biopoder, uma negação da vulnerabilidade e uma prevalência de uma visão globalizada que despreza, marginaliza e exclui. Destacamos três abordagens do *sensus* dado pelos mediadores N. Ribeiro Júnior [F3(2011)], R. Junges [F3(2004)] e L. Pessini [F3(2010)], respectivamente.

Para N. Ribeiro Júnior, o desafio central para a Teologia Moral é enfrentar o enaltecimento da vida biológica pelo biopoder em detrimento da dignidade humana de identidade relacional, social e política. O biopoder tornou-se a força motriz de uma sociedade de indivíduos. Esse tema foi trabalhado por H. Jonas, que resgata o mito prometeico mostrando o poder ilimitado e onipotente no qual se projeta a técnica[43].

O biopoder, que segue os ditames da globalização e se organiza nos parâmetros da economia de mercado, afeta diretamente a dimensão humana. Para combater essa desapropriação indevida da identidade humana como objeto da lógica do mercado, é necessário um *sensus* de economia humana: "a ideia de uma comunidade de cidadãos que comungam da mesma vida política biocentricamente vivida"[44]. O foco para superar as distorções do ideário biologicista é uma moral que priorize o caráter relacional, social e político da identidade dos sujeitos, isto é, uma visão ético-política de intercomunhão solidária e planetária. A Teologia Moral assumiria, assim, um papel mais sapiencial e, junto com a Filosofia e outras ciências hermenêuticas, contribuiriam para uma crítica aos abusos do biopoder e uma reinterpretação mais pública e participativa da Bioética no cuidado do planeta. Enfim, a proposta de N. Ribeiro Júnior é uma Teologia Moral pública, política, menos jurídica e mais sensível aos apelos da cultura, de modo que seja capaz de reinterpretar os vestígios da passagem de Deus nela.

Para R. Junges, o confronto aprofunda-se quando essa lógica do biopoder vai trocando os referenciais simbólicos pela técnica e remete tudo ao campo da subjetividade, fragmentando o conhecimento e dispensando qualquer mediação religiosa. Esse processo de descaracterização do transcendental e espiritual trouxe como consequência a recuperação de um mito substitutivo dos referenciais simbólicos oferecidos pela religião: o mito prometeico do poder ilimitado, de um ser humano sem contingências ou fragilidades.

Desse modo, para R. Junges, o núcleo de toda a crise existencial atual reside na negação de qualquer vulnerabilidade, das limitações e das finitudes. Diante desse

---

43   Cf. Jonas, Hans. *El Principio de responsabilidad*: ensayo de una ética para la civilización tecnológica. Barcelona: Herder, 1995.
44   Ribeiro Júnior, N. "Teologia Moral e história...", p. 93.

encapsulamento narcisístico do homem, ele perde a noção dos limites de sua tecnologia e cria a ilusão de que por meio de seu biopoder todos os seus problemas serão superados. Assim, o *sensus* proposto por R. Junges é um reencantamento do mundo e a recuperação de uma consciência de vulnerabilidade, que trazem consigo necessariamente o exercício da autonomia e da responsabilidade.

Finalmente, L. Pessini retoma a *tensio* de uma visão pós-humanista, cuja pretensão é criar um ser humano mais habilidoso, desconsiderando a dignidade humana natural e projetando uma sociedade de seres geneticamente aperfeiçoados. Porém, L. Pessini firma os pés na realidade latino-americana e mostra que há uma agenda prioritária para ser resolvida no mundo globalizado, mas excludente. A Bioética, na América Latina, tem um encontro obrigatório com a pobreza e a exclusão e trabalha em conjunto com a Teologia e o universo religioso presente na cultura para superarem juntos a globalização excludente. A América Latina precisa dar conta da sua agenda de prioridades como: saúde da população, saúde pública, justiça social, combate à pobreza, de modo que temas de grande relevância mundial, como a ecologia e a paz, sejam enfrentados com as questões de justiça social e combate à pobreza, pois esses são os desafios emergentes sinalizados como tensão--confronto. Os temas sociais, assim, interligam toda e qualquer reflexão moral. Na América Latina, a Bioética encontra-se imersa nos temas da pobreza e da exclusão e, por isso, exige uma visão mais ampla, capaz de dialogar com essas realidades e buscar respostas para a defesa da vida neste contexto de ceticismo e pluralismo moral. O *sensus* proposto é do "princípio da responsabilidade", isto é, um imperativo que exige uma mudança de vida em defesa de uma vida autenticamente humana na terra.

Essas três abordagens propostas pelos mediadores da SBTM formam um referencial teórico que abre a oportunidade de um aprofundamento sobre o tema da Bioética na Teologia Moral no Brasil: uma economia humana biocentricamente vivida, uma consciência da vulnerabilidade e um princípio de responsabilidade social formam um tripé teórico original dentro do contexto da América Latina, apontando três grandes desafios a serem enfrentados concretamente pela Bioética:

1. A paz no mundo.
2. A luta contra a pobreza.
3. O cuidado com o meio ambiente [F3(1999)][45].

Esses três fatores estão interligados e são os problemas emergentes que merecem ser tratados com prioridade. Desse modo, a partir da Bioética, surge, também, uma maneira nova de reflexão moral.

### 6.3.2 Ser e Comunicar: enfoque da Ética dos valores

Após ter passado pelo tema dos perigos do biopoder, a SBTM levanta um outro tipo de desafio que a Teologia Moral deve enfrentar: a nova condição comunicativa. Moser contextualiza essa era da comunicação como fruto da pós-industrialização e da pós-modernidade. Com novos métodos e nova linguagem, a era da comunicação foi-se ampliando de modo a atingir as massas, seja por meio midiático, seja digital. O acesso a esses meios, também fruto das novas tecnologias, foi configurando uma di-

---

[45] O primeiro a aprofundar esse tema nessa fase foi N. Agostini com: "Moral Social, o desafio ambiental na América Latina".

nâmica, não mais de espectadores, mas de criadores e produtores, sem preocupação de definir identidades fixas. O espaço também foi redefinido para o virtual, criando o ciberespaço onde não se tem mais limites de fronteiras.

A *tensio* dessas novas tecnologias trouxe também um impacto socioeconômico que, na lógica do mercado, não deixou de exercer um papel de poder, investindo sobre redes de controle, com manipulação comercial, ideológica e política. Mas, o campo religioso também sofreu um impacto desses novos paradigmas da comunicação.

A leitura cristã da história passa necessariamente pelo caráter revelacional de Deus, que se autocomunicou por Jesus Cristo e nos fez um convite de comunhão com Ele através do Filho no Espírito Santo. A resposta humana a esse convite exigiu uma interpretação dessa vontade divina que foi se traduzindo em normas para o contexto concreto. A consciência, ao longo da história, foi aprimorando um modo de responder adequadamente à vontade de Deus, e pelo discernimento da consciência foi estabelecendo normas operativas do agir, que como referenciais do caminho cristão apontam valores e garantem o *sensus fidelium* do povo de Deus.

A *tensio* moral nesse caminho histórico foi o tipo de interpretação dada a essas normas operativas, esses referenciais que apontam valores como princípios gerais e universais traduzidos como lei que obriga a todos o seu cumprimento. Desse modo, há uma inadequação comunicativa do modelo tradicional da moral que não consegue mais transmitir aos seus contemporâneos normas válidas e compreensíveis para as situações concretas que exigem novas respostas. Para R. Junges, se a Teologia Moral quiser comunicar algo aos seus contemporâneos deverá levar em conta, como *sensus*, o paradigma atual do pensamento, formulando a proposta moral cristã de acordo com a nova condição comunicativa do ser humano, tendo a linguagem como expressão dessa relação.

Essa condição comunicativa está baseada na interação da convivência social, isto é, na relação com o outro que se forma a personalidade moral. O ser humano se realiza na convivência e é dessa convivência que nasce uma consciência moral reta, humana, livre e responsável. Desse modo, os valores morais só serão verdadeiramente comunicados quando a linguagem da Teologia Moral não tiver a pretensão de normatizar sob pena de excomunhão, mas de apontar normas operativas do agir como referenciais de um caminho de relação, comunhão e participação.

A Teologia Moral deve atualizar-se com os novos quadros referenciais da comunicação virtual, que aposentou definitivamente a comunicação de mero espectador, para uma comunicação interativa. O referencial teórico para essa abordagem é E. Lévinas (1906-1995), o qual propõe que o homem deve se esforçar para sair de si mesmo, de sua solidão, quebrando o pensamento de representação e de posse e indo ao encontro do outro, construindo, assim, uma dimensão social de alteridade. O homem contemporâneo é vítima do excesso do ser que o sufocou e o levou para dentro de si mesmo e para o anonimato.

Enfim, a comunicação proposta pela Teologia Moral é fruto da relação de um Deus que chama pelo nome, apresenta-se em carne e osso, num determinado tempo, e ocupa um espaço na história. Ele não é um líder invisível, mas tem uma proposta clara de seguimento que livra o homem do seu enclausuramento e o abre para a transcendência do Outro.

### 6.3.3 Ser e Cuidar: enfoque da Ética do cuidado

O grande desafio emergente da globalização tornou-se um tema-chave de confronto que praticamente se tornou parada obrigatória de análise dos moralistas na

F3. O fato é que tratar do tema da globalização na América Latina exige uma análise de conjuntura mais crítica, seja pela necessidade de um contexto histórico que liga a globalização a todo o processo histórico de dominação sobre os países latino-americanos, seja pelo processo desencadeador de mais exclusão que a lógica global vem implantando nas sociedades dos países periféricos. Os mediadores da SBTM propõem a ética do cuidado como contraponto a esse processo excludente.

A *tensio* que emerge em torno da globalização é a capacidade desta de maximizar as situações de vulnerabilidade, seja de pessoas, seja de grupos. Apesar dos discursos globais de "família humana" e de "destino comum", é necessário levar em conta que essa família humana global tem características sociais diferenciadas e está em constante perigo de desrespeito em relação a sua dignidade humana e social. Pensar em uma sociedade global sustentável é, primeiramente, defrontar-se com questões básicas de injustiça social resultantes de uma globalização excludente.

Como referencial teórico, a SBTM dialoga com dois mediadores filósofos, Terezinha César e Olinto Pegoraro, que contribuem com uma reflexão com base em autores que dão um *sensus* filosófico à Ética do cuidado: P. Ricoeur e M. Heidegger [F3(2008)].

T. César considera que a visão de P. Ricoeur é uma contribuição à Ética do cuidado, pois não desconsidera o conflito, já que para ele há uma oposição das consciências e, segundo T. César, não será o sentimento de compaixão a mover a radical alteridade dos sujeitos, mas a dramaticidade dos conflitos. Portanto, para P. Ricoeur, respeito à dignidade humana é não instrumentalizar a pessoa humana, mas respeitá-la, não como um outro eu, mas simplesmente como um outro oposto a mim, dissimétrico.

Já O. Pegoraro procura abordar o tema do cuidado a partir dos pressupostos heideggerianos, que centram o homem na existência. O homem existe, acontece, é tecido e gestado na história e, na relação com o mundo, se constrói ou se destrói. Desse modo, esse ser existente, cercado de mundo, é o único capaz de dar *sensus* a sua temporalidade, de zelar pela sua existência.

N. Agostini faz o contraponto teológico trazendo uma contribuição teológico-moral para fundamentar a necessidade da Ética do cuidado [F3(2008)]. Com base na relação Trinitária, o autor resgata o sentido do cuidado na relação de comunhão e reciprocidade. A comunidade humana é imagem e semelhança da comunidade divina. Por isso, é na comunidade que o indivíduo emerge como pessoa, descobre-se como fruto do amor criativo de Deus e dá razão e sentido para viver em sociedade. Para N. Agostini, o ser humano não só tem cuidado para com o outro, mas é Cuidado, constituído ontologicamente com uma essência de reciprocidade que determina a sua prática. F. dos Anjos complementa esse *sensus* dizendo que "em toda ação de cuidado transparece uma iniciativa criadora"[46].

Enfim, a *tensio* de uma globalização excludente que coloca o homem e o planeta em situação de vulnerabilidade faz emergir uma Teologia Moral capaz de dar um *sensus* de cuidado, não como um sentimento de benevolência afetiva pelas vítimas da exclusão, mas pelo respeito à dignidade ontológica, imagem e semelhança do amor Trinitário, que impulsiona a vida em comunidade.

### 6.3.4 Ser e Educar: enfoque da Ética do discernimento

A SBTM, a partir da emergência da realidade, foi refletindo o papel da Teologia Moral em tempos de relativismos, de incertezas, de globalização, de exclusão, enfim,

---
46 ANJOS, M. F. dos. "Ética do Cuidado e a questão de fronteiras", p. 137.

em tempos de crise. Para tanto, busca trazer à tona todos os recursos metodológicos e toda riqueza de conteúdos impulsionados pelo Concílio Vaticano II no que se refere à renovação da Teologia Moral. Desse modo, a SBTM partilha da ideia da necessidade de uma permanente renovação da Teologia Moral, com retorno às fontes, revisão contínua de metodologias e reorientação de conteúdos. Pela experiência, a SBTM entende que é necessário investir em uma moral de sentido aprofundada pela Palavra de Deus e pela Tradição, mas também uma moral que lute contra a exclusão social e a cultura de morte, e não prescinda das circunstâncias que compõem a existência humana naquilo que lhe é próprio e fundamental [F3(2009)].

Todavia, a Teologia Moral tem uma *tensio* a enfrentar com toda atenção: a heteronomia anônima. Quem utiliza essa expressão é o mediador L. Mattos, para explicar que, no processo de secularização, se deve estar atento a duas linhas de pensamento: uma mais liberal e dialógica e outra mais fundamentalista e repressora [F3(2010)]. Na ausência da religião, o secularismo vai implantando uma lógica mais coercitiva que as impostas pela lógica transcendental. Essa heteronomia anônima não tem origem, mas define juízos e determina condutas. Essa lógica que combate abertamente qualquer tentativa de *sensus* religioso atinge diretamente o *sensus* da existência humana, desfigurando os princípios norteadores de uma ética que dá razão e coesão ao ser humano.

N. Ribeiro Júnior estabelece uma reflexão que aponta um lado positivo dessa incerteza moral, pois para ele toda ação moral encerra riscos e pode ter imprevisibilidades. Enquanto L. Mattos fala dos perigos de uma ilusão transcendental que desenha um mundo perfeito, N. Ribeiro Júnior fala também do perigo de um possível imaginário de ação que a Teologia Moral projeta sobre o mundo quando tenta negar ou anular possíveis incertezas em nome de uma pseudossegurança em tempos de crise.

O *sensus*, para N. Ribeiro Júnior, é o mergulho cristão no seio da história, a fim de encontrar sinais do Espírito que testemunhem a vitória da vida sobre a morte e a superação dos medos que bloqueiam a passagem, a páscoa da transfiguração do mundo e sua trans-significação conforme o mistério pascal de Cristo. Desse modo, para evitar leituras fundamentalistas e coercitivas, é necessário uma concepção de fé cristã que, recuperada desde as suas origens, seja lida com o horizonte da vida em Cristo, que é um horizonte cheio de possibilidades para o agir humano e não de certezas sedimentadas e fixadas para a ação.

Propõe-se como caminho de equilíbrio uma Teologia Moral hermenêutica ou uma ética de discernimento de ação que não tem receio de lidar com diversas circunstâncias e condições inesperadas que se apresentam ao agir humano. Mesmo que a vida se apresente ambivalente, complexa e pluridimensional, a Teologia Moral reaprende a acolher de maneira inusitada essa Revelação que continua a acontecer de modo intermitente. Desse modo, o homem vai desvelando os vestígios da passagem de Deus na cultura e na história, decifrando esses vestígios na sua própria temporalidade existencial e ontológica[47].

Dessa maneira, há uma urgência educativa que impulsione o homem para essa hermenêutica e discernimento. A busca de uma Teologia Moral que seja coerente com a proposta do Evangelho, que recupere suas origens, que tenha em Cristo seu horizonte de leitura, que seja pensada como caminho aberto, decifrada na cultura e na história, sensível aos apelos e interpelações dos mais vulneráveis, é aquela que investirá na formação da consciência, numa hermenêutica crítica, baseada na liberdade e na responsabilidade.

---

47 Cf. RIBEIRO JÚNIOR, N. "Teologia Moral e história...", p. 85.

### 6.3.5 Ser e Fazer: enfoque da Ética da alteridade

Os mediadores da SBTM fizeram também uma análise do papel da Teologia Moral numa sociedade plural e global. Lembrando que ainda somos impelidos a interpretar o mundo com os filtros cartesianos, nossa realidade se torna cada vez mais compartimentalizada e especializada e temos muita dificuldade de trabalhar a interdisciplinaridade de modo coerente e eficaz.

O Brasil, com sua riqueza de miscigenação e profusão de raças, esconde, sob o véu da diversidade, muitas discriminações e preconceitos. A estratificação social, econômica e cultural do país ainda se configura com um sistema político corrupto e injusto. Por isso, ainda há um longo caminho de conscientização sobre valores morais e éticos na política e na construção de uma sociedade mais justa e solidária.

A. Ferla acredita que é preciso recuperar uma economia solidária, um modelo econômico menos excludente, bem como a esperança na humanidade, revigorando as fontes de espiritualidade como a alma da cultura e da sociedade. L. Pessini propõe uma ética entre amigos morais e não como estranhos morais, nutrindo respeito e solidariedade [F3(2011)].

C. Oliveira acredita que essa ideologia de rivalidade impregnada pela lógica do mercado na consciência das pessoas só será superada quando a ética resgatar uma pluralidade autêntica, que valorize a diferença para construir solidariedade e não um pluralismo ideológico que quer detonar com qualquer modelo normativo [F3(2011)].

Já para N. Ribeiro Júnior, a sociedade globalizada e excludente vem criando cada vez mais vítimas, ferindo pessoas, causando dor, isto é, vulnerabilizando-as. Essa dor e sofrimentos devem ser lidos como vestígios da passagem de Deus que se revela no Rosto humano. A vulnerabilidade seria um critério, uma categoria fundamental para a Teologia Moral poder atuar na ambivalência entre a manifestação da gratuidade do mal e a irrupção da santidade do Rosto. Desse modo, o princípio de vulnerabilidade retroalimenta a experiência ética do dom em que o sujeito está disposto a cuidar para que o outro não seja abandonado na sua dor. Assim, perguntar por Deus diante da vulnerabilidade é perguntar pela identidade do ser humano. O Rosto de Cristo emerge, assim, como expressão do outro humano vulnerável. A Teologia Moral sente-se interpelada pelo Rosto de Deus revelado no rosto vulnerável do ser humano que sofre, mas que também cuida do outro [F3(2011)].

L. Pessini, para expressar esse momento de *tensio* na história, recupera a metáfora do naufrágio para dizer que a humanidade sofre avarias nos seus instrumentos de navegação e de direção, a imagem da liquidez para expressar que tudo se volatizou, a torre de Babel para mostrar as dificuldades de entendimento fazendo crescer a crise econômica e, por consequência, os vulnerabilizados. Todas essas expressões querem mostrar o quanto a Teologia Moral vem tentando reinterpretar o mundo emergente de maneira que não se deixe vencer pelo ceticismo e pelo pessimismo, mas possa resgatar amor e esperança [F3(2011)].

Por isso, a SBTM persiste em dialogar com o mundo plural, mas, ao mesmo tempo, cultivar o *sensus* dos conceitos de valores e virtudes, no sentido de não se perder no pluralismo, mas apresentar os valores que lhe dão identidade, como princípios supremos, fontes de motivação e legitimação das opções, ações e decisões assumidas pelo cristão com reflexão e liberdade. E também as virtudes necessárias para garantir uma ética, não doutrinal, mas como força interior que atrai o bem, e pela qual o ser humano é impulsionado sempre mais a aprimorar-se.

### *6.3.6 Articulação da Teologia Moral pela SBTM na F3*

A F3 da SBTM traz uma gama de temas complexos que são tratados por diferentes especialistas, seja da área teológica, seja das outras áreas do conhecimento. Não é por menos que, nesta fase, a participação de leigos nos encontros foi triplicada em relação à F1, bem como a presença de mediadores de outras áreas superou a dos Teólogos moralistas[48]. Isso mostra claramente que a SBTM investiu no diálogo, na reflexão aberta que é capaz de falar, mas principalmente de ouvir o que os outros têm a dizer sobre as questões morais. A SBTM priorizou, nesta fase, a interação com diversas metodologias e enfoques e prevaleceu a interdisciplinaridade, na discussão dos temas morais, de modo que ao menos 30% dos temas debatidos foram realizados em forma de mesas redondas com a confrontação de diferentes pontos de vista[49].

Essa interatividade se expressa também na predominância de temas emergentes, não só na área da Teologia Moral, mas emergentes para todas as áreas do conhecimento e que podem ser expressos em algumas palavras-chave como: globalização, exclusão, identidade, alteridade, pluralidade, diversidade, comunicação, flexibilidade, diversidade, vulnerabilidade, tolerância e outras. Essa abordagem é ampla, aberta a todas as áreas e exige necessariamente metodologias alternativas que sejam flexíveis para trabalhar temas emergentes em fronteiras de conflitos, sejam culturais como conceituais. Na tentativa de encontrar caminhos alternativos para uma Moral que responda aos problemas emergentes, a SBTM abriu espaço para debater modelos, princípios, paradigmas que possam ser válidos num permanente diálogo entre a Teologia Moral cristã e as outras éticas que disputam espaço de validade e fundamentação racional para construir uma sociedade viável de ser vivida. Esse *disputatio* mostrou-se mais positivo do que negativo, pois, na medida em que a Teologia Moral não se encapsula dentro de seus próprios parâmetros, mas se abre às diferentes leituras éticas, ela consolida ainda mais sua identidade e busca com mais intensidade suas fontes, determinando sobre as outras éticas um parâmetro próprio e específico e não impondo-se pela força de sua normatividade histórica.

A F3 apresenta-se como uma etapa de aprimoramento nos métodos de participação da Teologia Moral no todo das ciências, na dinâmica da sociedade globalizada e no específico da sociedade brasileira. É uma fase interativa, em que o modo de fazer Teologia Moral está voltado para o processo sistêmico, em que os temas emergentes exigem visão e ação em conjunto, em redes, com informações interligadas, mas não determinantes.

A SBTM entende que o grande desafio que vem se impondo à Teologia Moral, já que ela tem o dever de dar frutos da caridade ao mundo, é de manter-se presente, atuante e atualizada numa sociedade que vem *deletando* estruturas antigas de pretensão universalistas e normativas, e redefinindo uma linguagem de curto prazo e de valor circunstancial. Para a Teologia Moral, com uma bagagem milenar, de profundas raízes teóricas, construídas ao longo dos séculos, na mais aprimorada metodologia, que prioriza a lógica e caracteriza-se por fundamentos racionais, é uma grande tensão manter-se nos novos parâmetros da liquidez e fluidez do mundo *iCloud*, no qual tudo é armazenado no mundo virtual. Talvez, teremos que falar sobre a terceirização da consciência, em que também se poderá colocar sobre as nuvens as decisões morais, uma *MoralCloud*, que isenta o homem de suas responsabilidades morais em nome de uma liberdade virtual e anônima.

---

48  Cf. Apêndice, Tabela 3.
49  Cf. Apêndice, Tabela 2.

Mas, felizmente, a SBTM manteve viva e acesa a chama de sua identidade, e de maneira criativa trouxe à tona, através das temáticas dos encontros, uma maneira de manter-se presente no debate dos problemas emergentes que atingem não só a realidade brasileira mas o conjunto das nações. De maneira geral, poderíamos elencar algumas características dessa terceira Fase que asseguram a presença da Teologia Moral no espaço disputado pelas éticas públicas e a projetam com uma identidade plural de um rosto miscigenado como é próprio de sua cultura:

1. Uma Teologia Moral sapiencial capaz de reinterpretar os vestígios da passagem de Deus na cultura;
2. Uma Teologia Moral de caráter relacional, social e político aberta a uma intercomunhão solidária e planetária;
3. Uma Teologia Moral que crie consciência de vulnerabilidade no exercício da autonomia e responsabilidade;
4. Uma Teologia Moral que saiba interligar toda e qualquer reflexão moral a partir dos desafios sociais emergentes, especialmente a pobreza e a exclusão;
5. Uma Teologia Moral capaz de comunicar a proposta moral cristã de acordo com a nova condição comunicativa do ser humano, tendo a linguagem como expressão dessa relação;
6. Uma Teologia Moral capaz de interpretar a realidade emergente através de um discernimento da ação nas diversas circunstâncias de uma sociedade sistêmica complexa, através da coerência com o Evangelho de Cristo;
7. Uma Teologia Moral que tenha como critério de discernimento o princípio de vulnerabilidade, que permite identificar o rosto de Cristo no rosto humano vulnerável;
8. Uma Teologia Moral que possa resgatar o amor e a esperança num mundo emergente onde prevalece o pessimismo e o ceticismo.

Desse modo, a F3 articula-se com uma riqueza de reflexões, numa variedade de temas e uma diversidade metodológica que faz da SBTM um espaço privilegiado de reflexão moral e possibilita a atualização permanente dos que atuam diretamente na área. Ao mesmo tempo, abre-se para um encontro com os temas emergentes que atingem não só a Teologia Moral, mas toda a Teologia e, assim, toda a Igreja.

As diversas faces da Teologia Moral, no Brasil, correspondem aos rostos de um povo e de uma cultura que soube usar da criatividade para articular a fé com as outras áreas do conhecimento, bem como com o serviço Pastoral da Igreja no Brasil, contribuindo para a construção de uma sociedade mais justa e fraterna.

## 6.4 O anúncio de uma possível Fase 4 (2012...)

Depois de percorrermos as três Fases que nos apresentaram um rosto da Teologia Moral no Brasil a partir do enfoque da SBTM, é possível vislumbrar o início de uma nova Fase.

A partir de 2012, temos uma série de temáticas que foram sendo desenvolvidas e exploradas pela SBTM que merecerão uma análise posterior mais aprofundada para definir seu caráter e uma possível projeção de novos tempos para a SBTM.

Os Congressos e Encontros continuam se realizando e, sem dúvida, conseguindo manter uma dinâmica de debates e de pleno diálogo entre a Teologia Moral e sociedade com suas dimensões multifacetárias.

Em 2012, o Encontro da SBTM realizou-se juntamente com o VIII Congresso Internacional de Bioética Clínica com o TG: "Bioética clínica na diversidade", em São Paulo, nos dias 16 a 19 de maio.

Em 2013, o XXXVII Congresso teve o seu tema motivado pela realização da Jornada Mundial da Juventude, que aconteceria no Rio de Janeiro e teve como TG: "Teologia Moral e Juventudes: interpelações recíprocas". Esse Congresso aconteceu entre 02 e 05 de setembro em São Paulo.

Em 2014, o XXXVIII Congresso aconteceu entre os dias 01 e 04 de setembro, também em São Paulo. O TG escolhido foi: "Ética Teológica e transformações sociais: a utopia de uma nova realidade". Desses Congressos já temos a bibliografia referencial no final deste livro.

E já foi escolhido e definido o Tema Geral para 2015: "Fundamentos da Teologia Moral na atualidade: desafios e perspectivas do ensino da Teologia Moral". Este será o XXXIX Congresso da SBTM e acontecerá entre os dias 31 de agosto e 03 de setembro de 2015.

Dessa forma, já está se configurando uma nova Fase para a SBTM, que posteriormente será analisada em continuidade com as três Fases anteriores de modo que não percamos o fio condutor da reflexão teológica moral no Brasil. Este livro quis mostrar o legado teológico que a SBTM proporcionou durante a condução de seus trabalhos nas últimas quatro décadas. Mas, além da visão global dos Temas desenvolvidos, podemos projetar novas luzes sobre a Teologia Moral no Brasil diante de uma construção tão sedimentada que permite continuar construindo a partir de suas bases.

Numa vida tão plural e num tempo tão desafiante como o nosso, em que tudo caminha numa velocidade absurda, a Teologia Moral no Brasil, através da SBTM, quer manter seu papel de mediadora investindo na formação da consciência e no diálogo com a sociedade para "produzir frutos de caridade para a vida do mundo" (*OT* 16).

# CONCLUSÃO

Em 1977, B. Stöckle escrevia um artigo de interesse na área da moral com o título em forma de pergunta: "Fuga no humano?"[1]. Tratava-se de uma reflexão sobre o *proprium* da Ética cristã, já que havia a necessidade de um *aggiornamento* em relação ao ensino da Teologia Moral para se adaptar ao novo espírito conciliar. B. Stöckle provocava uma reflexão sobre a inadequação da moral manualística e a nova perspectiva da Teologia Moral. Para ele, não se tratava de mudanças de conteúdo, mas de um "novo horizonte de compreensão". S. Pinckaers também levantou a polêmica considerando que o momento pós-conciliar produziu um "degelo" dos conteúdos morais sobrando quase nada para ensinar[2].

A Teologia Moral no Brasil vem responder a este anseio e, na busca de compreender o seu horizonte teológico-moral, realiza um salto de qualidade. Os teólogos moralistas reúnem-se em torno de temas pertinentes à realidade Latino-americana e brasileira, de acordo com os ventos soprados pelo Concílio Vaticano II e, inicialmente, interpretados em *Medellín* e *Puebla*. A SBTM faz emergir uma Teologia Moral situada e criativa: nem construiu diques para se defender do "degelo", com uma moral autoritária e legalista, e nem se deixou afogar pela surpresa das águas e dos ventos fortes, seduzida pelo deslumbramento do pensamento moderno e suas correntes. Ao contrário, a Teologia Moral no Brasil aprendeu a navegar nessas novas águas; aproveitou da força e da *tensio* dos ventos para um projeto de transformação social; aprendeu a mergulhar no profundo das águas; descobriu as riquezas do *ethos* brasileiro com seu "jeito" próprio e sua **práxis popular**; alimentou-se dos seus "peixes", isto é, soube tirar proveito das condições favoráveis para elaborar conteúdos pertinentes. Neste tempo favorável, soube cultivar a riqueza da sua pluralidade descobrindo metodologias que contribuíram para a formação da consciência, da reciprocidade e consequente solidariedade. Enfim, a Teologia Moral no Brasil investiu nas novas águas, acreditando no seu potencial de conservação e transformação.

Esse impacto da renovação da Teologia Moral é apresentado claramente pelo mapeamento que o estudo das "lentes" da SBTM nos proporciona. A riqueza e a diversidade dos temas tratados durante o período aqui proposto é uma prova concreta de como a Teologia Moral no Brasil soube assimilar criativamente os novos ventos e as novas águas, sem medo de enfrentar o desconhecido, o imprevisível e o plural. A SBTM esteve atenta à tensão da realidade ao seu redor e deixou-se interpelar (VER); refletiu e elaborou conteúdos que tiveram significado a partir da Revelação, da razão e da práxis popular (JULGAR); interagiu com a realidade, confrontando-a com os valores cristãos e buscou a transformação da consciência pessoal e social como testemunho coerente com o Evangelho de Jesus Cristo (AGIR).

Esse processo só foi possível graças às condições favoráveis sopradas pelo Espírito Santo, que fez convergir para América Latina um impulso renovador para toda a Igreja. Como comunidade de fé, o povo buscou encontrar as manifestações de Deus na sua realidade concreta de vida, reinterpretando-as e atualizando-as à luz da Palavra revelada. Esse novo horizonte de compreensão trouxe mudanças concretas no modo de ser Igreja. As CEBs, por exemplo, foram um sinal concreto da participação

---

1   STÖCKLE, B. "Fuga nell'umano? Riflessioni circa la discussione del *proprium* dell'etica cristiana". In: *Communio* 34 (1977) 19-33.
2   Cf. PINCKAERS, S. *Las fuentes de la Moral cristiana...*, p. 363-364.

popular na transformação social, aprimorando o espírito crítico e o discernimento da consciência num contínuo esforço para que o *depositum fidei* fosse anunciado e produzisse frutos de caridade.

A Teologia Moral no Brasil também foi imbuída desse espírito renovador e procurou alargar suas possibilidades. Para extrapolar uma moral de preceitos e evitar ficar sempre na defensiva construindo "diques de proteção" assumiu uma postura de diálogo com o mundo ao seu redor e foi ao encontro de outras éticas. Nessa nova dinâmica de participação eclesial no mundo, a formação da consciência tornava-se prioridade.

A Teologia Moral não podia se restringir a ouvir a voz de Deus no interior de si mesma, mas deveria assumir uma responsabilidade social, discernindo, com base racional e com a ajuda da mediação das outras ciências, uma plataforma de valores humanos da qual fosse possível uma profunda conversão aos valores do Reino. Desse modo, devemos reconhecer a importância do papel da Teologia Moral Renovada, que impulsionou e abriu novas perspectivas para a elaboração de uma moralidade menos legalista, mais situada e humana.

Na América Latina, porém, de rostos miscigenados e de uma história de dependência e espoliação, a Teologia Moral extrapolou as propostas da Teologia Moral Renovada. Apesar dessa linha de renovação ter sido bem recebida no Continente, através dos manuais de B. Häring, ainda não respondia às demandas da realidade latino-americana. Assim, impôs-se o desafio de elaborar uma plataforma epistemológica e metodológica que considerasse o *ethos* latino-americano com seus condicionamentos históricos, suas potencialidades e sua criatividade. Não podemos desconsiderar que, ao mesmo tempo em que a Teologia Moral na América Latina procurava determinar uma identidade para melhor sistematização e interpretação de seus conteúdos, surgia, com todo o vigor, a Teologia da Libertação, que, de certa forma, oferecia muitos dos instrumentos necessários para o edifício teológico-moral que estava se construindo, no qual, porém, ainda faltavam os acabamentos.

Esses acabamentos foram definidos, garantidos e impulsionados graças às duas Conferências latino-americanas de *Medellín* (1968) e *Puebla* (1979). A Ética da Libertação uniu a perspectiva da Teologia da Libertação e as motivações de *Medellín* para propor uma superação dos moldes tradicionalistas da Teologia Moral, que separava fé e princípios morais (o núcleo-fundante: descompasso entre teoria e prática), para uma Teologia Moral voltada à responsabilidade social, a partir do referencial dos novos sujeitos sociais determinados pela opção preferencial pelos pobres. F. Rejón considera esse processo como uma "experiência catalisadora" que reuniu a vitalidade e as inquietações dos núcleos cristãos ativos para um processo de conscientização[3].

Essa experiência foi fecunda no Brasil. Fez e continua a fazer a diferença em relação à produção teológica-moral elaborada na Teologia como um todo. Houve um conjunto de fatores que convergiram para um processo original. Os ventos favoráveis impulsionaram a própria CNBB, que assumiu um projeto evangelizador e soube unir imperativos morais e eclesiológicos renovados, de cunho profético, num contexto social e político complexo em que se vivia no Brasil.

A forte crise que provinha de um tempo de chumbo da Ditadura militar fez com que a Igreja se motivasse ainda mais a responder seus desafios à luz da fé e da razão, na busca de imperativos morais que pudessem garantir uma vida mais digna a todos, especialmente aos pobres e marginalizados. Desse modo, a Teologia Moral

---

3  Cf. REJÓN, F. M. *Teologia Moral a partir dos pobres*..., p. 54.

no Brasil foi sendo construída e renovada em unidade a todo um projeto de Igreja latino-americana, sintonizada com os documentos do seu Episcopado, inserida nas alegrias e dores da vida concreta do povo.

Portanto, no Brasil, não podemos falar em renovação da Teologia Moral se não provarmos desse caldo que mistura o "jeito" popular de enfrentar a vida com as tentativas de resposta à renovação através da produção do Magistério. Lembramos da Exortação *Evangelii nuntiandi* de Paulo VI, as reflexões de *Medellín* e *Puebla* do CELAM, os Documentos 10 e 15 da CNBB e os referenciais teóricos da Teologia da Libertação com as propostas da Ética da Libertação. Trata-se de uma série de eventos que pressionaram para que os conceitos da Teologia Moral no Brasil se alargassem e fossem inseridos num Plano de Pastoral de Conjunto, visando à evangelização, à transformação social, à libertação integral dos pobres, à participação e comunhão do povo e à construção de uma sociedade fraterna como anúncio do Reino definitivo[4].

É nesta plataforma orgânica que a SBTM tem sua gênese e desencadeia um processo ininterrupto de leitura da realidade a partir de uma "lente" que permite unir os dados da Revelação, da razão e da *práxis popular*, como pontos de convergência imprescindíveis para determinar o rosto da Teologia Moral no Brasil.

Nesse sentido, o objetivo de destacar a Teologia Moral no Brasil, sob o enfoque da SBTM, é exatamente demonstrar a validade do seu horizonte de compreensão para a Teologia Moral como um todo. A Teologia Moral no Brasil conseguiu aproveitar os ventos favoráveis e fez um mergulho profundo na sua particularidade, de tal modo que extraiu dessa experiência elementos válidos universalmente.

Esta obra traz, pela primeira vez, a visão de conjunto que permite fazer emergir esses elementos como chave hermenêutica que define o seu *proprium*. Isso significa dizer que, ao analisarmos temas pertinentes da Teologia Moral na Europa, por exemplo, e compararmos como esses temas foram abordados no enfoque do "jeito" brasileiro, veremos que há uma originalidade no horizonte de compreensão e que permite acrescentar à Teologia Moral como um todo novas perspectivas de abordagem teologicamente válidas. Naturalmente que esse seria um tema para uma nova pesquisa, a qual teria o objetivo de demonstrar a fecundidade prática da Teologia Moral no Brasil, seja em nível pastoral, seja social. Poder-se-ia demonstrar um diferencial em relação às outras abordagens que mantêm a Teologia Moral num pedestal, com suas discussões abstratas, longe da vida real das pessoas.

A partir desta perspectiva de contribuição válida para a Teologia Moral como um todo, destacamos alguns exemplos concretos das três Fases que iluminaram o momento do AGIR da Teologia Moral no Brasil através do enfoque da SBTM.

Na primeira Fase, a própria iniciativa de reunir os professores de Teologia Moral para compartilharem seus anseios e suas propostas de ensino, foi uma quebra da acomodação que pairava sobre a reflexão e produção da Teologia Moral. Esta iniciativa fundou a SBTM, dinamizou o estudo da moral no Brasil, incentivou a pesquisa e a produção e esta, por sua vez, iluminou a ação pastoral da Igreja do Brasil. É fato concreto que os primeiros encontros foram realizados junto ao Instituto Nacional de Pastoral da CNBB. Isso significa que Magistério, teólogos e pastoralistas pensaram juntos os temas pertinentes da Teologia Moral que desafiavam o *ethos* brasileiro.

Esse núcleo-fundante, trabalhado em conjunto, desencadeou duas situações que foram determinantes para a originalidade da Teologia Moral no Brasil: a conscienti-

---

[4] De acordo com o Objetivo Geral das Diretrizes Gerais da Ação Pastoral da Igreja do Brasil (1979-1982).

zação e a articulação. Com a reflexão do Encontro de 1983 com o Tema "Estratégias para mudar o *ethos* social brasileiro", a SBTM definiu uma estratégia de ação e de práticas junto à população, inserindo-se no chamado "processo de conscientização" como mola propulsora para um novo *ethos*.

O teólogo moralista, no Brasil, deixa de ser *assistenti del soglio* para se tornar orgânico, participativo e "personagente" de mudança social. Esse fator desencadeou um segundo fator: a articulação. A SBTM abriu as portas para uma articulação com a América Latina (é o caso do I Encontro Latino-americano de Teologia Moral em 1986) e permitiu um mergulho ainda maior na realidade, possibilitando a elaboração de uma Teologia Moral mais solidária, situada e encarnada no *ethos* social. Assim, a primeira Fase nos apresenta essas três características fundamentais: desacomodação, conscientização e articulação.

Na segunda Fase, destacamos concretamente as consequências desse mergulho. A Teologia Moral no Brasil não ficou alheia aos seus desafios e abordou temas muito particulares do país como: "Moral e culturas do submundo" (1990), "Ecologia entre economia, ética e política" (1991), "A ética entre as Madalenas, Travestis, Portadores de HIV, meninos e meninas de rua" (1994).

Um fator de preponderância foi a reflexão Bioética. Foi na SBTM que surgiram as primeiras reflexões sobre uma Bioética a partir dos excluídos (1987), o que posteriormente definiu uma nova abordagem na reflexão Bioética em todo o mundo (especialmente depois do VI Congresso Mundial de Bioética, em Brasília, em 2002, com o tema: "Bioética, Poder e Injustiça"). Dessa forma, a pluralidade desigual da realidade brasileira (particularidade) despertou uma consciência que pode contribuir para a reflexão Bioética mundial (universalidade).

Na terceira Fase, vemos claramente a elaboração de uma Teologia Moral que é consequência da maturação definida nas duas Fases anteriores, em que se destacam duas características significativas: pluralidade e dialogicidade. Graças à sua dinâmica de tensão-significação-confronto, a Teologia Moral no Brasil manteve-se sempre aberta às interpelações da pluralidade latino-americana e construiu-se em pleno diálogo com o complexo *ethos* cultural e social do país. Esse fato é comprovado claramente na terceira fase através do número de mediadores convidados para os Encontros da SBTM e que são de outras áreas do conhecimento (cf. Tabela 3). O rosto e a cultura miscigenados do povo brasileiro projetaram-se também na elaboração de um rosto da Teologia Moral no Brasil.

Assim, qualquer teólogo moralista no mundo que queira pesquisar seriamente alguns temas de relevância atual como: a vulnerabilidade social, a exclusão, a ecologia, alocação de recursos na saúde, justiça social, pluralidade e diversidade na elaboração de normativas morais, etc., deverá necessariamente passar pelo horizonte de compreensão da produção moral no Brasil, o qual tem um legado teórico e prático significativo para oferecer como referencial hermenêutico no conjunto da Teologia Moral.

Esta obra traz à tona uma das originalidades que reforçam um possível *proprium* da Teologia Moral no Brasil, que podemos identificar como um elemento presente, constante, permanente e determinante em todas as Fases. Trata-se daquilo que compõe um rosto próprio: a *práxis popular*. Não é somente um dado de relevância que se acrescenta à elaboração da epistemologia da Teologia Moral no Brasil, mas emerge como fonte e princípio catalisador que lhe dá sentido. Em todas as Fases, é possível comprovar que a Teologia Moral no Brasil estabeleceu a *práxis popular*, com seu *ethos* cultural e seus novos sujeitos sociais, como um parâmetro *sine qua non* para a elaboração de uma Teologia Moral encarnada e com um critério crítico-hermenêutico que se reflete sobre toda e qualquer proposição normativa da realidade.

Em relação a esse *proprium*, ou melhor, a essa identidade do rosto da Teologia Moral no Brasil, é importante notar que há uma referência bem intensa no início da SBTM, quando H. Lepargneur e B. Leers compuseram o que nós chamamos de "núcleo-fundante" da SBTM, isto é, o "descompasso entre teoria e prática".

Neste sentido, foi feita uma reflexão sobre a composição de uma Teologia Moral a partir do *ethos* cultural do Brasil com duas realidades (concepções): uma histórica, herdada de um contexto de uma sociedade patriarcal de classes, e outra antropológico-social, pois, pela miscigenação espalhada pela extensa territorialidade, impede-se uma estandardização uniforme da moral, caracterizando-a como uma sociedade de contrastes[5].

Tendo a *práxis popular* como uma fonte na produção de Teologia Moral, há um alargamento, ou melhor, um redimensionamento dos seus conteúdos e constrói-se uma moral mais valorativa que, utilizando-se de princípios da inteligibilidade da fé, elabora juízos e valores morais a partir da praticidade da vida, assumindo uma forma ativa na qual o povo procura se humanizar e tornar-se mais gente[6].

Trata-se de um processo que foi se construindo ao longo do tempo. As três Fases demonstram um percurso de intensa reflexão para responder às demandas que cada momento histórico exigia. A *práxis popular* evidencia, assim, o papel dos novos sujeitos sociais como uma chave de leitura da realidade.

Se pensarmos em termos de história, nossa cultura foi sempre tratada em termos de sujeitos sociais: os índios no Brasil, os portugueses que aqui chegaram, os negros que vieram escravizados, os imigrantes, os ricos, os pobres. Enfim, é muito significativo, no Brasil, falar de sujeitos que têm uma identidade de grupo e, de algum modo, reagem como grupo para reivindicar seus direitos. Desse modo, levanta-se uma questão muito interessante no que se refere à produção da Teologia Moral.

Os sujeitos sociais reagem quando as normas morais, criadas na base da realidade social, se afastam dessa realidade, se tornam abstratas e não respondem mais aos novos desafios sociais. Assim, através da reciprocidade das consciências, é possível adequar algumas normas partindo da contribuição das experiências vividas pelo povo, que de modo criativo responde às interpelações da realidade.

É uma complementaridade que, na prática, ajuda a superar uma tendência de abstração uniformizante e uma adaptação de linguagem para que possa ser compreendida pelos agentes sociais na sua realidade. "Sujeitos sociais", "reciprocidade das consciências", "adequação de linguagem" e "complementaridade de interpretação" são as características que a Teologia Moral no Brasil propõe como uma plataforma de pressupostos para aproximar teoria e prática. Valorizando os sujeitos sociais e suas práticas, a Teologia Moral constrói-se mais participativa e menos abstrata, mais atenta às interpelações da realidade e mais coerente com as exigências do Evangelho. Porém, a particularidade está no fato de que, unindo os dados da Revelação e os instrumentos da razão, se acrescenta a sabedoria da *práxis popular*, garantindo uma Teologia Moral situada e com rosto latino-americano.

N. Agostini tem uma intuição bem clara do processo de originalidade da Teologia Moral no Brasil e da linha hermenêutica que ela assumiu como leitura de mundo. Ele afirma que, na América Latina, se fez o percurso de passar dos direitos individuais

---

5 Cf. LEERS, B. *Jeito brasileiro...*, p. 7.
6 Unimos aqui a reflexão de F. dos Anjos e B. Leers, respectivamente. Cf. ANJOS, M. F. dos. "Interpelações da Cultura para a Teologia Moral", p. 26-27; Cf. LEERS, B. *Jeito brasileiro...*, p. 12.

para os sociais e daí para o "direito dos pobres a partir dos pobres até uma noção que se funda na noção de cidadania"[7].

Contudo, é necessário reconhecer que todo referencial tem suas limitações e, no caso do Brasil, é mister pensar na complexidade de sua história e sua organização social como fatores preponderantes. A Teologia Moral precisa estar atualizando seus referenciais teóricos e práticos. No que se refere à fonte da *práxis popular*, é preciso considerar a rede de interações e influências que podem determinar mudanças no *ethos* cultural de uma sociedade.

Desde seu início, a SBTM já se preocupava em investir num processo de conscientização que ajudasse no discernimento diante do poder e das forças ideológicas que alienam o homem, corrompem seus bons propósitos e o desviam do projeto de felicidade desejado por Deus. Esse processo de conscientização se tornou o fio condutor no caminho de uma Teologia Moral que se pretendia libertadora. De fato, o tema é constante em todas as Fases e pode ser amadurecido através das reflexões dos mediadores, elevando-a ao *status* de primeira grandeza na reflexão moral.

A formação da consciência é o mecanismo pelo qual a Teologia Moral pode garantir que a *práxis popular* se mantenha como fonte e garanta sua *ortopraxis*, isto é, seja eficaz, coerente, responsável, libertadora das estruturas de opressão e de pecado pessoal e social. Um trabalho nada fácil diante de uma sociedade dominada pela razão instrumental, de caráter individualista, plural e globalizada, e de valores que se diluem.

N. Ribeiro Júnior propõe uma Teologia Moral hermenêutica ou uma Ética do discernimento. Trata-se de um confronto com a realidade, com base na coerência da proposta do Evangelho. Tendo Cristo como horizonte de leitura, a Ética do discernimento investe na formação da consciência baseada na liberdade e na responsabilidade, de modo que o homem vai desvelando os vestígios da passagem de Deus na cultura, e decifra, também, sua própria existência ontológica no tempo e no espaço[8]. E, assim, os rostos dos pobres, dos marginalizados e/ou dos vulneráveis serão sempre os que nos interpelarão em busca dessa coerência com a proposta do Rosto de Cristo[9].

Gostaríamos de recuperar, ao final desta obra, a ideia inicial que impulsionou a sua realização. B. Leers admitiu que, no *ethos* popular, se encontra uma fonte abundante de sabedoria e ciência moral, e que sobre isso é necessário se debruçar mais e investir na pesquisa. Este livro é uma pequena contribuição para esse processo contínuo e intermitente de uma Teologia Moral com raízes latino-americana e com um rosto multifacetado e miscigenado da cultura brasileira. Vislumbrar esse legado produzido ao longo dos últimos 35 anos é um privilégio e uma responsabilidade que nos faz clarear a imagem, muitas vezes ofuscada, do passado, mas avançando e projetando possibilidades de responder às atuais e novas interpelações. Como já dissemos, todo salto e mergulho tem sua beleza, mas tem também suas falhas e limites. O atleta deve estar sempre disposto a emergir para enfrentar as consequências de um salto que alcançou as expectativas, mas também aqueles inúmeros saltos que foram frustrantes e deixaram a desejar.

Assim, podemos reconhecer que foi graças à SBTM que a Teologia Moral no Brasil pode apresentar sua sequência de saltos, de acertos e de erros, tendo a possibilidade de avançar, de amadurecer e de acumular uma experiência histórica, teórica

---

7   Agostini, N. "Direitos Humanos...", p. 875.
8   Cf. Ribeiro Júnior, N. "Teologia Moral e história...", p. 85.
9   A reflexão do Rosto de Cristo é feita por Nilo Ribeiro Júnior, quando trata do tema da vulnerabilidade. Cf. Ribeiro Júnior, N. "A Teologia Moral diante da dor do outro", p. 209.

e prática, que a possibilita hoje contribuir para o aperfeiçoamento da Teologia Moral como um todo.

E não podemos deixar de dizer que esse processo é decorrente de um longo percurso de reflexão, produção e práxis dos aqui chamados "mediadores" que, de alguma forma, souberam interpretar os ventos novos, construir novos barcos, navegar em novas águas, mergulhar nas águas profundas, emergir e enfrentar a realidade que os interpelava. Esses grandes homens e mulheres continuam a colaborar com a produção da Teologia Moral no Brasil, dispostos a serem mediadores de perguntas e não ditadores de normas morais prontas e definidas; dispostos a navegar e não jogar a âncora das certezas absolutas; dispostos a explorar novas águas e potencializar suas riquezas.

Enfim, muitos outros Encontros acontecerão, provando, assim, que este livro tem conclusões de caráter totalmente provisório, com dados que devem ser constantemente atualizados, formando, assim, um conjunto de informações inacabadas, de modo que reconhecemos os seus valores, mas também os seus limites.

A Teologia Moral no Brasil sob o enfoque da SBTM, de 1977 a 2011, apresenta um amplo campo de pesquisa, ainda inexplorado e desconhecido. Assim, esta obra pode se tornar um instrumento facilitador àqueles que desejarem ter uma visão de conjunto dos temas refletidos, bem como para focalizar e escolher temáticas que merecem um aprofundamento por meio da pesquisa científica.

À guisa de conclusão, o aspecto mais importante desta obra é que, através das "lentes" da SBTM, pudemos nos aproximar do rosto da Teologia Moral no Brasil, isto é, da sua especificidade, daquilo que identificamos como *proprium*, enfim, do seu "jeito" de atuar: ela é tudo o que foi desvelado neste percurso dos últimos 35 anos de Encontros, de reflexões, de debates e de produções bibliográficas, quer dizer, ela é "apenas isto", "tudo isto", porém "mais do que isto".

No seu rosto multifacetado e miscigenado, no seu caráter pluralista, no seu jeito dialogal, na sua identidade libertadora, a Teologia Moral no Brasil continua a ser somente um elemento que ajuda a desvendar e revelar Outro Rosto, o verdadeiro e único Rosto do qual todos nós somos imagem e semelhança, o Rosto de Cristo: "Assim como o Pai me amou, eu também vos amei, permanecei no meu amor (Jo 15,9).

O Rosto de Cristo emerge da realidade e interpela nosso modo de agir e de ser como pessoas humanas e como cristãos chamados à santidade. Esses rostos, vulneráveis e vitimados, configuram a *práxis popular*, e são a fonte que a Teologia Moral no Brasil assumiu como referencial para interpretar a realidade a partir da Revelação do Rosto de Cristo no rosto vulnerável do povo de Deus.

# BIBLIOGRAFIA

## 1. Fontes Referenciais Primárias em ordem cronológica

## 1.1 Fase I (1977-1987)

### *1.1.1 Obras individuais e coletivas*

Moser, Antonio. *O problema demográfico e as esperanças de um mundo novo*. Cadernos de Teologia e Pastoral 12. Petrópolis: Vozes, 1978.

Lepargneur, Hubert. *O descompasso da teoria com a prática*: uma indagação das raízes da moral. Cadernos de Teologia e Pastoral 14. Petrópolis: Vozes, 1979.

Leers, Bernardino. *Jeito brasileiro e norma absoluta*. Petrópolis: Vozes, 1982.

Moser, Antonio (Coord.). *Mudanças na Moral do povo brasileiro*. Petrópolis: Vozes, 1984.

_____. "Conscientização e Mudança do Ethos Social brasileiro", p. 9-28.

Silva, Antonio Aparecido. "A ação do moralista e seu relacionamento com o povo", p. 29-45.

Masi, Nicola. "Tentativa de fundamentação ética na Teologia da Libertação", p. 47-57.

Menegolla, Benjamin. "Justiça em Medellín e Puebla", p. 59-67.

Dagiós, Luiz Antonio. "O conceito de Teologia Moral como Teologia da vida em Bernhard Häring", p. 69-73.

Lepargneur, Hubert. "Poder, consciência e mudança social", p. 75-132.

Anjos, Márcio Fabri dos (Coord.). *Articulação da Teologia Moral na América Latina*. Aparecida: Santuário, 1987. (Coleção Teologia Moral na América Latina 2).

_____. "Desafio de fazer Teologia Moral na América Latina", p. 9-19.

Rejón, Francisco Moreno. "Salvar a vida dos pobres, tarefa da Teologia Moral na América Latina", p. 21-36.

Moser, Antonio. "Ciências do Social e Teologia Moral", p. 37-67.

Souza Neto, Francisco Benjamin de. "Ética, Teologia e Libertação", p. 69-82.

Anjos, Márcio Fabri dos. "Teologia Moral e Comunidade de Fé", p. 83-98.

Silva, Antonio Aparecido. "Teologia Moral e questão negra", p. 99-118.

Leers, Bernardino. "Ensinar Teologia Moral", p. 119-143.

Anjos, Márcio Fabri dos (Coord.). *Temas latino-americanos de ética*. Aparecida: Santuário, 1988. (Coleção Teologia Moral na América Latina 3).

Häring, Bernhard. "A Teologia Moral após o Vaticano II e a contribuição da América Latina", p. 21-40.

Majorano, Sabatino. "Significado de Santo Afonso para a Teologia Moral hoje", p. 41-62.

Moser, Antonio. "Pecado Social em chave Latino-americana", p. 63-91.

Rejón, Francisco Moreno. "Direitos Humanos e Teologia Moral: reflexão a partir da realidade Latino-americana", p. 93-104.

Aldunate, José. "Uma Moral integrada: o movimento contra a tortura 'Sebastián Acevedo'", p. 105-118.

Mifsud, Tony. "Reconciliação: aproximação ética a partir da América Latina", p. 119-132.

Junges, José Roque. "A questão do discernimento ético", p. 133-156.

Álvarez, Luís José Gonzáles. "Fundamentos Filosóficos da Teologia Moral na América Latina", p. 157-174.

Dominguez, Jorge. "Bem-Aventuranças e Ética da Libertação", p. 175-194.

Gebara, Ivone. "A mulher, contribuição à Teologia Moral na América Latina", p. 195-210.

Anjos, Márcio Fabri dos. "Bioética a partir do Terceiro Mundo", p. 211-232.
Barceló, Eduardo Bonnín. "Ética e Políticas Demográficas", p. 233-242.
Mo Sung, Jung; Mo Sung Hyung. "Dívida Externa e a vida dos pobres", p. 243-266.
Santa Ana, Júlio. "Postulado por uma mudança ética na questão da Dívida", p. 267-278.
Leers, Bernardino. "Ensinar Teologia Moral na América Latina", p. 279-310.
Brunero, Maria Alícia. "Ética e evangelização das culturas", p. 311-326.
Barazzutti, Luís. "A 25 anos do Concílio Vaticano II", p. 327-342.
Masi, Nicola. "O Projeto "Reino" nas mediações Históricas I", p. 343-368.

### 1.1.2 Artigos e contribuições

CNBB. "Instituto Nacional de Pastoral. I Encontro Nacional de Professores de Teologia Moral". In: *Comunicado Mensal – CNBB* 309 (1978) 673-676.
Leers, Bernardino. "Segundo Encontro Nacional dos professores de Teologia Moral". In: *Atualização* 9 (1978) 557-560.
Lepargneur, Hubert. "Teses fundamentais de ética". In: *Atualização* 10 (1979) 3-18.
Pilonetto, Adelino Gabriel. "Encontro Nacional de Professores de Teologia Moral". In: *Teocomunicação* 43 (1979) 108-110.
CNBB. "Instituto Nacional de Pastoral. III Encontro Nacional de Professores de Teologia Moral". In: *Comunicado Mensal – CNBB* 330 (1980) 312-314.
Taborda, Francisco. "Sociedade e Escola, tentativa de interpretação teológica do papel da Escola na Sociedade". In: *Síntese* 20 (1980) 3-23.
Leers, Bernardino. "IV Encontro Nacional de Professores de Teologia Moral". In: *Atualização* 135/136 (1981) 128-153.
Azzi, Riolando. "Moral Católica e Sociedade Colonial". In: *Reflexão* set/dez (1982) 15-30.
Lepargneur, Hubert. "Emergência da Consciência Moral (I)". In: *Atualização* 175/176 (1984) 341-358.
Leers, Bernardino. "Moralistas e Magistério". In: *REB* 45 (1985) 520-560.
Lepargneur, Hubert. "Emergência da Consciência Moral (II)". In: *Atualização* 183/184 (1985) 139-156.
Moser, Antonio. "Teologia moral e ciências humanas: antigos e novos desafios". In: *REB* 45 (1985) 227-244.
Anjos, Márcio Fabri dos. "Teologia Moral na América Latina: significado de um Congresso". In: *Studia Moralia* 26/1 (1988) 131-138.

## 1.2 Fase II (1988-1998)

### 1.2.1 Obras coletivas

Anjos, Márcio Fabri dos (Coord.). *Teologia Moral e Cultura*. Aparecida: Santuário, 1992. (Coleção Teologia Moral na América Latina 8).
_____. "Interpelações da Cultura para a Teologia Moral", p. 15-27.
Rejón, Francisco Moreno. "Teologia Moral e contexto histórico-cultural: alguns traços da Teologia do século XVI", p. 29-42.
Mifsud, Tony. "Cultura e Evangelho: responsabilidade ética", p. 43-63.
Moser, Antonio. "Moral e cultura: entre o diálogo e o etnocentrismo", p. 65-80.
Brunero, Maria Alícia. "Perspectivas Morais para a evangelização da cultura", p. 81-87.
Martin, Leonard M. "Exílio, Sodoma e o deserto: uma ética teológica a partir das culturas dos submundos", p. 89-113.

HALVEY, Catherine. "A consulta às vítimas em matéria de Moral", p. 115-117.
DUQUE, Alberto Múnera. "A Teologia Moral no futuro da América Latina", p. 119-179.
ANJOS, Márcio Fabri dos (Coord.). Ética na relação entre Igreja e Sociedade. Aparecida: Santuário, 1994. (Coleção Teologia Moral na América Latina 10).
SANTA ANA, Júlio de. "Ética e economia na América Latina e Caribe", p. 15-38.
OLIVEIRA, Manfredo Araújo de. "Pluralismo e Ética", p. 39-73.
MIER, Sebastián. "Conceito Teológico-Moral de sujeito social", p. 75-99.
LEERS, Bernardino. "Sujeitos Sociais emergentes da Ética", p. 101-130.
DUQUE, Alberto Múnera. "Ética Civil e Teologia", p. 131-151.
MIFSUD, Tony. "Igreja e Sociedade: Relação Dialogal", p. 153-168.
ANJOS, Márcio Fabri dos. "Alguns desafios da Ética na Relação Igreja e Sociedade", p. 169-185.
CAIXETA, Luzenir Maria; GUTIÉRREZ, Juan Carlos; FERNANDEZ, Pedro Larico. "Ousando Sonhar", p. 187-195.
ANJOS, Márcio Fabri dos; LOPES, José Reinaldo de Lima (Orgs.). Ética e Direito: um diálogo. Aparecida: Santuário, 1996. (Coleção Teologia Moral na América Latina 12).
LOPES, José Reinaldo de Lima. "Ética e Direito: um panorama às vésperas do século XXI", p. 21-32.
CESCHINI, Miguel Luís Schwab. "Santo Afonso Maria de Ligório, jurista e teólogo moral", p. 33-63.
OLIVEIRA, Luciano. "Tolerância, Liberdade e Democracia: algumas questões", p. 65-105.
BARCELÓ, Eduardo Bonnín. "Intervenção Humanitária: entre o Direito e o Dever", p. 107-124.
WOLKMER, Antonio Carlos. "Direito alternativo: proposta e fundamentos éticos", p. 125-146.
SILVA, Antonio Pinto da. "Nota crítica sobre a relação Direito e Moral", p. 147-165.
MASI, Nicola. "Recepção da Ética Personalista no Código de Direito Canônico", p. 167-185.
RAMOS, Francisco Manfredo Tomás. "Ética e Direito em Agostinho. Um ensaio sobre a 'Lei Temporal'", p. 187-221.
SANTA ANA, Julio de. O amor e as paixões: crítica teológica à Economia Política. Aparecida: Santuário, 1989. (Coleção Teologia Moral na América Latina 5).
_____. "A ética da economia capitalista", p. 69-94.

### 1.2.2 Artigos e contribuições

AGOSTINI, Nilo. "Consciência e conscientização". In: REB 50 (1990) 7-24.
MIER, Sebastián. "Crónica del IV Congreso Latinoamericano de Teología Moral: Ética y Derecho". In: Efemérides Mexicanas 45 (1997) 371-374.
AGOSTINI, Nilo. "Direitos Humanos: o despertar da Igreja no Brasil. Aos 50 anos da declaração da ONU". In: REB 232 (1998) 871-895.
_____. "Urbanização no Brasil: um desafio para a Igreja, a Ética e a Teologia". In: Fragmentos de Cultura 9/2 (1999) 233-247.

## 1.3 Fase III (1999-2011)

### 1.3.1 Obras coletivas

PESSINI, Leo; ZACHARIAS; Ronaldo (Orgs.). Ser e Educar: Teologia Moral, tempos de incertezas e urgência educativa. Aparecida: Santuário, São Paulo: SBTM: Centro Universitário São Camilo, 2011.
ANJOS, Márcio Fabri dos. "Teologia Moral e história no contexto mundial inquieto", p. 13-36.
MATTOS, Luiz Augusto de. "A ética teológica e o tempo de incertezas – o dilema entre o 'tempo de incertezas' e a incerteza ética", p. 37-72.

RIBEIRO JÚNIOR, Nilo. "Teologia Moral e História: em busca de soluções em tempos de incertezas", p. 73-146.
SILVA, Franklin Leopoldo e. "Incerteza e Alteridade", p. 147-162.
PESSINI, Leo. "Bioética na América Latina: algumas questões que desafiam o presente e o futuro", p. 163-186.
BARCHIFONTAINE, Christian de Paul. "Educar para a cidadania", p. 187-208.
ZOBOLI, Elma Lourdes Campos Pavone. "Educar para a intersubjetividade e o cuidado", p. 209-223.
MILLEN, Maria Inês de Castro. "Educar para os valores", p. 225-235.
TRASFERETTI, José Antonio. "Teologia Moral e pós-modernidade: em tempo de liquidez e incertezas", p. 237-253.
_____. "Teologia Moral no século XXI: tarefas para um futuro incerto", p. 255-268.
TRASFERETTI, José Antonio; ZACHARIAS, Ronaldo (Orgs.). *Ser e viver*: desafios morais na América Latina. Aparecida: Santuário, São Paulo: SBTM: Centro Universitário São Camilo, 2008.
PESSINI, Leo. "Bioética: das origens aos desafios contemporâneos", p. 11-62.
JUNGES, José Roque. "Desafios das biotecnologias à Teologia Moral", p. 63-75.
SCHERER, Odilo Pedro. "Novas biotecnologias e desafios éticos", p. 77-85.
TRASFERETTI, José Antonio; ZACHARIAS, Ronaldo (Orgs.). *Ser e comunicar*: ética e comunicação. Aparecida: Santuário, São Paulo: SBTM: Centro Universitário São Camilo, 2008.
PUNTEL, Joana Terezinha. "Comunicação: novas tecnologias e impacto socioeconômico", p. 11-30.
MOSER, Antonio. "Ética e a nova condição comunicativa", p. 31-59.
ANJOS. Márcio Fabri dos. "Teologia Moral e pluralidade no contexto latino-americano", p. 61-75.
OLIVEIRA, Manfredo Araújo. "A ética na tensão entre absolutismo e relativismo", p. 77-120.
TRASFERETTI, José. "A comunicação e o outro. Um enfoque a partir de E. Lévinas", p. 121-149.
JUNGES, José Roque. "A nova condição comunicativa e a formação da personalidade: perspectivas éticas", p. 151-164.
KONZEN, João Aloysio. "A comunicação na formação da personalidade", p. 165-179.
TRASFERETTI, José Antonio; ZACHARIAS, Ronaldo (Orgs.). *Ser e cuidar*: ética do cuidado ao cuidado da ética. Aparecida: Santuário, São Paulo: SBTM: Centro Universitário São Camilo, 2010.
PESSINI, Leo. "Ética do Cuidado: entre a exclusão de si e a globalização do todo", p. 17-53.
BARCHIFONTAINE, Christian de Paul. "O paradigma do cuidado e reconhecimento do outro", p. 55-78.
CESAR, Constança Terezinha Marcondes. "A noção do cuidado em Paul Ricoeur", p. 79-87.
PEGORARO, Olinto. "Existência humana é existência cuidadosa", p. 89-107.
AGOSTINI, Nilo. "Ética do cuidado: desafios epistemológicos", p. 109-123.
ANJOS, Márcio Fabri dos. "Ética do Cuidado e a questão de fronteiras", p. 125-147.
PEREIRA, Luciane Lúcio. "Ética do Cuidado: desafio na formação profissional da saúde", p. 149-170.
SÁ, Ana Cristina de. "O paradigma do cuidado no âmbito da saúde", p. 171-185.
MILLEN, Maria Inês de Castro. "O paradigma do cuidado no âmbito da saúde: desafios ético-morais", p. 187-196.
DURAN, Marcos Henrique Coelho. "O paradigma do cuidado no âmbito da saúde: desafios ético-morais em sujeitos portadores de doenças neurológicas adquiridas na infância e que acarretam necessidades especiais", p. 215-236.
HOSSNE, William Saad. "O cuidado da Ética na pesquisa com seres humanos: o reconhecimento do rosto do outro", p. 237-246.

Moser, Antonio. "Cuidado da Terra: Ética do cuidado no contexto da criação", p.247-283.
Chersi, Edwin Vásquez. "Amazônia, crise ambiental e reconhecimento do outro: para pensar a ética teológica na América Latina", p. 285-301.
Pessini, Leo; Zacharias, Ronaldo (Orgs.). *Ser e fazer*. Teologia Moral: do pluralismo à pluralidade, da indiferença à compaixão. Aparecida: Santuário, São Paulo: SBTM: Centro Universitário São Camilo, 2012.
Japiassu, Hilton Ferreira. "O sonho transdisciplinar", p. 19-31.
Menezes, Anderson de Alencar. "A verdade diante do Pluralismo", p. 33-58.
Silveira Filho, Francisco Maciel. "Diálogos entre Identidades e Diversidade", p. 59-80.
Millen, Maria Inês de Castro. "A identidade diante da indiferença", p. 81-95.
Ferla, Anesio. "A verdade diante do pluralismo: verdade ou verdades", p. 97-110.
Pessini, Leo. "Em busca de uma Bioética global: frente ao pluralismo seria o consenso impossível?", p. 111-120.
Oliveira, Carlos Josaphat Pinto de. "Do pluralismo da rivalidade à pluralidade solidária", p. 121-140.
Ribeiro Júnior, Nilo. "A Teologia Moral diante da dor do outro", p. 179-218.
Martins, Alexandre Andrade. "A dor do outro: qual Teologia Moral?", p. 237-246.

### *1.3.2 Artigos e contribuições*

Couto, Márcio Alexandre. "XXII Encontro da SBTM – dezembro 1999". In: *REB* 60 (2000) 381-392.
Agostini, Nilo. "A questão ambiental na América Latina e no Caribe". In: Id., *Evangelização*: contribuição franciscana. Petrópolis: Vozes, 2000, p. 138-156.
Moser, Antônio. "Moral Renovada aos Cinquenta anos". In: *REB* 60 (2000) 557-577.
_____. "Igreja, desafios inusitados – pedofilia: primeiras reações e interpelações". In: *REB* 62 (2002) 515-547.

## 1.4 Encontros posteriores: 2012, 2013 e 2014

Pessini, Leo; Barchifontaine, Christian de Paul; Hossne, William Saad; Anjos, Márcio Fabri dos (Orgs.). Ética e Bioética Clínica no *pluralismo e diversidade*: teorias, experiências e perspectivas. São Paulo: Centro Universitário São Camilo: Ideias e Letras, 2012.
Pessini, Leo; Zacharias, Ronaldo (Orgs.). Ética Teológica e Juventudes. Interpelações recíprocas: diversidade sexual – drogas – violência – redes sociais virtuais. Aparecida: Santuário, São Paulo: SBTM: Centro Universitário São Camilo, 2013.
Silva, Eduardo Pinheiro da. "As culturas juvenis interpelam a Teologia Moral", p. 15-48.
Peres, William Siqueira. "Juventudes, diversidades sexuais e processos de subjetivação", p. 51-84.
Alison, James. "Rumos da discussão eclesial sobre a questão gay", p. 85-108.
Trasferetti, José A.; Duque, Tiago. "Diversidade sexual: interpelações à Teologia Moral", p. 109-134.
Koehler, Sonia Maria Ferreira. "Juventude, juventudes e violências: caos e esperança", p. 137-196.
Pessini, Leo. "Juventude e humanização dos cuidados da saúde", p. 197-214.
Millen, Maria Inês de Castro; Millen, Juliana de Castro. "Drogas: interpelações à Teologia Moral", p. 215-248.
Coelho, Mário Marcelo. "Violência, interpelações à Teologia Moral", p. 249-268.
Oliveira, Adelino Francisco de. "Juventude e novos contextos culturais", p. 271-290.
Mattos, Luiz Augusto de. "Juventude e Ciberativismo: novo jeito de ser sujeito hoje!", p. 291-342.

CALÇADO, Thiago. "Redes Sociais virtuais e juventude: sujeitos ou subjetivados nas relações? Apontamentos para uma reflexão moral", p. 343-358.

PESSINI, Leo; ZACHARIAS, Ronaldo (Orgs.). *Ética Teológica e Juventudes II.* Interpelações recíprocas: diversidade sexual – drogas – violência – redes sociais virtuais. Aparecida: Santuário, São Paulo: SBTM: Centro Universitário São Camilo, 2014.

RIBEIRO JÚNIOR, Nilo. "Uma Teologia Moral desde as alteridades das juventudes", p. 9-54.

ALMEIDA, Otávio Juliano. "Ética Tológica, juventudes e redes sociais virtuais: buscando caminhos", p. 55-70.

MARTINS, Alexandre Andrade. "Drogas: interpelações à Teologia Moral", p. 71-82.

TRASFERETTI, José A.; DUQUE, Tiago. "Francisco, juventude e diversidade sexual: caminhos para a Ética Teológica", p. 83-102.

GONÇALVES, Ana Cristina Canosa. "Relações amorosas na adolescência: uma reflexão para educadores", p. 103-148.

ZACHARIAS, Ronaldo. "Educação Sexual: entre o direito à intimidade e o dever da abstinência", p. 149-168.

PESSINI, Leo; ZACHARIAS, Ronaldo (Orgs.). *Ética Teológica e transformações sociais.* A utopia de uma nova realidade. Aparecida: Santuário, São Paulo: SBTM: UNISAL: Centro Universitário São Camilo, 2014.

SOUZA, Luiz Alberto Gómez de. "Uma realidade em mutação: a força transformadora dos sujeitos históricos emergentes", p. 19-42.

ALTEMEYER JÚNIOR, Fernando. "Uma análise crítico-positiva da realidade", p. 43-62.

MOSER, Antonio. "Uma interpretação ético-moral da realidade", p. 63-84.

MENEZES, Anderson de Alencar. Nova gramática moral e luta por reconhecimento no Estado Democrático de Direito, p. 87-108.

MATTOS, Luiz Augusto de. "Os direitos humanos e a transformação social: por uma globalização anti-hegemônica, alternativa e sustentável", p. 109-154.

BERNARDINO, Angélico Sândalo. "Por uma nova postura eclesial", p. 155-158.

OLIVEIRA, Pedro A. Ribeiro de. "Comunidade e Igreja: uma nova postura eclesial", p. 159-182.

TOMITA, Luíza E. "Por uma ética feminista de resgate dos direitos reprodutivos como direito de cidadania das mulheres", p. 183-198.

JOSAPHAT, Carlos. "Sonhar a nova realidade", p. 201-228.

MILLEN, Maria Inês de Castro. "Sonhos entrelaçados reinventam o amanhã", p. 229-248.

MORO, Celito. "A esperança que nasce de experiências de vida", p. 249-282.

PESSINI, Leo. "Algumas notas sobre uma Bioética de cunho asiático, a partir da China", p. 283-318.

ZACHARIAS, Ronaldo. "Por uma ética do Espírito", p. 319-334.

HOEPERS, Ricardo. "O legado teológico-moral da Sociedade Brasileira de Teologia Moral e a sua força transformadora no Brasil: uma visão em 3D", p. 337-364.

SOUZA, Moésio Pereira de. "P. Leonard M. Martin, um missionário a serviço da Bioética", p. 363-372.

## 1.5 Fontes do Magistério e Eclesiásticas

SACROSANTUM OECUMENICUM CONCILIUM VATICANUM II. *Constitutiones, decreta, declarationes.* Cura et Studio Secretariae Generalis Concilii Oecumenici Vaticani II. Typis Poliglotis Vaticanis, 1966.

_____. *Sacrosanctum Concilium* (4 Decembris 1963). Constitutio de Sacra Liturgia. In: *AAS* 56 (1964) 97-138.

SACROSANTUM OECUMENICUM CONCILIUM VATICANUM II. *Lumen gentium* (21 Novembris 1964). Constitutio Dogmatica de Ecclesia. In: *AAS* 57 (1965) 5-75.

_____. *Unitatis redintegratio* (21 Novembris 1964). Decretum de Oecumenismo. In: *AAS* 57 (1965) 90-112.

_____. *Optatam totius* (28 Octobris 1965). Decretum de Institutione Sacerdotali. In: *AAS* 58 (1966) 713-727.

_____. *Gravissimum educationis* (28 Octobris 1965). Declaratio de Educatione Christiana. In: *AAS* 58 (1966) 728-739.

_____. *Nostra aetate* (28 Octobris 1965). Declaratio de Ecclesiae Habitudine ad Religiones Non-Christianas. In: *AAS* 58 (1966) 740-744.

_____. *Dei verbum* (18 Novembris 1965). Constitutio Dogmatica de Divina Revelatione. In: *AAS* 58 (1966) 817-836.

_____. *Apostolicam actuositatem* (18 Novembris 1965). Decretum de Apostolatu Laicorum. In: *AAS* 58 (1966) 837-864.

_____. *Dignitatis humanae* (7 Decembris 1965). Declaratio de Libertate Religiosa. In: *AAS* 58 (1966) 929-946.

_____. *Ad gentes divinitus* (7 Decembris 1965). Decretum de Activitate Missionali Ecclesiae. In: *AAS* 58 (1966) 947-990.

_____. *Gaudium et spes* (7 Decembris 1965). Constitutio Pastoralis de Ecclesia in Mundo Huius Temporis. In: *AAS* 58 (1966) 1025-1120.

_____. *Prebyterorum ordinis* (7 Decembris 1965). Decretum de Presbyterorum Ministerio et Vita. In: *AAS* 58 (1966) 991-1024.

ACTA ET DOCUMENTA CONCILIO OECUMENICO VATICANO II APPARANDO. *Constitutio De Ordine morali, schema propositum a Commissione Theologica* (15 Januarii 1962). Series II. Volumen II. Pars II. Sessio Tertia. Typis Polygrottis Vaticanis, Roma 1967.

LEO PP. XIII. *Aeterni Patris* (4 Augusti 1879). Epistola Encyclica. In: *ASS* 12 (1879-1880) 97-115.

PIUS PP. XII. *De conscientia christiana in iuvenibus recte efformanda* (28 Martii 1952). Nuntius Radiophonicus. In: *AAS* 44 (1952) 270-278.

_____. *Ad Delegatas Conventui internationali Sodalitais vulgo nuncupatae "Federation Mondiale des Jeunesses Féminines Catholiques", Romae habito* (18 Aprilis 1952). Allocutiones II. In: *AAS* 44 (1952) 413-419.

_____. *Iis qui interfuerunt conventui sexto nationali e Clero Italiae, per hebdomandam Romae indicto, de hodiernis postulatis ac normis ad Pastorale Ministerium aptius provehendum* (14 Septembris 1956). Allocutiones. In: *AAS* 48 (1956) 699-711.

IOANNIS PP XXIII. *Mater et magistra* (25 Maii 1961). Litterae Encyclica de recentioribus rerum socialium processibus ad christiana praecepta componendis. In: *AAS* 53 (1961) 401-464.

PAULUS PP. VI. *Populorum progressio* (26 Martii 1967). Litterae Encyclica de populorum progressione promovenda. In: *AAS* 59 (1967) 257-299.

_____. *Humanae vitae* (25 Iulii 1968). Litterae Encyclica de propagatione humanae prolis recte ordinanda. In: *AAS* 60 (1968) 481503.

_____. *Octagesima adveniens* (14 Maii 1971). Epistola Apostolica octogesimo expleto anno ab editis Litteris Encyclicis e verbis appelatis "Rerum Novarum". In: *AAS* 63 (1971) 401-441.

_____. *Evangelii nuntiandi* (8 Decembris 1975). Adhortatio Apostolica de evangelizatione in mundo huius temporis. In: *AAS* 68 (1976) 5-76.

IOANNES PAULUS PP. II. *Redemptor hominis* (4 Martii 1979). Litterae Encyclicae Pontificali eius Ministerio ineunte. In: *AAS* 71 (1979) 255-324.

IOANNES PAULUS PP. II. *Catechesi tradendae* (16 Octobris 1979). Adhortatio Apostolica de Catechesi de nostro tempore Tradenda. In: *AAS* 71 (1979) 1277-1340.

_____. *Mulieris dignitatem* (15 Augusti 1988*).* Litterae Apostolica de dignitate ac vocatione mulieris Anno Mariale vertente. In: *AAS* 80 (1980) 1653-1729.

_____. *Reconciliatio et paenitentia* (2 Decembris 1984). Adhortatio Apostolica Post Synodum Episcoporum de reconciliatione et paenitentia in hodierno Ecclesiae Munere. In: *AAS 77* (1985) 185-275.

_____. *Redemptoris missio* (7 Decembris 1990). Litterae Encyclicae de perenni vi mandati missionalis. In: *AAS* 83 (1991) 249-340.

_____. *Veritatis splendor* (9 Decembris 1993). Litterae Encyclicae, Cunctis catholicae Ecclesiae episcopis de quibusdam quaestionibus fundamentalibus doctrinae moralis Ecclesiae. In: *AAS* 85 (1993) 1133-1228.

_____. *Evangelium vitae* (25 Martii 1995). Litterae Encyclicae de vitae humanae inviolabili bono. In: *AAS* 87 (1995) 401-522.

_____. *Ecclesia in America* (22 Ianuarii 1999). Adhortatio Apostolica Postsinodalis sobre el encuentro con Jesucristo vivo, camino para la conversión, la comunión y la solidaridad en América. In: *AAS 91* (1999) 737-815.

BENEDICTUS PP. XVI, *Spe salvi* (30 Novembris 2007). Litterae Encyclicae de spe Christiana. In: *AAS* 99 (2007) 985-1027.

SUPREMA SACRA CONGREGATIO S. OFFICII. *Instructio: De Ethica Situationis.* In: *AAS* 48 (1956) 144-145.

SÍNODO DOS BISPOS. Mensagem ao Povo de Deus *Cum iam ad exitum* sobre a catequese no nosso tempo (28 de outubro de 1977). Typis Polyglottis Vaticanis, 1977.

CONFERÊNCIA GERAL DO EPISCOPADO LATINO-AMERICANO. I. *A Igreja na atual transformação da America Latina à luz do Concílio.* Conclusões do Rio de Janeiro. Petrópolis: Vozes, 1955.

_____. II. *A Igreja na atual transformação da America Latina à luz do Concílio.* Conclusões de Medellín. Petrópolis: Vozes, 1968.

_____. III. *A Igreja na atual transformação da America Latina à luz do Concílio.* Conclusões de Puebla. Petrópolis: Vozes, 1979.

_____. IV. *A Igreja na atual transformação da America Latina à luz do Concílio.* Conclusões de Santo Domingo. Petrópolis: Vozes, 1992.

_____. V. *A Igreja na atual transformação da America Latina à luz do Concílio.* Conclusões de Aparecida. Petrópolis: Vozes, 2007.

CONSEJO EPISCOPAL LATINOAMERICANO. *El futuro de la Reflexión Teológica en América Latina.* Colombia, 1996. (Colección Documentos CELAM 141).

CNBB. *Em favor da família.* Documentos da CNBB 3. São Paulo: Paulinas, 1975.

_____. *Diretrizes Gerais da Ação Pastoral da Igreja do Brasil 1975-1978.* Documentos da CNBB 4. São Paulo: Paulinas, 1975[3].

_____. *Comunicação Pastoral ao Povo de Deus.* Documentos da CNBB 8. São Paulo: Paulinas, 1976.

_____. *Comunicação pastoral ao povo de Deus.* São Paulo: Paulinas, 1977[3].

_____. *Exigências cristãs de uma ordem política.* Documentos da CNBB 10. São Paulo: Paulinas, 1978.

_____. *Diretrizes Gerais da Ação Pastoral da Igreja do Brasil 1979-1982.* Documentos da CNBB 15. São Paulo: Paulinas, 1980[2].

COMMISSIONE TEOLOGICA INTERNAZIONALE. *Documenti (1969-1985).* Città del Vaticano: Libreria Editrice Vaticana, 1988.

COMISSÃO ARQUIDIOCESANA DE PASTORAL DOS DIREITOS HUMANOS E MARGINALIZADOS DE SÃO PAULO. *Violência contra os humildes.* São Paulo: Comissão Arquidiocesana de São Paulo, 1977.

# 2. Estudos

## 2.1 Referenciais secundários e outros autores

AA.VV. *Morale e Redenzione*. Roma: Editiones Academiae Alphonsianae, 1983.
AGAMBEN, Giorgio. *Homo sacer, il potere sovrano e la nuda vita*. Torino: Giulio Einaudi, 1995.
AGOSTINO, SAN. *Le confessioni*. Roma: Città Nuova, 2009.
AGOSTINI, Nilo. *Nova Evangelização e opção comunitária*: conscientização e movimentos populares. Petrópolis: Vozes, 1990.
_____. *Teologia Moral*: entre o pessoal e o social. Petrópolis: Vozes, 1995.
_____. *Teologia Moral*: o que você precisa viver e saber. Petrópolis: Vozes, 1998.
_____. *Evangelização*: contribuição franciscana. Petrópolis: Vozes, 2000.
_____. Ética cristã e *desafios atuais*. Petrópolis: Vozes, 2002.
ALICI, Luigi. *Filosofia Morale*. Brescia: La Scuola, 2011.
ALVAREZ-VERDES, Lorenzo (a cura di). *Il Problema del Nuovo nella Teologia Morale*. Roma: Rogate – Accademia Alfonsiana, 1986.
ALVES, Márcio Moreira. *A Igreja e a política no Brasil*. São Paulo: Brasiliense, 1979.
ALVES, Maria Helena Moreira. *Estado e oposição no Brasil (1964-1984)*. Bauru: EDUSC, 2005.
AMERÍNDIA (Org.). *V Conferência de Aparecida*: renascer de uma esperança. São Paulo: Paulus, 2008.
ANGELINI, Giuseppe. *Teologia Morale Fondamentale*: tradizione, Scrittura e teoria. Milano: Glossa, 1999.
ANJOS, Márcio Fabri dos; SIERRA, Rosa Adela Osório. *Gênero e poder na vida religiosa*. São Paulo: Loyola, 1999.
ANTONIAZZI, Alberto; LIBÂNIO, João Batista; FERNANDES, José de Souza (Orgs.). *Novas fronteiras da Moral no Brasil*. Aparecida: Santuário, 1992. (Coleção Teologia Moral na América Latina 9).
APEL, Karl-Otto. *Transformation der Philosophie*. Frankfurt: Suhrkamp, 1981.
_____.; DUSSEL, Enrique; FORNET BETANCOURT; Raúl. *Fundamentación de la ética y filosofía de la liberación*. México: Siglo XXI, 1992.
ASSMANN, Hugo. *Crítica à lógica da exclusão*: ensaios sobre economia e teologia. São Paulo: Paulus, 1994.
_____.; MO SUNG, Jung. *Compet*ência e sensibilidade solidária: educar para a esperança. Petrópolis: Vozes, 2000.
AUBERT, Jean-Marie. *Compendio de la Moral Católica*. Valencia: EDICEP, 2004.
AZPITARTE, Eduardo López. *Fundamentação da ética cristã*. São Paulo: Paulus, 1995.
AZZI, Riolando. *A Teologia Católica na formação da sociedade colonial brasileira*. Petrópolis: Vozes, 2005.
_____.; GRIJP, Klaus van der. *História da Igreja no Brasil*. Ensaio de interpretação a partir do povo. Tomo II/3-2. Terceira época (1930-1964). Petrópolis: Vozes, 2008.
BACH, Marcos J. *Uma nova Moral?* O fim do sistema tradicional. Petrópolis: Vozes, 1982.
BARRETO, Vera. *Paulo Freire para educadores*. São Paulo: Arte & Ciência, 2004.
BAUMAN, Zygmunt. *Modernidade líquida*. Rio de Janeiro: Jorge Zahar, 2001.
BEOZZO, José Oscar. *A Igreja do Brasil*. De João XXIII a João Paulo II. De Medellín a Santo Domingo. Petrópolis: Vozes, 1994.
_____. *A Igreja do Brasil no Concílio Vaticano II (1959-1965)*. São Paulo: Paulinas, 2005.

BOFF, Clodovis. *Teoria do método teológico*. Petrópolis: Vozes, 1998.
BOFF, Leonardo. *O caminhar da Igreja com os oprimidos*. Petrópolis: Vozes, 1988.
BRANDÃO, Margarida Luíza Ribeiro. *Teologia na ótica da mulher*. Rio de Janeiro: PUCRJ, 1990.
_____. *Mulher e relações de gênero*. São Paulo: Loyola, 1994.
_____. *Evangelho e experiência humana*: comunicabilidade da ética em um mundo pluralista. São Paulo: Paulinas, 1998.
BRUNEAU, Thomás Charles. *Catolicismo brasileiro em época de transição*. São Paulo: Loyola, 1974.
CASTANHO, Amaury. *Presença da Igreja no Brasil (1900-2000)*. Jundiaí: Jundiá, 1998.
CASTEL, Robert; WANDERLEY, Luiz Eduardo W.; BELFIORE-WANDERLEY, Mariangela. *Desigualdade e a questão social*. São Paulo: EDUC, 2007.
CHARMAZ, Kathy. *A construção da Teoria Fundamentada*: guia prático para a análise quantitativa. Porto Alegre: ArtMed, 2006.
CHIAPPINI, Ligia; DIMAS, Antonio; ZILLY, Berthold (Orgs.). *Brasil, país do passado?* São Paulo: Bom Tempo/EDUSP, 2000.
CHIAVACCI, Enrico. *Teologia Morale Fondamentale*. Assisi: Cittadella, 2007.
CIARDELLA, Piero; MONTAN, Agostino. *Le scienze Teologiche in Italia a cinquant'anni dal Concilio Vaticano II*. Storia, impostazioni metodologiche, prospettive. Leumann: Elledici, 2011.
CNBB. *1966-1970: Plano de Pastoral de Conjunto*. Rio de Janeiro: Dom Bosco, 1966.
_____. *Igreja e política*: subsídios teológicos. Estudos da CNBB 2. São Paulo: Paulinas, 1974.
_____. *A Família, mudanças e caminhos*. Estudos da CNBB 7. São Paulo: Paulinas, 1974.
_____. *Pastoral Social*. Estudos da CNBB 10. São Paulo: Paulinas, 1976.
_____. *Por uma sociedade superando as dominações*. Obra coletiva dos participantes do Projeto Jornadas Internacionais por uma Sociedade superando as dominações. v.1. Estudos da CNBB 19. São Paulo: Paulinas, 1978.
_____. (Org.). *Catequistas para a catequese com adultos*. Processo formativo. São Paulo: Paulus, 2007.
COMBLIN, José. *Teologia da reconciliação*: ideologia ou reforço da libertação? Petrópolis: Vozes, 1987.
COLZANI, Gianni. *Antropologia Teologica*. L'uomo: paradosso e mistero. Bologna: EDB, 1997.
CURRAN Charles; MCCORMICK, Richard (edited by). *The historical Development of Fundamental Moral Theology in the United States*. Mahwah: Paulist Press, 1999.
DAVIS, Shelton. *Vítimas do milagre, o desenvolvimento e os índios do Brasil*. Rio de Janeiro: Zahar, 1978.
DELLA CAVA, Ralph (Org.). *A Igreja em flagrante*. Catolicismo e sociedade na imprensa brasileira (1964-1980). Rio de Janeiro: Marco Zero, 1985.
DREIFUSS, René Armand. *1964: a conquista do Estado*: ação política, poder e golpe de classe. Petrópolis: Vozes, 1981[3].
DOWBOR, Ladislau; IANNI; Octavio; REZENDE; Paulo; SILVA; Hélio (Orgs.). *Desafios da comunicação*. Petrópolis: Vozes, 2001.
DUSSEL, Enrique. *De Medellín a Puebla – uma década de sangue e esperança*. De Medellín a Sucre (1968-1972). São Paulo: Loyola, 1981. v.1.
_____. *De Medellín a Puebla*: uma década de sangue e esperança. De Sucre à crise relativa do neofascismo (1973-1977). São Paulo: Loyola, 1982. v.2.
_____. *De Medellín a Puebla*: uma década de sangue e esperança. Em torno de Puebla (1977-1979). São Paulo: Loyola, 1983. v.3.
ELLACURÍA, Ignacio; SOBRINO, Jon. *Mysterium Liberationis*: conceptos fundamentales de la teología de la liberación. Madrid: Trotta, 1990.

ENGELHARDT JÚNIOR, Hugo Tristam (Org.). *Bioética Global*: o colapso do consenso. São Paulo: Paulinas, São Camilo, 2012.

FERNÁNDEZ, Aurelio. *La reforma de la Teología moral*: medio siglo de Historia. Burgos: Aldecoa, 1997.

_____. *Teología Moral*: curso fundamental de la Moral Católica. Madrid: Palabra, 2010.

FERNANDEZ, José Cobo. *A Pastoral entre Puebla e Santo Domingo*: tensões e mudanças dos anos 80. Petrópolis: Vozes, 1997.

FROTA, Sylvio. *Ideais traídos.* Rio de Janeiro: Jorge Zahar, 2006.

FUMAGALLI, Aristide; VIVA, Vicenzo (Ed.). *Pensare l'agire morale*. Cinisello Balsamo: San Paolo, 2011.

FUCHS, Joseph. *Le renouveau de la théologie morale selon Vatican II*. Tornaci: Desclée, 1968.

_____. *La moral y la teología moral según el Concilio*. Barcelona: Herder, 1969.

_____. *Existe uma moral cristã?* São Paulo: Paulinas, 1972.

GERARDI, Renzo. *Storia della morale*. Interpretazioni teologiche dell'esperienza cristiana. Periodi e correnti, autori e opere. Bologna: EDB, 2003.

_____. (Ed.). *La Legge Morale Naturale*: probleme e prospettive. Roma: Lateran University Press, 2007.

GHIDELLI, Carlo (Cur.). *A trent'anni dal Concilio*: memoria e profezia. Roma: Studium, 1995.

GLASER, Barney; STRAUSS, Anselm. *The Discovery of Grounded Theory*. Strategies for Qualitative Research. New Brunswick: Aldine Transaction, 2012.

GRÜNDEL, Johannes. *Wandelbares und Unwandelbares in der Moraltheologie*. Düsseldorf: Patmos-Verlag, 1967.

GUARESCHI, Pedrinho; SUSIN, Luiz Carlos. *Consciência Moral emergente*. Aparecida: Santuário, 1989. (Coleção Teologia Moral na América Latina 4).

GUCHT, Robert Vander; VORGRIMLER; Herbert. *Bilancio della teologia del XX secolo*. v. III. Roma: Città Nuova, 1972.

GUTIÉRREZ, Gustavo. *Teología desde el reverso de la historia*. Lima: CEP, 1977.

_____. *La fuerza histórica de los pobres*. Lima: CEP, 1979.

HABERMAS, Jürgen. *Theorie des Kommunikativen Handelns*. Frankfurt: Suhrkamp, 1992.

HABERT, Nadine. *A década de 70*: apogeu e crise da ditadura militar brasileira. São Paulo: Ática, 2003.

HÄRING, Bernhard. *Renovación de la Teología Moral*. Madrid: Perpetuo Socorro, 1967. (Colección Libros de Teología y Práctica Pastoral 7).

HEIDEGGER, Martin. *Ser e Tempo*. Parte II. Petrópolis: Vozes, 1998.

HERKENHOFF, João Baptista. *Direitos Humanos*: a construção de uma utopia. Aparecida: Santuário, 1997.

HOBSBAWM, Eric. *Il secolo breve*. 1914/1991. Milano: BURexploit, 2011.

HÖLDERLIN, Friedrich. *Odes and Elegies*. Translated and edited by Nick Hoff. Middletown: Wesleyan University Press, 2008.

HOP, Paulo Thai. *Pobres e excluídos*: neoliberalismo e libertação dos pobres. Aparecida: Santuário, 1995. (Coleção Teologia Moral na América Latina 11)

INSTITUTO NACIONAL DE PASTORAL (Org.). *Pastoral da Igreja no Brasil nos anos 70*: caminhos, experiências e dimensões. Petrópolis: Vozes, 1994.

_____. *Presença pública da Igreja no Brasil (1952-2002)*: Jubileu de Ouro da CNBB. São Paulo: Paulinas, 2003.

JOANNES, Fernando Vittorino (a cura di). *L'Humanae Vitae*. Verona: Mondadori, 1969.

JONAS, Hans. *El Principio de responsabilidade*: ensayo de una ética para la civilización tecnológica. Barcelona: Herder, 1995.

KASPER, Walter. *Il Dio di Gesù Cristo*. Brescia: Queriniana, 2008.
KEENAN, James. *A history of Catholic moral theology in the twentieth century*. From confessing sins to liberating consciences. London – New York: Continuum, 2010.
_____. (Ed.). *Catholic Theological Ethics, Past, Present, and Future*. The Trento Conference. New York: Orbis Books: Maryknoll, 2010.
_____. (Org.). *Ética Teológica Católica no contexto mundial*. Aparecida: Santuário, 2010.
KONZEN, João. *Ética Teológica Fundamental*. São Paulo: Paulinas, 2001.
KÜNG, Hans. *Projeto de Ética Mundial*: uma moral ecumênica em vista da sobrevivência humana. São Paulo: Paulinas, 1992.
KURCGANT, Paulina (Org.). *Administração em Enfermagem*. São Paulo: EPU, 1991.
LECLERCQ, Jacques. *L'enseignement de la morale chrétienne*. Louvain: Du Vitrail, 1949.
LEERS, Bernardino. *Moral cristã e autoridade do Magistério Eclesiástico*: Conflito – Diálogo. Aparecida: Santuário, 1991. (Coleção Teologia Moral na América Latina 7)
LEPARGNEUR, Hubert. *Fontes da Moral da Igreja*. Petrópolis: Vozes, 1978.
_____. *Teologia da Libertação*. São Paulo: Convívio, 1979.
LIO, Ermenegildo. *Humanae Vitae e coscienza*. L'insegnamento di Karl Wojtyla teologo e Papa. Città del Vaticano: Libreria Editrice Vaticana, 1980.
LIPOVETSKY, Gilles. *A Sociedade pós-moralista*: o crepúsculo do dever e a ética indolor dos novos tempos democráticos. Barueri: Manole, 2005.
LORENZETTI, Luigi. *La morale nella storia*. Una nuova voce nei 40 anni della Rivista di Teologia Morale (1969-2009). Bologna: EDB, 2009.
MACINTYRE, Alasdair. *Dopo la virtù*. Saggio di teoria morale. Roma: Armando Editore, 2009.
MAQUEO, Roberto Oliveros. *Liberación y teologia*. Genesis y crecimiento de una reflexión (1966-1976). México: CRT, 1977.
MARITAIN, Jacques. *La Filosofia Morale*: esame storico e critico dei grandi sistemi. Brescia: Morcelliana, 1999.
MERSCH, Émile. *Morale et Corps Mystique*. Paris: Desclée De Brouwer, 1955.
MELINA, Livio; KAMPOWSKI, Stephan. *Come insegnare teologia morale?* Siena: Cantagalli, 2009.
MIER, Vicente Gómez. *La rifondazione della Morale Cattolica*. Il cambiamento della "matrice disciplinare" dopo il Concilio Vaticano II. Bologna: EDB, 2001.
MIFSUD, Tony. *Moral Fundamental*. Bogotá: MELAL I: CELAM Devym, 2002.
MILLEN, Maria Inês de Castro. *Os acordes de uma sinfonia*: a Moral do Diálogo na Teologia de Bernhard Häring. Juiz de Fora: Editar, 2005.
MO SUNG, Jung. *A idolatria do Capital e a morte dos pobres*. São Paulo: Paulinas, 1989.
_____. *Experiência de Deus*: mito ou realidade? São Paulo: FTD, 1991.
_____. *Sujeito e sociedade complexas*: para repensar os horizontes utópicos. Petrópolis: Vozes, 2002.
MORAIS, João Francisco Régis de. *Os Bispos e a política no Brasil*: pensamento social da CNBB. São Paulo: Cortez, 1982.
MOREL, Edmar. *O golpe começou em Washington*. Rio de Janeiro: Brasiliense, 1965.
MOSER, Antônio. *Paternidade responsável face a uma mentalidade contraceptiva*. Petrópolis: Vozes, 1976.
_____. *O pecado ainda existe?* São Paulo: Paulinas, 1976.
_____.; LEERS, Bernardino. *Teologia Moral*: impasses e alternativas. Tomo V. Série III: A Libertação na História. São Paulo: Vozes, 1988.
_____. *Teologia Moral*: desafios atuais. Petrópolis: Vozes, 1991.
_____. *O Enigma da Esfinge*: a sexualidade. Petrópolis: Vozes, 2001.
MURARO, Rose Marie. *Sexualidade da mulher brasileira*: corpo e classe social no Brasil. Petrópolis: Vozes, 1983.

Muzzioli, Giuliano. *Modena*. Bari: Laterza, 1993.
Parisi, Faustino. *Il valore della coscienza e dell'esperienza morale*. Bari: Levante editori, 2003.
Penna, Lincoln de Abreu. *República Brasileira*. Rio de Janeiro: Nova Fronteira, 1999.
Peruzzo, Dilvo. *Habitação, controle e espoliação*. São Paulo: Cortez, 1984.
Pessini, Leocir. *Eutanásia e América Latina*: questões ético-teológicas. Aparecida: Santuário, 1990. (Coleção Teologia Moral na América Latina 6)
Pessini, Leocir; Barchifontaine, Christian de Paul (Orgs.). *Fundamentos de Bioética*. São Paulo: Paulus, 1996.
_____. *Morrer com dignidade*: até quando manter artificialmente a vida? Aparecida: Santuário, 1998³.
_____. *Distanásia*: até quando prolongar a vida? São Paulo: Loyola; Centro Universitário São Camilo, 2001.
_____.; Barchifontaine, Christian de Paul (Orgs.). *Bioética*: alguns desafios. São Paulo: Loyola; Centro Universitário São Camilo, 2001.
Petrosino, Luigi M. *L'istruzione morale nel XIX secolo*. Roma: Edizione Dehoniane, 2002.
Piana, Giannino. *In novità di vita*, I – Morale fondamentale e generale. Assisi: Cittadella, 2012.
_____. *L'agire morale tra ricerca di senso e definizione normativa*. Assisi: Cittadella, 2008.
Pinckaers, Servais. *Le renouveau de la Morale*. Études pour une morale fidèle à ses sources et à sa mission présente. Cahier de L'Actualité Religieuse 19. Tournai: Casterman, 1967.
_____. *Las fuentes de la Moral Cristiana*. Su método, su contenido, su historia. Navarra: EUNSA, 2007.
Pontifícia Comissão Justiça e Paz. *A serviço da Comunidade Humana*. Uma consideração Ética da Dívida Internacional. São Paulo: Paulinas, 1987.
Pontifício Colégio Pio Brasileiro. *Ano Acadêmico 1974-1975*. Roma: PUG, 1975.
Potter, Van Ressenlaer. *Bioethics: bridge to the future*. New Jersey: Prentice-Hall, 1971.
Pozo, José del. *História da América Latina e do Caribe*: dos processos de independência aos dias atuais. Petrópolis: Vozes, 2009.
Prandini, Fernando; Petrucci, Victor; Dale, Romeu (Orgs.). *As relações Igreja-Estado no Brasil*. Durante o Governo do Marechal Castelo Branco 1964-1967. São Paulo: Loyola, 1986. v.1.
_____. *As relações Igreja-Estado no Brasil*. Durante o Governo do Marechal Costa e Silva 1967-1970. São Paulo: Loyola, 1986. v.2.
_____. *As relações Igreja-Estado no Brasil*. Durante o Governo do General Médici 1970-1974. São Paulo: Loyola, 1987. v.3.
_____. *As relações Igreja-Estado no Brasil*. Durante o Governo do General Geisel 1974-1976. São Paulo: Loyola, 1987. v.4.
Prandini, Fernando; Petrucci, Victor; Dale, Romeu (Orgs.). *As relações Igreja-Estado no Brasil*. Durante o Governo do General Geisel 1977. São Paulo: Loyola, 1987. v.5.
_____. *As relações Igreja-Estado no Brasil*. Durante o Governo do General Geisel 1978-1979. São Paulo: Loyola, 1987. v.6.
Rahner, Karl. *Schriften zur Theologie*. Band II. Köln: Benziger Verlag, 1956.
Raponi, Sante. *Alla scuola dei Padri tra cristologia, antropologia e comportamento morale*. Alcuni saggi. Roma: Editiones Academiae Alphonsianae, 1998.
Reis Filho, Daniel Aarão. *A revolução faltou ao encontro*: os comunistas no Brasil. São Paulo: Brasiliense, 1990.
Rejón, Francisco Moreno. *Teologia Moral a partir dos pobres*. A moral na reflexão teológica da América Latina. Aparecida: Santuário, 1987. (Coleção Teologia Moral na América Latina 1).

REJÓN, Francisco Moreno. *Desafios à Teologia Moral na América Latina*. São Paulo: Paulinas, 1990.

RIBEIRO, Zilda Fernandes. *A mulher e seu corpo*: magistério eclesiástico e renovação da ética. Aparecida: Santuário, 1998.

_____. *Evangelho e experiência humana*: comunicabilidade da ética em um mundo pluralista. São Paulo: Paulinas, 1998.

RICHARD, José Pablo. *La Iglesia Latinoamericana entre el Temor y la Esperanza*. San José: DEI, 1980.

RICOEUR, Paul. *Philosophie de la volonté*. Paris: Aubier-Montaigne, 1963. v. 1-2.

RICUPERO, Rubens. *Esperança e ação*. São Paulo: Paz e Terra, 2002.

RIDENTI, Marcelo. *O fantasma da revolução brasileira*. São Paulo: Editora da Unesp, 2010.

RODRIGUES, Marly. *A década de 80 – Brasil*: quando a multidão voltou às praças. São Paulo: Ática, 2003.

RÖMELT, Josef. *La coscienza*: um conflitto delle interpretazioni. Quaestiones Morales 13. Roma: Editiones Academiae Alphonsianae, 2001.

ROSA NETO, Virgílio. *Regiões prioritárias*: planejamento para a instalação da Pastoral de Conjunto (1964/1965). Rio de Janeiro: INP, 1973.

SANCHEZ, Wagner Lopez (Org.). *Cristianismo na América Latina e no Caribe*: trajetórias, diagnósticos, prospectivas. São Paulo: Paulinas, 2003.

SARANYANA, Josep-Ignasi (Dir.); GRAU, Carmen-José Alejos (Coord.). *Teología en América Latina*. El siglo de las teologías latinoamericanistas (1899-2001). Vervuert: Iberoamericana, 2002. v.3.

SARANYANA, Josep-Ignasi. *Cem anos de Teologia na América Latina (1899-2001)*. São Paulo: Paulinas: Paulus, 2005. (Coleção Quinta Conferência História)

SARMIENTO, Augusto; MOLINA, Enrique; TRIGO Tomás. *Teología Moral Fundamental*. Pamplona: EUNSA, 2013.

SEGNA, Egidio Vittorio. *Análise crítica do Catolicismo no Brasil e perspectiva para uma Pastoral de Libertação*. Petrópolis: Vozes, 1977.

SGRECCIA, Elio. *Bioética*: manuale per medici e biologi. Milano: Vita e pensiero, 1986.

SIERRA, Rosa Adela Osório. *Kuñaité en Abia Yala*: una aproximación Moral a la obra de Waman Puma. Romae: Pécheux, 1999.

SILVA, Domingos Sávio da. *Habacuc e a resistência dos pobres*. Aparecida: Santuário, 1999.

SKIDMORE, Thomas. *Brasil: de Castelo a Tancredo*. Rio de Janeiro: Paz e Terra, 1988.

STEIN, Ernildo. *Diferença e metafísica*. Porto Alegre: EdiPUCRS, 2000.

_____. *Compreensão e finitude*. Ijuí: Unijuí, 2001.

SUSIN, Luiz Carlos (Org.). *Sarça Ardente*. Teologia na América Latina: Prospectivas. São Paulo: Paulinas, 2000.

TAMAYO, Juan-José; BOSCH Juan (Eds.). *Panorama de la teología latinoamericana*. Navarra: Verbo Divino, 2000.

TRASFERETTI, José Antonio; LEERS, Bernardino. *Homossexuais e ética cristã*. Campinas: Átomo, 2002.

TREMBLAY, Réal; ZAMBONI, Stefano (a cura di). *Figli nel Figlio*. Una Teologia Morale fondamentale. Bologna: EDB, 2008.

TRIGO, Tomás. *El debate sobre la especificidad de la moral cristiana*. Pamplona: EUNSA, 2003.

VALADIER, Paul. *Moral em desordem*: um discurso em defesa do ser humano. São Paulo: Loyola, 2003.

VARGAS-MACHUCA, Antonio (Ed.). *Teología y mundo contemporáneo*: homenaje a K. Rahner en su 70 cumpleaños. Madrid: Cristiandad, 1975.

VENUTO, Francesco Saverio. *La recenzione del Concilio Vaticano II nel dibattito storiografico dal 1965-1985*. Riforma o discontinuità? Cantalupa: Effatà, 2011.

VIDAL, Marciano. *Moral de actitudes*. I. Moral fundamental. Madrid: Perpetuo Socorro, 1977.

_____. *Diez años de Teología Moral*. La temática moral en las revistas en el decenio 1980-1989. Madrid: Perpetuo Socorro, 1990.

_____. *Nova Moral fundamental*: o lar teológico da Ética. Aparecida: Santuário, São Paulo: Paulinas, 2003.

_____. *Dez palavras-chaves em Moral do futuro*. São Paulo: Paulinas, 2003.

_____. *Orientaciones éticas para tiempos inciertos*: entre la Escila del relativismo y la Caribdis del fundamentalismo. Bilbao: Desclée De Brouwer, 2007.

_____. *Moral cristã em tempos de relativismos e fundamentalismos*. Aparecida: Santuário, 2007.

_____. *Historia de la Teología Moral*. La moral en el cristianismo antiguo (ss. I-VII). Tomo II. Madrid: Perpetuo Socorro, 2010.

_____. *Historia de la Teología Moral*. Moral y espiritualidad en la cristiandad medieval (ss. VIII-XIV). Tomo III. Madrid: Perpetuo Socorro, 2011.

VISENTINI, Paulo Fagundes; PEREIRA, Analúcia Danilevicz. *História do mundo contemporâneo*: da Paz Britânica do século XVIII ao choque das Civilizações do século XXI. Petrópolis: Vozes, 2008.

VIVA, Vicenzo; WITASZEK, Gabriel (Edd.). *Etica Teologica nelle correnti della storia*. Città del Vaticano: Lateran University Press: Editiones Academiae Alfonsianae, 2011.

WEBER, Max. *Ciência e Política*: duas vocações. São Paulo: Martin Claret, 2003.

## 2.2 Artigos e contribuições

AGOSTINI, Nilo. "Direitos humanos: o despertar da Igreja no Brasil: aos 50 anos da Declaração Universal da ONU". In: *REB* 58 (1998) 871-895.

_____. "Cidade e o anúncio do Evangelho". In: AGOSTINI, Nilo. *Ética cristã e os desafios atuais*. Petrópolis: Vozes, 2002, p. 83-114.

_____. "Comunicação Social e ética". In: *Communio* 94 (2007) 67-86.

_____. "Teologia Moral hoje: Moral renovada para uma Catequese Renovada". In: CNBB (Org.). *Catequistas para a catequese com adultos*: processo formativo. São Paulo: Paulus, 2007, p. 45-62.

ANGELINI, Giuseppe. "I sentiere impervi della morale dalla Gaudium et spes alla Veritatis splendor". In: GHIDELLI, Carlo (a cura di). *A trent'anni dal Concilio*. Memoria e profezia. Roma: Studium, 1995, p. 347-380.

_____. "Encruzilhadas da ética teológica hoje". In: _____. (Org.). *Teologia e novos paradigmas*. São Paulo: Loyola, 1996, p. 175-194.

ANJOS, Márcio Fabri dos. "Optar por los pobres es hacer teología moral". In: *Moralia* 13 (1991) 59-80.

_____. "Teología, muchos rostros y un corazón". In: TAMAYO, Juan-José; BOSCH, Juan (Eds.). *Panorama de la teología latinoamericana*. Navarra: Verbo Divino, 2001, p. 215-228.

_____. "A Ética Teológica no Brasil". In: VIDAL, Marciano. *A nova Moral Fundamental*. O lar teológico da Ética. Aparecida: Santuário: São Paulo: Paulinas, 2003, p. 489-506.

ANTOLÍ, Miguel. "Los primeros renovadores de la moral en el siglo XIX". In: *RevEspTeol* 48 (1988) 277-290.

ANTONIAZZI, Alberto. "Interrogações em forma de respostas: observações sobre a Conferência e as Conclusões de Santo Domingo". In: *Perspectiva Teológica* 25 (1993) 93-102.

ÁLVAREZ, Lorenzo. "¿Salvación o liberación?". In: *Studia Moralia* 14 (1976) 159-188.

ARIOTTI, Piero Emilio. "Concílio Vaticano II e aggiornamento della teologia morale. Un tentativo riuscito". In: *Divinitas* 27 (1983) 155-176.

ARNTZ, Joseph. "A lei natural e sua história". In: *Concilium* 5 (1965) 30-44.
AUER, Alfons. "Die Erfahrung der Geschichtlichkeit und die Krise der Moral". In: *Theologische Quartalschrift* 149 (1969) 4-22.
BARRETO, Gerardo Dantas. "A moral del Seglar". In: *Vozes* 12 (1957) 956-957.
BARCELÓ, Eduardo Bonnín. "Autonomia-heteronomia-teonomia, reflexiones con ocasion de la 'Veritatis splendor'". In: *Efemérides Mexicana* 37 (1995) 75-88.
BARROS, Raimundo Caramuru. "Gênese e Consolidação da CNBB no contexto de uma Igreja em plena renovação". In: INP (Org.). *Presença pública da Igreja no Brasil (1952-2002)*. Jubileu de Ouro da CNBB. São Paulo: Paulinas, 2003, p. 13-69.
BEDNARSKI, Feliks Wojciech. "Il metodo della teologia morale nello spirito del Concilio". In: *Angelicum* 6 (1984) 213-251.
BEEMER, Theo. "A interpretação da Teologia Moral". In: *Concilium* 5 (1969) 116-136.
BENI DOS SANTOS, Benedito. "Lei natural e ética de situação". In: *REB* 34 (1974) 92-108.
BEOZZO, José Oscar. "A recepção do Concílio Vaticano II na Igreja do Brasil". In: INP (Org.). *Presença Pública da Igreja no Brasil (1952-2002)*. Jubileu de Ouro da CNBB. São Paulo: Paulinas, 2003, p. 425-457.
_____. "Aparecida à luz das Conferências do Rio, Medellín, Puebla e Santo Domingo". In: AMERÍNDIA (Org.). *V Conferência de Aparecida*. Renascer de uma esperança. São Paulo: Paulus, 2008, p. 34-48.
BLANK, Josef. "Considerações sobre o problema de 'normas de ética' no Novo Testamento". In: *Concilium* 5 (1967) 10-22.
BOFF, Clodovis. "O pecado social". In: *REB* 37 (1977) 675-701.
BOFF, Leonardo. "Per un'etica dell'obbedienza critico-sociale". In: *Concilium* 159 (1980/9) 1142-1149.
_____. "Doutrina Social da Igreja e Teologia da libertação: práticas sociais opostas?". In: *Concilium* 170 (1981/10) 1289-1296.
_____. "Liberdade e libertação: pontos de contato e de atrito entre o primeiro e terceiro mundo". In: *REB* 47 (1987a) 839-859.
_____. "Exigências teológicas e eclesiológicas para uma nova evangelização". In: *REB* 47 (1987b) 120-144.
_____. "Che cosa sono le teologie del Terzo mondo?" In: *Concilium* 5 (1988) 713-727.
_____. "Evangelizar a partir das culturas oprimidas". In: *REB* 49 (1989) 799-839.
BRACKLEY, Dean. "Tendencias actuales de la Teología Moral en América Latina". In: *Revista Latinoamericana de Teología* 19 (2002) 95-120.
BRATTI, Paulo. "A moral tradicional questionada". In: *Atualização* 8 (1977) 139-144.
BRIGHENTI, Agenor. "Vaticano II – Medellín: intuições básicas e eixos fundamentais". In: *REB* 69 (2009) 5-26.
CESAR, Costança Terezinha Marcondes; TRASFERETTI, José. "Ética e meio ambiente". In: TRASFERETTI, José Antonio; ZACHARIAS Ronaldo (Orgs.). *Ser e viver*. Desafios morais na América Latina. Aparecida: Santuário, São Paulo: SBTM: Centro Universitário São Camilo, 2008, 125-146.
CNBB. "Nordeste: desenvolvimento sem justiça". In: *Revista Católica de Cultura* 5 (1967) 387-442.
_____. "A Doutrina de Segurança Nacional à luz da Doutrina da Igreja". In: *SEDOC* 1 (1968) 432-444.
_____. "Memorial dos Bispos e Prelados da Amazônia ao Governo Federal e ao Povo Amazônico". In: *SEDOC* 1 (1968) 961-986.
_____."Documentação Pastoral de Brasília". In: *SEDOC* 3 (1970) 77-89.
_____. "Uma Igreja da Amazônia em conflito com o latifúndio e a marginalização social". In: *SEDOC* 4 (1971) 955-984.

CNBB."De 1948 a 1972 – Os Novos Direitos do homem". In: *SEDOC* 5 (1972) 1351-1364, 1375-1381, 1383-1384.

_____. "Eu ouvi os clamores do meu povo". In: *SEDOC* 6 (1973) 607-629.

_____. "Marginalização de um Povo". In: *SEDOC* 6 (1973) 993-1021.

_____. "Comissão Episcopal de Pastoral – Reunião Mensal da CEP". In: *Comunicado Mensal – CNBB* 262 (1974) 511-513.

_____. "Não oprimas teu irmão". In: *SEDOC* 8 (1975) 729-731.

_____. "Curso de Atualização para Bispos". In: *Comunicado Mensal – CNBB* 275 (1975) 777-778.

_____. "Exigências cristãs de uma ordem política". In: *SEDOC* 9 (1976) 1018-1025.

_____. "Problemas e perspectivas da Família no Brasil Hoje". In: *Comunicado Mensal – CNBB* 293 (1977) 345-368.

_____. "Jornadas Internacionais 'Por uma sociedade superando Dominações'". In: *Comunicado Mensal – CNBB* 293 (1977) 391-397.

_____. "INP - Estudos de Pastoral da Família". In: *Comunicado Mensal – CNBB* 294 (1977) 455-571.

_____. "Nota Oficial: 'O momento presente da Igreja no Brasil'". In: *Comunicado Mensal – CNBB* 295 (1977) 591-592.

_____. "O Divórcio". In: *Comunicado Mensal – CNBB* 299 (1977) 987-1020.

_____. "Documento 'Exigências cristãs de uma Ordem Política'". In: *Comunicado Mensal – CNBB* 302 (1977) 1375-1378.

_____. "Violência contra os humildes". In: *SEDOC* 10 (1977) 961-983.

_____. "Repressão na Igreja do Brasil". In: *SEDOC* 11 (1978) 1161-1188.

_____. "A Igreja e problemas da terra". In: *SEDOC* 12 (1979) 823-839.

_____. "O solo urbano e a ação pastoral". In: *SEDOC* 14 (1981) 1221-1237.

_____. "Instituto Nacional de Pastoral – relatório do quadriênio 1978-1982". In: *Comunicado Mensal – CNBB* 369 (1983) 752-765.

_____. "Igreja e Constituinte". In: *SEDOC* 18 (1985) 1095-1132.

_____. "Exigências éticas de uma ordem política". In: *SEDOC* 22 (1989) 88-104.

COMBLIN, José. "O Vaticano II, ontem e hoje". In: *Vida Pastoral* nov/dez (1985) 2-10.

CUESTA, Bernardo. "Teología moral en camino: del Concilio Vaticano II a nuestros días". In: *Ciencia Tomista* 132 (2005) 516-544.

CURRAN, Charles E. "Moral Theology in the United States: An Analysis of the Last Twenty-Years (1965-1985)". In: _____.; MCCORMICK, Richard. *The historical Development of Fundamental Moral Theology in the United States*. Mahwah: Paulist Press, 1999, p. 22-45.

DELHAYE, Philippe. "La théologie morale d'hier et d'aujourd'hui". In: *Revue de Sciences Religieuses* 27 (1953) 112-130.

_____. "La aportación del Vaticano II a la teología moral". In: *Concilium* 75 (1972) 207-217.

_____. "Le points forts de la morale à Vatican II". In: *Studia Moralia* 24 (1986) 5-14.

DELPERO, Claudio. "Un planteamiento teológico-fundamental en contexto Latinoamericano". In: *Efemérides Mexicana* 33 (1993) 369-378.

DEVIGILI, Gamaliel. "Hermenêutica do ethos". In: *REB* 34 (1974) 5-20.

DUSSEL, Enrique. "Può legittimarsi 'una' etica di fronte alla 'pluralità' storica delle morali?". In: *Concilium* 170 (1981/10) 102-115.

_____. "Teologie 'periferiche' e 'centro' – incontro o confronto?" In: *Concilium* 20/1 (1984) 159-173.

ELLACURÍA, Ignacio. "Tesis sobre posibilidad, necesidad y sentido de una teología latinoamericana". In: VARGAS-MACHUCA, Antonio (Ed.). *Teología y mundo contemporáneo*. Homenaje a K. Rahner en su 70 cumpleaños. Madrid: Cristiandad, 1975, 325-350.

ENOUT, João Evangelista. "A problemática da moral em nossos dias". In: *Liturgia e Vida* 125 (1974) 1-15.

_____. "Teologia Moral e o Deus que se procura". In: *Liturgia e Vida* 195 (1986) 8-20.

FORTE, Bruno. "Ethics and interreligious Dialogue in a Globalized World: a Catholic Perspective". In: KEENAN, James (Ed.). *Catholic Theological Ethics, Past, Present and Future*. The Trento Conference. New York: Orbis Books, 2011, p. 11-17.

FRAHLING, Bernhard. "La vocación como categoría ética fundamental: interpelación del II Concilio Vaticano a la teología moral actual". In: *Salmanticensis* 35 (1988) 285-299.

FUCHS, Joseph. "Morale théologique et morale de situation". In: *Nouvelle Revue Théologique* 10 (1954) 1073-1085.

_____. "Ethique objective et éthique de situation". In: *Nouvelle Revue Théologique* 8 (1956) 798-818.

FURGER, Franz. "A prudência e a evolução das normas morais". In: *Concilium* 5 (1968) 114-126.

GALLAGHER, Raphael. "Fundamental Moral Theology 1975-1979. A Bulletin-analysis of Some Significant Writings Examined from a Methodological Stance". In: *Studia Moralia* 18 (1980) 147-192.

GALLAGHER, Raphael. "Il sistema manualistico della teologia morale dalla morte di Sant'Alfonso ad oggi". In: AA.VV. *Morale e Redenzione*. Roma: Editiones Academiae Alphonsianae, 1983, p. 255-278.

GARRAFA, Volnei. "Bioética, Saúde e Cidadania". In: *Saúde em Debate* 43 (1994) 25-92.

HÄRING, Bernhard. "Moraltheologie unterwegs". In: *Studia Moralis* 4 (1966) 8-18.

HINOJOSA, José Francisco Gómez. "¿Que significa pensar...desde America Latina?". In: *Efemérides Mexicanas* 19 (1989) 5-30.

HÜRTH, Franciscus. *Anotationes ad Allocutio d. 18 april. Membris*. "Federation Mondiale des Jeunesses Féminines Catholiques" *circa* "Insegnamenti ed Esortazioni sul concetto della legge morale". In: *Periodica* 41 (1952) 223-249.

_____. *Annotationes*. "Instructionem Suprema Sacra Congregatio S.Officii de Ethica Situationis". In: *Periodica* 45 (1956) 137-204.

IANNI, Octavio. "O Príncipe eletrônico". In: DOWBOR, Ladislau; IANNI, Octavio; REZENDE, Paulo; SILVA, Hélio (Org.). *Desafios da comunicação*. Petrópolis: Vozes, 2001, p. 62-76.

KURCGANT, Paulina. "As teorias da administração e os serviços da enfermagem". In: KURCGANT, Paulina (Org.). *Administração em Enfermagem*. São Paulo: EPU, 1991, p. 165-179.

LEERS, Bernardino. "A Lei Natural e sua Problemática Atual". In: *REB* 35 (1975) 87-122.

LIBÂNIO, João Batista. "Teologia no Brasil – Reflexões crítico-metodológicas". In: *Perspectiva Teológica* 9 (1977/17) 27-79.

LIBÂNIO, João Batista. "Pecado e culpa". In: *REB* 34 (1974) 108-123.

LIMA VAZ, Henrique Cláudio de. "Moral, Sociedade e Nação". In: *Paz e Terra* 1 (1968) 85-111.

LOBO, José Antonio. "Líneas y tendencias de la teología moral latinoamericana". In: *Moralia* 17 (1995) 343-360.

LOBO, Ildefons. "Para uma moral no sentido da história. A condição e a renovação da Moral". In: *Concilium* 5 (1967) 23-42.

MAIER, Martin. "Le devenir de la théologie catholique en Amérique Latine depuis le Concile Vatican II". In: *Transversalités* 72 (1999) 145-168.

McCORMICK, Richard. "Notes on Moral Theology". In: *Theological Studies* 34 (1973) 92-102.

McKEEVER, Paul. "Seventy-Five Years of Moral Theology in America". In: CURRAN, Charles; McCORMICK, Richard; *The historical Development of Fundamental Moral Theology in the United States*. Mahwah: Paulist Press, 1999, p. 5-21.

MIETH, Dietmar. "Autonomia e libertação: dois paradigmas da ética cristã". In: *Concilium* 192 (1984/2) 254-264.

MIRANDA, Mário de França. "Discernimento cristão e contexto sócio-político". In: *REB* 43 (1983) 263-272.

MORKOVSKY, Mary Christine. "Bibliografia per un'etica della liberazione". In: *Concilium* 20/2 (1984) 357-362.

NIILUS, Leopoldo Juan. "Es tarea de la ética protestante salvar al capitalismo?". In: *Testimonium* 12 (1967) 51-56.

OROZCO, Jorge Medina. "La 'Veritatis Splendor' a la luz del Vaticano II y la historia de la Moral – un ensayo hermenéutico". In: *Efemérides Mexicanas* 36 (1994) 327-356.

_____. "La 'Veritatis Splendor' a la luz del Vaticano II y la historia de la Moral – un ensaio hermeneutico – continuación". In: *Efemérides Mexicanas* 37 (1995) 47-73.

PINCKAERS, Servais. "Le renouveau de la morale et ses problèmes". In: *Vie Intellectuelle* 27 (1956) 1-21.

POTTER, Van Ressenlaer. "Bioethics, science of survival". In: *Perspectives in Biology and Medicine* 14 (1970) 27-153.

REJÓN, Francisco Moreno. "Perspectivas para una ética de la liberación". In: *Moralia* 4 (1982) 135-150.

_____. "Aportes metodológicos de la reflexión latinoamericana a la teología moral". In: *Moralia* 7 (1985) 167-188.

REJÓN, Francisco Moreno. "Información bibliográfica sobre la moral fundamental desde América Latina". In: *Moralia* 7 (1985) 213-231.

_____. "Moral fundamental en la Teología de la Liberación". In: ELLACURÍA, Ignacio; SOBRINO, Jon. *Mysterium Liberationis*. Conceptos fundamentales de la teología de la liberación. I. Madrid: Trotta, 1990, 273-286.

_____. "História da Teologia na América Latina: subsídios Bibliográficos". In: ANJOS, Márcio Fabri dos (Coord.). *Teologia Moral e Cultura*, Coleção Teologia Moral na América Latina 8. Aparecida: Santuário, 1992, 181-192.

_____.; FERRERO, F. "Del mundo de la Moral". In: *Moralia* 4 (1982) 152-183.

RIBEIRO, Zilda Fernandes. "Libertação da mulher, hoje, na Igreja". IN: *Teocomunicação* 88 (1990) 133-146.

RICHARD, Pablo. "La ética como espiritualidad liberadora en la realidad eclesial de América Latina". In: *Moralia* 4 (1982) 101-114.

RICOEUR, Paul. "Sympatie et respect". In: *Revue de Métaphysique et de morale* 59 (1954) 380-387.

ROSSI, Giuseppe. "Il rinnovamento della teologia morale nel nostro secolo". In: *CredOg* 12 (1982) 37-49.

ROSSO, Alberto. "Principi ispiratori di un rinnovamento in teologia morale". In: *RivTeolMor* 5 (1970) 29-53.

RUBIO, Miguel. "'Descubrir' América Latina?" In: *Moralia* 4 (1982) 3-10.

SANTOS, Beni dos. "Notas sobre alguns princípios da Moral". In: *REB* 18 (1958) 649-660.

_____. "Lei Natural e Ética de Situação: por uma concepção personalista da lei natural". In: *REB* 34 (1974) 92-108.

SCANNONE, Juan Carlos. "Vigencia de la sabiduría Cristiana en el ethos cultural de nuestro pueblo: una alternativa teológica?". In: *Stromata* 39 (1976) 253-287.

SEGUNDO, Juan Luiz. "Transformación latinoamericana y conducta moral". In: *CLAEH* 9 (1961) 252-267.

SEDOC. "Sínodo dos Bispos: Papel da família cristã no mundo de hoje". In: *SEDOC* 12/124 (1979) 223-250.

SIERRA, Rosa Adela Osório. "Vida Religiosa e Questões de Gênero". In: *Convergência* 301 (1997) 146-155.

SNOEK, Corneille Jaime. "Notas sobre alguns princípios da Moral". In: *REB* 33 (1973) 649-660.

SNOEK, Corneille Jaime. "La teología moral en Brasil hoy". In: *Studia Moralia* 4 (1982) 67-81.
_____. "Em torno da Ética de Situação". In: *REB* 17 (1957) 341-350.
SOUZA, Paulo Roberto de; GALUPPO, Fernando Furlanetto. "A morte, a Bioética e o biodireito: uma abordagem panorâmica". In: TRASFERETTI, José Antonio; ZACHARIAS, Ronaldo (Orgs.). *Ser e viver*: desafios morais na América Latina. Aparecida: Santuário, São Paulo: SBTM: Centro Universitário São Camilo, 2008, p. 87-124.
STÖCKLE, Bernhard. "Fuga nell'umano? Riflessioni circa la discussione del proprium dell'etica cristiana". In: *Communio* 34 (1977) 19-33.
STROEHER, Egon. "Teologia Moral Católica e Ética Protestante". In: *Teocomunicação* 20 (1974) 84-91.
TELLEGEN, Franciscus. "O desenvolvimento responsável da Tecnologia". In: *Concilium* 5 (1969) 58-69.
TEPEDINO, Ana Maria. "Mulher: Aquela que começa a desconhecer seu lugar". In: *Perspectiva Teológica* 43 (1985) 375-379.
TRASFERETTI, José. "Corpo, cultura e sociedade". In: TRASFERETTI, José Antonio; ZACHARIAS, Ronaldo (Orgs.). *Ser e viver*: desafios morais na América Latina. Aparecida: Santuário, São Paulo: SBTM: Centro Universitário São Camilo, 2008, p. 147-168.
_____. "Teologia da prevenção na América Latina". In: TRASFERETTI, José Antonio; ZACHARIAS, Ronaldo (Orgs.). *Ser e viver*: desafios morais na América Latina. Aparecida: Santuário, São Paulo: SBTM: Centro Universitário São Camilo, 2008, p. 169-195.
_____.; LIMA, Maria Érica de Oliveira. "Ética do Cuidado: sexualidade, AIDS e idosos". In: TRASFERETTI, José Antonio; ZACHARIAS, Ronaldo (Orgs.). *Ser e cuidar*: ética do cuidado ao cuidado da ética. Aparecida: Santuário, São Paulo: SBTM: Centro Universitário São Camilo, 2010, p. 197-214.
VAN OUWERKERK, Coenraad. "Secularidade e ética cristã". In: *Concilium* 5 (1967) 82-119.
_____. "Ethos evangélico e soluções de compromisso". In: *Concilium* 5 (1965) 6-17.
VEREECKE, Louis. "Histoire et morale". In: *Mélanges de Science Religieuse* 13 (1956) 5-18.
VIDAL, Marciano. "Teología de la liberación y ética social cristiana. Interrogantes sobre el método de la teología moral". In: *Studia Moralia* 15 (1977) 207-218.
_____. "La preferencia por el pobre, criterio de moral". In: *Studia Moralia* 20 (1982) 277-306.
_____. "L'autonomia in quanto fondamento della morale, è compatibile con l'etica della liberazione?". In: *Concilium* 20/2 (1984) 318-329.
_____. "Situación actual de la vida moral y del discurso ético". In: _____. *Nueva moral fundamental*. Bilbao: Desclée De Brouwer, 2000, p. 805-834.
_____. "El malestar moral en la Iglesia posconciliar". In: _____. *Orientaciones éticas para tiempos inciertos*. Entre la Escila del relativismo y la Caribdis del fundamentalismo. Bilbao: Desclée De Brouwer, 2007, p. 15-32.
WANDERLEY, Luiz Eduardo. "A questão social no contexto da globalização: o caso latino--americano e caribenho". In: CASTEL, Robert; WANDERLEY, Luiz Eduardo W.; BELFIORE-WANDERLEY, Mariangela. *Desigualdade e a questão social*. São Paulo: EDUC, 2007, p. 51-162.
_____. "Globalização, religiões, justiça social: metamorfoses e desafios". In: SANCHEZ, Wagner Lopez (Org.). *Cristianismo na América Latina e no Caribe*. Trajetórias, diagnósticos, prospectivas. São Paulo: Paulinas, 2003, p. 212-233.
ZACHARIAS, Ronaldo. "Sonhando com uma nova Teologia Moral para o Brasil". In: KEENAN, James (Org.). *Ética Teológica Católica no Contexto Mundial*. Aparecida: Santuário, 2010, p. 201-216.
ZIEGLER, Josef Georg. "La Teología Morale". In: GUCHT, Robert Vander; VORGRIMLER, Herbert. *Bilancio della teologia del XX secolo*. Roma: Città Nuova, 1972, p. 336-388. v.3.
ZILLES, Urbano. "O personalismo na filosofia e a filosofia do personalismo". In: *Veritas* 83 (1976) 204-223.

## 2.3 Dicionários e Enciclopédias

BORBA, Francisco. *Dicionário de usos do Português do Brasil*. São Paulo: Ática, 2002.
FERNÁNDEZ, Aurelio. *Diccionario de Teología Moral*. Burgos: Editorial Monte Carmelo, 2007.
REICH, Warren Thomas (Editor-in-Chief). *Encyclopedia of Bioethics*. New York: Macmillan Library Reference, 1995. v.1.

## 2.4 Internet

ASSOCIATION DE THÉOLOGIENS POUR L'ÉTUDE DE LA MORALE. Disponível em: www.ethique-atem.org/ Acesso em: 02 nov. 2012.
ARQUIDIOCESE DE DIAMANTINA. "Currículo". Disponível em: www.arquidiamantina.org.br/ Acesso em: 17 abr. 2013.
ASSOCIAZIONE TEOLOGICA ITALIANA PER LO STUDIO DELLA MORALE. Disponível em: www.atism.it/ Acesso em: 02 nov. 2012.
CONSELHO NACIONAL DE DESENVOLVIMENTO CIENTÍFICO E TECNOLÓGICO. "Plataforma Lattes – Currículo Lattes". Disponível em: www.cnpq.br/ Acesso em: 17 abr. 2012.
COUTO, Márcio Alexandre. "SBTM: 25 anos de Teologia Moral". Disponível em: http://www.sbtmpesquisadores.org.br/historico.asp/ Acesso em: 16 jul. 2013.
INEP. "Sinopses Estatísticas da Educação Superior – Graduação". Disponível em: http://portal.inep.gov.br/superior-censosuperior-sinopse/ Acesso em: 09 nov. 2013.
SOCIEDADE BRASILEIRA DE TEOLOGIA MORAL. Disponível em: www.sbtmpesquisadores.org.br/ Acesso em: 01 set. 2012.
SOCIETAS ETHICA. Disponível em: www.societasethica.info/presentation2?l=en/ Acesso em: 01 nov. 2012.
VITTORIO, Massimo. "L'Etica della situazione Cristiana e il Magistero ecclesiastico di Pio XII". In: *Rivista di filosofia on-line* Disponível em: www.metabasis.it, marzo 2006 anno I, n.1/ Acesso em: 01 out. 2012.

## 2.5 Referências das citações dos Títulos de cada Parte

### Parte I

FERNÁNDEZ, Aurelio. *Teología Moral*: curso fundamental de la Moral Católica. Madrid: Palabra, 2010, p. 101.

### Parte II

REJÓN, Francisco Moreno. "Moral fundamental en la Teología de la Liberación". In: ELLACURÍA, Ignacio; SOBRINO, Jon. *Mysterium Liberationis*. Conceptos fundamentales de la teología de la liberación. I. Madrid: Trotta, 1990, p. 278.

### Parte III

MIER, Vicente Gómez. *La rifondazione della Morale Cattolica*. Il cambiamento della "matrice disciplinare" dopo il Concilio Vaticano II. Bologna: EDB, 2001, p. 11.

### Parte IV

RIBEIRO JÚNIOR, Nilo. "Teologia Moral e história: em busca de soluções em tempos de incertezas". In: PESSINI, Leo; ZACHARIAS, Ronaldo (Orgs.). *Ser e Educar*: Teologia Moral, tempos de incertezas e urgência educativa. Aparecida: Santuário, São Paulo: SBTM: Centro Universitário São Camilo, 2011, p. 84.

# APÊNDICES

## Tabela 1 – Temas Gerais

**F** = Fase; **TG** = Tema Geral; **ENSBTM** = Encontro Nacional da Sociedade Brasileira de Teologia Moral; **(f)** = Moral Fundamental; **(s)** = Moral Especial.

| Fase (F) | Ano | ENSBTM | Data | Cidade | n. |
|---|---|---|---|---|---|
| F1 | 1977 | I | 14-16/12 | São Paulo | 1 |
|  | 1978 | II | 12-14/12 | Belo Horizonte | 2 |
|  | 1979 | III | 11-13/12 | Brasília | 3 |
|  | 1980 | IV | 09-11/12 | Juiz de Fora | 4 |
|  | 1981 | V | 15-18/12 | Campos do Jordão | 5 |
|  | 1982 | VI | 11-14/12 | Rio de Janeiro | 6 |
|  | 1983 | VII | 13-16/12 | Salvador | 7 |
|  | 1984 | VIII | 17-21/12 | Fortaleza | 8 |
|  | 1985 | IX |  | Brasília | 9 |
|  | 1986 | X | 15-19/12 | São Paulo | 10 |
|  | 1987 | XI | 08-12/12 | São Paulo | 11 |
| F2 | 1988 | XII | 05-09/12 | São Paulo | 12 |
|  | 1989 | XIII | 11-15/12 | Petrópolis | 13 |
|  | 1990 | XIV | 10-14/12 | São Paulo | 14 |
|  | 1991 | XV | 09-13/12 | Curitiba | 15 |
|  | 1992 | XVI | 07-12/12 | Ilhéus | 16 |
|  | 1993 | XVII | 06-10/12 | São Paulo | 17 |
|  | 1994 | XVIII | 05-09/12 | Vitória | 18 |
|  | 1995 | XIX | 04-08/12 | Fortaleza | 19 |
|  | 1996 | XX | 10-13/12 | São Paulo | 20 |
|  | 1997 | XXI | 08-12/12 | Aparecida | 21 |
|  | 1998 | XXII | 07-12/12 | Vitória | 22 |
| F3 | 1999 | XXIII | 06-10/12 | Curitiba | 23 |
|  | 2000 | XXIV | 04-08/12 | Porto Alegre | 24 |
|  | 2001 | XXV | 10-14/12 | São Paulo | 25 |
|  | 2002 | XXVI | 09-13/11 | Petrópolis | 26 |
|  | 2003 | XXVII | 08-12/12 | Belo Horizonte | 27 |
|  | 2004 | XXVIII | 07-11/12 | São Paulo | 28 |
|  | 2005 | XXIX | 12-16/12 | São Paulo | 29 |
|  | 2006 | XXX | 11-15/12 | São Paulo | 30 |
|  | 2007 | XXXI | 25-27/07 | Aparecida | 31 |
|  | 2008 | XXXII | 08-11/12 | São Paulo | 32 |
|  | 2009 | XXXIII | 07-10/09 | São Paulo | 33 |
|  | 2010 | XXXIV | 06-09/09 | São Paulo | 34 |
|  | 2011 | XXXV | 05-08/09 | São Paulo | 35 |

**Encontros Posteriores à análise deste livro – início de uma provável Fase**

|  | 2012 | XXXVI | 16-19/05 | São Paulo | 36 |
|---|---|---|---|---|---|
|  | 2013 | XXXVII | 02-05/09 | São Paulo | 37 |
|  | 2014 | XXXVIII | 01-04/09 | São Paulo | 38 |
|  | 2015 | XXXIX | 31/08-03/09 | São Paulo | 39 |

## Tema Geral (TG)

Teologia Moral e Magistério
Moral fundamental e experiência
A inserção da Teologia Moral no momento teológico atual
Teologia da Libertação na renovação moral
Teologia Moral questionada pela nossa realidade
Liberdade, consciência e pecado
Estratégias para mudar o Ethos social brasileiro
Fundamentação da moral libertadora
A violência sobre a mulher empobrecida
Articulação da Teologia Moral na América Latina
Reflexões éticas a partir da realidade eclesial e teológica da América Latina
Ética e Economia
Teologia Moral fundamental na perspectiva Latino-Americana
Teologia Moral e culturas
Metodologia da Teologia Moral
O documento de Santo Domingo
Ética na relação Igreja e sociedade na América Latina
Ética entre os excluídos
Questões de Bioética hoje
Ética e o Direito
Ética e Cidade
Ética e Direitos Humanos
Teologia Moral na passagem do Milênio
Ética e Política
Ética e Reconciliação
Moral Sexual – Desafios atuais
Moral Sexual – Desafios atuais (continuação)
Biotecnologias: desafios à Teologia Moral
Ética Teológica e Ética Mundial: perspectivas de contribuição
Ética e nova condição comunicativa: compreendendo os novos processos comunicativos
A moral cristã em tempos de relativismos e fundamentalismos
Ética do Cuidado: entre a exclusão de si e a globalização do todo
Ética Teológica e o futuro do continente latino-americano e caribenho
Teologia Moral e História: buscando soluções em tempos de incertezas
A contribuição da Teologia Moral cristã numa sociedade plural e global

VIII Congresso Internacional de Bioética Clínica: Bioética Clínica e Diversidade
Teologia Moral e Juventudes: interpelações recíprocas
Ética Teológica e transformações sociais: a utopia de uma nova realidade
Fundamentos da Teologia Moral na Atualidade: desafios e perspectivas do ensino da Teologia Moral

# Tabela 2 – Temas Específicos

| Fase/ano | n. | Tema Específico (TE) | MEDIADOR |
|---|---|---|---|
| F1(77) | 1 | O problema demográfico e as esperanças de um mundo novo | MOSER |
| | 2 | O descompasso da teoria com a prática, uma indagação nas raízes da moral | LEPARGNEUR |
| | 3 | Esterilização e avaliação moral: um problema metodológico | ANJOS |
| F1(78) | 1 | Teses fundamentais de ética | LEPARGNEUR |
| | 2 | Normas e o jeitinho brasileiro | LEERS |
| F1(79) | 1 | A inserção da Teologia Moral no momento teológico atual | ANTONIAZZI |
| | 2 | Notas elementares para uma ética política | MOSER |
| | 3 | O estudo dos documentos preparatórios do Sínodo dos Bispos de 80 | - |
| F1(80) | 1 | Temas éticos presentes na História da Igreja da América Latina | BEOZZO |
| | 2 | Ética de justificação do sistema Colonial | BEOZZO |
| F1(81) | 1 | Moral Católica e sociedade Colonial | AZZI |
| | 2 | Sociedade e escola: tentativa de interpretação teológica do papel da escola na sociedade | TABORDA |
| F1(82) | 1 | Liberdade | - |
| | 2 | Consciência | - |
| | 3 | Pecado | - |
| F1(83) | 1 | Conscientização e mudança do Ethos social brasileiro | MOSER |
| | 2 | A ação do Moralista e o seu relacionamento com o povo | SILVA |
| | 3 | Tentativa de fundamentação Ética na Teologia da Libertação | MASI |
| | 4 | Justiça em Medellín e Puebla | MENEGOLLA |
| | 5 | O conceito de Teologia Moral como Teologia da vida em Bernhard Häring | DAGIÓS |
| | 6 | Poder, consciência e mudança social | LEPARGNEUR |
| F1(84) | 1 | Moralistas e Magistério | LEERS |
| | 2 | Dependência, inconsciente e moral | PONTE |
| | 3 | Teologia Moral e ciências humanas | MOSER |
| | 4 | Projeto Reino passa através de mediações e concretizações históricas | MASI |
| | 5 | Compêndio sobre emergência da consciência moral | LEPARGNEUR |
| | 6 | Condicionamentos sociológicos do ato moral | MENEZES D. |

| | | | |
|---|---|---|---|
| F1(85) | 1 | Mulher e prostituição | D'Ans |
| | 2 | Mulher, família e estrutura social | Lagenest |
| | 3 | Mulher negra | Anjos |
| | 4 | Sexualidade e classes sociais | Muraro |
| | 5 | Papel da mulher como pessoa nos ministérios | Ribeiro |
| | 6 | A dimensão da dominação simbólica a partir do problema do pecado | Tepedino |
| | 7 | Significado do Concílio Vaticano II | Comblin |
| | 8 | Libertação da mulher hoje na Igreja e na Sociedade: uma aproximação teológico-moral | Jordan |
| F1(86) | 1 | Desafio de fazer Teologia Moral na América Latina | Anjos |
| | 2 | Salvar a vida dos pobres, tarefa da Teologia Moral na América Latina | Rejón |
| | 3 | Ciências do Social e Teologia Moral | Moser |
| | 4 | Ética Teologia e Libertação | Souza Neto |
| | 5 | Teologia Moral e comunidade de fé | Anjos |
| | 6 | Teologia Moral e questão negra | Silva A. |
| | 7 | Ensinar Teologia Moral | Leers |
| F1(87) | 1 | A Teologia Moral após o Vaticano II e a contribuição da América Latina | Häring |
| | 2 | Significado de Santo Afonso para a Teologia Moral hoje | Majorano |
| | 3 | O pecado social em chave latino-americana | Moser |
| | 4 | Direitos Humanos e Teologia Moral: reflexão a partir da realidade latino-americana | Rejón |
| | 5 | Uma moral integrada: o movimento contra a tortura Sebastián Acevedo | Aldunate |
| | 6 | Reconciliação: aproximação Ética a partir da América Latina | Mifsud |
| | 7 | A questão do discernimento ético | Junges |
| | 8 | Fundamentos filosóficos da Teologia Moral na América Latina | Álvarez |
| | 9 | Bem-Aventuranças e Ética da Libertação | Dominguez |
| | 10 | Mulher, contribuição à Teologia Moral na América Latina | Gebara |
| | 11 | Bioética a partir do Terceiro Mundo | Anjos |
| | 12 | Ética e políticas demográficas | Barceló |
| | 13 | A dívida externa e a vida dos pobres | Mo Sung J. – Mo Sung H. |
| | 14 | Postulado por uma mudança ética na questão da Dívida | Santa Ana |
| | 15 | Ensinar Teologia Moral na América Latina | Leers |
| | 16 | Ética e evangelização das culturas | Brunero |
| | 17 | 25 anos do Concílio Vaticano II | Barazzutti |
| | 18 | O projeto Reino nas mediações históricas | Masi |

| | | | |
|---|---|---|---|
| F2(88) | 1 | A Ética da economia capitalista | Santa Ana |
| F2(89) | 1 | Coordenadas Básicas de uma Ética da Libertação: evolução histórico-teológica | Mayer |
| | 2 | Crise de identidade ética | Brandão |
| | 3 | Aportes filosóficos na busca de identidade | Sassatelli |
| | 4 | Deus na Ética da Libertação | Mo Sung J. |
| | 5 | Valores emergentes na Ética da Libertação | Camargo |
| | 6 | Requisitos éticos para uma nova evangelização | Mattos |
| | 7 | Consciência e conscientização | Agostini |
| | 8 | Liberdade e processo de libertação | Boff L. |
| F2(90) | 1 | Interpelações da cultura para a Teologia Moral | Anjos |
| | 2 | Teologia Moral e contexto histórico cultural: alguns traços da Teologia do séc. XVI | Rejón |
| | 3 | Cultura e Evangelho: responsabilidade ética | Mifsud |
| | 4 | Moral e Cultura: entre diálogo e etnocentrismo | Moser |
| | 5 | Perspectivas morais para a evangelização da cultura | Brunero |
| | 6 | Exílio, Sodoma e o deserto: uma ética teológica a partir das culturas do submundo | Martin |
| | 7 | Consulta às vítimas em matéria de moral | Halvey |
| | 8 | A Teologia Moral no futuro da América Latina | Duque |
| F2(91) | 1 | Metodologia latino-americana e Teologia Moral | Boff C. |
| | 2 | Impasses da vida humana | Costa Jr. |
| | 3 | Para um balanço da Teologia Moral na América Latina | Anjos |
| | 4 | O interlocutor da Teologia Moral no Brasil – base antropológica do agir moral | Meyer |
| | 5 | Temas relevantes de Teologia Moral no Brasil hoje | Junges |
| | 6 | Ecologia entre Economia, Ética e Política | Masi |
| F2(92) | 1 | O documento de Santo Domingo | SOTER |
| F2(93) | 1 | Ética e economia na América Latina e Caribe | Santa Ana |
| | 2 | Pluralismo e Ética | Oliveira M. |
| | 3 | Conceito Teológico Moral de Sujeito Social | Mier |
| | 4 | Sujeitos Sociais Emergentes da Ética | Leers |
| | 5 | Ética Civil e Teologia | Duque |
| | 6 | Igreja e Sociedade: Relação Dialogal | Mifsud |
| | 7 | Alguns desafios da Ética na relação Igreja e Sociedade | Anjos |
| | 8 | Ousando sonhar | Caixeta – Gutiérrez – Fernández |

| | | | |
|---|---|---|---|
| F2(94) | 1 | Aproximação sócio-antropológica do mundo dos excluídos | Peruzzo |
| | 2 | O Deus da ética dos excluídos | Camargo |
| | 3 | As normas morais na marginalidade | Martin |
| | 4 | A Ética entre as Madalenas | D'Ans |
| | 5 | A moral dos travestis e portadores de HIV | Adams |
| | 6 | A moral dos cortiços | Tegami |
| | 7 | Meninos e meninas de rua fazem moral | Couto |
| F2(95) | 1 | Grandes problemas de Bioética hoje | Pessini |
| | 2 | Abordagem histórica e contextual da Bioética | Anjos |
| | 3 | Ética médica codificada no Brasil | França – Gomes – Martin |
| | 4 | Bioética, saúde e cidadania | Garrafa |
| | 5 | A prostituição de menores como desafio para a Bioética | Silveira |
| F2(96) | 1 | Ética e Direito: um panorama às vésperas do século XXI | Lopes |
| | 2 | Santo Afonso Maria de Ligório, jurista e teólogo da Moral | Ceschini |
| | 3 | Tolerância, Liberdade e Democracia: algumas questões | Oliveira L. |
| | 4 | Intervenção humanitária entre o direito e o dever | Barceló |
| | 5 | Direito alternativo: propostas e fundamentos éticos | Wolkmer |
| | 6 | Nova crítica sobre a relação Direito e Moral | Silva A. P. |
| | 7 | Recepção da Ética personalista no Código de Direito Canônico | Masi |
| | 8 | Ética e Direito em Agostinho. Um ensaio sobre Lei Temporal | Ramos |
| F2(97) | 1 | Desafios da cidade: aspectos psicológicos | Lapenta |
| | 2 | A cidade na Bíblia | Silva D. |
| | 3 | Desafios éticos e teológicos da urbanização | Agostini |
| | 4 | Os desafios da Pastoral Urbana, hoje, à luz de Medellín, Puebla e Santo Domingo | Grings |
| | 5 | A mulher, a moral e a cidade | Ribeiro – Brandão |
| F2(98) | 1 | O impacto da Teoria dos Direitos Humanos sobre nossa prática de Teologia Moral | Martin |
| | 2 | Direitos Humanos: o despertar da Igreja no Brasil aos 50 anos da Declaração Universal da ONU | Agostini |
| | 3 | Economia, História e Direitos Humanos: alguns aspectos da Doutrina de S. Afonso sobre a usura e os juros | Ceschini |
| | 4 | De Direitos Humanos para direitos da Pessoa: o resgate do feminino na reflexão sobre os Direitos Humanos | Ribeiro |
| | 5 | Direitos Humanos e o crime organizado em Vitória | Badenes Jr. – Guimarães |
| | 6 | Direitos Humanos: uma questão de Ética, Justiça e Direito | Herkenhoff |

| | | | |
|---|---|---|---|
| F3(99) | 1 | Moral dos Manuais | LEERS |
| | 2 | Moral Renovada | MOSER |
| | 3 | Moral na Perspectiva da Teologia da Libertação | ANJOS |
| | 4 | Moral Social, o desafio ambiental na América Latina | AGOSTINI |
| | 5 | Bioética | PESSINI |
| | 6 | Teologia Moral e questões de Gênero: uma aproximação à obra de Waman Puma | SIERRA |
| | 7 | Bases filosóficas para uma ética religiosa no novo milênio | COSTELLA |
| | 8 | Bernhard Häring e o Diálogo Intra-religioso | MILLEN |
| | 9 | Uma Nova abordagem à moral fundamental | KONZEN |
| F3(00) | 1 | Ética e Política | STEIN |
| | 2 | Democracia representativa X Democracia participativa | FORTUNATI |
| | 3 | Sujeitos e instâncias da Ética na política desde o ponto de vista das classes populares (sociedade civil) | GÖRGEN – BISOL |
| | 4 | Eficiência da Ética Teológica | LOSCHEIDER |
| | 5 | Sujeitos e instâncias da Ética na Política desde o ponto de vista eclesial | COUTO |
| F3(01) | 1 | Corrupção e impunidade: como fazer justiça? | SAMPAIO |
| | 2 | Desarmamento e reconciliação: um caminho para a reconstrução ética | REJÓN |
| | 3 | Ética e reconciliação: que raízes filosóficas em jogo? | OLIVEIRA M. |
| | 4 | Teologia da reconciliação | COMBLIN |
| | 5 | O problema da Reconciliação na América Latina | LEERS |
| | 6 | Dimensão Moral da Teologia do povo na Argentina | MEINVIELLE |
| | 7 | Que reconciliação para uma política solidária na América Latina? | BRUNERO |
| | 8 | Teologia Moral no Brasil: 25 anos de Encontros | ANJOS – COUTO |
| F3(02) | 1 | Visão Teológica da sexualidade | MOSER |
| | 2 | Releitura das normas da sexualidade | OLIVEIRA C. |
| | 3 | Os transtornos da identidade de Gênero - GID's e a moral católica | FREITAS |
| | 4 | Como entender as fases da evolução sexual? | SOUZA H. |
| | 5 | Pedofilia | MOSER |
| F3(03) | 1 | A questão da sexualidade na Doutrina ético-moral de Santo Agostinho | COSTA |
| | 2 | Repensando a moral sexual a partir da Integração entre o ser e agir | ZACHARIAS |
| | 3 | Homossexualismo: uma abordagem interdisciplinar | OLIVEIRA C. |
| | 4 | Células-tronco e início da vida: desafios éticos | BARTH |
| | 5 | Homossexualidade: Aspectos pastorais e teológicos | TRASFERETTI |
| | 6 | A compreensão de algumas ciências para uma nova compreensão ética da sexualidade | MOSER |

| | | | |
|---|---|---|---|
| F3(04) | 1 | Biotecnologias e alguns horizontes atuais | Scherer – Junges |
| | 2 | Biotecnologias: conquistas científicas atuais e prospectivas | Boccato |
| | 3 | Reprodução Assistida | Abdelmassih |
| | 4 | Casuística Ilustrativa: reprodução assistida | Trabalhos em grupo |
| | 5 | Biotecnologias: incidências sociais | Fortes |
| | 6 | Tendências das Bioéticas na sociedade plural | Zoboli |
| | 7 | Biotecnologias: desafios à contribuição teológica atual | Pessini |
| | 8 | Biotecnologias: desafios à moral pastoral | Trabalhos em grupo |
| F3(05) | 1 | Ética Teológica e Ética Mundial: perspectivas de contribuição | Simão |
| | 2 | Mundialização: fenômeno e alcance | Wanderley |
| | 3 | A mundialização considerada a partir da América Latina | Bógus – RibeiroJr |
| | 4 | O desafio ético da Pluralidade: conflito de certezas | Oliveira M. |
| | 5 | A pluralidade no contexto latino-americano | Millen – Anjos |
| | 6 | Ética teológica cristã: capacidades e limitações | Vargas |
| | 7 | Contribuições da reflexão latino-americana para a elaboração da Ética cristã | Junges – Agostini |
| F3(06) | 1 | Conjuntura mundial e nova ordem comunicativa | Moser |
| | 2 | Novas tecnologias e impacto sociopolítico | Puntel |
| | 3 | Liberdade de imprensa, informação e política | Roldão – Veloso |
| | 4 | Comunicação e política: dos interesses às intrigas | Sierra – Anjos – Santos |
| | 5 | Comunicar e ser | Martino |
| | 6 | Mídia, Religião e Valores | Cabral Filho – Cabral |
| | 7 | A comunicação na formação da personalidade: perspectivas éticas | Junges – Konzen – Zacharias |
| | 8 | Comunicar a Ética | Nunes |
| | 9 | A comunicação na pedagogia ética | Lima – Agostini |
| | 10 | Em busca de novas pedagogias éticas | Trigo –Trasferetti – Millen |
| | 11 | Estratégia ética face à linguagem e ao sistema de comunicação | Oliveira C. |

| | | | |
|---|---|---|---|
| F3(07) | 1 | Para compreender os relativismos e fundamentalismos | VIDAL |
| | 2 | Propostas éticas em tempos de relativismos e fundamentalismos | VIDAL |
| | 3 | Argumentação e moral cristã na sociedade secular | VIDAL |
| | 4 | CELAM – V Conferência: conteúdos éticos e morais | ANJOS |
| | 5 | Desafios éticos do atual contexto científico e tecnológico | VIDAL |
| | 6 | Sobre a vida cristã no mundo globalizado | VIDAL |
| | 7 | Para compreender a sexualidade hoje | VIDAL |
| | 8 | CELAM - V Conferência: significados globais | BEOZZO |
| | 9 | Critérios éticos cristãos para a vida sexual | VIDAL |
| | 10 | Segunda união e participação na vida eclesial | VIDAL |
| | 11 | CELAM - V Conferência: perspectivas para a Teologia Moral | TRASFERETTI |
| F3(08) | 1 | Ética do cuidado: entre a exclusão de si e a globalização do todo | PESSINI |
| | 2 | O paradigma do cuidado e o reconhecimento do outro | BARCHIFONTAINE |
| | 3 | O paradigma do cuidado no âmbito da saúde | PAES – OLIVEIRA A. – PEREIRA – SÁ |
| | 4 | O paradigma do cuidado no âmbito da saúde, paradigmas éticos morais | MUNARO – MILLEN – SOUZA P. – DURAN |
| | 5 | Ética do cuidado no contexto da criação: cuidando da terra | MOSER |
| | 6 | Ética do cuidado: textos e contextos nas correntes filosóficas atuais | PEGORARO – CÉSAR |
| | 7 | Ética do cuidado: desafios epistemológicos | MANZINI – AGOSTINI – MATTOS |
| | 8 | Ética do cuidado questões de fronteira | ANJOS |
| | 9 | O cuidado da ética na pesquisa com seres humanos: o reconhecimento do rosto do outro | HOSSNE |
| | 10 | Perspectivas e prospectivas para a Teologia Moral | RIBEIRO JR. – TRASFERETTI – ZACHARIAS |

| | | | |
|---|---|---|---|
| F3(09) | 1 | O mundo em crise: interpretando mutações/desconstruindo evidências | Ricupero |
| | 2 | Impactos da crise mundial no continente Latino-americano e caribenho: desafios à ética teológica | Ayala |
| | 3 | Ética Teológica, compromisso solidário e espiritualidade esclarecida | Millen – Baronto |
| | 4 | Ética Teológica, crise mundial e contexto eclesial | Altemeyer Jr. |
| | 5 | O papel hermenêutico da Ética Teológica diante das atuais transformações eclesiais | Manzini – Anjos |
| | 6 | Qual o futuro para a Ética Teológica no Continente? Entre a literalidade e a alegoria | Chersi – Trasferetti – Pessini – Zacharias |
| F3(10) | 1 | Teologia Mundial e história: um mundo inquieto | Anjos – Zacharias |
| | 2 | Sobre o tempo de incertezas | Siqueira |
| | 3 | Sobre as incertezas da ciência | Hossne |
| | 4 | Sobre as incertezas da moral | Trasferetti – Mattos – Ribeiro Jr. |
| | 5 | Educar para a cidadania | Barchifontaine |
| | 6 | Educar para a responsabilidade | Rosito |
| | 7 | Educar para os valores | Zoboli – Ramos – Millen |
| | 8 | Teologia Moral e História: buscando soluções num contexto de incertezas | Pessini – Silva F. |
| F3(11) | 1 | O sonho transdisciplinar | Japiassu |
| | 2 | A identidade diante da indiferença | Silveira Filho – Millen |
| | 3 | A verdade diante do pluralismo | Menezes A. – Ferla |
| | 4 | A Teologia Moral diante da dor do outro | Cord Neto – Ribeiro Jr. |
| | 5 | A dor do outro: qual Teologia Moral? | Martins – Manuel – Jesus – Toneti |
| | 6 | Teologia Moral: do pluralismo reinante à pluralidade legítima | Oliveira C. – Pessini |

| | | Congressos e Encontros posteriores a análise deste livro: Início de uma Provável Fase 4 | |
|---|---|---|---|
| 2012 | 1 | VIII Congresso Internacional de Bioética Clínica: "Bioética Clínica na Diversidade" | |
| 2013 | 1 | Teologia Moral e Juventudes | Ribeiro Jr. |
| | 2 | Juventudes e diversidade sexual | Peres, W. S. |
| | 3 | Diversidade Sexual: interpelações à Teologia Moral | Alisson, J. N. Francis – Trasferetti |
| | 4 | Juventudes e Drogas | Mathis, Ruy |
| | 5 | Drogas: interpelações à Teologia Moral | Millen, M.I. – Martins, A. |
| | 6 | Juventudes e Violência | Koehler, S. M. |
| | 7 | Violência: interpelações à Teologia Moral | Manzini, R. – Coelho, M. |
| | 8 | Juventude e redes sociais virtuais | Oliveira, A. F. |
| | 9 | Redes Sociais Virtuais: interpelações à Teologia Moral | Almeida, O. J. – Calçado, T. |
| | 10 | Teologia Moral e novas gerações: desafios e perspectivas | Anjos, M. F.– Pessini, L. – Zacharias, R. |
| 2014 | 1 | Indignação ética e marcos de interpretação das transformações sociais do mundo contemporâneo | Mo Sung, J. |
| | 2 | Compreender a realidade: análise crítica-propositiva | Whitaker, C. – Altemyer Jr., F. – Souza, L. A. G. – Pochemann, M. |
| | 3 | Compreender a realidade: interpretação ético-moral | Moser, A. – Neutzling, I. – Manzini, R. |
| | 4 | Transformar a realidade: por uma nova gramática ético-moral | Menezes, A.- Mattos, L. A. – Ribeiro Jr. |
| | 5 | Transformar a realidade: por uma nova postura eclesial | Bernardino, A. – Tomita L.E. – Oliveira P. |
| | 6 | Sonhar uma nova realidade | Josaphat, C. – Millen, M. – Suess, P. |
| | 7 | Esperar contra toda esperança | Moro, C. – Pessini – Zacharias |
| | 8 | O legado teológico-moral da SBTM e sua força transformadora no Brasil: uma visão em 3D | Hoepers. R. |

| | | | |
|---|---|---|---|
| 2015 | 1 | Deslocamentos epistêmicos da ética hoje | SILVA, FRANKLIN L. |
| | 2 | Os impactos da realidade na formação do discípulo | MATTOS, L. A. |
| | 3 | O ensino da Teologia Moral no Brasil: o que fazemos | DEMARCHI. A. – OLIVEIRA, E. B. – SOUZA, M. P. – HOEPERS, R. – GRIGOLETO, S. |
| | 4 | Fundamentos bíblicos da moral cristã | LÓ, R. DE C. |
| | 5 | A sublimidade da vocação dos fiéis em Cristo | ANJOS, M. F. |
| | 6 | O ensino da Teologia Moral no Brasil: como fazemos | DEMARCHI. A. – OLIVEIRA, E. B. – SOUZA, M. P. – HOEPERS, R. – GRIGOLETO, S. |
| | 7 | A obrigação de produzir frutos na caridade, para a vida do mundo | RIBEIRO JR., N. |
| | 8 | A comunidade moral: pluralidade de narrativas | VALENTINI, L.D. – TAVARES, C. Q. – SILVA, W. F. |
| | 9 | O ensino da Teologia Moral no Brasil: o que deveríamos fazer | DEMARCHI. A. – OLIVEIRA, E. B. – SOUZA, M. P. – HOEPERS, R. – GRIGOLETO, S. |
| | 10 | Perspectivas para a SBTM | PESSINI - ZACHARIAS |

## Tabela 3 – Segmentos dos Temas

**F** – fase; **(f)** – Teologia moral fundamental; **(s)** – teologia moral especial; **(fm)** – fundamentos da moralidade; **(fg)** – moral geral; **(sp)** – moral da pessoa; **(ss)** – moral da sociedade; **al/T** – outras áreas da teologia; **r** – religioso; **d** – diocesano; **l** – leigo; **m** – masculino; **f** – feminino; **TgMor** – formação específica em Teologia Moral; **al/P** – formados em outras áreas; **BRA** – brasileiro; **al/N** – natural de outras Nações; **Am** – formado na América; **E** – formado na Europa; **(FRp)** – Fonte referencial primária de livros publicados; **[FR*p*]** – Fonte referencial primária de artigos/participação de livros publicados; **[FRp]** – fonte de artigos de Revistas; **FRs** – fontes referenciais secundárias; **P/d** – fontes desconhecidas.

| F | | (f) | | (s) | | al/T | r | d | l | m | f |
|---|---|---|---|---|---|---|---|---|---|---|---|
| | | (fm) | (fg) | (sp) | (ss) | | | | | | |
| F1 | 77 | 5 | 1 | 1 | 2 | - | 3 | - | - | 3 | - |
| | 78 | - | 4 | - | - | - | 2 | - | - | 2 | - |
| | 79 | 1 | - | - | 2 | 3 | 1 | 1 | - | 2 | - |
| | 80 | - | 2 | - | 1 | 3 | - | 1 | - | 1 | - |
| | 81 | 1 | - | - | 2 | 1 | 1 | - | 1 | 2 | - |
| | 82 | - | 3 | - | - | - | - | - | - | - | - |
| | 83 | 2 | 4 | 1 | 5 | 3 | 5 | - | 1 | 6 | - |
| | 84 | 2 | 4 | 2 | 4 | 1 | 4 | - | 2 | 6 | - |
| | 85 | - | 1 | 6 | 7 | 3 | 3 | 2 | 3 | 4 | 4 |
| | 86 | 6 | 2 | - | 7 | - | 6 | - | - | 6 | - |
| | 87 | 8 | 9 | 4 | 17 | 4 | 14 | - | 5 | 17 | 2 |
| Subtotal | | 25 | 30 | 14 | 47 | 18 | 39 | 4 | 12 | 49 | 6 |
| F2 | 88 | - | 1 | - | 2 | - | - | - | 1 | 1 | - |
| | 89 | 1 | 9 | - | 2 | 3 | 5 | - | 3 | 7 | 1 |
| | 90 | 7 | 4 | 2 | 7 | 3 | 7 | - | 2 | 7 | 2 |
| | 91 | 4 | 6 | 1 | 5 | 4 | 5 | - | 1 | 6 | - |
| | 92 | - | - | 1 | 1 | 1 | - | - | - | - | - |
| | 93 | 1 | 4 | - | 10 | 3 | 5 | - | 5 | 9 | 1 |
| | 94 | 1 | 6 | 3 | 5 | 1 | 4 | 1 | 2 | 6 | 1 |
| | 95 | - | 2 | 7 | 3 | 1 | 4 | - | 3 | 6 | 1 |
| | 96 | 1 | 16 | 1 | 2 | 3 | 4 | 1 | 3 | 8 | - |
| | 97 | 1 | 2 | 2 | 4 | 4 | 3 | 1 | 2 | 4 | 2 |
| | 98 | 2 | 3 | 2 | 9 | 3 | 3 | - | 4 | 6 | 1 |
| Subtotal | | 18 | 53 | 19 | 50 | 26 | 40 | 3 | 26 | 60 | 9 |
| F3 | 99 | 2 | 6 | 2 | 4 | 4 | 7 | 1 | 1 | 7 | 2 |
| | 00 | 1 | 4 | 2 | 6 | - | 2 | 1 | 3 | 6 | - |
| | 01 | 3 | 8 | - | 7 | 1 | 5 | 1 | 3 | 8 | 1 |
| | 02 | - | - | 5 | - | - | 3 | - | 2 | 3 | 2 |
| | 03 | - | 3 | 8 | - | 4 | 3 | 2 | 1 | 6 | - |
| | 04 | 1 | 1 | 9 | 2 | - | 2 | 1 | 5 | 6 | 2 |
| | 05 | - | 7 | - | 6 | - | 5 | 1 | 4 | 8 | 2 |
| | 06 | - | 7 | 3 | 10 | 1 | 8 | 2 | 10 | 13 | 7 |
| | 07 | 2 | 8 | 3 | 8 | 1 | 2 | 2 | - | 4 | - |
| | 08 | 1 | 13 | 3 | 8 | - | 9 | 1 | 11 | 15 | 6 |
| | 09 | - | 8 | - | 7 | 3 | 5 | 1 | 5 | 8 | 3 |
| | 10 | 1 | 5 | 1 | 3 | 2 | 6 | 2 | 6 | 11 | 3 |
| | 11 | 3 | 2 | 4 | 3 | - | 10 | 1 | 2 | 10 | 3 |
| Subtotal | | 14 | 72 | 40 | 64 | 16 | 67 | 16 | 53 | 105 | 31 |
| **TOTAL** | | **57** | **155** | **73** | **161** | **60** | **146** | **23** | **91** | **214** | **46** |

| TgMoral/P | BRA | al/N | Am | E | (FRp) | [FRp] | [FRp] | FRs | P/d |
|---|---|---|---|---|---|---|---|---|---|
| 3 | - | 2 | 1 | - | 3 | 2 | - | 1 | - | 1 |
| 2 | - | - | 2 | - | 2 | 1 | - | 3 | - | - |
| 1 | 1 | 1 | 1 | - | 2 | - | - | 1 | 1 | 2 |
| - | 1 | 1 | - | - | 1 | - | - | 1 | - | 2 |
| - | 2 | 2 | - | - | 2 | - | - | 2 | - | - |
| - | - | - | - | - | - | - | - | - | - | 3 |
| 6 | - | 4 | 2 | 1 | 5 | 1 | 6 | - | - | - |
| 4 | 2 | 3 | 3 | 1 | 5 | - | - | 4 | 1 | 3 |
| 2 | 6 | 4 | 4 | 4 | 4 | - | - | - | 1 | 7 |
| 5 | 1 | 4 | 2 | 1 | 5 | 1 | 7 | - | - | - |
| 13 | 6 | 4 | 15 | 2 | 17 | 1 | 18 | 1 | - | - |
| 36 | 19 | 25 | 30 | 9 | 46 | 6 | 31 | 13 | 3 | 18 |
| - | 1 | - | 1 | - | 1 | - | 1 | - | - | - |
| 4 | 4 | 7 | 1 | 3 | 5 | - | - | 1 | 8 | 4 |
| 9 | - | 2 | 7 | 1 | 8 | 1 | 8 | - | - | - |
| 4 | 2 | 5 | 1 | - | 6 | - | - | - | 1 | 5 |
| - | - | - | - | - | - | 1 | - | - | - | - |
| 8 | 2 | 3 | 7 | 3 | 7 | 1 | 8 | - | - | - |
| 3 | 4 | 4 | 3 | 2 | 5 | - | - | - | 1 | 7 |
| 3 | 4 | 6 | 1 | 2 | 5 | - | - | - | 2 | 3 |
| 2 | 6 | 5 | 3 | 2 | 6 | 1 | 8 | 1 | - | - |
| 2 | 4 | 6 | - | 2 | 4 | - | 1 | - | 4 | 2 |
| 3 | 4 | 5 | 2 | 4 | 3 | - | - | 1 | 1 | 4 |
| 38 | 31 | 43 | 26 | 19 | 50 | 4 | 26 | 3 | 17 | 25 |
| 6 | 3 | 6 | 3 | 2 | 7 | - | 1 | 2 | 11 | 1 |
| - | 6 | 6 | - | 4 | 2 | - | - | - | 2 | 4 |
| 4 | 5 | 4 | 5 | 3 | 6 | - | - | - | 1 | 7 |
| 3 | 2 | 5 | - | 2 | 3 | - | - | 1 | 1 | 3 |
| 5 | 1 | 6 | - | 2 | 4 | - | - | - | 2 | 4 |
| 2 | 6 | 8 | - | 5 | 3 | 1 | 3 | - | - | 6 |
| 5 | 5 | 9 | 1 | 3 | 7 | 1 | 2 | - | 3 | 3 |
| 9 | 11 | 19 | 1 | 11 | 9 | 1 | 5 | - | 1 | 6 |
| 3 | 1 | 3 | 1 | - | 4 | - | - | - | 2 | 2 |
| 9 | 12 | 20 | 1 | 11 | 10 | 1 | 12 | - | - | 1 |
| 7 | 4 | 9 | 2 | 8 | 3 | - | 2 | - | 1 | 4 |
| 7 | 7 | 13 | 1 | 9 | 5 | 1 | 10 | - | - | 3 |
| 7 | 6 | 13 | - | 7 | 6 | 1 | 6 | - | - | - |
| 67 | 69 | 121 | 15 | 67 | 69 | 6 | 41 | 3 | 24 | 44 |
| **141** | **119** | **189** | **71** | **95** | **165** | **16** | **98** | **19** | **44** | **87** |